铁路科技图书出版基金资助出版

铁路钢箱混合组合梁斜拉桥

罗世东　刘振标　著

中国铁道出版社

2017年·北　京

内容简介

本书重点论述了铁路钢箱混合组合梁斜拉桥发展和应用的历程，以及铁路钢箱混合组合梁斜拉桥的技术思想、结构体系特点与技术经济性；涵盖了混合组合梁斜拉桥对高速铁路无砟轨道的适应性和列车走行的影响分析，以及如何实现混合组合梁斜拉的目标成桥状态与整体刚度条件；着重阐述了铁路斜拉桥混合组合加劲梁及其结合段结构设计计算分析方法；重点论述了薄壁钢箱梁正交异性桥面板采用V形加劲肋、钢混结合段采用梯形填充混凝土前后承压板方式、双挑索梁锚固箱等重要结构在铁路列车荷载作用下的受力特性和疲劳问题；通过理论分析承载能力与疲劳循环加载模型试验研究，充分论证了这些创新技术的可靠性与优良的受力性能。施工与控制技术是使桥梁顺利建成的关键技术之一；验证桥梁建成后的安全性所做的实桥结构试验连同前者都是创新成果应用于实际工程必不可少的技术手段和方法。最后本书展示钢箱混合组合梁斜拉桥的工程应用实例，展望了超大跨铁路钢箱混合组合梁斜拉桥应用前景。

图书在版编目(CIP)数据

铁路钢箱混合组合梁斜拉桥/罗世东，刘振标著. —北京：中国铁道出版社，2017.3

ISBN 978-7-113-22758-6

Ⅰ.①铁… Ⅱ.①罗…②刘 Ⅲ.①钢箱梁—混合梁—组合梁—铁路桥—斜拉桥—研究 Ⅳ.①U448.13

中国版本图书馆CIP数据核字(2017)第007642号

书　　名：铁路钢箱混合组合梁斜拉桥
作　　者：罗世东　刘振标

策　　划：曹艳芳
责任编辑：曹艳芳　王　健　　**编辑部电话：**010-51873162
封面设计：崔丽芳
责任校对：孙　玫
责任印制：陆　宁　高春晓

出版发行：中国铁道出版社(100054，北京市西城区右安门西街8号)
网　　址：http://www.tdpress.com
印　　刷：中国铁道出版社印刷厂
版　　次：2017年3月第1版　2017年3月第1次印刷
开　　本：787 mm×1 092 mm　1/16　**印张：**30.25　**字数：**762千
书　　号：ISBN 978-7-113-22758-6
定　　价：120.00元

序

铁路斜拉桥由于铁路荷载特点原因，世界范围内几十年来一直是采用钢桁梁斜拉桥，很少采用钢箱梁。本书将钢箱混合梁斜拉桥应用于铁路专用桥梁，而且是高速铁路无砟轨道专用桥梁，不仅技术先进，也能够节省投资，是一种有价值的技术创新。

本书首先提出铁路钢箱混合梁斜拉桥的概念设计，然后研究钢箱混合梁斜拉桥对铁路列车走行性动力响应的影响和对桥上高速铁路无砟轨道的适应性。依据研究成果提出了适应于铁路混合梁斜拉桥整体结构刚度条件、桥跨布置对桥梁结构刚度的影响、及其相适应的混合梁斜拉桥目标成桥状态。本书介绍了铁路钢箱加劲梁与钢箱混凝土桥面板组合加劲梁国内外有针对性的设计方法；对首次采用的V形加劲肋正交异性钢桥面板、梯形填充混凝土前后承压板式钢混结合段、双挑式索梁锚固结构等创新技术，在理论分析的基础上进行了承载能力与疲劳损伤模型试验论证，并且通过实桥单、双线满载货物列车静载试验和桥上不同行车速度的刹车制动试验对这些创新技术进行了检验。本书还阐述了铁路钢箱混合梁斜拉桥施工控制技术。采用本书成果建成的宁波铁路枢纽货物外绕线跨甬江的主跨468 m钢箱混合梁斜拉桥已经通车两年多了，桥上铁路货物列车运营状况良好，说明钢箱混合梁斜拉桥是铁路专用斜拉桥一种比较好的桥式之一。

本书后半部分介绍了这种新型桥梁建造技术在多座实桥中的应用情况。展望了钢箱梁或钢箱桁混合梁的铁路斜拉桥的应用前景，期望有更大更多跨的新型结构混合梁铁路斜拉桥的出现。

本书作者多年来执着地追求桥梁工程概念设计和建造技术的创新，本书是作者多年思考与实践的结晶。相信本书的出版将有助于铁路钢箱混合梁斜拉桥的创新发展。

中国工程院院士　陈政清

2017年元月20日

自　序

从事桥梁勘测设计工作三十多年来，所接触到的铁路或公铁两用斜拉桥几乎全都是钢桁架梁斜拉桥，公路斜拉桥有很多座钢箱加劲梁斜拉桥，为什么铁路斜拉桥不可以采用钢箱加劲梁呢？

人们已经习惯在认识上和定性上来认为柔性结构的铁路专用斜拉桥加劲梁本身应具备有足够的竖向刚度，不能像公路斜拉桥那样，以减少斜拉桥加劲梁的高跨比来追求斜拉桥的柔细感，也就是说，铁路斜拉桥的竖向刚度寄希望由加劲梁提供更多的竖向刚度，斜拉索相对来说希望起到的作用更少或仅仅起辅助作用。

这样一来，由于钢桁架梁的梁高可以在钢桁架下弦桥面系铺设轨道使车辆行驶在钢桁架内，自然钢桁梁高度在满足铁路车辆建筑限界高度后再加上上弦平联的高度，钢桁梁的上弦还可以铺设公路桥面承受公路荷载，因此，钢桁加劲梁的梁高一般都在 15 m 左右。钢桁梁斜拉桥加劲梁的梁高较大，提供的桥梁结构整体竖向和横向刚度也就较大，铁路或公铁两用斜拉桥多见于钢桁加劲梁就不足为奇了。

此外，大跨度薄壁钢箱加劲梁结构铁路斜拉桥的正交异性钢桥面板在列车振动荷载作用下的疲劳损伤问题，以及薄壁钢箱梁承受铁路荷载索梁锚固的技术构造措施和混合梁斜拉桥的钢混结合段结构构造技术能否实现刚度平顺过渡都是需要重点关注的技术难题。也许是这些重要的关键技术还没有考虑如何解决，使得人们对这些技术问题存有疑心，认为更加柔性的钢箱梁斜拉桥不适合用作铁路专用斜拉桥。

想一想，钢箱梁斜拉桥的整体结构刚度问题可以利用混合梁斜拉桥的特点，一方面对边跨斜拉索采用预加力刚度法，以提高斜拉索的有效刚度来增加斜拉桥结构的整体刚度；另一方面，混合梁斜拉桥要求主跨钢箱梁轻，边跨混凝土梁重；至于薄壁钢箱加劲梁正交异性桥面板，对于公路荷载作用是通过桥面铺装层传递到钢桥面板，虽然有铺装层对车辆荷载轮压应力起到分散作用，但铺装层很薄仍然是一个局部集中受力状态。可是，铁路桥面有相对比较厚的道砟层，以及钢轨、枕木等来扩散车轮荷载的压应力，显然这是一个优势。问题就在于要重点思考铁路车辆荷载作用下，如何使正交异性钢桥面板和钢箱梁索梁锚固结构避免出现疲劳损伤问题而已。

在设计实践中，创新构思通过采用 V 形加劲肋加强正交异性钢桥面板，把钢箱梁风嘴考虑参与结构受力，使得索梁钢锚箱结构成为与钢箱边腹板和风嘴钢板焊接共同传力的双挑梁式结构，将钢混结合段增加过渡段填充混凝土并采用前后承压板式结构。同时，创新采用混合梁斜拉桥技术来实现钢箱梁斜拉桥用于铁路专用桥梁这种构想。

宁波铁路枢纽北环线跨甬江铁路桥，与上游主跨 468 m 的公路斜拉桥同通道，不同时序建设，桥梁中心距 64.8 m，规划要求铁路桥与先期建成的公路斜拉桥对孔布置，铁路桥梁孔跨组成为 220 m＋468 m＋220 m。按照上述技术思想提出宁波铁路枢纽跨甬江铁路桥梁采用钢箱混合梁铁路斜拉桥，初步设计完成之后，由原铁道部组织的桥梁专家审查会获一致赞成。采用大跨度钢箱混合梁铁路斜拉桥作为铁路专用桥梁，这种技术先进、经济性优良的创新桥式在世界铁路桥梁范围内尚属首次。施工图设计完成之后，按照原铁道部科研立项合同的要求，完成了科研项目的研究和模型试验，证明宁波甬江铁路钢箱混合梁斜拉桥结构设计完全满足各项技术指标的要求。该桥于 2014 年 7 月建成，经对实桥结构进行列车静动载试验，现场测试结果表明该桥技术性能优良，满足铁路列车运行安全、平稳性能的要求。

宁波甬江铁路钢箱混合梁斜拉桥的成功建成，使得后续在湖北江汉铁路潜江支线跨汉江、深茂铁路广东江门跨潭江，以及贵广南广铁路广州穗盐路四线铁路跨高速公路、城市高架道路立交等多座铁路桥梁中均采用钢箱混合梁斜拉桥技术。特别值得提及的是昌吉赣高速铁路跨赣州赣江桥，在铁路钢箱混合梁斜拉桥的基础上提出采用钢箱混合组合梁高速无砟轨道铁路斜拉桥，目前正在施工，相关的科研项目正在开展。

在宁波甬江铁路桥梁方案比较中，钢箱混合梁斜拉桥与同跨度钢桁梁斜拉桥经济技术比较结果表明前者的工程造价要节省约一亿元。看到了从当初的技术思想已经变成了现实，在感到欣慰之余，利用临退休之前的空余时间能够把这种技术思想编辑成书，历时近一年与桥梁院副总工程师刘振标合作此书才得以完成书稿。

借此机会，感谢乔健、张红旭、陈良江等专家给予这项技术的关心与支持，还要感谢同事潘茂盛、刘振标、王国彬、万信华、曾甲华、聂利芳、陈可等在宁波甬江铁路钢箱混合梁斜拉桥共同设计的日日夜夜所付出的辛勤劳动。

罗世东

2016 年 11 月

前　言

自20世纪50年代末钢箱梁应用于公铁两用斜拉桥以来，全世界范围内应用不到十座桥梁，特别是铁路专用钢箱梁斜拉桥的应用仅有一座前南斯拉夫萨瓦河(Sava River)双线铁路主跨254 m斜拉桥。为什么钢箱梁斜拉桥没有得到广泛的应用呢？究其原因，也许是人们认为钢箱梁为薄壁结构，铁路斜拉桥钢箱加劲梁难以承受铁路列车荷载振动、疲劳的影响。因此，一直以来世界铁路基本上都是采用钢桁梁斜拉桥，钢桁梁杆件的板厚、构件尺寸都是可以随心所欲，使得钢桁梁斜拉桥技术在不断地进步和发展。

混合梁斜拉桥在20世纪70年代就已经开始发展，可是应用于铁路斜拉桥直到1993年乌克兰才建成第伯聂河主跨为271 m的独塔公铁两用钢箱混合梁斜拉桥，它是世界上首座公铁两用混合梁斜拉桥。虽然随后又有塞尔维亚新萨瓦河主跨376 m的钢箱混合梁公轨两用斜拉桥建成，但是，建成的铁路钢箱梁或钢箱混合梁斜拉桥屈指可数，并没有得到大力推广和发展，说明人们对建造铁路钢箱梁斜拉桥的顾虑依然存在。

混合梁斜拉桥是当今世界超大跨度斜拉桥的发展方向，这是由混合梁斜拉桥的特点所决定的。混合梁斜拉桥的主跨结构轻而边跨结构重，可以充分发挥边跨梁的锚固作用，边跨后锚索间距较密且与梁体的夹角较大，减少了在斜拉桥中常常出现远索区拉索疲劳的影响，大大地增强主跨跨越能力；边跨是一种连续且跨径较小的预应力混凝土结构，边跨加载对主跨加劲梁影响较小；边跨对斜拉索及主跨加劲梁都能起到很好的稳固作用，显著改善斜拉桥扭弯频率比和主跨加劲梁风致动力响应。

基于混合梁斜拉桥的上述主要特点，提出在铁路大跨度桥梁中应用钢箱混合梁斜拉桥技术，因此，通过研究与试验开创性地解决了几个主要关键技术。

(1)利用混合梁斜拉桥的特点采用预加力刚度法，实现钢箱混合梁“塔偏梁拱”的目标成桥状态，改善了结构内力，减少了主跨加劲梁下挠变形，使大跨度钢箱梁斜拉桥具有更强的刚度条件来满足铁路列车运行安全性、平稳性和舒适性的要求。

(2)对薄壁钢箱结构正交异性钢桥面板采用V形肋加劲技术。在桥面板同模型条件下，通过同面积V形与U形加劲肋局部应力及560万次疲劳循环加载试验后的疲劳应力测试对比分析，结果证明V形加劲肋能够显著改善钢桥面板敏感点疲劳性能而不出现裂缝。

(3)对加劲梁钢混结合段提出梯形填充混凝土前后承压板钢混结合段技术。采用混凝土、钢混、钢格构室等结构过渡措施，经结合段局部应力分析与模型试验及结合段模拟疲劳试验，结果证明结合段各个过渡段截面形心变化引起的附加弯矩值都很小，说明钢混结合段截面刚度过渡平顺，满足铁路列车运行要求。

在铁路大跨度钢箱混合梁斜拉桥的基础上，进一步提出将钢箱混合梁斜拉桥的主跨加劲梁采用钢箱与钢筋混凝土桥面板组合技术，钢筋混凝土桥面板虽然增加了加劲梁的重量，但增加了斜拉桥柔性索结构的重力刚度，有益于增强钢箱混合组合梁斜拉桥的整体结构刚度。不仅如此，钢筋混凝土桥面板有益于减少加劲梁受温度变形的影响，加强与无砟轨道板底座混凝土的连接，使钢箱混合组合梁斜拉桥适应于高速铁路动车组运行的要求。

上述创新技术经过理论分析和模型试验验证，已经在宁波甬江斜拉桥、广州铁路枢纽穗盐路曲线斜拉桥及广东江门潭江斜拉桥等多座铁路桥梁中成功应用独塔或双塔大跨度铁路钢箱混合梁斜拉桥技术，特别是在建的赣州赣江高速铁路桥梁已经应用了大跨度钢箱混合组合梁斜拉桥技术。这些钢箱混合组合梁铁路斜拉桥不仅技术先进、经济效益显著，同时还为推进铁路专用斜拉桥技术进步作出了贡献。

本书重点论述了铁路钢箱混合组合梁斜拉桥发展和应用历程，以及铁路钢箱混合组合梁斜拉桥的技术思想、结构体系特点与技术经济性；涵盖了混合组合梁斜拉桥对高速铁路无砟轨道的适应性和列车走行的影响分析，以及如何实现混合组合梁斜拉桥的目标成桥状态与整体刚度条件；着重阐述了铁路斜拉桥混合组合加劲梁及其结合段结构设计计算分析方法；重点论述了薄壁钢箱梁正交异性桥面板采用 V 形加劲肋、钢混结合段采用梯形填充混凝土前后承压板方式、双挑索梁锚固箱等重要结构在铁路列车荷载作用下的受力特性和疲劳问题；通过理论分析承载能力与疲劳循环加载模型试验研究，充分论证了这些创新技术的可靠性与优良的受力性能。施工与控制技术是使桥梁顺利建成的关键技术之一；验证桥梁建成后的安全性所做的实桥结构试验连同前者都是创新成果应用于实际工程必不可少的技术手段和方法。最后本书展示钢箱混合组合梁斜拉桥的工程应用实例，展望了超大跨铁路钢箱混合组合梁斜拉桥应用前景。

本书的目的旨在传递铁路传统钢桁梁斜拉桥以外的一种铁路钢箱混合组合梁斜拉桥全新的设计技术概念，期望更多地了解、认识、信任和推广这种铁路大跨度钢箱混合组合梁斜拉桥创新技术。

本书第 1、2 章及第 4 章至第 8 章和第 10 章由罗世东编写，第 3 章和第 9 章由刘振标编写，全书由罗世东统稿。

本书以宁波铁路枢纽货车外绕线跨甬江的铁路钢箱混合梁斜拉桥工程项目所作研究内容为背景，这是一个开创性的工程项目，世界上首次成功应用了铁路大跨度钢箱混合梁斜拉桥技术，建成通车两年多以来，长大货物列车在桥上运行状况良好，该桥于 2016 年 9 月获得 FIDIC 2016 年度工程项目奖，为全球 21 个项目中唯一的铁路桥梁项目。

在本书编写过程中得到了许多技术专家和工程技术人员的支持和帮助，高文军、严爱国、饶少臣、曾甲华、曾敏、李的平、张晓江、夏正春、严定国、马明、黄纳新等同志提供了宝贵资料，在此一并表示致谢。

特别感谢西南交通大学蒲黔辉教授、施洲副教授、高玉峰博士、伍星高级工程师等提供了宝贵的试验、施工控制和实桥结构试验资料，中南大学郭向荣教授提供了车桥动力响应分析资料，中铁四局李鹏程、陈平等提供了宝贵的施工技术资料。

限于编者水平，书中难免有不妥之处，期望不吝赐教。

著作者

2016 年 11 月 10 日于武汉

目　　录

第 1 章

绪　　论

1.1　概　　论

1.1.1　铁路混合组合梁斜拉桥的提出

斜拉桥是一种以斜拉缆索作为主要承力的桥式结构，桥梁的柔性较大，跨越能力强，桥面至加劲梁底的建筑高度低，桥型轻巧美观，而且综合工程造价相对较低。这样一种比较柔性的桥梁结构，应用到铁路桥梁中，由于斜拉桥整体刚度相对较小，全世界范围铁路斜拉桥工程实例相对来说比较少，特别是铁路专用斜拉桥就更少了。其实不然，斜拉桥加劲梁由于有斜拉索的支承而桥面位移曲线连续、变化小、曲率半径大等特点，有利于铁路行车对轨道的线形要求，只是需要我们合理地控制好铁路斜拉桥的整体刚度来适应桥上铁路列车运行要求。

铁路斜拉桥须注意控制在列车荷载下的摇摆力及其与横向风力共同作用时，主跨加劲梁竖向、横向挠度及边跨梁端角变位等刚度条件，须注意列车行走车桥耦合振动响应，影响桥上列车运行的安全性、平稳性和乘客乘坐的舒适性。铁路列车荷载比重较大，集度高，铁路桥梁在与公路桥梁同等跨度条件下，铁路的双线列车荷载集度是公路 6 车道汽车荷载集度 4 倍以上。铁路列车运行车桥耦合振动响应明显，会对斜拉桥的桥面加劲梁构件、斜拉索及其与加劲梁连接锚固处的疲劳破坏产生影响。此外，双线铁路或多线铁路列车偏载及其与列车摇摆力、横向风力共同作用，所产生对铁路斜拉桥扭转等问题，也是需要给予高度重视的。

正是由于铁路列车荷载应力占总荷载应力比重较大，疲劳问题突出，采用铁路专用斜拉桥比较少，在需要建造铁路斜拉桥的情况下，较多见的一般都会尽量采用公路与铁路合建的钢桁梁斜拉桥，一方面是为了节约桥位资源、节省工程造价，另一方面是为了增加恒载重量，以减少铁路列车荷载所占比重。

铁路斜拉桥采用公铁合建虽然是一个适应于铁路桥梁特点的途径，但是，人们还是在寻求如何采取提高铁路斜拉桥梁整体刚度的其他途径。比如：

其一，采用具有较高梁高的钢桁梁斜拉桥，这就是为什么铁路斜拉桥一般较多采用钢桁加劲梁的原因，这也许对于公铁两用分层斜拉桥是一个比较好的布置方案。

其二，适当延长边跨增设无索区桥跨，并可以使得铁路列车荷载下梁端转角满足桥上轨道的限制要求。

其三，有时对加劲梁采取必要的填充材质或增加桥面结构材质密度和改变结构布置，以增加边跨加劲梁结构的重量，起到对斜拉索的锚固作用，以平衡主跨列车荷载作用，力求提高铁路斜拉桥的整体刚度。除此之外，适当调整加大斜拉索的直径规格措施，以获取斜拉桥较大的刚度，也是一种行之有效的方法。

在铁路斜拉桥的设计实践中，钢桁斜拉桥加劲梁如果采用较小的梁高时，比如在钢桁梁高度 10 m 范围内，增加钢桁梁高度虽然对斜拉桥整体刚度有所贡献，但是斜拉桥钢桁加劲梁高度是要受到铁路列车运行建筑限界要求限制的。超出建筑限界要求必要的最少高度时，增加钢桁加劲梁高度对斜拉桥整体刚度贡献就已经很小了，反而会因增加梁高显出不经济。能不能不受建筑限界限制在一个较少范围内适当增加加劲梁的高度来提高斜拉桥的整体刚度？斜拉桥边跨梁端增加无索区桥跨即为了解决边跨压重也是为了解决梁端转角的问题，边跨加劲梁增加重量仅仅是使边跨起到对斜拉索的锚固作用。混合梁斜拉桥的概念能够很好地解决上述三个技术问题，主跨采用更轻巧、更柔性、更节省的钢箱加劲梁，边跨采用比主跨重几倍、跨度较小的混凝土梁。提出采用铁路钢箱混合梁斜拉桥创新技术，以更为经济的目标达到铁路列车运行对铁路斜拉桥的整体刚度条件、车桥耦合动力响应及桥梁构件疲劳性能要求。在适当的建桥条件下，建造适当的桥梁。

铁路钢箱混合梁斜拉桥就是边跨加劲梁采用较重的预应力混凝土箱形截面梁，主跨加劲梁采用较轻的钢箱梁或钢桁梁，多塔斜拉桥也是如此。实际上，一般的钢桁梁斜拉桥，由于结构受力方面的原因，边跨采用混凝土预制道砟槽板与钢桁桥面纵横钢系梁结合，或者利用上层公路桥面混凝土板与钢桁梁上弦杆结合，既起到桥面结构承载的作用，又起到边跨压重的作用。也有钢桁混合梁斜拉桥，如香港昂船洲公铁两用钢桁混合梁斜拉桥。

组合梁斜拉桥是指桥面加劲梁在同一个梁体横截面内，采用不同材质的结构部件组成。一般来说，梁体截面顶板采用较重的混凝土板，腹板、底板采用较轻的钢结构，称为钢箱结合梁，或者梁体顶、底板均采用混凝土板，腹板采用波折钢板材料，称为波形钢腹板混凝土箱梁。也有组合梁为钢桁梁中混凝土板与桁架上下弦杆或桥面系钢纵横梁结合的加劲梁，称为钢桁结合梁。

铁路混合组合梁斜拉桥是在混合梁斜拉桥的基础上，将混合梁斜拉桥中的主跨采用组合截面加劲梁，既利用混合梁斜拉桥预加在结构上的力来提高铁路斜拉桥的整体刚度，又利用组合梁增加重力刚度来提高斜拉桥的整体刚度。特别是高速铁路斜拉桥，为了使桥上高速列车行驶满足车桥振动动力响应安全性、舒适性的要求，为了使梁轨相互作用变形所产生的桥上高速铁路无砟轨道线形满足高速行车的要求，必须减少梁轨相互作用的变形、位移的影响，必须在一定范围内整体提高桥梁刚度。

铁路混合梁斜拉桥与其他混合梁斜拉桥一样，通过加重边跨梁体重量，增加了边跨梁对斜拉索的锚固作用。同时，张拉斜拉索调整张拉力对结构施加预加力，以使得在结构中产生预存应力并产生相应的位移，使桥塔增加往边跨侧的弯矩(塔顶往边跨方向偏移)改善结构受力，增加斜拉索结构的有效应力，减少结构非线性影响，即对斜拉索、桥塔、桥面加劲梁均起到预加力的作用，使桥面加劲梁上拱，斜拉桥整体刚度得以提高，这是铁路与其他混合梁斜拉桥的不同之处。混合组合梁中组合截面由于桥面加劲梁重量增加，增加梁体的重力刚度、改善了桥面加劲梁在列车作用下梁顶面竖向变形曲线的曲率，进一步达到了桥上高速列车行驶安全性和旅客乘坐舒适性的目的。

1.1.2 混合梁斜拉桥的发展历程

1972 年德国建成主跨达 287 m 的 Kurt-Schvmacher 独塔混合梁斜拉桥，这是世界上首座混合梁斜拉桥，也是源于德国 1963 年 Leverkussen 混合梁斜拉桥设计方案的构思。此后，德国于 1979 年建成了主跨达 368 m 的 Dusseldorf-Flehe 独塔混合梁斜拉桥，瑞典于 1981 年建成了主跨达 386 m 的 Tjorn 双塔混合梁斜拉桥。

近二十年来，世界超大跨斜拉桥大部分均采用混合梁斜拉桥，在法国，诺曼底大桥建成于 1995 年，主跨达 856 m 的混合梁斜拉桥。诺曼底大桥位于法国西北部诺曼底半岛的 Honfleur 南部和 Le Havre 北部之间的塞纳河河口上。加劲梁采用预应力混凝土箱梁和钢箱梁组成的混合梁斜拉桥，边跨和靠近桥塔的部分中跨是预应力混凝土，采用三室单箱梁，主跨中间 624 m 是扁平钢箱梁。桥塔采用倒 Y 形，这对抵抗横向风荷载是非常有效的，桥塔和斜拉索的锚固采用钢锚箱。边跨引桥采用预应力混凝土梁顶推法施工；边跨混凝土梁伸入主跨 116 m，既节约了造价又增加了主跨的抗风稳定性、提高了斜拉桥的整体刚度，采用悬臂浇筑法施工；主跨为钢箱梁，节段采用悬拼法施工。该桥是混合梁斜拉桥的典范，引进了许多新技术，标志着这一桥型从当时既有的斜拉桥跨径比以往迈出了很大一步。建成后的诺曼底大桥如图 1-1 所示，是一座与当地景观完美协调的斜拉桥，以其细长的结构和典雅的造型而著称。诺曼底大桥被授予“20 世纪世界最美的桥梁”。

图 1-1 建成后诺曼底斜拉桥

日本多多罗大桥为主跨 890 m 的混合梁斜拉桥，该桥引领世界超大跨径斜拉桥 10 年。日本是一个多台风、多地震的国家。因此多多罗大桥在抗风、抗震设计上要求很高。具体地说是抵抗像 52 m/s 左右的暴风及最大级地震所设计的。此外，由于该桥两侧的边跨较短，分别为 170 m 和 270 m，中间主跨跨度较大达到 890 m，故采用了边跨为预应力混凝土及中跨为钢箱的混合形式，以取得桥梁自重的平衡。如图 1-2 所示。

在中国，图 1-3 为 2010 年建成的(3×67.5＋72.5＋926＋72.5＋3×67.5)m 鄂东长江公路混合梁斜拉桥，主跨 926 m，边跨 275 m，边跨与主跨之比为 0.297，边跨设置三个辅助墩的双塔半漂浮体系。主跨加劲梁采用分离式双钢箱梁，边跨采用混凝土双箱梁，钢混结合段伸入主跨 12.5 m。边跨混凝土梁采用支架现场混凝土浇筑施工，钢混结合段采用大快件吊装再浇

图 1-2　建成后的多多罗斜拉桥

筑混凝土，钢箱梁采用节段悬臂拼装施工。混凝土箱梁、钢箱梁及钢混结合段箱梁外部尺寸协调一致，箱梁横向中心处高 3.8 m，全宽 38 m，梁高与跨径之比为 1/243.7，梁高与宽度之比为 1/10。桥面以上塔高为 204.82 m，塔高与跨度之比为 0.22。斜拉索索距 15 m，边跨密索区间距为 7.5 m，全桥共 240 根斜拉索，最长索 493.6 m。

图 1-3　建成后的鄂东长江斜拉桥

2009 年建成主跨达 1 018 m 的香港昂船洲混合梁斜拉桥，两对称边跨跨径组合为(79.5＋70＋70＋69.25)m，主跨加劲梁为流线型分离式双钢箱梁结构，并延伸至边跨 49.75 m，其余部分为预应力混凝土箱梁。如图 1-4 所示。

图 1-4 香港昂船洲混合梁斜拉桥

如图 1-5 所示，2012 年，海参崴俄罗斯岛跨海大桥更是将混合梁斜拉桥的跨径大幅度提高到 1 104 m，主跨钢箱梁长度为 1 220 m，其余边跨为预应力混凝土箱梁，该桥亦为目前世界上最大跨度的斜拉桥。

图 1-5 俄罗斯海参崴跨混合梁斜拉桥

据统计在世界范围内，目前已经建成的混合梁斜拉桥达到三十几座，可见，混合梁斜拉桥已经在世界范围内得以更加广泛的应用，特别是近些年世界超大跨度的斜拉桥大部分采用混合梁斜拉桥。可以说，混合梁斜拉桥将是世界超大跨径斜拉桥的一个发展方向。

1.1.3 铁路混合组合梁斜拉桥的应用现状

1. 铁路钢桁混合梁的思想

目前的铁路斜拉桥加劲梁比较常见的是采用钢桁梁，为了平衡斜拉桥主跨的荷载，一般是采取加大或加长边跨形成多跨连续梁结构，当在不需要斜拉桥的边跨具有通航、防洪功能或斜拉桥的边跨处于滩地岸线的情况下，如果使得钢桁梁斜拉桥的边跨钢桁加劲梁去平衡主跨钢桁梁的重量，必然要加大边跨钢桁加劲梁的长度，相对而言就显得不是很经济了。因此，人们在设计钢桁梁斜拉桥时，往往也是根据桥址所处具体地形、地质、航道和水文等自然条件的不同特点，寻求着改变钢桁梁斜拉桥边跨结构重量的措施，或者干脆将边跨以钢桁加劲梁的截面尺寸采用混凝土箱形梁，以获得最佳的经济效益。一般会采取以下三种措施：

其一，边跨钢桁梁桥面系将纵横钢梁与混凝土铁路道砟槽桥面板结合形成组合截面。如图 1-6 所示，南广、贵广铁路的思贤窖和北江大桥，四线铁路双主桁，边跨钢桁梁道砟槽桥面板自梁端 69 m 采用钢筋混凝土，其余均采用钢桥面加劲肋板。

图 1-6　建成后思贤窖四线双片主桁钢桁梁斜拉桥

其二，在公路与铁路合建钢桁梁斜拉桥中为满足边跨钢桁梁压重需要，将部分边跨钢桁梁上弦与公路混凝土桥面板结合。如图 1-7 所示，武广客运专线天兴洲长江大桥 2009 年 12 月建成通车，桥跨布置为(98＋196＋504＋196＋98)m，加劲梁采用三片主桁的板桁结合钢桁梁，四线铁路，6 车道公路。公路桥面在钢桁上弦两端 168 m 范围采用预制混凝土桥面板，其余为正交异性钢桥面板。

其三，主跨采用双向钢桁架与钢筋混凝土桥面板组合式加劲箱梁，边跨梁采用与主跨钢桁梁外形尺寸相同的预应力混凝土箱形加劲梁。香港汲水门大桥，加劲梁顶部及底部的钢桁架横梁均用钢筋混凝土桥面板组成上下层公路行车道板，两边外缘为钢腹板，位于下层中央为铁路，由钢横梁承托。这也是一座典型的钢桁混合组合梁斜拉桥，孔跨布置为(70＋2×80＋430＋2×80)m，建成的香港汲水门大桥如图 1-8 所示。

2. 铁路钢箱梁斜拉桥的应用历程

目前来说，大多数铁路斜拉桥都是采用钢桁梁斜拉桥，钢桁加劲梁桁高约 14～16 m，而钢箱加劲梁约只有 4～5 m 高，由于钢箱加劲梁斜拉桥与钢桁加劲梁斜拉桥相比较，桥梁刚度相对而言要小一些，所以，也许是人们已经比较习惯了对钢桁梁刚度大的认识，一直以来在世界范围内，在铁路斜拉桥中首先想到的是采用钢桁加劲梁而很少去想采用钢箱加劲梁。铁路钢

图 1-7 建成后天兴洲四线铁路三片主桁钢桁梁公铁斜拉桥

图 1-8 建成后香港汲水门公铁两用钢桁混合组合梁斜拉桥

箱梁斜拉桥屈指可数，发展时期也比较晚，发展进程也比较慢，国外铁路（公铁两用）钢箱梁斜拉桥统计见表 1-1。

表 1-1 国外铁路（公铁两用）钢箱梁斜拉桥

序号	桥 名	主跨(m)	建成年代	附 注
1	德国塞弗林桥（Severins Bridge）	302.00	1959	公铁两用，钢箱梁，A 形钢塔，第一座全漂浮体系
2	德国 Kurt-Schuacher 桥	287.04	1972	独塔，公铁两用
3	德国赫希斯特美因河桥	148.23	1972	独塔，公铁两用（单线铁路），主梁为两侧带大托臂的矩形箱梁

续上表

序号	桥 名	主跨(m)	建成年代	附 注
4	阿根廷 Zarate Parana 桥	330.00	1977	加劲梁为梯形横断面箱梁，A 形塔，公铁两用
5	前南斯拉夫萨瓦河桥 (Sava river Bridge)	254.00	1980	双线铁路，单室钢箱梁
6	委内瑞拉奥里诺科河桥	300.00	2005	公铁两用(单线铁路)，主梁采用结合梁，中间钢箱梁支撑两侧混凝土板悬臂

萨瓦河桥 Sava River Bridge，位于前南斯拉夫首都贝尔格莱德市的一座跨越萨瓦河的双线铁路钢斜拉桥。这座桥于 1980 年底完工，桥总长约 2 000 m，正桥部分有 6 孔，长 557.94 m。其中主跨为 3 孔，主桥跨度为(50.15＋253.7＋50.15)m 斜拉桥。加劲梁采用双箱形梁分置，箱形梁轮廓尺寸为 3.2 m×4.45 m，两箱形梁间用宽 8.1 m 的正交异性板连接，上面设置道砟桥面。正交异性板是由面板、纵肋和横梁组成。横梁间距为 2.5 m，每隔 15 m 处设主横梁。两个分置的箱形梁连同正交异性板及主、次横梁成为一个纵向和横向具有很大刚度的整体结构。如图 1-9 所示。

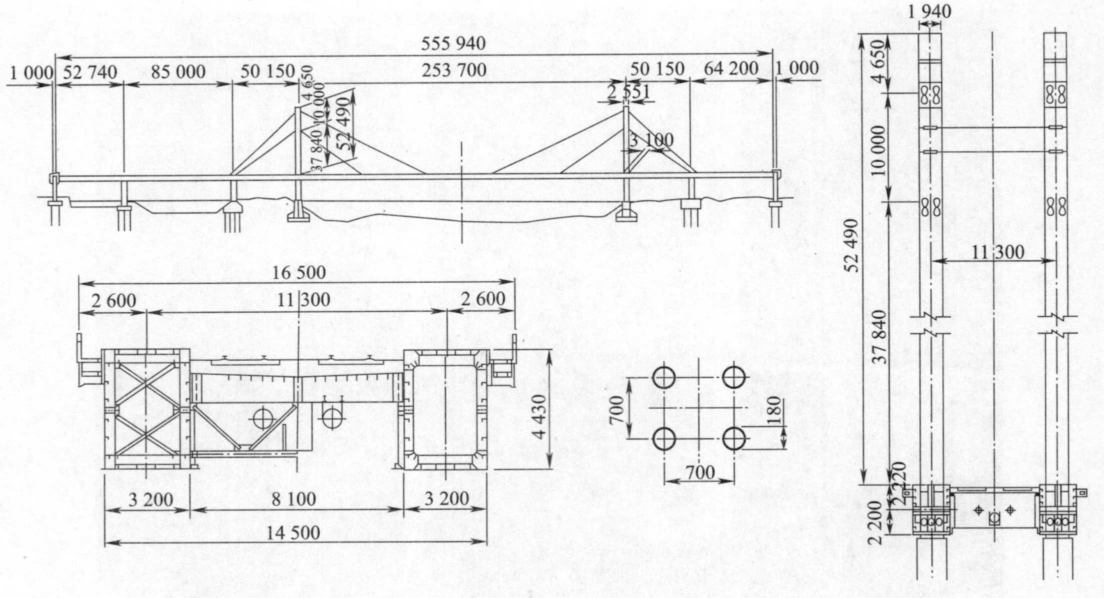

图 1-9 萨瓦河铁路斜拉桥结构布置图(单位:mm)

主跨部分每段长约 50 m 的加劲梁，用 4 根斜缆悬吊。边跨每段长 50 m 的加劲梁，用两根拉索集中锚固在承受负反力的边墩上的加劲梁上。每根缆索由 4 束平行的钢丝束组成，每束有 ϕ7 mm 钢丝 240～290 根，套在聚乙烯套管内。锚具采用能承受高应力幅度的冷铸钢索端锚，锚头的填料为钢球、锌粉末和环氧树脂。

加劲梁、索塔及所有主桥桥墩均为钢结构。索塔为门形，固结在箱形梁上，塔、梁均采用箱形截面的栓焊结构。索塔基础为沉箱，其他桥墩基础均为钻孔桩。建成后萨瓦河铁路斜拉桥如图 1-10 所示。

图 1-10 建成后萨瓦河铁路斜拉桥

3. 铁路钢箱混合组合梁斜拉桥发展现状

利用混合组合梁斜拉桥结构受力原理，通过采用预加力刚度法和重力刚度法，可以大大地提高铁路钢箱梁斜拉桥的整体刚度，这样一来，就提供了铁路钢箱梁斜拉桥的一个发展机遇；同时，铁路钢箱梁斜拉桥也提供了铁路钢箱混合组合梁斜拉桥一个施展应用的平台，同时也提供了铁路斜拉桥另一个技术发展方向。

在一定的条件下，铁路钢箱梁斜拉桥中的钢箱加劲梁与钢桁梁相比较，一方面，箱形梁的宽度不仅可以适应桥面宽度变化和线路平面弯曲的需要，而且还可以能够自由地适应多线铁路桥面布置或超大跨径斜拉桥桥面加宽的需要。另一方面，钢箱梁斜拉桥加劲梁的边跨能较好地采用混凝土箱形梁以节省钢材。从受力角度考虑钢箱梁为薄板结构面、线整体受应力，而钢桁梁主要是承受杆件力，应力相对集中，使得钢桁杆件板厚加厚而增加用钢量。

在铁路钢箱梁斜拉桥的基础上，将边跨采用预应力混凝土箱梁，主跨仍采用钢箱梁，发展成为钢箱混合梁斜拉桥，以适应普通铁路斜拉桥的需要；在铁路钢箱混合梁斜拉桥的基础上，将其主跨采用钢箱混凝土板的钢混组合截面，就发展成为铁路钢箱混合组合梁斜拉桥，以适应高速铁路无砟轨道斜拉桥或超大跨度铁路斜拉桥的需要。

1993 年乌克兰建成第伯聂河南桥，主跨为 271 m 的独塔公铁两用斜拉桥，包含双线铁路、6 车道公路在内的活载集度约为 246 kN/m，是世界上首座公铁两用混合梁斜拉桥。以独塔为分界点，主跨采用钢箱结构，工厂焊接、栓焊组合连接；边跨为混凝土箱梁，节段施工。桥面宽度 42 m，双线铁路居中布置，两侧各布置 3 车道公路，另外尚布设 4 条大直径水管过桥。建成的第伯聂河南桥如图 1-11 所示。

新萨瓦河桥(The New Sava Bridge)跨越塞尔维亚贝尔格莱德市的萨瓦河，是一座独塔公铁两用钢箱混合梁斜拉桥，如图 1-12 所示。该桥的 A 形混凝土桥塔高 200 m，钢箱梁主跨长 376 m，由 80 根斜拉索支承；起平衡作用的背跨长 200 m，为后张预应力钢筋混凝土连续箱梁结构；边跨为长 338 m 的后张预应力钢筋混凝土连续箱梁结构。桥面宽 45 m，布置双向 6 车道、双线轻轨线及 2 条人行道和 2 条自行车道。

图 1-11 建成后第伯聂河南桥

图 1-12 贝尔格莱德新萨瓦河公铁两用斜拉桥

在中国，贵广、南广铁路以曲线形式斜跨高速公路高架桥和广州市区道路，构成三层立体交叉的交通体系，为四线铁路，曲线半径约 1 148 m，采用跨径布置为(32＋2×175＋32)m 独塔弯曲的钢箱混合梁斜拉桥，桥面宽 24 m，塔梁固结。弯曲的钢箱混合梁斜拉桥如图 1-13 和图 1-14 所示。

图 1-13 广州穗盐路钢箱混合梁弯斜拉桥立面

图 1-14 广州穗盐路钢箱混合梁弯斜拉桥平面

如图 1-15 所示，宁波铁路枢纽北环双线货运铁路跨甬江大桥，世界上首次采用跨径达 468 m 的钢箱混合梁铁路斜拉桥，有砟轨道，主跨 419 m 钢箱，边跨采用混凝土箱梁，并伸入主跨 24.5 m，钻石形桥塔，桩基础，设计采用预加力刚度法尽量提高钢箱梁部分的刚度，使得桥塔在恒载作用下往边跨偏移、主跨钢箱梁成曲线上拱，已于 2014 年建成通车。实桥各项测试及实桥试验结果证明，铁路钢箱混合梁斜拉桥可以满足铁路桥梁刚度、列车行车安全性和舒适性良好以上的指标要求。

图 1-15　建成的甬江铁路混合梁斜拉桥(左侧为铁路桥，右侧为公路桥)

如图 1-16 所示，南昌至赣州高速铁路跨越赣江斜拉桥，是在建的世界上首次采用列车时速 350 km 通过的混合组合梁斜拉桥，无砟轨道，桥面二期恒载为 133 kN/m。主跨 300 m，跨度布置为(35＋40＋60＋300＋60＋40＋35)m，边跨过桥塔距塔中心 20 m 采用预应力混凝土箱梁，其余主跨 260 m 范围采用钢箱混凝土组合截面梁，桥面宽 16.3 m。钢箱混凝土组合截面梁中心梁高 4.5 m，预制混凝土桥面板厚 30 cm，局部加厚至 50 cm。钢梁采用带弧形风嘴的箱形截面，外轮廓与边跨混凝土主梁基本一致。钢梁截面为槽形，混凝土桥面板通过设置在翼板上的剪力钉与钢梁结合。钢梁翼板厚 36 mm，底板、腹板根据受力采用不同厚度：底板厚为 16～20 mm，中腹板厚为 20～24 mm，边腹板厚分别为 30 mm(无索区)、40 mm(有索区)。混凝土桥面板横向分三块预制，在钢梁上翼缘带状区浇筑二次混凝土形成结合，现浇混凝土采用补偿收缩(微膨胀)混凝土。桥塔采用人字形桥塔，桥面以上塔高 88 m，为主跨的 1/3.409。

图 1-16　赣江斜拉桥效果图

1.1.4 小　结

铁路混合组合梁斜拉桥能够有效解决铁路斜拉桥的整体刚度问题与钢桁梁相比，还具有突出的经济性，推动了钢箱梁在铁路斜拉桥中的应用。技术上的突破，把组合梁引入混合梁斜拉桥中形成混合组合梁斜拉桥，不仅经济性优良，而且使得在时速 350 km 的高速铁路斜拉桥中设计采用桥上铺设无砟轨道的技术。显而易见，铁路混合组合梁斜拉桥技术思想的提出，开创了世界铁路斜拉桥设计的一个新思路。我们相信铁路混合组合钢箱梁斜拉桥将会得到更好、更进一步的发展，将更加突显其优越的技术经济性。

1.2 铁路混合组合梁斜拉桥主要结构形式

1.2.1 双塔三跨桥式

双塔三跨式混合梁斜拉桥的主跨根据桥梁跨越功能的需要，一般采用比较大的跨径，主跨跨越河流、河口、海湾或主航道后，两个边跨可以设在岸边、滩地或浅水区，两个边跨跨径可以是对称的，也可以是不对称的，如图 1-17 所示，相应的边跨布置一个或多个辅助桥墩。边跨内增设辅助桥墩支承加劲梁，此时，边跨加劲梁为连续梁受力结构，减少了加劲梁的弯矩，缩短了边跨的跨径。这样不仅可以将端锚索在最不利活载布载作用下的应力变幅控制在一定范围内，缓和端锚索的应力集中，以减少端锚索疲劳的影响，还可以增大斜拉桥的整体刚度。

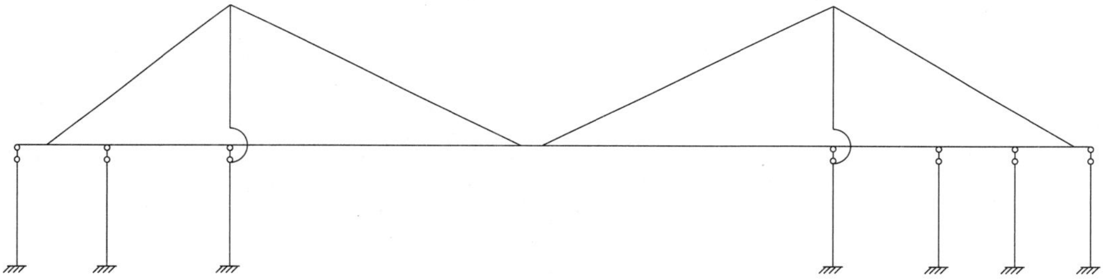

图 1-17　双塔三跨式混合梁斜拉桥

双塔三跨式混合梁斜拉桥边跨可以与引桥上部结构一起设置为连续梁结构，如法国的诺曼底大桥，也可以将边跨加劲梁在端锚索向外延伸设为无索区辅助跨，如图 1-18 所示，以使得边跨梁端转角变位满足桥上无缝轨道受力和变形的需要。

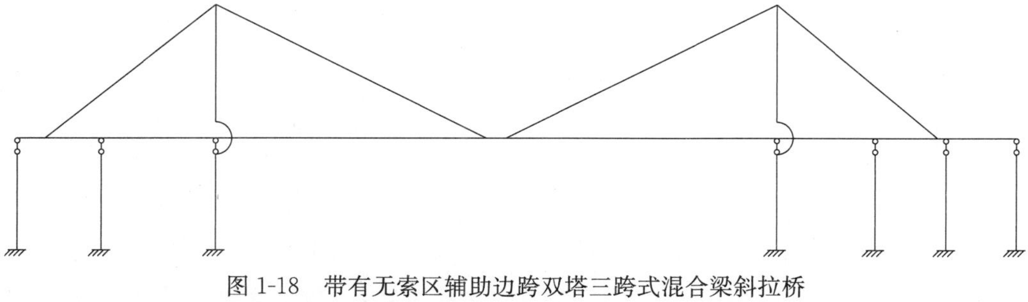

图 1-18　带有无索区辅助边跨双塔三跨式混合梁斜拉桥

此外，根据地形、地质及河道条件，双塔三跨式混合梁斜拉桥也有双塔采用不等高的高低塔形式，如图 1-19 所示。

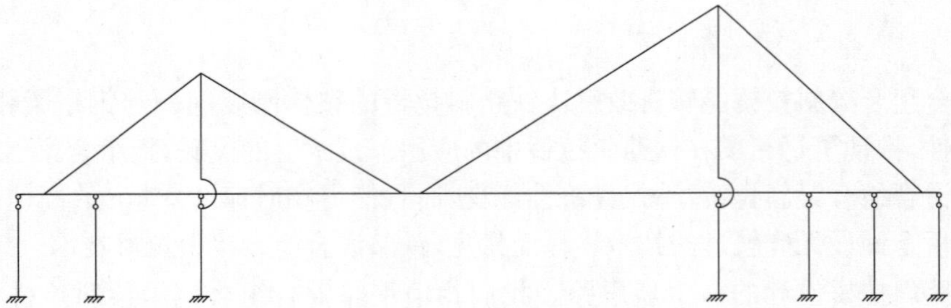

图 1-19　双塔三跨式不等高塔混合梁斜拉桥

1.2.2　独塔双跨桥式

独塔双跨式混合梁斜拉桥可以布置为一个主跨和一个边跨的不对称形式，如图 1-20 所示，也可以布置为两个主跨的对称形式，如图 1-21 所示。当独塔双跨式混合梁斜拉桥为不对称布置时，主跨侧必须设置至少一个辅助跨，以使得主跨梁端转角变位满足桥上无缝轨道受力和变形的需要。当独塔双跨式混合梁斜拉桥为两个主跨等跨对称布置时，两个主跨侧均须设置混合梁辅助跨，这样不仅可以使得主跨梁端转角变位满足桥上无缝轨道受力和变形的需要，还可以使得端锚索能有效地约束塔顶位移，在受力和变形方面能充分发挥混合梁斜拉桥的优势。

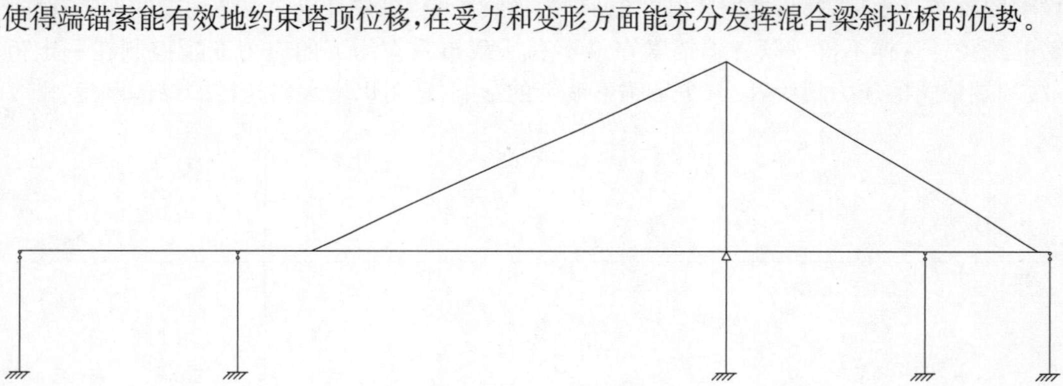

图 1-20　独塔双跨式不对称布置混合梁斜拉桥

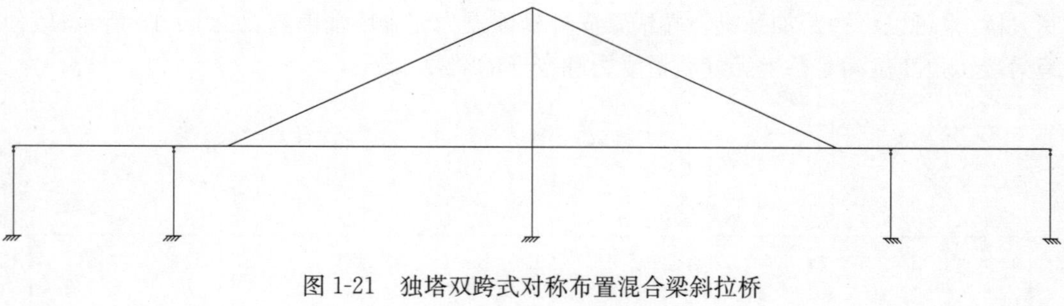

图 1-21　独塔双跨式对称布置混合梁斜拉桥

独塔双跨式混合梁斜拉桥不对称布置适用于跨越河道的主河槽或主航道偏向河道一岸侧、一侧山坡较陡峭另一侧相对缓坡的谷地，以及交通道路；主跨根据桥梁跨越功能的需要大于边跨，边跨中间布置一个或多个辅助桥墩，桥塔和边跨设置于岸坡或河流的浅滩区。独塔双跨式混合梁斜拉桥对称布置适用于两跨跨越河流或分叉河流，桥塔设置在河道中间或河床相对凸起的部位或分叉河流的浅滩区。

1.2.3 多塔多跨桥式

多塔多跨式是指多于等于三塔和多于等于四跨混合梁斜拉桥，适用于较宽的河流、河口、海湾，以及多条航道和宽而深的谷地。四塔五跨式混合梁斜拉桥如图 1-22 所示。

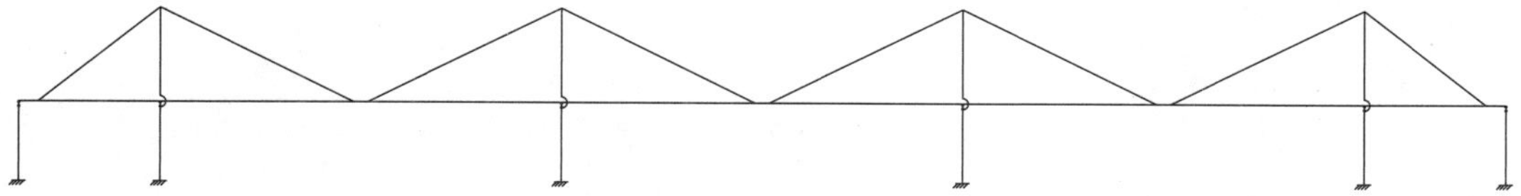

图 1-22 四塔五跨式混合梁斜拉桥

多塔多跨式混合梁斜拉桥的边塔受到边跨的锚固作用，而中间塔两侧斜拉索随主跨荷载作用会产生位移，没有相对固定的端锚索来有效地限制塔顶的变位。因此，柔性结构的斜拉桥采用多塔多跨式将使结构中间塔顶部及加劲梁的变形过大，关键技术是如何约束和减少中间桥塔的位移和变形？目前，比较有效的措施是：其一，将中间桥塔顶部用长斜拉索与具有锚跨的边塔下部结构连接锚固，这是一个直接对中间塔顶起到锚固作用的方法，受力简单明确，经济性也好；其二，将中间桥塔采取塔梁固结的结构形式，塔墩梁固结使得加劲梁在中间塔位置锚固，起到减少加劲梁自身变形的作用，但仍然会随塔顶变位而转动；其三，将中间桥塔设置为相对较刚性的结构。

如图 1-23 所示，在多塔多跨式混合梁斜拉桥可以创新采用斜拉索在主跨中部一定范围内交叉锚固的布置形式，以增大多塔多跨式混合梁斜拉桥的整体刚度。

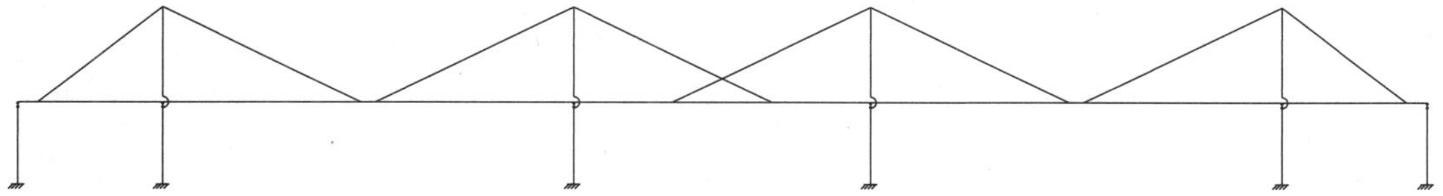

图 1-23 多塔多跨式斜拉索交叉布置混合梁斜拉桥

此外，多塔多跨式斜拉桥的多塔可以不一样的高度，多跨可以是等跨度也可以是不等跨度，如图 1-24 所示。

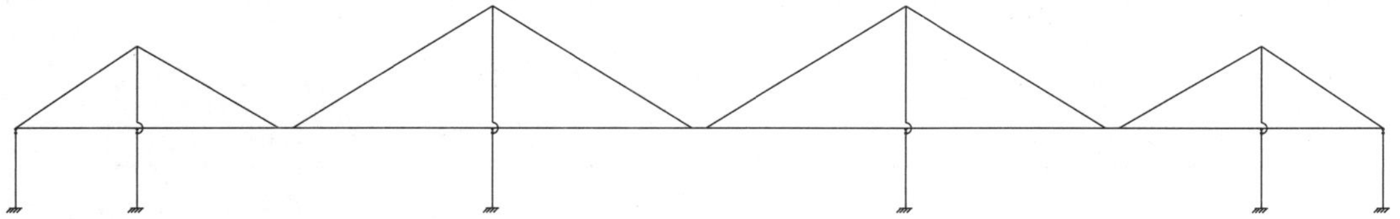

图 1-24 多塔多跨不等高塔不等跨度混合梁斜拉桥

1.3 铁路混合组合梁斜拉桥荷载与结构体系特点

1.3.1 结构荷载体系特点

相对而言，世界范围内铁路专用斜拉桥应用很少，究其原因，由于斜拉桥毕竟是比较柔的结构，对动力因素影响较大的铁路列车荷载具有的抗振性能要差一些。因此，不得不强调铁路混合梁斜拉桥结构的铁路列车荷载特点。铁路行车固定的轨道位置、更重的轮轴压力以及行车安全性、平稳性和旅客乘坐舒适性的要求，使得铁路桥梁比公路桥梁需要具有更大的刚度和振动稳定性，以及更强的抗列车荷载的疲劳性能。因此，铁路列车荷载体系作用于铁路桥梁体现出许多不同的作用效应特点。

1. 铁路列车荷载作用效应

(1)铁路列车荷载图式标准

①时速 160 km 及以下的普速铁路、时速 200 km 客货共线铁路桥梁采用“中-活载”，活载图式如图 1-25 所示。

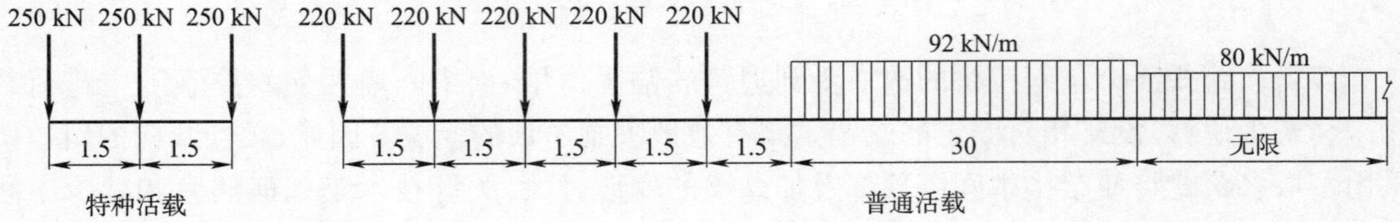

图 1-25 “中-活载”活载图式(距离以 m 计)

②时速 250～350 km 高速铁路桥梁采用 ZK 荷载图式，如图 1-26 和图 1-27 所示。

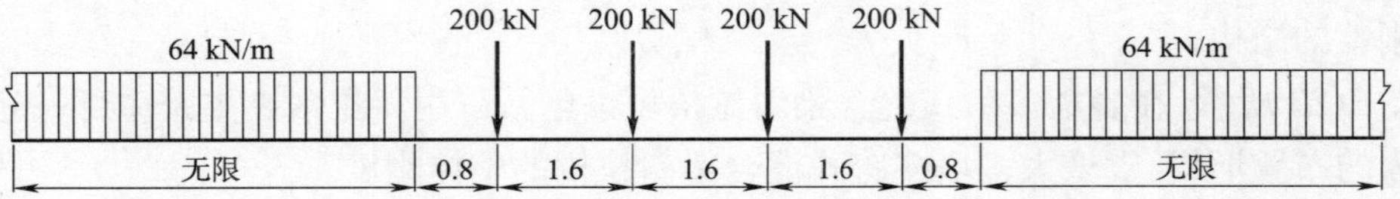

图 1-26 ZK 标准荷载图式(距离以 m 计)

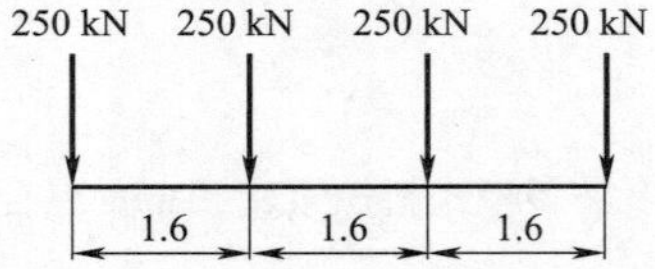

图 1-27 ZK 特种荷载图式(距离以 m 计)

③时速 200 km 城际轨道交通桥梁采用 ZC 荷载图式，如图 1-28 和图 1-29 所示。

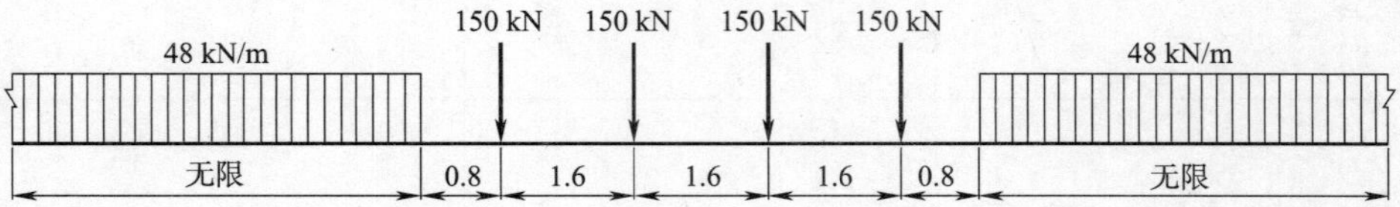

图 1-28 ZC 标准荷载图式(距离以 m 计)

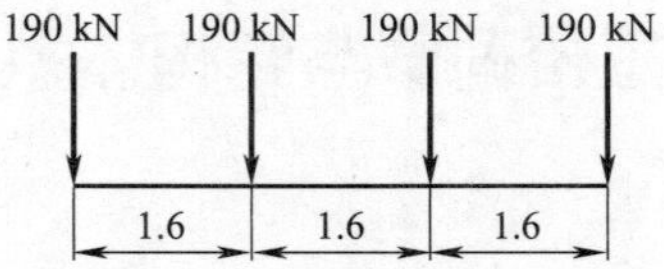

图 1-29 ZC 特种荷载图式(距离以 m 计)

④货运重载铁路桥梁采用 ZH 荷载图式，如图 1-30 所示，并乘以重载等级系数 Z，Z 一般取 1.0～1.3。

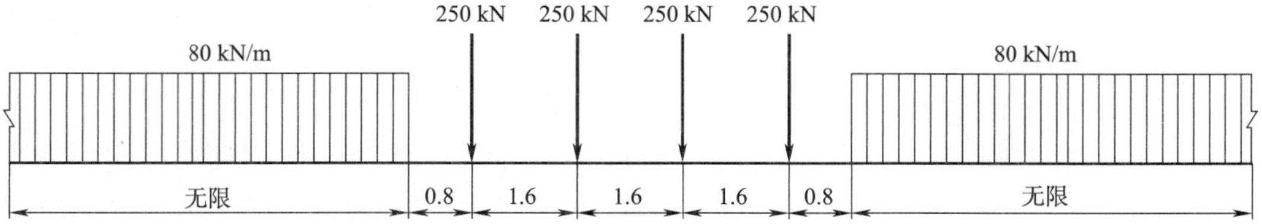

图 1-30 ZH 标准荷载图式(Z=1.0)

以上几种铁路列车标准荷载图式中，ZH 标准荷载图式值最大，欧洲 UIC 列车荷载与“中-活载”荷载图式基本相当。另一种是日本新干线 H 标准荷载，当为标准定员时轴重，160 kN、170 kN，考虑超员影响，轴重最大为 220 kN。日本 H 标准荷载最小，仅相当于 0.4UIC。

上述列车荷载图式均为单线铁路，双线铁路列车荷载加载时除“中-活载”图式荷载值乘以 1.8 外，其余图式荷载值均乘以 2。总体来说，铁路各种荷载图式中 4 个集中力总载重较大，均布荷载都在 48 kN/m 以上，总的荷载值均较重，具体加载总值与列车加载长度有关。

(2)铁路列车荷载加载长度取值

加载长度考虑有两种方法取值，一是按到发线有效长度扣除两端安全距离考虑，到发线有效长度尚应考虑后期改造的可能性。例如到发线有效长度 1 050 m，两端安全距离各40 m，则加载长度为 970 m。二是由牵引定数反算加载长度。例如牵引定数 5 000 t，对应的加载长度 614.25 m。

(3)铁路列车荷载对桥面宽度作用的影响

仅从满足各自承载功能要求来看，满足两线铁路功能要求的桥面宽仅需约 12 m，而满足 6 车道“公路 - Ⅰ级”功能要求的桥面宽约 35 m。超大跨径公路斜拉桥梁本身宽度大，可以很好地满足功能与结构的统一。而单纯的同跨度铁路斜拉桥梁列车荷载比重大，对斜拉索以及钢结构的疲劳设计要求更高，为满足横向刚度要求，一般还会出现桥面结构宽度大于功能要求的情况，造成桥面浪费。

(4)公铁两用斜拉桥可降低铁路列车荷载的作用效应

公铁两用斜拉桥降低了铁路荷载的比例，合理利用了桥面宽度，较好地做到了结构宽度功能与构造的互补，改善了列车通行的安全性、舒适性条件，降低了列车与桥梁结构的动力响应。正是因为如此，超大跨度铁路斜拉桥一般多采用公铁合建。一定程度上也可以认为，功能上仅为双线铁路荷载的话，列车对超大跨径铁路斜拉桥的振动和稳定性的影响，均比同跨度公铁合建桥梁要大。

2. 铁路斜拉桥受到车桥振动的耦合作用效应

铁路列车对桥梁的动力作用会引起桥梁上部结构的振动，可能使桥梁构件产生疲劳，降低其强度和稳定性，而桥梁振动过大又会对桥上车辆的运行安全和稳定性产生影响。因此，掌握列车与桥梁间的动力响应分析与监测技术是超大跨径铁路斜拉桥梁的关键技术，往往需依据桥上列车运行的安全性和旅客乘坐的舒适性来确定桥梁结构合理的刚度值。

反映列车安全性的指标是梁体横向振幅、列车脱轨系数、轮重减载率，反映乘坐舒适性的指标是车体加速度指标。不仅桥梁本身的竖向、横向及抗扭刚度需要满足这些指标的要求，而且桥面轨道条件、机车车辆的动力性能也需要达到这些指标的要求，因此，铁路斜拉桥需进行车桥动力响应分析研究，以此判断桥梁的竖向、横向刚度是否足够。此外，在风环境影响较大的区域还需进行风车桥耦合振动响应分析，以保证在有车风压状况下，列车过桥时具有足够的安全度和一定的舒适性。

3. 桥上纵向长钢轨荷载与斜拉桥结构相互作用效应

桥上无缝线路纵向力是伸缩力、挠曲力及断轨力的总称。因“梁-轨”之间温度作用下的相互约束引起的钢轨纵向力称之为伸缩附加力，因梁的挠曲而引起的钢轨纵向力称之为挠曲附加力。这些力同时又反作用于梁跨和固定支座上，使桥墩台产生弹性变形，墩顶发生纵向位移。此外，如果桥上发生断轨，温度力和伸缩附加力就会得到释放，并通过梁、轨间的约束使墩台和固定支座受到断轨力的作用。斜拉桥上无缝线路梁轨相互作用方式已不再仅仅是一般桥上无缝线路“梁-轨”之间的相互作用，由于温度变化或列车荷载作用，斜拉桥会通过道床或扣件系统带动梁上铺设的钢轨一起受力和变形，形成“塔-索-梁-轨”的耦合作用体系，且需考虑梁-塔之间的阻尼限位作用。另外，长轨条因列车启动、制动、钢轨折断或位于无缝线路伸缩区产生纵向位移，通过扣件系统及道床对主梁施加纵向力，主梁通过拉索又将该纵向力传至桥塔，各部件之间的传力机理、相互作用方式更为复杂。

1.3.2 结构构造体系特点

斜拉桥最重要部分是塔、索、梁，其中加劲梁除了承受梁体自重外，还承受桥面轨道结构和栏杆、人行道等二期恒载，是直接传递铁路列车荷载的结构部件；斜拉索按一定的间距锚固在梁上，每一根斜拉索对加劲梁起着弹性支承的作用，将加劲梁及桥面荷载通过一根根的斜拉索传递至与其锚固的塔身；桥塔包含其基础，承受两侧斜拉索的拉力所合成的沿塔轴线压力和不平衡索力所产生对塔身的弯矩，单侧斜拉索的拉力与斜塔的情况铁路斜拉桥极少采用。为了使相对比较柔性的铁路斜拉桥能够安全地承受铁路列车及其轨道荷载体系，铁路混合组合梁专用斜拉桥的结构体系特点应该是塔、索、梁均具有相对比较大的刚度。

1.3.2.1 加劲梁结构构造

铁路混合梁斜拉桥中的加劲梁一般来说边跨是混凝土梁、主跨是钢梁，加劲梁截面有箱形、工字形梁和钢桁架梁，钢混结合段可以设置在主跨侧，也可以设置在边跨侧。如果是钢梁，将钢箱梁带有U形或V形加劲肋的钢顶板替换采用混凝土板，或将工字形钢梁布置成纵梁、横梁，再在纵横梁上翼缘顶面铺设混凝土单元板，或在钢桁架顶面布置混凝土板块，这种钢混组合截面就成组合梁。加劲梁截面设计需综合考虑结构强度、横竖及抗扭刚度、抗风性能及经济性等多种因素。箱形截面梁抗扭刚度大、空气动力稳定性好，结构构造简单，经济性也比较好，比较适合铁路混合梁斜拉桥选用。

1. 加劲梁高度

斜拉桥的整体刚度由斜拉索、加劲梁和桥塔共同提供，加劲梁的高跨比不仅体现了斜拉桥的柔细程度，而且也是反映斜拉桥竖向刚度的指标。在一定的范围内，认为加劲梁越高对斜拉桥的整体刚度贡献越大，所以对铁路斜拉桥一般采用钢桁加劲梁。也许是因为铁路列车可以在桁架内通行，既可使钢桁架有足够的高度，对整体刚度有帮助，又不增加桥梁的建筑高度(指轨底至梁底的高度)，从而可以使桥梁的整体高度降低，节省引桥工程造价。其实不然，像这样有足够高度的钢桁加劲梁，研究表明超过一定的梁高范围，加劲梁高度增加已经对斜拉桥的整体刚度贡献微乎其微，这时应注意其经济性了。虽然铁路斜拉桥的加劲梁高度采用钢箱加劲梁，桥梁的建筑高度相对较高一些，但是，钢箱梁可以灵活地应用于双向纵坡上，并不会因此而增加引桥工程造价，同时，钢箱梁斜拉桥仍不失斜拉桥柔细感的特色。国内外部分铁路斜拉桥箱形加劲梁高跨比统计见表 1-2，国内外部分公路混合梁斜拉桥的高跨比统计见表 1-3。

表 1-2 国内外铁路箱形加劲梁斜拉桥的高跨比统计表

序号	桥 名	主跨(m)	梁高(m)	高跨比	备 注
1	南斯拉夫萨瓦河桥	254.00	4.40	1/57	单室钢箱梁
2	红水河桥	96.00	3.20	1/30	单线单箱双室
3	塞弗林桥	302.00	4.57	1/66	单室钢箱梁
4	库尔特-舒马赫桥	287.00	4.50	1/64	单室钢箱梁
5	Parana D 桥、G 桥	330.00	2.60	1/127	扁平钢箱梁
6	日本小本川桥	85.00	3.00	1/28.3	单箱单室混凝土梁
7	日本第二千曲川桥	133.90	3.00	1/44.6	单箱三室混凝土梁

表 1-3 国内外部分公路混合梁斜拉桥的高跨比统计表

桥 名	主跨(m)	梁高(m)	高跨比
香港昂船洲大桥	1 018	3.5	1/290.9
鄂东长江公路大桥	926	3.8	1/243.7
日本多多罗大桥	890	2.7	1/329.6
法国诺曼底大桥	856	3	1/285.3
九江长江公路大桥	818	3.6	1/227.2
荆岳长江公路大桥	816	3.8	1/214.7
武汉白沙洲长江公路大桥	618	3	1/206
上海徐浦大桥	590	3	1/196.7
舟山桃夭门大桥	580	2.8	1/207.1
汕头礐石大桥	518	2.72	1/190.4
瑞典 Tjorn 桥	366	3	1/122
日本生口桥	490	2.7	1/181.5

由表 1-2 和表 1-3 可知，铁路箱形加劲梁斜拉桥的高跨比多在 1/30～1/70，个别小于 1/100，而公路混合梁斜拉桥的高跨比大多在 1/180～1/250，梁高绝大多数介于 2.7～3.8 m 之间。可见铁路斜拉桥更注重结构的整体竖向刚度，而不同于公路桥以追求柔细感为发展趋势，因此加劲梁的高跨比均大于相同跨度的公路桥。

(1)梁高比较

为了研究梁高对斜拉桥整体刚度的影响，综合结构强度、横竖向刚度要求，以主跨 468 m 钢箱混合梁斜拉桥为例，采用梁高 4.5 m、5 m 两种方案进行比较，高跨比分别为 1/104、1/93.6，桥式布置及截面形式参见后续章节。不同梁高斜拉桥受力比较情况如图 1-31～图 1-37 所示，不同梁高对比结果见表 1-4，梁高对结构力学行为的影响程度见表 1-5。

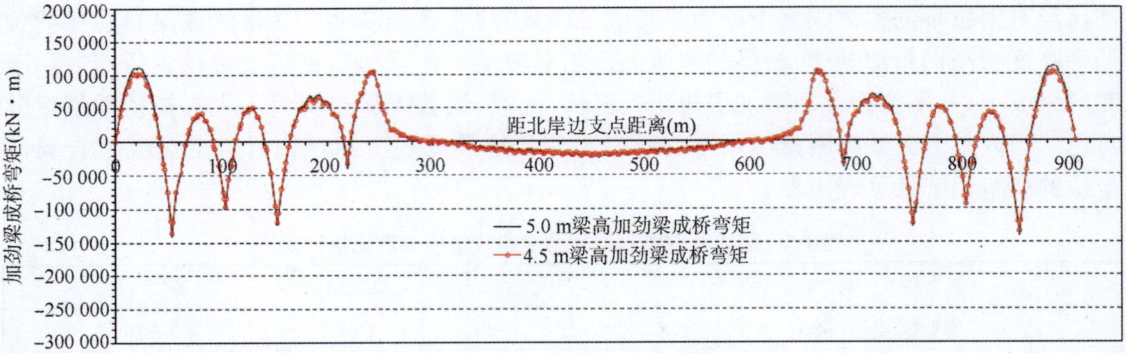

图 1-31　加劲梁成桥弯矩比较

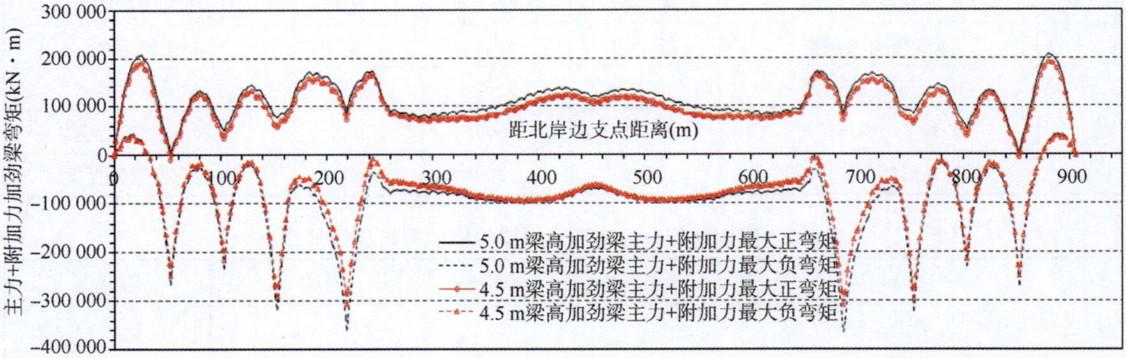

图 1-32　主力＋附加力作用下的加劲梁弯矩比较

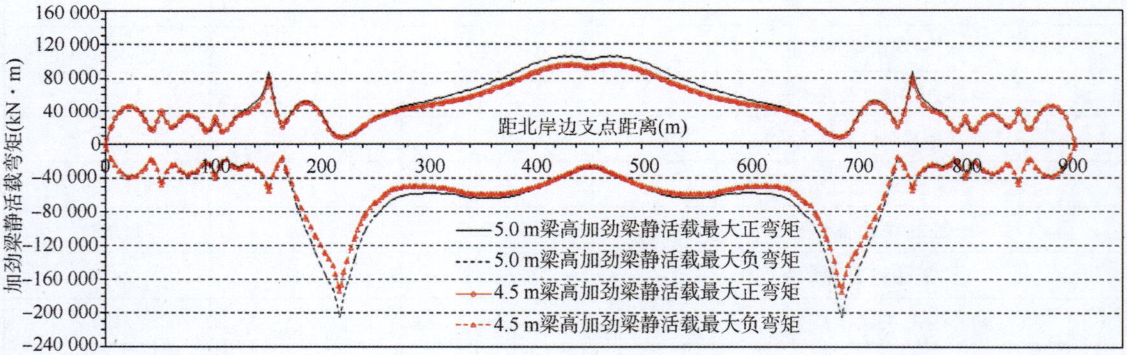

图 1-33　加劲梁静活载弯矩比较

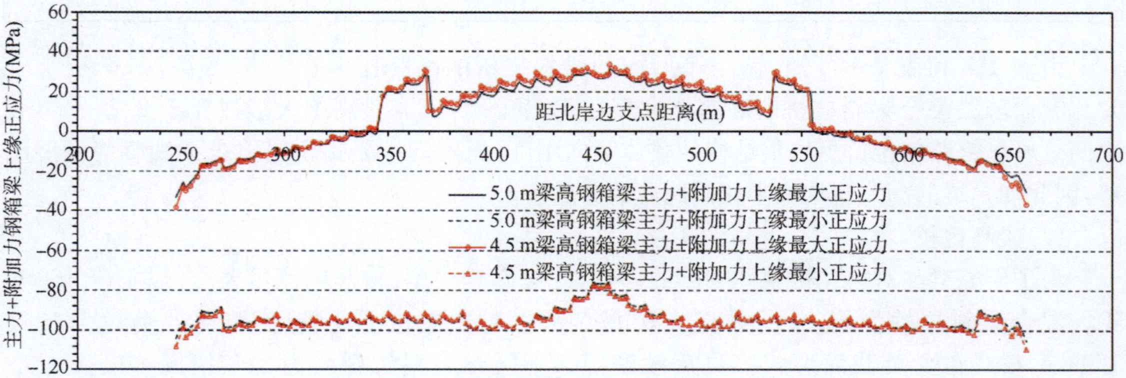

图 1-34　主力＋附加力作用下的钢箱梁上缘正应力比较

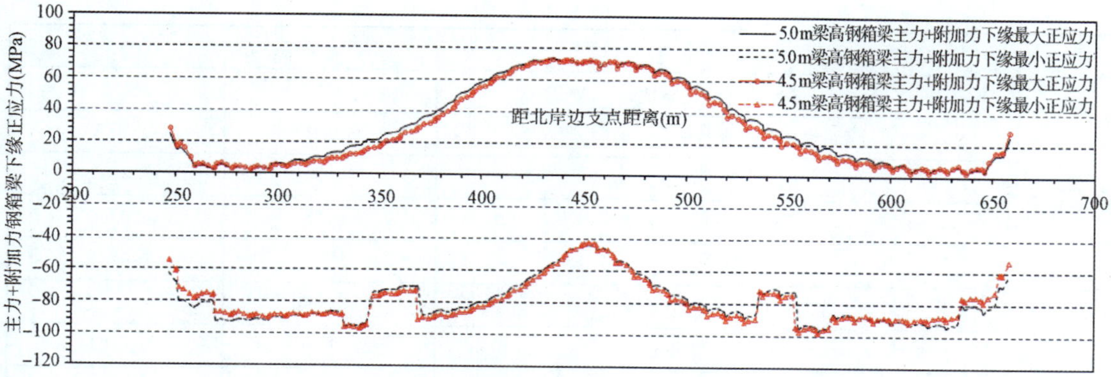

图 1-35　主力＋附加力作用下的钢箱梁下缘正应力比较

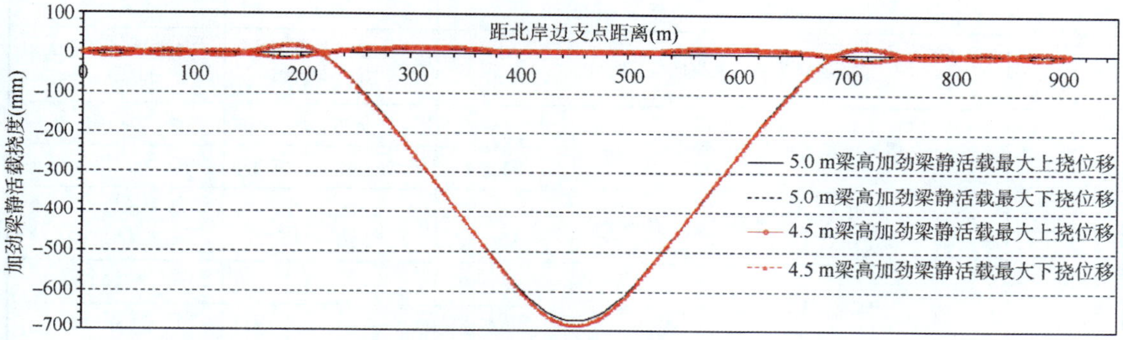

图 1-36　加劲梁静活载挠度比较

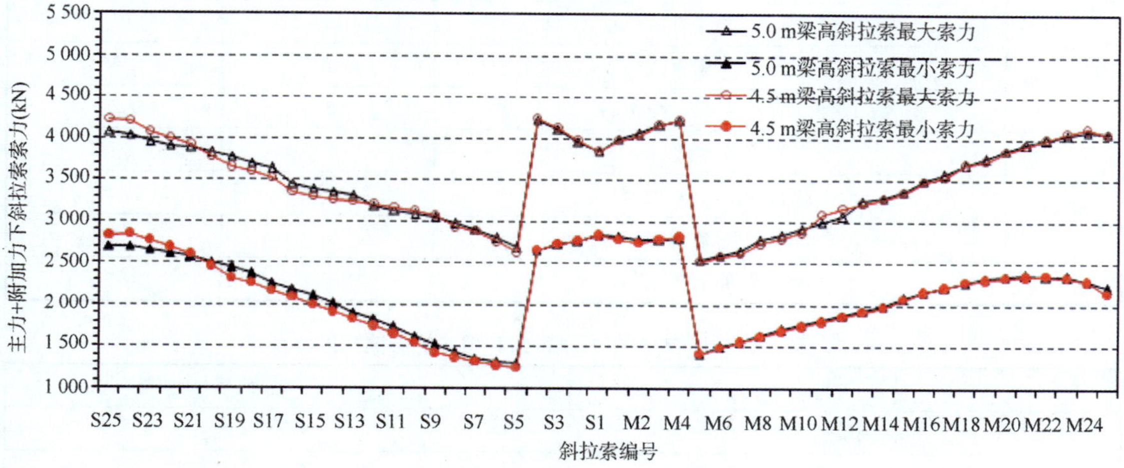

图 1-37　主力＋附加力作用下的斜拉索索力比较

表 1-4　不同梁高比较结果表

梁　　高		4.5 m 梁高	5 m 梁高
钢箱梁截面特性	截面积(m^2)	1.688	1.725
	截面积比	100%	102.2%
	竖向抗弯惯性矩(m^4)	4.309	5.373

续上表

梁　　高			4.5 m梁高	5 m梁高
钢箱梁截面特性	竖向抗弯惯性矩比		100%	124.7%
	横向抗弯惯性矩(m^4)		68.21	69.2
	横向抗弯惯性矩比		100%	105.5%
	抗扭惯矩(m^4)		10.28	12.29
	抗扭惯矩比		100%	119.6%
结构刚度	主跨跨中静活载挠度(m)		−0.678	−0.667
	主跨跨中挠跨比		1/690	1/701
	静活载梁端转角(‰rad)		0.415	0.329
	风载、摇摆力、温度作用下主跨跨中横向挠度(m)		0.065	0.068
	主跨跨中横向挠跨比		1/7 167	1/6 882
	塔顶静活载最大纵向位移(m)		0.229(中跨侧) 0.011(边跨侧)	0.227(中跨侧) 0.009(边跨侧)
结构受力	混凝土梁最大弯矩(kN·m)	正弯矩	190 923	208 042
		负弯矩	−305 261(塔中心处)	−360 711(塔中心处)
	混凝土梁最大正拉应力(MPa)		上缘:8.43 下缘:8.44	上缘:9.18 下缘:8.39
	钢梁最大弯矩(kN·m)	正弯矩	153 832	160 622
		负弯矩	−95 654	−101 534
	钢梁最大正应力(MPa,第一体系应力)	上缘	33.20/−109.15	31.34/−104.86
		下缘	72.98/−97.98	73.44/−96.54
	塔柱底最大弯矩(kN·m)		−344 129/8 919	−342 013/8 108
	斜拉索最大索力(kN)		4 237	4 224
	斜拉索静活载最大索力(kN)		1 224	1 207
工程数量	斜拉索钢丝数量(t)		1 899	1 882
	梁体混凝土数量(m^3)		15 626	16 117
	梁体钢材数量(t)		7 768	7 821
	混凝土主梁预应力束(t)		781	812

表 1-5　梁高对结构力学行为和位移的影响程度

设计指标		影响程度
结构刚度	加劲梁竖向挠度(静活载)	很小
	加劲梁梁端转角(静活载)	很大
	加劲梁横向位移(行车风载、摇摆力、温度)	较小
	塔顶纵向位移(静活载)	往主跨侧很小;往边跨侧很大
结构受力	混凝土梁内力	较大
	混凝土梁应力	墩顶及桥塔中心处上缘较大;其余较小或很小
	钢梁内力	较小
	钢梁应力	较小

续上表

设计指标		影响程度
结构受力	桥塔内力	主要影响桥塔纵向弯矩 边跨侧弯矩(对应边跨侧塔柱受拉)很小 主跨侧弯矩(对应主跨侧塔柱受拉)很大
	斜拉索索力	绝大多数很小，少数较小
	斜拉索静活载索力幅	边跨 S9～S12 拉索较大； 边跨 M11～M12 拉索较大； 其余大多数很小，少数较小
程度界定：很小(2%以内)，较小(2%～8%)，较大(8%～20%)，很大(20%以上)		

(2)梁高比较分析

①钢箱加劲梁的梁高每增加 0.5 m，加劲梁截面积增加约 2%～3%，竖向抗弯惯性矩增大逾 20%，抗扭惯矩增幅达 20%左右。可见梁高适当增大可提高加劲梁的刚度，而增加的工程数量有限。

②随着梁高的加大，加劲梁活载挠度、桥塔活载纵向位移逐渐减小，梁端转角减小尤为明显，但梁高并非斜拉桥整体竖向刚度的主要控制因素，斜拉桥的整体刚度主要由斜拉索及桥塔提供。但梁高的变化增加了迎风面积，在风力、摇摆力、温度组合作用下的横向位移并不一定减小，这点需要关注。梁高 4.5 m 方案虽然截面抗扭刚度、横向抗弯惯性距分别仅为 5 m 梁高的 83.6%和 98.6%，但由于梁高的减小了加劲梁的迎风面积，4.5 m 梁高在风力、摇摆力、温度组合作用下的横向位移反而更小。

③梁高变化可使桥塔内力及斜拉索力发生微小变化，但影响甚微。

④4.5 m 梁高相比 5 m 梁高，可节约混凝土加劲梁圬工量 491 m^3、钢箱梁钢材用量53 t、混凝土梁体内预应力筋 31 t，增加斜拉索用量 17 t。两方案工程量差别较小。

2. 加劲梁宽度

加劲梁结构宽度首先需要满足单线铁路或双线铁路大跨度铁路斜拉桥的功能布置需要，其次须具有足够的横竖向刚度，良好的行车安全性和乘坐舒适性。单线铁路或双线铁路大跨度铁路斜拉桥满足了桥面线路构造布置所需要的梁体宽度，往往还不能满足铁路桥梁对横向刚度的要求。铁路桥梁的横向刚度主要体现在由列车摇摆力、横向风力和横向温度力共同作用产生的横向挠度或横向振幅指标即横向挠跨比。很明显，增加梁的宽度能够很显著地增加斜拉桥的横向刚度。但是，也会相应地增加工程量，特别是对超大跨铁路专用钢桁梁斜拉桥，一味地追求桥梁横向刚度而不得不加大钢桁梁的整体宽度，因此会显著地增加钢材用量而不经济。铁路混合梁斜拉桥边跨采用截面特性大、体量重的混凝土连续梁结构体系，保证桥梁的横向刚度具有自身优势，关键在于选取技术经济合理的主跨钢箱梁结构。

(1)梁宽比较

为了研究和说明加劲梁宽度的影响，以宁波甬江特大桥主跨 468 m 钢箱混合梁斜拉桥为例，桥式布置及截面形式参见后续章节。在保证加劲梁气动外形基本一致的情况下，选取18 m、21 m、24 m 三种梁宽进行比较。不同梁宽度斜拉桥受力比较情况如图 1-38～图 1-44 所示，不同梁宽对比结果见表 1-6，梁高对结构力学行为的影响程度见表 1-7。

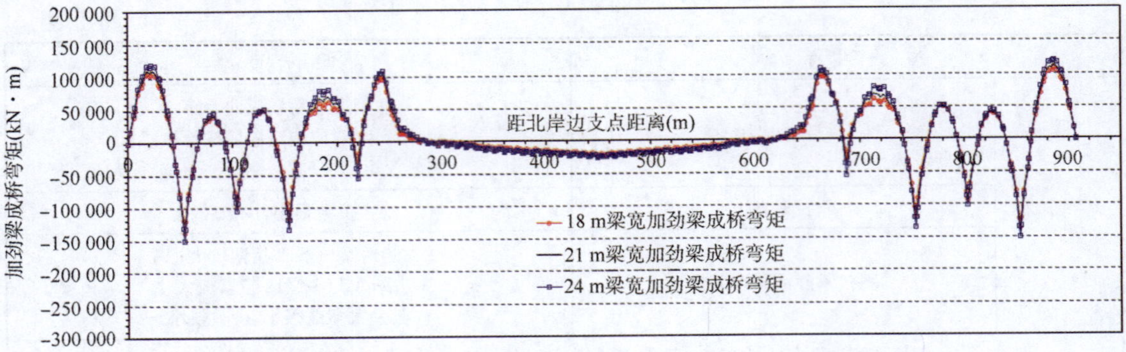

图 1-38　加劲梁成桥弯矩比较

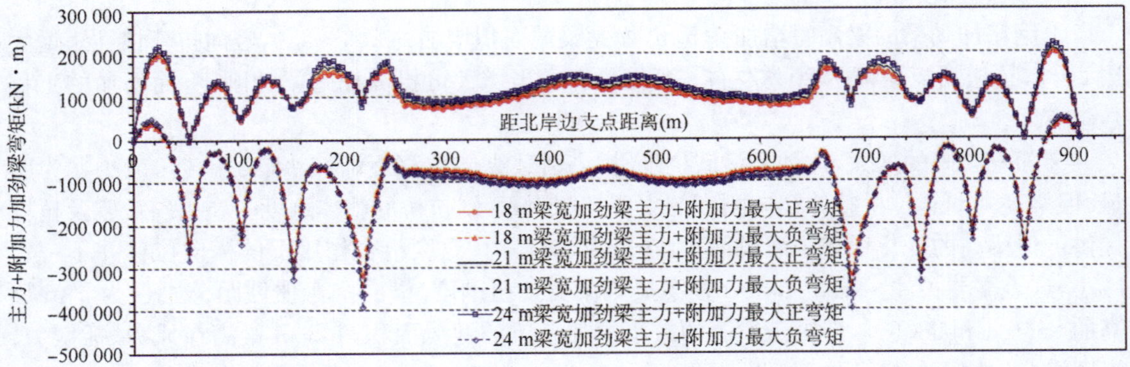

图 1-39　主力＋附加力作用下的加劲梁弯矩比较

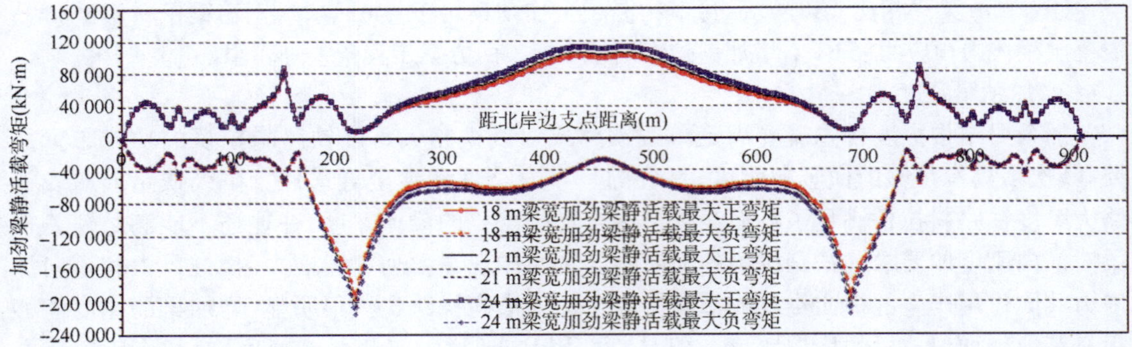

图 1-40　加劲梁静活载弯矩比较

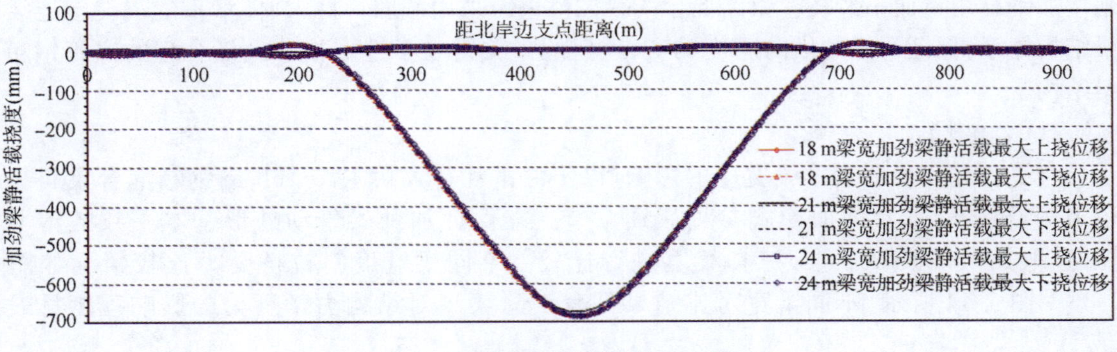

图 1-41　加劲梁静活载挠度比较

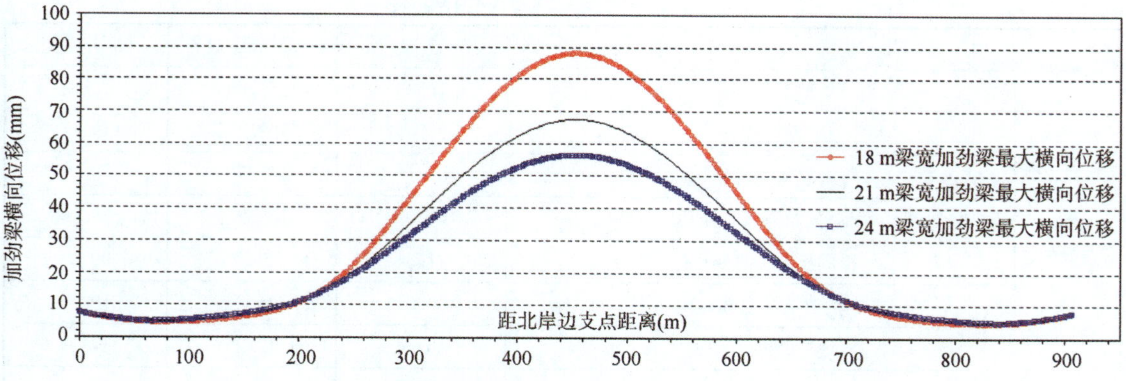

图 1-42　加劲梁横向位移(行车风载、摇摆力、温度作用)

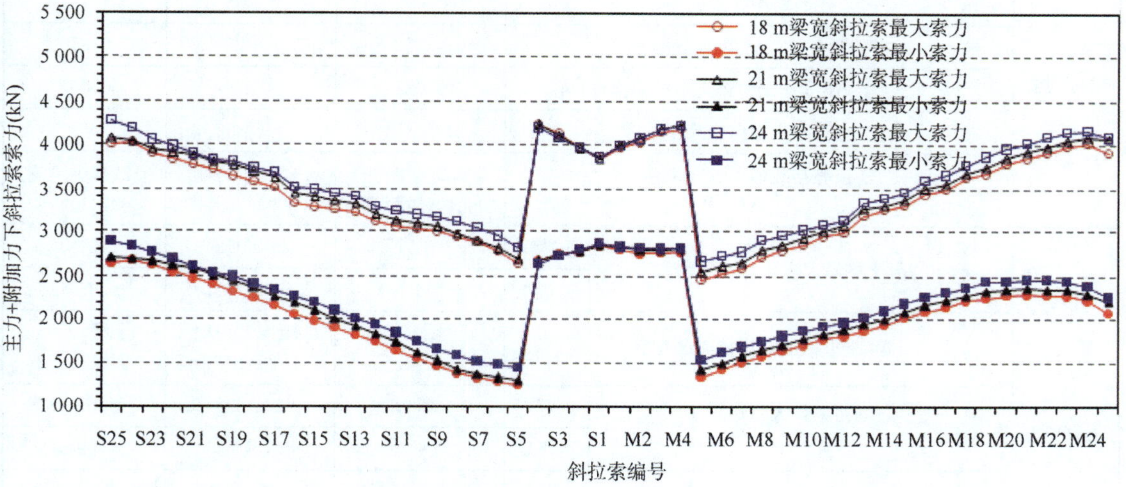

图 1-43　主力＋附加力作用下的斜拉索索力比较

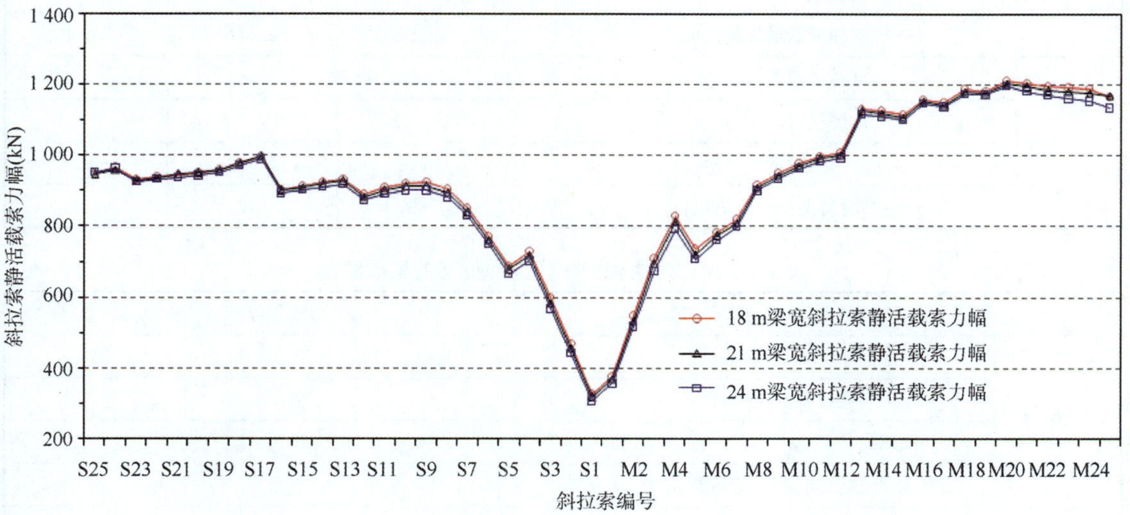

图 1-44　斜拉索静活载索力幅比较

表 1-6 不同梁宽方案比较结果表

方案			18 m梁宽	21 m梁宽	24 m梁宽
钢箱梁截面特性	截面积(m^2)		1.582	1.725	1.888
	截面积比		100.0%	109.0%	119.3%
	竖向抗弯惯性矩(m^4)		4.919	5.373	6.3
	竖向抗弯惯性矩比		100.0%	109.2%	128.1%
	横向抗弯惯性矩(m^4)		47.34	69.2	99.44
	横向抗弯惯性矩比		100.0%	146.2%	210.1%
	抗扭惯矩(m^4)		10.83	12.29	14.94
	抗扭惯矩比		100.0%	113.5%	138.0%
结构刚度	主跨跨中静活载挠度(m)		−0.678	−0.667	−0.653
	主跨跨中挠跨比		1/690	1/701	1/717
	静活载梁端转角(‰rad)		0.352	0.329	0.310
	风载、摇摆力、温度作用主跨跨中横向挠度(m)		0.088	0.068	0.057
	主跨跨中横向挠跨比		1/5 318	1/6 882	1/8 211
	塔顶静活载最大纵向位移(m)		0.230(中跨侧) 0.010(边跨侧)	0.227(中跨侧) 0.009(边跨侧)	0.224(中跨侧) 0.009(边跨侧)
结构受力	混凝土梁最大弯矩(kN·m)	正弯矩	200 517	208 042	219 926
		负弯矩	−341 948	−360 711	−395 498
	混凝土梁最大正拉应(MPa)		上缘:10.28 下缘:8.51	上缘:9.18 下缘:8.39	上缘:9.66 下缘:9.72
	钢箱梁最大弯矩(kN·m)	正弯矩	150 196	160 622	170 647
		负弯矩	−98 269	−101 534	−109 673
	钢箱梁最大正应力(MPa,第一体系)	上缘	31.9/−109.6	31.3/−104.9	30.6/−100.3
		下缘	77.0/−101.1	73.4/−96.5	67.2/−89.5
	斜拉索最大索力(kN)		4 234	4 224	4 262
	拉索静活载最大索力幅(kN)		1 214	1 207	1 198
工程量	斜拉索钢丝数量(t)		1 873	1 882	1 884
	加劲梁混凝土数量(m^3)		15 409	16 117	17 444
	加劲梁钢材数量(t)		7 201	7 821	8 603
	混凝土梁预应力束(t)		780	812	839

表 1-7 梁宽对结构力学行为和位移的影响程度

设计指标		影响程度
结构刚度	加劲梁竖向挠度(静活载)	很小
	加劲梁梁端转角(静活载)	较小
	加劲梁横向位移(风荷载、摇摆力、温度)	很大
	塔顶纵向位移(静活载)	很小
结构受力	混凝土主梁内力	墩顶及塔中心处较大;其余较小
	混凝土主梁应力	墩顶及塔中心处上缘较大;其余较小或很小

续上表

设计指标		影响程度
结构受力	钢梁内力	距过渡段起点约 30 m 范围较大;其余较小
	钢梁应力	较小
	桥塔内力	较小或很小
	斜拉索索力	绝大多数:很小,少数:较小
	斜拉索静活载索力幅	大多数很小,少数较小
程度界定:很小(2%以内),较小(2%~8%),较大(8%~20%),很大(20%以上)		

(2)梁宽比较分析

①加劲梁宽度的增大提高了加劲梁刚度,尤其横向抗弯惯性矩增加显著,相应地也增加了加劲梁工程数量。加劲梁宽度每增加 3 m,截面积增加约 10%,竖向抗弯惯性矩增加约 14%,横向抗弯惯性矩增幅约 50%。18 m 梁宽方案的结构竖向刚度稍差,结构横向刚度降低明显。

②加劲梁宽度的增大使结构整体横向刚度显著增加,但结构整体竖向刚度增大有限,即风力与摇摆力、温度组合作用下的加劲梁横向位移显著减小,但加劲梁活载作用下的竖向挠度、梁端转角减小幅度较小。

③加劲梁宽度的增加使得自身刚度及重量均有所增大,加劲梁相应承担了更大的弯矩,斜拉索的索力也有小幅增大,但桥塔受力影响甚微。

④从经济性考虑,在满足桥梁横向刚度条件下,加劲梁宽度越小越好。综合考虑结构受力、横竖向刚度以及工程经济性,选取 21 m 梁宽方案。

3. 加劲梁高度与宽度比较结论

斜拉桥加劲梁的高度和宽度是影响斜拉桥竖向和横向刚度的因素之一。对于铁路混合组合梁斜拉桥随着梁高的加大,加劲梁的活载挠度虽然逐渐减小,但影响程度很小,而对梁端转角减小则较为明显。从挠跨比指标值来说,加劲梁的高度可以考虑为主跨跨度的 1/100,根据具体情况加劲梁梁高也可以考虑在主跨跨度的 1/50~1/150 变化。加劲梁宽度的增加使结构整体横向刚度显著增大,影响程度很大。从横向刚度考虑,加劲梁的总宽度在有条件的情况下,可以适当考虑比较宽一些,这也是铁路钢箱混合组合梁斜拉桥在铁路列车振动、摇摆力和风力与比较柔性的斜拉桥发生耦合作用对刚度的更好要求。根据具体情况加劲梁的宽度可以考虑在 1/20~1/30,一般建议取 1/25 比较合适。

1.3.2.2 桥塔结构构造

斜拉桥桥塔高度直接影响到斜拉索对加劲梁的支承效应。桥面以上桥塔越高,斜拉索纵向水平倾角越大,其竖向分力对加劲梁的支承作用就越大,对提高桥面加劲梁结构竖向刚度有利。但是,若桥塔过高,不仅会使桥塔的线刚度减少,导致塔顶位移增加,从而影响加劲梁的挠度,而且,还会增加工程量和风载面积。同时,斜拉索相应加长,加大了长大拉索的振动响应。若桥塔较矮,斜拉索与加劲梁之间的夹角较小,此时,减少了斜拉索对梁竖向支撑的有效性,承载相同的恒载和活载,需更大的索力,加劲梁承受的轴力会显著增大,不利于加劲梁的抗弯压稳定,也会增加加劲梁材料用量。表 1-8 和表 1-9 分别列出了国内铁路(公铁)钢桁梁斜拉桥及国内外已建公路混合梁斜拉桥桥面以上塔高与主跨跨径之比。

表 1-8 铁路(公铁)钢桁梁斜拉桥塔高与跨径之比统计表

桥 名	主跨(m)	桥面以上塔高(m)	塔高与主跨之比	拉索水平最小倾角(°)	附 注
城际铁路黄冈桥	567	约 149.0	1/3.81	27.1	公铁
天兴洲公铁长江桥	504	150.3	1/3.35	30.1	公铁
沪通公铁长江桥	1 092	244.5	1/4.47	24.07	公铁
安庆公铁长江桥	580	158.5	1/3.66	28.0	铁路
韩家沱铁路长江桥	432	119.7	1/3.61	28.2	铁路

表 1-9 国内外部分已建公路混合梁斜拉桥塔高与跨径之比统计表

桥 名	主跨(m)	桥面以上塔高(m)	桥面以上塔高与主跨之比	中跨拉索水平倾角(°)	附 注
香港昂船洲大桥	1 018	约 220	1/4.63	23.0	—
鄂东长江大桥	926	204.8	1/4.52	23.4	—
日本多多罗大桥	890	224	1/3.97	26.3	—
法国诺曼底大桥	856	202.7	1/4.22	24.9	—
九江长江大桥	818	201.6	1/4.06	25.8	—
荆岳长江大桥	816	215.02(北) 194.42(南)	1/3.79(北) 1/4.20(南)	27.4(北) 25.0(南)	—
武汉白沙洲大桥	618	141.1	1/4.38	23.9	—
上海徐浦大桥	590	169	1/3.49	29.2	—
舟山桃夭门大桥	580	121.8	1/4.76	22.1	—
汕头礐石大桥	518	113	1/4.58	22.8	—
瑞典 Tjorn 桥	366	69	1/5.30	19.6	—
日本生口桥	490	96.5	1/5.08	20.7	—

由表 1-8 和表 1-9 可知,公路混合梁斜拉桥桥面以上塔高与主跨之比大多在 1/4～1/5,中跨斜拉索与主梁间纵向最小水平夹角多处于 20.5°～26°范围,而国内大跨铁路(公铁两用)钢桁梁斜拉桥,轨顶以上塔高与主跨之比介于 1/3.35～1/3.81 之间,主跨斜拉索与加劲梁间纵向最小水平夹角处于 27.1°～30.1°范围。可见,在同等跨径的情况下,铁路斜拉桥塔高相对公路斜拉桥而言要高一些。表中所指均为铁路钢桁梁斜拉桥,而对于铁路钢箱混合梁斜拉桥,由于钢箱加劲梁自身刚度小于钢桁梁,斜拉桥整体刚度对铁路行车应具有同等要求,有必要寻求铁路混合梁斜拉桥的塔高(轨顶以上)与跨径之比的合理值。

(1)桥塔高度的比较

对于主跨 468 m 混合梁铁路斜拉桥,选用三种不同的塔高方案见表 1-10,在不改变桥塔截面刚度的情况下,比较分析三种塔高度对加劲梁、桥塔以及斜拉索内力、挠度、位移的影响。

表 1-10 不同塔高方案表

方案编号	塔 高	高跨比	最长索与加劲梁水平夹角
①	130 m	1/3.6	28.2°
②	140 m	1/3.343	30.0°
③	150 m	1/3.12	31.7°

三种不同塔高的主要比选情况如图 1-45～图 1-58 所示，不同塔高对比结果见表 1-11，对结构力学行为的影响程度见表 1-12。

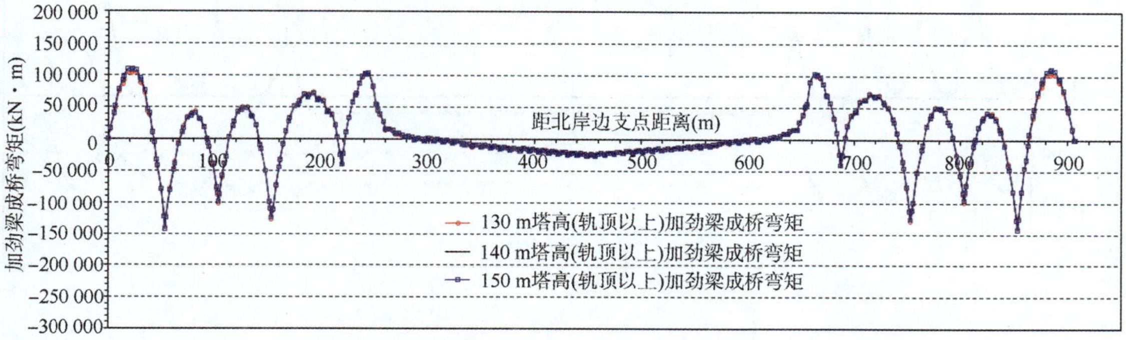

图 1-45 加劲梁成桥弯矩比较

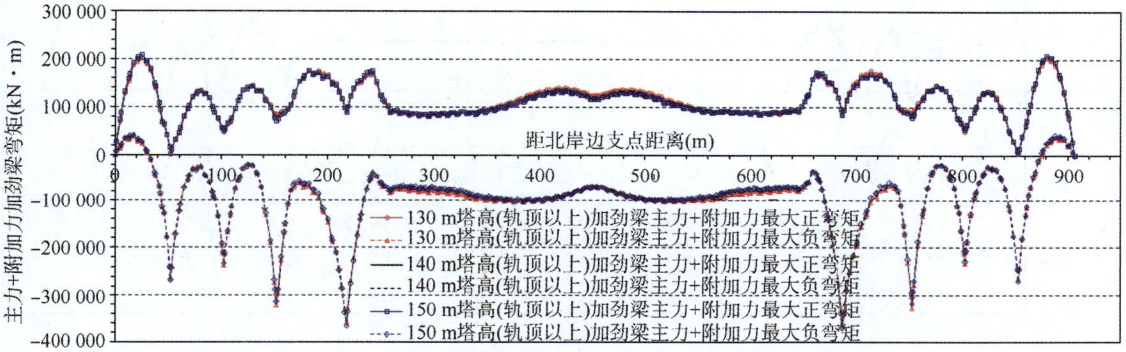

图 1-46 主力＋附加力作用下的加劲梁弯矩比较

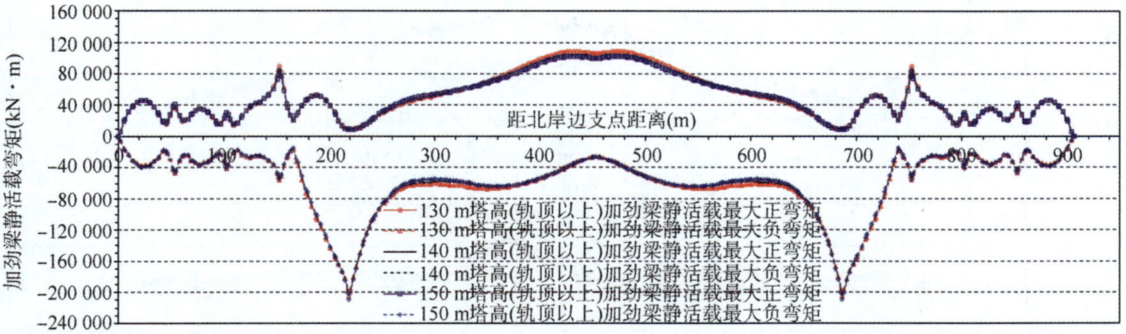

图 1-47 加劲梁静活载弯矩比较

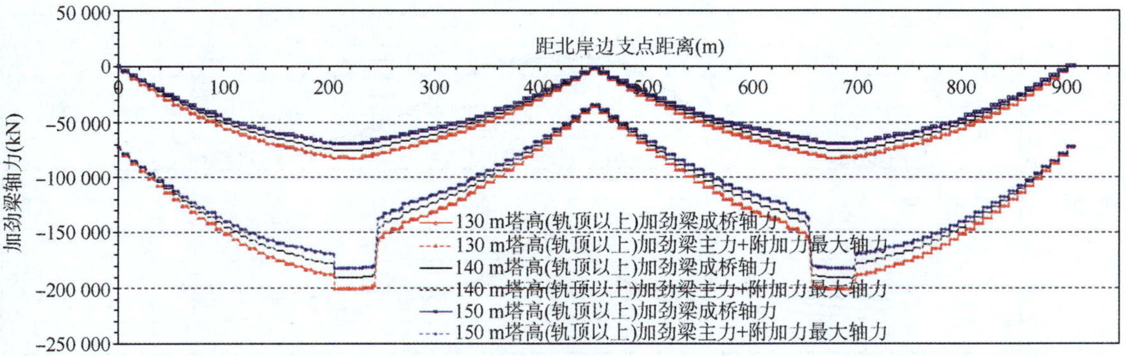

图 1-48 成桥及主力＋附加力作用下的加劲梁轴力比较

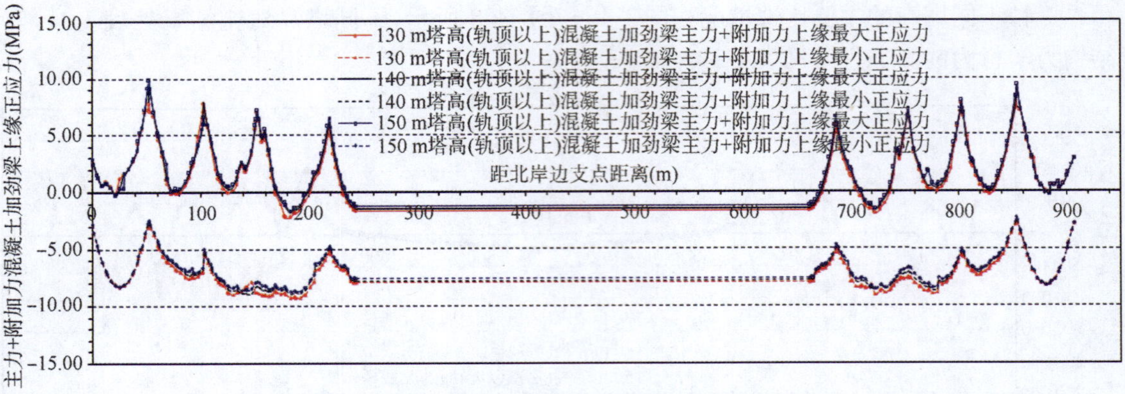

图 1-49　混凝土加劲梁上缘正应力比较

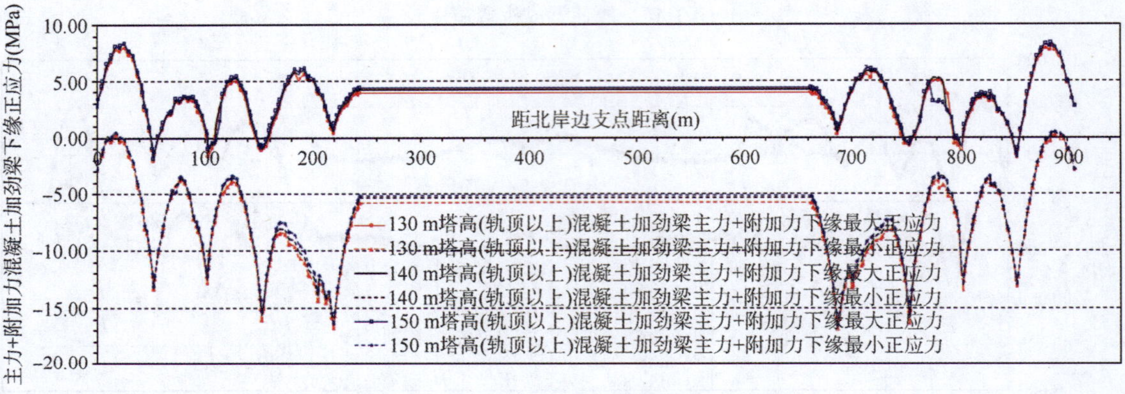

图 1-50　混凝土加劲梁下缘正应力比较

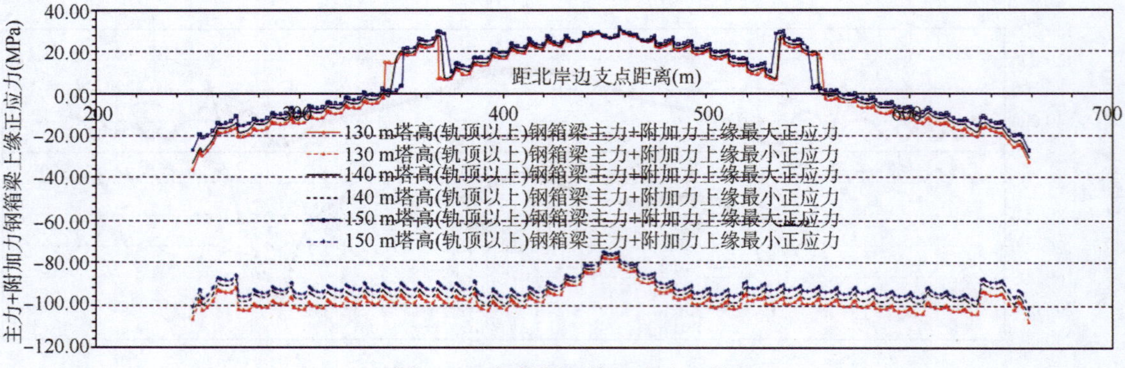

图 1-51　钢箱梁上缘正应力比较

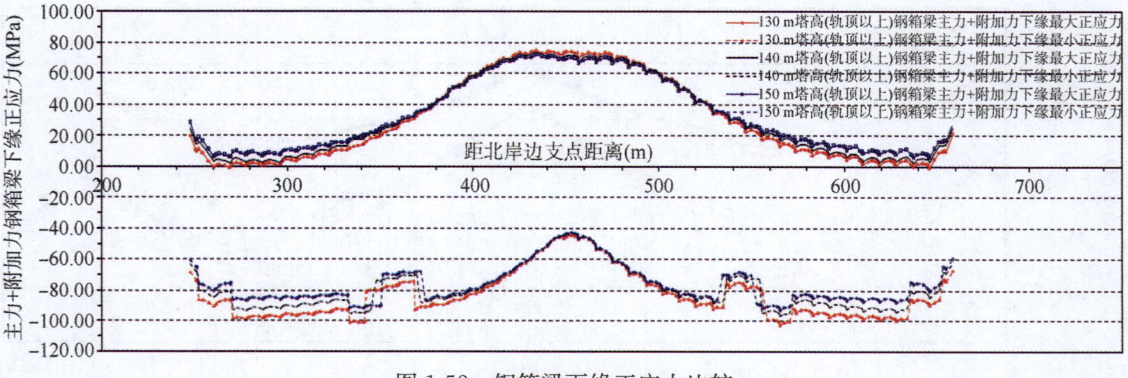

图 1-52　钢箱梁下缘正应力比较

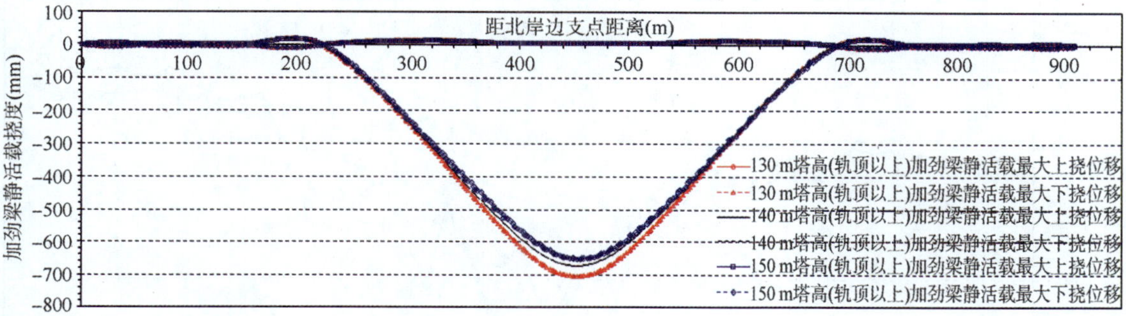

图 1-53　主跨加劲梁静活载挠度比较

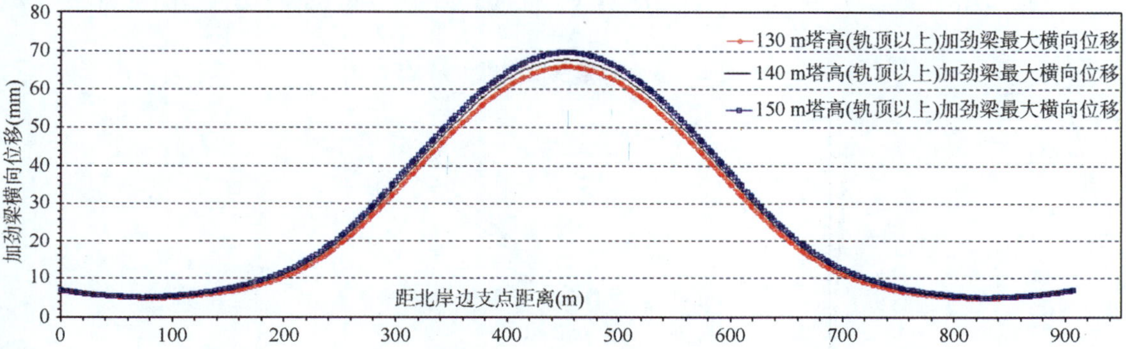

图 1-54　主跨加劲梁横向位移(行车风载、摇摆力、温度)比较

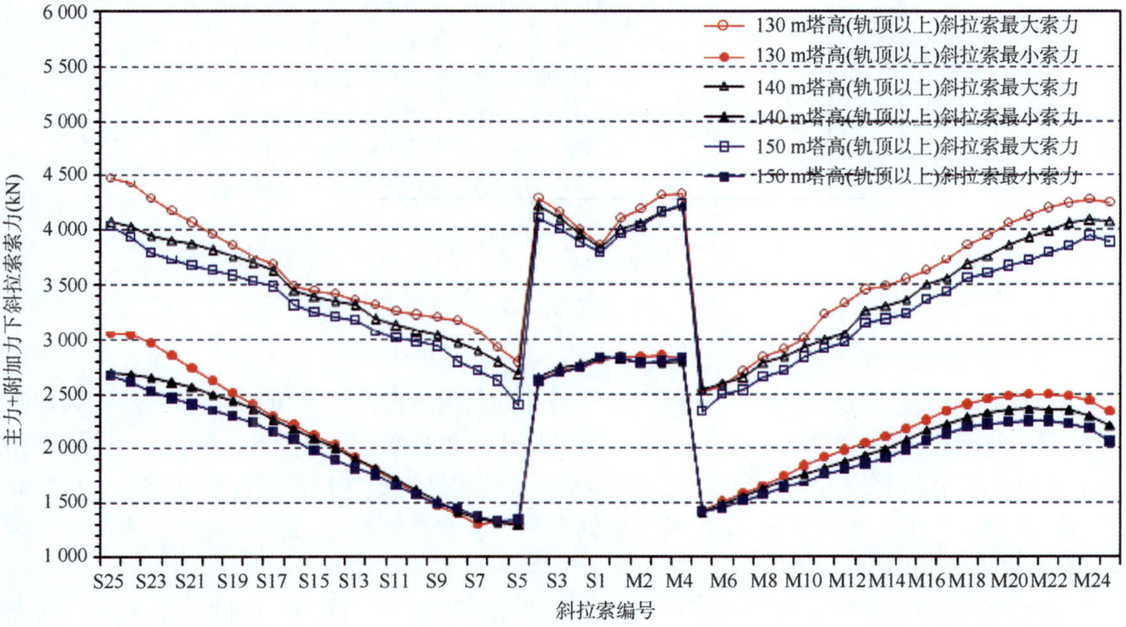

图 1-55　主力＋附加力作用下的斜拉索力比较

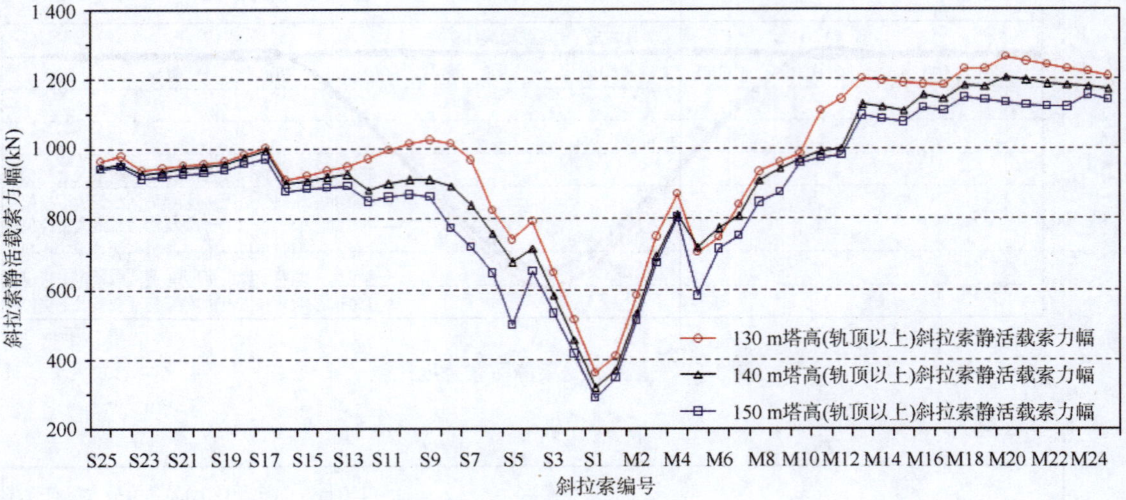

图 1-56 斜拉索静活载索力幅比较

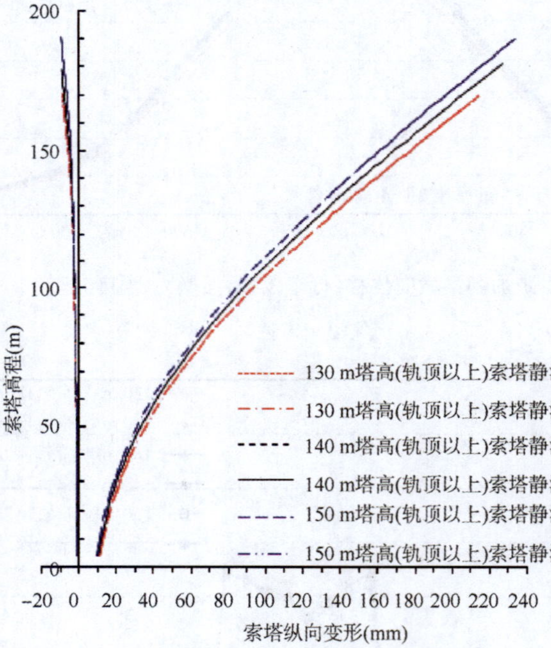

图 1-57 桥塔静活载纵向位移

(2)塔高比较分析

①桥塔高度适当增加,加大了主跨斜拉索与加劲梁间纵向水平夹角,提高了斜拉索对加劲梁的竖向支承作用,有效减小了加劲梁列车荷载跨中挠度,增大了结构整体刚度,但梁端转角变化甚微,且桥塔增加使其自身总体横向刚度减小,使得结构整体横向刚度略微减小。如塔高(轨顶以上)由 130 m 增至 150 m,主跨跨中列车荷载静载挠度减小 8.1%,挠跨比由 1/671 减小至 1/726。

②桥塔高度适当增加,会引起全桥斜拉索的纵向水平倾角普遍增大,斜拉索恒载及列车荷载的水平分力减小,因而斜拉索的索力、列车荷载索力幅都会不同程度减小,对加劲梁的轴向压力也相应显著减小,且离塔越近减小越明显;桥塔高度增加,因塔柱自重增大,塔柱轴力也会略微增大。

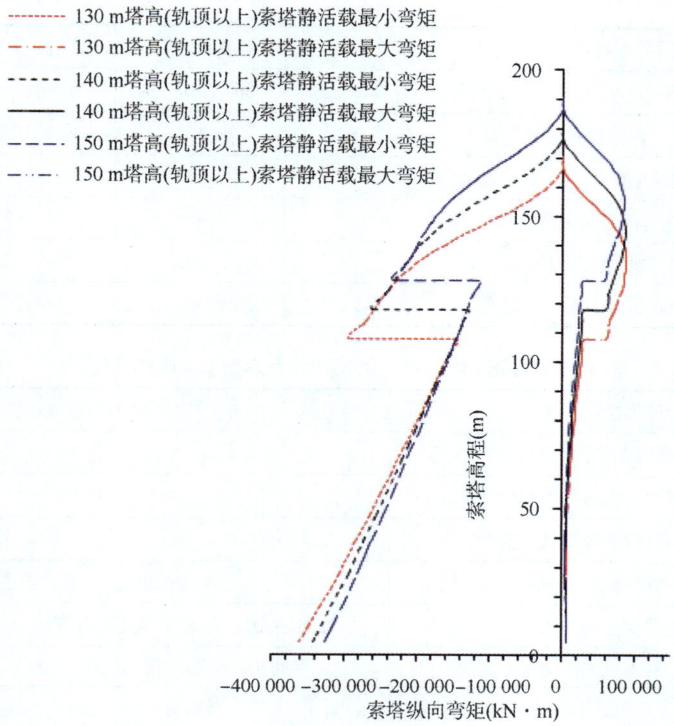

图 1-58 桥塔静活载纵向弯矩

表 1-11 不同塔高比较结果表

轨顶以上塔高方案(m)			130	140	150
结构刚度	主跨跨中静活载挠度(m)		0.697	0.667	0.645
	主跨跨中挠跨比		1/671	1/701	1/726
	静活载梁端转角(‰rad)		0.329	0.329	0.329
	主跨跨中横向挠度(m)		0.066	0.068	0.070
	横向挠跨比		1/7 091	1/6 882	1/6 686
	塔顶静活载最大纵向位移(m)		0.217(中跨侧) 0.009(边跨侧)	0.227(中跨侧) 0.009(边跨侧)	0.236(中跨侧) 0.009(边跨侧)
结构受力	加劲梁轴力(kN)	成桥轴力	−78 893	−72 396	−66 658
		最大轴力	−197 264	−187 799	−179 519
	混凝土加劲梁最大弯矩(kN·m)	正弯矩	202 691	208 042	207 950
		负弯矩	−357 861	−360 711	−365 637
	混凝土加劲梁最大正拉应力(MPa)		上缘:7.90 下缘:8.11	上缘:9.18 下缘:8.39	上缘:9.83 下缘:8.39
	钢箱梁最大弯矩(kN·m)	正弯矩	159 170	160 622	159 571
		负弯矩	−103 320	−101 534	−102 439
	钢箱梁最大正应力(MPa)	上缘	30.98/−107.41	31.34/−104.86	31.82/−101.32
		下缘	74.97/−102.33	73.44/−96.54	72.05/−92.70
	下塔柱底最大轴力(kN)	成桥轴力	−281 475	−290 823	−299 955
		最大轴力	−322 588	−331 794	−340 749

续上表

轨顶以上塔高方案(m)		130	140	150
结构受力	下塔柱底最大弯矩(kN·m)	−360 620/8 647	−342 013/8 108	−325 213/7 518
	斜拉索最大索力(kN)	4 481	4 224	4 241
	斜拉索静活载最大索力幅(kN)	1 263	1 207	1 154
工程量	斜拉索钢丝数量(t)	1 829	1 882	1 926
	桥塔混凝土数量(m^3)	15 445	16 117	16 786
	混凝土梁预应力束(t)	712	812	843

表 1-12　塔高(轨顶以上)对结构力学行为的影响程度表

设计指标		影响程度
结构刚度	主跨梁竖向挠度(静活载)	较大
	梁端转角(静活载)	很小
	加紧梁横向位移(行车风荷载、摇摆力、温度)	较小
	塔顶纵向位移(静活载)	往主跨侧较大;往边跨侧很小
结构受力	混凝土梁内力	轴力较大,边跨邻梁端孔跨负弯矩较大,其余较小或很小
	混凝土梁应力	梁端至 1/2 边跨范围较小或很小;其余很大或较大
	钢梁内力	轴力较大;弯矩较小或很小
	钢梁应力	跨中 1/3 钢梁长范围较小,其余较大(对压应力)或很大(对拉应力)
	桥塔内力	对轴力影响较小,但对弯矩影响较大
	斜拉索索力	拉索 S25～S19 较大;拉索 M10～M25 较大;其余较小
	斜拉索静活载索力幅	拉索 S9～S1 很大;拉索 S12～S9 较大; 拉索 S25～S13 较小;中跨拉索较大
程度界定:很小(2%以内),较小(2%～8%),较大(8%～20%),很大(20%以上)		

③从经济性考虑,合理范围内的塔高越小越好,但总体上带来的工程投资增加较为有限。主跨 468 m 钢箱混合梁斜拉桥桥塔高 140 m 方案相比 130 m 方案,斜拉索用量、桥塔圬工量、混凝土加劲梁预应力钢束分别增加 53 t、672 m^3、100 t。

综上可见,在经济性方面 130 m 塔高方案最优,140 m 方案次之,而 150 m 方案居末。在结构受力方面,140 m 方案和 150 m 方案均满足要求、受力较优,而 130 m 塔高的静活载竖向挠跨比稍差,且该方案的斜拉索列车荷载索力幅和加劲梁轴力显著增大,受力不利。

(3)桥塔高度比较结论

在铁路钢箱混合组合梁斜拉桥中桥塔不能太柔,但也不能太刚,刚度太大必然会增加桥塔的工程量而不经济,如果适当地偏向柔细一些,就可以节省工程量,此时可以采取预加力刚度法加大斜拉索的张拉力,使桥塔偏向边跨侧,以增大主跨加劲梁的整体刚度。合理的桥塔线刚度很重要,在一定的桥塔线刚度值的条件下,对于加劲梁自身刚度较小的铁路大跨度钢箱混合梁斜拉桥,适当提高塔高,一般可以考虑为主跨跨度的 0.3 倍左右,以使主跨最长索与加劲梁纵向水平夹角约 30.0°作为选择桥塔高度的依据,技术经济性是较合理的。

1.3.2.3　斜拉索及其锚固结构

斜拉索在斜拉桥中无论是结构上还是造型上都是非常重要的,在结构上斜拉索是全桥最主要构件之一,斜拉索结构材质与截面积既要考虑高强度具有较高的承载能力和较好的抗疲劳性能，斜拉索结构截面要考虑紧凑具有良好的抗风性能和起到增大斜拉桥整体刚度的作用，不仅如此，而且还要考虑由于索结构耐久性的原因铁路斜拉桥断索、换索养护维修时强度的需要，这个问题在铁路斜拉桥中显得尤为重要。斜拉索的锚固不仅要考虑索结构所需要考虑的一切因素，还要注意锚固结构构造复杂应力集中现象突出等问题。

1. 斜拉索结构

具体来说，铁路钢箱混合梁斜拉桥其斜拉索的规格选择不仅要关注强度安全系数，而且还要注意控制结构的疲劳应力幅，以及桥梁的整体刚度等多种耦合因素。

(1)斜拉索规格的选取原则

将斜拉索强度安全系数、活载疲劳应力幅、斜拉索应力变幅、成桥态斜拉索应力、结构整体竖向刚度等多种斜拉索规格选取的因素进行了量化，斜拉索规格选取原则应考虑：

1)斜拉索强度安全系数

①正常运营和施工状态的斜拉索强度要求。

根据钢丝索受力特性，当受载超过破断荷载的50%时，其非弹性应变将快速增加，因此斜拉索抗拉强度容许值一般控制在0.4～0.45倍抗拉强度标准值。即安全系数不小于2.5。施工阶段斜拉索容许拉应力为极限强度的50%，安全系数大于2.0。

②换索及断索的斜拉索强度要求。

根据相关研究，特殊状态应考虑斜拉索正常更换和任何一根或相邻两根斜拉索突然失效的情况。

a. 斜拉索正常更换。

设计正常换索过程中，采用单线铁路限速通行(被替换斜拉索侧线路限行)措施，确保处于工作状态的斜拉索容许拉应力值控制在设计值的125%内。

b. 一根拉索突然断裂的动力效应影响。

设计当一根斜拉索突然断裂时，此时列车正常通行，在不减小设计列车荷载的前提下，其他工作状态的斜拉索应力容许值可提高到设计值的133%。

c. 相邻两根拉索突然断裂的动力效应影响。

设计当相邻两根斜拉索突然断裂时，此时列车正常通行，在不减小设计列车荷载的前提下，其他工作状态的斜拉索应力容许值可提高到设计值的154%。

2)疲劳活载应力幅

有关资料表明，对于公路桥，一般实测活载强度仅占20%，$\mu=\sigma_{min}/\sigma_{max}=0.8$，斜拉索疲劳问题不大。而铁路活载则不同，由于活载大，μ值往往小于0.7，一般介于0.47～0.69之间，斜拉索疲劳强度控制斜拉索的规格选取。

①疲劳计算荷载。

疲劳加载参照《铁路桥梁钢结构设计规范》(TB 10002.2—2005)第4.3.2条规定："双线铁路桥主桁(或主梁)构件检算疲劳时，按一线偏心加载并以杠杆原理分配于主桁(或主梁)，并以双线系数γ_d修正，双线系数γ_d应符合规范表4.3.2的规定。"疲劳荷载组合包括设计荷载中的恒载加活载，并应计入动力系数，即：

$$1+\mu_f=1+\frac{18}{40+L} \tag{1-1}$$

式中　L——影响线加载长度(m)。

如果是多线铁路应按照各线所开行运营列车的特点进行列车相遇概率组合，计算出斜拉桥加劲梁主梁的多线荷载系数 γ_d。

②疲劳应力幅。

国内外确定疲劳应力幅有如下几种方法：

方法一：美国后张学会斜拉桥委员相关规定。

美国后张学会斜拉桥委员会给出的斜拉索疲劳设计的疲劳安全度准则，如图 1-59 所示。

图 1-59 中，折线(1)为单根构件疲劳应力幅验收标准值，折线(2)为成品斜拉索试验标准值，折线(3)为疲劳应力幅设计允许值。Δ_1 为质量保证数，是由钢丝组编为成品索过程中，由于展丝、编丝、扭角等造成的疲劳降低值；Δ_2 为考虑长度影响、锚固应力上升、斜拉索垂度效应的安全富裕量。

美国后张学会斜拉桥委员会给出的钢丝、钢绞线及钢筋设计允许疲劳应力幅值及相应寿命见表 1-13。

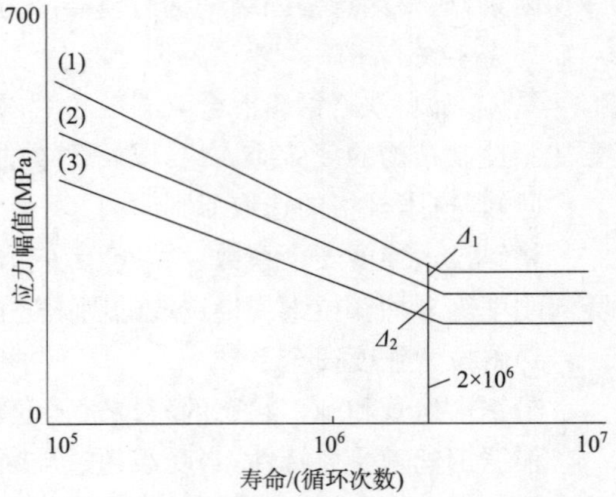

图 1-59　疲劳安全度准则图

表 1-13　疲劳应力幅值

索的类型	循环次数	疲劳应力幅设计允许值(MPa)	拉索试验疲劳应力幅(MPa)	拉索组成构件疲劳试验应力幅(MPa)
钢绞线或无接头筋，钢筋 AASHTO 规范 B 类	2×10^6＋	110.32	158.59	213.75
	2×10^6	124.11		227.54
	5×10^5	189.61		293.04
	1×10^5	310.28		413.70
平行钢丝 AASHTO 规范 B 类加 34.48 MPa	2×10^6＋	144.80	193.06	282.70
	2×10^6	158.59		296.49
	5×10^5	224.09		361.99
	1×10^5	344.75		482.65
填充环氧树脂钢筋，有接头钢筋 AASHTO 规范 D 类	2×10^6＋	48.26	103.43	117.22
	2×10^6	68.95		120.66
	5×10^5	110.32		162.03
	1×10^5	186.17		237.88

由表 1-13 可知，对于 200 万次疲劳循环试验疲劳强度 282.70 MPa 的钢丝，其成品斜拉索的疲劳应力幅设计允许值取 144.8 MPa。若钢丝的试验疲劳强度值进一步提高，则成品斜拉索的疲劳应力幅亦相应增大。

方法二：根据钢丝疲劳试验的结果或由钢丝生产厂家提供疲劳应力，然后考虑一定的安全系数，作为斜拉索的疲劳强度。

$$\Delta\sigma=\frac{\Delta\sigma_S}{\gamma_1\cdot\gamma_2\cdot\gamma_3}\text{或}\ \Delta\sigma=\frac{\Delta\sigma_S}{1.5} \tag{1-2}$$

式中　$\Delta\sigma_S$——钢丝的试验疲劳强度(MPa)；

γ_1——钢丝的材料安全系数，取 1.15；

γ_2——由钢丝组成斜拉索的构造安全系数，取 1.15；

γ_3——一般人为规定的安全系数，取 1.15。

根据《桥梁缆索用热镀锌钢丝》(GB/T 17101—2008)：

$\Delta\sigma_S$=360 MPa，则 $\Delta\sigma$=236.7 MPa 或 240 MPa。

方法三：《斜拉桥热挤聚乙烯高强钢丝拉索技术条件》(GB/T 18365—2001)第 6.4.2.2 条规定。

6.4.2.2 试验方法：先加设计荷载 1.2 倍的静载并持荷 10 min 后卸载，量测分丝板内缩值。然后用脉冲荷载加载，使钢丝应力上限达 0.4σ_b，下限达 0.28σ_b。在 200 万次脉冲试验加载后，试验索的钢丝断丝数不大于总数的 5%，即为合格。

以破断强度 1 670 MPa 平行钢丝索为例，$\Delta\sigma$=(0.4−0.28)×1 670=200.4 MPa。

方法四：《大跨度斜拉桥平行钢丝斜拉索》(JT/T 775—2010)第 5.2.7 条规定。成品斜拉索的 200 万次轴向疲劳循环的应力幅值不小于 200～250 MPa，弯曲疲劳的应力幅值不小于 200 MPa。

方法五：Eurocode 3：Design of steel structures—Part 1-11：Design of structures with tension components 规定。Table 9.1 规定对于 200 万次的轴向疲劳循环的应力幅值不小于 160 MPa。

综合以上五种方法，斜拉索的疲劳活载应力幅取 160～200 MPa 都是合理的。

3)成桥状态斜拉索有效弹性模量

斜拉索的修正弹性模量与斜拉索的垂度大小有关，而垂度大小又与斜拉索的应力和自重以及斜拉索的水平投影长度有关。在自重与水平投影长度不变时，斜拉索应力越大，其修正弹性模量越大，即斜拉索的弹性模量损失越少。严国敏《现代斜拉桥》给出了不同斜拉索长状态下，有效弹性模量 E_1 与材料本身弹性模量 E_0 的比值，以及与斜拉索应力的相互关系如图 1-60所示。

由图 1-60 可知：

①索长 $L\leqslant$100 m 的斜拉索，应力 σ_0 为 200 MPa 时，有效弹模比 E_1/E_0 大于 0.83；

②索长 100 m$<L\leqslant$150 m 的斜拉索，应力 σ_0 为 250 MPa 时，有效弹模比 E_1/E_0 大于 0.89；

③索长 150 m$<L\leqslant$200 m 的斜拉索，应力 σ_0 为 275 MPa 时，有效弹模比 E_1/E_0 大于 0.86；

④索长 200 m$<L\leqslant$250 m 的斜拉索，应力 σ_0 为 300 MPa 时，有效弹模比 E_1/E_0 大于 0.83。

成桥状态的斜拉索应力，可参照以上取值作为下限控制，使斜拉索有效弹性模量比大于 0.83，以降低非线性的影响。

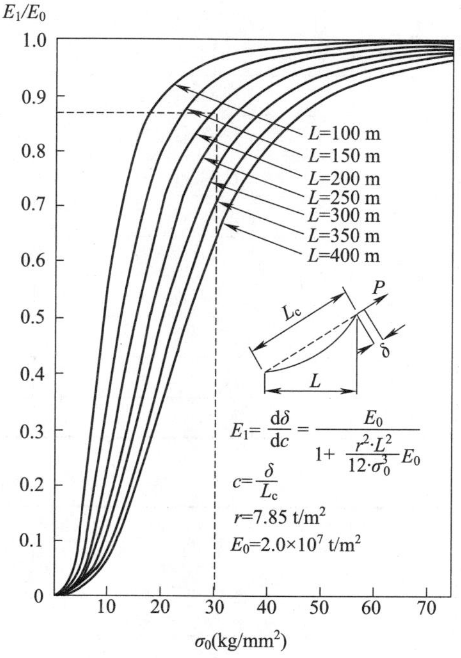

图 1-60 有效弹性模量比(E_1/E_0)与 σ_0 的关系曲线

4)兼顾桥梁的整体竖向刚度

桥梁整体竖向刚度主要受斜拉索规格的影响，在斜拉索规格满足以上原则的基础上，对几对端锚索的规格予以适当加大，以增大桥梁的整体竖向刚度。

(2)斜拉索规格比选

遵照上述原则作为控制条件,以主跨 468 m 钢箱混合梁斜拉桥为例。选取多组斜拉索规格进行反复比选优化后确定斜拉索规格见表 1-14 和表 1-15,相应斜拉索实际有效弹性模量系数如图 1-61 所示。

表 1-14 边跨斜拉索规格及索力表

索号	索规格	斜拉索索力(kN)			斜拉索应力(MPa)	
		塔端成桥索力	主力+附加力		塔端成桥应力	疲劳应力幅
			min	max		
S25	PES(C)7-199	2 845	2 700	4 070	372	94
S24	PES(C)7-199	2 817	2 690	4 032	368	95
S23	PES(C)7-187	2 782	2 660	3 947	387	98
S22	PES(C)7-187	2 734	2 609	3 905	380	99
S21	PES(C)7-187	2 698	2 569	3 876	375	100
S20	PES(C)7-187	2 633	2 502	3 813	366	100
S19	PES(C)7-187	2 578	2 440	3 765	358	101
S18	PES(C)7-187	2 509	2 365	3 697	349	103
S17	PES(C)7-187	2 424	2 266	3 626	337	105
S16	PES(C)7-163	2 353	2 189	3 445	375	109
S15	PES(C)7-163	2 284	2 098	3 395	364	110
S14	PES(C)7-163	2 219	2 005	3 351	354	111
S13	PES(C)7-163	2 155	1 907	3 312	344	112
S12	PES(C)7-151	2 085	1 822	3 183	359	115
S11	PES(C)7-151	2 018	1 725	3 125	347	117
S10	PES(C)7-151	1 955	1 616	3 083	336	119
S9	PES(C)7-151	1 904	1 520	3 043	328	119
S8	PES(C)7-151	1 841	1 425	2 970	317	117
S7	PES(C)7-151	1 803	1 363	2 899	310	110
S6	PES(C)7-151	1 768	1 322	2 797	304	99
S5	PES(C)7-151	1 755	1 302	2 682	302	88
S4	PES(C)7-187	3 211	2 660	4 224	446	76
S3	PES(C)7-187	3 259	2 737	4 108	453	61
S2	PES(C)7-187	3 256	2 768	3 955	452	48
S1	PES(C)7-187	3 303	2 841	3 838	459	33

表 1-15 主跨斜拉索规格及索力表

索号	索规格	斜拉索索力(kN)			斜拉索应力(MPa)	
		塔端成桥索力	主力+附加力		塔端成桥应力	疲劳应力幅
			min	max		
M1	PES(C)7-187	3 360	2 822	3 999	467	39
M2	PES(C)7-187	3 322	2 790	4 065	462	56
M3	PES(C)7-187	3 301	2 788	4 169	459	73

续上表

索号	索规格	斜拉索索力(kN)			斜拉索应力(MPa)	
		塔端成桥索力	主力＋附加力		塔端成桥应力	疲劳应力幅
			min	max		
M4	PES(C)7-187	3 262	2 806	4 223	453	86
M5	PES(C)7-151	1 723	1 418	2 547	296	94
M6	PES(C)7-151	1 741	1 496	2 603	300	101
M7	PES(C)7-151	1 761	1 569	2 651	303	106
M8	PES(C)7-163	1 801	1 640	2 791	287	110
M9	PES(C)7-163	1 829	1 703	2 848	291	114
M10	PES(C)7-163	1 874	1 772	2 923	299	117
M11	PES(C)7-163	1 919	1 827	2 999	306	120
M12	PES(C)7-163	1 961	1 880	3 060	313	121
M13	PES(C)7-187	2 021	1 945	3 264	281	119
M14	PES(C)7-187	2 059	1 998	3 300	286	118
M15	PES(C)7-187	2 129	2 084	3 366	296	117
M16	PES(C)7-199	2 208	2 167	3 504	288	114
M17	PES(C)7-199	2 270	2 224	3 567	296	113
M18	PES(C)7-211	2 338	2 278	3 684	288	110
M19	PES(C)7-211	2 414	2 331	3 760	297	110
M20	PES(C)7-223	2 470	2 349	3 860	288	107
M21	PES(C)7-223	2 533	2 363	3 927	295	106
M22	PES(C)7-223	2 589	2 357	3 986	302	105
M23	PES(C)7-223	2 654	2 348	4 056	309	104
M24	PES(C)7-223	2 689	2 300	4 088	313	104
M25	PES(C)7-223	2 688	2 212	4 075	313	104

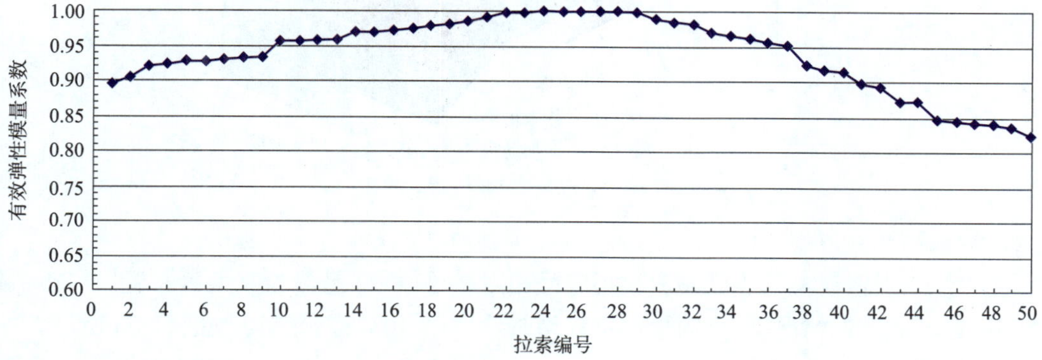

(注：编号 1～25 对应 S25～S1 拉索；编号 26～50 对应 M1～M25 拉索)

图 1-61 斜拉索的实际有效弹性模量系数

(3)斜拉索规格选用结论

①运营状态下，塔根附近 4 对斜拉索(S1～S4、M1～M4)的规格属强度控制，边跨 S7～S15、主跨 M8～M19 斜拉索规格由疲劳应力幅控制。

②各种断索工况下，斜拉索最小强度安全系数为 2.62，大于要求值 1.88，各种换索工况下，斜拉索最小强度安全系数为 2.87，大于要求值 2.0，均满足要求。

③边跨所有拉索及中跨 M1～M17 拉索的有效弹性模量系数在 0.9 以上，M18～M20 有效弹性模量系数超过 0.85，M21～M25 兼顾结构的整体竖向刚度，有效弹性模量系数超过 0.83。

④通过对几对端锚索（S21～S25、M21～M25）的规格予以适当加大，增大了结构整体竖向刚度，使得主跨跨中静活载挠跨比达到 1/701。

2. 斜拉索与塔、梁锚固结构

斜拉索最重要的作用是将斜拉索强大的拉力顺畅而有效地传递给加劲梁和桥塔，铁路斜拉桥还须注意连接构件和焊接的疲劳性能，以及还须注意锚固结构养护和斜拉索更换的方便性。

(1)斜拉索与塔的锚固结构

1)双钢锚箱

当铁路斜拉桥跨径很大，桥塔为双面索布置，上塔柱截面横桥向比较宽的情况下，塔内采用钢锚箱时，从经济和受力综合角度考虑，为了使钢锚箱结构的钢板厚度能够减小，以节省钢材，可以采用双锚箱结构。双锚箱结构构造如图 1-62 所示。若为混凝土桥塔，则钢锚箱与塔柱混凝土壁形成组合结构受力，钢锚箱由焊钉与塔柱混凝土壁连接，再用环形预应力筋将钢锚箱紧紧夹箍在两侧的塔柱混凝土壁之间。斜拉索就锚固在钢锚箱中，水平分力由钢锚箱的纵向钢板及钢锚箱两侧的混凝土塔柱壁共同承受，竖向分力则由上下各层整体焊接在一起钢锚箱来承受。

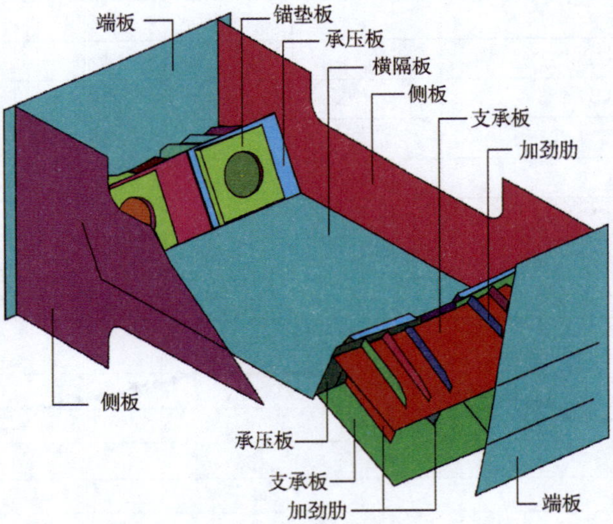

图 1-62 双钢锚箱结构构造图

2)单钢锚箱

与上述双钢锚箱类似，当铁路斜拉桥跨径相对较小，桥塔仍然为双面索布置，上塔柱截面横桥向比较不太宽的情况下，塔内采用钢锚箱时，可以采用单锚箱结构，如图 1-63 所示。

3)钢锚固梁

将钢锚固梁置于上塔柱内壁牛腿上，斜拉索通过埋设在塔柱壁中的钢管锚固在钢锚固梁两端的锚块上，如图 1-64 所示。这也是一种常见的斜拉索与塔柱的锚固形式，受力明确，不过当桥塔两侧斜拉索的水平分力不平衡时，要使塔柱一侧柱壁承受不平衡水平力，竖向分力则由钢锚固梁通过牛腿传递至塔柱。

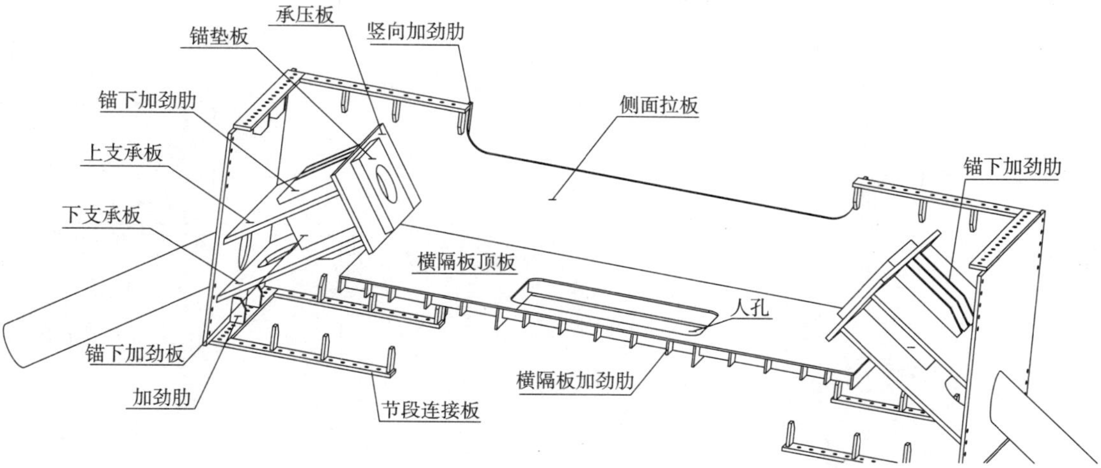

图 1-63 单钢锚箱结构构造图

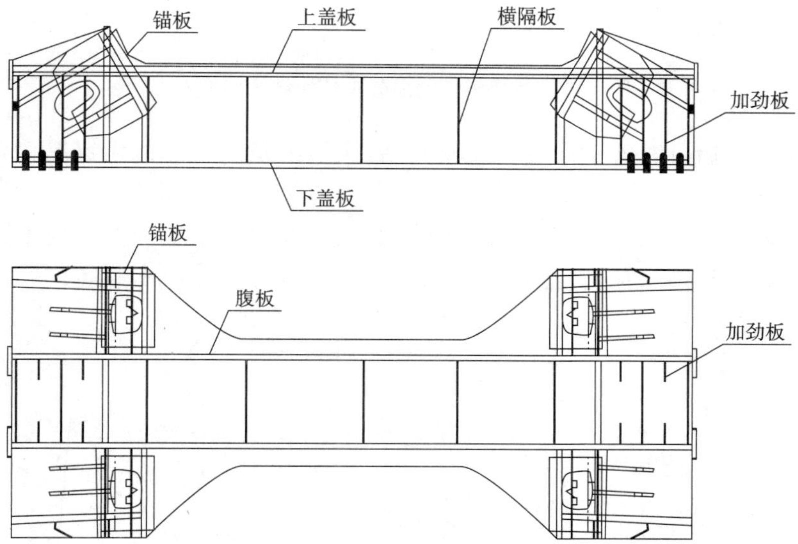

图 1-64 钢锚梁结构构造图

4)混凝土锚固块

一般情况下,当铁路混合梁斜拉桥跨径不是很大、斜拉索的索力较小时,常采用设置在塔柱内壁上的混凝土锚固块方式,斜拉索通过预埋在塔柱壁混凝土中的钢管斜向锚固在混凝土锚块上,如图 1-65 所示。通过塔柱混凝土壁传递斜拉索的水平分力和竖向分力,塔柱混凝土壁内布设有环向的水平预应力钢束。

(2)斜拉索与加劲梁的锚固结构

铁路斜拉桥大多采用双面索,常常锚固于加劲梁体两侧。铁路混合梁斜拉桥边跨混凝土梁两侧采用混凝土锚固块锚固斜拉索,主跨钢箱梁通过钢锚箱或锚拉板与斜拉索锚头锚固。在公路、铁路同层的斜拉桥中,虽然斜拉索也是采用双面索,当铁路布置在桥面中间而双幅公路分别布置在铁路两侧时,常常将斜拉索与加劲箱梁内的中间箱室锚固,此时,锚固块位于加劲箱梁顶板之下的两侧腹板之间,与顶板及腹板固结在一起。

1)双挑式钢锚箱

双挑式钢锚箱是利用加劲梁两侧风嘴当作梁体结构参与全截面受力,并作为锚固梁的一

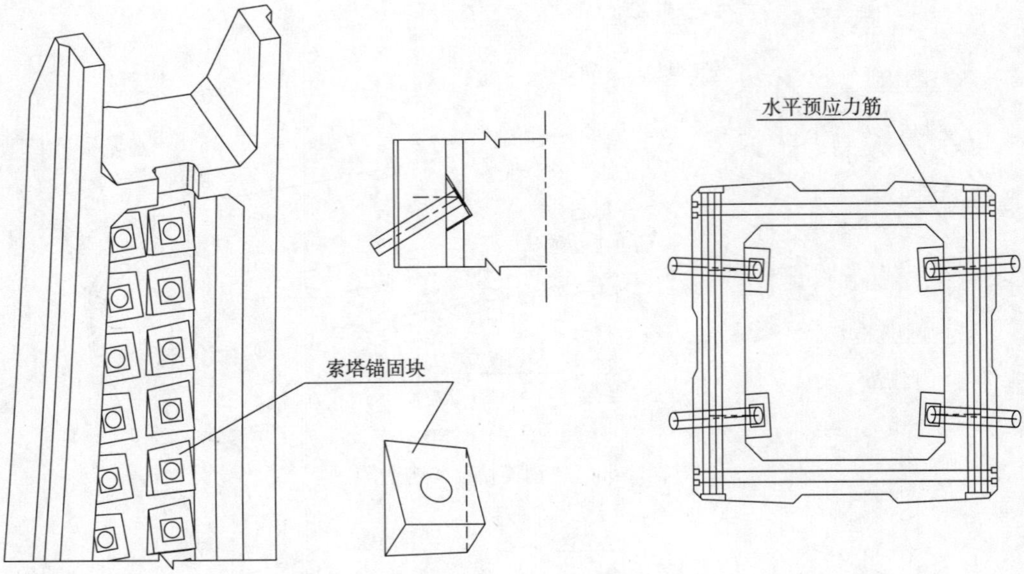

图 1-65 桥塔斜拉索混凝土锚块结构构造图

端，锚固箱梁的另一端与加劲箱梁边纵腹板固结，实质上是一种双挑钢锚箱梁，如图 1-66 所示。这种情况同样适应于带有中间箱室公铁同层合建的双索面钢箱梁斜拉桥，其目的是避免钢锚箱单侧焊接在边腹板上，对于铁路钢箱梁斜拉桥承受长大重载的货物列车振动不至于斜拉索钢锚箱结构及其与加劲梁相连结的焊缝产生高应力疲劳损伤等缺陷。

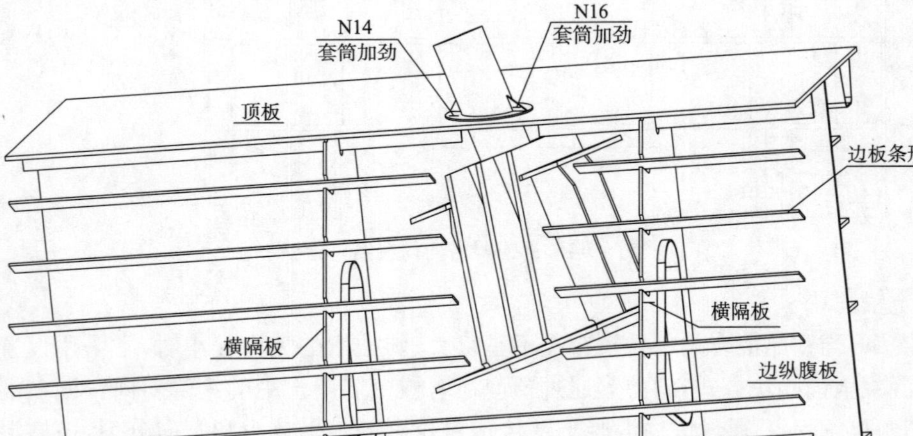

(a) 双挑式索梁钢锚箱三维视图一（风嘴边板未示）

图 1-66

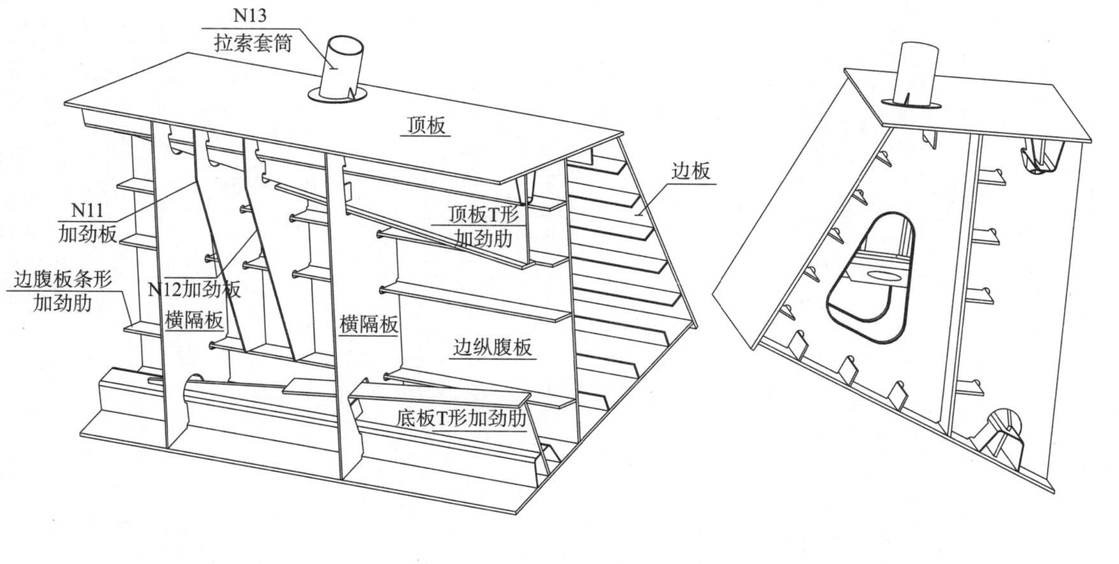

(b) 双挑式索梁钢锚箱三维视图二

图 1-66 双挑钢锚箱结构构造图

2)钢锚拉板

如图 1-67 所示，斜拉索锚拉板锚固形式比较常见，其受力路径明确、结构构造简单，但是，由于铁路斜拉桥桥面加劲梁相对比较窄，为获得柔性斜拉桥横向相对比较大的稳定系数，常常将双索面斜拉索内倾一定的角度，使得比较厚的锚拉板为与斜拉索受力方向一致，采取分块焊接与加劲箱梁腹板倾斜连接，此时，就带来了钢锚拉板的疲劳问题需要设计者去关注。

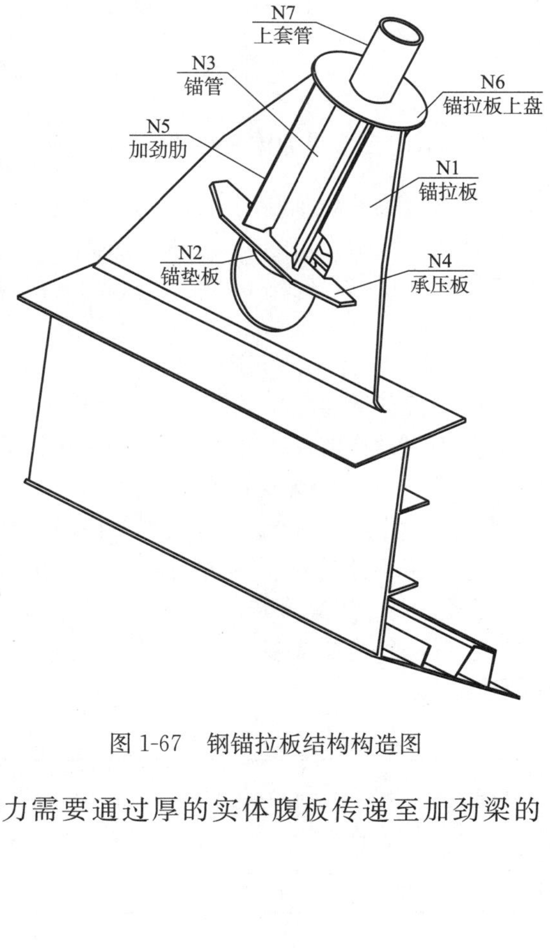

图 1-67 钢锚拉板结构构造图

3)箱内混凝土锚固块

这种箱内混凝土锚固块的形式适应于比较小的箱室，斜拉索的水平分力通过锚固块传递至顶板后再分布到加劲梁的全截面，竖向分力则通过锚固块两侧的箱梁腹板传递，如图 1-68 所示。

4)加劲梁截面两侧混凝土锚固块

混凝土加劲梁截面两侧设混凝土锚固块是一种非常普通的双索面斜拉索锚固形式，如图 1-69 所示。这种形式的斜拉索水平分力通过混凝土梁两侧的实体快来传递，竖向分力需要通过厚的实体腹板传递至加劲梁的整个截面。

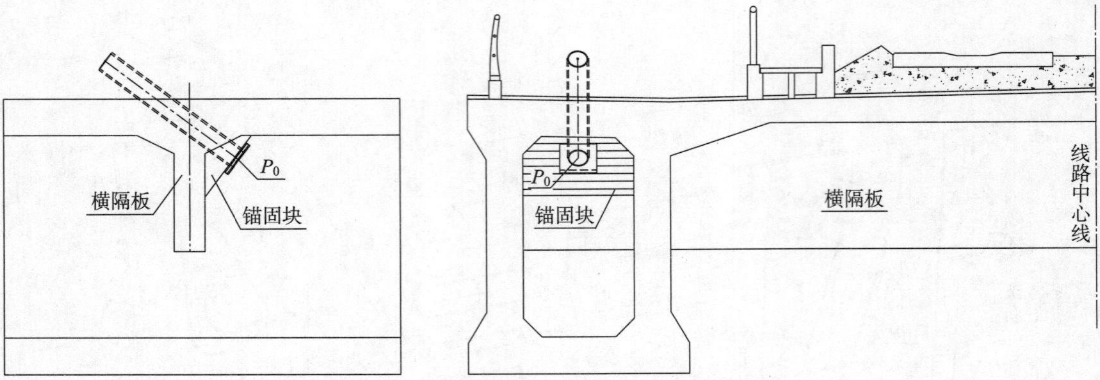

图 1-68 斜拉索箱内混凝土锚固块结构构造图

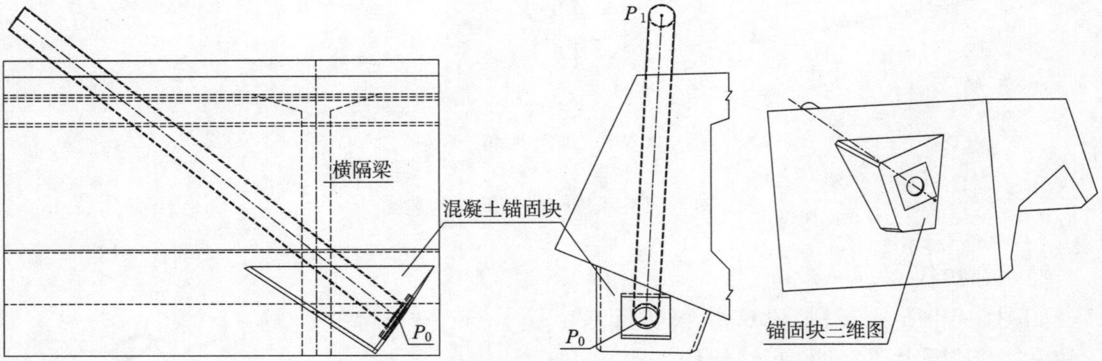

图 1-69 加劲梁两侧混凝土锚固块结构构造图

1.3.3 结构支承受力体系特点

铁路桥梁的列车制动力或牵引力按竖向静活载的10%计算，以牵引定数 5 000 t 为例，列车制动力或牵引力可达 5 000 kN，其值远大于同类型公路桥梁，因此合理设计铁路斜拉桥的支承结构体系，以减少列车制动力、地震荷载和温度力的作用，是铁路大跨度斜拉桥设计关心的重要问题。

1. 加劲梁的支承受力体系

铁路混合梁斜拉桥的最大特点就是边跨加劲梁要起到锚跨的作用，受力特点是主跨斜拉索的张力通过桥塔而传递给予锚跨加劲梁，不仅边跨加劲梁要比较重，相应边跨加劲梁根据锚跨的需要设置一个或多个竖向支承位置，而且桥塔处对加劲梁的支承应该具有竖向、横向并起到纵向转动作用。因此，混合梁斜拉桥加劲梁与桥塔之间不适合采用无支承的漂浮体系。另外由于铁路钢箱混合梁斜拉桥整体刚度、位移以及结构疲劳的要求，一般也不采用弹性约束体系，比较适合采用具有竖向支撑的半漂浮体系，也可以采用混合支承体系。塔梁固结体系一般只有在独塔斜拉桥或多塔斜拉桥的中塔柱的支承体系中采用。国内典型铁路(公铁)斜拉桥支承体系见表 1-16。

表 1-16 国内典型铁路(公铁)斜拉桥支承体系统计表

桥名	主跨(m)	结构体系	附注
沪通铁路长江大桥	1 092	半漂浮(一塔固定支座，一塔竖向支座＋带限位功能的黏滞阻尼器)	公铁两用
合福铁路铜陵长江大桥	630	半漂浮(竖向支座＋黏滞阻尼器)	公铁两用

续上表

桥名	主跨(m)	结构体系	附注
宁安城际安庆长江大桥	580	半漂浮(一塔固定支座,一塔竖向支座+带限位功能的黏滞阻尼器)	四线铁路桥
武冈城际黄冈长江大桥	567	半漂浮(竖向支座+带限位功能的黏滞阻尼器)	公铁两用
福平铁路元洪航道斜拉桥	532	半漂浮(一塔固定支座,一塔竖向支座+黏滞阻尼器)	公铁两用
蒙西至华中煤运通道公安长江大桥	518	半漂浮(一塔固定支座,一塔竖向支座+带限位功能的黏滞阻尼器)	公铁两用
武汉天兴洲长江大桥	504	半漂浮(竖向支座+黏滞阻尼器+磁流变阻尼器)	公铁两用
渝利铁路韩家沱长江大桥	432	半漂浮(竖向支座+黏滞阻尼器+速度锁定器)	双线铁路桥
天门至仙桃(潜江)岳口汉江大桥	260	独塔、半漂浮(竖向支座+黏滞阻尼器)	单线铁路桥
贵广南广铁路思贤窖特大桥	230	半漂浮(竖向支座+黏滞阻尼器)	四线铁路桥
南广铁路桂平郁江特大桥	228	半漂浮(竖向支座+黏滞阻尼器)	双线铁路桥
贵广南广铁路跨穗盐路曲线斜拉桥	2×175	独塔、塔梁固结	四线铁路桥

(1)加劲梁竖向支承

加劲梁竖向支承体系在桥塔处设置可纵向滑动的竖向支座,亦称半漂浮体系。与漂浮体系相同,温度、纵向风荷载及活载将在梁端产生较大位移,也需要设置大型伸缩装置。弹性约束体系桥塔与加劲梁之间设置水平弹性索,其优点在于在任何荷载状态下都会在结构中发生作用,结构支承条件和受力状况比较明确。取用刚度合适的水平弹性索既可以减小塔梁水平位移、控制温度力,又可以抑制由风、地震等产生的结构动力反应,改变梁、塔的失稳形态。阻尼约束体系在塔、梁之间设置阻尼装置,特点是对温度变化、较小风速和车辆等缓慢荷载不约束,但对动荷载(制动力、脉动风、船舶撞击力和地震等)的动力响应产生缓冲和阻尼作用。目前,如黏滞阻尼器、液压缓冲器等已得到广泛应用。塔梁固结体系,各方向自由度均被约束,因限制了桥塔和加劲梁之间的相对滑动,可有效减小梁端位移,但温度变化将对结构内力产生较大的影响。

(2)加劲梁混合支承

加劲梁支承混合体系是将上述体系混合使用以满足结构所需功能要求。日本多多罗大桥为主跨 890 m 的双塔斜拉桥,其在索塔处采用大型橡胶支座,竖向支撑与纵向弹性约束支承体系混合。还有采用了阻尼约束和弹性约束混合支承体系的形式,在塔梁连接处安装螺旋桨式阻尼装置和水平拉索弹性装置,如鹤见航道桥为主跨 510 m 的双塔斜拉桥。

半漂浮体系与纵向液压黏滞阻尼器混合支承体系是铁路大跨度斜拉桥比较常用的混合体系方式。普通黏滞阻尼器装置仅具有动力阻尼约束作用,即对脉动风、刹车和地震引起的动荷载具有阻尼耗能作用,不能限制静风荷载、温度等引起的缓慢位移。液压限位黏滞阻尼装置具有动力阻尼和静力额定行程刚性限位的功能,当由静风、温度和汽车引起的塔梁相对纵向位移在阻尼器设计行程以内时,不约束加劲梁运动,超出限位行程时,对加劲梁运动产生刚性固定作用。同时还应保证在发生动荷载作用时,阻尼器有足够的行程正常工作。

在塔梁相对位移达到最大时,黏滞阻尼器的阻尼力最小,接近于零;而黏滞阻尼器的阻尼力最大时,塔梁相对位移最小,弹性力也最小。黏滞阻尼器的阻尼力和结构的弹性力之间有 $90°$ 的相位差,因此,黏滞阻尼器并不增加桥塔的受力。实际工程中使用的黏滞阻尼器一般为非线性阻尼器。

2. 桥塔的支承受力体系

(1)塔墩固结、塔梁分离

铁路混合梁斜拉桥桥塔的支承受力体系主要有塔墩固结、塔梁分离这种大多数大跨度斜拉桥所采用的支承形式。塔柱下端固结于墩顶部形成塔墩一体，上、中、下塔柱完整的桥塔结构，可在下塔柱顶部下横梁上设置对加劲梁的竖向、横向和纵向支承，如图 1-70 所示。既可以约束塔顶的位移又可以使加劲梁适应斜拉桥在列车荷载、温度荷载、风载和地震荷载作用下的变位与受力的要求。

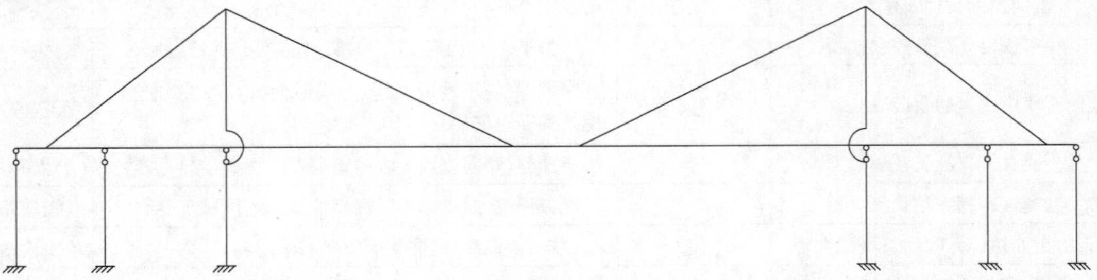

图 1-70　塔墩固结、塔梁分离结构布置图

(2)塔、梁、墩固结

在较小跨径的铁路混合梁独塔双跨式斜拉桥中，也采用塔、梁、墩固结的支承形式，因为独塔双跨式温度内力相对较小，塔、梁、墩固结不仅可以较好地增大斜拉桥的整体刚度，使塔、梁设置更纤细一些，而且还能够更好地满足跨越障碍物时实现转体施工的需要，如图 1-71 所示。在比较高的柔性塔墩双塔三跨式斜拉桥比较适合采用这种塔、梁、墩固结的支承形式，比如跨越山区深谷的斜拉桥。不过，在地震区应注意这种塔、梁、墩固结的支承形式斜拉桥对结构抗震的不利影响。

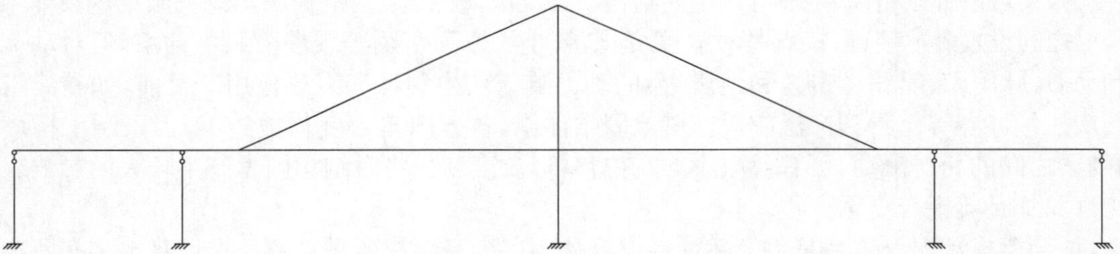

图 1-71　塔、梁、墩固结结构布置图

(3)塔梁固结、梁墩分离

如图 1-72 所示，塔梁固结、梁墩分离一般在比较小的跨径斜拉桥中采用，红水河铁路斜拉桥就是采用的这种支承形式，塔柱下端与梁固结后用支座支承在墩顶上。这种支承形式主要是考虑桥墩很矮，可以减少塔墩的弯矩。但是，当主跨满载时桥塔将随加劲梁的挠曲而发生倾斜，使主跨梁体挠度和边跨梁体负弯矩增大。此外，常常还需要大吨位的支座来适应，支座的养护更换均较困难。

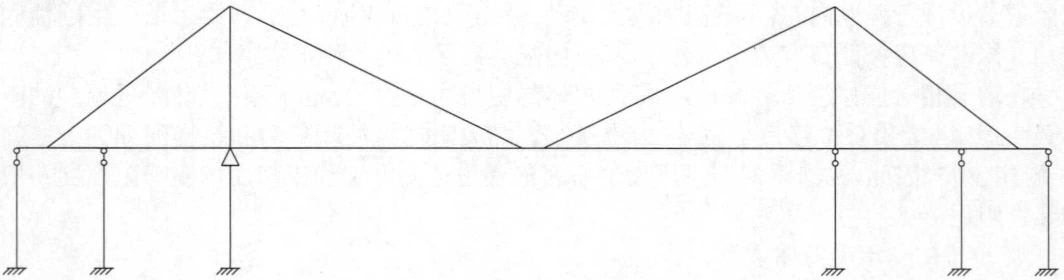

图 1-72　塔梁固结、梁墩分离结构布置图

1.4 铁路混合组合梁斜拉桥技术经济性

1.4.1 铁路混合梁斜拉桥技术性

近年来，随着我国交通建设的发展，在航运繁忙而河道有效水域宽度又受到限制或是处在入海口水域条件复杂，航道宽度的要求或入海口河道水深超深，致使桥梁主跨的跨度很大，边跨跨度仅仅满足功能要求又比较小的情况下，此时混合梁斜拉桥就恰到好处地得到了应用。目前世界上几座典型的超大跨径斜拉桥都是为此而采用混合梁斜拉桥，由此分析得知，混合梁或混合组合梁斜拉桥具有比较优越的技术性能。

①混合梁斜拉桥由于主跨结构轻而边跨结构重，可以充分发挥边跨梁的锚固作用，大大地增强主跨跨越能力，使得桥式布置不仅满足了功能上的要求，而且还能与地形以及周围环境条件相适应。

②边跨采用比较便宜的预应力混凝土，根据具体桥梁刚度条件和现场施工条件，设置一个或多个辅助墩，使边跨梁形成连续支承结构，采取现场浇筑混凝土或节段拼装、连续顶推法施工，也可以留出部分边跨与主跨相同材质的梁对称悬臂施工。

③桥塔基础与塔身施工的同时安排边跨辅助墩基础与墩身的施工，边跨预应力混凝土梁可以安排与桥塔同步组织施工，以缩短施工工期。

④主跨钢梁可以在桥塔和边跨混凝土梁是完成后采用单悬臂法拼装施工，有利于提高主跨悬拼施工期间的安全性。

⑤边跨混凝土梁自重大，不仅对边墩和辅助墩的支座反力起到良好的压重作用，避免采用拉力支座或额外的压重措施，而且增强了对主跨的锚固作用，提高了主跨钢梁竖向与横向的刚度。

⑥边跨与主跨跨径之比值小，因边跨短而后锚索间距布置比较密，相应斜拉索与梁体的夹角也就比较大，同时，边跨布置活载时对主跨梁体弯矩、变形的影响均较小，所以，常常在斜拉桥中出现的远索区拉索疲劳影响就减少了。

⑦边跨是一种连续且跨径较小的预应力混凝土结构，对斜拉索和主跨梁都起到了很好的稳固作用，显著改善了斜拉桥扭弯频率比和主跨梁风致动力响应。

⑧混合梁斜拉桥能有效地采用预加力刚度法和重力刚度法，以改善桥塔及主跨梁体内力、减少主跨梁体变形，使斜拉桥具有更强的跨越能力和优良的行车刚度条件。

⑨混合梁以混凝土替代钢材，根据需要将钢混结合段设置在桥塔的主跨侧或靠近桥塔的边跨侧，以寻求节省工程费用，从整体上降低工程造价。

1.4.2 同跨径钢箱混合梁与钢桁梁斜拉桥比较

1. 主跨 468 m 钢桁梁斜拉桥

孔跨布置为(96＋168＋468＋168＋96)m 钢桁梁斜拉桥，主桥长 996 m。钢桁梁斜拉桥方案总体布置如图 1-73 所示。

钢桁梁采用三角形桁式，两片主桁横向中心距 19 m，桁高 15 m，节间距 12 m。上下弦杆均为箱形截面。上弦内高 1 216 mm，内宽 1 140 mm，板厚 24～44 mm；下弦内高 1 450 mm，内宽 1 140 mm，板厚 32～50 mm。下弦杆顶板向桁内侧加宽 700 mm 与工形横梁上翼缘板焊接。腹杆主要采用 H 形截面，部分采用箱形截面杆件。H 形翼板高 760 mm，腹板宽 1 138 mm，板厚 20～44 mm，根据不同的受力区段选用不同的杆件截面，钢桁梁截面如图 1-74 所示。

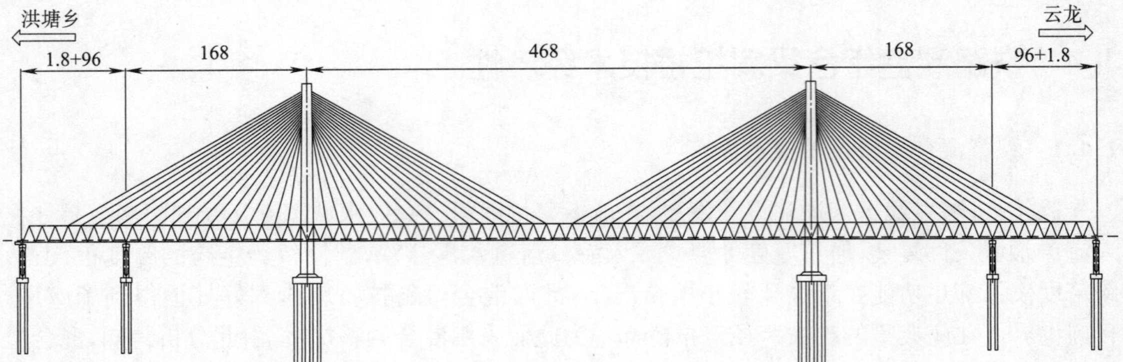

图 1-73 钢桁梁斜拉桥方案总体布置图(单位:m)

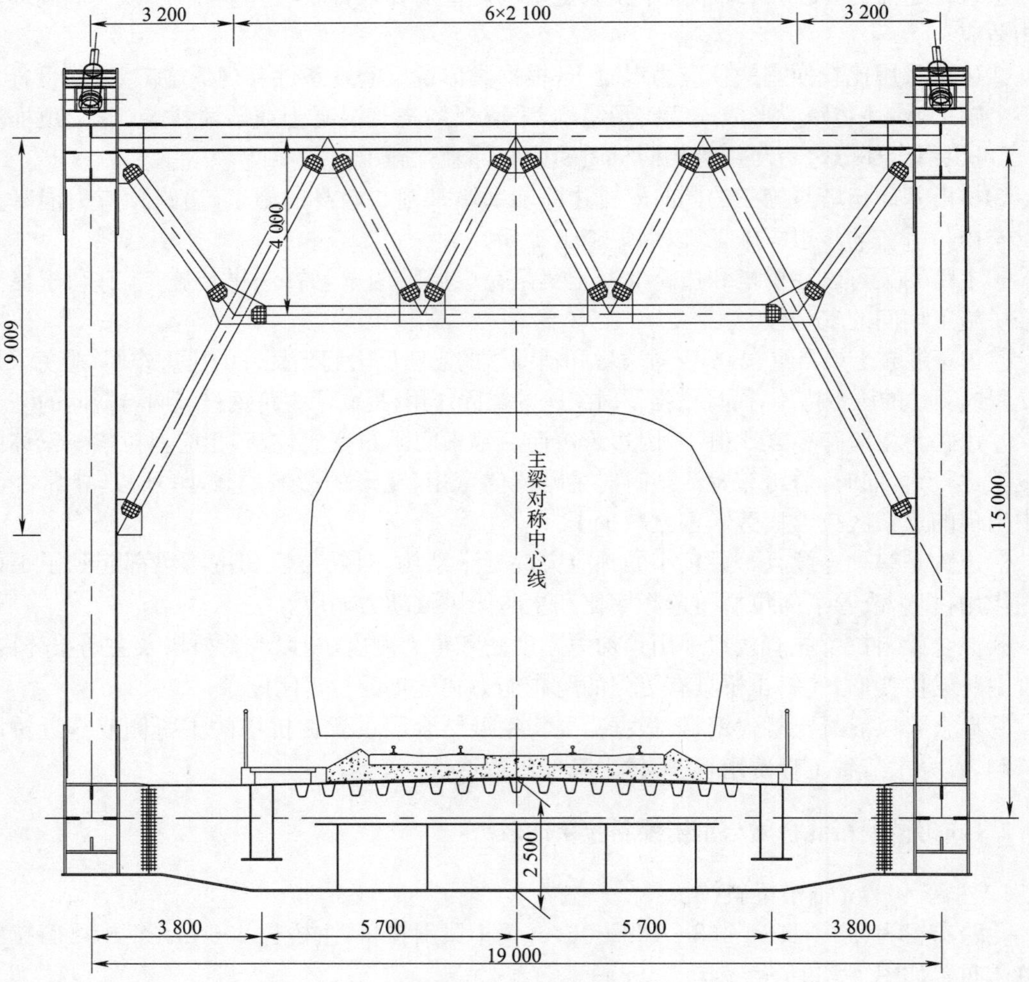

图 1-74 钢桁梁标准横断面图(单位:mm)

主桁采用焊接杆件,整体节点。节点以外以高强螺栓拼接,上下弦杆四面等强对拼。H形腹杆采用插入式连接,箱形腹杆采用四面与主桁节点对拼的连接形式。

桥面系由双倒T纵梁、主横梁、次横梁、水平K撑、钢桥面板及U形肋组成。钢桥面板采用纵横肋加强的正交异性板结构,板厚16 mm,设双向2%的排水坡。钢桥面板全桥纵、横向连续，纵向搭接于双倒 T 纵梁腹板，横向分段焊接；桥面板下焊接厚 8 mm 的 U 形纵向加劲肋，U 形加劲肋高 260 mm，间距 600 mm；纵桥向每隔 12 m 设置一道倒 T 形主横梁，主横梁跨中高 2.5 m，翼板宽 900 mm，厚 36 mm，腹板厚 28 mm，与下弦杆的伸出肢焊接；主横梁节间每隔 3.0 m 设置一道次横梁，次横梁跨中高 1.8 m，翼板宽 700 mm，厚 24 mm，腹板厚 16 mm，与双倒 T 纵梁腹板焊接。桥面系结构布置如图 1-75 所示。

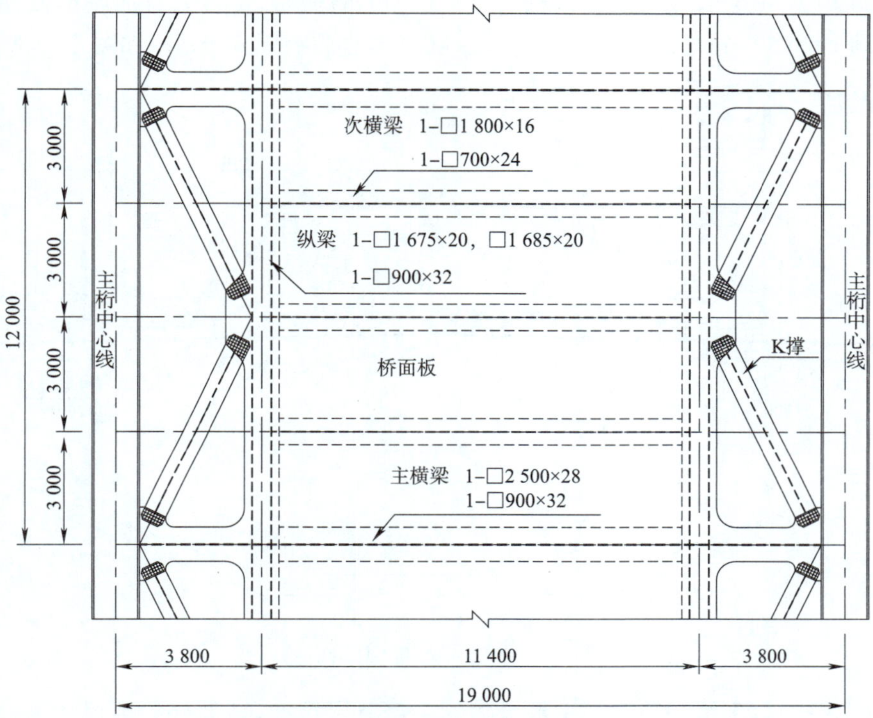

图 1-75 钢桁主梁下弦平联构造图(单位:mm)

上弦杆平面设菱形上平纵联，工形截面，高 500 mm，板厚 16 mm。斜腹杆平面设置横向联结系，由斜杆、撑杆共同组成，形成横桥向框架结构。横联的各杆件均为工形截面杆。钢桁梁空间节段模型如图 1-76 所示。

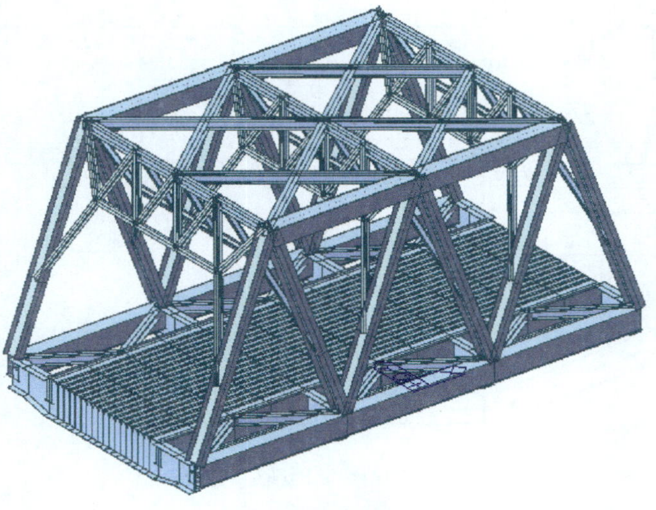

图 1-76 钢桁梁节段模型

2. 主跨 468 m 钢箱混合梁斜拉桥

边跨对称布置为(54.5＋50＋50＋66)m 钢箱混合梁斜拉桥，主桥长 909 m。边跨及部分主跨加劲梁为预应力混凝土箱梁，其他部分主跨为钢箱主梁，钢混结合段位于主跨侧距离桥塔 24.5 m 处。

混凝土箱梁采用单箱三室等高截面，截面全宽 21 m，中心处梁高 5.0 m。截面中室梁顶板、底板厚度均为 40 cm，边室顶板、斜底板厚 32 cm，直腹板厚 45 cm；加厚横截面中室梁顶板、底板厚度均为 50 cm，边室顶板、斜底板厚 40 cm，直腹板厚 60 cm。如图 1-77 所示。

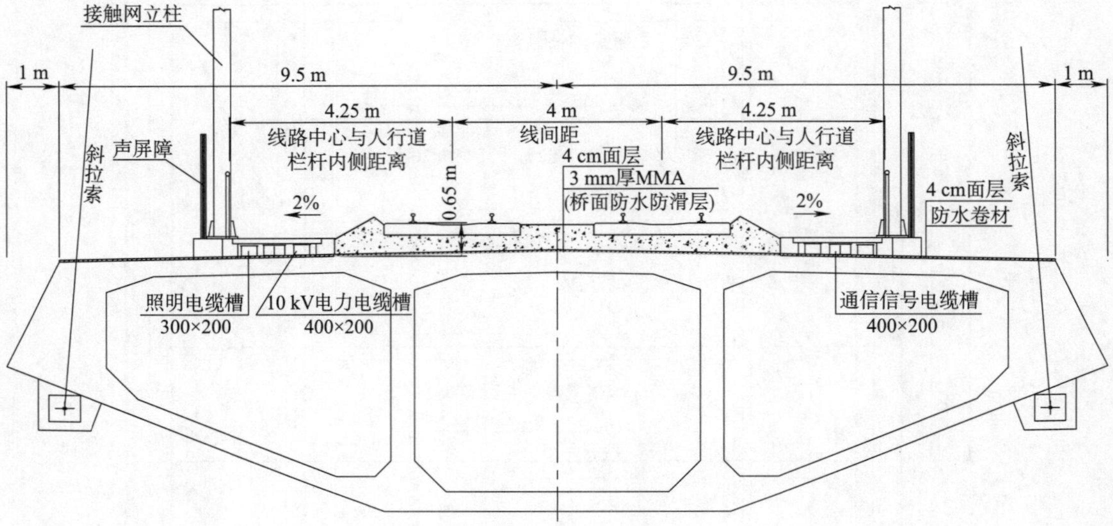

图 1-77 混凝土梁断面图(单位：mm)

如图 1-78 所示，主跨钢箱梁采用带风嘴的单箱五室截面，截面外轮廓尺寸与混凝土箱梁相同。中间三室与混凝土箱梁三室相对应，两侧单室为钢锚箱，兼作风嘴。

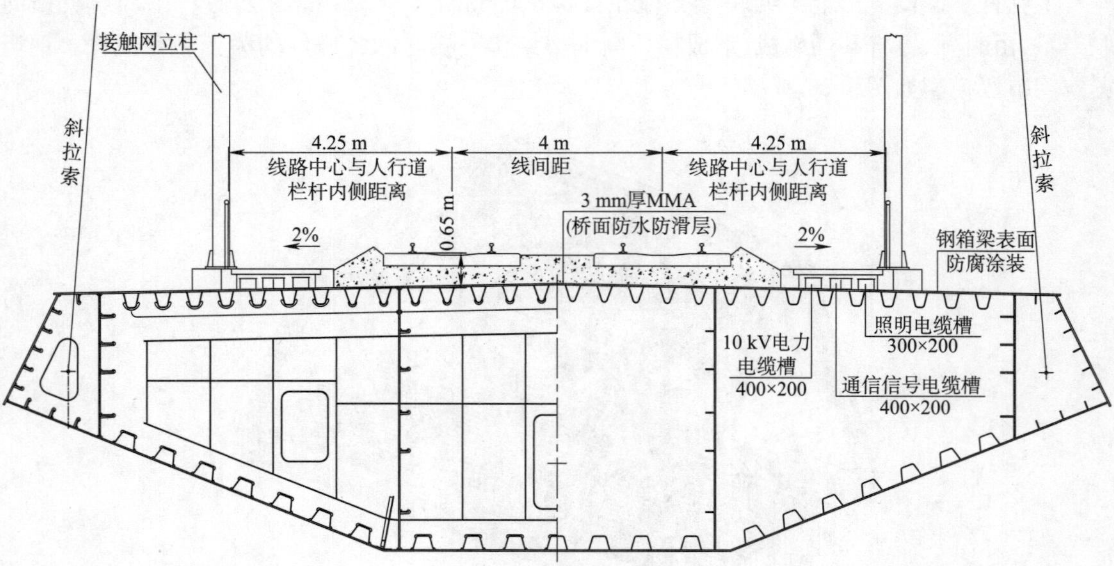

图 1-78 钢箱梁断面图(单位：mm)

钢箱梁为正交异性板结构，由顶板、上斜顶板、下斜底板、底板及竖腹板围封而成。钢箱梁设两道中纵腹板和两道边纵腹板，中纵腹板厚度 20～30 mm，边纵腹板厚度 30 mm。钢箱梁节段标准长 9 m，刚度过渡段长 5 m，中跨合龙段长 4.9 m。每隔 3 m 设置一道实腹横隔板。

钢箱梁施工采用工厂制造，工地吊装拼接。工地连接采用顶、底、腹板间均需对接全焊透，除桥面板 U 形加劲肋采用高强度螺栓连接，其余加劲肋均采用嵌补段连接。

3. 铁路钢箱混合梁斜拉桥技术性比较

同跨径钢箱混合梁斜拉桥与钢桁梁斜拉桥技术性比较见表 1-17。

表 1-17 钢箱混合梁斜拉桥与钢桁梁斜拉桥技术比较

项 目	混合梁斜拉桥方案	钢桁梁斜拉桥方案
竖向挠跨比	1/701	1/747
梁端转角(rad)	0.329‰	1.2‰
脱轨系数 Q/P	单线 0.60；双线 0.63，均≤0.8	单线 0.59；双线 0.61，均≤0.8
轮重减载率 $\Delta P/P$	单线 0.56；双线 0.55，均≤0.6	单线 0.55；双线 0.55，均≤0.6
货车平稳性指标	单线竖向 3.91，横向 3.96；双线竖向 3.98，横向 3.93	单线竖向 3.88，横向 3.96；双线竖向 3.92，横向 3.89
制造	制造工艺成熟	桁梁杆件制造精度要求较高
安装	顶底板焊接、桥面板 U 形/V 形肋栓接，线形易于调整	除桥面板现场焊接外，其他杆件均采用高强度螺栓连接
养护维修	构件简洁，表面数量少，便于维修养护	杆件数量及表面数量大，养护维修不易
施工工期	塔、梁施工可同步，两个工作面整体焊接钢箱梁，工期短	钢桁梁需同时拼装 4 个节段，散件多，拼装工期稍长

由表 1-17 可知，钢桁斜拉桥方案由于主桁中心线高度达到 15 m，钢桁加劲梁竖向挠度相对比较少，挠跨比为主跨跨径 468 m 的 1/747；钢箱混合梁斜拉桥方案与钢桁梁斜拉桥方案桥上列车运行车桥耦合振动评判性指标很接近，但是，钢桁梁斜拉桥方案梁端转角相对较大。此外，钢箱加劲梁制造工艺相对成熟、安装精度与焊接及桥面线形要求均相对比较容易达到、养护维修工作量较少、工期相对较短。在适合的建桥条件下，钢箱混合梁从技术上来说具有其特有的优势。

4. 铁路钢箱混合梁斜拉桥经济性比较

同跨径钢箱混合梁斜拉桥与钢桁梁斜拉桥技术经济性比较分别见表 1-18。

表 1-18 钢箱混合梁斜拉桥与钢桁梁斜拉桥桥式方案经济比较

项 目	混合梁斜拉桥方案	钢桁梁斜拉桥方案
桥塔	C50 混凝土 27 618 m^3，钢锚箱钢材 1 190 t	C50 混凝土 29 538 m^3，钢锚箱钢材 1 260 t
加劲梁	C60 混凝土：16 117 m^3，钢材 7 821 t	钢材 22 549 t
斜拉索	1 882 t	1 708 t
下部结构	C45 混凝土：基础 63 151 m^3、承台 21 056 m^3，墩身 C50 混凝土：8 402 m^3	C45 混凝土：基础 53 384 m^3、承台 20 518 m^3，墩身 C50 混凝土：7 172 m^3
建筑工程费用	5.109 亿元	6.308 亿元

由表 1-18 可以看出，虽然混凝土梁和桥墩的混凝土用量较多，以及斜拉索用钢量也较多，但是，钢箱混合梁斜拉桥比钢桁梁斜拉桥可以节省大量的钢材。同等条件下综合造价比较，钢

箱混合梁斜拉桥估算 56.4 万元/延米，钢桁梁斜拉桥估算 63.3 万元/延米，相对而言，在一定的条件下，钢箱混合梁斜拉桥具有明显的经济效益。与国内同期建成的双线铁路主跨 432 m 钢桁梁斜拉桥相比较，钢结构加劲梁范围可以节省钢材约 2 t/延米，说明钢箱混合梁经济效益可观。

1.5 钢箱混合组合梁斜拉桥对铁路列车走行性影响

1.5.1 钢箱梁对铁路列车走行性影响

横向风力、列车摇摆力、曲线桥梁列车离心力和双线铁路单线行车荷载都会对铁路斜拉桥的结构扭转产生影响，钢箱加劲梁是封闭型结构，能够提供足够的抗扭刚度。同时，钢箱加劲梁的横向宽度不受约束，因为桥面除了斜拉索以外不与其他受力构件相连接，仅仅是与钢箱梁两侧的斜拉索锚固。当桥面比较宽时，横桥向斜向布置的斜拉索与比较宽的钢箱梁，加上桥塔可以共同提供较大的横向刚度。钢箱梁桥面板每隔约 3 m 距离设置横隔板，钢箱梁顶板采用 V 形肋或 U 形肋加劲形成正交异性钢桥面来满足顶板的局部振动和稳定。因此，斜拉桥钢箱加劲梁可以满足铁路列车走行性要求。当加劲梁桥面需要通行高速列车而铺设无砟轨道满足时，可以将钢箱顶板采用混凝土预制板，这样一来，既可以能够很好地与无砟轨道底座板连接，又可以获得较大的加劲梁重力刚度进一步提高柔性结构的斜拉桥竖横向整体刚度，以使得斜拉桥钢混组合截面加劲箱梁满足高速列车高速运行的要求。

1.5.2 不同材质的加劲梁刚度过渡对铁路列车走行性影响

混凝土加劲梁板厚而重，刚度相对较大，钢梁薄板重量轻需要肋板加劲，刚度相对较小，因此，混凝土梁与钢梁过渡段就存在刚度过渡的问题。使得由刚度最大，渐渐使刚度值减少，有一个比较缓和的刚度过渡段，再与刚度比较小的梁段连接，需要有一个相对比较长的梁段。如果是箱形梁，需要考虑混凝土板内埋钢板和混凝土隔墙段、钢箱混凝土段、钢箱加强段，再连接钢箱梁。这样一来，就可以保证铁路列车在桥上行驶时不至于因为刚度过渡不平缓而影响列车走行的安全性、平稳性和旅客乘坐的舒适性。

1.5.3 边跨辅助墩支承连续结构对铁路列车走行性影响

一般的预应力混凝土连续梁结构与同等材质、同跨度的简支梁相比，就对铁路列车走行性的影响程度而言，由于荷载作用下连续梁结构变形曲线连续、平滑、圆顺，竖向变位相对要小一些，因此，连续梁对铁路列车走行性优于同等跨度的简支梁。铁路钢箱混合梁斜拉桥边跨为预应力混凝土连续结构，其上存在着斜拉索竖向分力的作用，荷载作用下连续结构竖向变位相对更小，相比对铁路列车走行性更具有优越性。不仅边跨有辅助墩支承，而且边跨梁端辅助跨更需要对斜拉索起到锚固作用，因此，边跨梁梁端转角较小，梁跨也重。高速无砟轨道对梁端的转角和水平变位均能达到要求，可以说铁路钢箱混合梁斜拉桥边跨连续梁结构不影响铁路列车的走行性。

1.5.4 铁路钢箱混合组合梁斜拉桥动力特性

在主跨 468 m 铁路钢箱混合梁斜拉桥的自振特性进计算分析中，考虑桥墩及基础刚度的影响。由于加劲梁与桥塔之间设置纵向阻尼，按塔、梁约束体系计算，前十阶自振频率见表1-19。

表 1-19 前十阶自振频率振型特征表

序　号	自振频率(Hz)	振型特点
1	0.321 6	加劲梁对称横弯
2	0.344 1	加劲梁竖弯
3	0.421 9	塔梁对称横弯
4	0.442 9	塔梁对称竖弯
5	0.457 8	塔梁反对称横弯
6	0.621 9	塔梁反对称竖弯
7	0.730 9	塔梁横弯
8	0.731 9	塔梁反对称竖弯
9	0.790 5	塔梁横弯
10	0.881 9	塔梁反对称横弯

1.5.5 钢箱混合组合梁斜拉桥车桥耦合动力响应分析

1.5.5.1 计算模型

1. 车辆(包括机车)空间振动分析模型

车辆(机车)空间振动分析模型如图 1-79 所示，分析中采用以下假定：

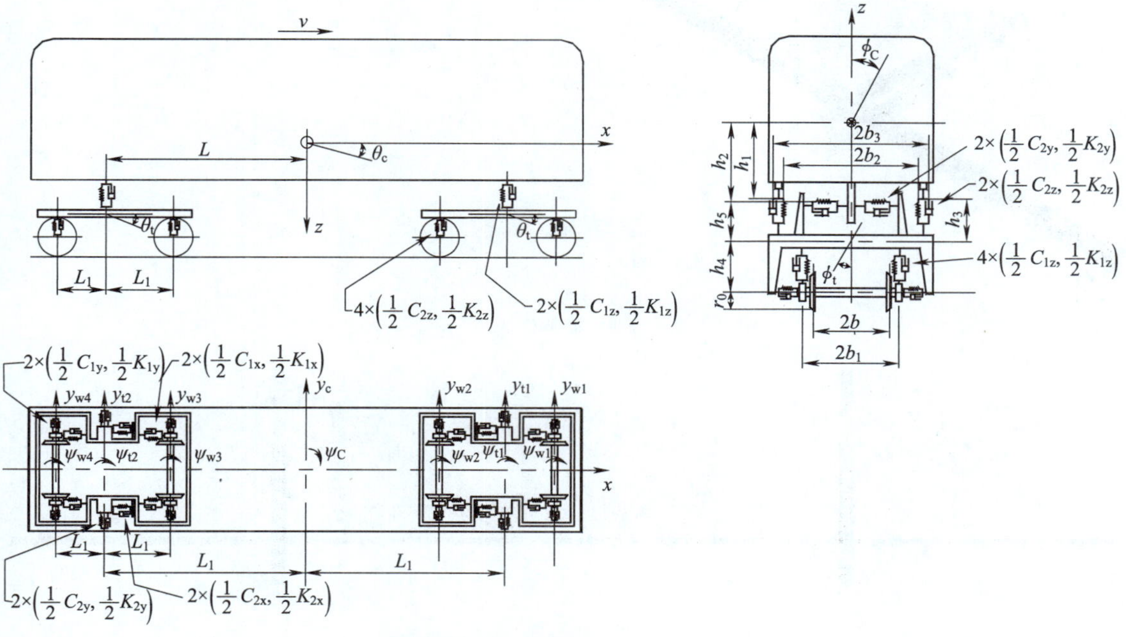

图 1-79 车辆(机车)空间振动分析模型

①车体、转向架和轮对均假设为刚体；

②不考虑机车、车辆纵向振动及其对桥梁振动与行车速度的影响；

③轮对、转向架和车体均作微振动；

④所有弹簧均为线性，所有阻尼按黏滞阻尼计算，蠕滑力按线性计算；

⑤沿铅垂方向，轮对与钢轨密贴，即轮对与钢轨的竖向位移相同；

⑥忽略构架点头运动及轮对侧滚和摇头运动。

这样，车体空间振动有：侧摆、侧滚、摇头、点头、浮沉等 5 个自由度；每个构架有侧摆、侧滚、摇头、点头、浮沉 5 个自由度；每个轮对有侧摆，摇头等 2 个自由度，故每辆四轴车辆共有 23 个自由度，每辆六轴机车共有 27 个自由度。客车车辆及机车均按二系弹簧计算。

2. 桥梁空间振动分析模型

模型利用空间梁单元模拟加劲梁、塔墩柱，利用空间杆单元模拟拉索，按“m 法”考虑桩土的共同作用。主跨 468 m 铁路钢箱混合梁斜拉桥结构有限单元划分立面及轴视图示意如图 1-80 所示。

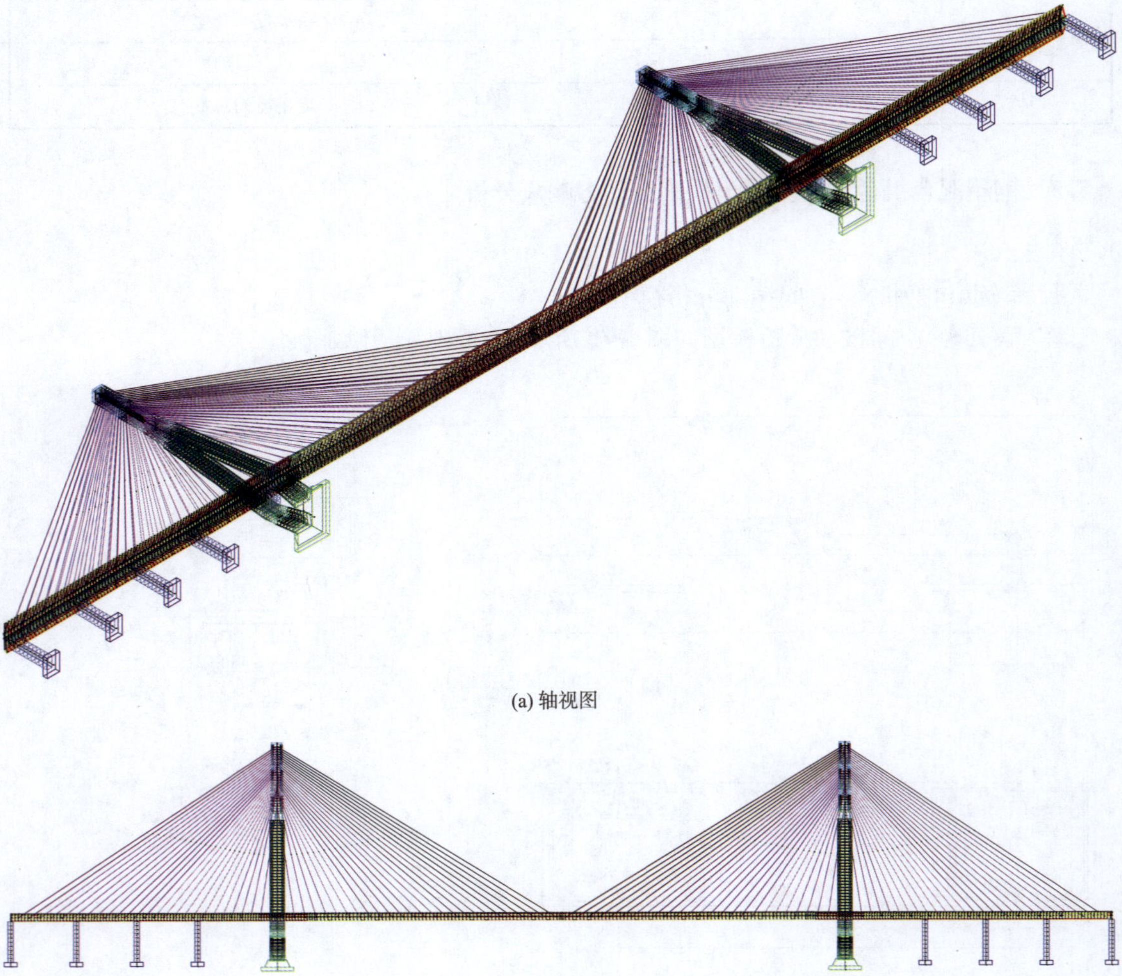

(a) 轴视图

(b) 立面图

图 1-80　结构单元划分示意图

采用郑武线实测轨道不平顺和德国低干扰谱模拟轨道不平顺，计算列车选取 C_{62} 货车及 SS_8 客车，德国 ICE3 高速旅客列车，日本 500 系列车和国产 CRH2 高速列车。

1.5.5.2 评判标准

1. 列车运行安全性与舒适性(客车)、平稳性(货车)评价指标

采用脱轨系数、轮重减载率来判断列车运行安全性,用 Sperling 指标来判断乘坐舒适性(或运行平稳性)。根据《铁道机车动力学性能试验鉴定方法及评定标准》、《铁道车辆动力学性能评定和试验鉴定规范》,并参考历次提速试验所采用的评判标准,在车桥动力仿真分析中,列车运行安全性与舒适性(平稳性)的评定指标选取如下:

(1)安全性指标

脱轨系数:≤0.8;　　　　轮重减载率:≤0.6

(2)乘坐舒适性(对客车车辆)

车体振动加速度:竖向≤0.25g;横向≤0.20g(中速:≤200 km/h)

竖向≤0.13g;横向≤0.10g(高速:≥200 km/h)

舒适性评价指标:优良　< 2.50

良好　2.50～2.75

合格　2.75～3.00

(3)运行平稳性(对货车车辆)

车体振动加速度:≤0.70g=7.0 m/s^2(半峰值,竖向)

≤0.50g=5.0 m/s^2(半峰值,横向)

平稳性评价指标:优良　< 3.50

良好　3.50～4.00

合格　4.00～4.25

(4)机车运行平稳性

车体振动加速度:≤0.365g=3.65 m/s^2(半峰值,竖向)

≤0.245g=2.45 m/s^2(半峰值,横向)

平稳性评价指标:优良　< 2.75

良好　2.75～3.10

合格　3.10～3.45

2. 桥梁动力响应限值

(1)桥梁竖向振动加速度限值:0.35g=3.5 m/s^2(半幅、有砟轨道)

0.50g=5.0 m/s^2(半幅、无砟轨道)

(2)桥梁横向振动加速度限值:0.15g=1.5 m/s^2(半幅)

1.5.5.3 计算工况

1. 客货混运

DF_4 牵引 C_{62} 货车(以下简称 C_{62} 货车)分别以 50、60、70、80 km/h 通过桥梁,采用郑武线实测轨道不平顺进行计算。

SS_8 牵引准高速客车(以下简称 SS_8 客车)分别以 80、100、120、140、160、180、200 km/h 通过桥梁,采用郑武线实测轨道不平顺进行计算。

2. 客运专线

国产 CRH2 高速旅客列车(以下简称国产 CRH2)分别以 160、180、200、220、250、275、300 km/h 通过桥梁,采用德国低干扰谱模拟轨道不平顺计算。

ICE3 高速旅客列车(以下简称德国 ICE3)分别以 160、180、200、220、250、275、300、325、

350、375、400、420 km/h 通过桥梁，采用德国低干扰谱模拟轨道不平顺计算。

日本 500 系高速旅客列车(以下简称日本 E500)分别以 160、180、200、220、250、275、300、325、350、375、400、420 km/h 通过桥梁，采用德国低干扰谱模拟轨道不平顺计算。

3. 环境风作用下客货混运及客运专线

考虑风对列车、桥的共同作用，进行风-车-桥时变系统空间振动响应计算。计算中轨道不平顺对客货混运阶段和客运专线阶段分别采用郑武线实测轨道不平顺和德国低干扰轨道谱模拟轨道不平顺，计算列车偏于安全地选取 C_{62} 空车、SS_8 客车、CRH2 客车，具体计算工况如下：

①C_{62} 货车空车分别以 50、60、70、80 km/h 通过桥梁。

②SS_8 客车分别以 80、100、120、140、160、180、200 km/h 通过桥梁。

③CRH2 客车分别以 160、180、200、220、250 km/h 通过桥梁。

1.5.5.4 列车运行安全性、舒适性、平稳性分析评价结果

1. 无风条件

无风条件下列车运行分析评价结果见表 1-20 和表 1-21。

表 1-20 甬江特大桥车-桥系统动力分析评价结果汇总表(单线行车)

运营阶段	列车类型	车速(km/h)	桥梁动力性能	车体振动加速度	行车安全性		乘坐舒适性(客车)或行车平稳性(货车)			
							动车		拖车	
					脱轨系数	减载率	竖向	横向	竖向	横向
客货混运	C_{62} 货车	50～80	满足	满足	满足	满足	良好	良好	良好	良好
	SS_8 客车	80～200	满足	满足	满足	满足	良好	良好	良好	良好
客运专线	国产 CRH2	160～250	满足	满足	满足	满足	良好	良好	优秀	良好
		275～300	满足	满足	满足	满足	良好	良好	良好	良好
	德国 ICE3	160～350	满足	满足	满足	满足	良好	良好	良好	良好
		375～420	满足	满足	满足	满足	合格	良好	合格	合格
	日本 E500	160～350	满足	满足	满足	满足	良好	良好	良好	良好
		375～420	满足	满足	满足	满足	合格	合格	合格	合格

表 1-21 甬江特大桥车-桥系统动力分析评价结果汇总表(双线)

运营阶段	列车类型	车速(km/h)	桥梁动力性能	车体振动加速度	行车安全性		乘坐舒适性(客车)或行车平稳性(货车)			
							动车		拖车	
					脱轨系数	减载率	竖向	横向	竖向	横向
客货混运	C_{62} 货车	50～80	满足	满足	满足	满足	良好	良好	良好	良好
	SS_8 客车	80～200	满足	满足	满足	满足	良好	良好	良好	良好
客运专线	国产 CRH2	160～250	满足	满足	满足	满足	良好	良好	优秀	良好
		275～300	满足	满足	满足	满足	良好	合格	良好	合格
	德国 ICE3	160～350	满足	满足	满足	满足	良好	良好	良好	良好
		375～420	满足	满足	满足	满足	合格	良好	合格	合格
	日本 E500	160～350	满足	满足	满足	满足	良好	良好	良好	良好
		375～420	满足	满足	满足	满足	合格	合格	合格	合格

2. 有风条件

强风作用是一个不可回避的问题。对于桥梁的抗风设计，显然应首先保证桥梁结构本身在风荷载作用下具有良好的空气动力稳定性，使其临界风速远大于该桥在一定保证率下桥面上可能达到的最大风速。对于铁路桥梁在桥面某一量级脉动风作用下（有车风压）的列车-桥梁系统的动力响应分析以保证列车过桥时具有足够的安全度和一定的舒适性也是桥梁结构抗风设计的一个重要内容。有风条件下列车运行分析评价结果见表 1-22～表 1-24。

表 1-22　甬江特大桥风-车-桥系统动力分析评价结果汇总表（C_{62} 货车）

风速（m/s）	车速（km/h）	动　车						拖　车					
		行车安全性				乘坐舒适性		行车安全性				乘坐舒适性	
		脱轨系数	轮重减载率	竖向加速度	横向加速度	竖向	横向	脱轨系数	轮重减载率	竖向加速度	横向加速度	竖向	横向
15	50	满足	满足	满足	满足	优秀	优秀	满足	满足	满足	满足	优秀	优秀
	60	满足	满足	满足	满足	良好	良好	满足	满足	满足	满足	优秀	良好
	70	满足	满足	满足	满足	良好	良好	满足	满足	满足	满足	良好	良好
	80	满足	满足	满足	满足	良好	良好	满足	满足	满足	满足	良好	良好
20	50	满足	满足	满足	满足	优秀	优秀	满足	满足	满足	满足	优秀	优秀
	60	满足	满足	满足	满足	良好	良好	满足	满足	满足	满足	优秀	良好
	70	满足	满足	满足	满足	良好	良好	满足	满足	满足	满足	良好	良好
	80	满足	满足	满足	满足	良好	良好	满足	满足	满足	满足	良好	良好
25	50	满足	满足	满足	满足	优秀	良好	满足	满足	满足	满足	优秀	优秀
	60	满足	满足	满足	满足	良好	良好	满足	满足	满足	满足	优秀	良好
	70	满足	满足	满足	满足	良好	良好	满足	满足	满足	满足	良好	良好
30	50	满足	满足	满足	满足	良好	良好	满足	满足	满足	满足	优秀	优秀
	60	满足	满足	满足	满足	良好	良好	满足	满足	满足	满足	优秀	良好

表 1-23　甬江特大桥风-车-桥系统动力分析评价结果汇总表（SS_8 客车）

风速（m/s）	车速（km/h）	动　车						拖　车					
		行车安全性				乘坐舒适性		行车安全性				乘坐舒适性	
		脱轨系数	轮重减载率	竖向加速度	横向加速度	竖向	横向	脱轨系数	轮重减载率	竖向加速度	横向加速度	竖向	横向
15	80	满足	满足	满足	满足	优秀	优秀	满足	满足	满足	满足	优秀	优秀
	100	满足	满足	满足	满足	优秀	优秀	满足	满足	满足	满足	优秀	良好
	120	满足	满足	满足	满足	良好	良好	满足	满足	满足	满足	优秀	良好
	140	满足	满足	满足	满足	良好	良好	满足	满足	满足	满足	良好	良好
	160	满足	满足	满足	满足	良好	良好	满足	满足	满足	满足	良好	良好
	180	满足	满足	满足	满足	良好	良好	满足	满足	满足	满足	良好	良好
	200	满足	满足	满足	满足	良好	良好	满足	满足	满足	满足	良好	良好
20	80	满足	满足	满足	满足	优秀	优秀	满足	满足	满足	满足	优秀	良好
	100	满足	满足	满足	满足	优秀	良好	满足	满足	满足	满足	优秀	良好
	120	满足	满足	满足	满足	良好	良好	满足	满足	满足	满足	优秀	良好

续上表

风速(m/s)	车速(km/h)	动车						拖车					
		行车安全性				乘坐舒适性		行车安全性				乘坐舒适性	
		脱轨系数	轮重减载率	竖向加速度	横向加速度	竖向	横向	脱轨系数	轮重减载率	竖向加速度	横向加速度	竖向	横向
20	140	满足	满足	满足	满足	良好	良好	满足	满足	满足	满足	良好	良好
	160	满足	满足	满足	满足	良好	良好	满足	满足	满足	满足	良好	良好
25	80	满足	满足	满足	满足	优秀	良好	满足	满足	满足	满足	优秀	良好
	100	满足	满足	满足	满足	良好	良好	满足	满足	满足	满足	优秀	良好
	120	满足	满足	满足	满足	良好	良好	满足	满足	满足	满足	优秀	良好

表 1-24 甬江特大桥风-车-桥系统动力分析评价结果汇总表(CRH2 客车)

风速(m/s)	车速(km/h)	动车						拖车					
		行车安全性				乘坐舒适性		行车安全性				乘坐舒适性	
		脱轨系数	轮重减载率	竖向加速度	横向加速度	竖向	横向	脱轨系数	轮重减载率	竖向加速度	横向加速度	竖向	横向
15	160	满足	满足	满足	满足	优秀	优秀	满足	满足	满足	满足	优秀	优秀
	180	满足	满足	满足	满足	优秀	良好	满足	满足	满足	满足	优秀	良好
	200	满足	满足	满足	满足	优秀	良好	满足	满足	满足	满足	优秀	良好
	220	满足	满足	满足	满足	良好	良好	满足	满足	满足	满足	优秀	良好
	250	满足	满足	满足	满足	良好	良好	满足	满足	满足	满足	良好	良好
	275	满足	满足	满足	满足	良好	良好	满足	满足	满足	满足	良好	良好
	300	满足	满足	满足	满足	良好	良好	满足	满足	满足	满足	良好	良好
20	160	满足	满足	满足	满足	优秀	良好	满足	满足	满足	满足	优秀	良好
	180	满足	满足	满足	满足	优秀	良好	满足	满足	满足	满足	优秀	良好
	200	满足	满足	满足	满足	良好	良好	满足	满足	满足	满足	优秀	良好
	220	满足	满足	满足	满足	良好	良好	满足	满足	满足	满足	良好	良好
	250	满足	满足	满足	满足	良好	良好	满足	满足	满足	满足	良好	良好
	275	满足	满足	满足	满足	良好	良好	满足	满足	满足	满足	良好	良好
	300	满足	满足	满足	满足	良好	良好	满足	满足	满足	满足	良好	良好
25	160	满足	满足	满足	满足	优秀	良好	满足	满足	满足	满足	优秀	良好
	180	满足	满足	满足	满足	优秀	良好	满足	满足	满足	满足	优秀	良好
	200	满足	满足	满足	满足	良好	良好	满足	满足	满足	满足	良好	良好
	220	满足	满足	满足	满足	良好	良好	满足	满足	满足	满足	良好	良好
	250	满足	超标	满足	满足	良好	良好	满足	满足	满足	满足	良好	良好

1.5.5.5 车桥耦合动力响应分析结论

1. 客货混跑时郑武线实测轨道不平顺谱分析结论

①当 C_{62} 货车(v=50～80 km/h)、SS_8 客车(v=80～200 km/h)单线或双线对开通过桥梁时，桥梁的各项动力响应和列车的各项动力响应计算值均在容许值以内。

②当 C_{62} 货车(v=50～80 km/h)、SS_8 客车(v=80～200 km/h)单线或双线对开通过桥梁

时，列车脱轨系数<0.8，轮重减载率<0.6，列车行车安全性有保障。

③当 C_{62} 货车（v=50～80 km/h）单线或双线对开通过桥梁时，机车司机台处横、竖向舒适度指标均达到“良好”标准以上；货车车辆运行横、竖向平稳性指标达到“合格”标准以上。

④当 SS_8 客车（v=80～200 km/h）单线或双线对开通过桥梁时，机车司机台处横、竖向舒适度指标均达到“良好”标准以上；车辆乘客乘坐横、竖向平稳性指标也均达到“良好”标准以上。

⑤选取我国目前主型货车即 C_{62} 货车进行计算。由于 C_{62} 货车采用的是转 8A 型转向架，其运营速度一般只能达到 80 km/h，故本报告的计算最高车速为 80 km/h。根据 120 km/h 货车的历次动力学试验数据表明，其动力学性能（车速<120 km/h）要优于 C_{62} 货车动力学性能（车速<80 km/h）许多，故本报告尽管最高计算车速为 80 km/h，然其计算结果还略偏于安全。

2. 对客运专线时德国低干扰谱模拟轨道不平顺谱分析结论

①当德国 ICE3 高速列车、日本 500 系高速列车及国产 CRH2 高速列车以 160～420 km/h 单线或双线对开通过时，桥梁动力响应均满足要求；各车的车体竖、横向振动加速度满足限值要求。

②当德国 ICE3 高速列车、日本 500 系高速列车及国产 CRH2 高速列车以 160～420 km/h 单线或双线对开通过时，列车脱轨系数<0.8，轮重减载率<0.6，列车行车安全性有保障。

③当德国 ICE3 高速列车、日本 500 系高速列车及国产 CRH2 高速列车以 160～350 km/h 单线或双线对开通过时，列车的乘坐舒适度均达到“良好”标准以上。

④当德国 ICE3 高速列车、国产 CRH2 高速列车以 275～300 km/h 单线或双线对开通过时，列车的乘坐舒适度均达到“合格”标准以上。

综合上述分析结果，说明铁路钢箱混合梁斜拉桥具有良好的动力特性及列车走行性，列车的行车安全性和乘坐舒适度均满足客货混运阶段设计时速 200 km 及客运专线阶段时速 350 km 的各项要求。

1.6 高速铁路无砟轨道混合组合梁斜拉桥适应性

之前，人们总是认为铁路桥梁应该尽可能采用刚度比较大的桥型，即使采用斜拉桥仍然必须注意加劲梁的竖向、横向和扭转刚度，最好仍以梁作为主要构件，索结构最好只是起到加劲作用。因此，最初铁路专用斜拉桥的梁高、梁宽、塔高与主跨跨径之比值均考虑取较大的值，斜拉索的强度安全系数也要考虑取较大的值。其实不然，斜拉桥毕竟是柔性结构，过多地去加大其刚度则必然不经济，在满足必要的强度、刚度条件的情况下，加劲梁上桥面轨道受荷载作用变形后所形成的竖向、横向曲线线形是否平滑圆顺，曲率半径是否满足客货列车运行安全、平稳和乘坐舒适性的要求。

1.6.1 混合组合梁斜拉桥各部分的适应性分析

1. 边跨

铁路混合组合梁斜拉桥的边跨为边墩、辅助墩、桥塔及斜拉索竖向分力支承的多跨混凝土连续结构，其受力和变形基本上是中小跨度的连续梁结构，不容置疑，国内外高速铁路长期运行实践证明，这种中小跨连续梁桥面受荷载作用变形曲线的变化，能够满足桥上高速列车行驶的各项要求。

2. 主跨

铁路混合组合梁斜拉桥的主跨为钢混组合截面箱形加劲梁，顶板为混凝土结构，腹板和底板等均为钢结构。因此：

其一，每延米重量比钢结构要重，相对钢梁而言组合截面梁能够进一步提高加劲梁的竖向和横向刚度。

其二，由于仅仅是顶板采用混凝土结构，这种钢混组合结构后期收缩徐变变形对桥面线形影响很小，因此对桥上无砟轨道的变形影响也很小。

其三，主跨加劲梁在长度渐变的斜拉索支承作用下桥面变位线形是平滑圆顺的，曲率半径可以控制在高速行车所要求的范围内。

3. 车桥耦合振动

铁路钢箱混合组合梁斜拉桥的固振频率介于混凝土箱梁与钢箱梁之间，与高速列车耦合振动响应指标优于钢箱梁，加上有双面内倾斜拉索保向力的存在，能够使车桥耦合振动高速列车行驶的安全性和旅客乘坐的舒适性指标达到优良。

4. 桥面与无砟轨道连接技术

铁路钢箱混合组合梁斜拉桥的桥面与无砟轨道底座混凝土板的连接完全与高速铁路混凝土梁成熟的连接技术相同，毫无疑问，就连接技术而言对无砟轨道结构没有影响。

1.6.2 非直接荷载作用下的变位线形

为考察铁路钢箱混合组合梁斜拉桥对铺设无砟轨道的适应性，以主跨 300 m 高速铁路桥上无砟轨道钢箱混合组合梁斜拉桥为例，对加劲梁梁部在徐变、温度等非直接荷载作用下的变形如图 1-81～图 1-86 所示。

1. 徐变荷载作用下的变形

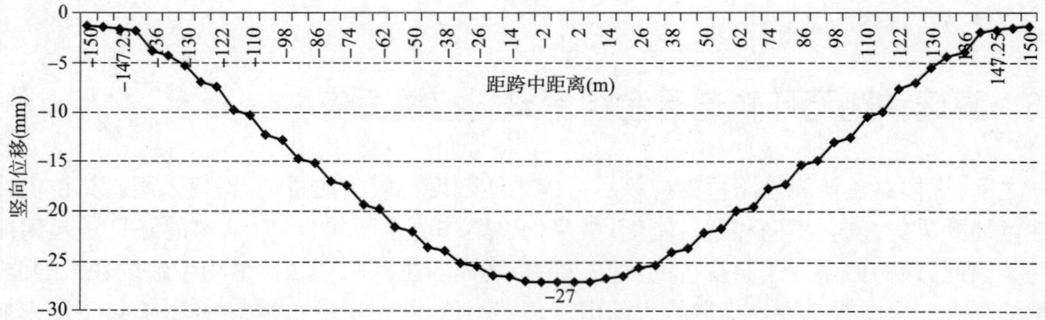

图 1-81 徐变 3 年主梁竖向位移(其中桥塔收缩徐变产生－17 mm)

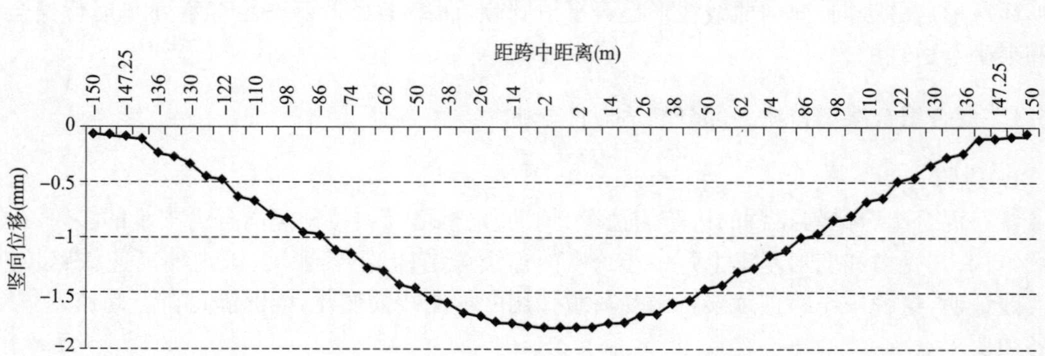

图 1-82 合龙 60 d 后主梁竖向位移

由于组合梁上混凝土桥面板采用预制，并要求存板期在 6 个月以上，因此混凝土板收缩徐变产生的变形小。

2. 温度荷载作用下的变形

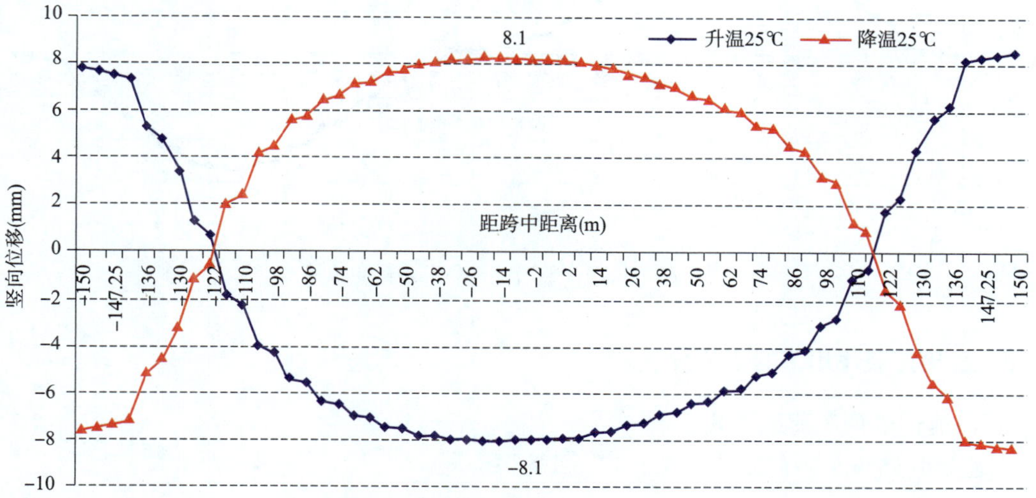

图 1-83 整体升降温 25℃主梁竖向位移

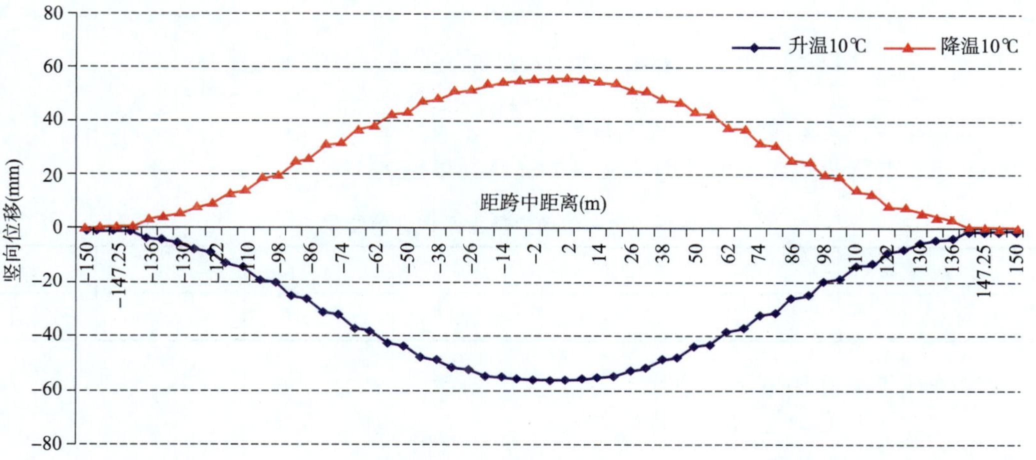

图 1-84 拉索升降温 10℃主梁竖向位移

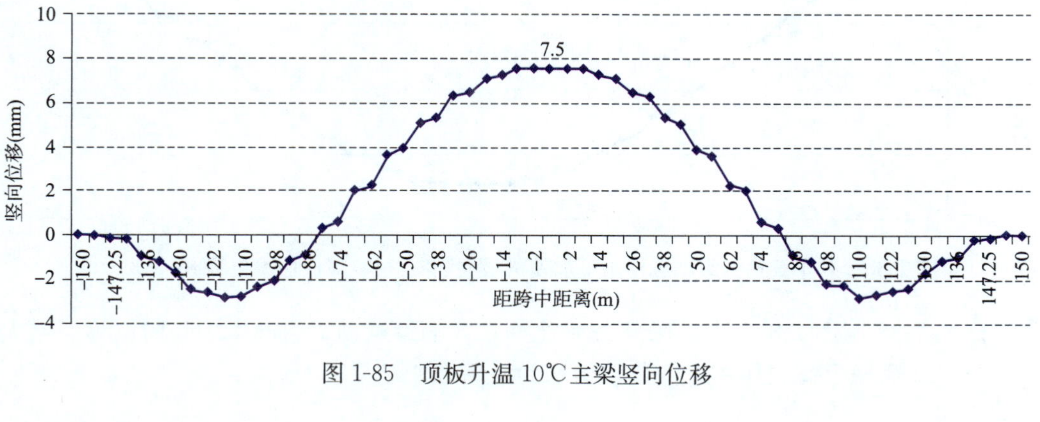

图 1-85 顶板升温 10℃主梁竖向位移

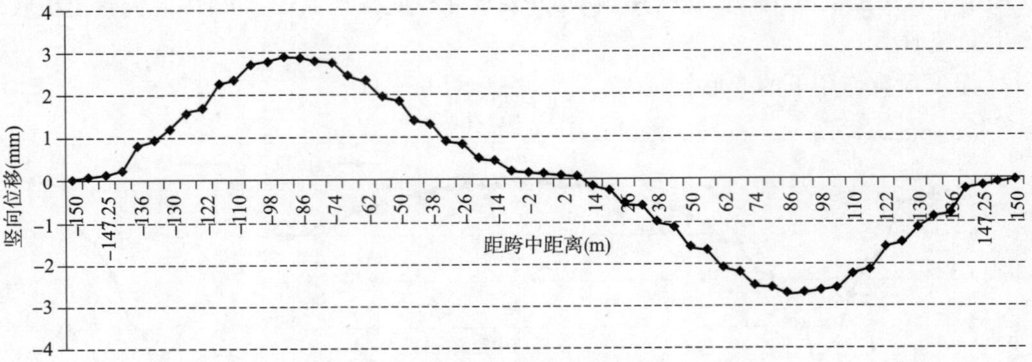

图 1-86 桥塔一侧升温 5℃主梁竖向位移

1.6.3 直接荷载作用下的变位线形

1. 高速运营列车荷载图式

高速运营列车车辆荷载图式布置如图 1-87 所示。

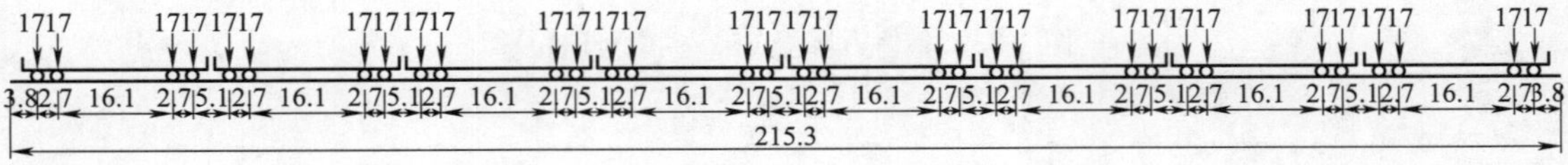

图 1-87 列车 8 辆编组动车组荷载图式(距离以 m 计,荷载以 t 计)

2. 高速运营列车动车组动力放大系数

高速动车组荷载图式考虑动力放大系数计算结果见表 1-25。

表 1-25 动车组动力放大系数计算结果表

车速工况(m/s)	200	250	300	350	380	420
动力放大系数	1.017 2	1.020 8	1.033 7	1.109 7	1.165 3	1.241 5

3. 动车组荷载作用下竖向位移

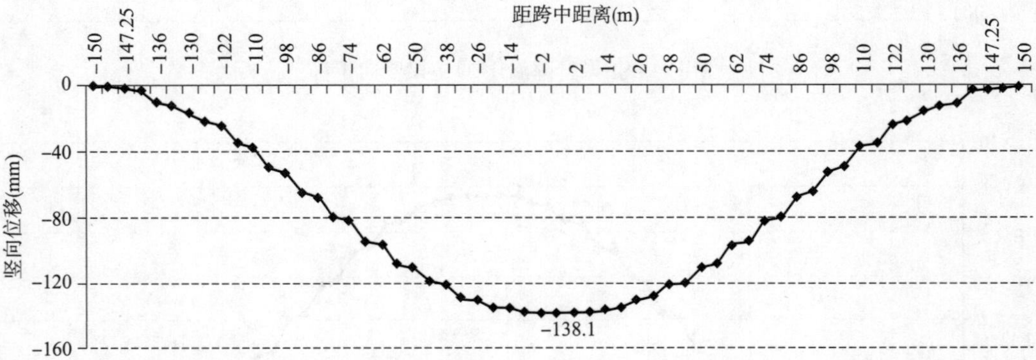

图 1-88 列车 8 辆编组动载作用下加劲梁最大竖向位移(对应曲率半径 81 643 m)

对比图 1-88 与图 1-89,列车 16 辆编组比列车 8 辆编组动车组产生的竖向位移值略大,因此,取列车 16 辆编组荷载作用下的位移值作为最后采用结果。

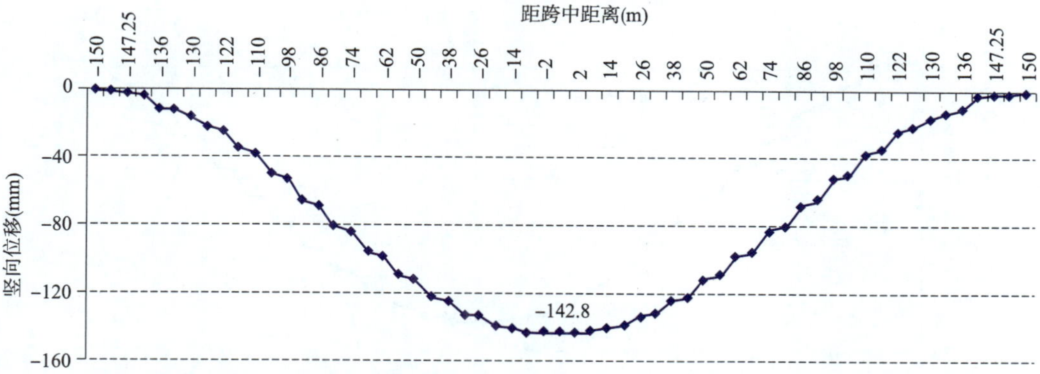

图 1-89 列车 16 辆编组作用下加劲梁最大竖向位移(含冲击系数,对应曲率半径 78 782 m)

1.6.4 非直接与直接荷载作用下加劲梁竖向变位组合

各单项荷载作用下加劲梁竖向变位组合见表 1-26。各种组合加劲梁竖向位移曲线如图 1-90～图 1-95 所示。

表 1-26 变形组合表

组合	动车组活载	收缩徐变 3 年	整体升/降温 25°	拉索升/降温 10°	顶板升温 10°	桥塔一侧升温 5°
Ⅰ	1	1	1/	—	—	—
Ⅱ	1	1	1/	1/	1	—
Ⅲ	1	1	1/	1/	1	1
Ⅳ	1	1	/1	—	—	—
Ⅴ	1	1	/1	/1	—	—

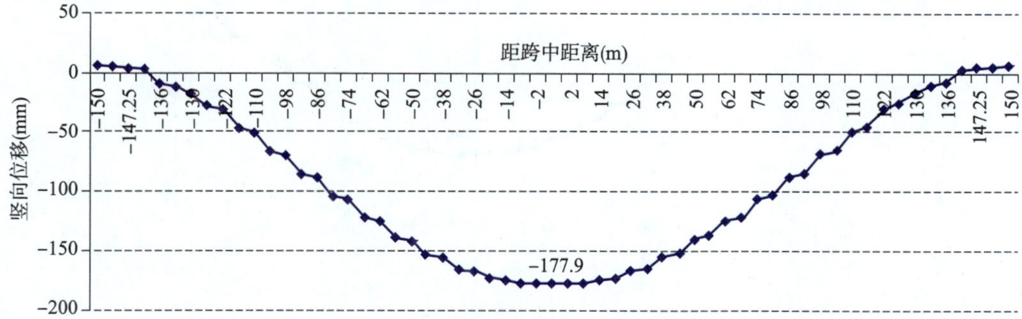

图 1-90 组合Ⅰ加劲梁竖向位移

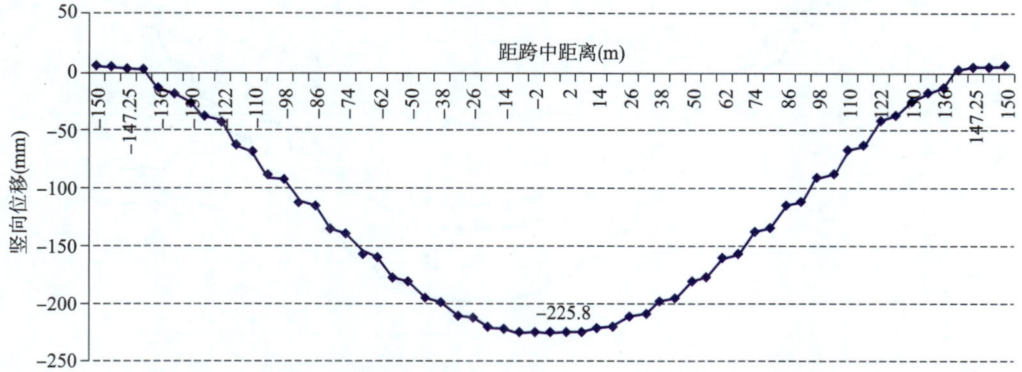

图 1-91 组合Ⅱ加劲梁竖向位移

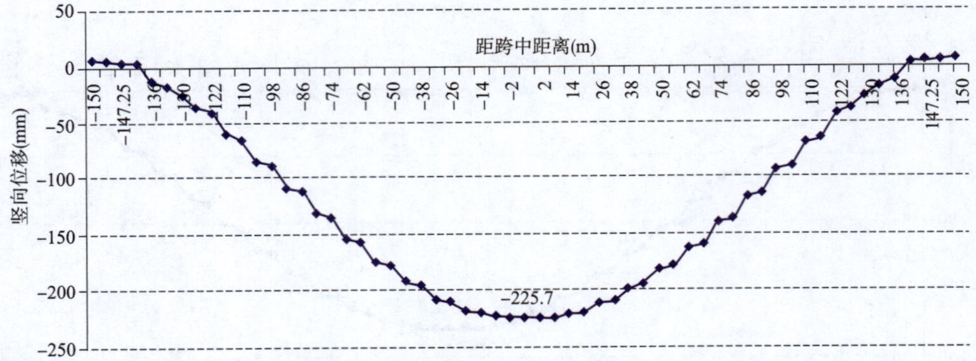

图 1-92 组合Ⅲ加劲梁竖向位移

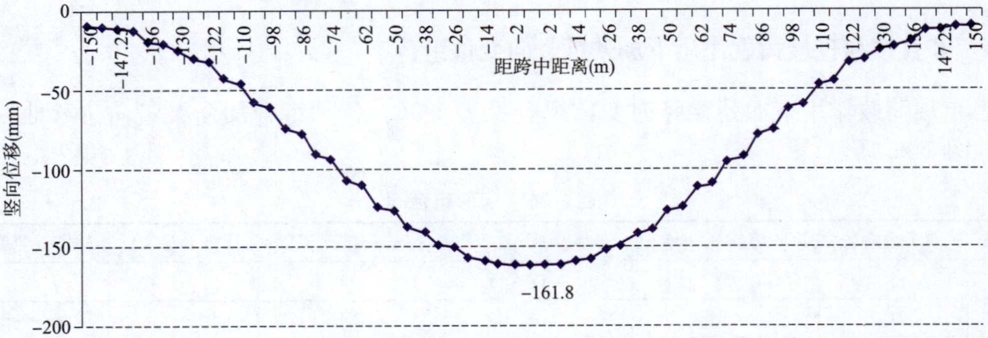

图 1-93 组合Ⅳ加劲梁竖向位移

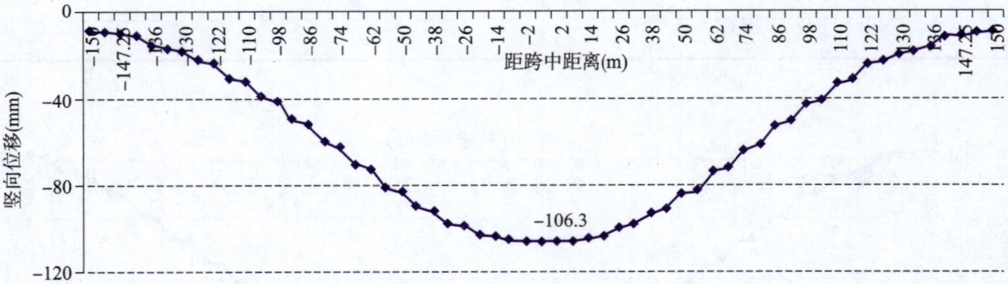

图 1-94 组合Ⅴ加劲梁竖向位移

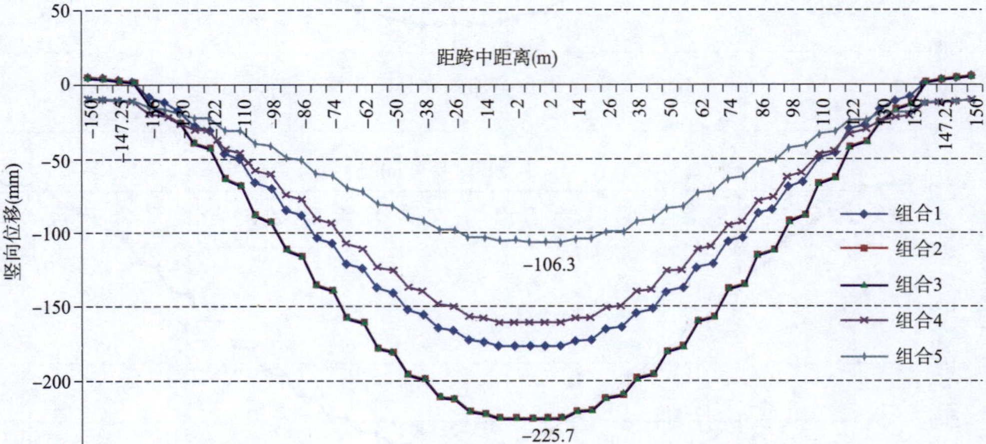

图 1-95 各种组合加劲梁竖向位移(位移最大时对应曲率半径 49 845 m)

1.6.5 非直接与直接荷载作用下加劲梁梁端变位

各种荷载作用下加劲梁梁端变位值见表 1-27。

表 1-27 加劲梁梁端纵向变位值 (单位:mm)

工况		变位值	工况		变位值
收缩徐变 3 年		22	基础变位	max	20
整体升降温	+25℃	−71		min	−20
	−25℃	71	ZK 活载	max	46
桥塔侧向升温 5℃	左侧	46		min	−45
	右侧	−46	制动力	max	100
拉索升降温	+10℃	−1		min	−100
	−10℃	1	开口量		260
顶板升温 5℃		−11	闭口量		−294

1.6.6 高速铁路无砟轨道混合组合梁斜拉桥适应性判别

高速铁路桥上铺设无砟轨道要求桥梁在非直接和直接荷载组合作用下，铁路混合组合梁斜拉桥竖向变形曲率满足式(1-3)。

$$R_{sh} \geqslant 0.4 \cdot v_{sj}^2 \tag{1-3}$$

式中 R_{sh}——设计荷载作用下的结构变形曲率半径(m)；

v_{sj}——高速列车运行速度(km/h)。

当高速列车以 $v_{sj}=350$ km/h 通过桥梁时，则 $0.4 \cdot v_{sj}^2=49\ 000$ m。上述主跨 300 m 铁路混合组合梁斜拉桥主跨为钢混组合截面加劲梁，在非直接和直接荷载组合作用下加劲梁竖向变形最小曲率半径 $R_{sh}=49\ 845$ m，符合式(1-3)的要求。边跨为具有多个支承的混凝土连续结构，变形与一般的连续梁结构变形类似均较小。高速列车不减速通过桥梁时，以德国低干扰轨道不平顺谱和中国高速铁路轨道不平顺参数进行车桥耦合动力响应分析表明：

①桥梁的横向挠跨比、横向加速度、竖向加速度和单侧梁端竖向折角均满足要求，桥梁的动力性能满足要求。

②车辆运行安全性均满足要求，平稳性达到优秀。

③列车以不同入桥距离差双车对开时，车辆和桥梁的响应均满足要求，未发现明显的最不利入桥距离差。

在荷载组合作用下，斜拉桥加劲梁梁端水平变位均小于 300 mm，无砟轨道加劲梁梁端转角为 0.129‰rad，满足小于 1‰rad 的要求。

综上所述，可以说铁路钢箱混合组合梁斜拉桥虽然属于柔性结构范畴，但是，荷载作用下的变形曲线连续、平滑、圆顺，通过采用组合截面加劲梁而获得较大的重力刚度，并采取预加力刚度法进一步提高了钢箱混合组合梁斜拉桥的整体刚度，使得主跨 300 m 的斜拉桥挠跨比指标达到主跨跨径的 1/850 以上，经车桥耦合结构动力响应分析，铁路钢箱混合组合梁斜拉桥完全适应高速行车的要求。

第 2 章

铁路混合组合梁斜拉桥布置

2.1 合理的边跨跨径与主跨跨径之比值范围

2.1.1 边跨跨径布置

对于斜拉桥而言，桥面加劲梁在斜拉索的拉力作用下，犹如多点弹性支承的连续梁结构，锚固在边跨和主跨加劲梁上斜拉索的索力通过与桥塔形成锚固体系相互传递。总体上斜拉桥在恒、活载的作用下各部梁、索、塔处于平衡状态，但是，这种平衡状态不一定是所谓的“塔直梁平”，根据设定的目标也可以是塔偏梁拱的平衡状态。因此，根据塔偏梁拱这种平衡状态，边跨梁对斜拉索起着锚固作用和压重作用，相应边跨加劲梁也可以分为斜拉索锚固跨和斜拉索压重跨。

1. 斜索锚固跨

斜拉索锚固跨是指对斜拉索类似于起到悬索桥主缆锚定的作用，一般布置在：

①处于边墩和第一个辅助墩之间并延伸过辅助墩顶一定的范围；

②在第①种情况的基础上，再增设第二个辅助墩或第三个辅助墩，延伸加劲梁作为锚固跨。

2. 斜索压重跨

斜拉索压重跨是指对斜拉索起到压重平衡作用，压重跨可以与主跨对应长度对称悬臂节段施工，也可以现场浇筑施工，一般处于：

①桥塔与最后一个辅助墩之间的加劲梁跨；

②边跨除了锚固跨以外的加劲梁跨；

③边墩至引桥或端斜拉索之外无索区的加劲梁跨。

3. 边跨跨径布置

边跨跨度原则上是斜索锚固跨与斜索压重跨之和，跨径分布根据斜索锚固跨的长度可以布置一个辅助跨至两个或者最多三个辅助跨，根据建设条件、环境条件、受力条件，以及技术经济的综合情况，则斜索锚固跨与斜索压重跨组成的边跨跨径布置分为：

①一个斜索锚固跨布置一个锚固跨径或两个锚固跨径与一个斜索压重跨对应的一个压重跨径；

②一个斜索锚固跨布置一个锚固跨径与一个压重跨对应两个压重跨径；

③一个斜索锚固跨布置三个锚固跨径和一个压重跨径或多个压重跨径，多个压重跨径包含了边跨与引桥相连接的情况。

具体的边跨跨径布置不仅与边跨跨度有关，而且还与边跨所处的工程条件相关。

2.1.2　边跨跨度与主跨跨度之比值范围

总的来说，混合梁斜拉桥由于边跨加劲梁梁体较重，为了使其通过斜拉索对主跨起到锚固和压重的作用，所以，边跨跨度相对而言要设置比较小，这样才会更加突出混合梁斜拉桥优越的技术经济性。恒载作用时，为了提高铁路列车荷载作用时混合梁斜拉桥主跨加劲梁的竖向刚度，改善边跨端部锚拉索及边跨、主跨中部范围斜拉索的疲劳性能，需加大边跨端部范围和斜拉索和边跨、主跨中部范围斜拉索的截面面积。同时，为了减少边跨混凝土梁体受自重和巨大索力作用所产生的徐变变形及主跨桥面加劲梁在列车荷载最不利布载荷的工况时对主跨挠度变位的影响，斜拉索须适当加大索力使得桥塔顶部往边跨适当偏斜，使得主跨加劲梁适当往上预拱。

如图 2-1 所示，边跨跨径 l_b，锚固跨和压重跨长度分别为 l_m 和 l_y，主跨跨径 L，半主跨长度为 l。边跨每米加劲梁包括二期恒载在内的平均重量 q_b，其中，边跨锚固跨每米加劲梁包括二期恒载在内比边跨每米加劲梁重量 q_b 所增加的重量为 q_m，边跨压重跨每米恒载的重量 q_y，主跨在恒载与列车活载作用下，每米荷载的重量 q_z。

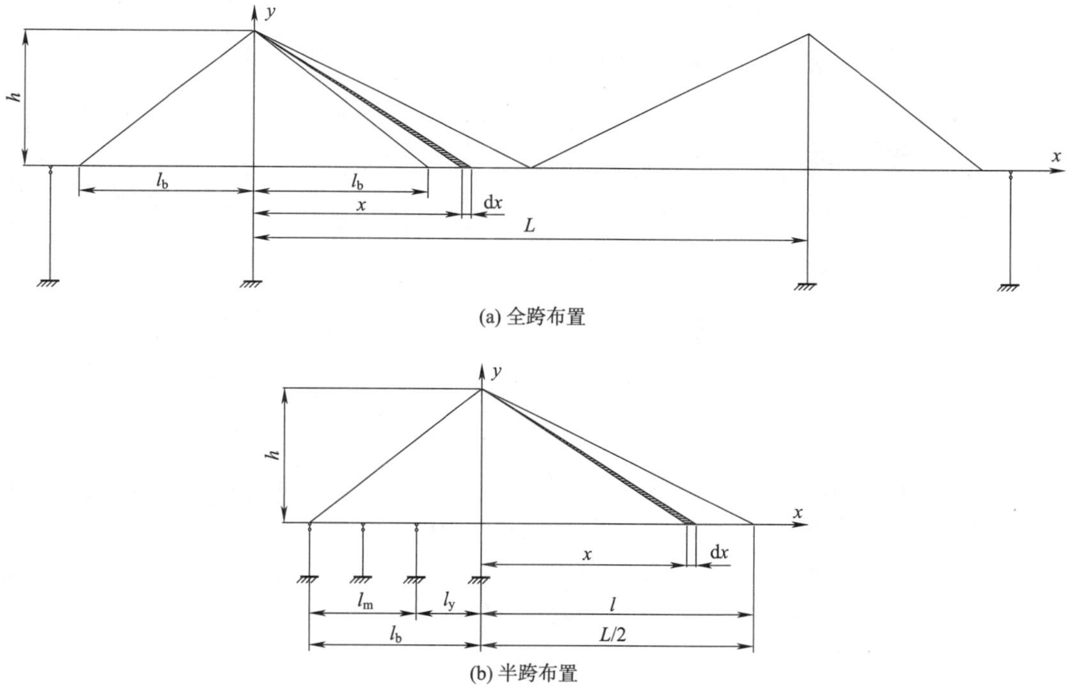

图 2-1　混合梁斜拉桥布置示意图

假定斜拉索呈放射形布置，斜拉索集中布置在设定的桥塔顶，斜拉索张拉应力为 σ_0，在 $\mathrm{d}x$ 范围内的加劲梁荷载重量由该范围内的斜拉索承担。

则半桥主跨斜拉索用量有：

$$W_z=\int_0^l \frac{q_z}{\sigma_0}\cdot\frac{\sqrt{h^2+x^2}}{\dfrac{h}{\sqrt{h^2+x^2}}}\cdot\mathrm{d}x=\frac{q_z\cdot l}{\sigma_0}\cdot\left(h+\frac{l^2}{3h}\right) \tag{2-1}$$

边跨斜拉索用量为：

$$W'_{\mathrm{b}}=\frac{q_{\mathrm{b}}\cdot l_{\mathrm{b}}}{\sigma_0}\cdot\left(h+\frac{l_{\mathrm{b}}^2}{3h}\right) \tag{2-2}$$

类似的有边跨压重跨斜拉索用量有：

$$W_{\mathrm{y}}=\frac{q_{\mathrm{y}}\cdot l_{\mathrm{y}}}{\sigma_0}\cdot\left(h+\frac{l_{\mathrm{y}}^2}{3h}\right) \tag{2-3}$$

锚固跨斜拉索用量有：

$$W_{\mathrm{m}}=\frac{q_{\mathrm{m}}}{\sigma_0}\cdot\left[l\cdot\left(h+\frac{l^2}{3h}\right)-l_{\mathrm{b}}\cdot\left(h+\frac{l_{\mathrm{b}}^2}{3h}\right)\right]=\frac{q_{\mathrm{m}}}{\sigma_0}\cdot\left[h(l-l_{\mathrm{b}})+\frac{1}{3h}(l^3-l_{\mathrm{b}}^3)\right] \tag{2-4}$$

由于混合梁斜拉桥边跨一般较短，锚固跨斜拉索间距一般较密，索型规格相对也较大，锚固跨斜拉索对主跨起着主要的加劲和锚固作用，同时，在各个辅助墩的支承处必须要有一定的竖向支反力。因此，设想半主跨长度扣除与边跨 l_{b} 对称长度范围内的斜拉索量，多出的那部分斜拉索用量均布置在边跨的锚固跨，则边跨与锚固跨斜拉索总用量为式(2-2)加式(2-4)。有：

$$W_{\mathrm{b}}=\frac{q_{\mathrm{b}}\cdot l_{\mathrm{b}}}{\sigma_0}\cdot\left(h+\frac{l_{\mathrm{b}}^2}{3h}\right)+\frac{q_{\mathrm{m}}}{\sigma_0}\cdot\left[h(l-l_{\mathrm{b}})+\frac{1}{3h}(l^3-l_{\mathrm{b}}^3)\right] \tag{2-5}$$

将边跨索总量 W_{b} 和主跨的钢索总用量 W_{z} 分别对 l_{b} 和 l 求导，可分别求出钢索的最少用量。则：

$$\begin{aligned}\frac{\mathrm{d}W_{\mathrm{b}}}{\mathrm{d}l_{\mathrm{b}}}&=\left[\frac{q_{\mathrm{b}}\cdot l_{\mathrm{b}}}{\sigma_0}\cdot\left(h+\frac{l_{\mathrm{b}}^2}{3h}\right)\right]'+\left\{\frac{q_{\mathrm{m}}}{\sigma_0}\cdot\left[h(l-l_{\mathrm{b}})+\frac{1}{3h}(l^3-l_{\mathrm{b}}^3)\right]\right\}'\\&=\frac{q_{\mathrm{b}}}{\sigma_0}\cdot\left(h+\frac{l_{\mathrm{b}}^2}{h}\right)-\frac{q_{\mathrm{m}}}{\sigma_0}\left(h+\frac{l_{\mathrm{b}}^2}{h}\right)\\&=\frac{q_{\mathrm{b}}-q_{\mathrm{m}}}{\sigma_0}\cdot\left(h+\frac{l_{\mathrm{b}}^2}{h}\right)\end{aligned}$$

$$\frac{\mathrm{d}W_{\mathrm{z}}}{\mathrm{d}l}=\left[\frac{q_{\mathrm{z}}\cdot l}{\sigma_0}\cdot\left(h+\frac{l^2}{3h}\right)\right]'=\frac{q_{\mathrm{z}}}{\sigma_0}\cdot\left(h+\frac{l^2}{h}\right)$$

按照边跨与主跨在同一桥塔两侧斜拉索索力平衡相等的原则，即使桥塔由于边跨索力加大而向边跨倾斜，此时，桥塔两侧索力同样是平衡的，因此：

$$\frac{\mathrm{d}W_{\mathrm{b}}}{\mathrm{d}l_{\mathrm{b}}}=\frac{\mathrm{d}W_{\mathrm{z}}}{\mathrm{d}l}$$

$$\frac{q_{\mathrm{b}}-q_{\mathrm{m}}}{\sigma_0}\cdot\left(h+\frac{l_{\mathrm{b}}^2}{h}\right)=\frac{q_{\mathrm{z}}}{\sigma_0}\cdot\left(h+\frac{l^2}{h}\right) \tag{2-6}$$

设 $K_{\mathrm{b}}=\frac{q_{\mathrm{b}}}{q_{\mathrm{z}}}\quad K_{\mathrm{m}}=\frac{q_{\mathrm{m}}}{q_{\mathrm{z}}}$，并代入式(2-6)，有：

$$\frac{q_{\mathrm{b}}-q_{\mathrm{m}}}{\sigma_0}\cdot\left(h+\frac{l_{\mathrm{b}}^2}{h}\right)=\frac{q_{\mathrm{z}}}{\sigma_0}\cdot\left(h+\frac{l^2}{h}\right)$$

$$(K_{\mathrm{b}}-K_{\mathrm{m}})\cdot(h^2+l_{\mathrm{b}}^2)=h^2+l^2$$

$$(h^2+l_{\mathrm{b}}^2)=\frac{1}{(K_{\mathrm{b}}-K_{\mathrm{m}})}\cdot(h^2+l^2)$$

$$l_{\mathrm{b}}=\sqrt{\frac{1}{(K_{\mathrm{b}}-K_{\mathrm{m}})}\cdot(h^2+l^2)-h^2}\quad \text{或}\ K_{\mathrm{b}}=\frac{h^2+l^2}{h^2+l_{\mathrm{b}}^2}+K_{\mathrm{m}} \tag{2-7}$$

式中 K_b——边跨加劲梁每米恒载重量，与主跨加劲梁每米恒载重量加上半主跨满布列车荷载时每米列车荷载的换算重量之比例系数；

K_m——边跨锚固跨每米所增加的重量，与主跨加劲梁每米恒载重量加上半主跨满布列车荷载时每米列车荷载的换算重量之比例系数。

常常有这样的情况，由于锚固跨每米混凝土梁的重量是主跨每米钢箱梁重量的几倍，锚固跨在竖向多点支承的条件下，类似于地锚斜拉桥起着地锚的功能。注意上式中 K_m 从概念上来讲，是在边跨恒载梁重的基础上再增加梁重，而主跨包含了恒载与列车荷载，目的是使锚固跨起到混合梁斜拉桥边跨对斜拉索锚碇的作用。无论边跨压重跨是混凝土梁还是钢箱梁，从每米梁的重量来看，都可以考虑与边跨梁一致即 q_b。同样，系数 K_b 也是指边跨恒载梁重与主跨恒载与列车荷载之比。

当桥跨布置需要压重跨为满足跨越功能要求布置的足够长时，压重跨与主跨钢箱梁每米重量相等以减轻梁重增大跨越能力，比如日本的生口斜拉桥；而当压重跨与对应的主跨长度对称悬臂施工时，压重跨与主跨对称悬臂施工部分均采用混凝土梁，不与主跨钢箱梁一致，比如法国的诺曼底斜拉桥。当锚固跨比较长而压重跨设置比较短时，就与边跨一起设置为混凝土加劲梁截面。

如果压重跨很短，在恒载作用下，可以认为半桥主跨加劲梁的恒载重量由边跨锚固跨承受。边跨压重跨布置的少量斜拉索且斜拉索与桥面夹角大，梁端与锚固跨和主跨相连接，在桥塔处还受到桥塔横梁竖向支承，基本上起不到平衡主跨斜拉索锚固的作用，斜拉索仅仅是承受着压重跨本身的恒载重量。

算例1(双塔斜拉桥)——以宁波铁路枢纽北环线甬江特大桥为例：

主跨 $L=468$ m，$l=234$ m，桥面以上塔高 $h=144$ m，钢混结合段位于中跨侧距桥塔 24.5 m 处，则 $K_b=1.73$，$K_m=0$，计算得到：

$$l_b=\sqrt{\frac{1}{(K_b-K_m)}\cdot(h^2+l^2)-h^2}=151.3\ \text{m。}$$

算例2(独塔斜拉桥)——以深茂铁路潭江特大桥为例：

主跨 $L=256$ m，换算 $l=168.5$ m，桥面以上塔高 $h=127$ m，钢混结合段位于边跨距桥塔 128.5 m 处，则 $K_b=2.11$，$K_m=1.43$，计算得到：

$$l_b=\sqrt{\frac{1}{(K_b-K_m)}\cdot(h^2+l^2)-h^2}=222.1\ \text{m}$$，这与本桥实际边跨长度设置基本一致。

算例3(双塔钢箱混合组合梁斜拉桥)——以昌吉赣高铁赣江特大桥为例：

主跨 $L=300$ m，$l=150$ m，桥面以上塔高 $h=88$ m，则 $K_b=1.58$，$K_m=0$，计算得到：

$$l_b=\sqrt{\frac{1}{(K_b-K_m)}\cdot(h^2+l^2)-h^2}=106.8\ \text{m。}$$

可见，如果边跨跨度较短，边跨每米平均梁重就越重。在算例1中，主跨 468 m 而边跨跨度因与上游公路桥对孔布置需要设置为 220 m 时，则已知 l_b 利用公式(2-7)求 q_b，此时 $q_b=1.1q_z$。也就是说，当边跨跨度一定时，可以计算边跨每米的重量，依据计算得出的 q_b 来拟定边跨加劲梁的截面尺寸。无论是已知 K_b、K_m 求 l_b，或者是已知 l_b 求 K_b，都是为了寻求相对比较经济的边跨加劲梁。

上述计算都是基于平衡原理，实际上，以设定塔偏梁拱为目标成桥状态，须对边跨斜拉索施加预加力，以增加斜拉索的有效刚度，提高钢箱混合梁斜拉桥结构的整体刚度。此时，边跨加劲梁每米重量往往比较重，以提供施加更大的斜拉索索力，从而实现所设定"塔偏梁拱"为目标成桥状态。这样，也许边跨加劲梁不是很经济，但是，可以获得混合梁斜拉桥更大的整体结构刚度，可以获得极大地减少桥塔底部截面荷载组合弯矩所带来的桥塔及其基础工程更大的经济效益。

一般来说，合理的边跨跨度与主跨跨度之比值建议在 0.3～0.4 范围，当小于 0.3 时，为了起到边跨锚固跨的作用，所采用的加劲梁每米梁的重量会设置的很重；而当其比值大于 0.4 时，比如取 0.5，则边跨加劲梁已经与主跨加劲梁每米梁的重量相等了，这时就没有必要刻意去采用混合梁斜拉桥了，可适当地将箱梁内充填压重料或采用在斜拉索端部设置无索区压重跨，类似于加大了边跨跨度。

2.2　边跨辅助墩设置

混合梁斜拉桥边跨设置辅助墩，可以减少塔、梁的内力和位移，减少主跨加劲梁在列车静荷载作用下的跨中挠度，提高主跨梁的竖向刚度。有研究实践表明设置一个辅助墩后，塔顶水平位移、主跨梁的跨中挠度、塔根弯矩和边跨梁的弯矩约降低 40%～65%，加设两个辅助墩可以继续降低塔、梁的内力和位移。

2.2.1　边跨辅助墩布置方案

1. 两个辅助墩布置

如图 2-2 所示，主跨为 468 m，边跨跨径布置为(62＋65＋93)m。

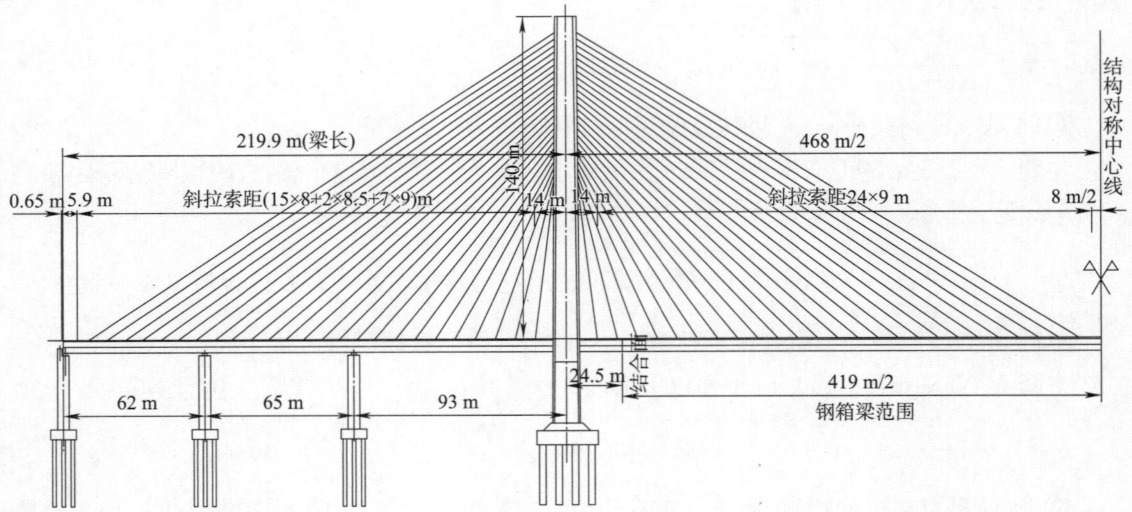

图 2-2　边跨两个辅助墩布置图

2. 三个辅助墩布置

如图 2-3 所示，主跨为 468 m，边跨跨径布置为(54＋50＋50＋66)m。

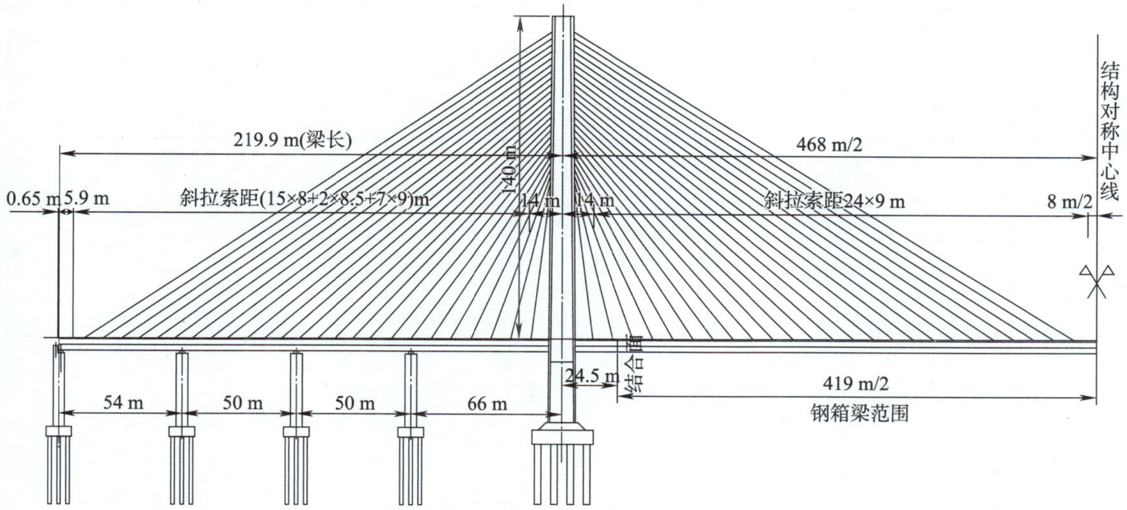

图 2-3　边跨三个辅助墩布置图

2.2.2　边跨辅助墩布置方案对塔、梁效应

1. 对加劲梁弯矩影响

辅助墩两方案布置对加劲梁的弯矩影响如图 2-4～图 2-6 所示。

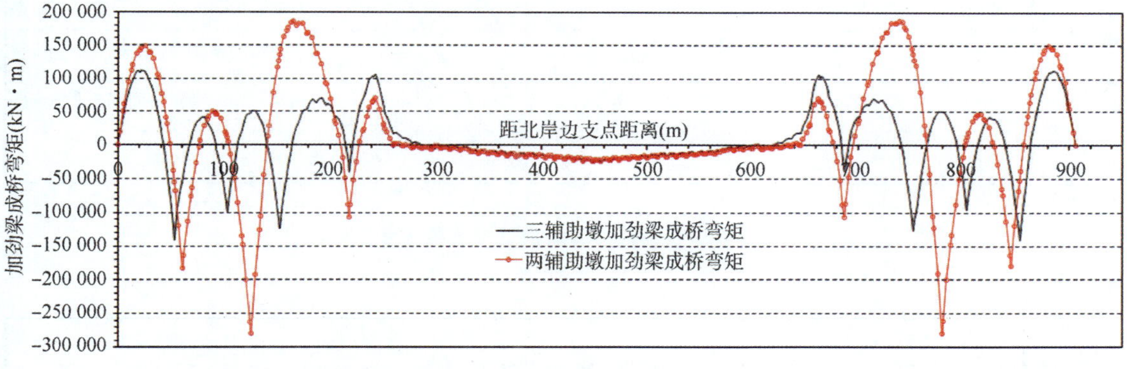

图 2-4　辅助墩两方案加劲梁成桥弯矩比较

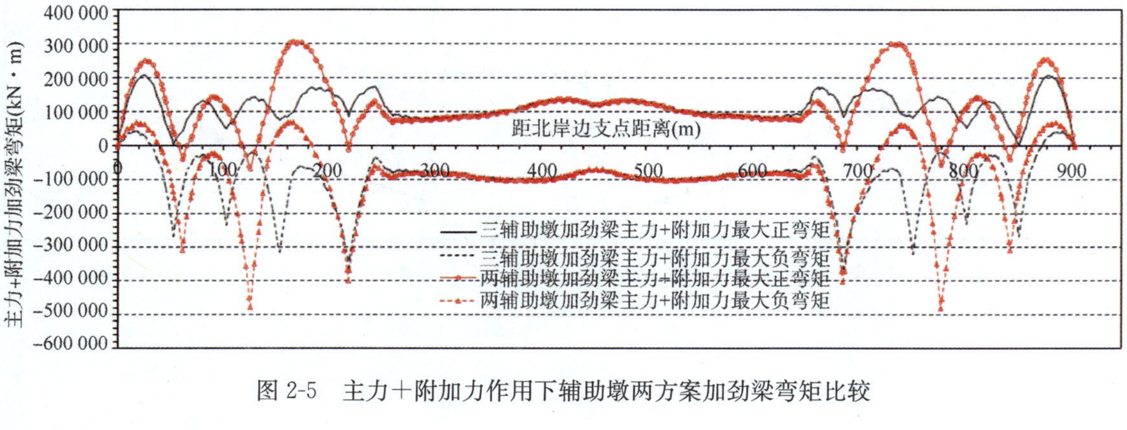

图 2-5　主力＋附加力作用下辅助墩两方案加劲梁弯矩比较

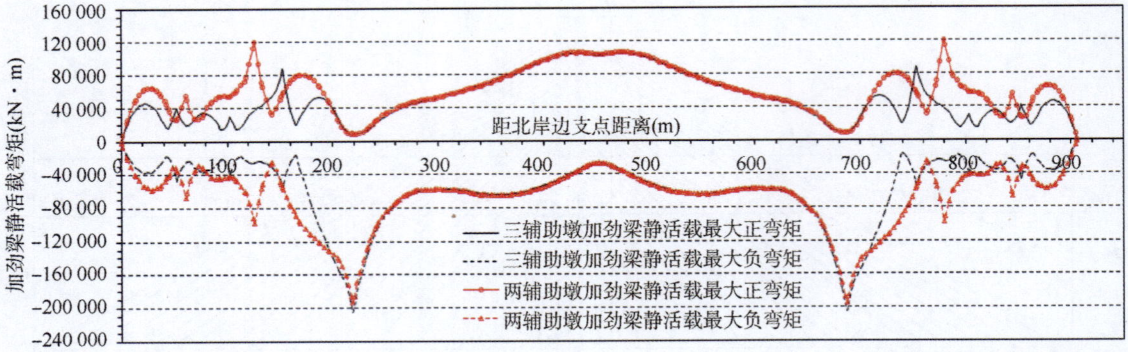

图 2-6 辅助墩两方案加劲梁静活载弯矩比较

2. 对加劲梁挠度、索力影响

辅助墩两方案布置对加劲梁的静活载挠度、索力及索力幅影响如图 2-7～图 2-9 所示。

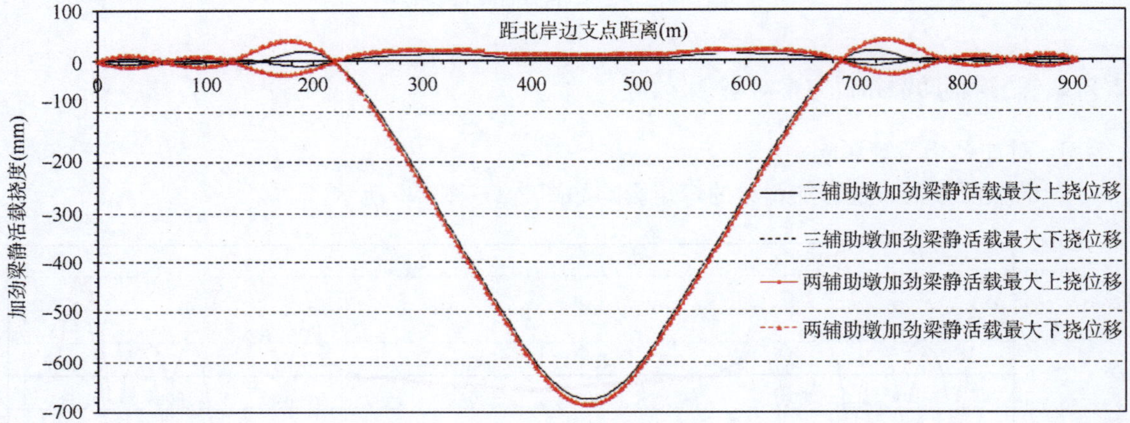

图 2-7 辅助墩两方案加劲梁静活载挠度比较

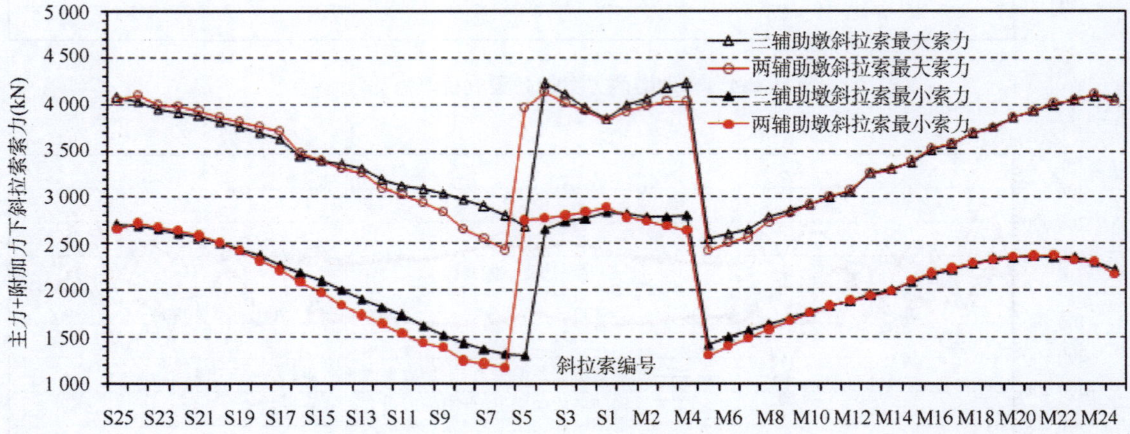

图 2-8 主力＋附加力作用下辅助墩两方案索力比较

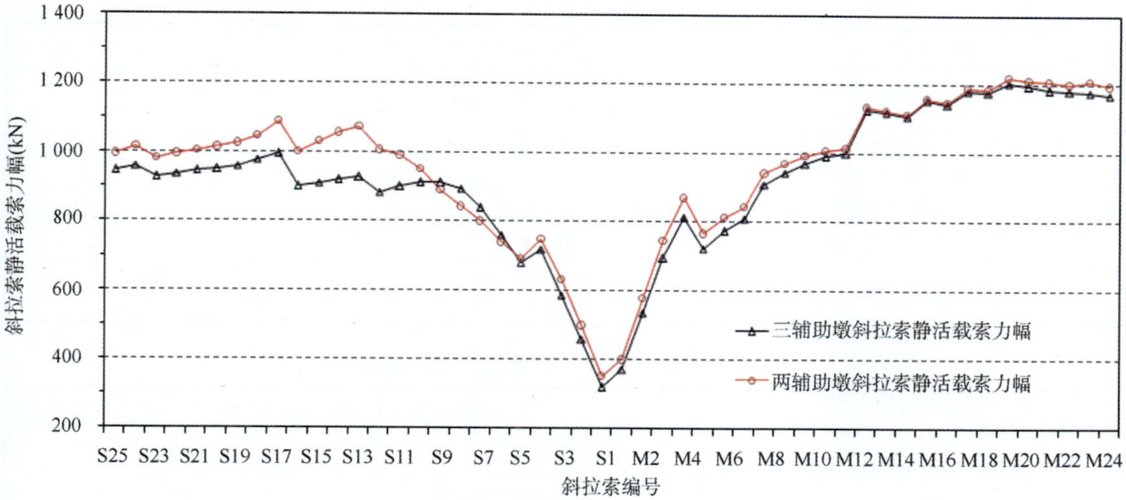

图 2-9　辅助墩两方案列车活载索力幅比较

3. 对桥塔位移及弯矩影响

辅助墩两方案布置对桥塔位移及塔身与根部弯矩影响如图 2-10 所示。

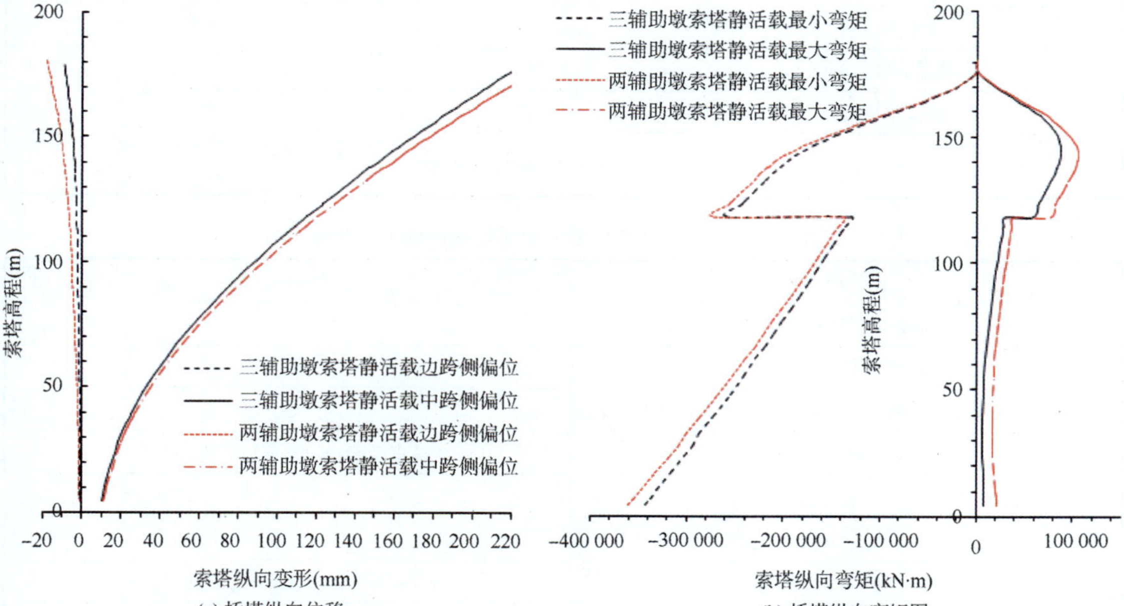

(a) 桥塔纵向位移　　(b) 桥塔纵向弯矩图

图 2-10　辅助墩两方案桥塔静活载纵向位移及纵向弯矩比较

4. 辅助墩设置影响程度比较

辅助墩两方案布置对结构影响情况见表 2-1 和表 2-2，对结构影响程度判别见表 2-3。

表 2-1　辅助墩设置方案结构刚度比较表

跨径组成(m)		62＋65＋93＋468＋93＋65＋62	54＋2×50＋66＋468＋66＋2×50＋54
结构刚度	主跨跨中活载挠度(m)	−0.685	−0.667
	主跨跨中挠跨比	1/683	1/701

续上表

跨径组成(m)		62+65+93+468+93+65+62	54+2×50+66+468+66+2×50+54
结构刚度	活载梁端转角(‰rad)	0.582	0.329
	活载桥塔处加劲梁转角(‰rad)	2.021	1.595
	行车风荷载、摇摆力、温度作用主跨跨中横向挠度(m)	0.067	0.068
	主跨跨中横向挠跨比	1/6 985	1/6 882
	塔顶活载最大纵向位移(m)	0.238(中跨侧) 0.018(边跨侧)	0.227(中跨侧) 0.009(边跨侧)

表 2-2 辅助墩设置结构受力及工程量比较

跨径组成(m)			62+65+93+468+93+65+62	54+2×50+66+468+66+2×50+54
结构受力	边跨梁最大弯矩(kN·m)	正弯矩	309 240	208 042
		负弯矩	−480 461(邻塔辅助墩处)	−360 711(桥塔中心处)
	梁最大正应力(MPa)		上缘:12.34、下缘:11.97	上缘:9.18、下缘:8.39
	钢箱梁最大弯矩(kN·m)	正弯矩	137 795	160 622
		负弯矩	−103 021	−101 534
	塔底弯矩(kN·m)		max(−360 303)/min(21 027)	max(−342 013)/min(8 018)
	最大索力(kN)		4 131	4 176
	活载最大索力幅(kN)		1 220	1 207
工程量	斜拉索数量(t)		1 941	1 882
	辅助墩		支架较多,混凝土浇筑量较大	辅助墩桩基圬工 4 029 m^3,承台圬工 1 083 m^3,墩身圬工 2 652 m^3

表 2-3 边跨辅助墩布置方案对结构影响程度判别

设计指标		影响程度
结构刚度	加劲梁竖向挠度(静活载作用)	较小
	加劲梁梁端转角(静活载作用)	很大
	主梁横向位移(行车风荷载、摇摆力与温度作用)	很小
	塔顶纵向位移(静活载作用下)	往主跨侧:较小;往边跨侧:很大
结构受力	混凝土梁内力	很大
	混凝土梁应力	很大
	钢梁弯矩	每侧各 10%梁长范围:较大;其余:较小
	钢梁应力	刚度过渡段:较大;每侧各 10%梁长(不含刚度过渡段)范围:较小;其余:很小
	桥塔内力	主要影响桥塔纵向弯矩 边跨侧弯矩(对应边跨侧塔柱受拉):较小 主跨侧弯矩(对应主跨侧塔柱受拉):很大
	斜拉索索力	边跨取消辅助墩位置两侧各 5 对:较大; 边跨邻塔孔跨对称对应主跨拉索:较小; 其余:很小
	斜拉索静活载索力幅	梁端至邻塔辅助墩范围边跨拉索、主跨跨中 2 对拉索:较大; 其余:大多很小,少数较小
影响程度界定:很小(2%以内),较小(2%~8%),较大(8%~20%),很大(20%以上)		

2.2.3 边跨辅助墩布置方案对塔、梁效应分析结论

①增设辅助墩对边跨混凝土梁内力及梁端转角影响较大，可明显改善边跨混凝土梁受力状态及梁端转角，减少一个辅助墩后，混凝土梁最大正弯矩和最大负弯矩增大，分别达48%和78%；设置三个辅助墩对主跨钢箱梁内力影响较小，可以适当提高结构整体刚度。

②在列车荷载作用下，增设辅助墩对减少塔柱主跨侧弯矩影响幅度远大于塔柱边跨侧，变化幅值主要受邻塔边跨压重跨长度调整影响。由于辅助墩对边跨混凝土主梁的刚性支撑作用，使得塔柱边跨侧最大弯矩远大于主跨侧的最大弯矩，弯矩值差数倍。

③增设辅助墩，相当于在边跨增加刚性支承点，使边跨形成多跨连续梁结构，各孔跨径减少而刚度增大，尤其是邻塔边跨跨径长度和刚度发生显著改变，可以显著减弱斜拉索的疲劳应力幅。

④设置两个辅助墩虽然比三个辅助墩方案减少了一个辅助墩工程量，但混凝土梁跨度增大，相应增加临时支墩工程，以及混凝土梁体内预应力筋及斜拉索数量。

此外，多辅助墩方案有利于悬臂施工状态的风致稳定性。总体而言，三辅助墩方案相比两辅助墩方案更为有利。

2.3 钢混结合段部位的设置

2.3.1 混合加劲梁钢混结合段的设置原则

钢混结合段是混合梁斜拉桥的关键结构部位，也是该体系桥梁研究的重点和难点。一般来说，结合段两种材料特性和不同的结构构造会引起结构刚度的突变，结合段接头位置是否合理以及刚度是否匹配，均会影响车桥耦合振动分析，影响行车的安全性和乘坐的舒适性。钢混结合段的内力传递途径、钢与混凝土结构内力分担比例和变化规律以及影响范围，钢混结合段结构构造布置是否能流畅地传递各种荷载效应，使钢混结合段具有良好的抗疲劳性和耐久性，这些都是钢混结合段需要解决的关键技术。

(1)钢混结合段位置设置原则：

混凝土主梁的布置主要有：其一，边跨锚固跨采用混凝土梁，压重跨采用钢梁，一般来说，钢混结合段设在边跨邻近桥塔的辅助墩附近，如主跨1 018 m的香港昂船洲大桥、主跨518 m汕头礐石大桥及日本主跨890 m的多多罗大桥。其二，边跨全部采用混凝土梁，钢混结合段设在索塔往主跨方向的适当位置，如主跨856 m法国诺曼底大桥、主跨926 m鄂东长江大桥，以及宁波铁路枢纽北环线甬江特大桥和昌吉赣铁路赣江特大桥等。国内外已建大跨公路混合梁斜拉桥孔跨布置及钢混结合段位置见表2-4。

表2-4 国内外部分已建大跨公路混合梁斜拉桥结合段位置表

桥　名	桥跨布置(m)	结合段位置(距桥塔中心线)
俄罗斯海参崴跨海大桥	60+72+3×84+1 104+3×84+72+60	伸入边跨70 m
香港昂船洲大桥	67.5+2×70+79.75+1 018+79.75+2×70+69.25	伸入边跨49.75 m
鄂东长江大桥	3×67.5+75.5+926+75.5+3×67.5	伸入主跨12.5 m
日本多多罗大桥	2×50+170+890+170+2×50	伸入边跨分别为164.5 m和257.5 m

续上表

桥　名	桥跨布置(m)	结合段位置(距桥塔中心线)
法国诺曼底大桥	6×43.5+96+856+96+6×43.5	伸入主跨 116 m
九江长江大桥	70+75+84+818+233.5+124.5	单侧混合梁伸入主跨 32.5 m
荆岳长江大桥	100+298+816+80+2×75	单侧混合梁伸入主跨 22 m
白沙洲长江大桥	230+618+230	伸入边跨 143 m
舟山桃夭门大桥	48+48+50+580+50+48+48	伸入主跨 16.7 m

钢混结合段位置设于主跨侧，一方面是考虑主跨钢梁较轻，每米混凝土梁比钢梁重很多，可以提高主跨梁的重力刚度，帮助减少主跨在列车荷载作用下的挠度；另一方面可以适当减少主跨加劲钢箱梁长度，增强主跨钢箱梁的抗风及列车运行的稳定性。钢混结合段位置设于边跨侧，一方面邻近桥塔压重跨跨径比较大，为了减少邻塔辅助墩的设置，减少压重跨邻塔端梁体弯矩；另一方面也是为了减少锚固跨的跨径和跨数，减少锚固跨混凝土梁现浇混凝土的施工难度。

(2)钢混结合段位置的选取一般应注意以下几个原则：

①钢混结合段位置处的列车荷载静动力响应较小。

钢混结合段应设置于梁体内力和位移的变幅均较小的位置，以确保钢混结合段抗疲劳性和结构耐久性。结合段受力方面，应优先保证运营状态列车活载下结合部弯矩幅值和轴力幅值较小，以确保钢混结合段的抗裂性和抗钢混脱离性能。一般来说，主塔中心处部位梁体受风力产生的横向弯矩和活载产生的竖向弯矩均较大，因此钢混连接部位宜选择在离开主塔中心一段距离。钢混结合段由于车桥振动引起的振动位移及加速度应适中，不能因为钢混过渡梁体刚度差异过大引起突变响应而影响列车运行的安全性和乘坐的舒适性。

②考虑全桥结构整体刚度要求。

铁路桥梁对加劲梁横向挠跨比、竖向挠度和梁端转角等整体刚度指标均有严格要求，钢混结合段位置方案设置选择时应考虑全桥结构刚度需求因素。

③与边跨锚固的跨径相配合。

设置位置尚需考虑能起到平衡锚固跨、使锚固跨受力合理的作用。如伸入主跨过多，将使桥塔横梁顶加劲梁负弯矩区受力不利，若伸入主跨长度过小，则达不到紧邻的锚固跨平衡压重跨跨中正弯矩的作用。

④施工方便，质量容易保证。

钢混结合段设置位置还应结合地形地物及水文条件等因素合理确定，以方便施工和易于质量控制。当边跨位于陆地，主跨有一部分位于陆地或浅水区时，边跨和部分主跨采用混凝土主梁，钢混结合段设置于主跨侧的陆地边缘或浅水区附近，此时，混凝土梁段可以沿用边跨混凝土的施工方法或采取与边跨压重段梁体对称悬臂施工方法。如果考虑与边跨混凝土梁同样现场浇筑的方法施工，则钢混结合段位置不宜伸入主跨过多，既可能占用有效通航水域，妨碍船舶航线，又由于需要水中施工，而增大施工难度和增加施工临时措施费用。

(3)铁路混合梁斜拉桥加劲梁钢混结合段位置总体上来说具有：

①大跨度铁路混合梁斜拉桥若不受限于地形和水文条件，从结构受力和经济性两因素来考虑的话，一般由铁路列车运行的刚度条件所决定，钢混结合段宜设置于桥塔主跨梁一侧，由

索塔往主跨方向一定的距离位置。伸入主跨的混凝土梁的长度越长，对提高主跨加劲梁的刚度就越大，相应伸入的梁越长就要考虑悬臂施工的方法。但是，从实桥设计来看，钢混结合段距邻近桥塔中心线一般不超过主跨跨径的15％。

②在大多数因地形或水文条件等原因，造成锚固跨较短、辅助墩不能设置多个、施工造价很高、边跨的压重跨混凝土梁布置的长一些。此时，如果压重跨跨径较大的话，可以将压重跨的梁体设置与主跨钢箱加劲梁一致，以解决梁体受力和减少施工难度，钢混结合段的位置设置在边跨侧邻近最后一个辅助墩附近的位置。

2.3.2　钢混结合段不同位置内力与位移的比选

1. 位于主跨侧钢混结合段不同位置方案

比如主跨468 m的钢箱混合梁斜拉桥，边跨位于陆地，桥塔处于河堤以外，主跨靠近桥塔附近两侧部分也是在陆地或浅滩，部分主跨位于水中跨越通航水域。综合考虑地形、水文、施工和经济性各因素，钢混结合段设置在主跨侧，混凝土梁伸入主跨距桥塔中心的距离范围约为15～55 m。基于此，为了考察钢混结合段不同位置对结构技术经济性的影响，选取位于主跨侧钢混结合段距桥塔中心不同位置方案，见表2-5。

表2-5　钢混结合段不同位置表

方案编号	距离桥塔中心(m)
1	15.5
2	24.5
3	33.5
4	42.5
5	51.5

2. 结合段不同位置方案全桥整体纵向计算

所选取的五个不同钢混结合段位置方案计算比较结果见表2-6，如图2-11和图2-12所示。

表2-6　不同钢混结合段位置计算结果比较表

方　案		方案1	方案2	方案3	方案4	方案5
主跨跨中静活载挠度(m)		−0.669	−0.667	−0.665	−0.663	−0.657
主跨跨中挠跨比		1/700	1/701	1/703	1/706	1/712
结合段内力	最大轴力(kN)	−189 293	−187 846	−140 319	−137 660	−131 198
	最大剪力(kN)	−13 140	−6 130	−4 438	−4 039	−3 726
	最大弯矩(kN·m)	165 382	174 578	112 446	91 924	86 974
静活载下结合段位置内力变幅	轴力变幅(kN)	26 927	26 804	26 631	26 343	26 082
	弯矩变幅(kN·m)	132 009	124 567	123 713	125 967	127 498
静活载下结合段位置位移	竖向位移(m)	0.036	0.062	0.089	0.115	0.137
	转角(‰rad)	2.543	2.833	3.005	3.123	3.113

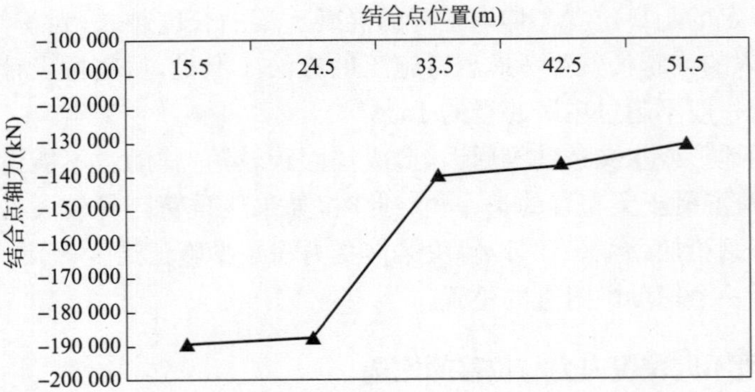

(a) 轴力

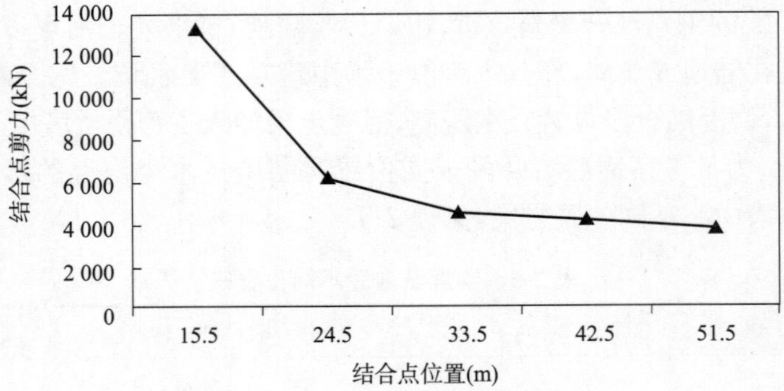

(b) 竖向剪力

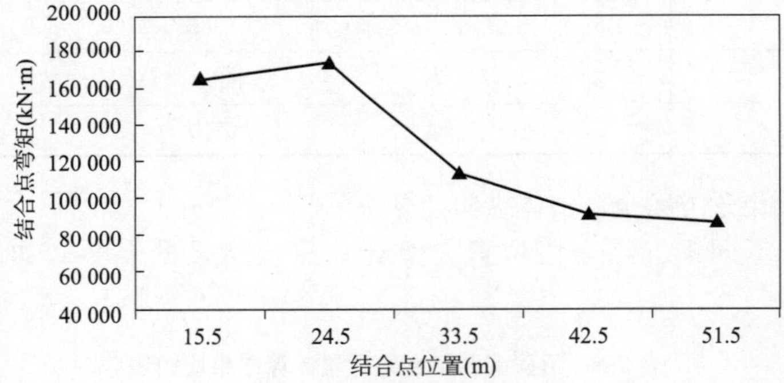

(c) 竖向弯矩

图 2-11　不同结合段位置加劲梁结合段纵向内力

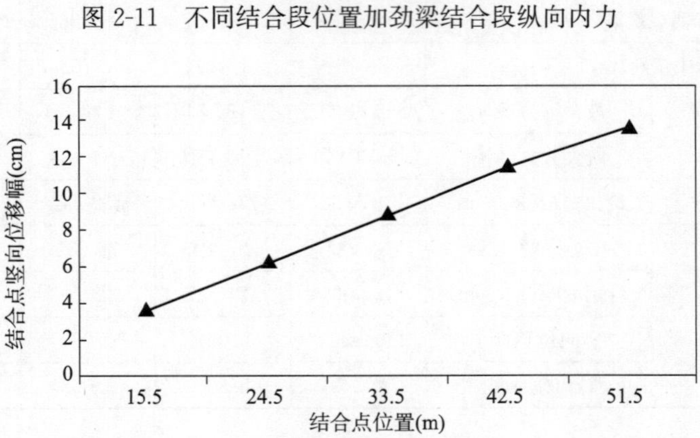

(a) 竖向位移

图　2-12

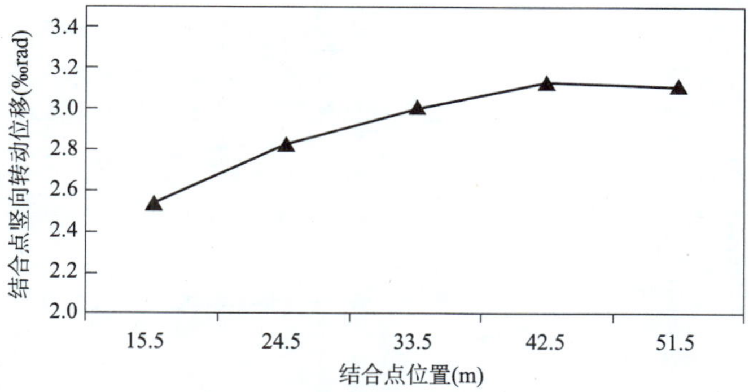

(b) 竖向转动位移

图 2-12　不同结合段位置加劲梁结合段位移

由表 2-6 和图 2-11、图 2-12 可知，随着钢混结合段位置离塔中心进入主跨的距离增大，则：
①主跨加劲梁竖向刚度增大；
②静活载下结合段内力幅变化微小；
③结合段内力显著减小，特别是结合段位置 24.5 m 处移至 33.5 m 处，结合段内力发生骤降；
④静活载下结合段处的竖向位移呈线性增大，竖向转动位移也显著增大。

3. 结合段不同位置方案结合段横向内力

不同位置结合段横向内力见表 2-7 及图 2-13。

表 2-7　加劲梁结合段处横向内力表

计算类别		方案 1	方案 2	方案 3	方案 4	方案 5
运营风载	弯矩(kN·m)	9.26E4	8.27E4	7.31E4	6.36E4	5.44E4
	剪力(kN)	−1.39E3	−1.32E3	−1.29E3	−1.23E3	−1.18E3
温度与运营风载组合	弯矩(kN·m)	1.56E5	1.45E5	1.35E5	1.24 E5	1.14E5
	剪力(kN)	−1.39E3	−1.34E3	−1.28E3	−1.23E3	−1.17E3
极限风载	弯矩(kN·m)	2.46E5	2.19E5	1.92E5	1.67E5	1.42E5
	剪力(kN)	−3.75E3	−3.61E3	−3.46E3	−3.31E3	−3.16E3

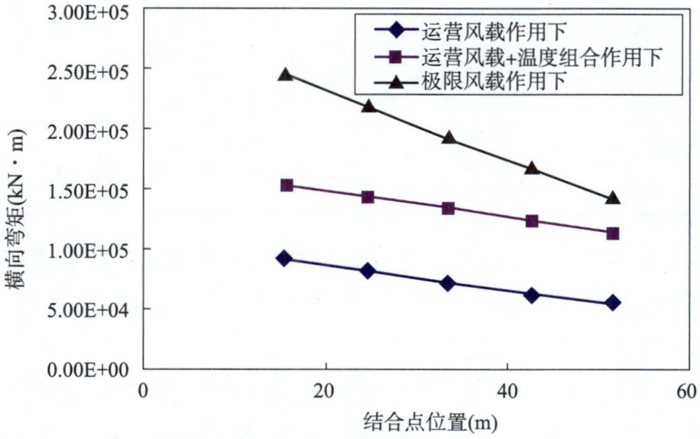

(a) 横向弯矩

图　2-13

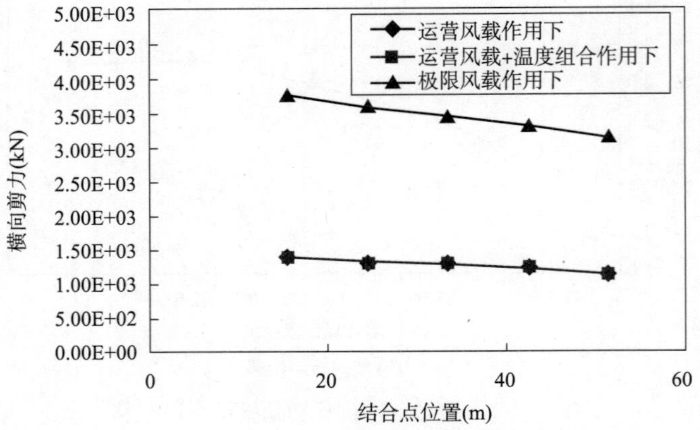

(b) 横向剪力

图 2-13　不同结合段位置加劲梁结合段横向内力

由表 2-7 和图 2-13 可知,随着钢混结合段位置离塔中心进入主跨的距离增大,结合段横向弯矩和横向剪力显著减小,尤其是横向弯矩,结合段位于 51.5 m 处时的结合段横向弯矩分别仅为 15.5 m 处的横向弯矩的 58.7%、73.1%和 57.7%。

4. 结合段不同位置方案加劲梁及结合段横向与转角位移

不同位置加劲梁跨中及结合段横向与转角位移结合段横向内力见表 2-8,如图 2-14 和图 2-15 所示。

表 2-8　加劲梁跨中和结合段横向与转角位移表

计算类别		方案 1	方案 2	方案 3	方案 4	方案 5
成桥状态跨中位移	运营风载作用加劲梁跨中最大横向位移(m)	0.054	0.053	0.052	0.051	0.051
	相应横向挠跨比	1/8 667	1/8 830	1/9 000	1/9 176	1/9 176
	温度与运营风载作用加劲梁跨中最大横向位移(m)	0.069	0.068	0.067	0.066	0.066
	相应横向挠跨比	1/6 783	1/6 882	1/6 985	1/7 071	1/7 071
	极限风载作用加劲梁跨中最大横向位(m)	0.151	0.148	0.145	0.143	0.141
成桥状态结合点位移	运营风载作用结合段横向位移(m)	0.011	0.013	0.015	0.018	0.021
	运营风载作用结合段转角位移(‰rad)	0.225	0.246	0.263	0.281	0.296
	温度与运营风载作用结合段横向位移(m)	0.013	0.016	0.019	0.023	0.027
	温度与运营风载作用结合段转角位移(‰rad)	0.313	0.345	0.373	0.401	0.427
	极限风载作用结合段横向位移(m)	0.028 7	0.034 7	0.041	0.048	0.055
	极限风载作用结合段转角位移(‰rad)	0.598	0.653	0.701	0.746	0.785

由表 2-8 可知,随着主跨侧钢混结合段位置离桥塔的距离增大,在各荷载组合作用下,结合段处横向位移和横向转角位移逐渐增大,而加劲梁跨中横向刚度略有增大。

5. 不同结合段位置方案加劲梁动力性能

将方案 2 与方案 4 进行车桥耦合振动分析,得出分析结果见表 2-9。随着钢混结合段位置离桥塔进入主跨的距离增大,在各荷载组合作用下,结合点处横向位移和横向转角位移逐渐增大;结合段处由单线或双线行车引起的振动位移及振动加速度均有所增加,但均能满足有关规程要求。

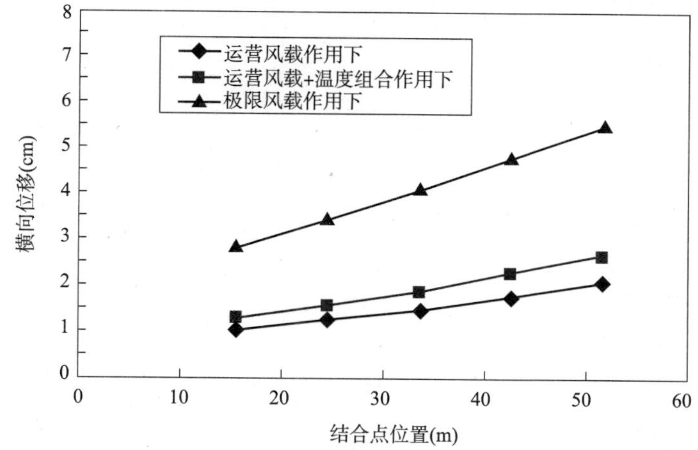

(a) 横向位移

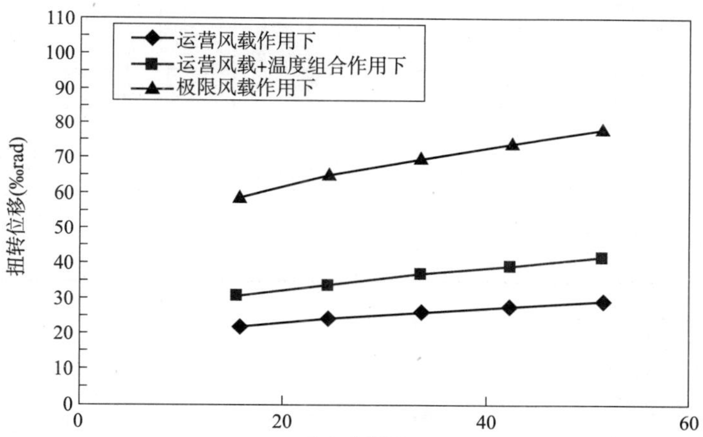

(b) 扭转位移

图 2-14　不同结合段位置下加劲梁结合段位移

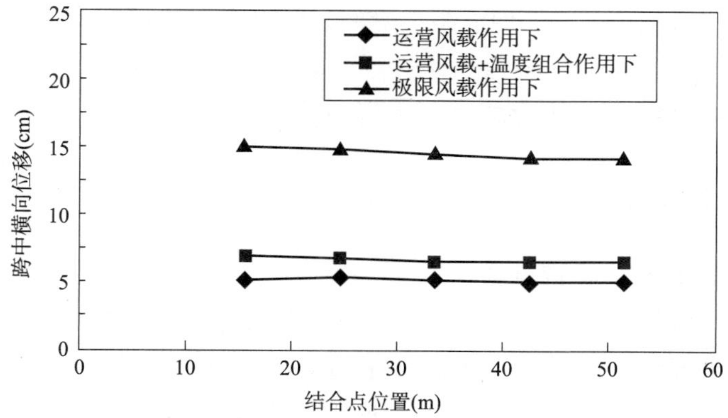

图 2-15　不同结合段位置加劲梁跨中横向位移

表 2-9　不同结合段位置加劲梁动力特性表

行车工况	运营阶段	列车类型	车速(km/h)	振动位移(mm)				振动加速度(m/s^2)			
				方案 4		方案 2		方案 4		方案 2	
				横向	竖向	横向	竖向	横向	竖向	横向	竖向
单线行车	客货混运	C_{62}	50～80	0.88	44.40	0.59	24.60	0.06	0.28	0.04	0.20
		SS_8 客车	80～200	0.52	32.50	0.50	27.10	0.05	0.10	0.05	0.15
	客运专线	德国 ICE3	160～350	0.20	16.40	0.17	8.99	0.02	0.06	0.02	0.06
			375～420	0.20	16.40	0.17	8.83	0.02	0.06	0.02	0.06
		日本 E500	160～350	0.16	13.00	0.14	7.14	0.02	0.05	0.01	0.05
			375～420	0.16	13.00	0.14	7.09	0.02	0.05	0.01	0.05
		国产高速	160～350	0.18	14.10	0.16	7.73	0.03	0.06	0.02	0.05
			375～420	0.18	14.10	0.16	7.65	0.03	0.06	0.02	0.05
双线行车	客货混运	C_{62}	50～80	1.05	80.00	0.63	42.10	0.13	0.44	0.09	0.36
		SS_8 客车	80～200	0.42	86.90	0.36	44.90	0.05	0.13	0.04	0.15
	客运专线	德国 ICE3	160～350	0.14	32.20	0.12	17.70	0.03	0.09	0.02	0.09
			375～420	0.14	32.20	0.12	17.70	0.03	0.09	0.02	0.09
		日本 E500	160～350	0.12	25.50	0.10	14.10	0.03	0.07	0.02	0.06
			375～420	0.12	25.30	0.10	14.00	0.03	0.07	0.02	0.06
		国产高速	160～350	0.12	27.50	0.11	15.30	0.03	0.08	0.02	0.06
			375～420	0.12	27.40	0.11	15.20	0.03	0.08	0.02	0.06

6. 钢混结合段不同位置方案比选结论

就结构静动力受力性能方面，方案 2 和方案 3 较优；而施工便捷性和质量控制而言，方案 1 和方案 2 均可利用塔区支架的有力支撑，施工适应性优异，而方案 4 和方案 5 均伸入河道厚覆盖淤泥质浅滩，支架和栈桥投入较大，施工成本较高，而方案 3 的钢混结合段刚好位于河堤正上方，施工需破堤，不宜采用。

综合而言，方案 2 横竖向刚度适宜，结合段位置内力水平不大，车桥振动引起的结合段处振动位移及加速度适中，未出现刚度差异引起的突变响应，经济性能优良，有利于现场施工，各项指标相对均衡，因此，采用方案 2 即混凝土梁伸入中跨 24.5 m 的方案。

2.4　铁路混合组合梁斜拉桥目标成桥状态

2.4.1　大跨度铁路钢箱混合梁斜拉桥目标成桥状态构思

1. 铁路混合梁斜拉桥成桥特点

①由于混合梁斜拉桥边跨布置相对较短，一般建议为主跨跨径的 0.3～0.4 倍，这种不对称布置有益于工程的经济性和结构的受力，但是，由于混合梁斜拉桥的桥塔和边跨梁均为混凝土结构，这种不对称形布置会带来混凝土结构徐变的较大影响，边跨混凝土结构在索力作用下徐变位移向上，混凝土桥塔结构在恒载作用下徐变位移将向主跨侧，致使主跨侧加劲梁向下变位。

②主跨在列车荷载最不利布载情况下，桥塔在主跨满布列车荷载时将向主跨侧倾，造成主跨加劲梁挠度增大，影响主跨加劲梁的竖向刚度。

③如果在恒载作用下使混合梁斜拉桥处于塔直梁平状态的话，则主跨在铁路列车荷载的作用下，桥塔下塔柱两侧纵向弯矩和主跨钢箱梁上下缘弯矩差值较大，不利于桥塔和钢箱梁的受力。

2. 铁路混合梁斜拉桥成桥目标设定

由于斜拉桥在恒载状态下斜拉索索力是可调的，因此，设定目标成桥状态如下：

①通过调索张拉斜拉索，使主跨跨中加劲梁上挠，在加劲梁内预存 10%～30%列车荷载所产生的正弯矩作为加劲梁的负弯矩，以平衡主跨列车荷载正弯矩，减小在主力作用下主跨加劲梁上下缘应力差值。

②通过调整张拉边跨混凝土加劲梁斜拉索，使桥塔往边跨侧预偏一定量的位移值，使恒载作用下预存往边跨侧的弯矩，以平衡桥塔混凝土徐变和主跨列车荷载作用所产生的影响，使下塔柱在主力作用下两侧纵向弯矩基本相等。

③使边跨斜拉索与主跨拉索成桥索力协调，以保证桥塔的良好线形和内力状态。

2.4.2　大跨度铁路钢箱混合梁斜拉桥目标成桥状态

为了实现铁路混合梁斜拉桥成桥目标的设定，目标成桥状态应该是通过主动调整斜拉索的索力，使主跨加劲梁适当上拱，桥塔向边跨侧偏移，以较好地平衡主跨铁路列车荷载效应；加大斜拉索的张拉力，以提高斜拉索的应力水平，保证斜拉索的有效刚度，一定程度上得以提高结构整体刚度。

这种目标成桥状态的构思称为塔偏梁拱的成桥状态，其成桥时的斜拉索索力、加劲梁弯矩及位移和桥塔顺桥向水平位移如图 2-16～图 2-19 所示。

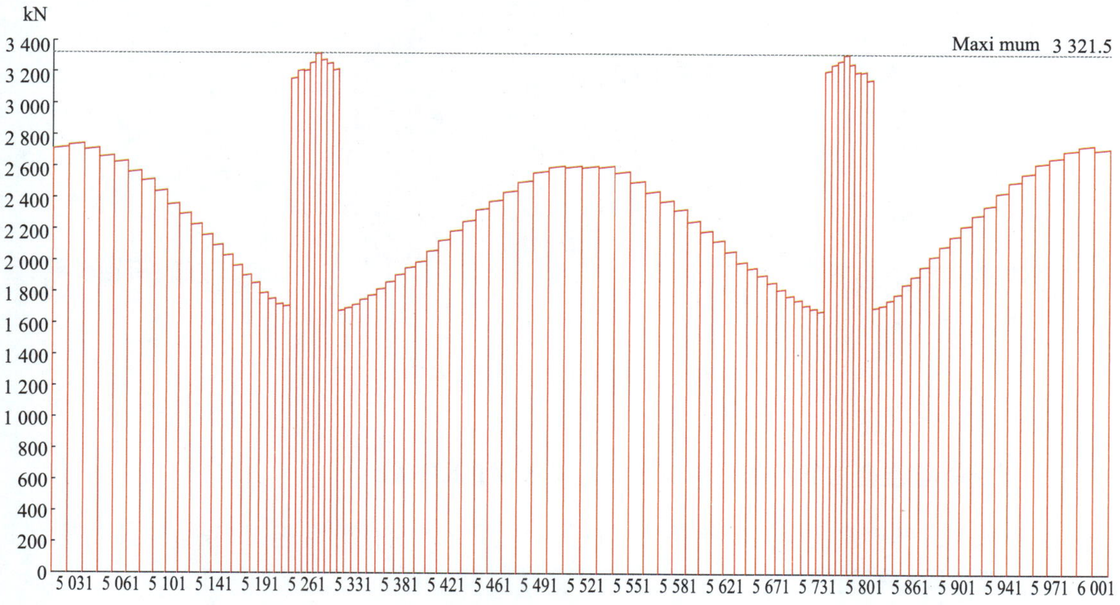

图 2-16　目标成桥状态斜拉索索力图

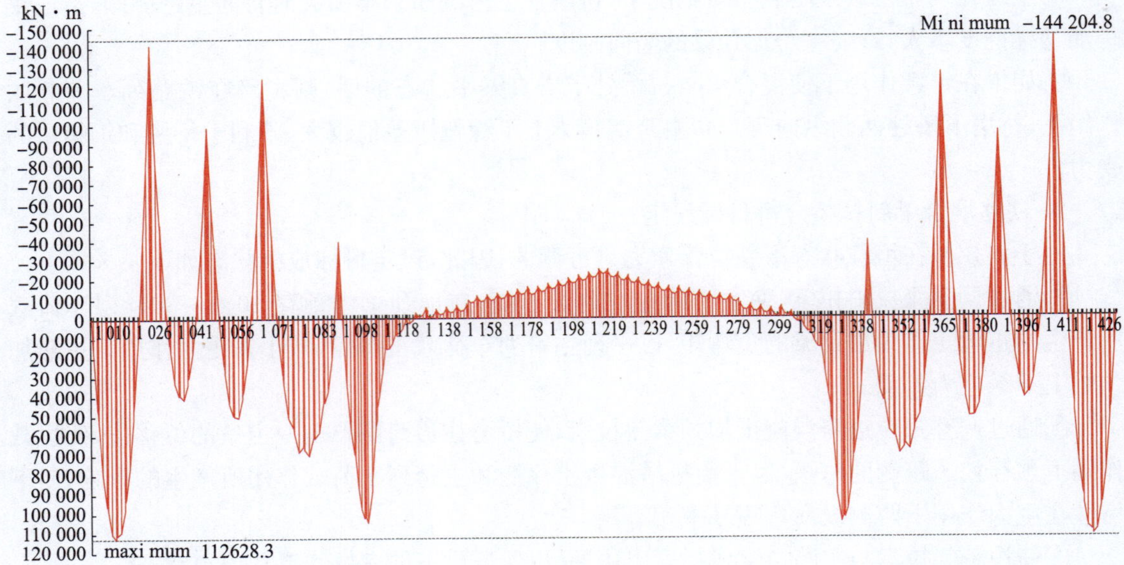

图 2-17　目标成桥状态加劲梁弯矩图

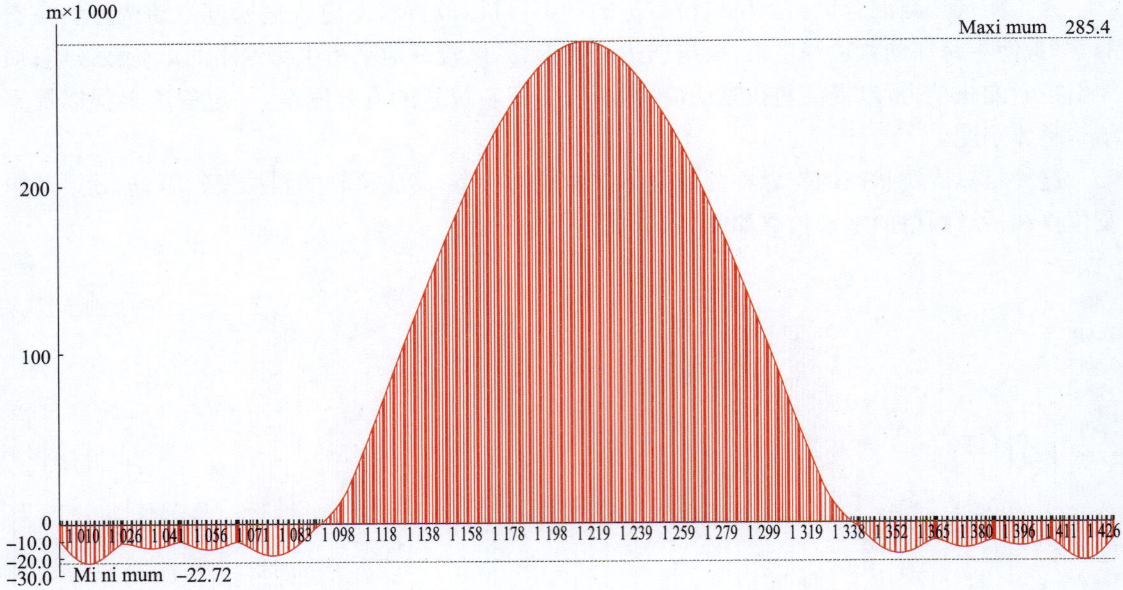

图 2-18　目标成桥状态加劲梁竖向位移图(单位:mm)

2.4.3　铁路钢箱混合梁斜拉桥目标成桥状态塔偏梁拱的实践

主跨 468 m 的钢箱混合梁斜拉桥采用施工阶段附加约束优化与施工控制,以及偏差施工和无应力索长调整等关键技术,实现了成桥状态塔偏梁拱的目标。

①全桥合龙后合理调整斜拉索力,通过对主跨加劲梁及桥塔施加预存弯矩,使主跨钢箱梁适当上拱,使桥塔向边跨侧偏移,有效地平衡了主跨铁路列车荷载效应,在主力工况下减小了主跨钢箱梁上下缘弯矩及桥塔下塔柱两侧纵向弯矩差值。

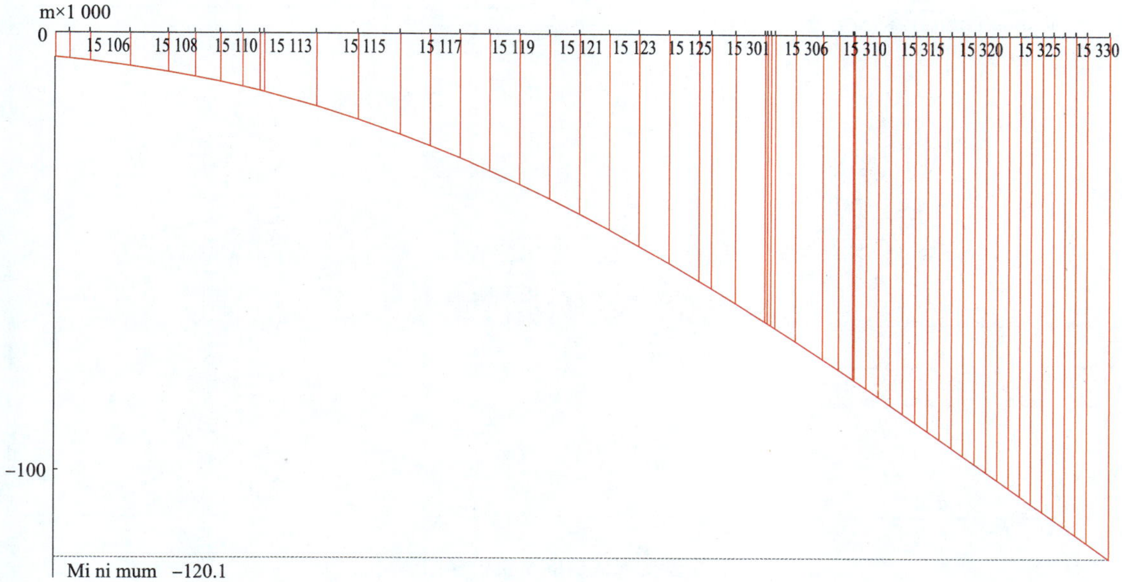

图 2-19　目标成桥状态桥塔顺桥向位移图(单位:mm)

②边跨斜拉索与主跨斜拉索的索力相协调,使桥塔具有良好的线形和内力状态。加大斜拉索的张拉力,相当于对桥塔与加劲梁均实施了预加力,使得斜拉索的有效刚度得以提高,也在一定程度同步提高了钢箱混合梁斜拉桥的整体竖向刚度。

③通过优化端锚索 S25、M25 斜拉索的初张力,实现合龙段无曲率安装,即吊起合龙段时,合龙端转角为零,而无需配重。徐变完成后的结构内力和位移如图 2-20～图 2-22 所示。

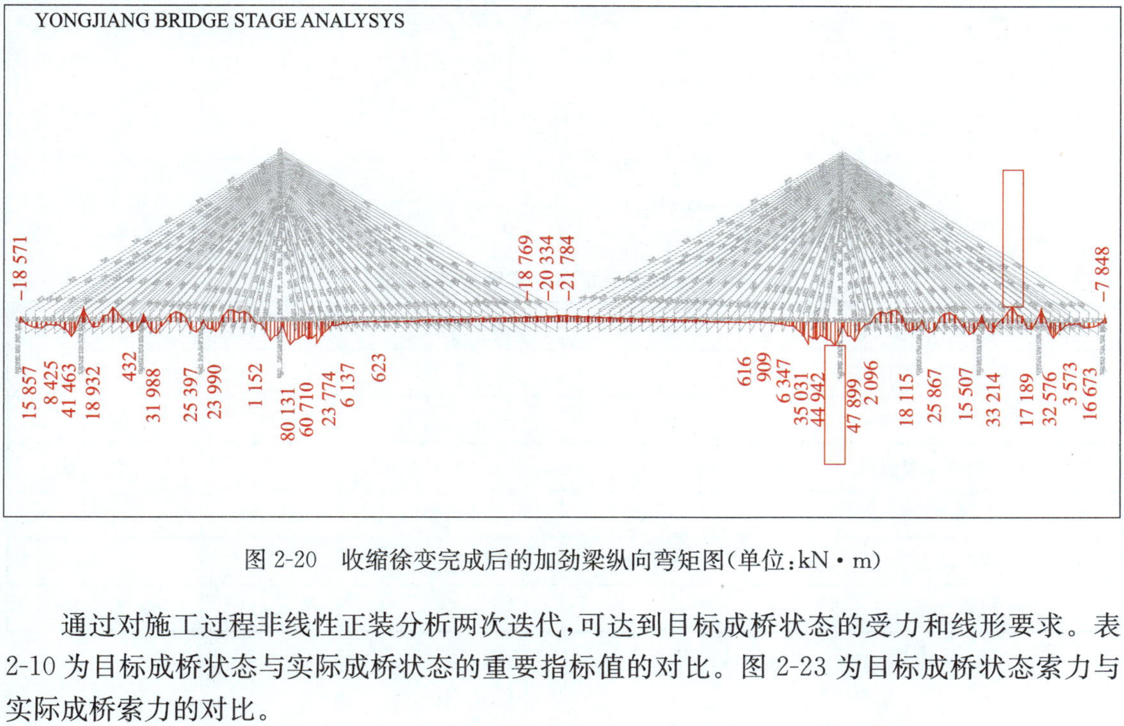

图 2-20　收缩徐变完成后的加劲梁纵向弯矩图(单位:kN・m)

通过对施工过程非线性正装分析两次迭代,可达到目标成桥状态的受力和线形要求。表 2-10 为目标成桥状态与实际成桥状态的重要指标值的对比。图 2-23 为目标成桥状态索力与实际成桥索力的对比。

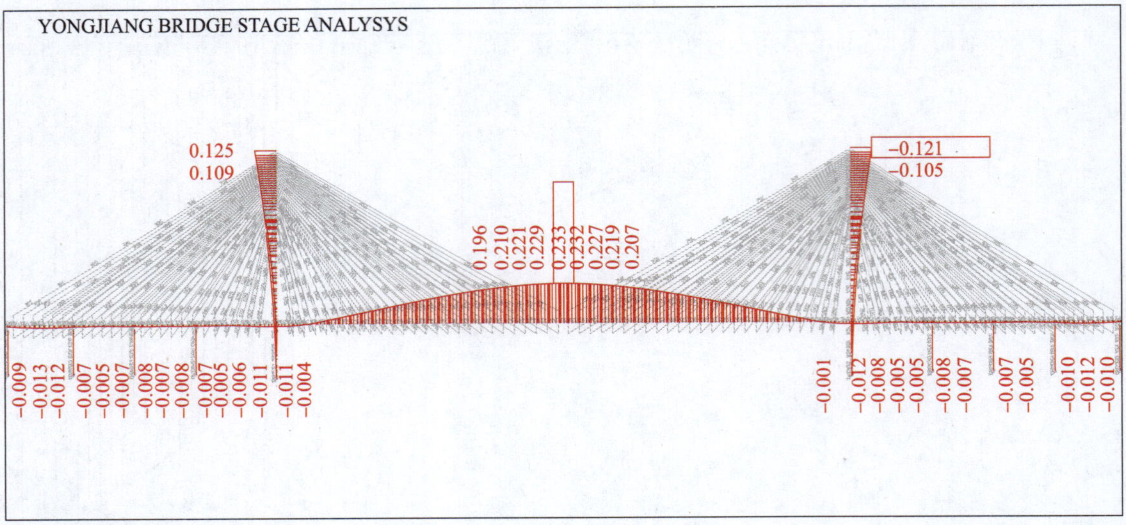

图 2-21　收缩徐变完成后的全桥位移图(单位:mm)

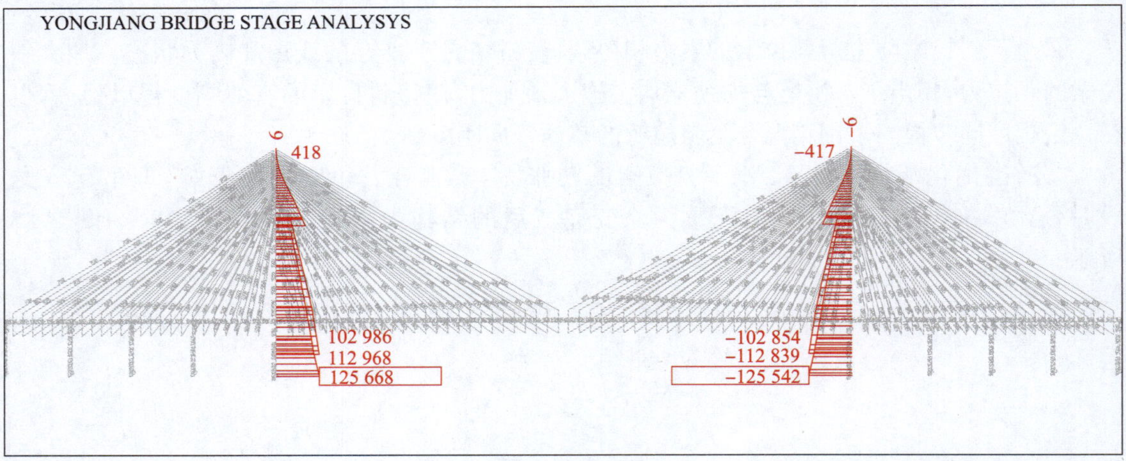

图 2-22　收缩徐变完成后的桥塔纵向弯矩图(单位:kN·m)

表 2-10　目标成桥状态和实际成桥状态对比

项　　目	目标值	实际达到值	差　　值	相对差值比
最大索力差(kN)	—	—	25.9	1.2%
主跨梁跨中弯矩(kN·m)	−24 888	−23 267	1 621	−6.5%
主跨梁跨中上拱位移(m)	0.285	0.233	−0.052	−18.2%
塔顶水平位移(m)	0.120	0.125	0.005	4.2%
塔底轴力(kN)	290 839	292 362	1 523	0.5%
塔底纵向弯矩(kN·m)	182 091	125 668	−56 423	索力差引起

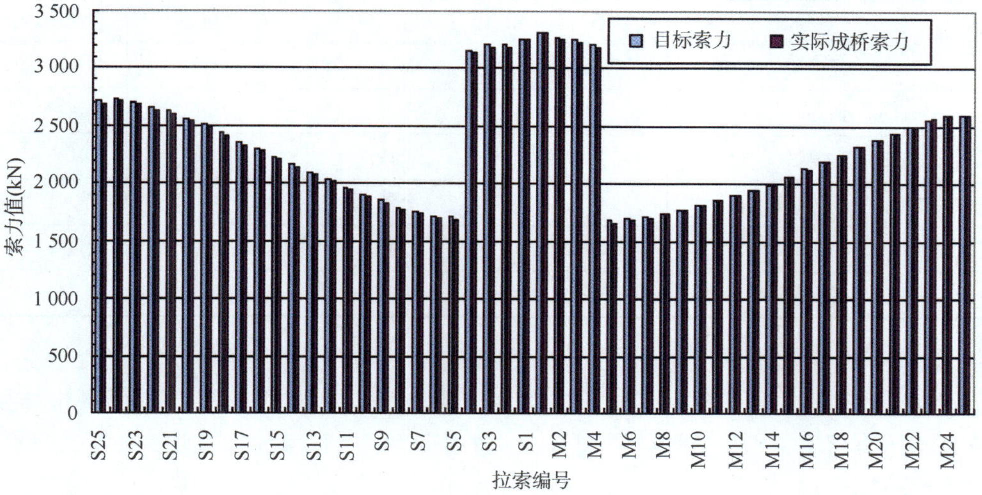

图 2-23　目标索力和实际成桥索力对比

2.5　铁路混合梁斜拉桥整体刚度条件

桥梁整体刚度条件是桥梁在正常使用状态下既能保证桥上列车行驶过程中，车桥振动不至于脱轨的安全性、车辆行驶不至于晃动的平稳性，以及旅客乘坐时感觉的舒适性，又能使得不至于由此带来工程造价的增加。铁路桥梁规范虽然都规定了一般桥梁横竖向刚度，但是，对于像斜拉桥这样柔性索结构桥梁，大跨度铁路混合梁斜拉桥整体刚度特点是不仅与梁、索、塔等结构自身刚度相关，还与梁、索、塔三者之间刚度匹配相关；不仅如此，还与边跨混凝土梁的重量、长度即边跨跨径与主跨跨径之比值、边跨辅助墩布置形式，以及钢混结合段位置的设置、斜拉索在边跨锚固段的布置与张拉斜拉索索力大小等有着密切的关系。显然不能用一般桥梁挠跨比值规定来约束大跨度铁路混合梁斜拉桥的刚度条件，应该针对混合梁斜拉桥的特点，比一般桥梁规范规定的挠跨比值有所放宽，能够将最大容许挠跨比放宽到多大的量值，必须通过车桥动力响应分析和实际桥梁振动与运行的试验情况，研究确定大跨度铁路混合梁斜拉桥整体刚度条件。

2.5.1　国内外大跨度铁路斜拉桥横竖向刚度

铁路桥梁的竖向刚度是指在设计荷载作用下的最大挠度，往往对于不同的桥梁跨度用最大挠度时的挠跨比指标来表示。

1. 竖向挠跨比

表 2-11 和表 2-12 分别为国外与中国部分大跨度铁路或公铁斜拉桥挠跨比资料，从这些已建成和在建大跨度铁路或公铁斜拉桥实践资料中，可以看出，国外已建成的大跨度铁路或公铁斜拉桥挠跨比均超出了各国铁路桥梁规范有关主跨跨度 1/700 的规定，实际建造的大跨度铁路或公铁斜拉桥最大值挠跨比值在 1/400 左右。但是，多年来实际桥梁在列车荷载作用下运行状态良好，至少可以说明在国外列车荷载标准的情况下，这样的挠跨比值是可行的。

表 2-11 国外已建大跨度铁路或公铁斜拉桥竖向挠跨比指标

桥　　名	主跨(m)	用　　途	相应挠跨比	参考挠跨比标准
日本岩黑岛	420	公铁	1/435	1/400
日本柜石岛	420	公铁	1/396	1/400
丹麦厄勒海峡	490	公铁	1/408	1/400
德国塞弗林桥(Severins Bridge)	302.00	公铁	1/450	1/400
阿根廷 Zarate Parana 桥	330.00	铁路	1/590	1/550
前南斯拉夫萨瓦河桥(Sava river Bridge)	254.00	铁路	1/500	1/500

在国内，除了高速铁路对斜拉桥有更高的刚度条件要求外，有一部分斜拉桥在铁路列车荷载作用下挠跨比值在中国铁路桥梁规范有关主跨跨度 1/700 的规定及以上，但是也还是有些斜拉桥挠跨比值超出了中国铁路桥梁规范有关主跨跨度 1/700 的规定，总的来说，挠跨比值与规范规定比较接近。

表 2-12 中国已建和在建大跨度铁路或公铁斜拉桥竖向挠跨比指标

桥　　名	主跨(m)	用　　途	相应挠跨比	参考挠跨比标准
沪通长江大桥	1 092	公铁(铁路)	1/581(1/709)	1/700
安庆长江大桥	580	铁路	1/714	1/700
公安长江大桥	518	公铁(铁路)	1/690(1/798)	1/650
武汉天兴洲长江大桥	504	公铁	1/651(1/735)	1/650
宁波甬江特大桥	468	铁路	1/701	1/700
韩家沱长江大桥	432	铁路	1/799	1/800
芜湖长江大桥	312	公铁(铁路)	1/587(1/732)	1/550(1/650)
赣州赣江桥	300	高铁	1/880	1/850
岳口汉江桥	260	铁路	1/650	1/650
江门潭江桥	256	铁路	1/585	1/550
北江和思贤窖桥	230	四线高铁	1/1 020	1/1 000
桂平郁江桥	228	铁路	1/1 407	—
广州跨穗盐路立交桥	2×175	四线高铁	1/910	1/900

2. 横向挠跨比

铁路桥梁的横向挠度或横向振幅是由列车振动的摇摆力、列车与桥梁所受的横向风力，以及曲线上桥梁运行时的离心力所产生的。铁路桥梁的横向刚度条件也是用设计荷载作用下横向挠跨比最大限值来保证。与竖向挠跨比相同，对于大跨度铁路混合梁斜拉桥来说，同样不能完全受到一般桥梁规范规定的约束，需要通过车桥耦合振动响应分析和实桥试验来验证。

①法国国营铁路规定，由于列车动力影响而产生的位移量限制在 0.4 mm/m 以内。

②日本规定桥梁水平挠度的容许值取为竖向挠度容许值的一半。

③国际铁路联盟(UIC)标准采用梁体横向水平挠度形成的曲线半径控制，由此计算的横向挠度限值为 $L/4\ 000$。

④1995 欧盟试行标准采用梁端转角和梁体横向水平挠度形成的曲线半径双控，从横向水平挠度形成的曲线半径控制标准推算出的横向挠度限值为 $L/4\ 000$。

⑤中国铁路桥涵规范依据运行安全性和乘坐舒适性两个方面的评判标准，针对不同设计速度目标值（普速铁路、高速铁路），制定了混凝土梁跨度小于或等于 96 m，钢梁跨度小于或等于 168 m，以"挠跨比"表述的横、竖向刚度限值为在列车横向摇摆力、离心力、风力和温度的作用下，梁体的水平挠度不应大于梁体计算跨度的 1/4 000。

表 2-13 已建和在建大跨度铁路或公铁斜拉桥横向挠跨比资料，可以看出，一般大跨度铁路斜拉桥横向挠跨比值不大于主跨跨径的 1/4 000，只有日本的岩黑岛桥和柜石岛桥横向挠跨比值平均近似于主跨跨径的 1/1 000，也许跟日本的车辆荷载轻有关。

表 2-13　已建和在建大跨度铁路或公铁斜拉桥横向挠跨比指标

桥　　名	主跨(m)	用　　途	相应挠跨比	参考挠跨比标准
武汉天兴洲长江桥	504	公铁	1/4 000	1/4 000
宁波甬江桥	468	铁路	1/6 000	1/4 000
韩家沱长江桥	432	铁路	1/4 300	1/4 000
赣州赣江桥	300	高铁	1/8 547	1/4 000
岳口汉江桥	260	铁路	1/4 600	1/4 000
江门潭江桥	256	铁路	1/9 481	1/4 000
日本岩黑岛	420	公铁	1/977	1/900
日本柜石岛	420	公铁	1/1 273	1/1 200

2.5.2　铁路混合梁斜拉桥不同跨径的不同刚度车桥耦合动力响应分析

1. 主跨 766 m 铁路混合梁斜拉桥车桥耦合动力响应分析

(1)桥梁基本资料

跨径布置为(3×72+76+766+76+3×72)m，为客货共线双线有砟轨道混合梁双塔斜拉桥，铁路线间距 4.4 m，二期恒载混凝土梁段为 166.8 kN/m，钢箱梁段为 140 kN/m，立面布置如图 2-24 所示。

方案 A：竖向挠跨比 1/600 刚度方案。在初步设计方案的基础上塔高降低 20 m、钢箱梁板厚减小 4 mm 变为 28～24～20 mm、横肋顶板厚度 36 mm 改为 32 mm、底板厚度 36 mm 改为 28 mm，拉索安全系数 3.0。

方案 B：竖向挠跨比 1/530 刚度方案。在方案一的基础上钢箱梁板厚变为 28～24～20～18 mm，横梁底板厚度 40 mm 改为 36 mm、纵梁顶底板厚度 36 mm 改为 32 mm，拉索安全系数 2.5。索塔中塔柱顺桥向壁厚由 1.4 m 减小为 1.1 m，下塔柱顺桥向壁厚由 1.8 m 减小为 1.5 m，主塔桩长减少 3 m。

(2)风-车-桥耦合振动分析计算模型工况及评价结果

风-车-桥耦合振动计算分析，采用不同的车辆与钢梁或混凝土梁耦合振动分析组合成 6 个计算模型工况，分别按单向行车模型及列车分别处于迎风面或背风面和双向行车模型计算，见表 2-14。

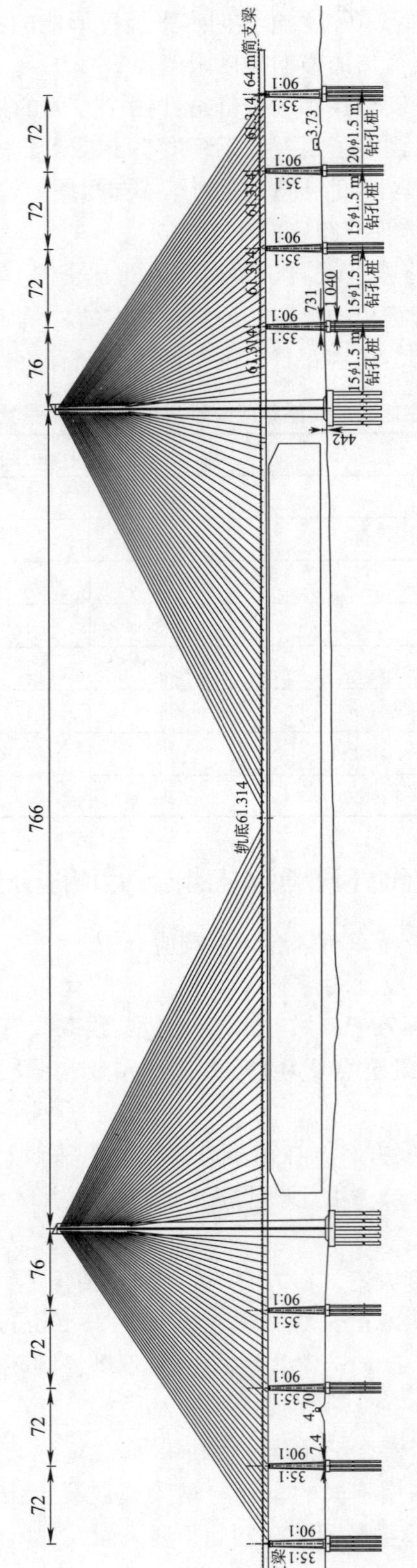

图 2-24　立面示意图(单位: m)

表 2-14　不同的车辆与钢梁或混凝土梁耦合工况表

组合 1	组合 2	组合 3	组合 4	组合 5	组合 6
货车	高速客车	普速客车	货车	高速客车	普速客车
双幅钢箱梁	双幅钢箱梁	双幅钢箱梁	混凝土梁	混凝土梁	混凝土梁

轨道不平顺采用美国六级谱生成的轨道不平顺数据。根据计算分析数据得出评价结果见表 2-15 及表 2-16。

表 2-15　方案 A 风-车-桥耦合振动分析评价结果表

列车类型 行车工况	风速 (m/s)	车速 (km/h)	桥梁振动加速度	车体振动加速度	行车安全性		乘坐舒适性(客车)或 行车平稳性(货车)			
							动车		拖车	
					脱轨系数	减载率	竖向	横向	竖向	横向
单线 C_{62} 货车	无风	50～80	满足	满足	满足	满足	良好	良好	良好	良好
	15	50～80	满足	满足	满足	满足	良好	良好	良好	良好
	20	50～80	满足	满足	满足	满足	良好	良好	良好	良好
	25	50～80	满足	满足	满足	满足	良好	良好	良好	合格
双线 C_{62} 货车	无风	50～80	满足	满足	满足	满足	良好	良好	良好	良好
	15	50～80	满足	满足	满足	满足	良好	良好	良好	良好
	20	50～80	满足	满足	满足	满足	良好	良好	良好	良好
	25	50～80	满足	满足	满足	满足	良好	良好	良好	合格
单线 SS_8 客车	无风	80～200	满足	满足	满足	满足	良好	良好	良好	良好
	15	80～200	满足	满足	满足	满足	良好	良好	良好	良好
	20	80～200	满足	满足	满足	满足	良好	良好	合格	合格
双线 SS_8 客车	无风	80～200	满足	满足	满足	满足	良好	良好	良好	良好
	15	80～200	满足	满足	满足	满足	良好	良好	良好	良好
	20	80～200	满足	满足	满足	满足	良好	良好	良好	良好
单线 CRH2 列车	无风	120～200	满足	满足	满足	满足	优秀	良好	优秀	良好
		220～240	满足	满足	满足	满足	良好	良好	良好	良好
	15	120～200	满足	满足	满足	满足	良好	良好	良好	良好
		220～240	满足	满足	满足	满足	良好	良好	良好	良好
	20	120～240	满足	满足	满足	满足	良好	良好	良好	合格
	25	120～240	满足	满足	满足	满足	良好	合格	良好	合格
双线 CRH2 列车	无 风	120～200	满足	满足	满足	满足	优秀	良好	优秀	良好
		220～240	满足	满足	满足	满足	良好	良好	良好	良好
	15	120～200	满足	满足	满足	满足	良好	良好	良好	良好
		220～240	满足	满足	满足	满足	良好	合格	良好	合格
	20	120～240	满足	满足	满足	满足	良好	合格	良好	合格
	25	120～240	满足	满足	满足	满足	良好	合格	良好	合格

表 2-16 方案 B 风-车-桥耦合振动分析评价结果表

列车类型行车工况	风速(m/s)	车速(km/h)	桥梁振动加速度	车体振动加速度	行车安全性		乘坐舒适性(客车)或行车平稳性(货车)			
							动车		拖车	
					脱轨系数	减载率	竖向	横向	竖向	横向
单线 C_{62} 货车	无风	50～80	满足	满足	满足	满足	良好	良好	良好	良好
	15	50～80	满足	满足	满足	满足	良好	良好	良好	良好
	20	50～80	满足	满足	满足	满足	良好	良好	良好	良好
	25	50～80	满足	满足	满足	满足	合格	良好	良好	合格
双线 C_{62} 货车	无风	50～80	满足	满足	满足	满足	良好	良好	良好	良好
	15	50～80	满足	满足	满足	满足	良好	良好	良好	良好
	20	50～80	满足	满足	满足	满足	良好	良好	良好	合格
	25	50～80	满足	满足	满足	满足	良好	良好	良好	合格
单线 SS_8 客车	无风	80～200	满足	满足	满足	满足	良好	良好	良好	良好
	15	80～200	满足	满足	满足	满足	良好	良好	良好	良好
	20	80～200	满足	满足	满足	满足	合格	良好	合格	合格
双线 SS_8 客车	无风	80～200	满足	满足	满足	满足	良好	良好	良好	良好
	15	80～200	满足	满足	满足	满足	良好	良好	良好	良好
	20	80～200	满足	满足	满足	满足	合格	良好	良好	良好
单线 CRH2 列车	无风	120～200	满足	满足	满足	满足	优秀	良好	优秀	良好
		220～240	满足	满足	满足	满足	良好	良好	良好	良好
	15	120～200	满足	满足	满足	满足	良好	良好	良好	良好
		220～240	满足	满足	满足	满足	良好	良好	良好	良好
	20	120～240	满足	满足	满足	满足	良好	良好	良好	合格
	25	120～240	满足	满足	满足	满足	良好	合格	良好	合格
双线 CRH2 列车	无风	120～200	满足	满足	满足	满足	优秀	良好	优秀	良好
		220～240	满足	满足	满足	满足	良好	良好	良好	良好
	15	120～200	满足	满足	满足	满足	良好	良好	良好	良好
		220～240	满足	满足	满足	满足	良好	合格	良好	合格
	20	120～240	满足	满足	满足	满足	良好	合格	良好	合格
	25	120～240	满足	满足	满足	满足	良好	合格	良好	合格

(3)风-车-桥耦合振动分析结论

1)无风行车条件

当货物列车(C_{62} 货车)在 50～80 km/h 速度范围内、旅客列车(SS_8 牵引的双层客车)在 80～200 km/h 速度范围内、动车组(CRH2 列车)在 120～240 km/h 速度范围内通过桥梁时,均可满足列车行车安全性和桥梁安全性的要求。该速度范围内,货车运行平稳性达到“良好”标准,旅客列车和动车组的乘车舒适度均达到“良好”标准以上。

2)桥面平均风速不高于 25 m/s

当货物列车(C_{62} 货车)在 50～80 km/h 速度范围内、旅客列车(SS_8 牵引的双层客车)在

80～200 km/h 速度范围内、动车组(CRH2 列车)在 120～240 km/h 速度范围内通过桥梁时，均可满足列车行车安全性和桥梁安全性的要求。该速度范围内，货车运行平稳性达到“良好”标准，旅客列车和动车组的乘车舒适度均达到“合格”标准以上，故可正常运行。

综上所述，主跨 766 m 铁路混合梁桥挠跨比 A、B 两个方案均具有良好的动力特性及列车走行性，在无风条件下列车通过桥梁时能满足安全性和舒适性的各项要求；在强风作用下列车通过桥梁时，上述风速阀值基本上达到了日本及我国相关规定实施的强风时列车运行管制规程未设置挡风墙的标准，在强风作用下对列车走形性的影响不会成为全线的控制因素。但是，就动力学计算具体数值而言，A 方案略优于 B 方案，但相差不大。

2. 主跨 600 m 铁路混合梁高低塔斜拉桥车桥耦合动力响应分析

(1)桥梁基本情况

桥跨布置采用(57.5＋172.5＋600＋172.5＋57.5＋57.5)m 双线铁路双主梁带 K 撑钢混组合梁高低塔斜拉桥方案主桥长 1 117.5 m，主跨 600 m。桥跨布置范围内除边跨局部位于竖曲线上外，其余均为平坡、直线。总体布置如图 2-25 所示。

加劲梁共采用三种结构形式，57.5 m 跨采用整体预应力混凝土箱梁，中跨 286 m 采用钢箱双主梁，整体箱梁与钢箱双主梁之间采用混凝土双主梁。整体箱梁桥面横向宽度 24 m，中心处梁高 4.5 m，端面处梁高 4.26 m，顶面设双向 2%横向排水坡，两侧各设 1 m 宽风嘴，截面如图 2-26 所示；混凝土双主梁截面采用钢混组合截面，双主梁采用混凝土结构，纵梁、横梁、横肋、K 撑采用钢结构，截面如图 2-27 所示；钢结构双主梁截面采用全钢截面，桥面横向宽度 24 m，主梁顶宽为 3 m，纵梁顶宽 1 m，纵梁与主梁之间净距 4 m，两侧各设 1 m 宽风嘴，截面如图 2-28所示。三种加劲梁结构形式方案的竖向挠跨比在 1/550～1/600 竖向刚度。

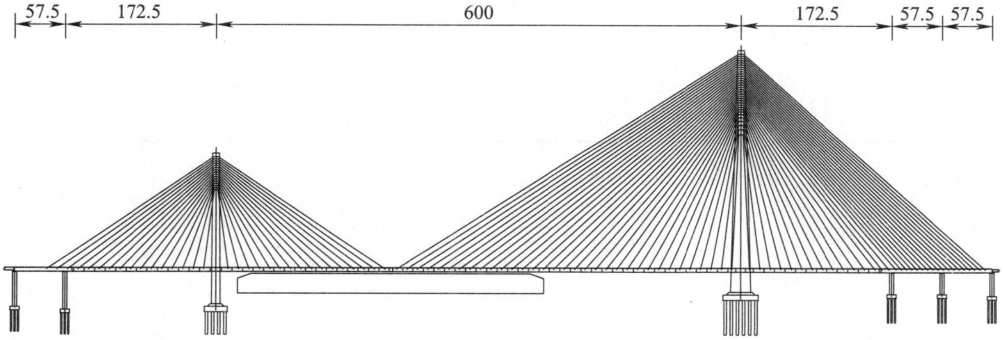

图 2-25　主跨 600 m 铁路混合梁斜拉桥方案总体布置图(单位：m)

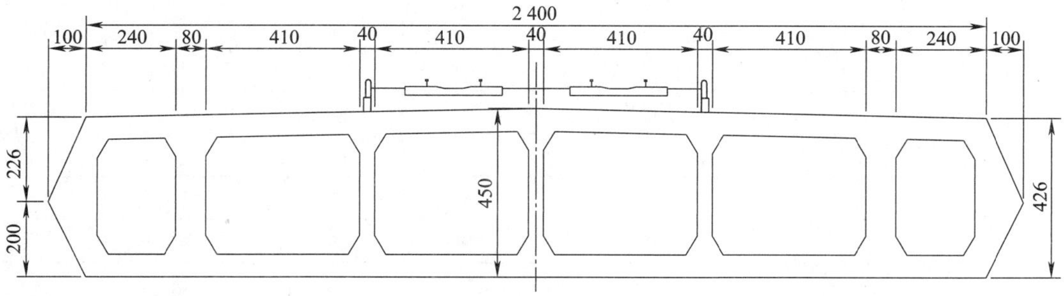

图 2-26　整体箱梁横断面图(单位：cm)

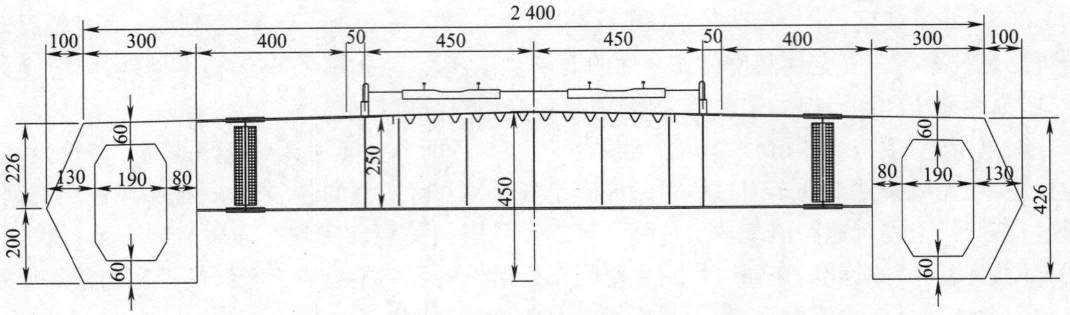

图 2-27 混凝土双主梁横断面图(单位:cm)

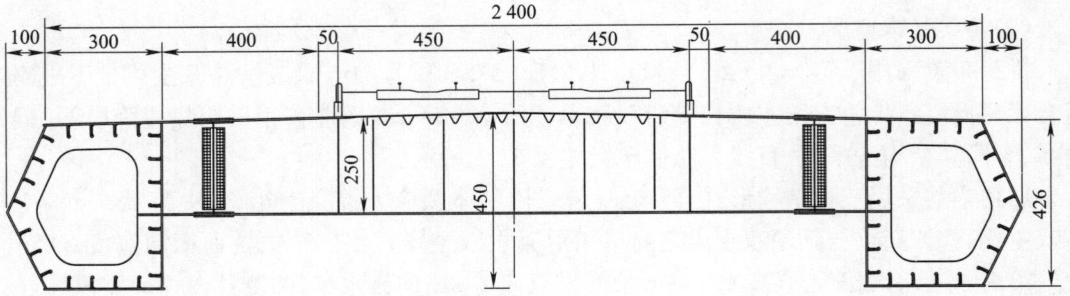

图 2-28 钢箱双主梁横断面图(单位:cm)

(2)车桥耦合振动分析工况及评价分析结果

C_{70} 货车:列车编组为:10 节重车＋10 节空车＋10 节重车＋10 节空车,共 40 节。SS_8 牵引 25K 客车:列车编组为:1 节 SS_8 机车＋17 节 25K 客车,共 18 节。轨道不平顺采用美国五级谱生成的轨道不平顺数据。

车桥耦合振动分析评价结果见表 2-17 和表 2-18。

表 2-17 C_{70} 货车动力响应评价结果

车速(km/h)				80	100	120
重车	安全性	脱轨系数		满足	满足	满足
		轮重减载率		满足	满足	满足
		轮轴横向力(kN)		满足	满足	满足
	平稳性	加速度(m/s^2)	竖向	满足	满足	满足
			横向	满足	满足	满足
		Sperling 指标	竖向	优	优	优
			横向	优	优	优
空车	安全性	脱轨系数		满足	满足	满足
		轮重减载率		满足	满足	满足
		轮轴横向力(kN)		满足	满足	满足
	平稳性	加速度(m/s^2)	竖向	满足	满足	满足
			横向	满足	满足	满足
		Sperling 指标	竖向	优	优	优
			横向	优	优	优

表 2-18　SS_8＋17 准高速客车动力响应评价结果

车速(km/h)				80	100	120	140
机车	安全性	脱轨系数		满足	满足	满足	满足
		轮重减载率		满足	满足	满足	满足
		轮轴横向力(kN)		满足	满足	满足	满足
	平稳性	加速度(m/s^2)	竖向	满足	满足	满足	满足
			横向	满足	满足	满足	满足
		Sperling 指标	竖向	优	优	优	优
			横向	优	优	优	优
客车	安全性	脱轨系数		满足	满足	满足	满足
		轮重减载率		满足	满足	满足	满足
		轮轴横向力(kN)		满足	满足	满足	满足
	舒适性	加速度(m/s^2)	竖向	满足	满足	满足	满足
			横向	满足	满足	满足	满足
		Sperling 指标	竖向	优	优	优	良
			横向	优	优	优	优

(3)车桥耦合振动分析结论

1)桥梁自振特性分析

主跨 600 m 组合梁高低塔斜拉桥基频:加劲梁一阶横弯频率 0.217 Hz,一阶竖弯频率 0.334 Hz。

2)桥梁振动性能

在旅客列车以速度 100～140 km/h 通过时,主跨加劲梁跨中最大横向位移、加速度响应 1.20 mm、0.053 m/s^2,最大竖向位移、加速度响应 130.770 mm、0.641 m/s^2;货车 C_{70} 以速度 80～120 km/h 范围通过时,主跨加劲梁跨中最大横向位移、加速度响应 2.183 mm、0.065 m/s^2,最大竖向位移、加速度响应 259.980 mm、0.442 m/s^2。主跨加劲梁跨中、塔顶等桥梁典型断面的最大动力响应均小于规范规定的限值,桥梁动力性能良好。

3)列车行车安全性

在旅客列车以速度 80～140 km/h、货车 C_{70} 以速度 80～120 km/h 范围通过时,机车与车辆的脱轨系数、轮重减载率、轮轨横向力等安全性指标均在限值以内;说明列车运行的安全性得到保障。

4)列车乘坐舒适性

在旅客列车以速度 80～140 km/h 通过时,车辆横向舒适性仅在车速 140 km/h 时达到"良",竖向客车舒适性指标在车速 80～140 km/h 范围内为"优"。在 C_{70} 货车以速度 80～120 km/h 范围通过时,车辆的竖向和横向运行平稳性均达到"优"。

2.5.3　大跨度铁路混合梁斜拉桥横竖向刚度条件

日本已建成的柜石岛桥和岩黑岛桥,主跨 420 m 的斜拉桥,这两座公铁两用大桥竖向挠跨比分别为 1/396 和 1/435,横向挠跨比分别为 1/1 273 和 1/977。竖向挠跨比是公铁加载,如果是铁路列车单独加载,竖向挠度及挠跨比值会小一些,横向挠跨比平均近似接近 1/1 000,

挠跨比指标均比较宽松，尤其是横向挠跨比指标已经很宽松了，这也许是日本铁路的列车荷载比较轻有关，应该来说，确定这样的挠跨比值指标是有其自身特点的，仅供参考而已。

中国已建成通车的芜湖长江公铁两用大桥，主航道采用(180＋312＋180)m 的矮塔斜拉桥结构，有关文献研究载明，经过车桥耦合振动分析、全桥模拟模型试验、实桥试验，在各种荷载工况下，主跨加劲梁竖向挠跨比结果汇总见表 2-19。

表 2-19 芜湖长江公铁两用桥在各种荷载下的主跨竖向挠跨比

荷载名称	设计荷载	车桥耦合振动	全桥模型试验	实桥试验	设计允许值
旅客列车	—	1/2 331	—	—	1/650
货物列车	—	1/938	—	—	1/650
客车与汽车	—	1/1 712	—	—	1/550
货车与汽车	1/587	1/731	1/796	1/867	1/550

表 2-19 说明了车桥耦合振动分析结果与模型试验、实桥试验测试结果吻合较好，在试验列车最大速度 75 km/h 时，横向半振幅仅 4.14 mm，振幅较小，该桥具有足够刚度来保障行车安全，满足列车运行的平稳性和旅客乘坐的舒适性。

自芜湖桥以后，已相继有武汉天兴洲长江大桥、湖北公安长江大桥、湖北岳口汉江桥等斜拉桥均已相继突破了一般桥梁规范的约束，在铁路荷载作用下设计允许挠跨比采用 1/650，公铁荷载作用下设计允许挠跨比采用 1/550。从已建成桥梁多年运行情况来看，这些桥梁整体刚度足够，既能保障列车行车安全，又能满足列车运行的平稳性和旅客乘坐的舒适性。

为了进一步研究分析更大跨度铁路混合梁斜拉桥，具有较大的铁路荷载下的挠跨比，上述主跨 600 m 和主跨 766 m 铁路混合梁斜拉桥竖向挠跨比在 1/530～1/600 范围内时，旅客列车与货物列车以设定的分析速度通过两个桥梁方案，从列车运行评价结果来看，不同车速下列车脱轨系数、轮重减载率、轮轴横向力等安全性指标，车辆振动加速度与斯佩林等竖向、横向平稳性及舒适性指标，以及桥梁振动加速度等均能满足规定限值要求，并具有一定的储备。说明列车运行的安全性可以得到保障，混合梁斜拉桥的整体刚度是足够的。

综合已建成的大跨度斜拉桥挠跨比及在建的铁路混合梁斜拉桥挠跨比实际情况，结合已有的研究成果，建议大跨度铁路钢箱混合梁斜拉桥挠跨比指标采用 1/550、公铁两用大跨度钢箱混合梁斜拉桥在铁路列车与公路汽车荷载作用下挠跨比指标采用 1/500、横向挠跨比仍然采用 1/4 000 是比较合适的。有关研究表明，当刚度达到一定程度后，桥梁刚度对减小车体加速度作用不大，单纯依靠增大桥梁刚度来改善列车行车安全性和乘坐舒适性指标是不合适的，应根据实际运行的列车荷载图式与速度，针对具体桥梁结构进行列车行车时的车桥耦合振动响应分析，评价列车过桥时的抗脱轨安全度与列车平稳性和旅客乘坐舒适性指标，验证分析桥梁在列车荷载作用下的竖向、横向刚度是否满足列车运行要求。

实际上，假如将大跨度铁路钢箱混合梁斜拉桥挠跨比指标比 1/550 再偏大一些，比如挠跨比指标采用 1/400 的话，由于大跨度混合梁斜拉桥的主跨钢箱梁本身已经比较边跨混凝土梁轻了很多，对于主跨斜拉索往往是索结构疲劳成为突出的技术问题。此时，需要调整斜拉索的有效应力或增大索结构的刚度，这样一来主跨加劲梁挠跨比就会随之变小，混合梁斜拉桥的整体刚度就增大，所以设定较大的挠跨比指标限值就显得没有什么意义了。混合梁的边跨混凝土梁由于梁重和辅助墩的设置，边跨加劲梁相对而言已经有足够的刚度。

2.5.4　抗扭刚度条件及加劲梁梁端转角限制

铁路混合梁斜拉桥在铁路列车摇摆力、横向风力、多线铁路偏载作用下，加劲梁会发生扭转，这种扭转会使桥上轨道产生不平顺而引起列车脱轨或出现列车运行平稳性和舒适性指标不满足要求。因此，铁路钢箱混合梁斜拉桥常常采用双索面斜拉索，并且将斜拉索在桥梁横向布置成为带有斜面的空间拉索。同时，主跨钢箱梁也常常采用封闭式截面或具有足够抗扭刚度的双主梁开口式截面，使得梁体扭转引起的轨面不平顺，以一段 3m 长的线路为基准，一线两根钢轨的竖向相对变形量不应大于 1.5 mm。桥梁在列车荷载作用下，梁端会产生一定的转角，这种转角位移过大导致位于梁端伸缩缝部位的道床不稳定，导致轨道养护工作量增大，且对高速行车安全性和舒适性具有一定影响。

第 3 章

铁路混合组合梁斜拉桥加劲梁结构设计

3.1 钢箱混合组合加劲梁结构特点

钢箱混合组合梁作为铁路斜拉桥的加劲梁，其最重要的特点就是通过变化钢箱混合梁的结构形式，或者在钢箱混合梁的基础上变化钢与混凝土结构组合截面，就能够有效地提高结构的整体刚度。钢箱梁与钢桁梁相比，正是由于钢箱梁每延米重量更轻，因此更具备结构的柔性，所以为有效地减少这种柔性，采取以混凝土梁截面增加梁体重量，起到对刚性梁支承压重作用。对于索结构所支承的加劲梁用钢与混凝土组合截面，相当于增加了索结构支承重力刚度也就起到增加结构刚度的效果。此外，钢箱混合组合加劲梁还同时具有普通钢箱梁、混凝土箱梁和钢箱与混凝土组合截面箱梁的共同特点。

3.1.1 钢箱混合梁结构特点

钢箱混合梁分为钢箱梁和混凝土箱梁，钢箱梁结构可充分发挥钢结构材质均匀、自重较轻、跨越能力大、安装快捷方便等优点，混合梁斜拉桥主跨或包括边跨的压重跨一般均采用钢箱加劲梁。预应力混凝土箱梁结构自重及刚度大，用于混合梁斜拉桥边跨或边跨的锚固跨可以起到对主跨的锚碇作用。

3.1.1.1 钢箱梁结构特点

钢箱梁是一种闭合截面形式的薄壁结构，构成箱梁顶板、底板和腹板的厚度与箱梁高度或宽度之比非常小，因此，这种闭合薄壁截面箱梁结构必须对顶板、底板和腹板设置一定数量的加劲肋和横隔板来保证箱梁截面的受力性能。薄壁箱梁有了足够的加劲肋和横隔板就可以保证在设计荷载弯矩、扭矩作用下，不至于发生弯曲变形或扭曲畸变；在垂直集中荷载作用点附近的腹板受压翼缘不会发生局部屈曲，以及腹板不会因此而出现压皱现象。设置足够的钢箱梁加劲肋和横隔板是提高其承载能力必须而有效的途径。

钢箱梁另一个特点就是钢箱梁顶板既是主梁截面的一个组成部分，作为翼板具有与主梁共同受力的功能，同时还支承着桥面上的荷载起到桥面板的作用。这种钢桥面板依靠纵向密布的加劲纵肋和垂直于纵肋并分布较疏的横隔板共同来加劲桥面钢板，因此，纵肋的刚度与横隔板的刚度是不同的，所以桥面板在纵向和横向的弹性性能也是不同的，把这个特性看作为各向异性，人们就称之为正交异性钢桥面板。

钢桥面板中的钢板厚度与纵肋间距、加载条件，以及容许桥面钢盖板在列车反复荷载作用下引起的局部挠曲变形或局部挠度产生的转角变形，对钢盖板、纵肋和横隔板之间的焊缝连接疲劳强度的影响程度等因素有关。铁路钢箱梁斜拉桥由于列车活载比较重，桥面加劲梁承受的二期恒载和列车活载均集中在道砟槽范围内，且恒活载比值相对小，列车活载对钢箱梁特别是钢桥面板的振动与疲劳破坏问题突出。

由于钢箱梁能够更有效地发挥钢材的承载能力，因此，采用正交异性钢桥面板和薄壁刚腹板、底板及加劲肋的钢箱形梁与钢桁梁相比可节省钢材约 20%，由此桥梁下部结构可以减少造价约 5%～15%。同时闭合空心箱形截面的特性所决定，在相同材料数量情况下可较其他截面形式提供更大的抗弯和抗扭刚度。

正交异性钢桥面板在受力上分为主梁体系、桥面体系与盖板体系，其上任意点的应力可由这些基本体系的应力叠加而得。钢箱梁在力学分析中属于空间闭口薄壁结构，受力后会产生弯曲、扭转与畸变变形及其相应的应力。钢箱梁当发生纵向弯曲时，由于箱形截面存在着剪力滞现象，使钢箱梁翼缘的弯曲应力沿梁宽呈曲线分布形状。

钢箱梁与钢桁梁相比具有以下显著的优点：

(1)结构重量轻、节省钢材

钢箱梁截面能够更有效地发挥钢板的承载能力，采用正交异性钢桥面板和用加劲肋薄钢板作为箱形梁的腹板和底板，有研究表明可以比钢桁梁节省钢材约 20%左右，跨径越大越节省。况且，由于上部结构自重的减少，可以带来了下部结构造价的减少。

(2)抗弯和抗扭刚度大

由于钢箱梁具有闭合空心截面的特性，这就决定了在材料数量相同时较其他截面形式可以提供更大的抗弯和抗扭刚度，因而特别适应于曲线桥和承受较大偏心荷载的直线桥梁。

(3)制造安装快、养护方便

钢箱梁可以在工厂加工制造成大型的节段单元，减少了大量的工地螺栓连接数量。对于大跨度斜拉桥施工时，不仅仅便于大节段悬臂起吊拼装法架设，还便于采用拖拉或顶推法架设。箱形梁结构相对简单，防腐涂装更方便，而且，由于内部为闭合空间，具有较好的抗腐蚀性。

(4)适应于宽桥布置和横向刚度要求

当多线铁路并行布置或在大跨度桥梁中为了满足横向刚度条件需要桥梁横向具有一定的宽度来保证时，钢箱梁与钢桁梁相比就不受主桁、横梁、上下弦横向连接系的影响，按照需要布置宽度，既可以比较容易满足大跨度铁路桥梁横向刚度的要求，又可以节省大量的钢材。

3.1.1.2　混凝土箱梁结构特点

混合梁斜拉桥中的混凝土箱梁用于斜拉桥的边跨作为锚固跨或压重跨，与一般的梁式桥混凝土箱梁不同，除了起到由各个辅助支承的连续梁结构作用外，还要起到承受起到对斜拉桥的主跨锚碇和压重的作用。混凝土箱梁顶板、底板和腹板均相对比较厚、外轮廓尺寸或外形与其连接的钢箱梁一致，底板有时还要考虑在箱内另外灌注压重混凝土，以增加锚固跨的重量，这样一来混凝土箱梁的自重就会很大，虽然如此，斜拉桥边跨由于有斜拉索竖向力的作用，相对于同跨径的连续梁结果而言，其箱梁内为抵抗荷载布置的预应力索数量相对较少，说明箱梁内弯矩小而剪力大。

3.1.2　钢箱组合梁结构特点

钢箱混合组合梁是将钢箱混合梁之钢箱梁结构中的正交异性钢桥面板替换为刚度更大的混凝土桥面板，目的是使混合梁斜拉桥的主跨钢箱加劲梁成为钢箱组合(或钢箱结合)梁，这种组合截面梁主要表现在以下几个方面：

①混凝土桥面板与钢箱梁之间采用抗剪连接件连接，通过现浇接缝混凝土将钢材和混凝

土有效地结合成整体主梁共同受力。两种材料交界处变形协调，是截面保持正常工作状态的前提，根据两种材料的截面特性以一定比例进行内力分配。最优设计目标是能充分发挥混凝土抗压性能好和钢材抗拉、抗压强度均较高的材料特性。

②位于钢箱组合梁受压区的混凝土板，既可以增加钢纵梁侧向刚度，防止荷载作用下的扭曲失稳，同时也提高了截面重心，使得钢梁腹板大部分处于受拉区，有利于避免钢梁腹板发生局部压屈。

③钢箱组合梁的混凝土桥面板一方面作为结合梁的一部分参与主梁整体受力，另一方面承受桥面局部荷载，因此必须考虑桥面板在局部荷载和整体荷载作用下沿横桥向的纵向联合应力，即需要同时考虑第一、第二、第三体系应力叠加。当然，还必须考虑由混凝土桥面板的收缩、徐变，以及温度变化引起的钢梁和混凝土桥面板之间的内力重分布。

④在斜拉索产生的水平分力和自重、二期恒载、活载产生的弯矩和轴力共同作用下，钢箱组合加劲梁中的混凝土桥面板中纵向正应力沿腹板中心线两侧的横向分布是并不均匀的，主要集中在腹板附近一个有限的宽度范围内，亦即产生了剪力滞效应，因此，存在着需要考虑混凝土桥面板的有效宽度问题。

⑤钢箱组合梁中的混凝土桥面板承担了大部分由斜拉索产生对主梁的水平纵向压力，其经济性优于正交异性板钢桥面板。

⑥由于钢箱组合梁中的混凝土桥面板刚度较大，仅需对钢腹板、钢底板进行加劲，同时，混凝土桥面板对加劲梁纵向受力具有强劲的稳定作用，钢横隔板可以采取仅仅在斜拉索锚固位置布置一道全高横隔板，而在两道斜拉索之间布置一道不予混凝土桥面板连接的横隔板即可，这样使得钢材用量大大地减少。

⑦箱梁同一截面存在着钢箱腹板、底板与混凝土桥面板两种不同的材质，混凝土桥面板的有效分布宽度、钢与混凝土剪力键结合、纵横向预应力束的预加力效果、收缩徐变应力重分布限制、混凝土桥面板拉应力及裂缝控制是钢箱组合梁的关键技术问题。

在继承钢箱混合梁斜拉桥优点的基础上，组合梁通过采用混凝土桥面板不仅加大了斜拉桥主跨的恒活载比值、进一步提高了结构重力刚度、改善了结构疲劳性能、充分利用混凝土抗压能力，而且，有效地解决了高速铁路无砟轨道结构与混凝土桥面板的可靠连接、能够更加充分适应高速铁路行车目标值的要求。

3.2　钢箱混合组合加劲梁结构截面形式

钢箱混合组合梁包含着钢箱梁与混凝土梁、钢箱组合梁与混凝土梁、以及混凝土箱-桁与钢箱-桁所组成的加劲梁，常用截面形式主要有：整体式箱梁截面、分离式箱梁截面、扁平式箱梁截面，以及扁平式箱-桁组合截面。

3.2.1　整体式箱梁截面

从截面形状来划分，整体式箱梁截面又可分为单箱单室、单箱双室以及单箱多室截面。从桥面板的类型来划分，钢箱梁可分为正交异性钢桥面板、结合桥面板以及钢混组合桥面板。一般说来，单箱单室截面多适用于单线铁路桥梁，如图 3-1 所示。单箱双室及单箱三室多适用于双线铁路桥梁，如图 3-2 所示。单箱多室截面则更适用于三线或多线铁路桥梁。工程实例表明，整体钢箱梁与混凝土箱梁组合而成的钢箱混合梁斜拉桥，能够较好地适用于速度目标值相对较低的货运铁路以及客货共线铁路，例如宁波铁路枢纽北环线甬江特大桥为单箱三室截面，贵广南广铁路穗盐路斜拉桥为单箱多室截面。相应地，若将整体钢箱梁的正交异性钢桥面板替换为混凝土结合桥面板或钢混组合桥面板，与整体混凝土箱梁组合，构成钢箱组合梁斜拉桥，则更能适用于高速铁路，例如昌吉赣客运专线赣江特大桥，如图 3-3 和图 3-4 所示。

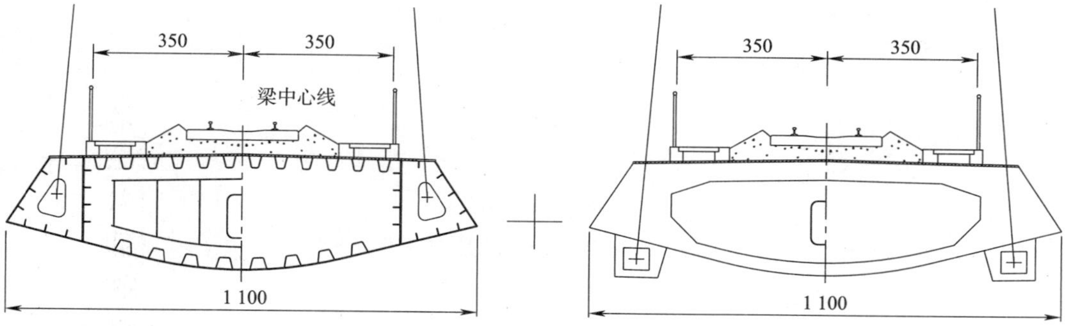

图 3-1　钢箱混合梁-单箱单室整体截面（单位：cm）

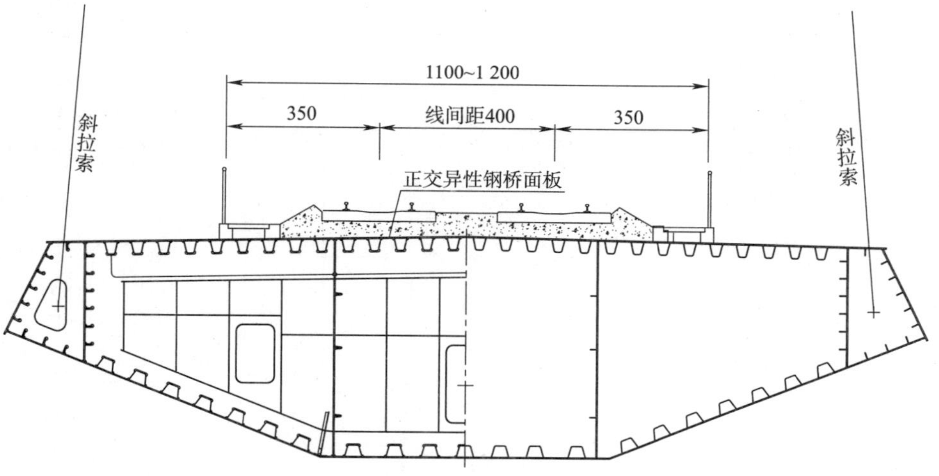

(a) 整体钢箱梁

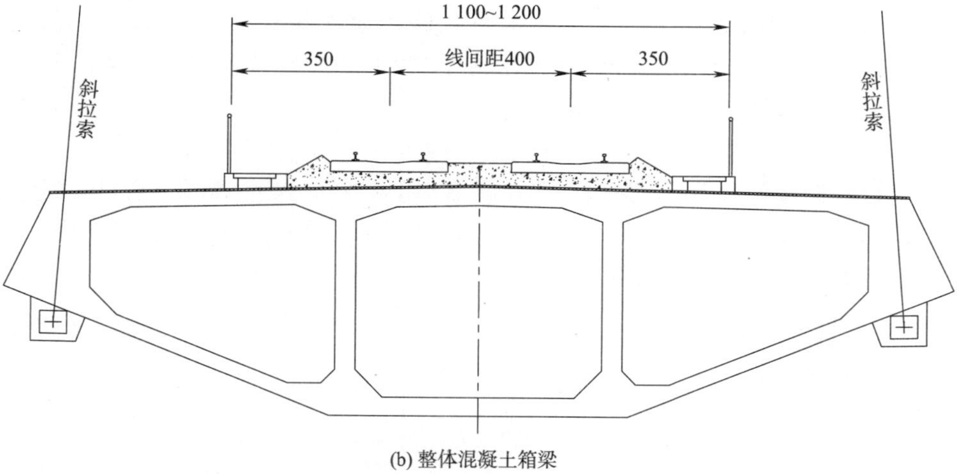

(b) 整体混凝土箱梁

图 3-2　钢箱混合梁-单箱三室整体截面（宁波铁路枢纽北环线甬江桥）（单位：cm）

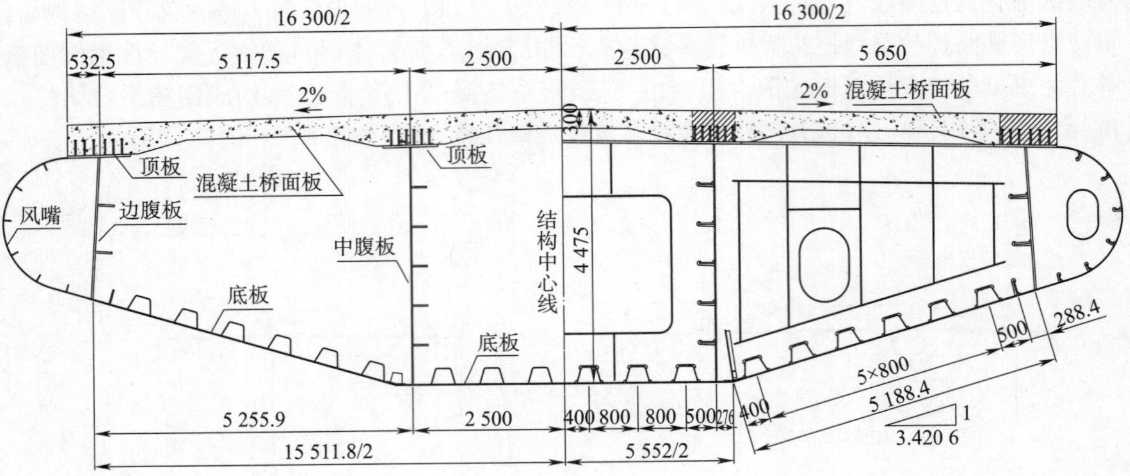

图 3-3 钢箱结合梁-单箱三室整体截面(昌吉赣客运专线赣江桥)(单位:mm)

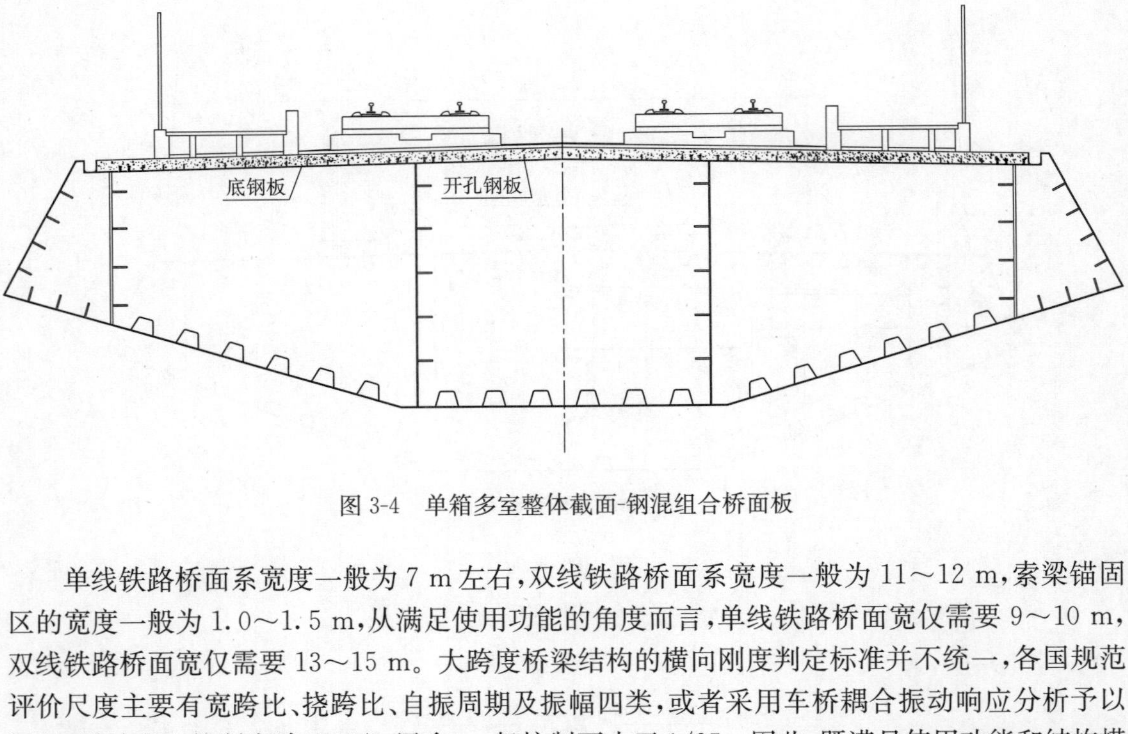

图 3-4 单箱多室整体截面-钢混组合桥面板

单线铁路桥面系宽度一般为 7 m 左右,双线铁路桥面系宽度一般为 11～12 m,索梁锚固区的宽度一般为 1.0～1.5 m,从满足使用功能的角度而言,单线铁路桥面宽仅需要 9～10 m,双线铁路桥面宽仅需要 13～15 m。大跨度桥梁结构的横向刚度判定标准并不统一,各国规范评价尺度主要有宽跨比、挠跨比、自振周期及振幅四类,或者采用车桥耦合振动响应分析予以评判,设计尤以控制宽跨比 B/L 居多,一般控制不小于 1/25。因此,既满足使用功能和结构横向刚度,又不造成桥面浪费的角度来说,紧凑型截面的单线铁路斜拉桥的主跨跨度一般控制在 250 m 以内,紧凑型截面的双线铁路斜拉桥的主跨跨度一般控制在 350 m 左右,能较好地实现结构行车功能与构造功能的统一。

3.2.2 分离式箱梁截面

由前述,单纯的铁路桥梁跨度越大,会导致桥面结构宽度大于功能宽度,造成桥面浪费越多,这是需要设计者思考的问题。当然,假如桥上的车辆行驶对桥梁的动力响应、抗风性能等均能满足行车安全、舒适、平稳性等要求,毋庸置疑分离式双主梁截面无疑比整体箱梁具有更好的经济性。分离式双主梁截面根据主梁截面形式又可划分为分离式边纵梁截面以及分离式箱形纵梁截面。前者纵梁分布于两侧斜拉索锚固处，由密布横梁（横肋）连接，纵梁一般采用厚板或多层钢板组成的工字钢，该类结构抗扭刚度稍小，多用于公路斜拉桥，例如主跨 2×616 m 武汉二七长江大桥。

分离式边箱纵梁是将分离式边纵梁做成闭合箱形截面，抗扭刚度较大，后者由两侧箱梁、钢桥面板、鱼腹式密横梁（肋）组成，亦称双箱单室截面。双主梁分布于外侧，主要承担纵向荷载，钢桥面正交异性板承担的列车活载由密横梁（肋）传递至双主梁，结构传力途径清晰明确，整体性好，截面抗弯、抗扭刚度大，经济性优良，能适用于主跨 400～500 m 之间铁路斜拉桥，如图 3-5 和图 3-6 所示，桥面板也可以采用结合桥面板，如图 3-7 所示。分离式双主梁截面在国外铁路桥梁已有应用先例，如前南斯拉夫萨瓦河铁路斜拉桥。

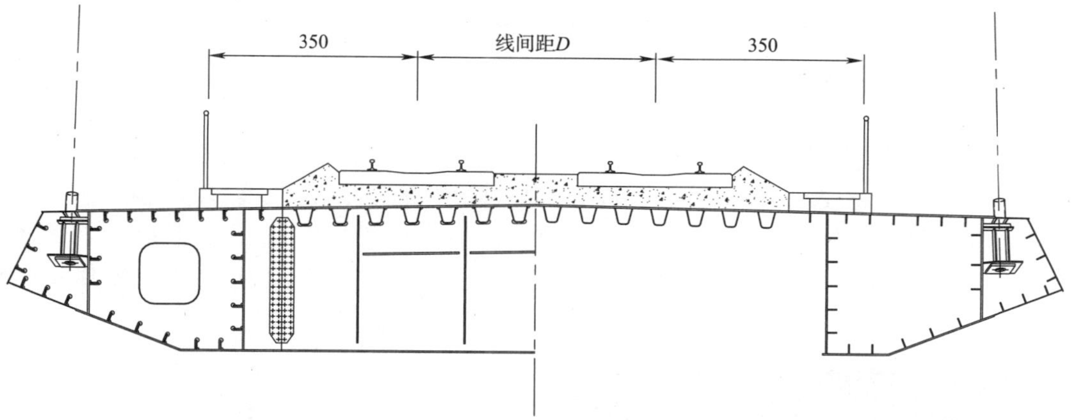

图 3-5　分离式双主梁截面-钢箱梁正交异性钢桥面板（单位：cm）

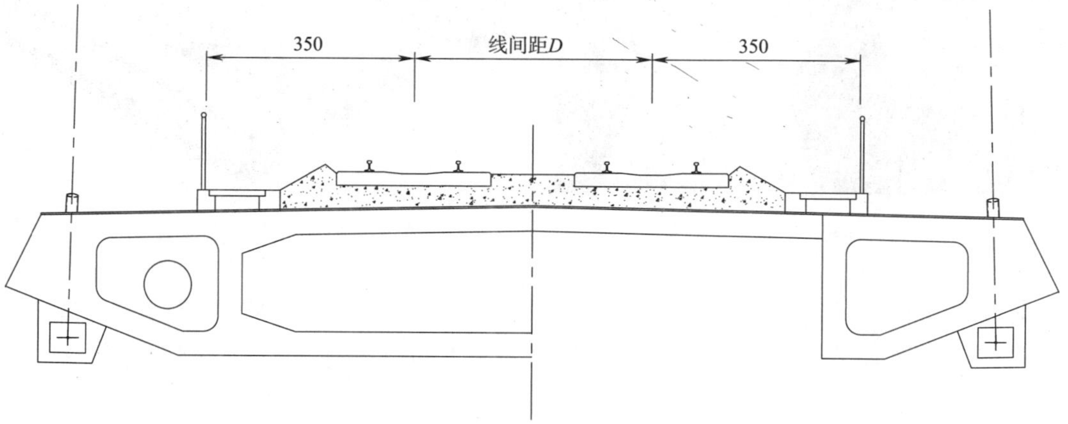

图 3-6　分离式双主梁截面-混凝土梁（单位：cm）

对于超大跨度的单线或双线铁路桥梁而言，还可以借用多线铁路宽幅双主桁钢桁梁斜拉桥桥面系构造水平 K 撑技术的成功经验，将桥面系纵梁和钢桁加劲梁的两侧主桁结构分离，其横梁与主桁节点横向拴接，桥面道砟槽钢板或混凝土板不与主桁弦杆翼缘板连接，仅仅作镂空处理，以斜撑连接主桁节点板和桥面系纵梁，形成双向承受桥面水平荷载的类似于水平 K

撑结构，如图 3-8 所示。

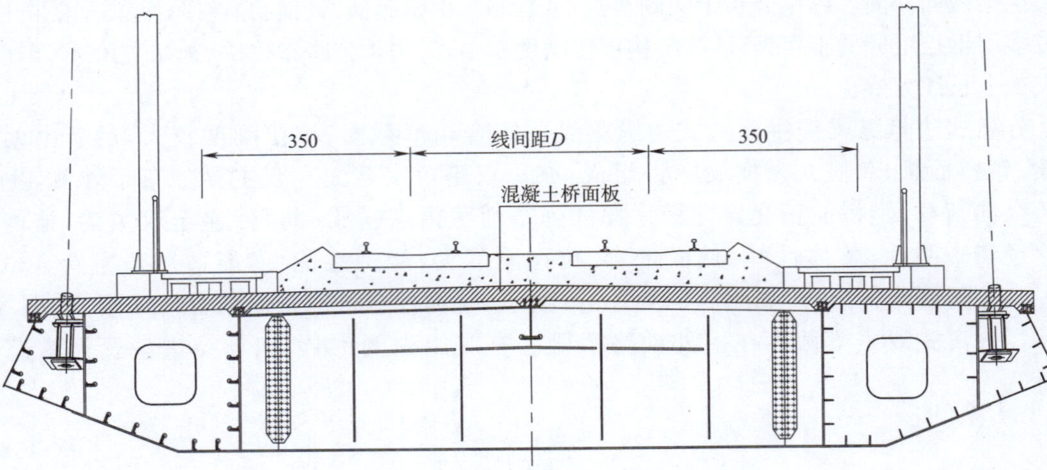

图 3-7 分离式双主梁截面-结合桥面板(单位:cm)

如图 3-9 所示，这种带水平 K 撑的桥面系结构，通过桥面系纵梁将桥面节间荷载传递到横梁，再由横梁将支承力传递至两侧的分离式箱梁，传力路径明确，较大程度减小了正交异性钢桥面板纵、横向的焊接疲劳叠加；大大减少了横梁的面外受力；较好地利用了结构宽度和使用功能与结构构造的融合，不仅受力性能优良，而且还充分地体现了经济效益。

图 3-8 钢桁梁桥面带水平 K 撑结构照片

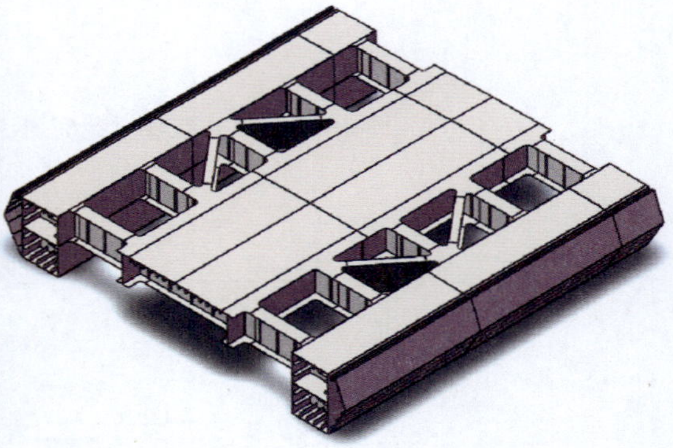

图 3-9 带水平 K 撑节段钢梁构造三维图

斜拉桥分离式箱形截面加劲梁是以承受压力和弯矩为主的结构，梁高基本与公路、市政桥梁相当。分离式双箱梁由工厂制造，现场拼装仅仅是钢桥面板纵向采用焊接，边主梁及横梁(肋)均采用高强螺栓拴接，为充分保证线形和现场钢结构施工质量提供了良好的条件。

3.2.3 扁平式箱梁截面

对于中小跨度的多线铁路混合梁斜拉桥，受桥下净高控制，还可以采用扁平式单箱多室结构，例如主跨 2×175 m 的贵广南广铁路穗盐路四线铁路桥，如图 3-10 所示。将钢箱梁的正交异性钢桥面板替换为组合桥板，可作为中小跨度高速铁路斜拉桥的加劲梁，如图 3-11 所示。扁平式箱梁截面加劲梁也是公路与铁路同层合建的斜拉桥的可选方案。

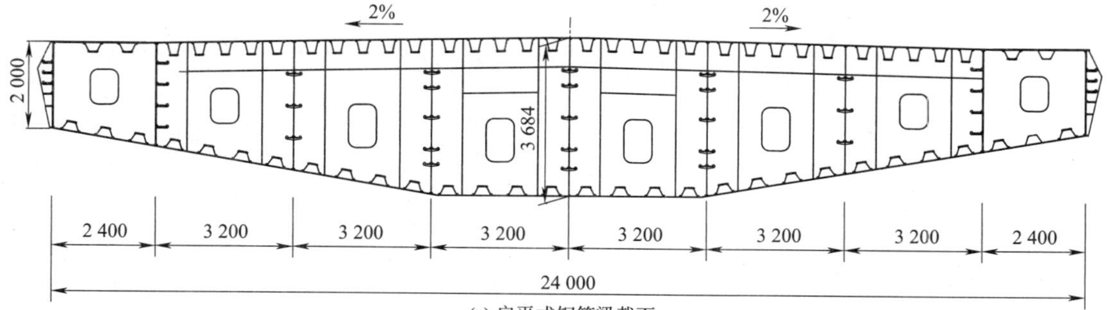

(a) 扁平式钢箱梁截面

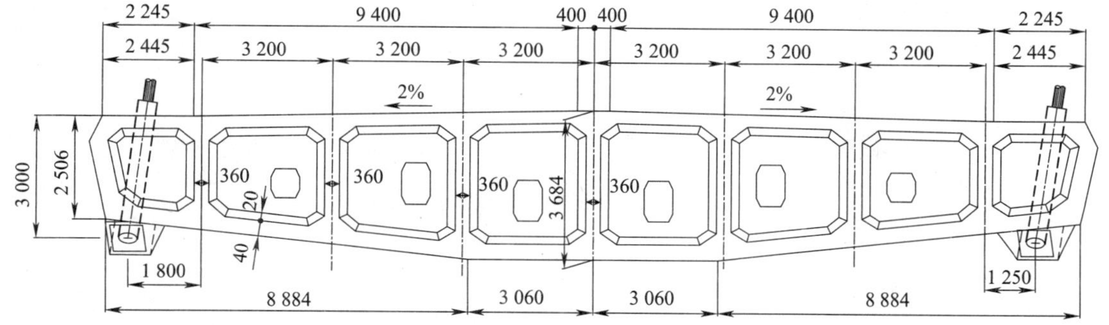

(b) 扁平式混凝土截面

图 3-10　贵广南广铁路穗盐路桥四线铁路箱梁截面(单位:mm)

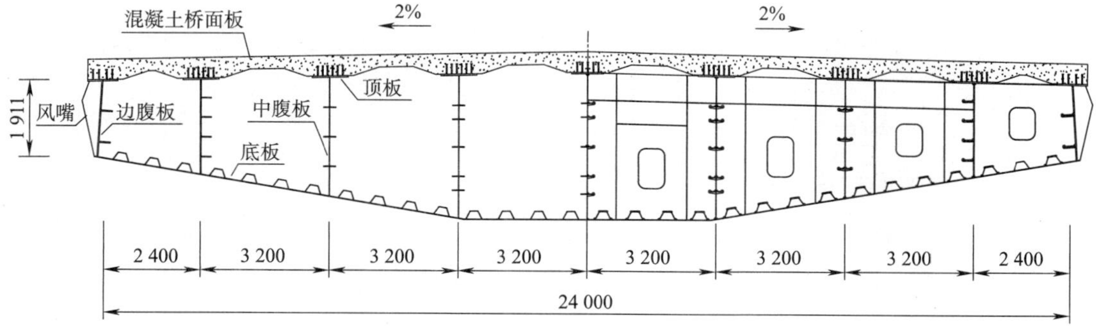

图 3-11　扁平式钢混组合截面(单位:mm)

3.2.4　箱-桁组合截面

我们知道，钢桁加劲梁多适用于公铁合建斜拉桥，这样充分利用上下层桥面，节省工程造价，但对单纯铁路桥而言，其用钢量及工程造价明显高于整体钢箱加劲梁。箱-桁组合截面则综合了钢桁梁、扁平式钢箱梁两种截面类型的特点，具有整体性好，截面抗弯、抗扭刚度大，抗风性能优良等优点，但扁平式箱梁与桁架之间的结构受力分配相对复杂，施工现场对结构线形及桁架的拼装精度要求较高，施工工序相对较多，工期稍长。按照箱梁截面类型可分为分离式箱-桁组合截面，以及整体式箱-桁组合截面，如图 3-12 和图 3-13 所示。公路与铁路分层合建斜拉桥则可采用箱桁梁结合的加劲梁截面，桁架除了对箱形加劲梁进行加劲外，还起到了支撑上层公路桥面的作用。若整体或分离式箱梁截面能够满足结构受力及桥下净高要求，从经济性方面考虑，采用箱-桁结合截面的必要性就不大了。

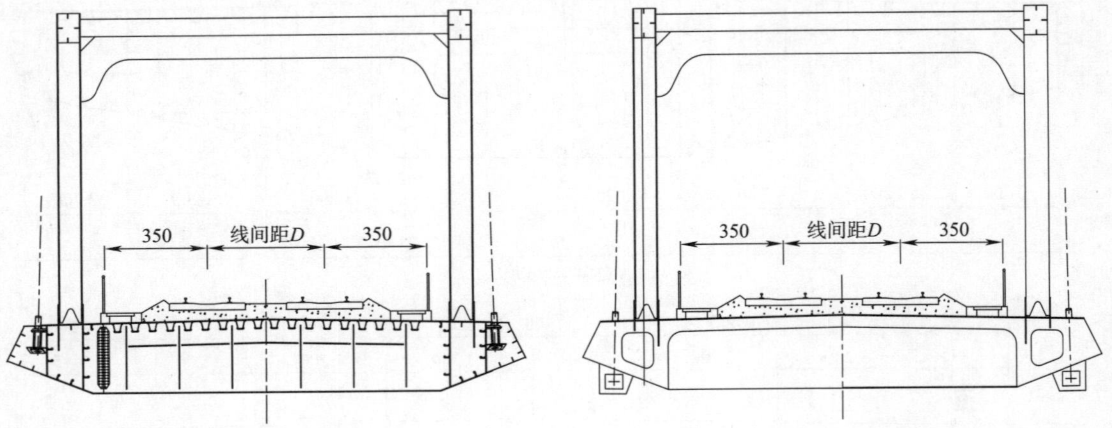

(a) 钢箱-桁组合截面　　(b) 混凝土箱-桁组合截面

图 3-12　分离式箱-桁组合截面(单位：cm)

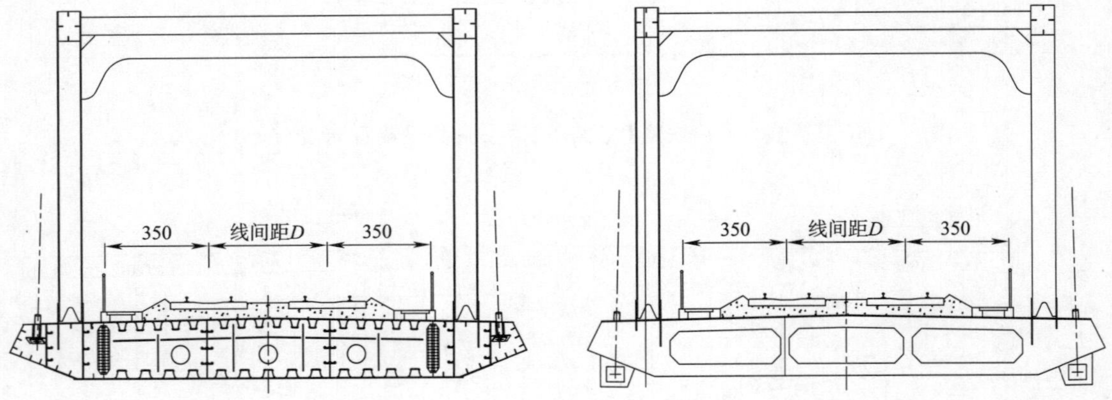

(a) 钢箱-桁组合截面　　(b) 混凝土箱-桁组合截面

图 3-13　整体式箱-桁组合截面(单位：cm)

3.2.5　整体式与分离式箱梁比较

以桥跨布置为(2×57.5+172.5+600+4×57.5)m 双线货运铁路斜拉桥为例，主跨跨度 600 m，分析研究铁路斜拉桥整体式与分离式箱形加劲梁截面形式的比较情况。

3.2.5.1　箱梁截面布置方案

1. 分离式双箱加劲梁斜拉桥(方案一)

边跨为混凝土双箱梁与密横梁整体混凝土板桥面系；主跨为钢双箱梁与密横梁正交异性钢桥系，通过斜撑及横梁连接。

如图 3-14(a)所示，混凝土梁桥面横向宽度 26.6 m，中心处梁高 4.5 m。每个箱梁底宽 3.6 m，高 4.483 m，四周设置外梗肋。混凝土箱梁顶板厚度 50～80 cm，底板厚度 50～100 cm，腹板厚度 60～80 cm。

如图 3-14(b)所示，分离式钢箱梁横向总宽度 26 m，不包括两侧设置风嘴，由两侧钢箱梁、钢横梁及桥面系钢纵梁与钢桥面板组成，边箱梁与桥面纵梁通过横梁及水平 K 形传力斜撑连接。两钢箱梁各宽 3 m(不含风嘴)，外高 4.361 m，顶板厚 20～40 mm，腹板厚 24～44 mm，每隔 3 m 设置一道横隔板。桥面钢纵梁采用工字形截面，梁高 2.2 m。传力斜撑采用工字形截面，梁高 2.2 m，每 4 个节间设置一道。桥面采用正交异性钢桥面板，每 6 m 设置 1 道横梁，横梁之间设置 1 道横肋。

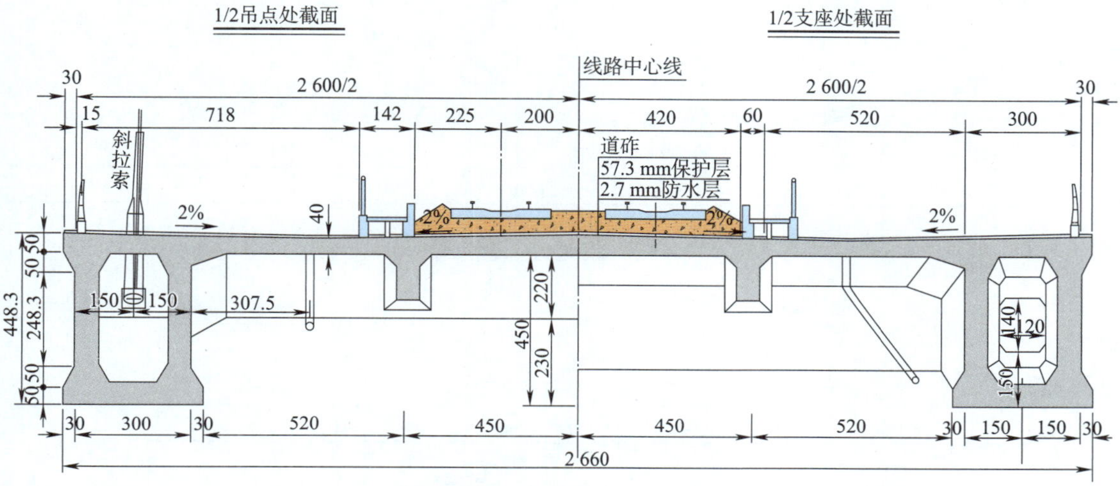

(a) 分离式混凝土双箱梁横断面图

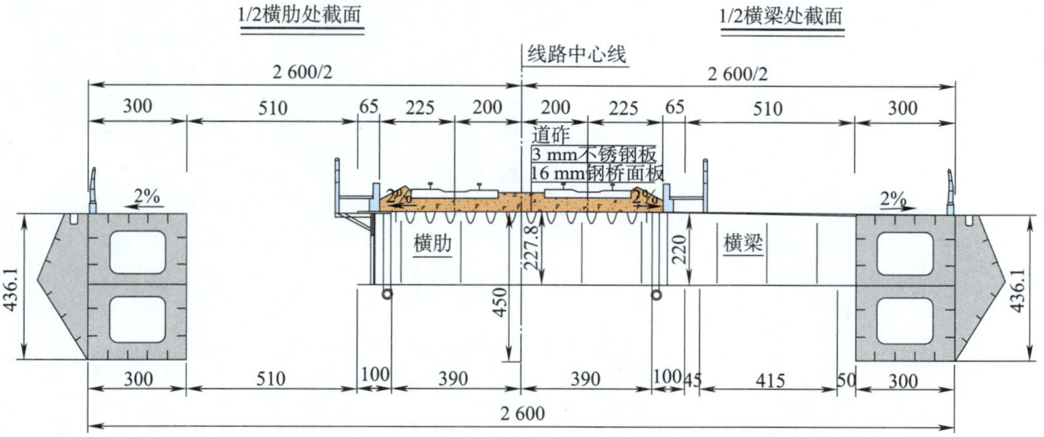

(b) 分离式钢双箱梁横断面图

图 3-14　分离式箱梁加劲梁截面(单位：cm)

2. 整体式箱形加劲梁斜拉桥(方案二)

边跨为整体式混凝土箱梁，主跨为整体式钢箱梁。如图 3-15(a)所示，混凝土箱梁采用单箱三室截面，桥面横向宽度 24.04 m，截面总宽度 26 m，中心处梁高 4.5 m。钢箱梁外形与混凝土梁一致，顶板厚 16～24 mm，中腹板厚 20～28 mm，中腹板加劲肋厚度 16～20 mm，内边腹板厚 30 mm，加劲肋厚 25 mm，外边腹板厚 28 mm，加劲肋厚 16 mm。顺桥向每隔 3 m 设置一道横隔板，横隔板厚度为 18 mm。

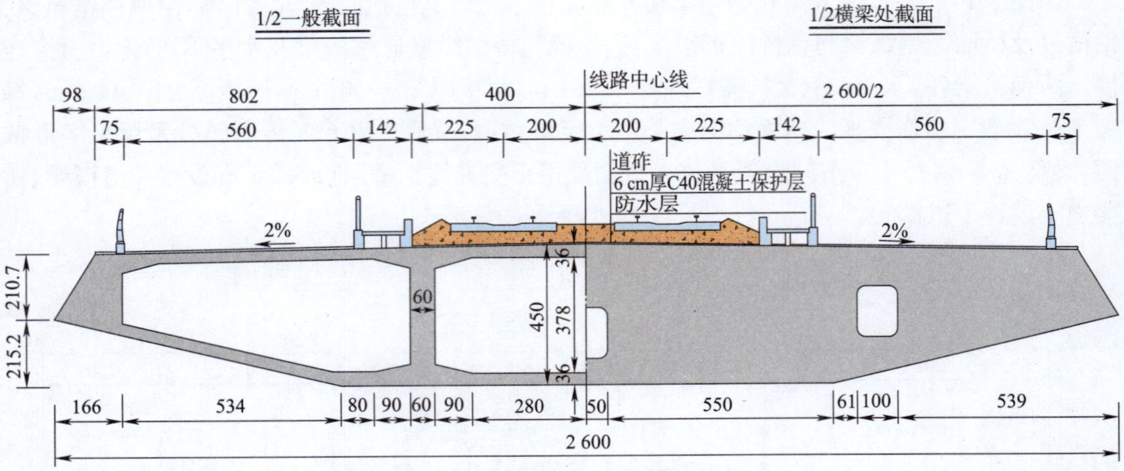

(a) 整体式混凝土箱梁横断面图

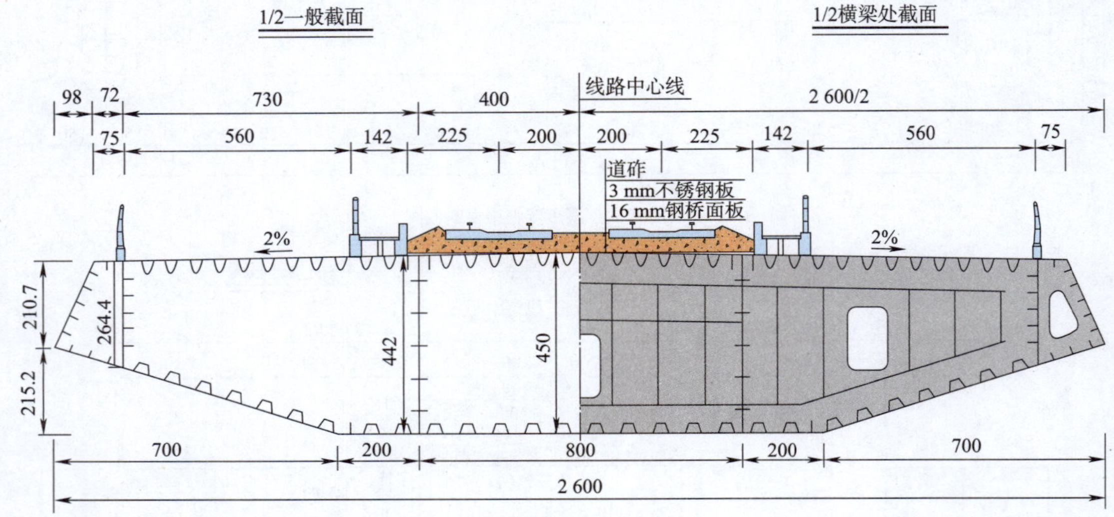

(b) 整体式钢箱梁横断面图

图 3-15 整体式箱形加劲梁截面(单位:cm)

3.2.5.2 分离式与整体式两方案计算结果比较表

分离式与整体式两方案计算结果见表 3-1～表 3-3。

表 3-1 分离式与整体式箱梁两方案静力计算结果比较表

项　目		方案一 (分离式箱梁)	方案二 (整体式箱梁)
结构刚度	主跨跨中静活载挠度(m)	1.098	1.011
	主跨跨中竖向挠跨比	1/547	1/593
	172.5 m边跨跨中静活载挠度(m)	0.163	0.158
	172.5 m边跨跨中竖向挠跨比	1/1 058	1/1 092
	运营风载主跨跨中水平挠度(m)	0.137	0.117
	主跨跨中水平挠度跨比	1/4 380	1/5 128

续上表

项目			方案一 (分离式箱梁)	方案二 (整体式箱梁)
结构刚度	静活载梁端转角 (‰rad)	小里程侧	0.578	0.492
		大里程侧	0.597	0.545
	塔顶静活载最大纵向位移 (m)	小里程侧	0.367	0.335
		大里程侧	0.304	0.284
结构受力	钢箱梁最大正应力 (MPa,主力)	上缘	135	119
		下缘	157	104
	钢箱梁最大正应力 (MPa,主力+附加力)	上缘	195	136
		下缘	170	110
	纵梁最大正应力 (MPa,主力+附加力)	上缘	163	—
		下缘	165	—
	横梁最大正应力 (MPa,主力+附加力)	上缘	151	—
		下缘	151	—
	混凝土箱梁最大正应力 (MPa,主力+附加力)	上缘	16.2	15.7
		下缘	20.3	18.9
	斜拉索最大索力(kN,主力+附加力)		6 277	6 823
	斜拉索疲劳应力幅(MPa)		149	159
	桥塔最大正应力(MPa,主力)		14.3	15.1
	桥塔最大正应力(MPa,主力+附加力)		15.5	15.5

表 3-2 分离式与整体式箱梁两方案动力计算结果比较表

项目		方案一 (分离式箱梁)	方案二 (整体式箱梁)
车桥动力响应 (单线 C_{80} 重车 120 km/h)	轮重减载率 $\Delta P/P$	0.439(≤0.6)	—
	Sperling 舒适性指标	竖向 2.971 优 横向 3.848 良	—
	加速度	竖向 3.807 横向 2.895	—
车桥动力响应(单线 25K 机车 160 km/h)	脱轨系数 Q/P	0.372(≤0.8)	—
	轮重减载率 $\Delta P/P$	0.261(≤0.6)	—
	Sperling 舒适性指标	竖向 1.783 优 横向 2.360 优	—
	加速度	竖向 0.657 横向 1.137	—
抗风性能 (成桥阶段)	最低驰振风速(m/s)	100.3(≥51.3)	—
	颤振临界风速(m/s)	76.2(≥65.3)	—
	静风扭转发散风速(m/s)	797.7(≥85.5)	—
抗风性能 (施工阶段)	最大单悬臂颤振临界风速(m/s)	小里程 112(≥66)	—
		大里程 67.5(≥54.4)	—

表 3-3 分离式与整体式箱梁施工控制及工程量比较表

项目		方案一（分离式箱梁）	方案二（整体式箱梁）
现场施工难度及质量控制		节段间高强螺栓连接，桥面板焊接，减少现场焊接残余应力和变形，有利于线形控制	除顶板加劲肋高强螺栓连接外，均采用现场焊接，现场焊接残余应力和变形较大，线形控制难度大
主要工程量	桥塔（m^3）	37 491	38 990
	斜拉索（t）	3 036	3 087
	钢梁用钢量（t）	14 832	17 266
	混凝土梁（m^3）	11 146	11 185

由表 3-1、表 3-2 及表 3-3 可知：

①分离式箱梁与整体箱梁相比虽然竖向刚度略有减小，但不影响结构行车动力性能，结果动力响应仍然处于良好状态，满足安全性、舒适性要求。

②分离式箱梁方案具有明显的经济性，桥塔及混凝土梁圬工略有减少，主梁钢材用量则较大幅度降低。

3.3 加劲梁结构构造特点

3.3.1 混凝土梁构造特点

对于铁路混合梁斜拉桥而言，因为需要边跨对斜拉桥的主跨起到锚固和压重作用，同时，在边跨分布的斜拉索作用下，混凝土箱梁内预应力索布置的根数和规格均比较小，因此，往往边跨混凝土箱梁的构造尺寸要求不受控制，也就是说，为了增加边跨混凝土梁的重量，如果不想额外灌注压重混凝土，有时候有意识地加厚顶板、底板和腹板结构尺寸，以增大结构自重达到混合梁斜拉桥锚固跨的作用效果。当然，从经济上需要考虑为了增加重量而增加结构尺寸的适宜性，如果增加重量太多导致经济性较差，此时，权衡是否应该考虑采取在箱内灌注比重较大的压重混凝土。

3.3.1.1 顶板与底板

顶板和底板须具有较大的混凝土面积，能有效地抵抗正负弯矩，并满足前期施工纵向束、后期运营纵向连续束、横向预应力束及普通钢筋的布置要求。若采用无支架施工方案，如悬臂施工法、顶推法等，顶板、底板厚度还应满足施工阶段结构受力要求。

顶板、底板与腹板的交界处，顶板与索梁锚固区交界处，均为轴压力及弯矩的剪力滞的影响区，也是横向计算日照、寒潮温度应力影响区，构造上该区域顶板、底板厚度适当加大，以梗肋过渡，梗肋坡度按不大于 1/3 设置。顶板、底板的加大系数可按剪力滞系数 λ 取值：

$$\lambda=\frac{\sigma}{\sigma_0} \tag{3-1}$$

式中 σ——实际截面发生的应力（MPa）；

σ_0——按初等梁理论计算的应力（MPa）。

整体式箱梁较宽的顶板在非道砟区不直接承受活载，理论上箱梁顶板厚度可较有砟区适当减小，但是，混合梁边跨混凝土箱梁与同跨度预应力混凝土连续箱梁结构相比较，所受内力要小，为了起到结构的锚固跨作用，其顶底板尺寸为构造和施工方便均采用一致，厚度一般都比较大。

3.3.1.2 腹 板

腹板分直腹板和斜腹板，是主要承受荷载竖向力的重要构件，也是保证顶板、底板符合平截面假定的主要传力构件。在荷载作用下，主要产生纵向弯曲、扭转、畸变及横向挠曲四种基本变形状态，相应地引起腹板产生弯曲正应力 σ_M 及剪应力 τ_M，自由扭转剪应力 τ_k，翘曲正应力 σ_W 和约束扭转剪应力 τ_W，以及截面畸变正应力 σ_{dW} 和畸变剪应力 τ_{dW}。针对多腹板结构，还应结合横向分析，考虑不同腹板的活载偏载系数。由于弯矩、剪力的共同作用，在腹板中将产生斜向的主拉应力和主压应力，一般而言，垂直于主拉应力方向出现的裂缝是混凝土梁的主要病害。

同样，混合梁边跨混凝土箱梁的腹板也是因为受力较少不控制设计均采用比较大的尺寸，以增加混凝土边跨箱梁的重量，以起到压重和锚固跨的作用。

3.3.1.3 横隔梁(板)

整体式箱梁内设置横隔板，分离式箱梁横向之间设置横隔梁，横隔板是使一些薄壁箱形梁截面不至于发生畸变变形，横隔梁是使分离式箱梁横桥向能够共同参与受力。墩顶一般采用全高横隔板或横隔梁，厚度约 2～3 m，与常规简支梁或连续梁结构类似。对于分离式箱梁，当斜索锚固在分离箱的两侧箱壁上时，由于斜拉索着力点一般不在箱梁扭转中心，其竖向分力对扭转中心将产生扭矩，这部分扭矩的一部分由横梁弯矩来抵抗，因此索梁锚固区一般采用全高横隔梁，可以提高索梁锚固区底板大规格横向预应力索的有效预加力。整体箱梁抗扭惯矩较大，索梁锚固区可采用全高横隔板，也可以采用半高横隔板，全高横隔板不利于施工，一般多采用半高横隔板，其板厚一般为 0.3～1.0 m，根据具体受力条件和横隔板的设置高度等因素确定。顶板、底板及腹板之间均需设置梗肋以使板间应力能够顺利过渡。

3.3.1.4 边跨采取压重措施对混凝土梁结构构造的影响

混合梁斜拉桥的优点之一是即便不采取额外压重措施，边跨支座也不会出现负反力。若边跨均采用混凝土梁，边主跨比值一般为 0.3～0.4，当受建桥条件影响，结合段需要设置于边跨时，在主跨满布活载工况下，边跨辅助墩及连接墩支座容易出现支反力，此时一般采取延长混凝土梁或加大混凝土梁截面尺寸予以解决，这也有助于增强结构的纵向抗倾覆稳定性。

但是，受建桥条件的限制，有时候不得不使边跨与主跨的比值很小，即便采用构造加厚混凝土结构来增加重量也不足以满足要求时，这时就需要在边跨锚固跨整跨或部分跨长范围箱梁内灌注压重混凝土。根据灌注压重量的需要有可能只在部分箱室内或有的箱室多有的箱室少灌注混凝土，这样使得结构构造相对比较复杂。不仅如此，压重混凝土的比重有时也会采用铁砂混凝土，以减少压重混凝土量。增加压重混凝土使得边跨箱梁承受的恒载重量很大，边跨辅助墩布置时要在压重区缩小墩位间距，箱梁各个箱室所受压重荷载不一致时要局部加厚箱梁板厚。边跨采取压重措施在独塔斜拉桥中比较多见。

3.3.2 钢箱梁构造特点

3.3.2.1 钢箱梁顶板

钢箱梁顶、底板是箱形结构体主要抵抗弯矩的构件。尤其是顶板，直接承受车轮荷载，除承受第一体系应力外，还应考虑桥面体系的应力影响，即所谓的第二体系的应力。设计中主要考虑两个条件：首先是强度条件，即顶板、底板厚度要使运营过程中的应力不超出钢材承载能力限度；其次是局部应力疲劳变形条件。前一个条件关系到结构能否保证桥上车辆的安全运营，后一个条件还会影响到桥面铺装的使用寿命。由于顶板、底板厚度与腹板间距相比很小，因此其钢板厚度的选择影响到局部应力疲劳性能是一个值得注意的关键问题。

根据所规定的车辆荷载及桥面铺装情况，并考虑到钢桥面板的施工和耐久性，对桥面盖板厚度 t_d 及相关纵肋间距 a 做了不同规定。

(1)美国 AASHTO 规范规定

桥面板厚度 t_d 不得小于 14 mm 或纵肋最大净距 a 的 4%。

(2)欧盟 Eurocode3 规范规定

车道内：沥青铺装厚度 $P_d \geqslant 70$ mm 时，$t_d \geqslant 14$ mm，铺装厚度 $P_d \geqslant 40$ mm 时，$t_d \geqslant 16$ mm，且 $a/t_d \leqslant 25$，并推荐 $a \leqslant 300$ mm；

人行道或人行桥：$t_d \geqslant 10$ mm，且 $a/t_d \leqslant 40$、$a \leqslant 600$ mm。

(3)日本《道路桥示方书》规定

行车道：$t_d \geqslant 0.037 \times a$（$a$ 类荷载），$t_d \geqslant 0.037\,5 \times a$（b 类荷载），且 $t_d \geqslant 12$ mm；

人行道：$t_d \geqslant 0.025 \times a$（$a$ 类荷载），且 $t_d \geqslant 12$ mm。

上述规范规定均是就公路钢箱梁而言的，但是在车辆轮轴竖向力荷载反复作用下，许多公路钢箱梁或多或少都存在着过大的顶板局部疲劳变形使得顶板与顶板及横隔板在接近焊缝处产生裂缝。因此，目前人们在研究如何改善顶板的刚度措施，一是增加顶板钢板厚度至 16 mm；二是维持顶板钢板厚度 14 mm，在此基础上再增加薄层高强纤维钢筋混凝土结构，并在钢板上种植锚栓，将钢板与增强的混凝土结构连接形成复合的箱梁顶板结构。目前，还未得到一种公认的改善顶板存在问题的最好的措施方法。

相比于同跨度钢箱梁公路斜拉桥，铁路斜拉桥钢箱加劲梁荷载较大这仅仅是一种静力问题，更需关注的问题是铁路车辆对薄壁钢箱梁的振动荷载作用较大，箱梁顶板局部疲劳变形影响更大。铁路桥梁虽然有道砟或无砟轨道基座的分散作用，但相对钢箱梁全宽而言，这种荷载作用分布还是相对比较集中，顶板钢板受第二体系、第三体系作用效应占总效应的比例还是相对较大。这就是铁路钢箱梁与公路钢箱梁顶板受力的差异，所以铁路钢箱梁在铁路列车荷载作用的挡砟墙范围位置，顶板钢板厚度一般应不小于 14～16 mm。

3.3.2.2　钢箱梁底板

一般情况下，运营荷载工况组合作用于斜拉桥扁平宽钢箱加劲梁时，主跨钢箱梁下缘最大正弯矩值相对较大，同样的顶底板钢板厚度时底板应力相对于顶板应力要大一些。顶板作为桥面板还要承受第二体系、第三体系应力，因此，顶板钢板厚度要大于底板，例如上海长江大桥，顶板厚 16 mm，底板厚 12～14 mm。但是，铁路钢箱梁或钢箱混合梁斜拉桥，一方面大跨度双线铁路斜拉桥钢箱加劲梁横桥向宽度相对比较窄，为节省下部结构造价，箱梁截面构造布置为倒梯形，边底板就成了斜底板，因此底板钢板受压面积小于顶板的钢板面积，同一截面受同一内力作用时，底板钢板就需要厚一些；另一方面，大跨度铁路混合梁斜拉桥成桥状态需要主跨钢箱加劲梁上拱，因此而承受向上的负弯矩，长期荷载作用下底板应力大于顶板，所以，铁路钢箱梁底板钢板厚度一般为 16～20 mm，相对较厚局部根据具体情况还可适当加厚。

3.3.2.3　钢箱梁腹板

斜拉桥钢箱加劲梁腹板为受力复杂的压、弯、剪构件，必须满足成桥及运营阶段荷载和制造、运输、安装等不同阶段施工荷载作用下的强度、稳定受力要求。钢箱梁的纵腹板有实腹式和桁架式两种形式，为增加桥面系刚度，改善道床稳定性，铁路钢箱梁一般采用实腹式。

1. 钢箱梁设置腹板的目的

(1)提高钢箱梁顶板、底板的有效宽度

钢箱梁的顶板和底板作为腹板之间的翼板受剪力滞效应的影响存在着有效宽度的问题在荷载作用下考虑剪切变形影响后，腹板的上下翼缘板弯曲应力分配是不均匀的，它与初等梁用弯曲理论所算出应力的比值称为“剪力滞系数”。对薄壁箱梁，在跨径一定的情况下，翼缘板愈宽、梁高愈低，剪力滞效应就愈突出。从 1967 年到 1971 年，在奥地利、英国、澳大利亚、德国相继发生了四起失稳或破坏事故，其原因之一就是没有认真对待“剪力滞效应”，导致应力过分集中，造成结构失稳或破坏。在规范规定中，一般是用有效宽度考虑剪力滞效应的影响。

①英国规范《钢桥、混凝土桥及结合桥》(BS 5400-3:2000)中的第 8.2 条“翼缘板有效宽度等于腹板每侧翼缘板的有效宽度之和”。每侧有效宽度 b_e 应取下值：

a. 对于腹板间部分，取 Ψb。

b. 对于悬出外侧腹板的部分，取 $k\Psi b$；

$$k=(1-0.15\times b/L)。$$

其中：

b——悬出部分自由边缘到外侧腹板中心的距离，沿翼缘板中心平面内量取；

Ψ——取自用于均布荷载的有效宽度比，可根据表 3-4～表 3-7 查取，端跨翼缘板的有效宽度比可将端跨作为相同跨度有支承的悬臂板；

L——翼缘板支承中心之间的跨度，或在悬臂板情况下为支承和自由端之间的跨度。

表 3-4　有效宽度比 ψ

b/L	Mid-span		Quarter span		Support	
	$a=0$	$a=1$	$a=0$	$a=1$	$a=0$	$a=1$
0.00	1.00	1.00	1.00	1.00	1.00	1.00
0.05	0.98	0.98	0.98	0.96	0.84	0.77
0.10	0.95	0.89	0.93	0.86	0.70	0.60
0.20	0.81	0.67	0.77	0.62	0.52	0.38
0.30	0.66	0.47	0.61	0.44	0.40	0.28
0.40	0.50	0.35	0.46	0.32	0.32	0.22
0.50	0.38	0.28	0.36	0.25	0.27	0.18
0.75	0.22	0.17	0.20	0.16	0.17	0.12
1.00	0.16	0.12	0.15	0.11	0.12	0.09

表 3-5　翼缘板支承中心间跨度的有效宽度比 ψ

b/L	Mid-span		Quarter span		Support	
	$a=0$	$a=1$	$a=0$	$a=1$	$a=0$	$a=1$
0.00	1.00	1.00	1.00	1.00	1.00	1.00
0.05	0.96	0.91	0.85	0.76	0.58	0.50
0.10	0.86	0.72	0.68	0.55	0.41	0.32
0.20	0.58	0.40	0.42	0.31	0.24	0.17
0.30	0.38	0.27	0.30	0.20	0.15	0.11
0.40	0.24	0.18	0.21	0.14	0.12	0.08
0.50	0.20	0.14	0.16	0.11	0.11	0.07
0.75	0.15	0.10	0.10	0.08	0.09	0.06
1.00	0.13	0.09	0.09	0.07	0.07	0.05

表 3-6 有支承的悬臂板有效宽度比 ψ

b/L	Fixed end		Quarter span near fixed end		Propped end	
	$\alpha=0$	$\alpha=1$	$\alpha=0$	$\alpha=1$	$\alpha=0$	$\alpha=1$
0.00	1.00	1.00	1.00	1.00	1.00	1.00
0.05	0.62	0.54	1.00	1.00	0.79	0.70
0.10	0.45	0.38	1.00	1.00	0.63	0.52
0.20	0.27	0.21	0.92	0.76	0.44	0.32
0.30	0.18	0.14	0.72	0.53	0.33	0.23
0.40	0.13	0.10	0.46	0.35	0.24	0.16
0.50	0.11	0.08	0.31	0.25	0.19	0.13
0.75	0.10	0.07	0.21	0.16	0.12	0.09
1.00	0.09	0.06	0.19	0.15	0.08	0.07

表 3-7 悬臂板的有效宽度比 ψ

b/L	Fixed end		Quarter span near fixed end		Free end	
	$\alpha=0$	$\alpha=1$	$\alpha=0$	$\alpha=1$	$\alpha=0$	$\alpha=1$
0.00	1.00	1.00	1.00	1.00	1.00	1.00
0.05	0.82	0.76	1.00	1.00	0.92	0.86
0.10	0.68	0.61	1.00	1.00	0.84	0.77
0.20	0.52	0.44	1.00	1.00	0.70	0.60
0.30	0.42	0.35	0.95	0.90	0.60	0.48
0.40	0.35	0.28	0.88	0.75	0.52	0.38
0.50	0.30	0.25	0.76	0.62	0.40	0.33
0.75	0.22	0.18	0.52	0.38	0.34	0.23
1.00	0.18	0.14	0.38	0.27	0.27	0.18

在上述表中，当跨度方向宽度 b 内翼缘无加劲部件时，α 取 0，否则，

$$\alpha=\frac{\text{在宽度 } b \text{ 内翼缘加劲部件截面积}}{\text{在宽度 } b \text{ 内翼缘板截面积}} \tag{3-2}$$

表中所列的 b/L 和 α 值之间和跨度的位置之间，可用线性内插法求得 Ψ 值。

②日本规范《道路桥示方书》及中国铁路规范《铁路桥涵极限状态法设计暂行规范》(Q/CR 9300—2014)规定基本相同，二者均要求有效宽度按照以下方法计算：

$$b/L\leqslant 0.05 \text{ 时}, \lambda=b \tag{3-3}$$

$$0.05<b/L<0.30 \text{ 时}, \lambda=[1.1-2(b/L)]b \tag{3-4}$$

$$b/L\geqslant 0.3 \text{ 时}, \lambda=0.15L \tag{3-5}$$

式中 λ——翼缘之单侧有效宽度；

b——腹板中心线至相邻两腹板间的中线或翼缘板自由边的距离；

L——等效计算跨径。

从上述规定可知，增设纵腹板，等同于减小了 b 值，增加了 Ψ，因而提高了有效分布宽度。

(2)提高钢箱梁截面的整体刚度

毫无疑问，设置纵腹板后，使其参与结构受力，钢箱梁截面特性如截面面积及截面横竖向惯性矩均可得到有效提高，相应增强了钢箱梁的整体刚度。

(3)改善悬拼阶段钢箱梁相对变形

悬臂拼装时，吊机作用的梁段承受着斜拉索的拉力、梁段自重、吊机支点作用力，而被起吊的梁段只承受吊机向上的拉力、梁段自重。很显然，吊机作用的梁段与被起吊的梁段之箱梁拼接口的竖向位移方向相反，如果二者相对变形较大，会导致箱梁匹配困难，且难以保证焊接质量。相关文献研究表明，对吊机作用梁段而言，纵腹板对竖向变形的影响就很显著，设置纵腹板梁段的竖向位移值与无纵隔板梁段相比明显减少。因此，钢箱梁截面设置纵腹板可提高主梁的整体刚度，大大减小被起的吊梁段与吊机作用的梁段之相对竖向位移值，为钢箱梁架设提供了有利条利。

当然，如果桥上设置多线铁路要求桥面加劲箱梁横桥向很宽，比如四线铁路斜拉桥以上时，桥面加劲箱梁则以横向受力为主，主要是需要加强桥面两侧拉索锚箱吊点之间的横隔梁或横隔板，箱内不设纵腹板或最少两道纵腹板即可。

2. 腹板构造

纵腹板的构造为了防止失稳带来的结构刚度降低而引起的破坏，一般是增加板厚或设置加劲肋，更加经济、有效、轻质的方法是采用设置加劲肋。

由于加劲肋的抗弯刚度、截面面积的大小不同，钢箱梁腹板表现出各种不同形式的屈曲。当加劲肋的抗弯刚度较小时，板和加劲肋共同屈曲，这时的加劲肋为不完全加劲肋；当加劲肋的抗弯刚度大到一定程度时，则只有板产生屈曲变形，而加劲肋不发生屈曲变形，还保持原来的直线形状，这时的加劲肋为完全加劲肋，如图 3-16 所示。

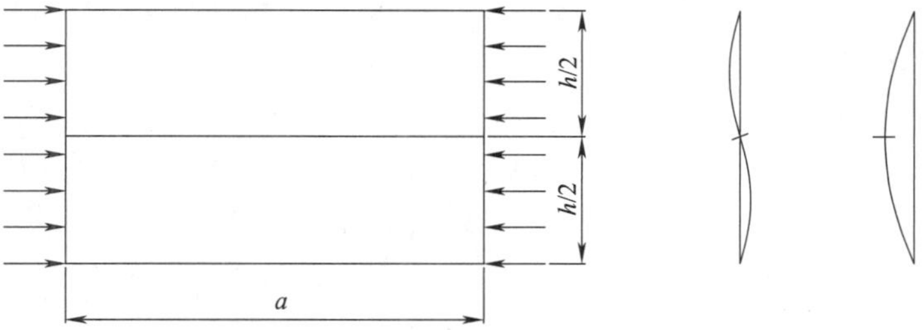

图 3-16　完全加劲与不完全加劲失稳变形

中国现行《铁路桥梁钢结构设计规范》是按照完全加劲肋的思想，以保证板件的屈曲应力高于材料的屈服强度，即腹板的临界剪应力为：

$$\tau_{cr}=k\frac{\pi^2E}{12(1-\mu^2)}\times\left(\frac{\delta}{h}\right)^2 \tag{3-6}$$

式中，$k=5.34+4/\alpha^2$；$\alpha=\frac{a}{b}$，a，b 分别为杆件的长度和宽度尺寸。

对于周边简支，并承受弯曲法向应力的临界压应力为：

$$\sigma_{cr}=23.9\frac{\pi^2E}{12(1-\mu^2)}\times\left(\frac{\delta}{h}\right)^2 \tag{3-7}$$

τ_{cr}、σ_{cr}均大于屈服强度。

式(3-6)和式(3-7)可统一转换为：

$$\frac{h}{\delta}=\sqrt{X\frac{\pi^2E}{12(1-\mu^2)f_y}} \tag{3-8}$$

式(3-8)就是由稳定控制设计的宽厚比限值。其中 X 为约束系数与稳定系数的乘积,约束条件一定,该值为常数,f_y 为钢板的屈服强度。

腹板加劲肋实际极限承载强度远低于屈服强度时,刚性加劲肋必然会造成板块材料浪费,此时可引入不完全加劲的设计思路,即不要求加劲肋成为腹板屈曲变形波的波节,以腹板整体失稳荷载作为腹板失稳的判别标准,通过适当减小加劲肋的刚度,达到安全性和经济性相契合的设计目标,比如英国 BS 5400 规范就是采用这种方法。

3.3.2.4 正交异性钢桥面板加劲肋构造

在工程中当板的厚度与宽度比(t/b)在 1/100～1/5 时则认为属于薄板结构,钢箱梁结构往往是属于此类型。薄板结构的临界屈曲应力较低,在压应力远小于屈服应力的情况下很容易产生局部失稳。为提高薄板的临界屈曲应力多采用对薄板结构设置加劲肋的办法来提高结构的局部稳定性,钢桥面板就是利用薄壁钢箱的顶板作盖板,再在其下面焊接有沿桥轴方向和垂直桥轴方向的加劲肋,分别称为纵向加劲肋和横向加劲肋或横隔板或横梁。桥面板用钢箱顶板作盖板,其厚度和纵肋间距、加载条件、容许局部挠度等因素有关,铁路斜拉桥钢箱加劲梁桥面板一般以不小于 16 mm 为宜。

一般来说,桥梁用钢桥面板都是在横向分布较密的加劲肋而纵向则分布较稀的横隔板,由于纵肋和横肋的刚度不同,所以这两个方向的弹性性能也不相同,人们都将这种特性看作为各向异性之后就称为正交异性钢桥面板,并不是指材料性质上存在着各向异性。

桥面板之上用甲基丙烯酸甲酯树脂(MMA)渗入石英或陶粒砂、或铺设 5 cm 以上的沥青或薄层环氧树脂或乳胶和橡胶混合料等加以防护。

钢桥面板既是钢箱梁顶板参与钢箱梁整体结构受力,又是桥面板承受桥面荷载并传递荷载起到桥面系的作用。钢桥面板纵肋有抗扭惯性矩较小的开口截面肋和抗扭惯性矩较大的闭口截面肋,要根据桥面板不同的受力部位采用不同形式加劲肋进行加劲处理。

1. 加劲肋的形式

如图 3-17 所示,开口加劲肋的主要形式有平板、偏球头钢板、正球头钢板、不等边 L 形和倒 T 形,在日本、德国曾经常用平钢板和偏球头钢板或正球头钢板作为纵肋。如图 3-18 所示,闭口加劲肋的主要形式有梯形、V 形、U 形和 Y 形等。闭口截面肋与钢箱顶盖板焊接只有外侧贴角焊缝,故焊接工作量和焊接变形均比开口截面肋要小。此外,闭口截面纵肋抗扭刚度大,所以,与开口截面纵肋相比,横肋或横隔板的间距就可以加大一些,可以获得比较好的经济效果。不过,闭口截面肋在工地连接构造和施工连接要比开口截面肋要差一些。开口截面加劲肋与闭口截面加劲肋的优缺点见表 3-8。

图 3-17 开口加劲肋形式

表 3-8 说明了同等截面面积的开口纵肋与闭口纵肋相比,闭口纵肋的抗扭刚度和抗弯刚度均较大,受力性能明显优于开口纵肋,能够大幅度降低纵肋的竖向弯曲应力和纵向薄膜应力,以及钢盖板的纵向弯曲应力和横向弯曲应力,显著改善了整个桥面钢板的受力状态,且较开口纵肋减少近一半焊缝长度。

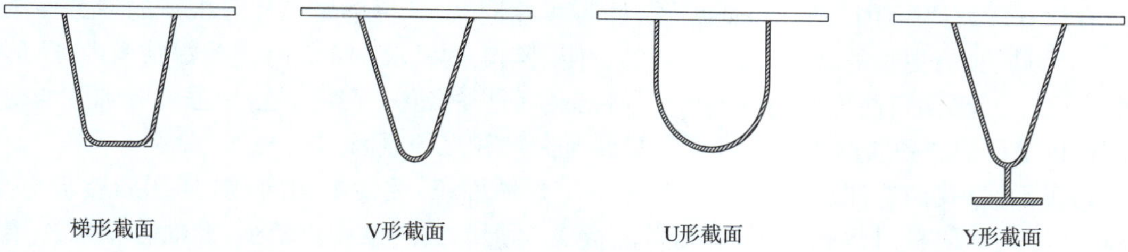

图 3-18　闭口加劲肋形式

表 3-8　开口加劲肋与闭口加劲肋优缺点对比情况

	开口加劲肋	闭口加劲肋
优点	1. 开口加劲肋截面构造形式较为简单，易于在工厂制作或者就地进行焊接； 2. 开口加劲肋与横隔板连接处通常采用贯通的方法，即在横隔板上开设开孔以便纵肋通过，交叉处构造相对简单； 3. 开口肋方便根据主梁截面受力不同而布置不同的截面形状，可以提高加劲肋截面的利用效率	1. 闭口加劲肋具有较大的抗扭刚度，因此与开口截面加劲肋相比，可以把横梁的间距做的大一些，这样可以有效的节约工程造价； 2. 闭口加劲肋惯性矩较开口加劲肋大，也具有更高的稳定性，因此可以承受更大的纵向力； 3. 闭口截面加劲肋与顶板的焊接只有外侧的贴角焊缝，所以闭口截面加劲肋的焊缝数量与焊接变形较开口截面加劲肋而言较小
缺点	1. 开口截面加劲肋的抗扭惯性矩较小，因此横肋的间距较小、数量增多，其用钢量也高于闭口加劲肋的用钢量； 2. 开口截面加劲肋屈曲强度较闭口加劲肋底，因此其纵向承载力低于闭口加劲肋； 3. 开口加劲肋与顶板连接需要两条贴角焊缝，焊缝数量较多，所产生的焊接残余变形也较大	1. 闭口肋的连接构造与施工相对复杂，需要较高的施工工艺； 2. 闭口加劲肋的横梁间距较大，这样会导致轮位作用在上部时所产生的局部应力较大

加劲肋与支撑加劲肋的横肋或横隔板，共同构成框架格子梁承受下列的应力：

①纵向应力：由梁体所承受的竖向荷载与横向荷载产生，与箱形梁的总体弯矩和轴力相关，同时还要考虑剪力滞后作用以及箱形梁的嵌固翘曲产生的附加纵向应力。

②剪应力：一部分由作用在箱梁上的扭矩产生，另一部分是由总体弯矩梯度产生的竖向和横向剪力作用。

③翼缘板局部弯曲应力：由活载作用所产生，第二体系、第三体系引起板局部弯曲、纵横向加劲肋挠曲而产生的应力叠加。

2. 闭口加劲肋构造

加劲肋的壁厚、槽口形状及间距对桥面板局部刚度、局部稳定性影响较大。

(1)壁厚

目前闭口加劲肋形式主要以应用U形加劲肋较多，公路桥梁早期曾有过采用6 mm板厚的实例，随着对桥面板局部刚度的重视，公路及市政桥梁逐渐采用板厚8～10 mm。铁路钢桁梁斜拉桥主要由主桁承担纵向力，桥面系受力以第二体系、第三体系为主，一般采用板厚8 mm。而铁路钢箱混合梁斜拉桥的桥面系需要同时承担三个体系力，因此加劲肋壁厚相对稍厚，一般采用10 mm，具体壁厚需结合顶板、横隔板及加劲肋进行板厚匹配分析。

(2)槽口形状

加劲肋考虑采用什么样的槽口形状，原则是要提高桥面板局部刚度、有利于加劲肋成型及组装工艺，并尽可能减少用钢量。

有学者认为："当闭口肋开口宽度、高度、厚度相同时，U 形肋常见疲劳细节的疲劳性能要优于 V 形肋，具有更长的疲劳寿命，能够满足使用年限的要求。在大跨度栓焊结构中，U 形闭口肋可以比 V 形闭口肋更好地改善正交异性钢桥面板的疲劳开裂问题，增强疲劳细节的耐久性。"这也是目前加劲肋形式主要以应用 U 形加劲肋较多的原因。

其实不然，我们要注意到如果 U 形肋和 V 形肋面积、惯性矩相同，则 V 形肋腹板更高，同时，还因为横隔板过焊孔开口较小，横隔板对 V 形肋的约束相对较强，此时在活载作用下加劲肋的竖向和横隔板支撑处的弯曲和转角变形相对较小，因此 V 形肋具有良好的抗疲劳性能。

宁波甬江铁路钢箱混合梁斜拉桥对主跨钢箱梁正交异性桥面板设计首次提出应用加厚加高型 V 形加劲肋，为验证 V 形肋对桥面板疲劳性能的改善，在同一桥面板疲劳模型中采用相同槽口面积的 U 形肋和 V 形肋进行对比试验，结果表明在试验疲劳荷载循环次数达到 560 万次时，桥面板试验模型中的 V 形肋未见疲劳损伤，而 U 形肋未达到 200 万次疲劳试验荷载时就已经出现裂纹，试验证明钢箱梁桥面板 V 形加劲肋的疲劳性能优于 U 形加劲肋。

正交异性桥面板应该优先考虑采用 V 形加劲肋，特别是铁路钢箱梁在道砟槽范围内的桥面板更适应采用 V 形加劲肋。目前有英国 Humber 桥、土耳其的 Bosponus 桥与美国的旧金山-奥特兰海湾大桥的钢箱梁均已经采用了 V 形加劲肋桥面板，我们可以相信世界上钢箱梁桥面板应用 V 形加劲肋将会逐渐增加。

(3)间距及成形工艺

德国规范规定行车道部分纵肋间距 $b \leqslant 25t$，t 为翼板厚度；日本规定在 $t \geqslant 12$ mm 时，行车部分 $b < 28.5t$。在中国钢箱梁视桥面板厚度不同，纵向加劲肋的间距一般控制在 250～300 mm 之间。

对于屈服强度≤345 MPa 的钢材，通常采用冷弯成形，为避免冷弯塑性变形对韧性的过大影响，欧洲及美国规范规定 U 肋内侧半径 $R \geqslant 4t$，日本规范规定 U 肋内侧半径 $R \geqslant 5t$。

3.3.2.5 横隔板构造

钢箱梁的横隔板主要承担两个功能：功能之一是对纵向加劲肋的支撑功能。桥面板上的荷载传递路线是由盖板将荷载传递给纵向加劲肋，再由纵向加劲肋传递给横隔板。横隔板相当于纵肋的弹性支撑，起到减小纵向加劲肋的跨度，在受压失稳时减小自由长度；功能之二是抵抗箱梁截面的扭转和畸变。在承受非对称荷载时，钢箱梁不但发生弯曲，并且伴随着扭转和畸变，具有足够刚度和适当间距的横隔板能够有效抵抗扭转和畸变变形效应。

箱梁隔板一般有两种形式：一种是桁架式；另一种是实腹式。为减轻结构自重，大跨及超大跨度公路斜拉桥钢箱梁，一般采用桁架式横向隔板。铁路钢箱斜拉桥出于对整体刚度的考虑，横隔板较多采用实腹式。实腹式横隔板的装配方法按照横隔板与上下顶板连接方式，可分为两种：一种是横隔板与上下顶、底板直接相连；另一种是通过搭接板与上下顶、底板相连。第一种制造方法适用于截面较小的箱梁，钢箱梁制造用反胎架建造法，即先将顶板翻身置于胎架上，与横隔板相焊后将梁段整体翻身，焊接横隔板和底板。该法由于需要梁段翻身，尤其梁宽、梁高较大的桥梁对施工装备要求较高。搭接式横隔板由于制造简单，组装容易，工艺要求不高，目前设计采用较多。

横隔板连同纵向加劲肋和盖板是组成正交异性桥面板的基本构件，横隔板的布置包括间距、板厚和高度三个参数，这些参数的设置是依据纵向加劲肋和桥面板的实际受力情况而定。图 3-19 表示欧洲规范 Eurocode3 规定的横隔板间距与纵向加劲肋刚度的关系。

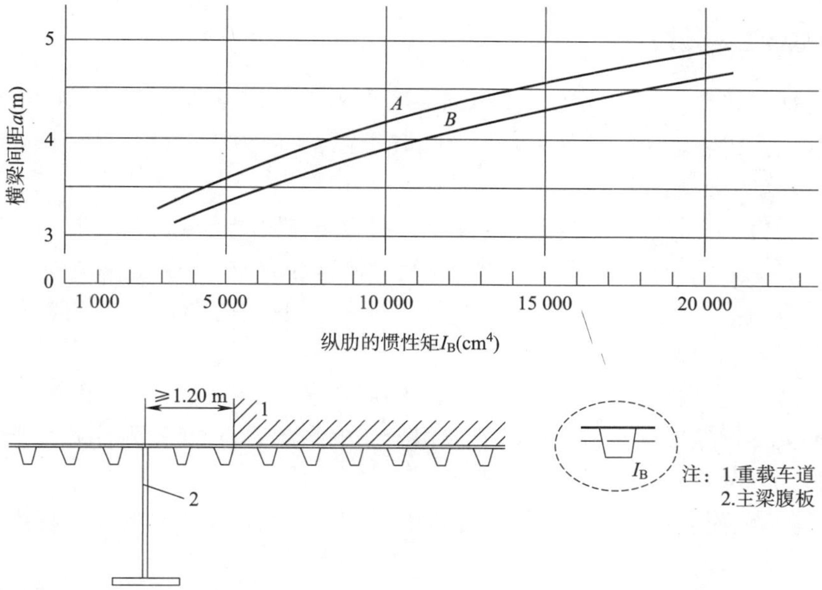

注意：(a)曲线A适用于所有纵肋，但是不包括(b)；
(b)曲线B适用于重载车道在主梁腹板附近1.2 m范围内的纵肋；
(c)该图适用于所有类型纵肋。

图 3-19　Eurocode3 规定的纵肋刚度与横隔板间距关系曲线

一般情况下，闭口纵向加劲肋比较适宜的横隔板间距可取 2.5～4.0 m，开口加劲肋的横隔板间距一般取 1.5～2.5 m。另外，有限元分析表明，合理增加横隔板板厚不仅会降低面内应力，而且不会显著增大因横隔板扭转而产生的面外应力，更大的厚度对于提高纵向加劲肋与横隔板连接接头的疲劳性能是比较合适的。在拉索吊点处横隔板的厚度一般应适当加厚，能进一步抵抗箱梁扭转和畸变。横隔板的间距也关系到桥面的局部刚度，一般取节段长度的整分数，以便于钢箱梁节段的工厂标准化制作，比如钢箱梁节段长度 9 m，横隔板间距取的是节段长度的三等分即 3 m。

对于铁路斜拉桥，横隔板设置间距需要考虑对道床稳定性和轨道平顺性的影响，同时，还受到纵向加劲肋的形式、形状和高度的影响。铁路规范对承轨结构的轨面不平顺限值提出了具体的要求。

德国规范 DIN-101 关于桥面扭转变形的限制规定：

①计算桥梁扭转时采用考虑动力系数的 UIC71 荷载。

②3 m 长度的最大扭曲变形不超过下列限值：

$v\leqslant 120$ km/h	$t\leqslant 4.5$ mm/3 m
$120<v\leqslant 200$ km/h	$t\leqslant 3.0$ mm/3 m
$v>200$ km/h	$t\leqslant 1.5$ mm/3 m

中国《高速铁路设计规范》(TB 10621—2014)第 7.3.4 条："ZK 静活载作用下梁体扭转引起的轨面不平顺限值，在一段 3 m 长的线路范围内一线两根钢轨的竖向相对变形量不应大于 1.5 mm。"

因此，铁路钢箱梁斜拉桥的横隔板间距一般宜取 3 m，根据具体布置可作适当调整。这样在结构对称情况下，由于列车荷载的作用钢箱梁 3 m 节段范围内的桥面板扭曲变形就会比较小，有利于轨道的平顺性。

3.3.3 钢箱组合梁构造特点

钢箱组合梁是将钢箱梁的钢顶板用钢筋混凝土板来替代,钢箱腹板和横隔板钢筋混凝土板相接触部位设置钢翼缘板,并在钢翼缘板上设置栓钉等剪力连接件,以形成钢混结合截面的钢箱组合梁结构。

从静力性而言,由于钢箱组合梁的自重介于钢箱梁与混凝土梁之间,铁路斜拉桥钢箱组合梁加劲梁上的斜拉索承受活载与恒载比值,以及斜拉索的应力幅值均比钢箱梁显著降低,使得斜拉索的疲劳应力不受控制。同时,钢箱组合梁的徐变、收缩的影响均比混凝土梁大为减小,加劲梁的线形也具有较好的稳定性。

从动力性而言,在大致相同的外型条件下,钢筋混凝土桥面板的钢箱组合梁梁重及其结构固有振动频率大于钢箱梁斜拉桥,此外,钢箱组合梁的结构质量、材料阻尼均大于钢箱梁结构,因此,钢箱组合梁斜拉桥的抗风性能要优于钢箱梁斜拉桥。

从耐久性而言,裂缝控制良好的钢筋混凝土桥面板较钢桥面板具有更加良好的耐久性,可以避免桥面维修养护对行车的干扰。

从适应温度变形而言,钢筋混凝土桥面板对温度变化的敏感性低于钢桥面,桥面线形更稳定。

从刚度方面而言,钢筋混凝土桥面板刚度大于钢桥面板,纵横梁连接处刚度差异不大,承轨性能更佳,更容易满足高速行车对结构线形的要求。

钢箱组合梁整体性较好,纵横向抗弯、抗扭刚度大;对于柔性索结构桥梁而言,结构重力刚度大,结构稳定性好;结构阻尼相对较大,动力性能好;以及钢筋混凝土桥面板后期收缩徐变变形很小。因此,钢箱组合梁特别适用于高速铁路及桥上设置无砟轨道的柔性索结构斜拉桥和悬索桥。铁路斜拉桥钢箱组合加劲梁分为预制钢筋混凝土桥面板和型钢格构混凝土结合桥面板。

3.3.3.1 钢筋混凝土桥面板构造特点

混凝土桥面板分为现场直接支模板、配筋后浇筑混凝土的现浇法,以及在工厂预制后在现场铺设的预制法两种形式。它最早于19世纪末开始被应用到桥梁上,由于它施工比较简单且不需要大型设备,现已成为最常用且最经济的桥面板,特别适合应用于平面形状比较复杂的桥型。为了尽量减少混凝土桥面板的收缩、徐变引起的主梁内力重分布,加快施工进度,降低施工费用,常采用预制施工的方法,且预制完成的混凝土桥面板在预制场地存放一定的时间,能进一步减小混凝土收缩徐变的影响。

1. 构造要求

①走行列车的混凝土板最小厚度不应小于200 mm,钢与混凝土结合部位的混凝土板厚度不小于300 mm。

②连续板结构在中间支撑处负弯矩区的上部钢筋应伸过板的反弯点,并留有足够的锚固长度或弯钩;下部钢筋在支撑处亦须连续配置。

③结合梁的梁端及连续结合梁中支点附近桥面板内设置承担混凝土收缩和温差应力的加强钢筋,设置范围为腹板间距的0.5～1.0倍,钢筋的长度尽可能接近板的全宽,钢筋直径应不小于16 mm,间距应不大于150 mm,布置在桥面板的截面中性轴附近,钢筋的方向应与板的伸缩方向一致。

④抗剪连接件的最大间距不应大于混凝土板(包括板托)厚度的3倍,且不应大于

400 mm。

2. 混凝土板纵向预应力束布置

预制混凝土桥面板收缩受到钢梁及桥面板内钢筋的约束产生较大的拉应力，部分组合梁斜拉桥在运营过程中出现了混凝土桥面板开裂病害，这是需要值得注意的问题，原则上应使混凝土桥面板尽量不出现拉应力或控制裂缝宽度在很小范围内，以保证混凝土桥面板的耐久性。

混凝土桥面板的有利之处在于中性轴靠近混凝土板，承受的弯曲应力比较小，一般梁段混凝土板中负弯矩产生的拉应力通常可用斜拉索水平压应力抵消，跨中附近梁段因斜拉索的水平分力较小，则需要采取其他方法使混凝土桥面板中储备足够的压应力。

(1)仅对混凝土桥面板施加预应力

预应力束仅布置在混凝上板范围内，混凝土板可相对钢梁上翼缘错动，对混凝土板施加预应力后，再将其与钢梁结合在一起。采用该方法的桥梁结构内力如图 3-20 所示。虽然预应力效率较高，但施工工序多。

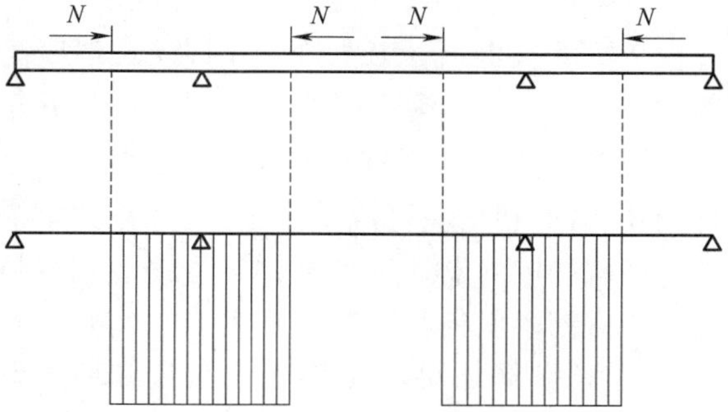

图 3-20　仅对混凝土桥面板施加预应力的结构内力图

(2)对整个结合结构施加预应力

通常的方法是，先将钢梁沿整个桥长架设，然后铺设混凝土板，再将混凝土板与钢梁结合在一起，在超静定体系中张拉预应力束。之后管道压浆以确保钢筋和混凝土之间的握裹力并防止钢筋锈蚀。这样部分预应力会被钢梁分担，部分截面受力不利，预应力施加效率相对较低，结构内力图如图 3-21 所示。

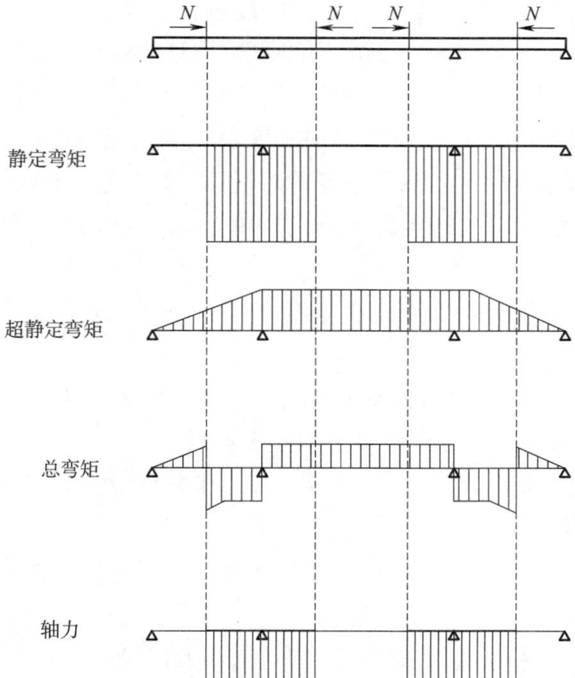

图 3-21　对整个组合结构施加预应力的结构内力图

目前尚在研究的刚度滞后连接件可以较好地避免此类问题。刚度滞后连接件的工作原理是采用高硬度树脂砂浆对焊钉根部高度 2/3 范围内予以包裹，包裹厚度根据焊钉自由滑移量确定，使其在刚度和强度上具有时效性，通过调节连接件刚度发挥的时间，使钢材和混凝土两种不同材料结合在一起。其特点一是预应力可以有效地施加到混凝土桥面板内，运营荷载作用时，连接件刚度与普通焊钉连接件的刚度几乎相同，钢和混凝土完全组合在一起承担运营荷载；二是确保桥面板的收缩变形不受钢梁约束，具有较长的自由收缩时间，可以避免内力重分配导致桥面板裂缝。

3.3.3.2 型钢格构钢混结合桥面板构造特点

如图 3-22 所示，型钢格构钢混结合桥面板是用桥面钢板作为型钢格构混凝土的底板，起着现浇桥面板混凝土模板的作用，浇筑混凝土厚度 15～20 cm。钢与混凝土之间采用带孔钢板作为结合剪力键形成格构型，既对钢底板进行加劲，又有利于浇筑混凝土施工，并作为钢混结合结构的抗剪器。这种型钢格构钢混结合桥面板兼有钢桥面板与混凝土板各自的特点。在纵、横梁顶翼缘还可以采用带孔钢板和剪力钉混合抗剪器，以充分发挥两种抗剪器的力学性能，既提高钢混结合桥面板结构的抗剪能力，又可提高其极限屈服时的滑移量。

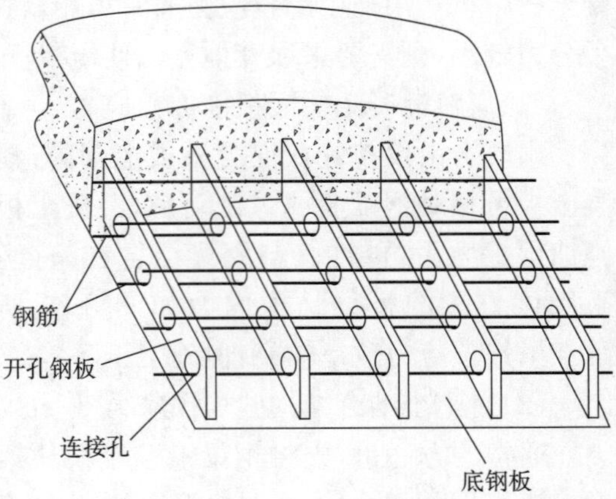

图 3-22 钢混组合型钢格构桥面示意图

钢混组合桥面板的主要构造尺寸包括上置纵肋的高度、纵肋的厚度、纵肋间距，以及混凝土层厚度等。传统的正交异性钢桥面板的纵向刚度可认为全部来自于纵肋的纵向刚度，而钢混组合钢桥面板的纵向刚度必须考虑混凝土的刚度，即计算组合刚度。

混凝土板不宜太厚，太厚必然导致自重增加，失去了钢桥面板质轻的优势，同时提高了造价。混凝土板也不能太薄，太薄一则导致纵向刚度难以满足，其抗冲击、抗疲劳性能也得不到改善，同时也起不了隔音降噪的功能；二则若桥面板体系（第三体系）承受正弯矩，底钢板位于受拉区，配筋率 μ 将很大，可能使得混凝土板成为超筋结构，体现为脆性破坏形式，导致底钢板强度未能充分利用，既不安全也不经济。

①钢-混凝土组合桥面板标准截面总厚度宜为 10～15 cm，承托截面总高度宜为 22～28 cm。

②钢-混凝土组合桥面板的底钢板厚度宜为 8～10 mm，带孔钢板厚度不宜超过底钢板的厚度，且不得小于 6 mm，以避免底钢板发生焊接变形。

③桥面板带孔钢板的开孔直径宜为 5～6 cm，开孔中心距宜为 12～15 cm，开孔距顶面的距离不宜小于 2 cm。其构造应符合图 3-23 的规定。

④带孔钢板间的间距宜为 35～45 cm。带孔钢板的方向应与钢格子梁或钢箱梁的构造相匹配。

⑤桥面板的混凝土宜采用低收缩、高抗裂、高韧性的混杂纤维混凝土，强度等级宜选用塑性较好的中低强度混凝土。应掺入 0.7～0.9 kg/m^3 的聚丙烯纤维和 35～50 kg/m^3 的钢纤维。28 d 收缩率不应大于 4×10^{-4}，28d 抗渗等级应达到 W8。

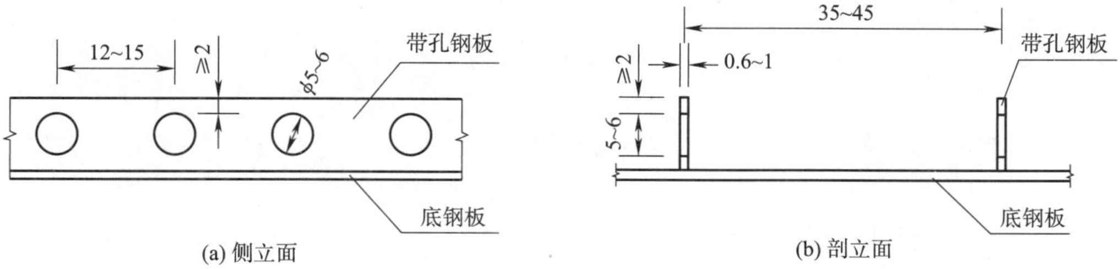

图 3-23　带孔钢板的构造示意图(单位:cm)

3.3.3.3　剪力连接件的构造

(1)剪力连接件常见类型

无论是钢箱组合梁,还是钢混组合桥面板,均需通过抗剪连接件将钢结构与混凝土结构连接成整体以共同受力。连接件大致可分为钢筋连接件、型钢连接件、圆柱头栓钉连接件、开孔钢板(PBL)连接件等类型。按钢与混凝土组合作用的强与弱,可把剪力连接件分为柔性连接件和刚性连接件。前者在极限状态时既限制钢板与混凝土板之间的相对滑移,又允许有一定的相对滑移值;而后者完全不允许有相对滑移。目前最常见的机械连接件主要是圆柱头栓钉和 PBL 剪力键,如图 3-24 所示。

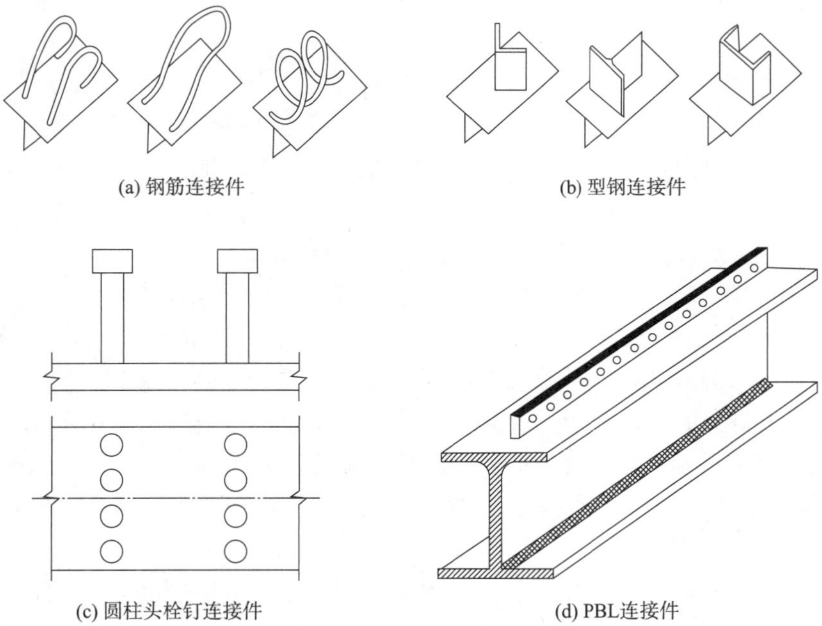

图 3-24　常用剪力连接件类型示意图

(2)圆柱头栓钉

圆柱头栓钉的力学性能不具有方向性,不需要像钢筋连接件及型钢连接件那样考虑受力方向进行设置,且栓钉使用专用焊接机,焊接操作方便,质量容易保证,因而得到了广泛应用。在钢箱组合梁斜拉桥中主要采用圆柱头栓钉连接件,通过现浇接缝混凝土使预制混凝土桥面板与钢梁格连接成整体共同受力。

在钢箱组合梁结构中,目前剪力钉常见的布置主要分为均布式和集束式两种方式。圆柱头栓钉在钢梁上翼缘均匀、等间距的布置形式称为均布式。为了简化施工过程、缩短施工周期，以及降低混凝土板收缩徐变的影响，混凝土桥面板通常采用预制的方式，采用均布式布置就造成了混凝土板的横向分成多块，破坏了结构的整体性。如果剪力钉在钢梁上翼缘能够分段布置，将提高桥面板的整体性，并大大方便施工，这种剪力钉分段均匀布置的形式称为集束式，即在钢梁腹板的上翼缘每隔一定距离布置一束剪力钉群，而各钉群之间留有相应宽度的无钉区。

在结构构造方面，剪力钉集束式布置有如下特点：

①采用剪力钉均布式布置时，桥面板将在横向被分割为多块。而采用剪力钉集束式布置时，仅需将桥面板在剪力钉集束位置开孔即可，桥面板的整体性好。

②剪力钉集束式布置使得横向预应力可以通长布设，施加预应力更方便、高效。

③采用剪力钉集束式布置，桥面板可以整体预制后再完成与钢梁的结合，可有效消除桥面板的早期裂纹。

④采用剪力钉集束式布置时，需在桥面板上设置预留孔，以实现钢梁与混凝土桥面板的滞后连接，这种布置方式可以更加有效地给混凝土桥面板施加纵横向预应力，避免钢梁产生附加应力。

但对剪力钉集束式布置的结合梁结构，无钉区的防腐蚀问题是一个值得关注的问题，需要采取相应的防腐措施。一般情况下，可在钢梁顶面无钉区浇筑环氧砂浆，然后在钢梁顶面顺桥向两侧边缘垫置高弹性防腐橡胶条。橡胶条在混凝土板的自重作用下，将完全压密封闭，以达到防腐蚀的目的。

(3)PBL 剪力键

由德国人雷昂哈特和 Partners 公司研制的 PBL 剪力连接件是一种新型剪力连接器。它由带孔的钢板组成，可焊接在截面的上翼缘。穿过这些孔灌注混凝土，在其成型后形成一系列的混凝土榫来抵抗剪力流。这种 PBL 剪力连接件的优点是：PBL 剪力连接件的优点在于其在工作应力水平下，像刚性连接件，而不像栓钉连接件容易变形。

德国的雷昂哈特等人曾将同样具有钢翼缘板的剪力钉和 PBL 剪力连接件的静力性能进行比较，研究发现，在达到极限荷载之前，PBL 剪力连接件提供的刚性略高。当滑移量达到 15 mm 后，PBL 仍能承受 80%极限荷载，而剪力钉连接件在滑移量达到 10 mm 后，荷载即开始下降，个别剪力钉被剪坏。在 40%极限荷载下，经过 200 万次循环后，PBL 剪力连接件的实测滑移量仅为 0.14 mm，而剪力钉的滑移量则明显要高得多，达 1.5 mm。在工作应力下，PBL 剪力连接件不变形，故为刚性剪力连接。因此，其不易产生疲劳，而剪力钉有限制使用荷载的问题。

标准 PBL 剪力连接件的推出试验表明，PBL 剪力连接件的破坏起源于钢板孔中的混凝土抗剪销或孔间钢板的剪切破坏和撕裂，其抗剪强度主要取决于孔内混凝土抗剪强度和钢板的抗剪强度，孔内的混凝土和钢筋还具有防止混凝土板和钢梁分离的作用。国外对 PBL 剪力连接件的孔径要求大于 1.5 倍粗骨料直径，当孔内穿钢筋时，孔径减钢筋直径也应大于 1.5 倍粗骨料直径。

3.3.3.4 钢箱组合梁横隔板的构造

在钢箱梁中横隔板起着支承钢桥面板纵向加劲肋和盖板的作用，横隔板设置的间距大小与桥面板纵向加劲肋的形式、形状、高度与间距等参数直接相关，其目的就是使钢桥面板的各项受力性能得到保证，同时，横隔板的间距设置和构造布置还要考虑横隔板在传递桥面板荷载时所受的压曲应力和局部稳定不受影响。

钢箱组合梁的钢筋混凝土桥面板或型钢格构混凝土桥面板的纵横向刚度，足以承受桥面荷载不受弯曲和扭转变形的影响，因此，钢箱组合梁的横隔板设置原则应该是：

①满足钢箱组合加劲梁两侧设置斜拉索锚固吊点横向传力的需要。

②满足钢腹板和钢底板纵向受力的稳定性要求。

根据上述原则，铁路斜拉桥钢箱组合加劲梁仅在每个索距位置设置一道横向传力并支承桥面板的横隔板，在索距之间根据索距的大小和钢箱腹板和底板的构造受力与纵向稳定分析情况设置一道或两道横隔板，且横隔板顶部与桥面板脱离分开，即不参与桥面板受力。结构构造布置如图3-25所示，这样可以充分发挥钢箱组合梁钢筋混凝土桥面板刚度大的优点而节省了钢结构部分的数量。

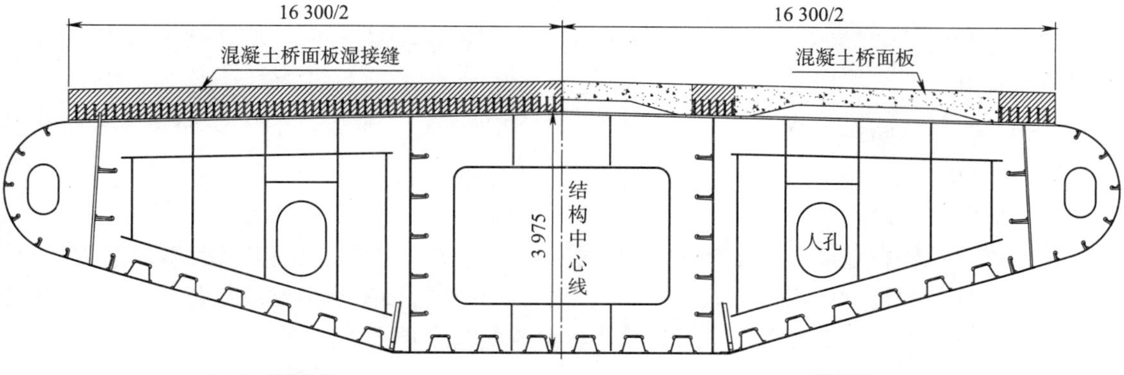

(a) 1/2 横隔板HG1　　(b) 1/2横隔板HG2

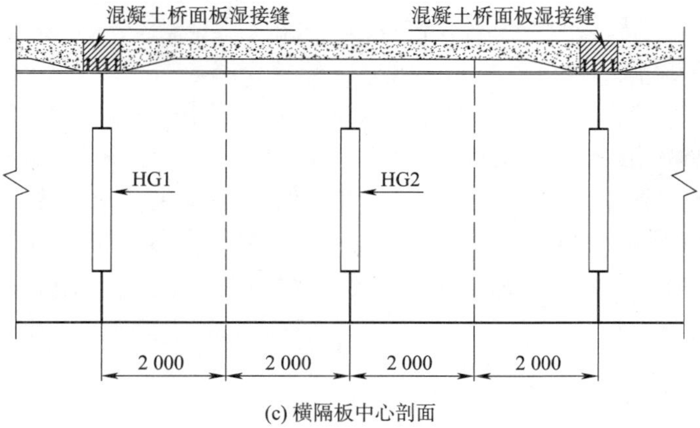

(c) 横隔板中心剖面

图3-25　赣江桥钢箱组合梁节段横隔板构造图(单位：mm)

3.4　加劲梁结构分析计算

3.4.1　边跨混凝土梁

3.4.1.1　计算要点

1. 设计荷载

①恒载：锚固跨和压重跨梁体结构自重、锚固跨梁体箱室内压混凝土重量，以及桥面道砟或轨道板、养护维修通道人行道、电缆槽、栏杆、电气立柱、隔声屏等二期恒载。

②混凝土梁收缩、徐变变形产生的荷载影响。一般来说，混合梁斜拉桥边跨混凝土梁为多跨连续结构，需要利用施工支架分段和辅助墩及临时支墩进行混凝土梁浇筑施工，或分段预制拼装，混凝土梁在施工期间受环境、温度影响要产生收缩变形，以及分段施工的混凝土梁将会产生徐变变形，这些变形的影响结果将对混凝土结构产生内力。

③张拉索对混凝土梁产生的影响。张拉索包括边跨布置的斜拉索和边跨预应力混凝土梁体布置的预应力钢索，边跨混凝土梁在斜拉索和梁体预应力钢索强大的张拉力作用下会产生压缩变形，从而引起混凝土梁体内产生轴力和弯矩。

④边跨各个桥墩由于地质条件原因，以及承受梁体传递的荷载情况不同，各个桥墩基础的沉降不同而出现支点的沉降差值，这种沉降差值或移动会对多跨超静定结构产生内力。

⑤施工临时荷载，温度、风、地震等荷载，以及桥面行驶的考虑冲击、振动、疲劳等影响的列车静动力荷载。

⑥铁路无缝线路长钢轨力。

2. 结构分析

(1)结构整体分析

混合梁斜拉桥在整体结构分析中，以平面二维或空间三维杆系梁有限元计算模型为基础，按照上述设计荷载进行结构分析计算，列车荷载在斜拉桥桥面根据影响线加载，斜拉桥边跨混凝土加劲梁各截面内力取各工况荷载作用下的最不利组合值。

(2)结构局部空间应力仿真分析

对于索梁锚固区、纵向预应力束锚固块等关键受力部位，采用空间实体单元计算模型进行模拟受力最不利过程的局部应力仿真分析。

(3)混凝土加劲梁横向分析

采用平面杆系模型进行混凝土加劲梁横向分析，取不同区域单位长度的加劲梁，分别建立有索区、无索区平面模型，按弹性支承、固定支承计算模型进行包络计算分析。

根据截面箱室类型，无索区简化成多支点的框架结构，竖向支承位置为腹板与底板中心线相交处。有索区按弹性支承于斜拉索或刚性支承于斜拉索的横向简支框架结构包络计算，对于不同的斜拉索区域分别检算。弹性支承的柔度系数按锚点位置作用有单位力集中荷载 P，如图 3-26 所示。

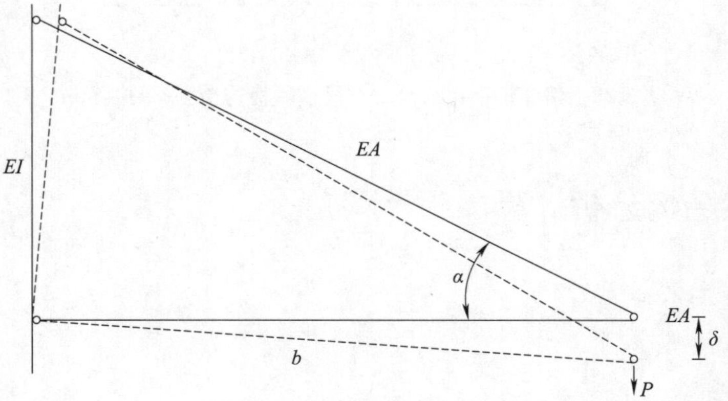

图 3-26 斜拉索弹性支承下的加劲梁位移计算模式

由图 3-26 即可得到计算加劲梁在单位力作用点位置的向下的位移值 δ。

$$\delta=\frac{Pb}{EA\sin^2\alpha\cos\alpha}+\frac{Pb^3}{3EI}\tan\alpha \tag{3-9}$$

式中　δ——主梁下挠量；

P——作用在拉索锚点处的荷载；

b——梁上拉索锚固点到塔的距离；

E——弹性模量；

A——拉索的面积；

α——拉索的倾斜角度；

I——索塔及背索的换算截面惯性矩。

3.4.1.2　计算原则

斜拉桥是高次超静定结构，索力的大小对结构的受力影响非常大，关键是如何控制斜拉索在成桥时的索力。通过确定合理的恒载索力，使桥结构各控制截面在恒载和活载共同作用下，上翼缘的最大应力和材料容许应力之比等于下翼缘的最大应力和材料容许应力之比。或根据加劲梁截面上、下缘的正应力控制条件，综合考虑活载作用以及斜拉索索力对主梁成桥恒载弯矩的可调性，从而确定斜拉桥加劲梁截面的恒载弯矩合理域。

假设 N_d 为 i 截面恒载产生的轴向压力，N_y 为 i 截面预应力产生的轴向压力，M_d 为 i 截面包含预应力在内的所有恒载产生的主梁弯矩，$M_{i\max}$ 为 i 截面活载最大弯矩，$M_{i\min}$ 为 i 截面最小弯矩，考虑到活载产生的轴向压力值相对弯矩值较小，忽略不计。假设 i 截面的面积为 A，上、下缘的截面抵抗矩分别为 W_t、W_b。各内力符号如图 3-27 所示。

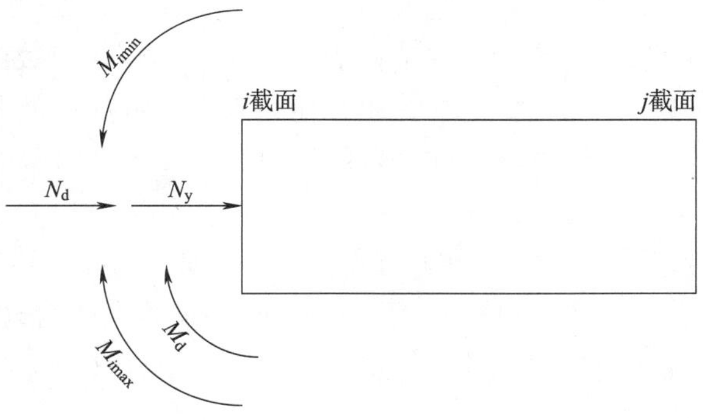

图 3-27　i 截面内力示意图

根据应力平衡原理可得：

①截面下缘最大拉应力：

$$\frac{N_d+N_y}{A}-\frac{M_d}{W_b}-\frac{M_{i\max}}{W_b}\geqslant 0 \tag{3-10}$$

②截面下缘最大压应力：

$$\frac{N_d+N_y}{A}-\frac{M_d}{W_b}+\frac{M_{i\min}}{W_b}\leqslant \alpha\cdot f_c \tag{3-11}$$

③截面上缘最大拉应力：

$$\frac{N_d+N_y}{A}-\frac{M_d}{W_t}-\frac{M_{i\min}}{W_t}\geqslant 0 \tag{3-12}$$

④截面上缘最大压应力：

$$\frac{N_d+N_y}{A}-\frac{M_d}{W_t}+\frac{M_{i\max}}{W_t}\leqslant \alpha\cdot f_c \tag{3-13}$$

式中　f_c——混凝土抗压极限强度；

α——系数，主力组合作用时取 0.5，主力加附加力组合作用时取 0.55。

铁路混合梁斜拉桥的结构体系一旦确定，式(3-10)～式(3-13)中的每个截面 $M_{i\max}$ 和 $M_{i\min}$ 也就大致明确。由此可以得到以下结论：

①由式(3-10)～式(3-13)，可求得边跨混凝土梁各截面恒载弯矩 M_d 的四条曲线，之间面积形成恒载弯矩合理域，如图 3-28 所示。

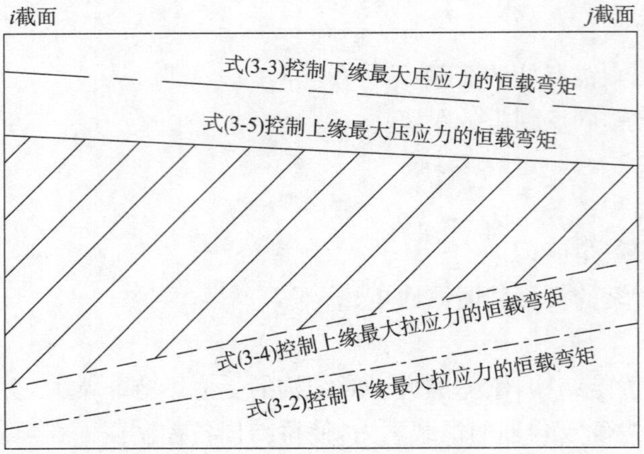

图 3-28　截面恒载弯矩域示意图

②当斜拉桥加劲梁成桥恒载弯矩值在恒载弯矩可行域时，这说明主梁在各种荷载组合作用下的上下缘正应力满足式(3-10)～式(3-13)的要求；如果不满足式(3-10)～式(3-13)，则说明结构构造或结构布置不合理，原因也许可能为截面选取面积过小或过大，抗弯惯矩小，截面效率指标低。也有可能是辅助墩设置位置不合理，导致活载应力过大。

③恒载弯矩的合理域与边跨混凝土梁的截面特性强相关，需要从梁、塔、索的刚度匹配方面进行宏观调控。

④恒载弯矩的合理域不是一成不变的，可通过合理布置预应力束，改变 N_y 值予以调整，亦即不同的 N_y 值对应不同的恒载弯矩合理域，影响了加劲梁弯矩可行域的上下限。这就需要考虑预应力束布置对恒载弯矩合理域的影响，如后期通长索对局部截面弯矩域的影响等。

⑤确定恒载弯矩的合理域是个迭代过程，需要综合考虑截面特性、预应力布置、梁塔索刚度匹配等方面。

具体过程为：先初拟结构尺寸，进行正装计算，不计预应力，得到成桥状态 N_d；其后根据计算弯矩简要布置预应力束，获得粗略 N_y 及 M_d；随后根据梁塔索的刚度匹配关系，得到活载弯矩包络值；然后根据式(3-10)～式(3-13)，得到恒载弯矩可行域，对比实际成桥恒载弯矩可行域，检验是否落入加劲梁恒载弯矩可行域；若偏出可行域，再调整截面特性、预应力钢索布置及梁塔索的刚度匹配，重新迭代计算，直至落入加劲梁恒载弯矩可行域。

需要指出，由于斜拉索力对混凝土梁的预加力作用，结构计算时需考虑由于混凝土压缩变形对体内预应力钢索的减载作用。此外，M_d 包含了斜拉索轴向力对计算截面的偏载作用，可以通过调整索梁锚固点与截面形心的相对位置，剔除或减弱该项影响。

3.4.1.3　纵向预应力索布置

纵向预应力束按张拉先后顺序可分为前期束和后期束，按布置形式又可分为连续配索、分段配索和逐段接长索。

(1)纵向预应力布索的一般性

前期索用以满足施工所需，如安装节段时，使用最少量的体内钢索平衡由于悬臂自重以及挂篮等临时施工设备引起的荷载，保证混凝土关键截面压应力储备在 0.5～1.0 MPa。

后期索用以满足运营过程中所需，在主力和主力与附加力组合作用下，保证混凝土关键截面应力满足规范要求，各支座不出现负反力。后期索分直索和弯索，直索布置在支点截面顶部和跨中截面底部，弯索布置在腹板内，除了起到提高支点和跨中截面抗弯能力外，还起到改善支点附近截面主拉应力过大的问题。

所谓连续配索顾名思义适用于按受力要求需要连续配索的就地浇筑施工连续梁，布置形状以接近吻合力筋位置为宜。分段配索适用于逐段现浇、悬臂浇筑或预制节段悬臂拼装施工的梁段，以承担梁段自重和施工荷载，或者适用于弯矩较大的跨中及支点附近梁段，以承担后期二期恒载和运营活载。逐段接长索适用于顶推法施工连续梁，截面上下缘预应力索逐段用连接器接长，以适应每一截面均出现的最大正、负弯矩，或者适用于逐段现浇梁段之间的接长处理，以加强梁段之间的整体性。

一般情况下，接头的位置设置在离支点约 1/5 跨径附近弯矩较小的部位比较合理。采用连接器接长的预应力束，一般选取两个施工梁段的长度，间隔排列，即在每个施工交接断面上有半数预应力束通过，另半数接长。当全部采用体内预应力钢束时，接头截面处由于较多连接器的存在，箱梁腹板处的混凝土截面积必将减小，对该处的受力不利。

近年来，伴随着体外预应力技术在我国得到迅速发展并日趋成熟，体内＋体外预应力钢索混合配索也越来越多的出现在各种跨径的桥梁结构中。体外预应力钢索桥梁与传统全体内钢索的桥梁相比，具有施工简便、预应力索易更换、索力可检测等显著优点；同时，由于预应力钢索的外置，可以有效地减少非结构受力构件尺寸，从而减轻加劲梁自重，获得更为合理的桥梁结构。

(2)纵向预应力布索的特殊性

预应力索布置的特殊性之一体现在辅助墩梁段。为方便施工，混合梁的梁高一般采用等高梁，由于受斜拉索力的作用，边跨混凝土梁在主力和主力与附加力组合作用下的弯矩包络图较常规等高度连续梁更为复杂。出现各辅助墩之间的混凝土梁跨中区域斜拉索减小了正弯矩，但相应增加了辅助墩顶附近截面的正弯矩，而辅助墩区域的斜拉索力加大了墩顶负弯矩峰值，从而造成辅助墩附近截面正负弯矩峰值均较大，且支点与跨中弯矩峰值之比远大于常规等高度连续梁，这样一来，在等高混凝土梁截面结构尺寸选择及混凝土梁体内预应力钢索的合理布置方面增加了难度。

一般在辅助墩顶附近梁段加厚顶、底板截面尺寸，增加布束空间，采用分段布索，或体内与体外混合布索予以解决。对于仅有一个混凝土锚固梁段的结构，或者钢箱混合梁组合梁，边跨辅助墩有可能出现负反力，在结构体系形成后可以通过张拉墩顶节段索，使结构产生次反力，以抵消负反力，但效果不甚明显。

布索的特殊性之二体现在钢混结合段。该处预应力束的布置需要解决两个问题：一是由于结合段两侧梁段刚度客观上的差异性，导致混凝土梁段巨大弯矩引起的拉应力不可能完全由拉索的水平分力来抵消，必须对连接部分施加一定的纵向预应力来提供补偿；二是要解决钢梁与混凝土梁的可靠连接问题。为了保证全截面传力顺畅，考虑钢格室构造，满足张拉空间，纵向预应力索在结合段顶、底板均匀布置，可采取两端张拉或一端张拉的方式，腹板也设置预应力索以增强钢梁与混凝土梁的结合效果。

以宁波甬江桥为例，由于受建桥条件及工期的影响，边跨混凝土梁采用支架逐段现浇施工，施工顺序及纵向预应力束布置如图 3-29 所示。钢索类型包括：

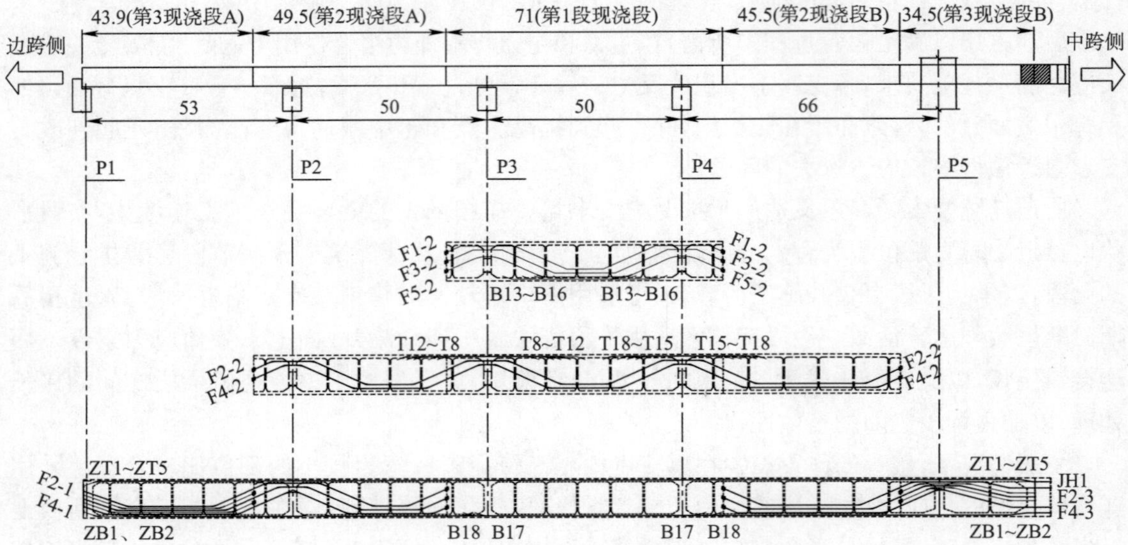

图 3-29 典型纵向预应力束布置示意图

注:部分图未示意已张拉的纵向预应力束。

①分梁段配索,如底板 B1、B2、B7、B13～B16、B19、B20 等,主要用以承担梁段自重和施工荷载。

②逐段接长索,如腹板 F1～F5,逐段用连接器接长,每个施工交接断面上有半数预应力索通过,另半数接长,以适应每一截面均出现的最大正、负弯矩,或者适用于逐段现浇梁段之间的接长处理,以加强梁段之间的整体性。

③辅助墩梁段特殊布索,如底板 B4～B6、B10～B12、B17～B18、B23～B24、B27～B28,顶板 T1～T24 等,目的是解决辅助墩附近截面正负弯矩峰值均较大的问题。

④通长索,如 ZT1～ZT5、ZB1～ZB2,用以保证运营阶段主力、主力与附加力组合作用下混凝土梁关键截面的应力满足规范要求。

⑤钢混结合段束,如 JH1、B25、B26、F1～F5 等,用于连接钢结构与混凝土梁两种材料,对混凝土梁施加预压力。

3.4.1.4 混凝土梁横向计算

铁路混合梁斜拉桥的边跨混凝土梁横向计算可采用平面框架模型,也可以采用空间实体模型。

1. 平面框架模型

边跨混凝土梁按无索区和有索区分别进行横向计算。无索区的横向检算一般采用基于平面横框的计算模型,顺桥向取单位长度的梁体,根据腹板数量简化成两支点或多支点的单孔或多孔框架,竖向支承设置于腹板与底板中心线相交处,这与常规梁式桥横向计算方法一致。

对于有索区的平面框架,可按两类支承模式包络计算,考察其对顶板、底板及腹板的不利影响。模式一是在腹板与底板中心线相交处、索梁锚固处均设置弹性支承,称为多点支承模式。模式二是在索梁锚固处设置两点弹性支承,称为两点支承模式。

如图 3-30 所示,多点支承模式一般指导顶板设计,在该模式中腹板与底板中心线相交处的弹性支承刚度,可以通过全桥总体计算模型对所指定的横截面处施加单位竖向力求出位移,即为该截面整体竖向支承弹性刚度,然后将支承弹性刚度分配至多点,分析横向框架在设计荷载作用下的内力。两点支承模式中的斜拉索竖向弹性模量按公式(3-9)计算取值。

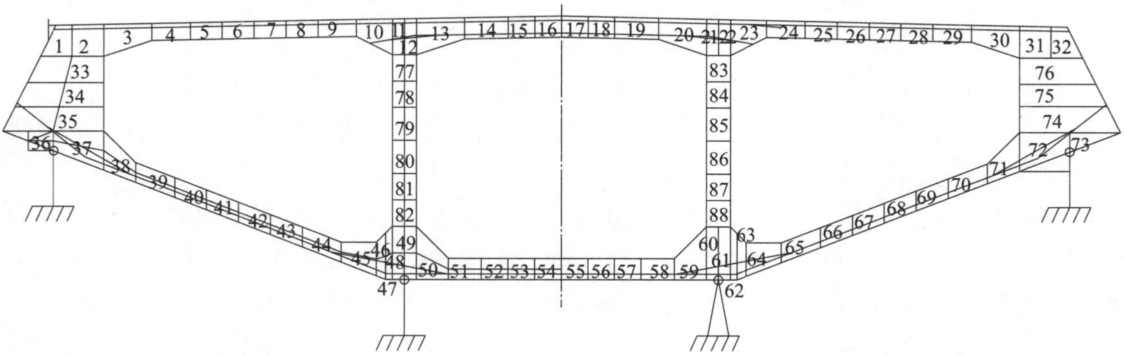

图 3-30　横框计算模式

2. 空间实体模型

空间实体模型无疑更能真实体现混凝土梁的受力状态。计算模型的长度考虑混凝土梁影响线的作用范围,根据对称性取半跨建立有限元计算模型,并假定将整个结构为均质弹性体,加劲梁计算模型端部采用约束纵向自由度确定其边界条件,限制顺桥向位移,允许有横向和竖向位移。混凝土采用八节点三维混凝土实体单元 SOLID45 和二十节点三维混凝土实体单元 SOLID95 模拟;横向预应力钢绞线采用空间杆单元 Link8 模拟,钢绞线与混凝土实体单元的相互作用通过节点耦合实现;辅助墩及连接墩的支座处依据支座与梁体接触面大小来确定约束节点的范围及自由度;斜拉索的等效刚度根据公式(3-9)计算得到。

3.4.2　钢 箱 梁

3.4.2.1　计算原则与方法

钢箱梁结构计算应建立整体或节段三维模型,在平面杆系整体计算模型中,一般情况下,钢桥面板按照如下三个体系进行计算。

第一体系是箱梁作为斜拉桥的组成部分参与全桥共同受力,承受荷载作用,按照材料力学初等梁理论计算。该体系的箱梁作用力包括竖向荷载、横向荷载和温度荷载作用的弯矩、剪力和扭矩。第二体系是由纵向加劲肋、横向加劲肋和桥面板共同组成,承受桥面上的恒载和列车活载作用。第三体系是把桥面板作为支承在纵向加劲肋和横向加劲肋上的连续各向同性板,直接承受列车活载作用。

第一体系整体计算时,钢箱梁内力按全截面考虑,应力考虑截面的有效宽度,目前铁路、公路设计规范尚无直接用于斜拉桥有效宽度计算方法的规定,参考国内外规范和设计经验,可按以下两种方式进行计算和比较。

①根据日本道路协会《道路桥示方书·同解说》第 7.3.4 条规定计算。

②建立节段有限元模型,根据下式精确计算有效宽度。

$$b_e = \int_0^b (\sigma \cdot ds)/\sigma_{max} \tag{3-14}$$

第二体系、第三体系多采用解析法,一种是把板从肋的中间分开并归到纵横肋上去成为一种格子梁体系,另一种是将纵肋分摊到盖板上,将横肋作为一种刚性支承,求解后再将横肋的弹性支承计入，即由 Pelikan-Esslinger 提出的 P-E 法。随着计算机技术的发展，数值法已经成为求解加劲板的成熟方法，较为通常而有效的为有限差分法、有限元法及动态松弛法。

早期的有限元分析均基于小挠度理论，近期的研究有采用大挠度理论进行非线性分析。通常的有限元分析是建立节段空间有限元模型，其中板、肋处理为空间单元，将盖板与纵横肋分开单独考虑，然后使盖板与纵横肋在连接处有限元变形协调。

钢箱梁主体结构的强度验算考虑各种荷载工况及其组合作用下可能产生的正应力、剪应力及畸变应力，以及不同体系的应力组合与迭加。疲劳应力考虑总体作用体系和正交异性板桥面体系的应力迭加，计算方法根据《铁路桥梁钢结构设计规范》(TB 10002.2—2005)进行。

钢桥板件的稳定问题中又以受压板件破坏形式较为基本和常见，钢箱梁的顶底板是典型的受压构件，腹板是压弯构件，存在着整体和局部失稳等多种破坏形式。

弹性屈曲分析，即结构一类稳定，参照《公路斜拉桥设计细则》(JTG/T D65-01—2007)要求，弹性屈曲的结构稳定安全系数应不小于 4。非线性弹塑性屈曲分析，即极限承载力分析，是指在恒载及不断增大的工作荷载作用下，计及结构初始缺陷、结构几何及材料非线性进行全过程分析，获得结构完全崩溃时对应的最大工作荷载即极限承载力。计算时按照施工顺序逐步加载，计入几何非线性、材料非线性和初始缺陷(如施工误差)等影响，位移和内力分别叠加，弹塑性强度稳定的安全系数，钢箱梁应不小于 1.75。

为了防止局部失稳带来的结构刚度降低而引起的破坏，常用的方法是增加板厚和设置加劲肋，一般在实际工程中常常以设置加劲肋达到更加经济、有效、轻质的目的。受压加劲板件破坏形式和极限承载力受板件本身的长度、宽度、厚度，加劲肋的相对刚度、面积，板件间相互约束等的影响。再加上由于组装、架设中存在着的初始变形和焊接加工引起的残余应力对受压加劲板件破坏也有不小影响，并且这些影响因素又是相互关联，共同作用于加劲构件，这使得受压加劲板件的稳定与承载力的计算较为复杂。

现在对受压加劲板件设计常用规范有英国 BS 5400，美国 AASHTO 和日本《道路桥示方书·同解说》。美国 AASHTO 规范基于铁木辛柯的理论，以弹性设计理论为基础，对轴向受压构件中板件宽厚比的限值以及局部屈曲应力大于屈服应力的准则作出了规定。工字形截面受压翼缘宽厚比的限值计入了腹板宽厚比的影响后，采用相同的准则确定，箱形截面翼缘纵向加劲肋的设计也是如此。规范同时规定了加劲肋的刚度问题，即保证加劲肋有足够刚性以在母板局部屈曲时，形成直挺的波节。

英国 BS 5400 基于 Perry 压杆公式，以弹塑性设计理论为基础，采用破坏极限状态和正常使用极限状态相结合的设计法。规范对非加劲受压翼缘外伸宽度和加劲肋的宽度作出规定；对受压板件的设计，按有或无纵向加劲肋分别了规定计算方法、计算公式及参数。

日本《道路桥示方书·同解说》以弹性设计理论为基础，采用容许应力设计法；对于受压加劲板的设计，基于 Giencke,E 的理论，采用刚性加劲的方法，即同时规定加劲肋的最小刚度比和面积比，使得受压加劲板件整体、局部屈曲系数相等。

参照英国 BS 5400 和《Eurocode 3：Design of steel structures》part1.1 的 section5.3.5 有关规定，验算在主力组合下 U 型加劲肋的尺寸。参照日本《道路桥示方书·同解说》及英国 BS 5400 第 9.10 节～第 9.11 节有关规定，验算横隔板及其加劲肋的屈服和屈曲效应。

钢箱梁横隔板高厚比大，构造复杂，过人洞、纵肋切口或其他贯穿孔等使横隔板的截面削弱较多，截面由焊接引起的残余应力及焊接变形较大，因此需要研究钢箱梁悬臂拼装过程中，弯、压、剪共同作用下横隔板强度、稳定及变形以及已拼梁段与待拼梁段的拼接口相对变形问题，以避免拼接口的相对变形过大导致的钢箱梁匹配困难、焊接质量不易保证。

3.4.2.2　*薄壁加劲板件的屈服和屈曲检算*

1. 有效截面计算

(1)受压翼缘和受压板的有效面积

受压翼缘和受压板的有效面积为包含板和纵向加劲肋的组合截面积，有效面积为：

$$A_e \sum b_e / B_f \tag{3-15}$$

式中　A_e——受压翼缘或受压板所有组成部分的有效净面积总和，取为$\sum K_c(\kappa_h A_c)$；

K_c——悬臂取为 1.0，满足 BS 5400-3:2000 第 9.3.4 条规定的加劲肋也取 1.0。被临近构件支承的板单元按照以下规定由图 3-31 得到的系数：

a. 当开口加劲肋的数量为三个或更多时，或闭口加劲肋数量为两个或更多时，取曲线 1 或曲线 3 得到的系数较大值，不管与边界和加劲肋采用何种连接方式；

b. 仅有一道纵向加劲肋或翼缘未加劲肋时，板块与边界和加劲肋采用螺栓或铆钉连接时从曲线 1 中得到，热轧截面和板块采用焊接时从曲线 2 中得到，不管何种连接形式都可以从曲线 3 中得到，选取两种方式的较大值；

c. 开口加劲肋有两个时，板块与边界和加劲肋采用螺栓或铆钉连接从曲线 1 中得到，板块采用焊接时采用从曲线 1 和曲线 2 中得到的平均值，不管何种连接形式都可以从曲线 3 中得到，选取两种方式的较大值；

κ_h——截面没有孔洞或孔洞直径不大于 40 mm 时取 1.0；孔洞的直径不超过 40 mm 的截面，同时 $\kappa_h A_c$ 在任何情况下都不超过组成部分的毛面积，取 1.2；

A_c——每一个组成部分的净面积，等于毛截面减去一个折减量，对于开口孔洞为垂直于纵轴的截面，钉、粗制螺栓、埋头螺栓为孔净面积；采用铆钉、HSFG 螺栓、有严格公差要求或转动的管形插销以及完全塞紧的洞时不用折减；

$\sum b_e$——受压板或翼缘有效宽度的总和；

B_f——翼缘或板的总宽度。

(2)有效腹板厚度

1)没有纵向加劲肋的梁

有效腹板厚度 t_{we} 按以下选用：

①
$$\frac{y_c}{t_w}\sqrt{\frac{\sigma_{yw}}{355}} \leqslant 68 \text{ 时}, t_{we}=t_w; \tag{3-16}$$

②
$$68 < \frac{y_c}{t_w}\sqrt{\frac{\sigma_{yw}}{355}} < 228 \text{ 时}, t_{we}=\left(1.425-0.006\,25\frac{y_c}{t_w}\sqrt{\frac{\sigma_{yw}}{355}}\right)t_w \tag{3-17}$$

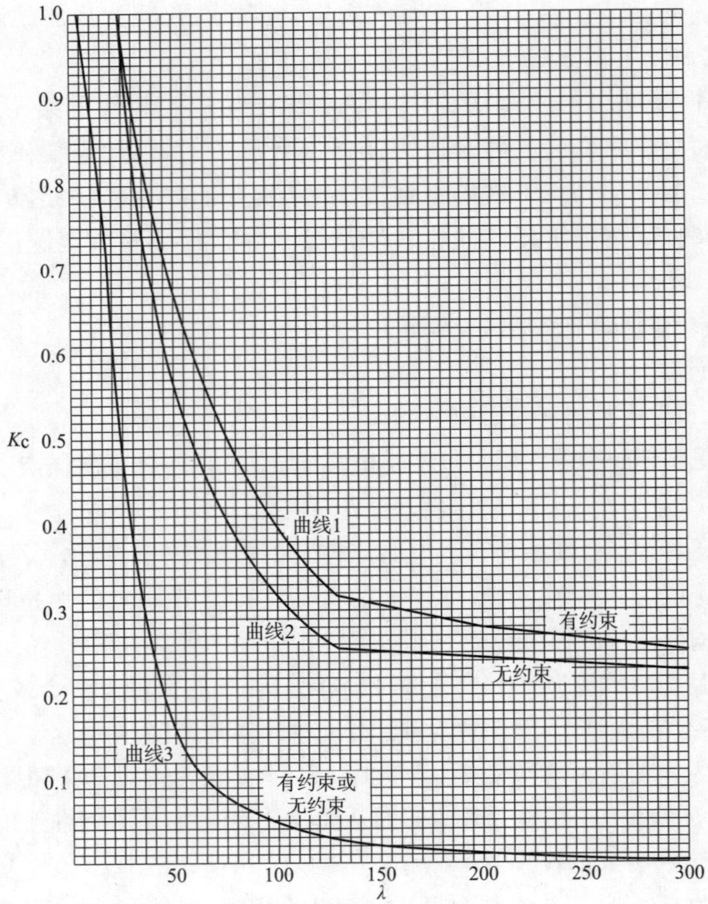

图 3-31　直接受压的板节间系数 K_c

注 1:采用图 3-31 时,长细比参数 λ 取 $\lambda=\frac{b}{t_f}\sqrt{\frac{\sigma_{yf}}{355}}$,用于加劲肋受压翼缘或板块,以及未加劲肋的箱形截面;在闭口加劲肋部件的情况下,当 b_1 和 b_2 不同时,可取其平均值,只要满足以下条件:

$$0.67\leqslant\frac{b_1}{b_2}\leqslant1.5$$

式中　σ_{yf}——板材料名义屈服应力;

b——与支承部分板相连的螺栓或铆钉相邻边之间的未支承宽度,或焊接结构支承部分表面的距离,或热轧截面足跟倒角之间的净距;

t_f——板的厚度。

梁几何符号如图 3-32 所示。

注 2:对于轧制截面或未加劲肋翼缘,只要计算极限压应力的时候考虑了 K_c 的削减,均采用全截面特性。

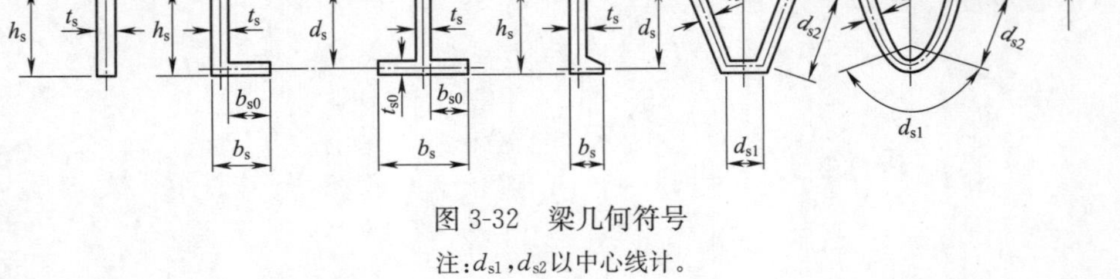

图 3-32　梁几何符号

注:d_{s1},d_{s2} 以中心线计。

③　$$\frac{y_c}{t_w}\sqrt{\frac{\sigma_{yw}}{355}}\geqslant 228 \text{ 时}, t_{we}=0。\tag{3-18}$$

式中　y_c——腹板深度，全截面弹性中性轴到腹板受压翼缘的边缘；施工和加载过程中，y_c 通过该阶段梁的横截面计算得到；

σ_{yw}——腹板材料的名义屈服强度；

t_w——腹板的厚度。

2)具有有效纵向加劲部件的梁

有效腹板厚度 t_{we} 应按下式采用：

$t_{we}=t_w$，用于按照本章 3.4.2.2“3. 腹板纵向加劲肋的强度检算”设计的带纵向加劲肋的梁；

式中　t_w——腹板的厚度。

(3)翼缘纵向加劲部件的有效截面

纵向加劲肋有效截面，应为纵向加劲肋的两侧各取宽度为 $0.5K_c b$ 的翼缘板与加劲肋本身共同构成。

这里　K_c——受压翼缘从图 3-31 中得到，受拉翼缘取 1.0；

b——纵向加劲肋间距。

(4)腹板纵向加劲肋的有效截面

有效加劲肋截面由加劲肋和两边一定宽度的腹板组成，不超过以下的较小值：

①$16t_w(1-\rho)$；或②$\frac{b}{2}(1-\rho)$

其中　t_w——腹板厚度；

ρ——考虑相关板块应力重分布后纵向应力的比例；

b——与加劲肋相邻的相关板块的宽度。

2. 腹板的屈服与屈曲验算

腹板板块定义为每个横向边缘与竖向加劲肋或横隔板连接，每个纵向边缘与纵向加劲肋或梁翼缘相连接。

(1)腹板板块的屈服

板块的任何位置都要满足以下规定：

$$\sigma_{1e}^2+\sigma_2^2-\sigma_{1e}\sigma_2+3\tau^2\leqslant\left(\frac{\sigma_{yw}}{\gamma_m\gamma_{f3}}\right)^2 \tag{3-19}$$

式中　σ_{yw}——腹板名义屈服应力；

γ_m——材料系数；

γ_{f3}——荷载系数；

$\sigma_1,\sigma_2,\sigma_b,\tau$ 如图 3-33 所示应力。

①板块内无横向应力时($\sigma_2=0$)：

$$\sigma_{1e}=\sigma_1+0.77\sigma_b \tag{3-20}$$

式中　σ_1——考虑应力重分布后板块横截面纵向应力均值，受压为正；

σ_b——考虑应力重分布后，每一个板块由于面内弯曲引起的最大纵向应力，受压为正；

τ——剪力引起的平均剪应力，闭口截面中为扭矩引起的剪应力。

②板块内有横向应力 σ_2：

$$\sigma_{1e}=\sigma_1+k\sigma_b \tag{3-21}$$

式中 σ_1，τ，σ_b 见①；

$k=2y/b$ 或 0.77，取较小值；

y——计算点到板块纵向中线的距离，为正；

b——板块宽度（如图 3-33 所示）。

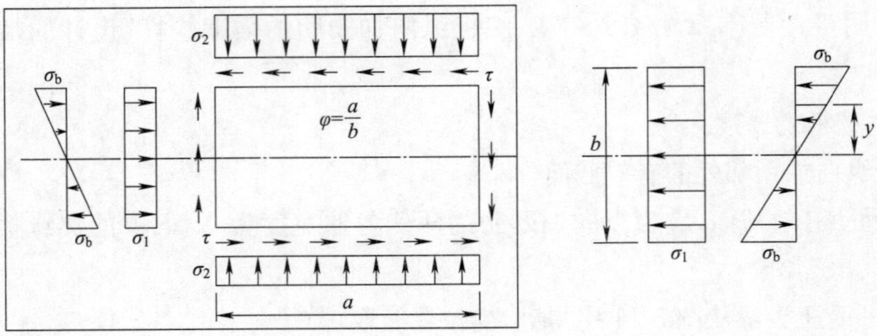

图 3-33 腹板板块应力

(2)腹板板块的屈曲

1)交叉屈曲准则

每一个板块应满足以下交叉屈曲准则：

$$m_c+m_b+3m_q\leqslant 1 \tag{3-22}$$

①板块中没有横向应力时：

$$m_c=\frac{\sigma_1\gamma_m\gamma_{f3}}{\sigma_{yw}K_1(1-\rho)} \tag{3-23}$$

$$m_b=\left\{\frac{\sigma_b\gamma_m\gamma_{f3}}{\sigma_{yw}K_b(1-\rho)}\right\}^2 \tag{3-24}$$

$$m_q=\left(\frac{\tau\gamma_m\gamma_{f3}}{\sigma_{yw}K_q}\right)^2 \tag{3-25}$$

式中 σ_1——如图 3-33 所示，取两对边边缘应力绝对值较大者 σ_b；

τ——如图 3-33 所示，采用整个板块的平均值；

σ_{yw}——腹板材料的名义屈服应力；

ρ——约束板块取为 0，不考虑 BS 5400-3-2000 第 9.5.4 条假定的弯矩和轴向应力重分布；未约束板块按 BS 5400-3-2000 第 9.5.4 条取弯矩和轴力重分布应力的比例；

K_1，K_b，K_q——轴向、弯曲、剪切系数。

②板块中有横向应力时：

$$(m_1+m_2)\text{为正值时，}m_c=\sqrt{(m_1+m_2)} \tag{3-26}$$

$$(m_1+m_2)\text{为负值时，}m_c=-\left\{\sqrt{-(m_1+m_2)}\right\} \tag{3-27}$$

其中：

$$m_1=\left\{\frac{\sigma_1\gamma_{\mathrm{m}}\gamma_{\mathrm{f3}}}{\sigma_{\mathrm{yw}}K_1(1-\rho)}\right\}^2$$

式中　σ_1——拉力时取为负。

$$m_2=\left(\frac{\sigma_2\gamma_{\mathrm{m}}\gamma_{\mathrm{f3}}}{\sigma_{\mathrm{yw}}K_2}\right)^2$$

式中　σ_2——拉力时取为负，如图 3-33 所示，采用两对边边缘应力绝对值较大者；

K_2——横向系数。

2)横向应力 σ_2 计算

腹板除了承受其他平面内应力外，还承受横向应力时，如最大的横向应力强度 σ_2 仅作用于纵向边缘的部分长度时，可偏于安全地假定作用于节间的全部长度上。

图 3-34 为荷载通过腹板纵向加劲部件时的分布情况。

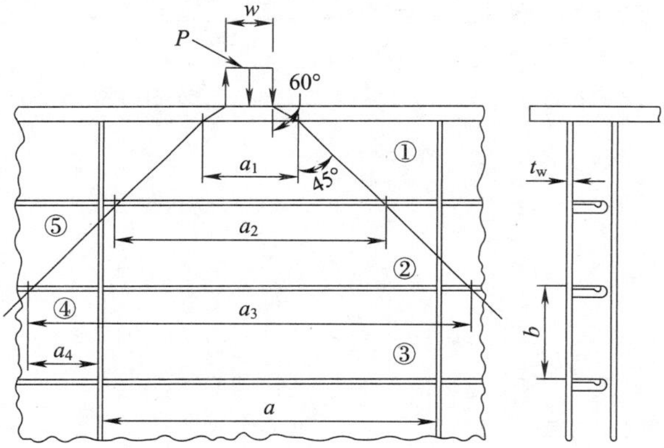

板块	沿长度a每个板块的横向应力2σ
1	P/a_1t_w
2	P/a_2t_w
3	P/a_3t_w
4	P/a_4t_w
5	0

图 3-34　荷载通过腹板纵向加劲部件时的分布情况

3)轴向系数 K_1

当为拉应力时，K_1 取为 1.0。当为压应力时，K_1 为式(3-28)或式(3-29)中的较大值：

①以 $\lambda=\frac{b}{t_{\mathrm{w}}}\sqrt{\frac{\sigma_{\mathrm{yw}}}{355}}$，从图 3-35(a)曲线 1 或曲线 2 查得，如果 λ 小于 24 时，

$$K_1=\left(\frac{t_{\mathrm{w}}}{b}\right)^2\frac{204\ 500}{\sigma_{\mathrm{yw}}};\tag{3-28}$$

②以 $\lambda=\frac{a}{t_{\mathrm{w}}}\sqrt{\frac{\sigma_{\mathrm{yw}}}{355}}$，从图 3-35(a)曲线 3 中查得，如果 λ 小于 4.33 时，

$$K_1=\left(\frac{t_{\mathrm{w}}}{a}\right)^2\frac{6\ 660}{\sigma_{\mathrm{yw}}};\tag{3—29}$$

式中　t_{w}——腹板厚度；

σ_{yw}——腹板材料的名义屈服强度；

a,b——如图 3-35 所规定的。

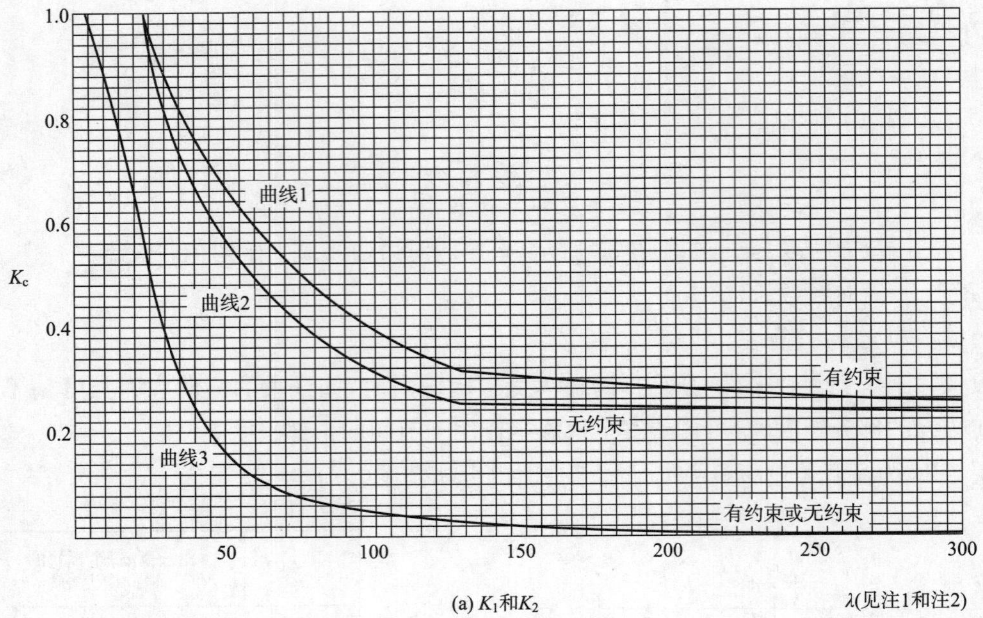

(a) K_1和K_2

图 3-35　屈曲系数 K_1、K_q、K_b 和 K_2

注 1：当应力如图所示时：

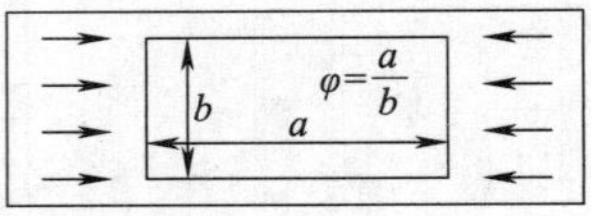

K_1 以 $\lambda=\frac{b}{t_w}\sqrt{\frac{\sigma_{yw}}{355}}$，适当选用曲线 1 或曲线 2 查得到较大值的 K_c；或以 $\lambda=\frac{a}{t_w}\sqrt{\frac{\sigma_{yw}}{355}}$，由曲线 3 查得。

注 2：当应力如图所示时：

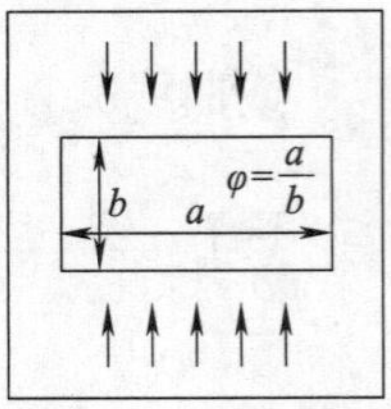

K_2 以 $\lambda=\frac{a}{t_w}\sqrt{\frac{\sigma_{yw}}{355}}$，适当选用曲线 1 或曲线 2 查得到较大值的 K_c；或以 $\lambda=\frac{b}{t_w}\sqrt{\frac{\sigma_{yw}}{355}}$，由曲线 3 查得。

4)剪力系数 K_q

K_q 从图 3-35(b)中得到，如果$\frac{b}{t_w}\sqrt{\frac{\sigma_{yw}}{355}}$小于 $35\sqrt{1+(b/a)^2}$ 时，则：

$$K_q=\left(\frac{t_w}{b}\right)^2\frac{435\ 000\left[1+(b/a)\right]^2}{\sigma_{yw}} \tag{3-30}$$

式中，t_w，σ_{yw}同上节，a 及 b 如图 3-35(b)规定的。

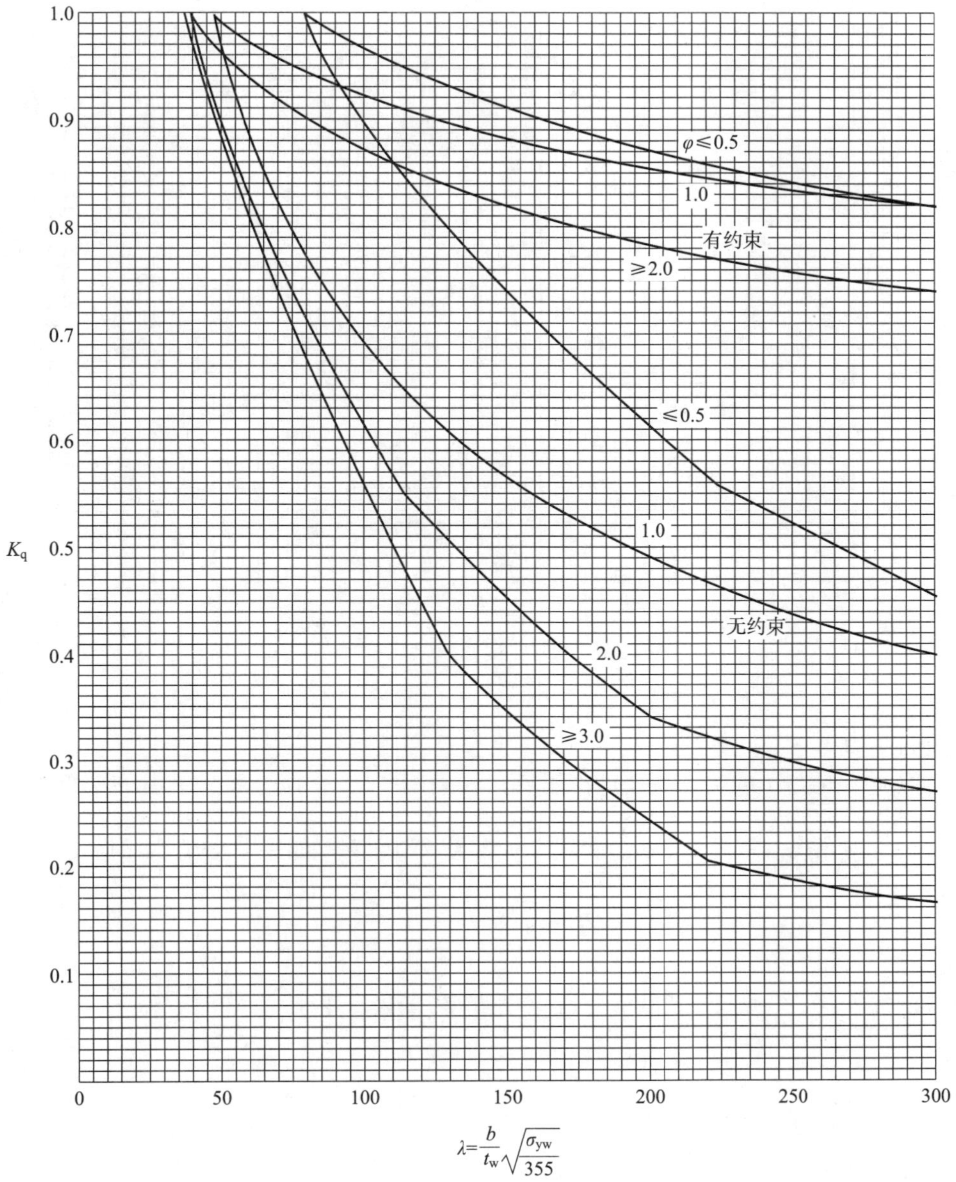

(b) K_q

图 3-35　屈曲系数 K_1、K_q、K_b 和 K_2

注 1：中间的 ϕ 值，K_q 通过两相邻 ϕ 内插的方式得到；

注 2：$\phi=a/b$ 如图所示：

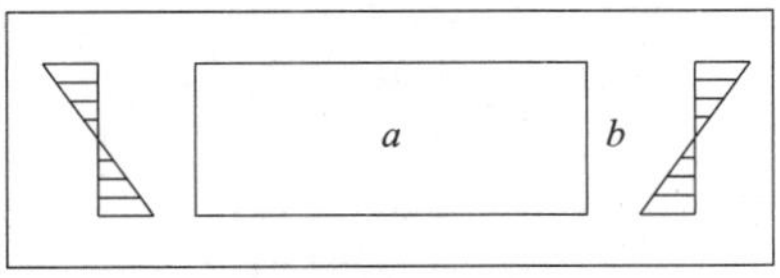

5）弯曲系数 K_b

弯曲系数 K_b 从图 3-35(c)中得到。

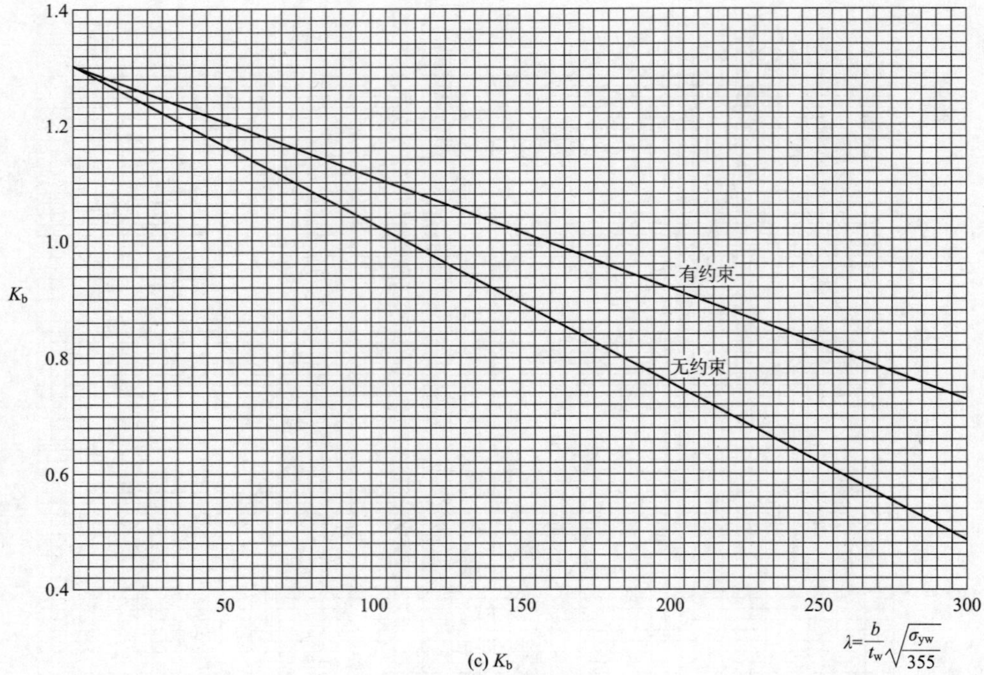

(c) K_b

图 3-35 屈曲系数 K_1、K_q、K_b 和 K_2

6)横向系数 K_2

当为拉应力时,K_2 取为 1.0;当为压应力时,采用式(3-31)或式(3-32)中的较大值:

①以 $\lambda=\frac{a}{t_w}\sqrt{\frac{\sigma_{yw}}{355}}$,从图 3-35(a)曲线 1 或曲线 2 中查得,如果 λ 小于 24 时,

$$K_2=\left(\frac{t_w}{a}\right)^2\frac{204\ 500}{\sigma_{yw}} \tag{3-31}$$

②以 $\lambda=\frac{b}{t_w}\sqrt{\frac{\sigma_{yw}}{355}}$,从图 3-35(a)曲线 3 中查得,如果 λ 小于 4.33 时,

$$K_2=\left(\frac{t_w}{b}\right)^2\frac{6\ 660}{\sigma_{yw}} \tag{3-32}$$

式中,t_w,σ_{yw} a,b 如图 3-35(a)所规定的。

3. 腹板纵向加劲肋的强度检算

连续或不连续加劲肋应满足以下规定:

$$\sigma_{se}\leqslant\frac{\sigma_{ls}}{\gamma_m\gamma_{f3}} \tag{3-33}$$

式中 σ_{ls}——采用 $\lambda=\frac{a}{r_{se}}\sqrt{\frac{\sigma_{ys}}{355}}$ 时,从图 3-36 得到的加劲肋极限强度;

$$\sigma_{se}=\sigma_1+\left(2.5\tau+\frac{a^2}{b^2}\sigma_2\right)\frac{bt_wk_s}{A_{se}}$$

σ_1——加劲肋中心线处腹板纵向应力,受压为正;

γ_m——σ_{se} 为压应力时等于 1.20,σ_{se} 为拉应力时等于 1.05;

σ_{ys}——加劲肋材料的名义屈服应力;

σ_2——横向应力(如果有的话),受压为正;

τ——平均剪应力;

a——横向腹板加劲肋的净距；

b——加劲肋两侧腹板板块的平均宽度；

t_w——腹板宽度；

A_{se}——有效加劲肋面积；

k_s——从图 3-36 中得到：$\lambda=\frac{a}{r_{se}}\sqrt{\frac{\sigma_{ys}}{355}}$；

r_{se}——有效加劲肋截面关于平行腹板的形心轴的回转半径。

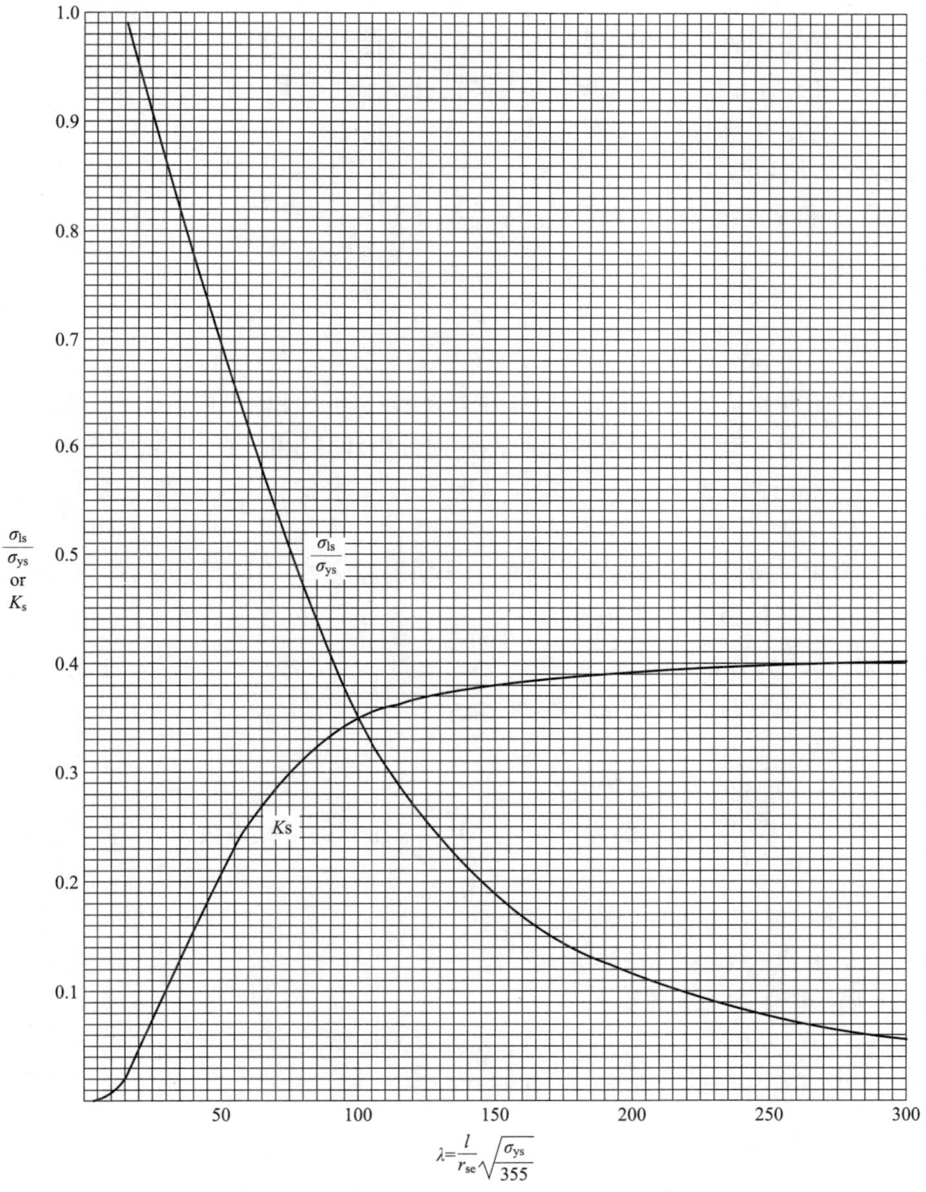

图 3-36　腹板加劲设计参数

注 1：纵向腹板加劲设计，采用 $l=a$。

注 2：对于横向腹板加劲设计，支承加劲横隔板加劲，采用 $l=l_s$。

4. 纵向加劲肋的翼缘强度检算

(1)翼缘板强度

翼缘板设计应满足以下屈服准则：

$$\sigma_f^2+\sigma_2^2-\sigma_f\sigma_2+3\tau^2\leqslant\left(\frac{\sigma_{yf}}{\gamma_m\gamma_{f3}}\right)^2 \tag{3-34}$$

式中 σ_f——翼缘板中间平面上的纵向应力，包括腹板的应力重分布，受压为正；

σ_2——翼缘板中间平面上由于横梁(横隔板)弯曲或曲线引起的横向应力，受压为正；

$\tau=\tau_1+0.5\tau_2$；

τ_1——由于箱梁的扭转而在翼缘板中产生的平面内剪应力；

τ_2——由于梁上的剪力而在翼缘板与梁腹板连接处产生的剪应力；

σ_{yf}——翼缘板材料的名义屈服应力。

(2)翼缘纵向加劲部件的强度

连续加劲肋和非连续加劲肋的设计应满足以下规定：

① $$\sigma_a+2.5\tau_1k_{s1}<\frac{k_{l1}\sigma_{ys}}{\gamma_m\gamma_{f3}} \tag{3-35}$$

② $$\sigma_a+2.5\tau_1k_{s2}<\frac{k_{l2}\sigma_{ye}}{\gamma_m\gamma_{f3}} \tag{3-36}$$

式中 σ_a——考虑腹板应力重分布，加劲部件有效截面形心处的纵向应力，以受压为正；应力分析时没有考虑加劲肋的设计，弯曲分析计算 σ_a时，假定加劲肋对有效截面没有贡献；若长度 l 范围内翼缘纵向应力发生变化时，σ_a 取为距离应力较大端 $0.4l$ 处；

τ_1——由于梁扭转在翼缘板面内产生的平面内剪应力，均取正值；

σ_{ys}——加劲肋材料名义屈服应力；

$\sigma_{ye}=\sqrt{\sigma_{yf}^2-3\tau^2\gamma_m^2\gamma_{f3}^2}$；

σ_{yf}——翼缘板材料的名义屈服应力；

τ——同上；

k_{s1}，k_{s2}图 3-37 得到的折减系数值；

k_{l1}，k_{l2}当表达式①或②的左侧为正时，从图 3-37 得到的折减系数 k_l，当表达式①或②的左侧为负时，取为 1.0。

γ_m =1.2，表达式①或②的左侧为正时；

=1.05，表达式①或②的左侧为负时。

(3)承受局部弯曲的加劲翼缘

1)翼缘板

翼缘板上的所有截面都应满足以下屈服准则：

$$(\sigma_f+\sigma_{fz})^2+(\sigma_2+\sigma_{2b})^2-(\sigma_{fz}+\sigma_f)(\sigma_2+\sigma_{2b})+3\tau^2\leqslant\left(\frac{\sigma_{yf}}{\gamma_m\gamma_{f3}}\right)^2 \tag{3-37}$$

式中 σ_{fz}——由局部弯曲在翼缘板中间平面处产生的应力；

σ_{2b}——纵向加劲肋间翼缘板局部弯曲和横向薄膜效应引起的最大应力；

σ_{yf}——翼缘板材料的名义屈服应力值；

σ_f，σ_2，τ 同上。

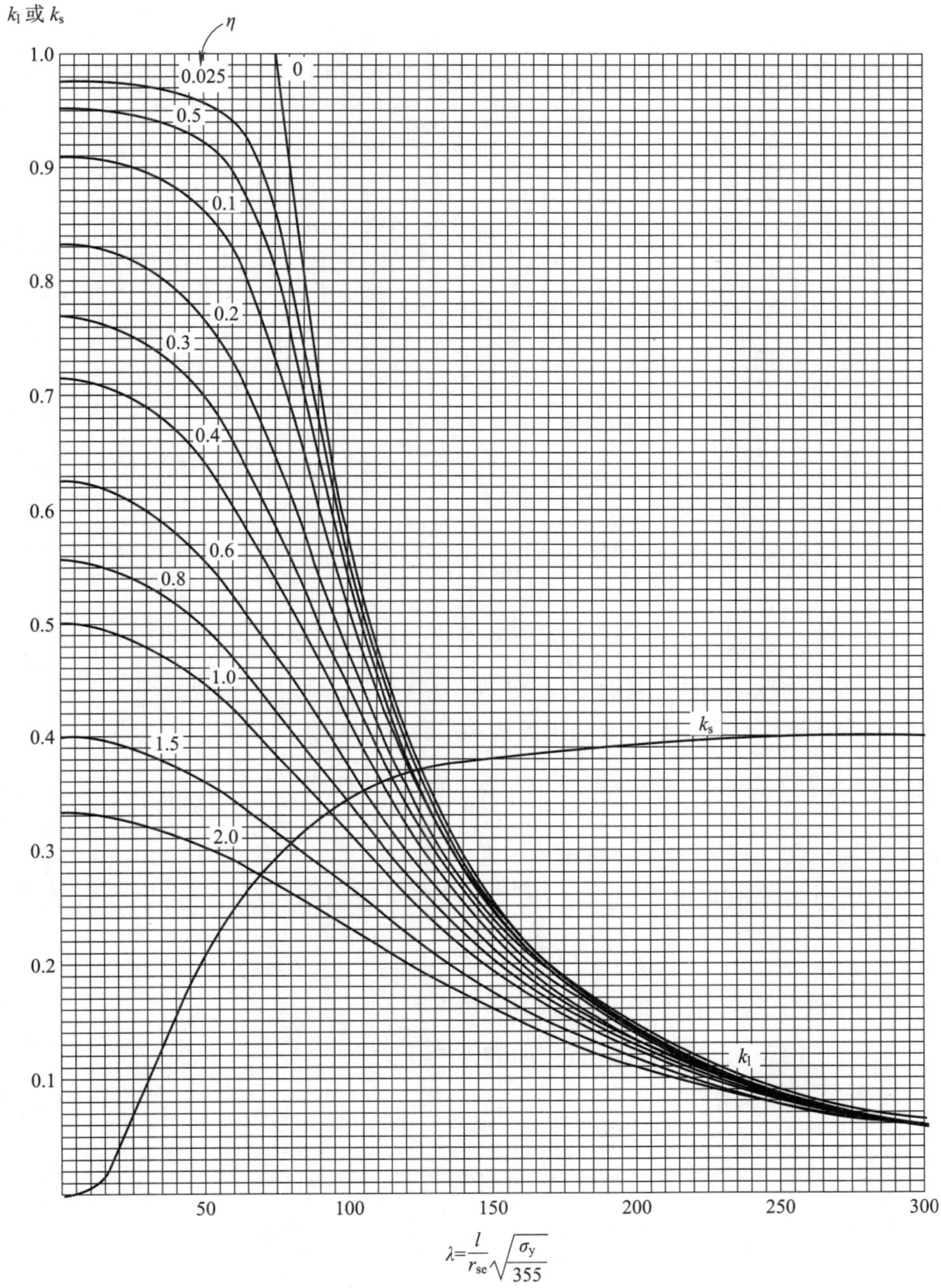

图 3-37　纵向翼缘加劲肋设计参数

注 1：计算 k_l、k_s 的 η、σ_y、l 值见上。

使用图 3-37 时：

$\lambda=\frac{l}{r_{se}}\sqrt{\frac{\sigma_{ys}}{355}}$，计算 k_{l1}、k_{s1}，$\lambda=\frac{l}{r_{se}}\sqrt{\frac{\sigma_{ye}}{355}}$，计算 k_{l2}、k_{s2}，$\eta=\frac{y_o\Delta}{r_{se}^2}$，计算 k_{l1}，$\eta=\frac{y_z\Delta}{r_{se}^2}$，计算 k_{l2}。

式中　l——有纵向加劲部件的横梁或横隔板之间的间距；

r_{se}——纵向加劲部件有效截面绕平行于翼缘板的形心轴的回转半径；

y_o——从加劲部件有效截面的形心至加劲部件上离翼缘板最远点的距离；

y_z——由加劲部件截面形心到翼缘板中间平面的距离；

$$\Delta=\frac{l}{625}+\frac{\varsigma r_{re}^2}{y_{Bs}}+\frac{e_f}{2}$$

y_{Bs}——由加劲部件有效截面形心至梁截面中性轴的距离；

$$\varsigma=-(1-1.35\sigma_a/\sigma_E)\text{，计算 }k_{l1}$$

$$\varsigma=-(1+1.35\sigma_a/\sigma_E)\text{，计算 }k_{l2}$$

$$\sigma_E=\pi^2E/(l/r_{re})^2;$$

e_f——由于设置上拱或竖曲线，翼缘板在长为 l 的直线上最大的偏移量。

注 2：确定 Δ 时，应该考虑三个组成部分的符号。对结构有益时，可以保守地忽略不计。

2)纵向加劲部件

纵向加劲部件的设计，应使承受局部弯矩的区域各点，在平面内的荷载和局部弯曲组合作用下，满足有关使用极限状态的规定：

①在加劲部件上由局部弯曲和平面内荷载引起的应力不超过$\dfrac{\sigma_{ys}}{\gamma_m\gamma_{f3}}$；

②$\dfrac{\sigma_a+2.5\tau_1k_{s1}}{k_{l1}\sigma_{ys}}+\dfrac{\sigma_{fo}}{\sigma_{ys}}\leqslant\dfrac{1}{\gamma_m\gamma_{f3}}$；以及

③$\dfrac{\sigma_a+2.5\tau_1k_{s2}}{k_{l2}\sigma_{ye}}+\dfrac{\sigma_{fz}}{\sigma_{ye}}\leqslant\dfrac{1}{\gamma_m\gamma_{f3}}$

式中　σ_{fo}——加劲肋离翼缘板最远点由于局部弯曲引起的应力；

σ_a、τ_1、σ_{ys}、σ_{ye}、σ_{fz}同上；

k_{l1}、k_{l2}图 3-37 中得到的系数。

局部下垂弯矩的区域，即引起板中局部压应力，图 3-37 中 λ 的值见上节。

局部翘曲弯矩区域，即引起板中局部拉应力，图 3-37 中 λ 的值按以下给出：

$\lambda=\dfrac{l}{r_{se}}\sqrt{\dfrac{\sigma_{ys}-\gamma_m\gamma_{f3}\sigma_{fo}}{355}}$，计算 k_{s1} 和 k_{l1}；$\lambda=\dfrac{l}{r_{se}}\sqrt{\dfrac{\sigma_{ye}-\gamma_m\gamma_{f3}\sigma_{fz}}{355}}$，计算 k_{s2} 和 k_{l2}。

3)有纵向加劲肋无横向加劲的翼缘

纵向加劲部件应该满足上述的规定，但是其中的 l 应该取为 l_e，按照式(3-38)给出：

$$l_e=1.5\left(\frac{B}{t_f}\right)^{0.75}\left[I_{se}(n+1)\right]^{0.25}\tag{3-38}$$

式中　B——主梁腹板间纵向加劲翼缘的总宽度；

I_{se}——每一个纵向加劲部件有效截面的惯性矩；

t_f——翼缘板厚度；

n——宽度 B 范围内纵向加劲肋的数目。

3.4.2.3　钢箱节段三维空间模型的强度、稳定性及疲劳分析

1. 三维空间模型分析的必要性

(1)强度问题

通常采用全桥整体计算，采用杆系有限元模型，分析计算得到构件内力，可以得到箱梁板件的应力，但不能直观反映剪力滞效应，以及正交异性钢桥面板第二体系、第三体系应力的影响。一般采取另建局部应力分析模型的方法，得到的结果与整体结构第一体系应力进行叠加，这种方法不能准确计算箱梁板件的应力，影响了钢箱薄壁板件受力状态的评估。这是目前薄壁钢箱梁板件强度检算中存在的问题。

(2)稳定问题

对于控制结构设计的钢箱梁结构的失稳问题，表现为结构整体或局部失稳。整体失稳可以通过全桥整体计算分析得到，局部失稳是指子结构或个别构件的失稳，常常导致整个结构体系的失稳。根据失稳的性质，结构稳定问题可以分为以下两类：第一类失稳是理想化情况，即

达到某个荷载时，除结构原来的平衡状态可能存在外，出现第二个平衡状态，故又称为平衡分岔失稳或分支点失稳，数学处理上是求解特征值问题，故又称为特征值屈曲分析。第二类失稳是结构失稳时，变形将大大发展，而不会出现新的变形形式，即平衡状态不发生质变，也称为极值点失稳。实际工程中的稳定问题一般表现为第二类稳定。但是，由于第一类稳定问题是特征值求解，代表结构承载力的上限。在这里通过求解结构屈曲荷载系数和相应屈曲模态，分析结构的安全性。

目前钢箱梁节段板件的局部稳定主要是控制各板件宽厚比、加劲肋的尺寸和间距，宏观上能保证桥梁整体失稳前不会发生局部失稳，但结构具体的安全冗余度并不明确。

(3)疲劳问题

研究还发现，钢箱梁节段局部板件的疲劳强度主要由第二体系、第三体系控制设计。这是因为第一体系作用力的恒载应力是恒定的，不影响考察点的应力幅，只影响应力循环的上下限，即影响疲劳应力的应力比。第一体系的活载产生的应力虽然是变化的，但其变化的频率远小于第二体系、第三体系的产生应力变化，一列车通过一次，考察点产生一次第一体系力应力循环，而一节车厢通过一次，考察点产生一次第二、第三体系力应力循环，每一个第二、第三体系力应力循环基本体现不出第一体系力产生的应力变化。虽然如此，将第一体系与第二、第三体系疲劳应力幅计算割裂开来分别计算，对局部考察点还是偏于不安全。

一般情况下，将全桥结构采用板壳单元可以精确地解决上述难题。但是，该方法单元众多，计算量大，对计算机硬件和软件的要求较高，受计算条件现在目前还难以实现。但是，若采用混合有限元法，即仅对关注的截面采用空间薄壳单元模拟，其他梁塔采用空间梁单元模拟，二者之间以刚性横隔板作为边界条件，进行钢箱梁段的强度、稳定性及疲劳检算，单元数量大大减少，目前计算机能够承担，因而可以从定量、定性上更加直观地反映钢箱节段的真实受力状态，技术上解决了以上三方面的问题。

2. 计算模型

对于需要重点关注的钢箱梁区域采用空间 8 节点薄壳单元，例如跨中、1/4 跨、塔顶区域的顶板、底板、腹板、横隔板、纵腹板以及钢箱梁内所有加劲肋，其他加劲梁和索塔采用空间梁单元，建立全桥混合有限元计算模型。箱梁薄壳单元与梁单元连接断面采用刚性横隔板边界条件。斜拉索简化为杆单元，其几何非线性用 Ernst 公式换算弹性模量计算，或者采用分段杆单元模拟斜拉索的垂度效应。

3. 计算荷载及工况

混合梁斜拉桥的三维空间模型的强度、稳定性及疲劳分析以成桥状态为基础，根据不同的计算内容施加不同的荷载工况。

(1)强度及稳定性分析工况

活载模式 1——特种活载对称加载于横隔板顶钢箱梁区域

列车活载取 3×250 kN 特种活载，中间的集中荷载施加于横隔板顶，集度按道床厚度沿纵、横向分布扩散取匀布值，动力系数的计算跨度取斜拉索锚固点横向中心距。主要用于检算横隔板及顶板加劲梁强度和稳定性。

活载模式 2——特种活载加载于横隔板之间钢箱梁区域

计算活载同模式 1，将中间 250 kN 的集中荷载施加于横隔板之间钢箱梁跨中处，主要用于检算钢箱梁桥面板局部应力、顶板加劲肋局部应力。

活载模式 3——中-活载均布加载模式

普通列车活载满布，用于检算钢箱梁桥面板、加劲肋、横隔板局部应力及顶板、底板位移。

(2)疲劳加载工况及验算过程

对于局部杆件，疲劳加载采用《铁路桥梁钢结构设计规范》(TB 10002.2—2005)第 4.3.3 条规定："双线铁路桥的横梁及连接横梁的主桁挂杆，按一线最大活载，另一线为 80 kN/m 活载加载，计算疲劳内力。"动力系数的计算跨度取斜拉索锚固点横向中心距，加载范围取考察截面的影响线长度。

①考虑纵向影响线长度，从整体模型中截取一定数量的节段建立有限元，设置合理的边界条件，钢箱梁约束箱梁腹板时，需考虑横梁刚度对加劲肋和横梁连接部位的应力影响。

②初步验算：将荷载频值谱中最重车辆对结构加载，求得验算位置的应力幅 $\Delta\sigma$，考虑冲击系数的影响，铁路多线系数按铁路桥规或参照欧洲规范得到。初步验算以式(3-39)进行判定。

$$\Delta\sigma \leqslant \Delta\sigma_0 \tag{3-39}$$

其中 $\Delta\sigma_0$ 为常幅疲劳容许应力幅，其值根据《铁路桥梁钢结构设计规范》(TB 10002.2—2005)的构件及连接形式确定。如果初步验算不满足，即可进行损伤度验算。

③损伤度验算：得到各验算部位的纵向影响线，车辆进行影响线加载，得到各验算部位的应力历程，计算时应考虑冲击系数，通过雨流法或者泄水法对历程进行分析得到各验算部位的应力频值，根据各种列车的通过频次及桥梁的设计年限即可得到各部位的应力频值谱，通过应力频值谱即可通过式(3-40)根据相关构造的疲劳等级计算损伤度 D。

$$D=\sum\frac{n}{N}\left(\frac{n_1}{N_1}+\frac{n_2}{N_2}+\cdots+\frac{n_n}{N_n}\right) \tag{3-40}$$

对于低值应力循环的处理参照 BS 5400，采用的是改变 σ_r-N 曲线斜率的办法实现的，以 $N=10^7$ 为分界线，之前的 σ_r-N 曲线的斜率为 m，之后的 σ_r-N 曲线的斜率为 $m+2$，σ_0 是 σ_r-N 曲线中 $N=10^7$ 时对应的应力脉，当 $\sigma_r \geqslant \sigma_0$ 时，按式(3-41)计算损伤度，当 $\sigma_r \leqslant \sigma_0$ 时，按式(3-42)计算损伤度。

$$\frac{n}{N}=\frac{n\sigma_r^m}{C}=\frac{n}{10^7}\left(\frac{\sigma_r}{\sigma_0}\right)^m \tag{3-41}$$

$$\frac{n}{N}=\frac{n\sigma_r^{m+2}}{C\sigma_0^2}=\frac{n}{10^7}\left(\frac{\sigma_r}{\sigma_0}\right)^{(m+2)} \tag{3-42}$$

损伤度验算的判断依据是式(3-43)，如果满足则说明构造满足疲劳设计要求。

$$D \leqslant 1 \tag{3-43}$$

④还可以通过损伤度 D 来预测构造的使用寿命，如式(3-44)所示。

$$Y=\frac{1}{D} \tag{3-44}$$

4. 计算结果分析

以宁波甬江桥为例，介绍采用混合有限元法进行钢箱梁段的强度、稳定性及疲劳检算的结果。

(1)钢箱节段的强度计算结果

通过计算可以得到壳单元模拟的箱梁各关键板件应力以及位移。宁波甬江桥距主桥跨中约 30 m 附近的顶板加劲肋不同横向位置的应力，如图 3-38 所示。

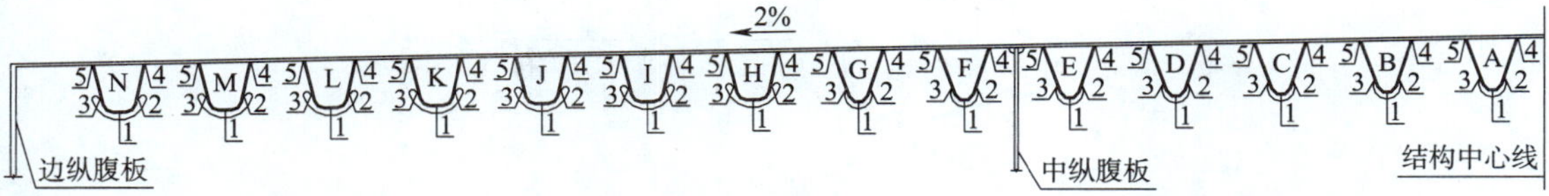

图 3-38　顶板加劲肋不同位置编号

其中：

1—顶板加劲肋下缘点；

2—加劲肋与横隔板过焊孔交点（向结构中心线侧）；

3—加劲肋与横隔板过焊孔交点（非结构中心线侧）；

4—加劲肋、顶板与横隔板过焊孔的交点（向结构中心线侧）；

5—加劲肋、顶板与横隔板过焊孔的交点（非结构中心线侧）。

活载模式 1 对应的计算结果如图 3-39 所示。

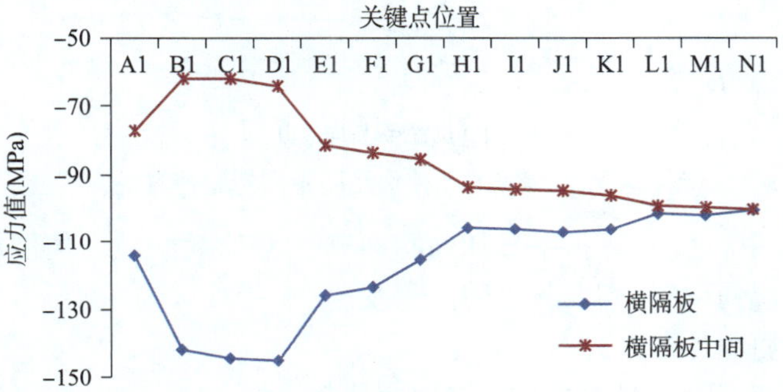

(a) 位置1纵桥向应力

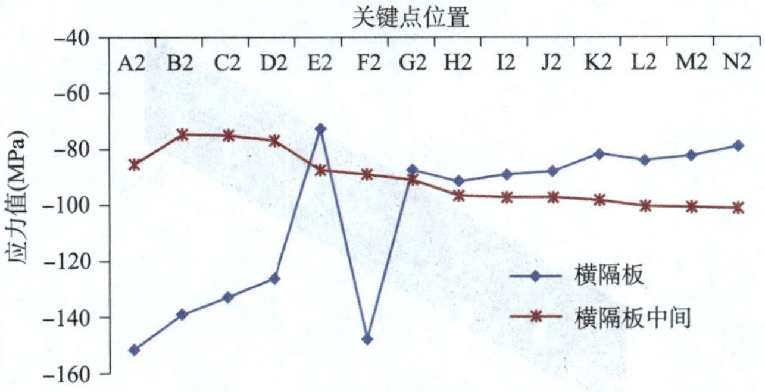

(b) 位置2纵桥向应力

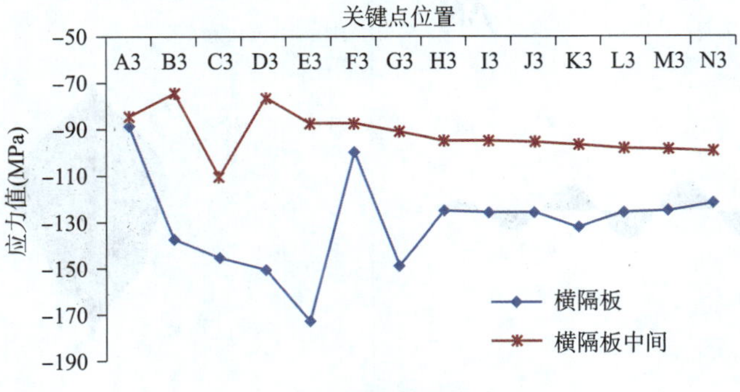

(c) 位置3纵桥向应力

图　3-39

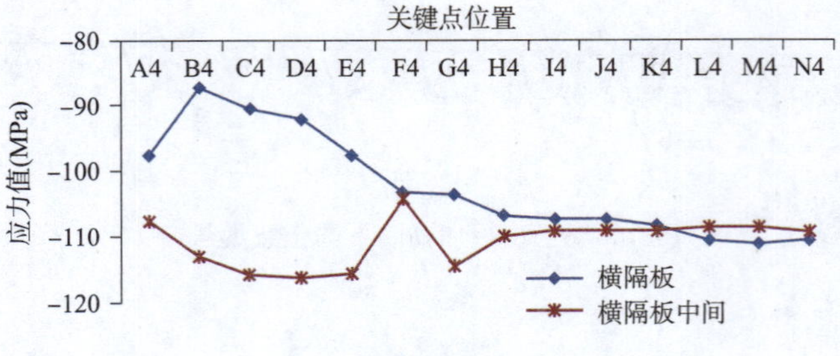

(d) 位置4纵桥向应力

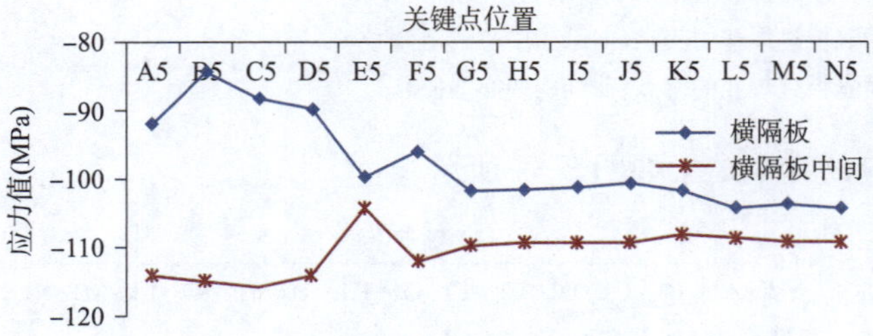

(e) 位置5纵桥向应力

图 3-39　活载模式 1 对应的顶板加劲肋不同考察位置的纵桥向应力

由图 3-39 可知，中腹板两侧 E 编号加劲肋和 F 编号加劲肋应力值波动较大，其他位置较平缓，该处属于受力薄弱位置，应引起足够的重视。

(2)钢箱节段的屈曲计算结果

宁波甬江桥 1/4 跨附近箱梁节段的一阶屈曲荷载系数，以及一阶屈曲模态如图 3-40 所示。

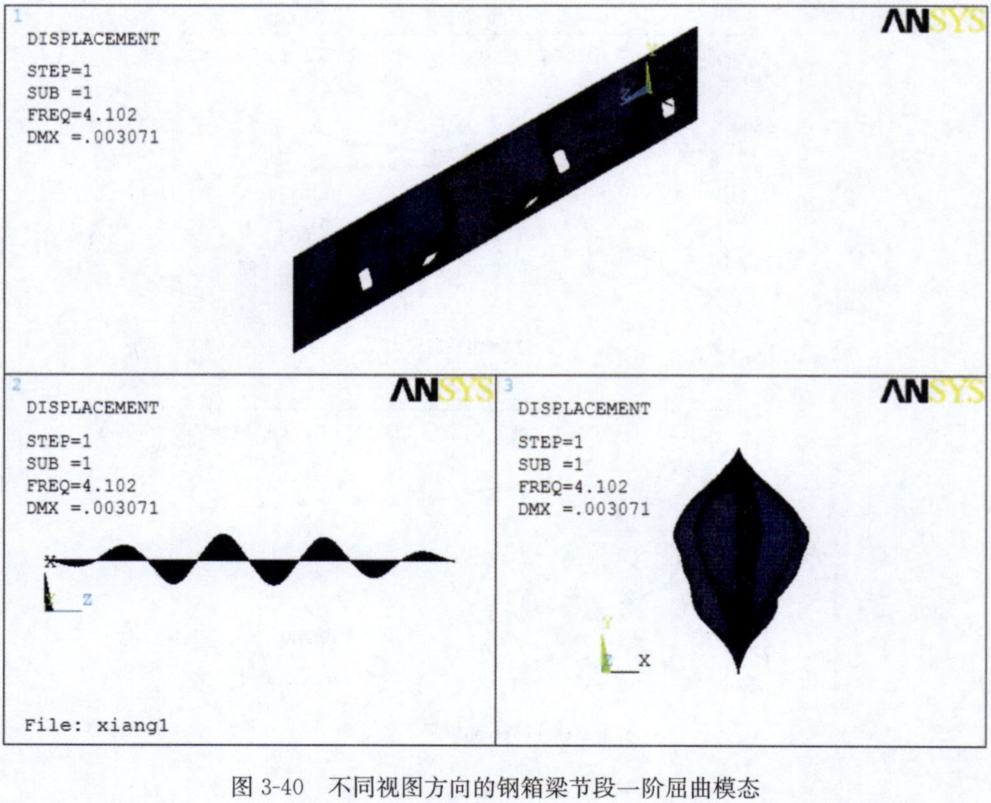

图 3-40　不同视图方向的钢箱梁节段一阶屈曲模态

从图 3-40 可以看出，钢箱梁一阶屈曲模态表现为中纵腹板整体屈曲，考察处钢箱梁节段局部稳定最小系数为 4.102，大于 1.75，因此钢箱梁节段局部稳定有保证，较好地了解了考察处钢箱梁节段稳定冗余度。

(3)钢箱节段的疲劳计算结果分析

顶板加劲肋与桥面板以及横隔板相交位置疲劳荷载影响比较大，是疲劳验算时特别需要关注的地方，考察处的不同位置点编号由图 3-38 和图 3-41 给出不同位置疲劳荷载应力幅值。表 3-9 给出了杆系模型整体计算无法得到的钢箱梁横隔板单元疲劳应力幅值。

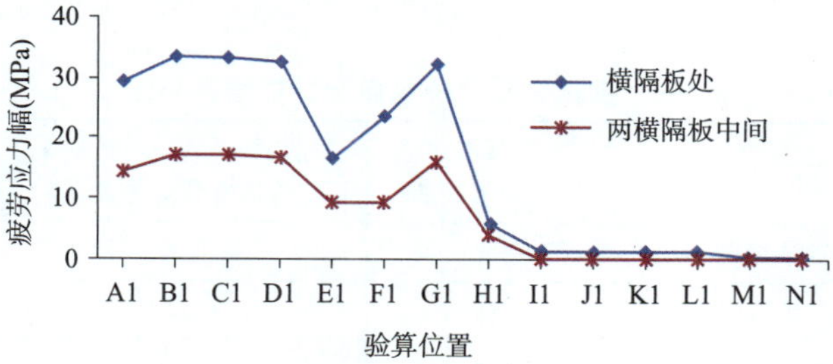

(a) 关键点1疲劳应力

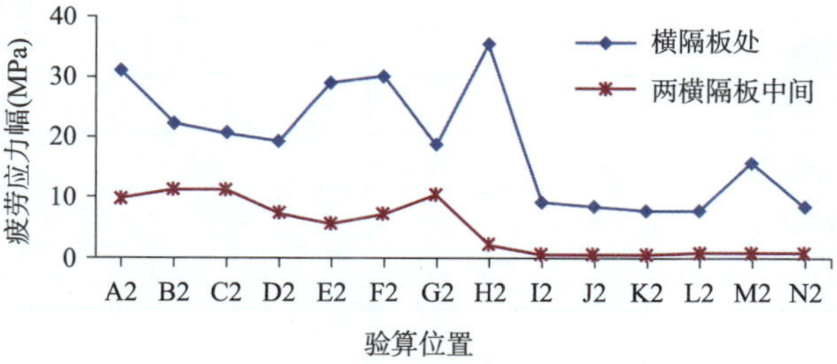

(b) 关键点2疲劳应力

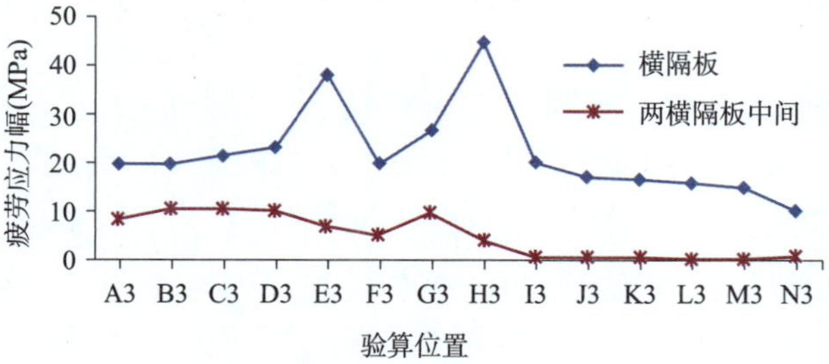

(c) 关键点3疲劳应力

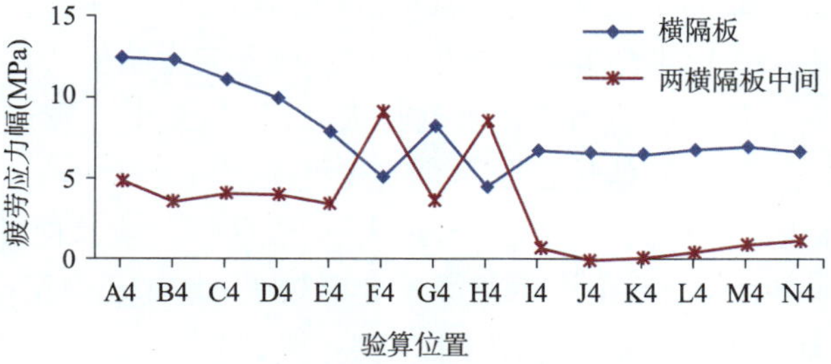

(d) 关键点4疲劳应力

图　3-41

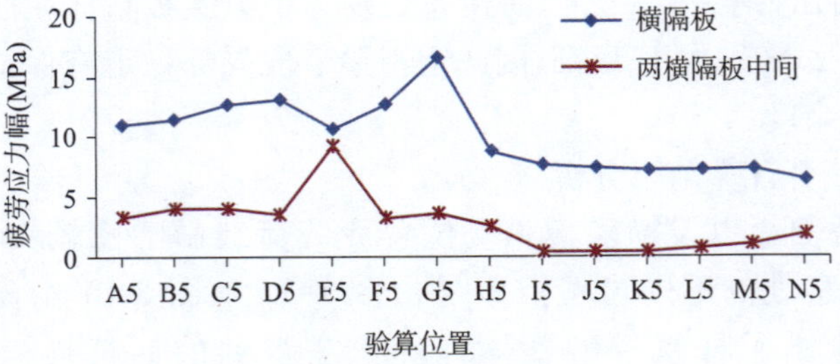

(e) 关键点5疲劳应力

图 3-41 顶板加劲肋与桥面板以及横隔板相交位置的疲劳应力幅

表 3-9 钢箱梁其他位置疲劳计算结果(MPa)

序号	验算点	疲劳容许应力幅类别	桥面体系 Von Mises 等效疲劳应力幅	容许疲劳应力幅	判别
1	边腹板与钢锚箱焊缝	Ⅳ	52	110.3	通过
2	有拉索横隔板与顶板焊缝	Ⅶ	<27	99.9	通过
3	有拉索横隔板与底板焊缝	Ⅶ	<42	99.9	通过
4	有拉索横隔板与顶板加劲肋焊缝	Ⅶ	<62	99.9	通过
5	有拉索横隔板与底板加劲肋焊缝	Ⅶ	49	99.9	通过
6	无拉索横隔板与顶板焊缝	Ⅶ	<26	99.9	通过
7	无拉索横隔板与底板焊缝	Ⅶ	<44	99.9	通过
8	无拉索横隔板与顶板加劲肋焊缝	Ⅶ	<71	99.9	通过
9	无拉索横隔板与底板加劲肋焊缝	Ⅶ	52	99.9	通过

由图 3-41 和表 3-9 可知：

①加劲肋下缘最大应力幅值横隔板位置约 33 MPa，两横隔板中间位置约 17 MPa，均出现在 B、C、D、G 加劲肋。

②向结构中心线侧，加劲肋与横隔板过焊孔交点（关键点 2），横隔板位置最大应力幅值 35 MPa，出现在 H 加劲肋，两横隔板中间位置最大应力幅值 10 MPa，出现在 G 加劲肋。

③非结构中心线侧，加劲肋与横隔板过焊孔交点（关键点 3），横隔板位置最大应力幅值 45 MPa，出现在 H 加劲肋，两横隔板中间位置最大应力幅值 10 MPa，出现在 G 加劲肋。

④向结构中心线侧，加劲肋、顶板与横隔板过焊孔的交点（关键点 4），横隔板位置最大应力幅值 12 MPa，出现在 A 加劲肋，两横隔板中间位置最大应力幅值 9 MPa，出现在 F 加劲肋。

⑤非结构中心线侧，加劲肋、顶板与横隔板过焊孔的交点（关键点 5），横隔板位置最大应力幅值 16 MPa，出现在 G 加劲肋，两横隔板中间位置最大应力幅值 9 MPa，出现在 E 加劲肋。

⑥中腹板附近的几个加劲肋应力幅值波动较大，设计施工中应重点关注该处的构造细节和工程质量，保证结构的安全，其他位置应力幅值较平缓。

另外，钢箱梁横隔板高厚比大，构造复杂，过人洞、纵肋切口或其他贯穿孔等使横隔板的截面削弱较多，截面由焊接引起的残余应力及焊接变形较大，尤其是钢箱梁悬臂拼装时，桥面吊机前支点将吊机自重及待拼梁段重量作用于横隔板，其集中荷载远大于运营阶段的特种活载，弯、压、剪共同作用下横隔板强度、稳定及变形，以及已拼梁段与待拼梁段的拼接口相对变形问题，是设计需要重点关注的问题，同样可以采用混合有限元法予以分析。

3.4.3　钢箱混凝土组合梁

3.4.3.1　结构总体计算

对结合梁斜拉桥加劲梁的计算主要需要解决两个问题：一是混凝土桥面板的有效宽度。加劲梁在自重、二期恒载、活载，以及斜拉索力等产生的弯矩和轴力共同作用下，其宽而薄的混凝土桥面板上的正应力分布存在剪力滞情况。需要确定钢-混凝土结合梁斜拉桥主梁在弯矩和轴力共同作用下混凝土桥面板的有效宽度。二是要处理好混凝土与钢材两种材料的结合、协调受力问题。混凝土桥面板与钢梁格之间采用抗剪连接件连接，通过现浇接缝混凝土将钢材和混凝土有效的结合成一个整体共同受力，两种材料的交界处的变形协调，关系到混凝土板和钢主梁之间的内力分配关系和正常工作状态。

1. 有效分布宽度计算

混凝土桥面板上的剪力滞给理论计算带来难度，初等梁理论与圣维南原理均不能运用；同时现有规范的不完善，大都是对有效宽度的计算采用简化公式，彼此存在着一定的差别，加大了设计难度。现就广泛使用各国规范中相关内容表述如下：

(1)我国《公路桥梁钢结构及木结构设计规范规范》(JTJ 025-86)

我国公路规范采用容许应力的设计方法，结合梁翼缘的有效宽度采用下述三种数值中的最小值：

①计算跨径的 1/3；

②两相邻梁间的距离；

③12 倍混凝土桥面板厚(无承托时，取钢梁上翼缘的宽度)。

(2)美国公路桥梁设计规范(1994 年)

在计算结合梁有效宽度时所用的有效跨长，对简支梁可取实际跨的长度；对连续梁，取永久荷载作用下两个反弯点之间的距离。翼缘有效宽度可取下列三种情况的最小者：

①有效跨长的 1/4；

②混凝土桥面板平均厚度的 12 倍，加钢主梁腹板的厚度和钢主梁上翼缘宽度的 1/2 两者中的较大；

③相邻梁的距离。

(3)欧洲规范 4

欧洲规范 4 中为了方便计算，采用等量矩形应力块的方法，引入有效宽度的数值。在欧洲规范 4 中计算有效宽度的公式如下：

$$b_e = b_{e1} + b_{e2}$$

$$b_{e1} = \frac{L_0}{8} \leqslant b_i \quad (i=1,2)$$

式中　b_i——混凝土板的外伸宽度，当有相邻梁时，b_i 值取 0.5a，a 为相邻梁的间距；

L_0——有效跨长，简支梁可取实际跨的长度，连续梁取永久荷载作用下两个反弯点之间的距离。

(4)英国规范 BS 5400-5

英国 BS 5400-5 对单侧翼缘分别进行了规定，再把各部分的数值相加的方法来计算结合梁混凝土板的有效宽度。

内侧翼缘：　$$b_e = \Psi \cdot b$$

式中 b——相邻钢主梁腹板中心距离的一半；

Ψ——折减系数。

外侧翼缘：

$$b_e = 0.85\Psi \cdot b'$$

式中 b'——外侧翼缘到钢主梁腹板中心的距离；

Ψ——折减系数。

(5)日本公路桥梁规范

日本公路桥梁设计规范主要针对不同荷载情况下单侧翼缘的有效宽度进行了规定：

①均布荷载作用时

$$b_e = b, \qquad \frac{b}{l} \leqslant 0.05$$

$$b_e = \left(1.1 - 2\frac{b}{l}\right)b, \qquad 0.05 < \frac{b}{l} < 0.3$$

$$b_e = 0.15l, \qquad \frac{b}{l} \geqslant 0.3$$

②集中荷载作用时

$$b_e = b, \qquad \frac{b}{l} \leqslant 0.02$$

$$b_e = \left[1.06 - 3.2\left(\frac{b}{l}\right) + 4.5\left(\frac{b}{l}\right)\right]b, \qquad 0.02 < \frac{b}{l} < 0.3$$

$$b_e = 0.15l, \qquad \frac{b}{l} \geqslant 0.3$$

综合上述各国规范，对结合梁斜拉桥桥面板的有效宽度进行计算，都存在需要明确有效跨长 L_0 的取值问题：是取索距长度，还是取中跨或边跨的跨径？《现代斜拉桥》(严国敏)提出了结合梁斜拉桥设计中有效宽度考虑的方法：一是把索的刚度看作为无穷大，斜拉桥视为索间距为跨度的连续结构，再按上述各国规范对桥面板的有效宽度进行计算；二是把索的刚度看作为零，将斜拉索对钢主梁的支点作用视为零，把钢箱梁作用为连续梁，再按上述各国规范对桥面板的有效宽度进行计算。

对于组合梁斜拉桥，索力的水平分量以集中力的形式作用于主梁上，在斜拉索锚固点附近，局部应力较大，远离斜拉索截面应力逐渐趋于均匀，索力在桥面板中以一定的角度传递，达到一定长度后，在整个桥面板上的力趋于均匀，即两夹角之间的翼缘有效宽度也由小变大，直到整个桥面板截面参与工作，设计需要考虑此传递角度。

美国公路桥梁设计规范中对于双主肋断面的桥面板有效宽度进行了规定：预应力和其他轴向力沿主肋以30°向两侧的桥面板传递。中国的桥梁设计规范目前还没有提出相似的计算方法，国内其他桥梁相关试验予以了验证，设计需要考虑。

2. 栓钉滑移量的控制及模拟

钢-混凝土组合梁结构中的钢梁与混凝土板通过抗剪连接件连成整体，达到协同变形、共同工作的目的。若钢箱梁与混凝土桥面板间存在较大的滑移值，则必对桥面板上应力分布造成较大影响。抗剪连接件负责承担钢箱梁与混凝土板间的纵向剪力，防止钢箱梁与混凝土板间发生滑移变形。但设计规范要求，除负弯矩区需采用完全抗剪连接外，正弯矩区可根据实际情况和施工方便，在承载力和变形许可的情况下，采用集束抗剪连接。在实际工程中，即便是完全抗剪连接情况下，也很难保证不滑移。滑移对组合桥梁结构的力学性能和混凝土板中的应力分布造成较大影响，使结构承载力降低和受力不利。因此，有必要对组合梁斜拉桥中钢箱梁与混凝土桥面板间界面滑移性能进行研究。

依据文献，栓钉连接件的变形能力必须满足当承载力达到最终承载力的60%时，滑移量不应超过0.4 mm；达到最终承载力时，滑移量不应大于3～5 mm。计算结果表明该桥目前设计的剪力栓钉工作性能良好，能够为结合梁结构提供足够的、完整的组合作用。设计按此考虑。

分析混凝土桥面板受力情况时，通过在钢主梁、横梁、小纵梁与混凝土交界处分别建立弹簧单元，用于考虑钢与混凝土之间的滑移影响。1971 年 Fisher 在研究钢-混凝土结合梁的相对滑移规律时，提出了以栓钉为抗剪连接件的结合梁荷载-滑移关系为：

$$Q=Q_u\,(1-e^{-\beta\cdot S})^{\alpha} \tag{3-45}$$

式中　α、β——无量纲参数，一般 α 取 0.4，β 取 0.7；

Q——栓钉承受的剪力荷载；

Q_u——栓钉的极限承载力；

S——截面上的相对滑移值。

3.4.3.2　计算原则

①组合梁钢梁与混凝土板之间的温差应按±15℃计算。

②组合梁的内力与应力计算应根据施工步骤分阶段进行，计算内力时所用的截面可用实际尺寸，不计剪力滞后和板内钢筋的影响。计算连续梁内力时，中支座两侧跨度 15%范围内受拉混凝土桥面板不参加工作，但其有效宽度内的纵向受拉钢筋可以计入。若连续结合梁负弯矩区内的混凝土板是有纵向预应力的结构，仍不计剪力滞后和板内钢筋的影响。计算应力时，考虑组合截面的有效分布宽度，按平截面假定计算和叠加正应力、剪应力。

③计算组合梁截面特性时，宜将混凝土截面换算成钢截面，钢与混凝土的弹性模量比应考虑混凝土徐变的影响。

④组合梁应按完全抗剪连接设计，检算剪力连接件根部焊缝区及附近母材的疲劳强度。

⑤负弯矩区混凝土桥面板可采用预应力或高配筋的处理措施。当采用高配筋限制混凝土裂缝宽度时，配筋率不应小于 3%，裂缝宽度一般不大于 0.18 mm。

⑥混凝土板收缩产生的内力可按温度下降 15℃计算，采用预制板时可适当折减，一般可按温度下降 10℃考虑。

3.4.3.3　整体计算方法

组合梁截面的设计方法可分为换算截面的弹性分析方法与考虑截面塑性变形发展的塑性分析方法两种。

1.《铁路结合梁设计规定》(TBJ 24—89)弹性容许应力法

弹性设计容许应力法是最古典的结构设计方法。自 1944 年钢-混凝土组合结构纳入美国 AASHTO 公布的《美国公路桥梁设计规范》时就一直沿用以弹性理论为基础的容许应力设计体系。我国现行铁路桥涵设计规范也一直沿用这种设计方法。其基本观点是：将钢材和混凝土都假设为理想的弹性体，若以此计算得到的钢材和混凝土的应力小于各自材料的容许应力，则认为结构是安全的。

尽管容许应力法存在一些缺点，例如没有考虑材料的塑性，容许应力值的确定缺乏科学的依据，安全度的概念笼统等，但是对于直接承受动荷载的桥梁钢结构(包括结合梁)来说，一般都要控制使用荷载作用下的应力值，以使结构处于弹性工作状态。所以对于承受动荷载桥梁钢结构的强度计算仍采用容许应力法是符合桥梁结构的实际受力状况的。

对于钢-混凝土组合梁，弹性设计的主要计算内容是截面应力和变形，以确保结构的截面强度、刚度及稳定性，其中截面应力计算是核心内容。应力验算应满足不同受力阶段的要求。结合梁桥施工时，通常在钢梁的下面不设支承，安装或浇筑结合梁上的混凝土板时，利用钢梁作为浇筑混凝土板的承重结构。此时，钢梁自重及桥面板等静荷载由钢梁承担，而桥面二期恒载由混凝土板已经硬化的结合梁承担，此种组合梁称为活荷载组合结构，其应力应分阶段进行计算。即：

第一受力阶段：混凝土未达到强度设计值以前的阶段。此时荷载考虑钢梁自重、模板重和混凝土板重量等。恒载连同本阶段的施工临时荷载全部由钢梁承受，据此计算钢梁的应力、挠度及稳定性。

第二受力阶段：混凝土达到强度设计值后的阶段。此时混凝土和钢梁共同受力，承担二期恒载以及使用阶段的可变荷载等。

按弹性理论计算钢-混凝土结合梁是按以下基本假设为基础的：

①变形符合平截面假定，即截面在弯曲之后仍保持平面；

②钢材与混凝土均视为理想弹性体，其应力应变关系成正比；

③钢梁与混凝土之间具有可靠的连接，相对滑移很小，可忽略不计；

④混凝土板按实体面积计算，不扣除其中受拉开裂的部分，且不考虑混凝土翼缘板中的钢筋；

⑤当混凝土板中施加预应力后，负弯矩区段的混凝土板不开裂，仍然参与整体的组合作用。

2.《铁路桥涵极限状态法设计暂行规范》(Q/CR 9300—2014)极限状态法

混凝土并非理想到弹性材料，而钢材可以认为是理想到弹塑性材料。因此组合梁的截面弹性分析只有当混凝土的最大压应力小于0.5倍轴心抗压设计强度且钢材的最大拉应力小于其屈服强度时才比较符合实际情况，同时，由于未考虑塑性变形发展带来的强度潜力，故得出的承载力趋于保守。

在确定组合梁的截面极限强度时要用到塑性分析方法。当构件的厚度过薄时，很容易产生局部压屈、侧向压屈和弯扭压屈。若产生这种情况，构件的抗弯能力将会降低，材料不能进入塑性状态。因此，按塑性理论分析的结合梁，首先应控制钢梁不产生局部压屈所需要的截面各部分尺寸。为使钢梁的侧向变形和扭转变形不至于过大，还应适当布置侧向支撑杆或横隔板。

(1)承载能力极限状态计算

1)组合梁抗弯承载力计算

①对于钢箱梁部分：

$$\sigma_s=\frac{M\cdot y}{I_{sc}}\leqslant f_{sd} \tag{3-46}$$

②对于混凝土部分：

$$\sigma_c=\frac{M\cdot y}{n\cdot I_{sc}}\leqslant f_{cd} \tag{3-47}$$

式中　M——弯矩设计值；

I_{sc}——换算截面惯性矩；

y——所求应力点对换算截面中性轴的坐标；
σ_s——钢梁应力；
σ_c——混凝土应力；
f_{sd}——钢材强度设计值；
f_{cd}——混凝土强度设计值。

2)组合梁抗剪承载力计算

①简支区域：

$$V \leqslant h_{sc} t_w f_{vd} \tag{3-48}$$

②连续简支组合梁：

$$\sigma_{max} = \sqrt{\sigma^2 + 3\tau^3} \leqslant f_{yd} \tag{3-49}$$

式中 h_w，t_w——钢梁腹板的高度和厚度；
f_{vd}——钢材的抗剪强度设计值；
σ_{max}——钢材腹板最大折算应力；
σ，τ——钢梁腹板计算高度边缘同一点上同时产生的正应力、剪应力；
f_{yd}——钢材强度设计值。

3)组合截面自由扭转剪应力

$$\tau_{cp} = \frac{\tau_{sp}}{n} \tag{3-50}$$

式中 τ_{sp}——钢梁扭转剪应力；
τ_{cp}——混凝土梁扭转剪应力。

4)钢箱梁应力检算

①纵向正应力：
$$\sigma_s \leqslant f_{sd} \tag{3-51}$$
②横向正应力：
$$\sigma_{st} \leqslant f_{std} \tag{3-52}$$
③剪应力：
$$\tau_s = \tau_{cp} + \tau_{sp} \leqslant f_{s\tau d} \tag{3-53}$$
④组合应力：
$$\sqrt{\sigma_s^2 + \sigma_{st}^2 - \sigma_s \cdot \sigma_{st} + 3\tau_s^2} \leqslant 1.1 f_{sd} \tag{3-54}$$

式中 σ_s——钢梁纵向正应力；
σ_{st}——钢梁横向正应力；
τ_s——钢梁剪应力；
τ_{sp}——钢梁扭转剪应力；
τ_{cp}——钢梁扭转剪应力；
f_{sd}、f_{std}、$f_{s\tau d}$——钢材强度设计值。

5)栓钉的抗剪承载力

按式(3-55)和式(3-56)计算，取其较小者：

$$v_d = 0.29\alpha d^2 \sqrt{E_c f_{ck}} / \gamma_v \tag{3-55}$$

$$v_d = 0.8 f_u \left(\frac{\pi d^2}{4}\right) / \gamma_v \tag{3-56}$$

式中 d——栓钉的直径；
E_c——混凝土的弹性模量；
f_{ck}——混凝土抗压强度标准值；
f_u——栓钉极限抗拉强度，但不超过500 MPa；

γ_v——栓钉材料抗力系数，取 1.25；

α——系数，当 $3 \leqslant h/d \leqslant 4$ 时，$\alpha=0.2f_u\left(\frac{h}{d}+1\right)$；当 $h/d \geqslant 4$ 时，$\alpha=1.0$；

h——栓钉的总高度。

6)位于混凝土板受压区梁段内的纵向剪力可按式(3-57)计算：

$$Q=\frac{V_G \cdot S_l \cdot a}{I_{sc,l}}+\frac{V_Q \cdot S_s \cdot a}{I_{sc,s}} \leqslant mV_d \tag{3-57}$$

式中　V_G——计算截面处长期荷载引起的剪力；

V_Q——计算截面处活载引起的剪力；

$I_{sc,l}$——长期荷载作用下的换算截面惯性矩；

$I_{sc,s}$——短期荷载作用下的换算截面惯性矩；

S_l——长期荷载作用下应力计算点以上换算截面对总换算截面中和轴的面积矩；

S_s——短期荷载作用下剪应力计算点以上换算截面对总换算截面中和轴的面积矩；

a——相邻连接件的间距；

V_d——连接件的抗剪承载力；

m——计算截面处连接件的个数。

7)位于混凝土板受拉区梁段内的纵向剪力可按式(3-58)计算：

$$Q=f_{sd}A_g \tag{3-58}$$

式中　f_{sd}——钢材抗拉强度设计值；

A_g——受拉区有限宽度内钢筋总面积。

8)梁段内需要的连接件个数 m 可按式(3-59)计算：

$$m=\frac{Q}{V_d} \tag{3-59}$$

式中　V_d——单个连接件的抗剪强度设计值。

(2)正常使用极限状态计算

①组合梁的内力计算应根据施工步骤分阶段进行，计算内力时所用的截面可用其实际尺寸，不计剪力滞和板内钢筋的影响。组合梁的挠度计算应按不同的施工、运营阶段，分别计算永久作用、可变作用及偶然作用下的挠度，再进行叠加成为截面的累积挠度。

②组合梁应依据平截面假定计算钢筋应力，各阶段钢筋应力进行叠加形成钢筋的累加应力 σ_g。没有布置预应力筋的连续结合梁负弯矩段内，最大裂缝宽度应按式(3-60)计算：

$$w_{max}=2.7\Psi\frac{\sigma_g}{E_s}\left(1.9c+0.08\frac{d_{eq}}{\rho}\right) \tag{3-60}$$

其中：$d_{eq}=\frac{\sum n_i d_i^2}{\sum n_i \gamma_i d_i}$；$\sigma_g=\frac{M \cdot y}{I_{sc}}$

式中　Ψ——裂缝间纵向受拉钢筋应变不均匀系数，由于结合梁直接承受列车荷载，取 1.0；

c——最外层纵向受拉钢筋边缘至受拉区边缘的距离(mm)，当大于 65 mm 时，取 65 mm；

d_{eq}——纵向钢筋的等效直径(mm)；

d_i——受拉区第 i 种纵向钢筋的公称直径(mm)；

γ_i——受拉区第 i 种纵向钢筋相对黏结特性系数；光圆钢筋为 0.7，带肋钢筋为 1.0；

n_i——受拉区第 i 种纵向钢筋的根数；

ρ——按有效混凝土面积计算的纵向受拉钢筋配筋率；
A_g——纵向受拉钢筋总面积；
M——截面弯矩；不同受力阶段、种类的荷载应分别计算；
I_{sc}——与截面弯矩相对应的换算截面惯性矩；
E_s——钢筋的弹性模量。

(3)疲劳极限状态计算

$$\Delta\sigma_g \leqslant \Delta f_{sfd} \tag{3-61}$$

$$\Delta\sigma_s \leqslant \Delta\sigma_0 \tag{3-62}$$

式中　$\Delta\sigma_g$——钢筋疲劳应力；
$\Delta\sigma_s$——钢构件和栓钉疲劳应力；
Δf_{sfd}——钢筋疲劳强度；
$\Delta\sigma_0$——钢构件和栓钉疲劳强度。

3.4.3.4　PBL 剪力键计算

EuroCode4 通过对各有效试验资料的统计分析，取均值减去二倍标准差的下限，得出以下公式 PBL 剪力键的承载力公式：

(1)无横贯钢筋时

$$N_v^c = \frac{(4.31 \cdot A - 121 \times 10^3)}{\gamma} \tag{3-63}$$

其中：$A = \frac{\pi d^2}{4} \cdot \sqrt{\frac{t}{d}} \cdot f_c$，但 $40 \times 10^3 \leqslant A \leqslant 200 \times 10^3$ (N)

式中　N_v^c——PBL 连接件抗剪承载力(N)；
d——钢板孔孔径(mm)；
t——带孔肋板的厚度(mm)；
f_c——混凝土抗压强度(N/mm²)；
γ——构件系数，一般取 1.0。

(2)有横贯钢筋时

$$N_v^c = \frac{(1.85 \cdot A - 106.1 \times 10^3)}{\gamma} \tag{3-64}$$

其中：$A = \frac{\pi(d^2 - d_{st}^2)}{4} \cdot f_c + \frac{\pi d_{st}^2}{4} \cdot f_{st}$，但 $56 \times 10^3 \leqslant A \leqslant 380 \times 10^3$ (N)

式中　d_{st}——横贯钢筋直径(mm)；
f_c——横贯钢筋抗拉强度(N/mm²)；

其他符合意义同上。

(3)孔间钢板抗剪承载力

$$N'_v = \frac{5}{3} \cdot \frac{f_s}{\sqrt{3}} \cdot A_w \geqslant N_v^c \tag{3-65}$$

式中　N_v^c——PBL 连接件抗剪承载力(N)；
A_w——孔间钢板最小纵向平面截面积(mm²)；
f_s——钢板屈服强度(N/mm²)。

要求设计 PBL 连接件时应避免孔间钢板的剪切破坏先于混凝土的剪切破坏。

3.4.3.5 混凝土桥面板横向计算

(1)计算跨度

混凝土桥面板按支承于钢梁的方式可分为单向板和双向板。当四周支承桥面板的长边与短边长度之比等于或大于 2 时,应以短边为跨度按单向板计算,否则应按双向板计算。一般板的计算跨度可根据《铁路桥涵钢筋混凝土和预应力混凝土结构设计规范》第 4.2.2 条取值,即计算跨度为两支承中心间的距离,或主梁梁梗间净距加板的厚度,且不大于两梗间净距加梁梗宽度。

(2)计算模式及边界条件处理

计算桥面板内力的方法主要有两种。一种是简化方法,即按照《铁路桥涵钢筋混凝土和预应力混凝土结构设计规范》,取同等跨度简支梁的跨中弯矩值,分别考虑不同折减系数得到桥面板的支点及跨中弯矩。

计算剪力时,计算跨度为梗间净距,剪力按简支板计算。对于多点支承的多跨桥面板,还应考虑不同支承刚度引起的不均匀沉降对桥面板产生的附加弯矩。

另一种方法是建立实体有限元模型的精确计算,即支承钢板采用壳单元模拟,混凝土采用实体单元模拟,钢与混凝土间的法向传力通过接触单元模拟,忽略接触面间的摩阻力,剪力钉采用弹簧单元,两端节点分别和钢板及混凝土单元耦合,考虑其刚度。

3.4.4 型钢格构钢混组合桥面板

1. 计算规定及基本内容

本质上,钢混型钢格构组合桥面板是组合梁桥面板的一种特殊方式,它是以钢底板作为底模,等代替换部分组合梁混凝土桥面板的混凝土,其特殊性在于降低了混凝土桥面板的结构高度,增加了配筋率,因此需要解决好底钢板与混凝土桥面板厚度匹配的问题。

钢混型钢格构组合桥面板的第一、第二和第三结构体系受力计算,可按第 3.4.3 节混凝土桥面板的组合梁的方法,按组合桥面板的形成过程,分施工及运营阶段,计算底钢板的强度和刚度,以及组合截面强度与变形验算。计算桥面刚度时,可忽略栓钉、带孔钢板的刚度影响。

钢混型钢格构组合桥面板的第三结构体系受力计算,当长边与短边长度之比小于 2 时,应按双线板计算;当大于 3 时,应按单向板计算;介于其间时,既可按单向板也可按双向板计算。或者按照第 3.4.3.5 节方法计算。鉴于计算手段的进步,建议采用有限元法进行内力计算,沿带孔钢板方向宜计入带孔钢板的组合桥面板验算强度,垂直于带孔钢板方向应不计入带孔钢板的组合桥面板验算强度。

针对公路桥梁钢混组合桥面板的第三结构体系受力检算,四川省制定了《钢-混凝土组合桥面板技术规程》(DB51/T 1991—2015),涵盖了施工及使用阶段承载能力及正常使用使用极限状态计算,包括正负弯矩截面抗弯承载能力、抗冲切承载能力、斜截面抗剪承载能力,以及挠度、裂缝宽度、动力特性等,内容比较全面,可供设计者参考。下面主要结合钢混型钢格构组合桥面板的特点,探讨采用容许应力法的设计方法。

2. 钢底板与混凝土厚度计算以及钢筋布置

钢底板及混凝土板的厚度首要满足整体计算结构受力需要,其次应避免出现超筋破坏形式,满足正截面抗弯、斜截面抗剪强度以及裂缝宽度限值。具体的步骤是:第一步,可参照结合梁的纵向、横向计算方法,初步得到钢底板和混凝土厚度值,可参照结合梁的方法进行整体计算。第二步,通过匹配钢底板厚度 t 与混凝土板厚度 h,以及普通钢筋 A'_g 的配置,计算正截面的相对界限受压区高度 ξ_b，使混凝土的实际受压区高度 x 满足适筋梁的标准，即 $x \leqslant \xi_b \cdot h$，初步验证钢底板厚度 t 与混凝土板厚度 h，以及普通钢筋 A'_g 的配置三者匹配的合理性。计算图式按照钢筋混凝土受弯构件的工作阶段Ⅲ模式，当受拉区钢筋的应力达到钢筋的抗拉计算强度 f_s，应变急剧增大，受压区也因之迅速减小，于是混凝土压应力达到了抗压极限强度 f_c、受压钢筋的应力亦达到抗压设计强度 f'_s，压应变也发展到最大值，导致受压区混凝土被压溃。各符号含义如图 3-42 所示。第三步，验算钢-混凝土组合桥面板的正截面抗弯、斜截面抗剪强度，以及裂缝值。

每一步骤若不满足要求，优化后再次按以上步骤验算，直至满足设计要求。

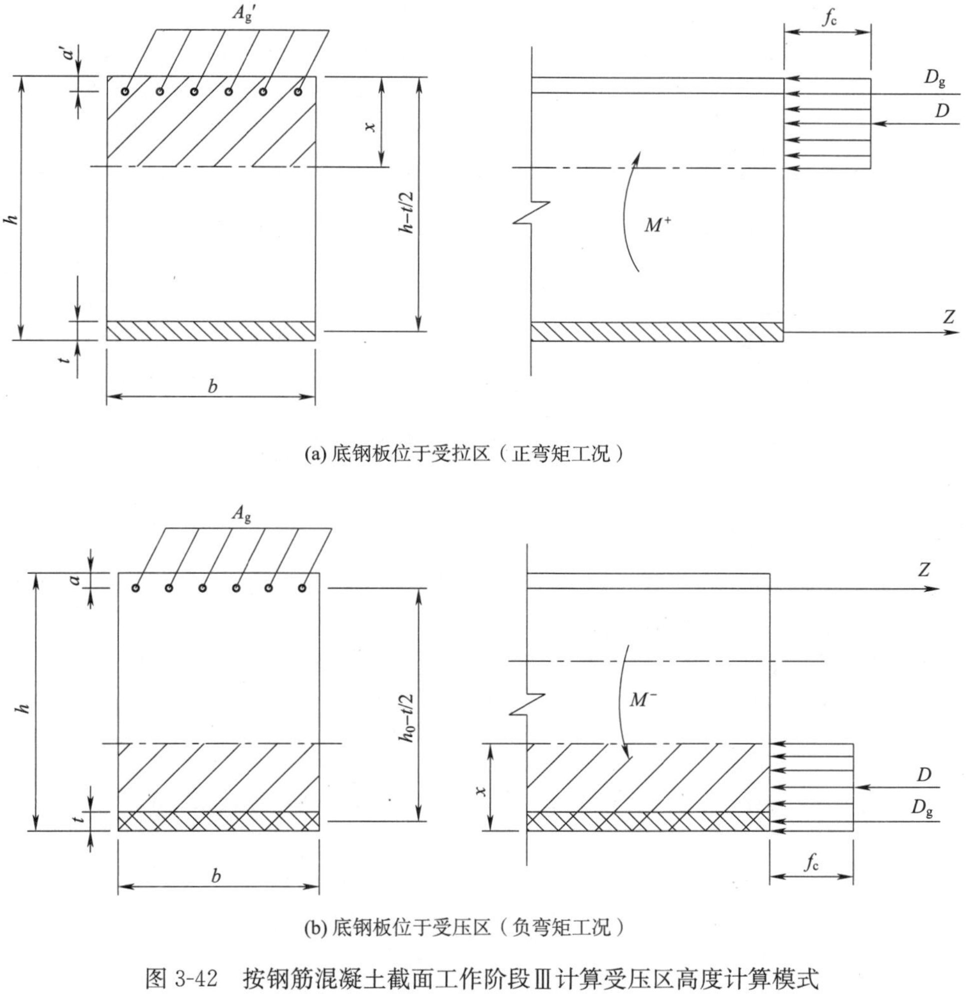

(a) 底钢板位于受拉区（正弯矩工况）

(b) 底钢板位于受压区（负弯矩工况）

图 3-42　按钢筋混凝土截面工作阶段Ⅲ计算受压区高度计算模式

求换算受压区高度 x（以底钢板位于受拉区为例）：

受压区混凝土压力：$D=b \cdot x \cdot f_c$；

受压区钢筋压力：$D_g=A'_g \cdot f'_s$。

受拉区底钢板压力：$Z=b \cdot t \cdot f_s$；

由力的平衡条件，控制截面所有水平力 $\sum H=0$，$D+D_g=Z$，即：

$$b \cdot x \cdot f_c + A'_g \cdot f'_s = b \cdot t \cdot f_s$$

由上式可得：$x=\dfrac{b \cdot t \cdot f_s - A'_g \cdot f'_s}{b \cdot f_c}$，当受拉底钢板与受拉钢筋采用同一钢种时，简

化为：

$$x=(\mu-\mu')\frac{f_s}{f_c}\cdot h$$

式中　μ——底钢板的配筋率，$\mu=\frac{b\cdot t}{b\cdot h}=\frac{t}{h}$；

μ' ——受压钢筋的配筋率，$\mu'=\frac{A'_g}{b\cdot h}$。

为避免脆性破坏，要求 $x\leqslant\xi_b\cdot h$，即：

$$x=(\mu-\mu')\frac{f_s}{f_c}\cdot h\leqslant\xi_b\cdot h，等同于\frac{x}{h}=(\mu-\mu')\frac{f_s}{f_c}\leqslant\xi_b$$

ξ_b 可依照《公路钢筋混凝土即预应力混凝土桥涵设计规范》(JTG D62—2004)第 5.2.1 条规定取值。

例如：某钢—混凝土组合桥面板的混凝土等级 C40，混凝土板厚 150 mm，板宽 1 000 mm，混凝土抗压极限强度 27 MPa；底钢板为 Q235B，板厚 10 mm，钢材抗拉计算强度 235 MPa；受压区布置 10ϕ25 mmHPB235 钢筋，请计算混凝土受压区高度。

由上述公式，计算得到 $\mu=\frac{1}{16}$，$\mu'=0.030\ 7$，$\frac{x}{h}=0.277\leqslant\xi_b=0.62$。说明本结构属适筋梁，具有一定的延性，可避免脆性破坏，钢底板、混凝土板以及普通钢筋匹配具有一定的合理性。若混凝土板厚调整为 120 mm，受压区钢筋调整为 10ϕ20 mmHRB335，底钢板调整为 Q345C，则$\frac{x}{h}=0.674>\xi_b=0.56$，不满足延性要求。说明了钢底板厚度 t 与混凝土板厚度 h，以及普通钢筋 A'_g 的配置三者匹配的重要性。

3. 型钢格构混凝土组合桥面板强度检算

正截面强度计算(以底钢板位于受拉区为例)：

钢-混凝土组合桥面板的正截面强度计算遵循以下三个基本假定：

平截面假定：钢-混凝土组合桥面板是一种特殊的钢筋混凝土构件，可认为受力弯曲后仍与结构的轴线垂直并保持平面，平行于中性轴的各纵向纤维的变形与其到中性轴的距离成正比，如图 3-43 所示。

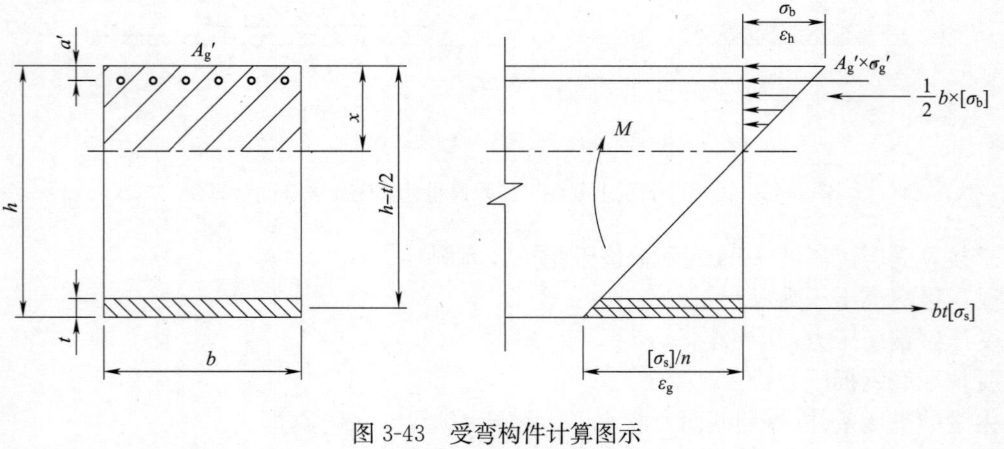

图 3-43　受弯构件计算图示

弹性体积假定：构件受弯后，截面受力进入混凝土受弯构件的第Ⅱ工作阶段，应力与应变成正比，即符合虎克定律。

混凝土受拉区不参与工作：受拉去的拉应力全部由钢筋承受，混凝土不参加工作。

$$\frac{\varepsilon_h}{x}=\frac{\varepsilon_g}{\left(h-\frac{t}{2}-x\right)}$$

以上图示中：

h——钢—混凝土桥面板的厚度(或高度)；

b——钢—混凝土桥面板的宽度；

x——中性轴距受压区边缘的高度；

t——底钢板的厚度；

a'——受压区钢筋距混凝土受压底面的距离；

$[\sigma_b]$——混凝土弯曲受压及偏心受压容许应力；

$[\sigma_s]$——主力或主力加附加力作用下的钢筋容许应力；

ε_h——混凝土受压应变；

ε_g——底钢板受拉应变。

(1)正截面强度计算

采用换算截面进行计算，首先将受力底钢板、受压钢筋分别在其设计位置换算成混凝土，然后按假想的匀质梁计算，要求受拉底钢板、受压钢筋以及混凝土的最大应力不得大于规范的容许应力值。

①确定中性轴的位置。

从匀质梁的受弯特性可知，截面的中性轴通过换算截面的形心，故换算截面受拉区面积对中性轴的静矩等于换算截面受压区面积对中性轴的静矩，即：

$$n\cdot b\cdot t\cdot\left(h-\frac{t}{2}-x\right)=\frac{1}{2}\cdot b\cdot x^2+n\cdot A'_g\cdot(x-a')$$

解之：$x=(\sqrt{A^2+B}-A)\cdot h$

其中：

$$A=\frac{n\cdot(b\cdot t+A'_g)}{b\cdot h}=n\cdot(\mu+\mu')$$

$$B=\frac{2n\left[b\cdot t\cdot\left(h-\frac{t}{2}\right)+A'_g\cdot a'\right]}{b\cdot h^2}=2\cdot n\cdot\left[\mu\cdot\left(1-\frac{1}{2}\cdot\frac{t}{h}\right)+\mu'\cdot\frac{a'}{h}\right]$$

$$\mu=\frac{b\cdot t}{b\cdot h},\mu'=\frac{A'_g}{b\cdot h}$$

②求换算截面对中性轴的惯性矩 I_0：

$$I_0=n\cdot b\cdot t\cdot\left(h-\frac{t}{2}-x\right)^2+n\cdot A'_g\cdot(x-a')^2+\frac{1}{3}\cdot b\cdot x^3$$

③验算底钢板、普通钢筋即混凝土的应力：

$\sigma_h=\dfrac{M\cdot x}{I_0}$，要求 $\sigma_h\leqslant[\sigma_b]$

$\sigma_g=\dfrac{n\cdot M\cdot\left(h-\frac{t}{2}-x\right)}{I_0}$，要求 $\sigma_g\leqslant[\sigma_s]$

$\sigma'_g=\dfrac{n\cdot M\cdot(x-a')}{I_0}$，要求 $\sigma'_g\leqslant[\sigma_s]$

(2)斜截面强度计算

在正常使用荷载作用下,截面受力进入混凝土受弯构件的第Ⅱ工作阶段,受拉区混凝土已有裂缝,全部拉力由钢筋(钢板)承担,按前述截面换算原理,中性轴处截面上的剪应力为:

$$\tau_0=\frac{Q\cdot S_0}{b\cdot I_0}$$

式中 Q——截面剪力值;

S_0——换算截面中性轴以上部分面积对中性轴的静矩;

I_0——换算截面对中性轴的惯性矩。

也可近似采用以下公式计算:

$\tau_0=\frac{Q}{b\cdot z}$,要求 $\tau_0\leqslant[\sigma_{tp-1}]$。

式中 z——内力偶臂,对双筋矩形截面取 $z=0.9\cdot h$。

4. 型钢格构混凝土组合桥面板裂缝宽度计算

沿用《铁路桥涵钢筋混凝土和预应力混凝土结构设计规范》的裂缝计算方法,参照《钢-混凝土组合桥面板技术规程》(DB51/T 1991—2015),对受拉区有效钢筋直径综合考虑钢筋和带孔钢板的影响修正。

3.5 钢混结合段

钢混结合段是钢箱混合梁斜拉桥的重要组成部分,在功能上应保证各种内力效应在钢箱梁与混凝土梁之间可靠、顺畅传递,避免刚度突变;在构造上应使两部分梁体外形协调一致,具有可靠的承载能力、优良的疲劳性和耐久性。

3.5.1 钢混结合段设计

选取适宜于铁路大跨、重载的结合段构造形式,采取安全可靠的结合段连接构造技术是钢混结合段的主要设计内容。

3.5.1.1 钢混结合段构造形式

钢混结合段作为结构特性和材料特性突变之处,设计遵循的原则是:结构的合理性,即过渡段由部分接合过渡至全截面结合;力学的合理性,即由混凝土、钢箱梁二者之间的材料刚性突变转变为刚性渐变,承压厚板与填充混凝土接触;应力的传递顺畅,即以分散应力替代集中应力。

钢箱梁与混凝土梁组合接合部主要有无格室的与有格室两种构造形式。因格室与主梁的混凝土形成连续构造,刚度过渡平缓,传力平顺,目前多采用有格室构造形式,分有格室前承压板、有格室后承压板、有格室前后承压板三种。如图 3-44 所示。

相对而言,有格室前后承压板方案的轴力、弯矩及剪力由格室顶底板的连接件及前后承压板承担,承压板附近的应力集中最小,钢梁制作方便,目前公路桥多采用该方案。同时,还可将钢混过渡段的矩形钢格室优化梯形钢格室,腹板纵向索锚固于前承压板,顶底板纵向索锚固于后承压板,通过改变钢格室内的混凝土填充量进一步优化了刚度过渡,减小了局部应力。但

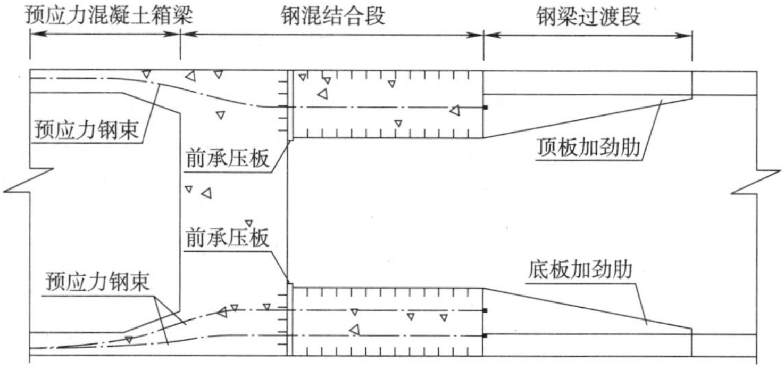

(a) 有格室前承压板方式

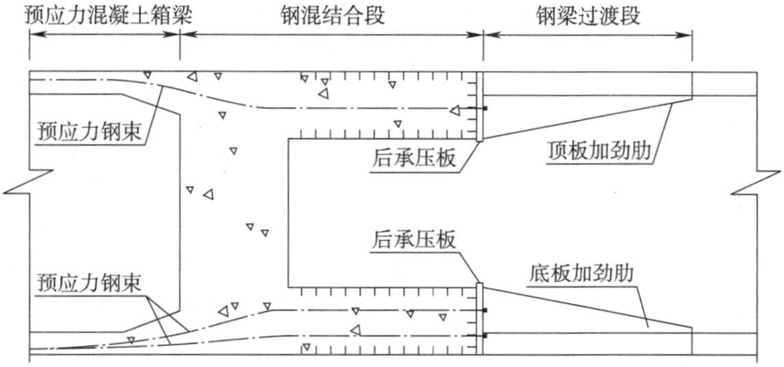

(b) 有格室后承压板方式

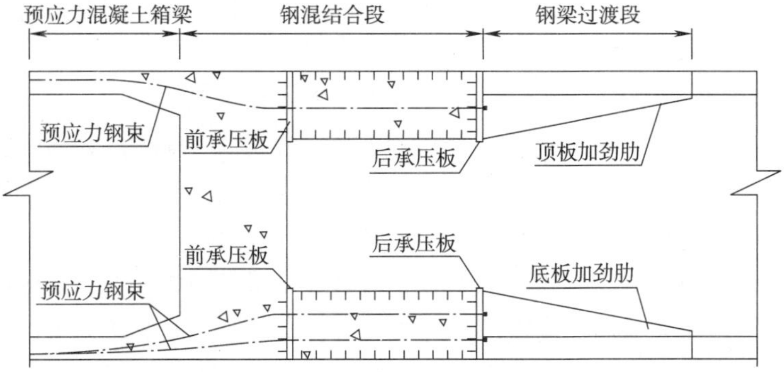

(c) 有格室前后承压板方式

图 3-44　钢混结合段构造类型

是，上述三种结合段的钢混过渡段均采用了等截面填充混凝土的方式，虽构造相对简单，但客观上截面的抗弯、抗压刚度从混凝土梁过渡至钢箱梁段，呈现台阶突变，不利于内力传递及分散。对铁路桥梁而言，刚度过渡突变还存在着对行车安全性、旅客乘坐舒适性的风险，需要尽可能使之过渡平顺。

在上述三种成熟钢混结合段构造技术的基础上，提出一种适应于铁路钢箱混合梁斜拉桥结合段为梯形填充前后承压板的钢混结合段构造，如图 3-45 所示为宁波甬江桥梯形填充混凝土前后承压板式钢混结合段构造图。

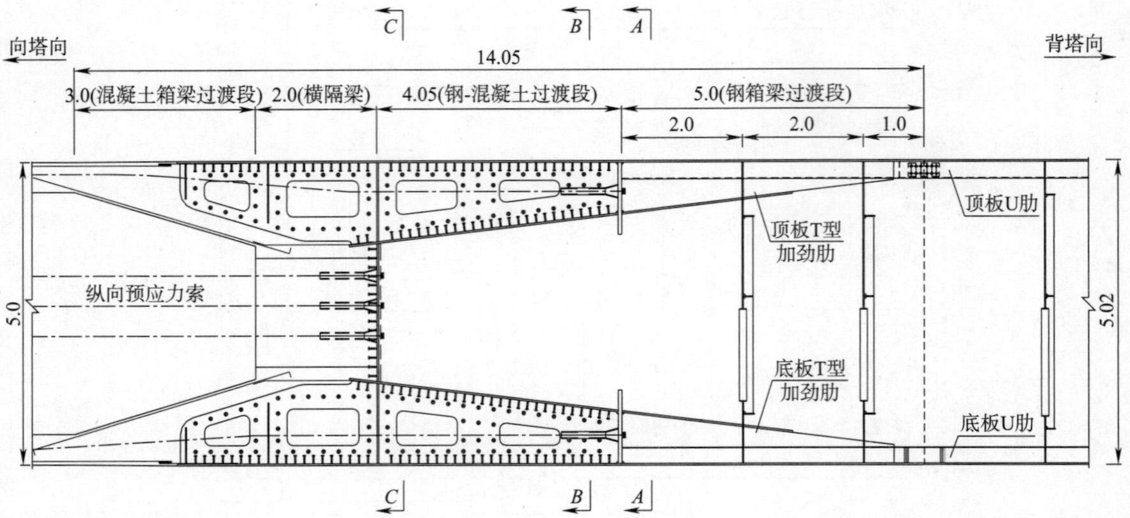

图 3-45 梯形填充混凝土前后承压板式钢混结合段构造图(单位:m)

这种新型的结合段包括混凝土箱梁过渡段、混凝土横隔梁实心段、梯形填充混凝土钢混过渡段、钢箱梁过渡段。梯形填充混凝土的钢混刚度过渡段通过将钢箱梁端部的顶板、底板和腹板做成双壁板,使填充的混凝土与紧邻的混凝土箱梁的顶板、底板和腹板通过 PBL 剪力板、纵向预应力索、横向预应力索及普通钢筋等连接。

连接部位的传力途径是首先将钢梁中的应力通过其补强部分加以分散(一般采用变高的肋板过渡),然后将这些力通过钢格室后面板、抗剪连接件及钢板与混凝土之间粘接力等的作用传递到填充混凝土中,最后再传递到预应力混凝土加劲梁中。

设计这种新型的结合段构造应考虑下列因素并采取相应措施:

①关注过渡段截面形心轴的变化。由于加劲梁承受很大的轴力,为避免连接部位断面重心突变而引起附加弯矩,设计要求连接部位的钢箱梁与混凝土的形心尽量吻合,并要求相对应的腹板和翼缘的形心也尽量重合,以防钢梁腹板和翼缘产生局部弯曲和失稳。

②需重点关注构造连接措施。为保证钢梁和混凝土梁的可靠连接,并有效、平顺地传递强大的轴力,在与混凝土梁重叠部分的钢梁上应焊上抗剪焊钉或抗剪器。

③要保证钢箱梁与混凝土梁的可靠连接。由于活载产生的纵向弯矩,以及风荷载产生的横向弯矩在连接部位还会产生相当大的拉应力,而这些拉应力又不可能完全由拉索的水平分力来抵消,因此还必须对连接部分施加一定的纵向预应力来提供补偿。

3.5.1.2 混凝土梁段

钢混结合段的混凝土梁段作为连接钢结构的刚性节点,采用混凝土实心截面,其外形与钢箱梁一致,混凝土梁与钢箱梁腹板对齐,形成外包钢箱梁。为保证结构过渡连续,混凝土段的纵向钢筋和预应力束均伸入接头段,接头段钢板与混凝土的连接,采用 PBL 剪力键和剪力钉相结合的方式,其余各处均布置剪力钉。

3.5.1.3 钢混过渡段

将钢混过渡段的矩形钢格室优化梯形钢格室,腹板纵向索锚固于前承压板,顶底板纵向索锚固于后承压板,如图 3-46 所示,通过改变钢格室内的混凝土填充量进一步优化了刚度过渡,减小了局部应力。

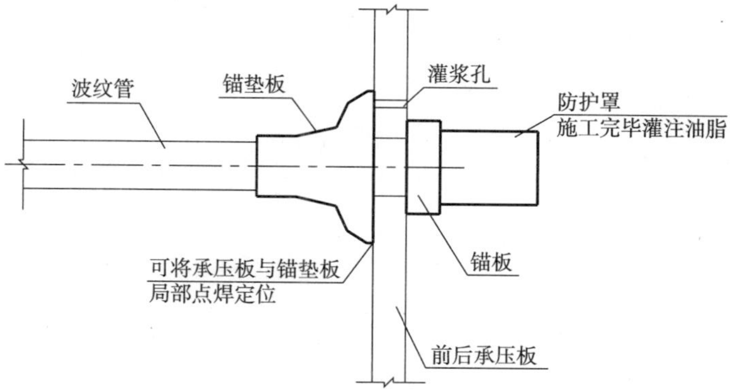

图 3-46　预应力钢束锚固示意图

3.5.1.4　钢箱梁过渡段

为了使钢箱梁过渡段的钢桥面顶板、底板的应力与填充混凝土梁段的应力扩散更趋均匀、一致，截面刚度过渡平缓，可设置变高加强 T 形肋板，如图 3-47 所示。

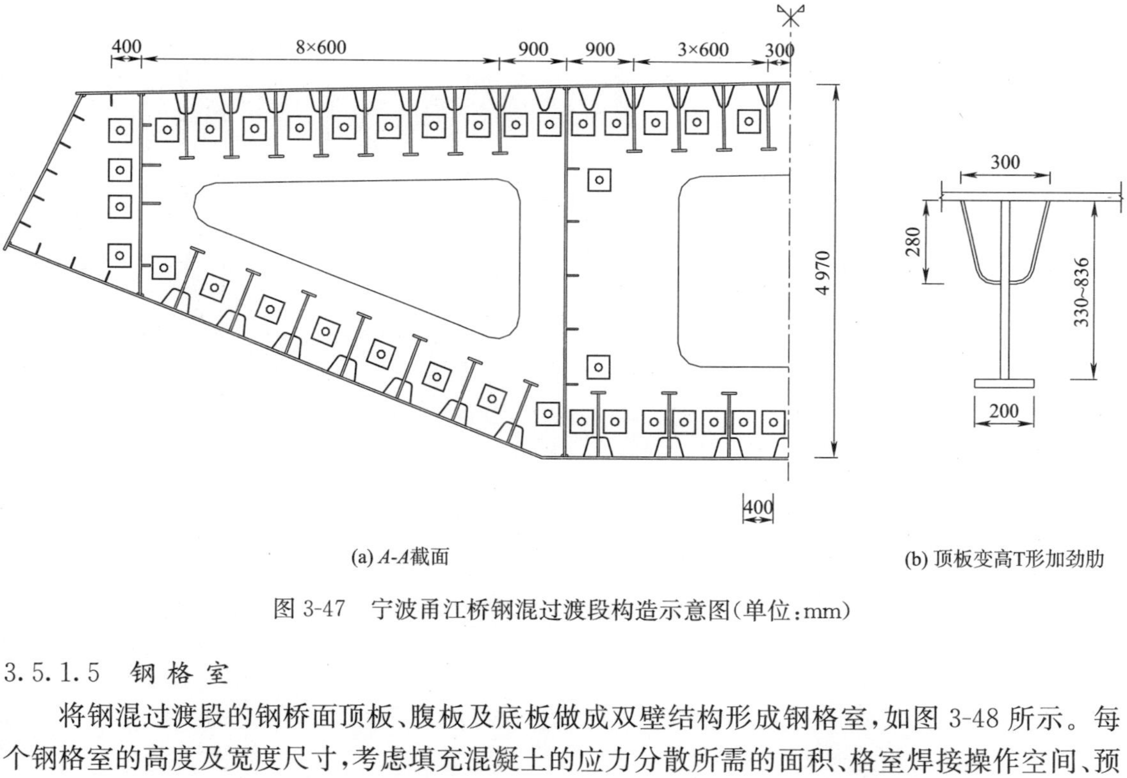

图 3-47　宁波甬江桥钢混过渡段构造示意图(单位：mm)

3.5.1.5　钢 格 室

将钢混过渡段的钢桥面顶板、腹板及底板做成双壁结构形成钢格室，如图 3-48 所示。每个钢格室的高度及宽度尺寸，考虑填充混凝土的应力分散所需的面积、格室焊接操作空间、预应力筋张拉及锚固作业空间、填充混凝土施工的方便性及构件加工制作可行性等因素，一般顶板、底板对应每根纵向预应力束对应一个钢格室。钢格室的长度应考虑从钢格室传递到填充混凝土部分的应力传递及分散状态，一般涵盖整个钢混结合段，并延伸至混凝土横隔梁实心段。为保证混凝土灌注及振捣质量，每隔室顶部中间设置多个灌注孔，四周设置出气孔，如图 3-49 所示，同时为防止混凝土灌注不密实或凝固后出现空腔，还预留一定数量的注浆孔。

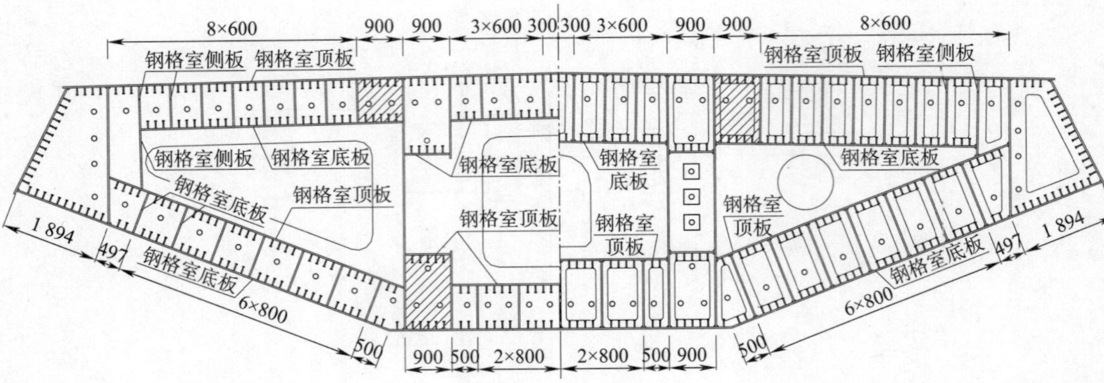

(a) 1/2 *B-B*截面 (b) 1/2 *C-C*截面

图 3-48 宁波甬江桥钢格室构造示意图(单位:mm)

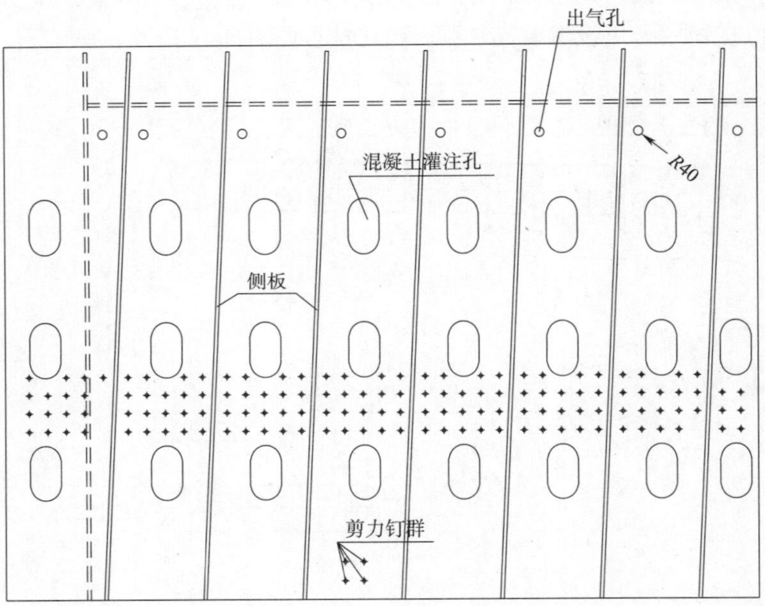

图 3-49 顶板灌注孔即出气孔示意图

3.5.1.6 剪力连接件

为防止钢板和混凝土之间的剥离,在钢桥面板、腹板、下翼缘板及钢格室靠近混凝土的一侧设置剪力连接件。

3.5.1.7 纵横向预应力索

为了使钢箱梁与混凝土箱梁紧密结合,一般在结合段设置纵向、横向预应力体系,使结合面在各种内力组合下均不出现拉应力。纵向预应束的规格大小由结合面所需抵抗的弯矩及轴力确定,宜采用长短束结合的布置方式。横向预应力束分布于混凝土横隔梁实心段及钢混过渡段,采用端部开深槽张拉工艺,即横向预应力束布置处的边板先开孔,待横向预应力束张拉完毕,随之进行防水、防锈处理,最后补焊钢板,注浆封锚。如图 3-50 所示。

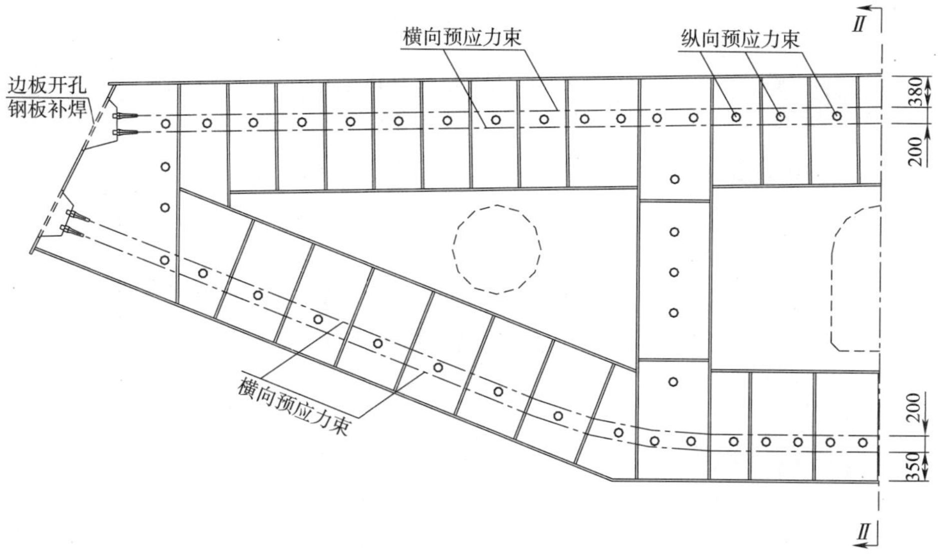

(a) 1/2Ⅰ-Ⅰ横截面预应力束布置

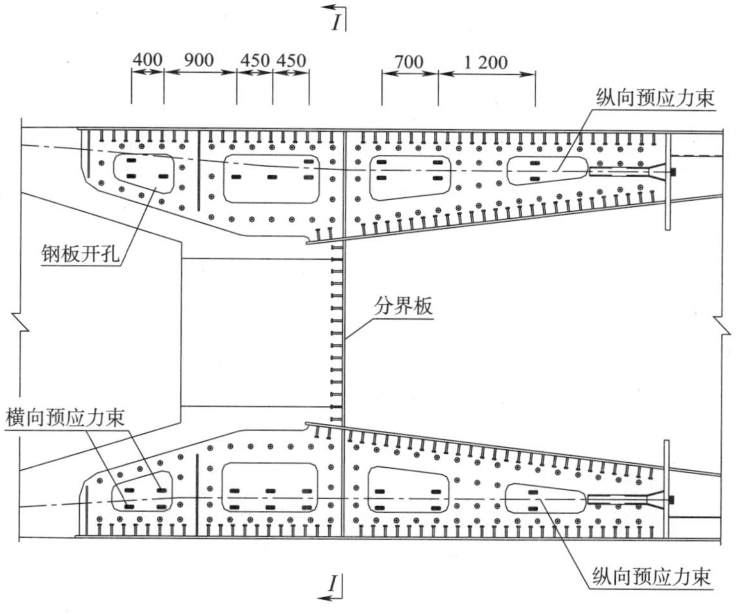

(b) 1/2Ⅱ-Ⅱ立面面预应力束布置

图 3-50　钢混结合段纵、横向预应力束布置示意图(单位:mm)

3.5.2　钢混结合段空间模型节段计算分析

3.5.2.1　计算原则

钢混结合段的传力原则是将钢箱梁中的应力通过钢梁的补强部分(加劲肋、加强钢筋等)加以分散,再通过钢格室的承压板、剪力键及钢板与混凝土之间的黏结力等作用传递到填充混凝土中,再传递到预应力混凝土主梁中。为防止弯矩作用下结合段混凝土产生纵向拉应力,需要设置预应力索使混凝土结构在各种内力组合下均处于受压状态。钢箱梁与预应力混凝土梁间的轴力压力传递机制是将作用于钢箱梁一般截面的轴向力通过钢箱梁端部的加强部予以扩散，再将钢板上的力传递到填充的混凝土中，最终传递到预应力混凝土梁。轴向压力主要由承压板、抗剪连接件、黏结力及摩阻力承担，由于黏结力和摩阻力有很大的不确定性，一般不考虑其作用。

钢箱梁的剪力传递给填充混凝土是依靠抗剪连接件、钢板与混凝土表面的黏结力和摩阻力来实现。

3.5.2.2 考察截面选取

研究区域包括钢箱梁过渡段典型截面、钢混过渡段及混凝土梁段，分别研究轴力、剪力和弯矩的传递途径、截面正应力和横向应力分布规律、前后承压板两侧力的传递规律以及混凝土、钢格室的承担比例等。

3.5.2.3 计算内容

(1)截面特性变化规律计算

分别计算典型截面的惯性矩 I_x、中性轴至截面顶缘的距离 y、截面抗弯刚度 EI 以及截面抗压刚度 EA，绘制各变化曲线，分析混凝土梁、钢箱梁、结合段及过渡段截面特性变化规律。

(2)形心轴变化对附加弯矩的影响

由于斜拉桥的轴向力较大，若形心轴变化较大，由此产生的附加弯矩将不可忽略。依据全桥纵向计算，得到成桥轴向力 N 和弯矩 M，计算由于形心轴变化引起的附加弯矩 ΔM，以及附加弯矩 ΔM 占成桥总弯矩的比值。一般认为，附加弯矩 ΔM 占成桥总弯矩的比值小于 10%，可认为由于截面形心轴变化引起的附加弯矩值及其应力值均影响较小。

(3)典型截面各部件的应力和强度检算

与一般混凝土及钢结构检算内容相同，不再赘述。

3.5.3 钢混结合段局部应力分析

3.5.3.1 计算原则

钢混结合段为长宽高尺寸相近的实体结构，单纯的空间杆系有限元模型不足以反映钢混结合段受力特性，需要进行局部应力分析。通过空间杆系有限元模型，提取最不利作用组合下轴力最大、弯矩最大、剪力最大对应的内力组合，及边界条件，进行结合部的局部应力计算，分析结合段各部构件的承载分担比例、应力分布及大小，以合理设计钢格室、承压板及连接件。

对于钢混截面处理，考虑到为相互接触关系，受拉时可能张开，受压时相互抵触不穿透，需要模拟钢与混凝土的脱开、滑移及摩擦等。由于混凝土与钢板间的黏结摩擦作用机理十分复杂，难以用有限元来准确模拟，并且该作用对结构是有利的，故在有限元模型中不模拟该作用，而将其作为结构的安全储备。贯穿钢筋被混凝土握裹，其相互作用机理除了黏结摩擦外还有接触相互作用，接触问题本身就是一个高度非线性问题，要在一个如此庞大复杂的模型中同时兼顾这个高度非线性问题，目前还较难实现，因此在对结构作用机理进一步分析后，决定将混凝土与贯穿钢筋之间进行耦合，通过耦合点区域的应力分布来反映钢筋与混凝土之间的作用情况。贯穿钢筋与 PBL 板(开孔钢板)同样存在接触相互作用问题，处理方式为将贯穿钢筋与 PBL 板耦合。

剪力钉的模拟也是钢-混凝土组合结构分析中的一个难点，既可以采用梁单元模拟剪力钉，也可以采用三维弹簧单元模拟开孔板和焊钉连接件之间的连接。前者需要对剪力钉进行分段建模，以剪力钉推出试验结果为依据，但将使计算量巨大，且无法进行接触非线性有限元分析，因而采用较少，目前多采用三维弹簧单元模拟，弹簧两端节点分别和钢板及混凝土单元耦合，其抗剪刚度既可以通过连接件推出试验得到，取最大抗剪承载力 1/3 大小处的割线倾斜度作为抗剪刚度，也可以采用经验值。

3.5.3.2　计算模型

选取包含结合段的主梁节段，模型长度根据圣维南原理适当取值，建立考虑钢-混凝土间相对滑移和接触的实体-板壳有限元计算模型，对结合段受力性能进行分析。

根据构造和受力的对称性，选取节段梁半结构建立有限元模型。钢板采用壳单元模拟，混凝土采用实体单元模拟，预应力筋采用杆单元模拟。开孔板和焊钉连接件之间的连接采用三维弹簧单元模拟，弹簧两端节点分别和钢板及混凝土单元耦合，其刚度既可以通过连接件推出试验得到，也可以采用经验值。钢与混凝土间的法向传力通过接触单元模拟，忽略接触面间的摩阻力。结合段混凝土端部固结，远离结合部的钢梁采用梁单元模拟，在梁单元端部施加节点力模拟边界条件。节点力是通过空间杆系整体模型计算得到的内力，梁单元与壳单元结合时按平截面假定建立约束关系。在索梁锚固位置施加相应的斜拉索索力，并考虑节段梁的自重作用。通过空间杆系整体模型计算节点力，计算工况考虑混凝土收缩、徐变作用。

(1)Solid45 实体单元

Solid45 是三维实体单元，单元具有 8 个节点，每个节点具有 U_x,U_y,U_z三个方向的平移自由度，单元具有塑性，蠕变、膨胀、力强化、大变形和大应变能力。

(2)Shell63 单元

Shell63 单元具有 4 个节点，每个节点具有 6 个自由度，即沿 U_x、U_y、U_z方向的平动和沿 X、Y、Z 轴的转动。Shell63 单元既具有弯曲能力和又具有膜力，可以承受平面内荷载和法向的荷载。

(3)Combin39 弹簧单元

Combin39 单元具有 2 个节点，每个节点具有 3 个自由度，即沿 U_x、U_y、U_z三个方向的平动自由度，不考虑弯曲和扭转变形。Combin39 单元为非线性弹簧单元，弹簧的长度可以为零。对 Combin39 单元的常数项进行不同设置，可以实现很多复杂问题的计算模拟。在本文中主要采用 Combin39 单元来模拟钢主梁与混凝土桥面板之间的滑移。

(4)Link8 单元

Link8 单元具有两个节点，每个节点具有三个自由度，即沿 U_x、U_y、U_z三个方向的平动自由度。本文运用 Link8 单元，采用降温法来模拟预应力。

以宁波甬江桥为例，根据圣维南原理，模型选取 39.14 m 梁段，包括 14.45 m 混凝土段、3 m 混凝土箱梁过渡段、2 m 横隔梁段、4.05 m 钢混过渡段、5.0 m 钢箱梁过渡段以及 10.64 m 钢箱梁段。宁波甬江桥钢混结合段局部应力分析模型如图 3-51 所示。

3.5.3.3　计算结果分析

(1)结合部连接件受力分析

考察结合段范围内混凝土应力、钢结构强度，以及焊钉剪力分布，重点范围包括前后承压板、各过渡段截面突变处。具体包括：混凝土正应力、剪应力及主应力，其结果应满足铁路桥

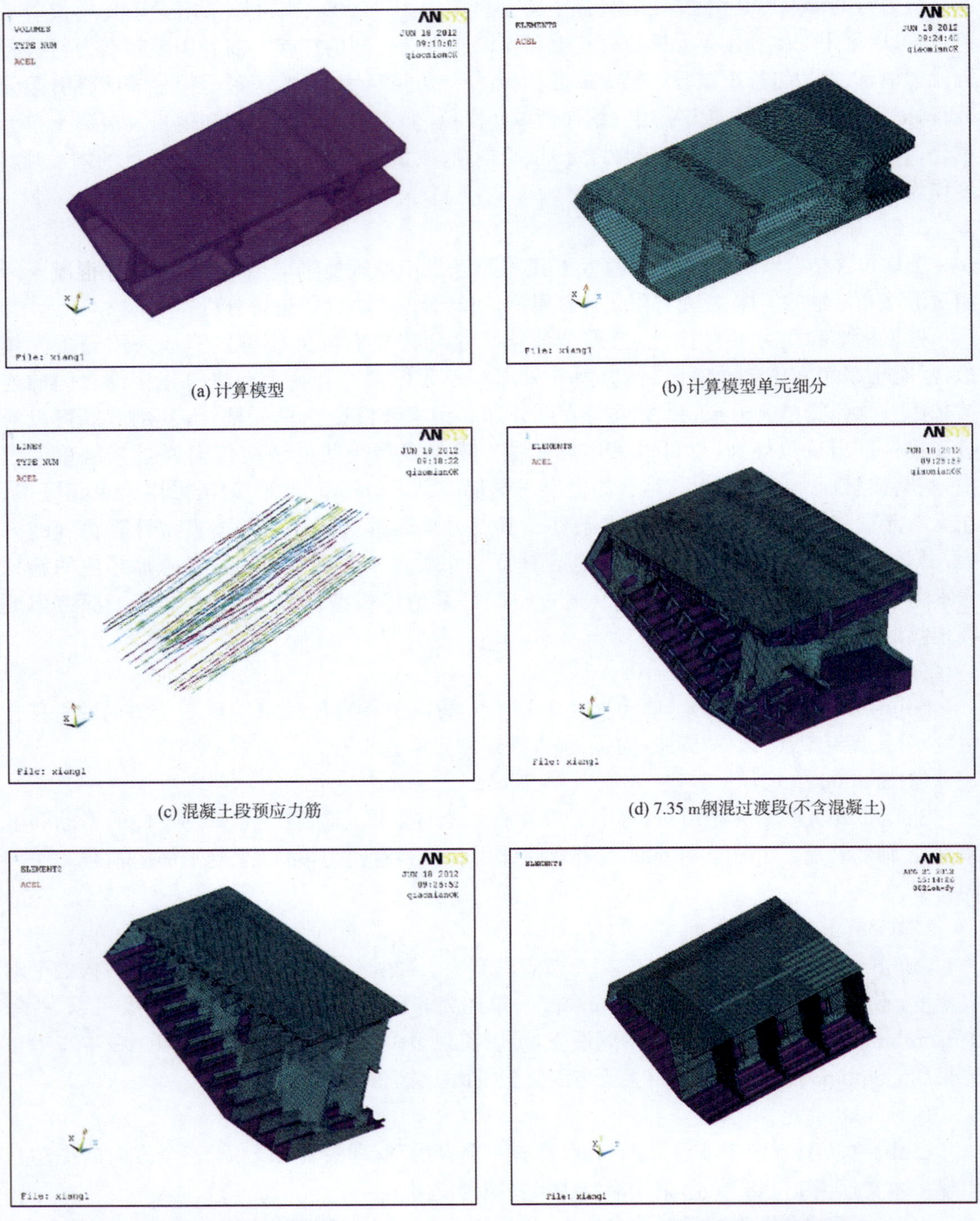

(a) 计算模型

(b) 计算模型单元细分

(c) 混凝土段预应力筋

(d) 7.35 m钢混过渡段(不含混凝土)

(e) 5.0 m钢箱梁过渡段单元

(f) 11.64 m标准钢箱梁段单元

图 3-51 宁波甬江桥钢混结合段局部应力分析模型

规;提取连接件纵向弹簧单元内力得到结合部焊钉及开孔板连接件顺桥向剪力分布,其剪力值及与混凝土之间的滑移量应满足规范要求。

钢梁加劲过渡段连接结合部和普通钢梁段,在加劲端部存在不同程度的应力集中,设计需重点关注。

(2)结合部传力比例分析

结合段钢梁中的应力先由钢梁的补强部位(如T形加劲肋)予以分散，再通过剪力键、剪力钉、纵向预应力筋及钢板与混凝土之间的黏结力作用传递到填充混凝土，再传递到预应力混凝土梁中。传力构件由钢构件补强件、承压板、钢格室、剪力钉、预应力索、混凝土等组成，连接构造复杂，各构件的功能、传力路径及传力规律亟待量化分析。

①钢箱过渡段。挑选典型截面，分析钢箱过渡段在不同荷载工况下的顶板、底板、腹板及其加劲肋，变高倒T加劲肋承担的纵向力比例。一般而言，变高倒T肋承担的纵向力比例逐渐上升，而顶板、底板及其加劲肋承担的纵向力比例逐渐减少，而腹板及其加劲肋承担纵向力比例亦逐渐减少，但幅度比较平缓。整体变化趋势顶底板承担的力逐渐往顶底板T型加劲肋转移，符合力的传递规律。至于截面剪力主要由中腹板、边腹板、边板和斜底板承担，其中中腹板承担大部分，边腹板承担相对较少。

②端承压板两侧钢结构传力对比。考察前、后承压板两侧钢结构承担的纵向力、竖向剪力分配规律。一般而言，由于混凝土分担作用，顶、底板以及腹板承担的纵向力减少，逐渐转移为钢格室和混凝土承担。

③横隔梁及混凝土箱梁过渡段传力对比。考察从横隔梁截面到混凝土箱梁截面，腹板边板以及钢格室以及横隔梁段截面钢顶板、钢底板荷载分担比例关系。一般而言，腹板边板以及钢格室分担的比例逐渐减少，混凝土纵向力分担比例逐渐增加，至混凝土箱梁段，混凝土梁基本上已承担全部纵向力，说明在该区段内已完成内力传递。

需要指出的是，针对钢箱过渡段，可统计截面纵向力分担比例与各板件的截面面积比例关系，各板件截面面积与其内力基本实现分配均匀是合理设计构造的理想目标。

第 4 章

钢箱加劲梁疲劳受力特性与模型试验

4.1 钢箱加劲梁的疲劳与荷载

4.1.1 钢箱加劲梁问题

由于大跨度桥上铁路列车动荷载对薄壁钢箱梁顶板结构反复的轮压作用，钢箱梁桥面钢板中的应力会反复变化，使得钢箱梁正交异性钢桥面板在应力集中处或存在缺陷处的局部产生微小裂纹，随着列车荷载的不断施加使裂纹发生扩展，最终导致结构疲劳损伤破坏。还有正交异性板结构中很多焊缝连接部位都是疲劳敏感部位，纵肋和顶板的连接部位、纵肋和横隔板的连接部位及加劲肋的纵向连接部位等很容易发生疲劳裂纹，在横隔板与加劲肋腹板开孔边缘部位等构造细部所导致应力集中处也会发生疲劳开裂。最先引起重视的是英国塞文桥，运营 5 年后，发现正交异性板焊缝开裂。典型的正交异性板疲劳开裂位置如图 4-1 所示。

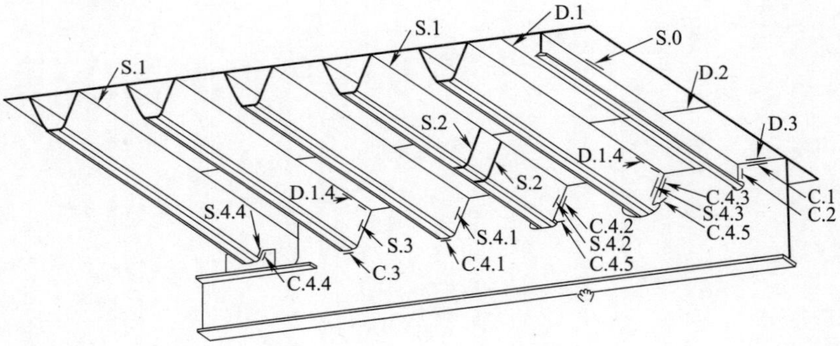

(a) 典型开裂形式(一)

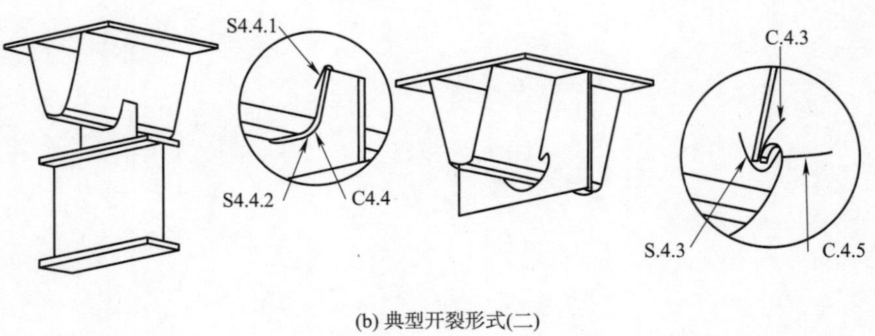

(b) 典型开裂形式(二)

图 4-1

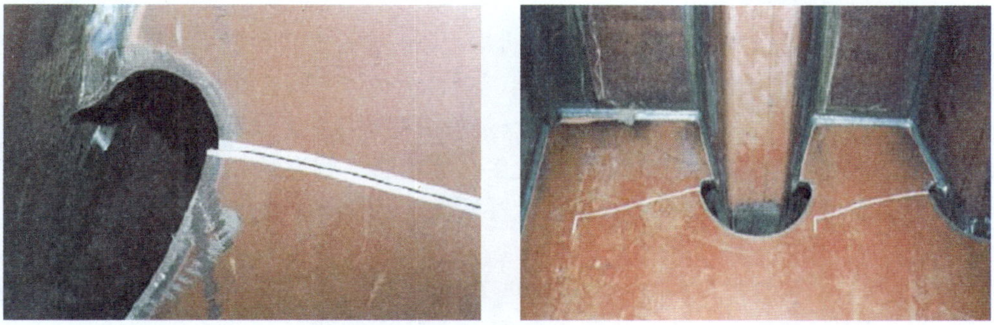

(c) 典型开裂形式(三)

图 4-1　正交异性板典型开裂形式

钢材疲劳首先是由德国矿业工程师 Albert 在 1829 年提出来的，第一次认识到疲劳破坏是铁路车辆轮轴在重复交变荷载作用下所产生的破坏。

19 世纪 50 年代至 60 年代，德国工程师沃勒在实验室做了很多关于铁路车辆轮轴的疲劳试验，第一次系统的进行疲劳的研究，并且提出了 S-N 疲劳曲线与疲劳极限的概念。

1945 年，美国工程师 Miner 在对疲劳损伤累积问题进行大量研究的基础上，将 Palmgren 等人所提出的线性损伤累积理论转化成理论公式，也就是现在工程界所熟知的 Palmgren-Miner 线性损伤累积法则(简称 Miner 理论)。

1974 年，美国工程师 J. W. Fisher 通过对大量足尺焊接梁疲劳试验结果的分析，得出了焊接细节的疲劳性能主要由应力的变化幅度所决定，而不是由钢材的性能以及最大应力和应力比决定。

20 世纪 70 年代以来，人们致力于研究影响疲劳抗力因素的相对重要性，对疲劳抵抗应力强度进行了规定；其次系统地划分了不同构造的疲劳性能以及其疲劳等级；最后研究制定了疲劳安全系数。同时，借鉴英国塞文桥的加固经验，得到了疲劳验算只需考虑车轮荷载产生应力的认识。

钢箱梁正交异性钢桥面板疲劳开裂特点是构件处在弹性状态，荷载比较小，多次重复受力，涉及到达开裂时的最大应力、最少应力和导致损伤的循环次数等因素，一般可采用疲劳寿命法针对多处潜在裂源点的截面进行验算。

钢箱梁正交异性钢桥面板的局部疲劳开裂主要发生在以下几个部位。

(1)加劲肋与横隔板连接部位

加劲肋与横梁的连接部位是正交异性钢桥面板中受力最为复杂的部位，这个部位产生应力的原因有面内效应和面外效应，其中面内效应又包括横隔板对加劲肋的支撑作用、横隔板受剪导致的加劲肋和横隔板的相对横向位移、加劲肋受压膨胀导致的加劲肋与横隔板间的相互作用，面外效应主要包括不对称加载产生的横梁面外弯曲。这些作用中横隔板对加劲肋的支撑作用是主要作用，钢箱梁由于整体结构的要求，横隔板的抗弯刚度一般都较大，所以采用正交异性钢桥面板的钢箱梁结构横隔板对加劲肋的支撑作用一般都会较强。

加劲肋所受的纵向压力越大，横隔板泊松效应就会越明显，相比较来说，钢箱梁的截面较高，由于正交异性板的作用，加劲肋的纵向压力也较大，所以与桁梁桥相比，钢箱梁的加劲肋泊松效应对这个部位应力的影响较大。

桥面铺装会对加劲肋和横隔板连接部位的应力产生很大的影响，桥面铺装的刚度较大如采用铁路道砟-轨枕-钢轨桥面铺装，就可以使得轮压荷载得到很大程度的分散，每根加劲肋分担的荷载就会大幅减小。

(2)加劲肋与顶板连接部位

英国的塞文桥和中国的虎门桥都在加劲肋与顶板的连接部位发现了疲劳裂纹。这个部位的疲劳开裂主要是由于在轮压荷载作用下与节点相关的板件受弯所致,使得板件两侧一侧受拉,一侧受压,拉压作用使得焊缝的根部或者趾部应力幅很大,疲劳裂纹可能发生在桥面板一侧焊趾部位沿桥面板厚度方向延伸,也可能发生在加劲肋一侧焊趾部位沿加劲肋腹板厚度方向延伸,疲劳裂纹还可能会发生在焊根部位沿桥面板厚度方向延伸,或者发生在焊根部位沿焊喉方向延伸。

加劲肋与顶板的连接部位的受力特点决定了其应力状态受桥面铺装的影响较大,采用沥青混凝土进行桥面铺装的公路桥和采用道砟-轨枕-钢轨作为桥面铺装的铁路桥,由于荷载在加劲肋腹板的顶部分布不相同,相应在加劲肋和顶板的连接节点处产生的弯矩就会相差较大,对焊根与焊趾处的应力幅影响也不同。

(3)横隔板开孔边缘

横隔板承受竖向剪力,由剪力互等可知,竖向剪力产生水平剪力,导致加劲肋与横隔板之间产生水平相互作用力,横隔板开孔两侧边缘就会出现一侧受拉、一侧受压的情况,这时受拉侧就有可能出现疲劳裂纹,若受压侧焊接时产生了很大的残余拉应力,亦可能发生疲劳开裂。此处的应力大小与横隔板所受的剪力大小直接相关,所以与桥面铺装的刚度关系不大。

4.1.2 正交异性桥面板疲劳荷载

已有的研究发现正交异性钢桥面板各构造的应力影响线长度很短,横隔板(梁)上的构造细节纵向影响线长度大约为两个节段的长度,横向影响线长度除了少数构造外(横隔板开孔边缘)一般也不超过两个加劲肋,节段跨中部位的构造细节纵向影响线长度仅为一个节段长度,横向影响线长度一般也不超过两个加劲肋,设置道砟桥面铺装的正交异性板结构影响线长度稍长。这种特点就导致了车辆荷载的轴距、轴重等因素对结构的疲劳影响很大,所以必须采用实际运营的车辆才能反映正交异性钢桥面板的疲劳损伤。这就需要比较精确的疲劳荷载频值谱,即各种车辆类型及其通过的频率,然后根据损伤度理论来验算正交异性板结构的疲劳性能。

英国规范和欧洲规范中都有相应的公路和铁路疲劳荷载频值谱,我国铁路桥梁钢结构设计规范疲劳荷载采用恒载加活载(不考虑活载发展系数),规定双线主梁(主桁)按一线偏心加载并以杠杆原理分配,以双线系数分配,侧重于双主桁结构。规定双线铁路桥的横梁及连接横梁的主桁挂件,按一线最大活载,另一线为 80 kN/m 活载加载。

正交异性桥面板疲劳验算过程如下:

①考虑纵向影响线长度,从整体模型中截取一定数量的节段建立有限元,设置合理的边界条件,钢箱梁约束箱梁腹板时,需考虑横梁刚度对加劲肋和横梁连接部位的应力影响。

②初步验算:将荷载频值谱中最重车辆对结构加载,求得验算位置的应力脉 $\Delta\sigma$,考虑冲击系数的影响,铁路多线系数按铁路桥规或参照欧洲规范得到。初步验算以式(4-1)进行判定。

$$\Delta\sigma \leqslant \Delta\sigma_0 \tag{4-1}$$

其中 $\Delta\sigma_0$ 为常幅疲劳极限,如果初步验算不满足,即可进行损伤度验算。

③损伤度验算:得到各验算部位的纵向影响线,辆进行影响线加载,得到各验算部位的应力历程例,计算时应考虑冲击系数,通过雨流法或者泄水法对历程例进行分析得到各验算部位的应力频值例,根据各种车辆的通过频次及桥梁的设计年限即可得到各部位的应力频值谱,通过应力频值谱即可通过式(4-2)根据相关构造的疲劳等级计算损伤度 D。

$$D=\sum\frac{n}{N}\left(\frac{n_1}{N_1}+\frac{n_2}{N_2}+\cdots+\frac{n_n}{N_n}\right) \tag{4-2}$$

对于低值应力循环的处理参照 BS 5400 采用的是改变 σ_r-N 曲线斜率的办法实现的，以$N=10^7$为分界线，之前的 σ_r-N 曲线的斜率为 m，之后的 σ_r-N 曲线的斜率为 $m+2$，σ_0 是 σ_r-N 曲线中 $N=10^7$ 时对应的应力脉，当 $\sigma_r\geqslant\sigma_0$ 时，按式(4-3)计算损伤度，当 $\sigma_r\leqslant\sigma_0$ 时，按式(4-4)计算损伤度。

$$\frac{n}{N}=\frac{n\sigma_r^m}{C}=\frac{n}{10^7}\left(\frac{\sigma_r}{\sigma_0}\right)^m \tag{4-3}$$

$$\frac{n}{N}=\frac{n\sigma_r^{m+2}}{C\sigma_0^2}=\frac{n}{10^7}\left(\frac{\sigma_r}{\sigma_0}\right)^{(m+2)} \tag{4-4}$$

损伤度验算的判断依据是式(4-5)，如果满足式(4-5)则说明构造满足疲劳设计要求。

$$D\leqslant 1 \tag{4-5}$$

④还可以通过损伤度 D 来预测构造的使用寿命，如式(4-6)所示。

$$Y=\frac{1}{D} \tag{4-6}$$

4.2　正交异性钢桥面板的受力体系与理论方法

4.2.1　桥面板受力体系

正交异性板结构力学性能复杂，结构本身既有桥面板和桥面系的作用，又作为翼缘板参与主梁共同受力，正交异性板一般可分成三个体系：

(1)主梁体系

由盖板和纵肋组成的结构系，起到主梁或者主桁上翼缘的作用，顶盖板与主梁腹板或者主桁通过焊缝刚接，能够抵抗水平剪切作用，所以能成为主梁或主桁一部分而共同工作。

由于剪力滞效应的作用，正交异性板各部位参与主梁受力的贡献不太一样，目前的研究一般采用有效宽度的概念来解决这一问题，对于这一问题，许多学者进行了研究，给出了近似的计算公式和图表。

对于传统的明桥面纵横梁体系，当全桥承受运营活载时，主桁将因活载作用产生变形，进而带动纵横梁桥面系产生纵向伸长，其间因变形不协调将在纵横梁中产生除竖向弯曲应力之外的次应力，即形成通常所说的共同作用，跨度越大，共同作用也就越大，铁科院张玉玲研究员认为，对于板桁结构正交异性板体系，原来明桥面的共同作用将由纵肋和横隔板相对变位承担，这将导致纵肋与横梁连接处的横梁腹板面外弯曲，这对于该处的疲劳受力是极为不利的，但是目前还没有研究来量化这种相对变位的影响。

(2)桥面体系

由纵肋、横梁和盖板组成的结构体系，盖板成为纵肋和横梁的上翼缘，该体系支撑在主梁或主桁上，只有结构以上的外力才对它有影响。对于该体系的力学性能，从正交异性板结构刚出现时德国学者就进行过试验研究，Kloppel 针对开口纵肋的正交异性板进行过两个模型试验研究，研究得出：当荷载在弹性极限荷载范围内，正交异性板的挠曲变形对应力的影响很小，采用一次平板弯曲理论可以较准确地计算出弹性极限承载力；超出弹性极限荷载后，挠曲变形变大，对应力的影响不能忽略，不能再用一次平板弯曲理论来分析计算破坏极限承载力；破坏计算安全系数高达 27.3～31.8。其他学者对闭口加劲肋的试验情况也基本相同。

(3)盖板体系

仅由盖板组成的结构系。盖板被视作支撑在纵肋和横梁上的各向同性的连续板,直接承受局部的车轮荷载,同时把轮荷载传递给纵肋和横梁。

4.2.2　正交异性钢桥面板受力理论方法

关于正交异性板结构的计算方法有很多,总体上可以归纳为以下几类:

(1)基于正交异性板理论的方法

该类方法是将正交异性板结构的各个纵肋和横梁的刚度平均地分摊到整个桥面板上,转化成两个正交方向的抗弯刚度,分别为 EI_x 和 EI_y,抗扭刚度为 GI_{tx} 和 GI_{ty}。然而这种转化处理与真正意义上的正交异性板理论不符,因为:正交异性板结构是结构上的几何异性,并非材料异性;盖板与加劲肋所围空间没有材料填充,不符合连续性假设;正交弯曲时,中性面位置不一致。为此,很多学者结合已有的试验成果,在求解 Huber 偏微分方程是加以简化和调整,提出了各种近似的算法,其中以 Pelikan-Essliger 方法最为著名,它将计算过程分成两个阶段,第一阶段假定横梁为刚性支撑计算,第二阶段考虑横梁为弹性支撑而对第一阶段的结果进行修正。

(2)基于格子梁理论的方法

该类方法是把正交异性板结构的盖板在纵肋与纵肋之中及横梁与横梁之中切开,归并于纵肋和横梁之上,成为纵肋和横梁的上翼缘,从而转化为格子梁结构,然后应用格子梁理论进行分析。此时格子梁结构中定义的主梁和荷载分布横梁就分别为正交异性板结构的横梁与纵肋,格子梁理论中所采用的分析方法就是基于力法或位移法的平面梁系结构的分析。

(3)差分法

该类方法是把正交异性板离散成网格状的节点,将节点的差分方程近似地代替正交异性板的偏微分方程(包括边界条件),转化成求解代数方程组的问题。

(4)有限单元法和有限条元法

有限单元法是将正交异性板结构的各个板件在两个方向上都离散成许多细小单元,以单元节点位移为未知参数,通过选择合适的位移函数,应用能量原理或变分原理导出单元刚度矩阵进而建立整体刚度矩阵,从而求解问题的方法。有限条元法是将正交异性板结构在一个方向保持连续而另一个方向离散的方法,可称为有限单元法的半分析法。随着计算机技术的发展有限单元法被越来越多的研究者采用,因为该方法可以准确地计算出各部位的局部应力,这对于准确地了解正交异性板结构的结构行为和控制正交异性板结构的疲劳都是有帮助的,而上面几种方法只能近似地计算出各组成部分分配的内力,对局部的应力是无能为力的。

4.3　钢箱梁顶板加劲肋受力特性分析研究

4.3.1　桥面板纵肋断面形式与横隔板开孔方式影响分析

正交异性钢桥面板纵肋断面形式及横隔板开孔方式、纵肋腹板倾斜角度、纵肋与顶板及横隔板厚度匹配等细部构造都是疲劳敏感点,大跨度铁路钢箱混合梁斜拉桥正交异性顶板加劲肋断面形式及横隔板开孔方式影响着钢箱梁的受力特性。

4.3.1.1　常用纵肋断面及横隔板开孔形式

钢箱梁正交异性钢桥面板常用开口肋大多采用倒 T 形截面,如图 4-2 所示,闭口肋主要以梯形截面 U 形加劲肋较多,V 形加劲肋相对较少,如图 4-3 所示。其中有英国 Humber 桥、土耳其的 Bosponus 桥与美国的旧金山—奥特兰海湾大桥所应用的都是 V 形加劲肋。

图 4-2　常用开口加劲肋形式

图 4-3　常用闭口加劲肋形式

铁路桥正交异性板结构从本世纪初才开始逐步采用，如京沪高速铁路南京大胜关长江大桥、京沪高速铁路济南黄河大桥和贵广铁路北江特大桥等，但属板桁或 K 撑组合桥面体系，桥面板承受纵向力(第一体系力)相对较少。已经建成的铁路桥中采用钢箱梁的目前仅有甬台温铁路雁荡山大桥 2×90 m 叠合拱桥、贵广铁路穗盐路 2×175 m 独塔斜拉桥，但均孔跨相对稍小，且为单箱多室截面，桥面板受力更多体现出纵横梁特征，不同于传统意义的钢箱梁正交异性桥面结构。

采用钢箱梁正交异性桥面板纵向加劲肋常用的 U 肋、V 肋、倒 T 肋截面形式，以及如图 4-4 所示的与 U 肋、V 肋、倒 T 肋配套的横隔板开孔方式，将不同加劲肋形式的面积与惯性矩基本相同进行对比影响分析。

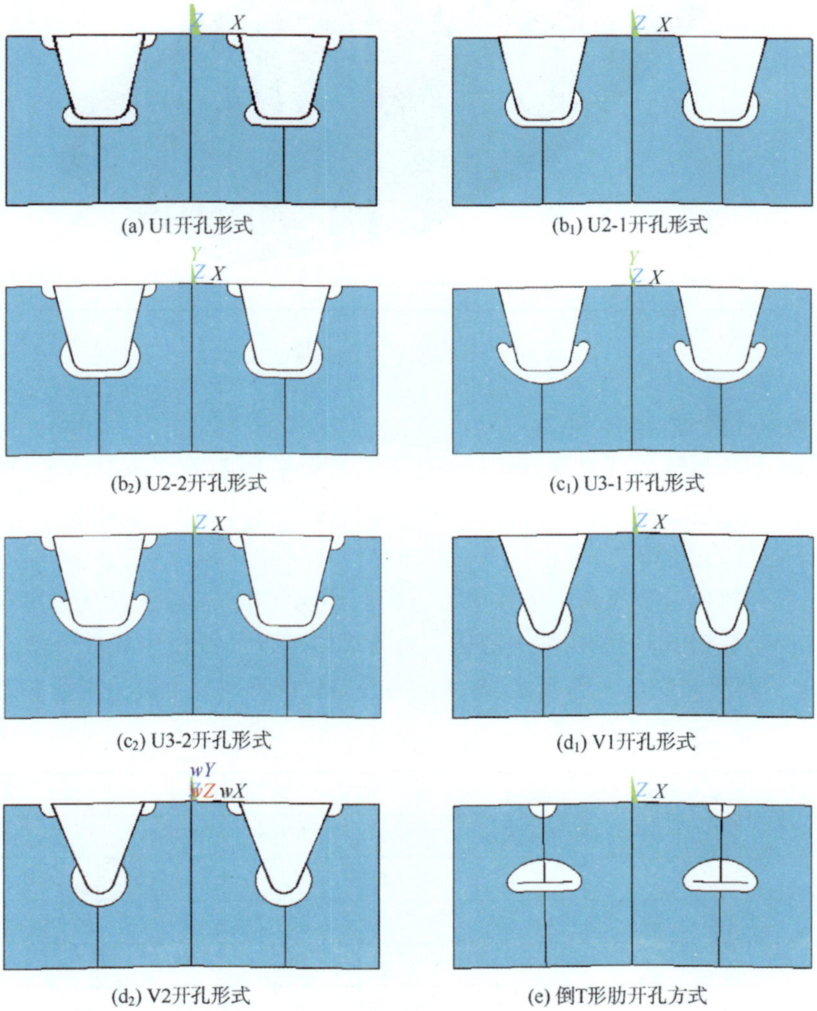

图 4-4　横隔板开孔形式

4.3.1.2 计算模型及加载方式

钢箱梁计算模型为3个横隔板之间的2个钢箱梁节段,3个横隔板的板厚分别为18 mm和16 mm,各计算模型U形、V形加劲肋板厚10 mm,T形加劲肋板厚14 mm,加劲肋与开孔形式有所不同。计算模型在边腹板处进行约束,模拟斜拉索对钢箱梁的支撑作用。以结构自重施加一期恒载,以均匀布载模拟二期恒载,人行道检修活载按4 kN/m²取值。活载按以下两种模式施加:

①加载模式1——特种活载加载于横隔板顶区域,如图4-5所示;

②加载模式2——特种活载加载于横隔板之间箱梁区域。

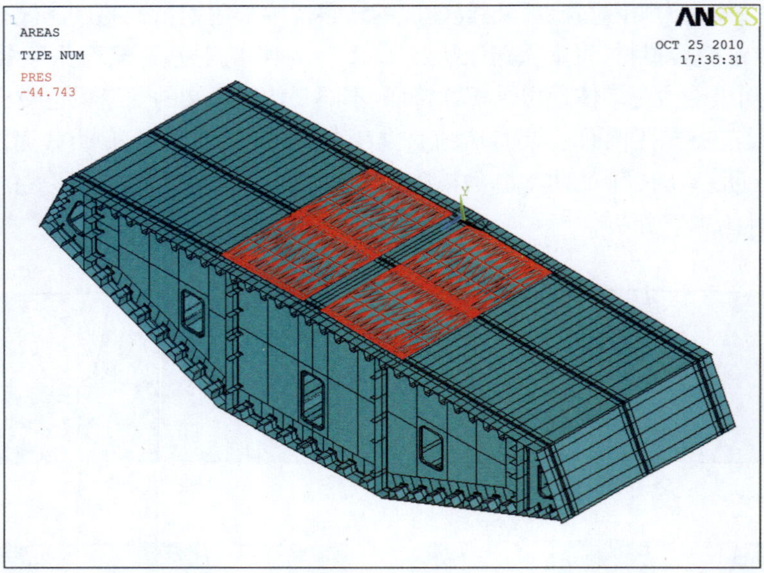

图4-5 计算模型及加载模式1

4.3.1.3 与顶板连接的加劲肋部位

加劲肋腹板与顶板连接部位疲劳破坏的应力由加劲肋腹板与顶板发生相对转动而产生,方向沿加劲肋腹板垂直于连接焊缝,主要考察该部位拉应力 σ_y 与相应主拉应力 S_1。

1. 横隔板之间(节段跨中)

横隔板之间连接部位节段跨中的拉应力 σ_y 横向影响线很短,且正负交替出现。由于铁路活载的恒定作用,该链接部位结构除中腹板两侧的2道加劲肋及桥中线处1道加劲肋拉应力 σ_y 较大外,其他加劲肋拉应力 σ_y 不明显,体现出与公路桥的不同之处。主要应力列于表4-1。

表4-1 各加劲肋节段跨中加劲肋与顶板连接部位主要应力

加劲肋断面形式		拉应力 σ_y(MPa)			主拉应力 S_1(MPa)		
		腹板外侧	腹板内侧	桥中线	腹板外侧	腹板内侧	桥中线
U形	U1	15.915	19.255	10.838	16.669	20.585	11.544
	U2-1	15.730	17.979	10.416	16.481	19.242	11.099
	U2-2	15.722	18.057	10.430	16.474	19.326	11.114
	U3-1	16.008	18.163	10.538	16.771	19.440	11.228
	U3-2	16.014	18.263	10.562	16.779	19.549	11.254

续上表

加劲肋断面形式		拉应力 σ_y(MPa)			主拉应力 S_1(MPa)		
		腹板外侧	腹板内侧	桥中线	腹板外侧	腹板内侧	桥中线
V 形	V1	10.047	9.759	3.718	11.374	11.483	4.767 4
	V2	10.039	9.789	3.723	11.366	11.519	4.758 3
T 形		4.905	7.738	13.504	6.405	9.746	13.542

由表 4-1 的应力计算结果可知：

①各加劲肋拉应力 σ_y 与主拉应力 S_1 基本相当，可认为该处的拉应力以 σ_y 为主。

②U 肋拉应力 σ_y 与主拉应力 S_1 最大值出现在中腹板内侧，σ_y 为 18 MPa 左右，S_1 为 20 MPa 左右；V 肋 σ_y 与 S_1 最大值出现在中腹板外侧，σ_y 为 10 MPa 左右，S_1 为 11 MPa 左右；T 肋 σ_y 与 S_1 最大值出现桥中线附近，σ_y 为 14 MPa 左右，S_1 为 14 MPa 左右。

③U 肋最大，V 肋与 T 肋较小，但该处应力的量值总体来说比较小，小于规范规定的疲劳应力幅限值。

2. 横隔板处（顶部不设过焊孔）

在横隔板处，由于横隔板对加劲肋和顶板的约束作用，各道纵向加劲肋与顶板连接处均出现拉应力 σ_y，较上述节段跨中位置更不利。主要应力列于表 4-2。

表 4-2　顶部不设过焊孔横隔板处的加劲肋与顶板连接部位主要应力

加劲肋断面形式		σ_y(MPa)	S_1(MPa)	出现位置
U 形	U2-1	68.707	73.924	中腹板内侧第二道加劲肋
	U3-1	75.151	80.853	中腹板内侧第二道加劲肋
V 形	V1	66.803	77.385	中腹板内侧第二道加劲肋

由表 4-2 的应力计算结果可知：

①中腹板内侧第二道加劲肋与顶板连接处产生最大值的拉应力 σ_y，其值与主拉应力 S_1 相差不大，可认为该处的拉应力以 σ_y 为主。

②U2-1 肋 σ_y 最大值为 68.707 MPa，S_1 最大值为 73.924 MPa；U3-1 肋 σ_y 最大值为 75.151 MPa，S_1 最大值为 80.853 MPa；V1 肋 σ_y 最大值为 66.803 MPa，S_1 最大值为 77.385 MPa。

③U 肋与 V 肋在该处的应力基本相当。

3. 横隔板处（顶部设过焊孔）

顶部有无过焊孔两种情况的应力分布规律基本相同，只是应力值略有差异。主要应力列于表 4-3。

表 4-3　顶部设过焊孔横隔板处的加劲肋与顶板连接部位主要应力

加劲肋形式		σ_y(MPa)	S_1(MPa)	出现位置
U 形	U1	59.520	63.385	中腹板内侧第二道加劲肋
	U2-2	67.185	71.505	中腹板内侧第二道加劲肋
	U3-2	76.104	80.993	中腹板内侧第二道加劲肋
V 形	V2	65.676	76.080	中腹板内侧第二道加劲肋
T		9.698	28.954	中腹板内侧第二道加劲肋

由表 4-3 的应力计算结果可知：

①除 T 肋之外的各加劲肋拉应力 σ_y 与主拉应力 S_1 相差不多，可认为该处的拉应力以 σ_y 为主。

②U1 肋 σ_y 最大值为 59.520 MPa，S_1 最大值为 63.385 MPa；U2-2 肋 σ_y 最大值为 67.185 MPa，S_1 最大值为 71.505 MPa；U3-2 肋 σ_y 最大值为 76.104 MPa，S_1 最大值为 80.993 MPa；V2 肋 σ_y 最大值为 65.676 MPa，S_1 最大值为 76.080 MPa；T 肋 σ_y 最大值为 9.689 MPa，S_1 最大值为 28.954 MPa。

③U 肋与 V 肋在该处的应力基本相当，且与不开过焊孔时相差不多。

④由于开口加劲肋抗扭刚度较小，因而该处 T 形加劲肋约束应力 σ_y 较小，且不是拉应力中的主要成分。

4.3.1.4 加劲肋与横隔板连接部位

加劲肋与横隔板连接部位可能发生的疲劳破坏形式有两种，一种是横隔板开口尖角处加劲肋的腹板拉裂，另一种是横隔板与加劲肋连接处的焊缝拉裂。引发第一种破坏形式的原因是加劲肋腹板上主拉应力，引发第二种破坏形式的原因是横隔板尖角处的主拉应力。

1. U1 形开孔

中腹板内侧第一道加劲肋处的加劲肋腹板主拉应力值最大，为 136.471 MPa，因该处为模型应力奇异点，其值不能反应该处真实应力情况，故选取距离该点 1 cm 处两点的主拉应力平均值，得到主拉应力值 63.760 MPa；与中腹板第一道 U1 肋连接处的横隔板开孔尖角主拉应力值最大，其值为 66.315 MPa，主拉应力值见表 4-4。

表 4-4 横隔板与加劲肋接触处加劲肋腹板的主拉应力值

横隔板与加劲肋接触处附近节点号	79 939	83 046
主拉应力值(MPa)	72.112	55.409
均值(MPa)	63.760	

2. U2-1 形开孔

腹板内侧第一道加劲肋处的加劲肋腹板主拉应力值最大，其值为 141.043 MPa，因该处为模型应力奇异点，其值不能反应该处真实应力情况，故选取距离该点 1 cm 处两点的主拉应力平均值，得到主拉应力值 67.798 MPa；与中腹板内侧第一道 U2-1 肋连接处的横隔板开孔尖角主拉应力值最大，其值为 54.503 MPa，主拉应力值见表 4-5。

表 4-5 横隔板与加劲肋接触处加劲肋腹板的主拉应力值

横隔板与加劲肋接触处附近点号	82 373	81 078
主拉应力值(MPa)	67.634	67.963
均值(MPa)	67.798	

3. U2-2 形开孔

中腹板内侧第一道加劲肋处的加劲肋腹板主拉应力值最大，其值为 146.057 MPa，因该处为模型应力奇异点，其值不能反应该处真实应力情况，故选取距离该点 1 cm 处两点的主拉应力平均值，得到主拉应力 71.205 MPa；与中腹板内侧第一道 U2-2 肋连接处的横隔板开孔尖角主拉应力值最大，其值为 58.125 MPa，主拉应力值见表 4-6。

表 4-6　横隔板与加劲肋接触处加劲肋腹板主拉应力值

横隔板与加劲肋接触处附近点号	81 822	78 743
主拉应力值(MPa)	70.126	72.284
均值(MPa)	71.205	

4. U3-1 形开孔

中腹板内侧第一道加劲肋处的加劲肋腹板主拉应力值最大，其值为 135.593 MPa，因该处为模型应力奇异点，其值不能反应该处真实应力情况，故选取距离该点 1 cm 处两点的主拉应力平均值，得到主拉应力 68.714 MPa；与中腹板内侧第一道 U3-1 肋连接处的横隔板开孔尖角主拉应力值最大，其值为 70.037 MPa，主拉应力值见表 4-7。

表 4-7　横隔板与加劲肋接触处加劲肋腹板的主拉应力值

横隔板与加劲肋接触处附近点号	84 738	81 980
主拉应力值(MPa)	69.427	68.001
均值(MPa)	68.714	

5. U3-2 形开孔

中腹板内侧第一道加劲肋处的加劲肋腹板主拉应力值最大，其值为 142.61 MPa，因该处为模型应力奇异点，其值不能反应该处真实应力情况，故选取距离该点 1 cm 处两点的主拉应力平均值，得到主拉应力 71.610 MPa；与中腹板内侧第一道 U3-2 肋连接处的横隔板开孔尖角主拉应力值最大，其值为 75.189 MPa，主拉应力值见表 4-8。

表 4-8　横隔板与加劲肋接触处加劲肋腹板的主拉应力值

横隔板与加劲肋接触处附近点号	80 723	83 812
主拉应力值(MPa)	72.300	70.921
均值(MPa)	71.610	

6. V1 形开孔

中腹板内侧第一道加劲肋处的加劲肋腹板主拉应力值最大，其值为 101.956 MPa，因该处为模型应力奇异点，其值不能反应该处真实应力情况，故选取距离该点 1 cm 处两点的主拉应力平均值，得到主拉应力 51.957 MPa；与中腹板内侧第一道 V1 肋连接处的横隔板开孔尖角主拉应力值最大，其值为 44.795 MPa，主拉应力值见表 4-9。

表 4-9　横隔板与加劲肋接触处加劲肋腹板的主拉应力值

横隔板与加劲肋接触处附近点号	84 119	81 930
主拉应力值(MPa)	49.323	54.591
均值(MPa)	51.957	

7. V2 形开孔

中腹板内侧第一道加劲肋处的加劲肋腹板主拉应力值最大，其值为 106.794 MPa，因该处为模型应力奇异点，其值不能反应该处真实应力情况，故选取距离该点 1 cm 处两点的主拉应力平均值，得到主拉应力 54.467 MPa；与中腹板内侧第一道 V2 肋连接处的横隔板开孔尖角主拉应力值最大，其值为 46.838 MPa，主拉应力值见表 4-10。

表 4-10　横隔板与加劲肋接触处加劲肋腹板的主拉应力值

横隔板与加劲肋接触处附近点号	81 562	84 762
主拉应力值(MPa)	57.619	51.315
均值(MPa)	54.467	

8. T 形加劲肋

中腹板内侧第五道加劲肋处的加劲肋腹板主拉应力值最大，其值为 147.637 MPa，因该处为模型应力奇异点，其值不能反应该处真实应力情况，故选取距离该点 1 cm 处两点的主拉应力平均值，得到主拉应力 73.651 MPa；与中腹板内侧第一道 T 肋连接处的横隔板主拉应力值最大，其值为 39.391 MPa，主拉应力值见表 4-11。

表 4-11　横隔板与加劲肋接触处加劲肋腹板的主拉应力值

横隔板与加劲肋接触处附近点号	333 955	330 048
主拉应力值(MPa)	67.644	79.658
均值(MPa)	73.651	

9. 小结

对不同加劲肋与开孔形式的加劲肋腹板与横隔板连接部位应力情况进行比较，见表 4-12～表 4-13。表 4-12 列出的是加劲肋腹板上的主拉应力情况，分别给出了直接计算得出的最大主应力值(已失真)和距该点 1 cm 处的主应力值。表 4-13 列出了横隔板尖角处的主应力值。

表 4-12　加劲肋腹板与横隔板连接部位加劲肋腹板主拉应力情况比较　(单位：MPa)

加劲肋形式	直接计算最大主拉应力值	通过周围点所得的均值	位　置
U1	136.471	63.760	右 1
U2-1	141.043	67.798	右 1
U2-2	146.057	71.205	右 1
U3-1	135.593	68.714	右 1
U3-2	142.610	71.610	右 1
V1	101.956	51.957	右 1
V2	106.794	54.467	右 1
T	147.637	73.651	右 5

注：右 1 表示腹板右侧第一加劲肋处。

表 4-13　加劲肋腹板与横隔板连接部位横隔板主拉应力情况比较　(单位：MPa)

加劲肋形式	最大主拉应力值	位　置
U1	66.315	右 1
U2-1	54.530	右 1
U2-2	58.125	右 1
U3-1	70.037	右 1
U3-2	75.189	右 1
V1	44.795	右 1

续上表

加劲肋形式	最大主拉应力值	位　置
V2	46.838	右1
T	39.391	右1

注：右1表示中腹板内侧第一道加劲肋处。

通过上面的分析可以得到以下结论：

①对于加劲肋腹板与横隔板连接处加劲肋的主拉应力，U肋、T肋均较大，均在70 MPa左右，V肋较小，在50 MPa左右。

②对于加劲肋腹板与横隔板连接处横隔板的主拉应力，U肋较大，V肋、T肋较小。U形加劲肋中U2开口形式主应力相对较小。

③在顶部设置过焊孔之后，加劲肋与横隔板上的应力均有所增大，但是增加不大，均在5 MPa以内。

4.3.1.5 横隔板开孔边缘处应力集中部位

对U肋、V肋和T肋及不同开口形式进行应力计算，考察不同加劲肋断面和横隔板开孔方式的横隔板开孔边缘处应力集中部位的应力特点。

1. U1形开孔

两道中腹板之间的横隔板最大主拉应力发生在紧临中腹板第一道U1肋开孔处，其值28.711 MPa；中腹板与边腹板之间的横隔板最大主拉应力发生在紧临中腹板第二道U1肋开孔处，其值39.760 MPa；顶部过焊孔处的横隔板最大主拉应力发生在中腹板内侧第二道U1肋处，其值40.501 MPa；横隔板最大主压应力值为79.473 MPa，位置为中腹板内侧第一道U1肋处。

2. U2-1形开孔

两道中腹板之间的横隔板最大主拉应力发生在紧临中腹板第一道U2-1肋开孔处，其值22.703 MPa；中腹板与边腹板之间的横隔板最大主拉应力发生在紧临中腹板第二道U2-1肋开孔处，其值32.036 MPa；横隔板最大主压应力值为58.134 MPa，位置为中腹板内侧第一道U2-1肋处。

3. U2-2形开孔

两道中腹板之间的横隔板最大主拉应力发生在紧临中腹板第一道U2-2肋开孔处，其值22.582 MPa；中腹板与边腹板之间的横隔板最大主拉应力发生在紧临中腹板第二道U2-2肋开孔处，其值31.965 MPa；顶部过焊孔处的横隔板最大主拉应力发生在中腹板内侧第二道U2-2肋处，其值47.773 MPa；横隔板最大主压应力值为59.189 MPa，位置为中腹板内侧第一道U2-2肋处。

4. U3-1形开孔

两道中腹板之间的横隔板最大主拉应力发生在紧临中腹板第一道U3-1肋开孔处，其值35.500 MPa；中腹板与边腹板之间的横隔板最大主拉应力发生在紧临中腹板第二道U3-1肋开孔处，其值36.751 MPa；横隔板最大主压应力值为85.424 MPa，位置为中腹板内侧第二道U3-1肋处。

5. U3-2形开孔

两道中腹板之间的横隔板最大主拉应力发生在紧临中腹板第一道U3-2肋开孔处，其值36.799 MPa；中腹板与边腹板之间的横隔板最大主拉应力发生在紧临中腹板第二道U3-2肋开孔处,其值 35.795 MPa;顶部过焊孔处的横隔板最大主拉应力发生在中腹板内侧第二道 U3-2 肋处,其值 56.875 MPa;横隔板最大主压应力值为 93.267 MPa,位置为中腹板内侧第一道 U3-2 肋处。

6. V1 形开孔

两道中腹板之间的横隔板最大主拉应力发生在紧临中腹板第一道 V1 肋开孔处,其值 23.635 MPa;中腹板与边腹板之间的横隔板最大主拉应力发生在紧临中腹板第二道 V1 肋开孔处,其值 28.738 MPa;横隔板最大主压应力值为 51.400 MPa,位置为中腹板内侧第一道 V1 肋处。

7. V2 形开孔

两道中腹板之间的横隔板最大主拉应力发生在紧临中腹板第一道 V2 肋开孔处,其值 23.150 MPa;中腹板与边腹板之间的横隔板最大主拉应力发生在紧临中腹板第二道 V2 肋开孔处,其值 28.260 MPa;顶部过焊孔处的横隔板最大主拉应力发生在中腹板内侧第二道 V2 肋处,其值 44.399 MPa;横隔板最大主压应力值为 52.744 MPa,位置为中腹板内侧第一道 V2 肋处。

8. T 形加劲肋

腹板之间的横隔板最大主拉应力均较小,其值小于 10 MPa;顶部过焊孔处的横隔板最大主拉应力发生在中腹板内侧第一道 T 肋处,其值 18.2 MPa;横隔板最大主压应力值为 37.806 MPa,位置为中腹板内侧第一道 T 肋处。

9. 小结

各种加劲肋断面形式的横隔板开孔处计算应力情况对比见表 4-14。

表 4-14 各种加劲肋断面形式的横隔板开孔处应力情况对比表(MPa)

考察内容		加劲肋断面形式							
		U1	U2-1	U2-2	U3-1	U3-2	V1	V2	T
横隔板开孔边缘主拉应力(腹板内侧)	数值	28.711	22.703	22.582	35.500	36.779	23.635	23.150	<10
	位置	右 1	右 1	右 1	右 1	右 1	右 1	右 1	—
横隔板开孔边缘主拉应力(腹板外侧)	数值	39.760	32.036	31.965	36.751	35.759	28.738	28.260	<10
	位置	左 2	左 2	左 2	左 1	左 2	左 2	左 2	—
横隔板开孔边缘主压应力	数值	79.473	58.134	59.189	85.424	93.267	51.400	52.744	37.806
	位置	右 1	右 1	右 1	右 1	右 1	右 1	右 1	右 1
过焊孔边缘主拉应力	数值	40.501	—	47.773	—	56.875	—	44.399	18.200
	位置	右 2	—	右 2	—	右 2	—	右 2	右 1

注:"—"表示无内容。"右 1"表示中腹板内侧第一加劲肋处,"左 1"表示中腹板外侧第一加劲肋处。其他与此内容类似。

由以上的分析可知:

①开口 T 肋的横隔板各项应力值均远小于闭口肋的横隔板应力值,这是由于闭口肋对横隔板的约束刚度大,变形后的应力值也就越大。

②V 肋的横隔板各项应力值均较 U 肋的横隔板应力值小。

③对于 U 肋,增大开孔处曲率半径可以部分降低横隔板开孔边缘处的主拉应力与主压应力值。

④加劲肋顶部设置过焊孔对加劲肋底部横隔板开孔应力基本无影响,且过焊孔本身亦是

一应力集中点，可不设置。

⑤对应以上各种加劲肋断面形式，不同开孔方式的横隔板主拉/压应力均满足规范要求。

4.3.1.6　结　　论

综合以上的分析，可以得出以下结论：

1. 加劲肋与顶板连接处的拉应力 σ_y 与主拉应力 S_1

跨中位置：U 肋最大，V 肋次之，T 肋最小。

横隔板位置：U 肋最大，V 肋次之，T 肋最小。U 肋中，U3 最大，U2 次之，U1 最小，可见开孔高度加大后应力将有所增加。各种加劲肋开孔形式与顶板是否设置过焊孔基本无关。

2. 加劲肋腹板与横隔板连接部位的拉应力 σ_y 与主拉应力 S_1

加劲肋应力：U 肋、T 肋较大，V 肋较小。U 肋之中，U1 最小，U2、U3 较大，但相差不多。各种加劲肋开孔形式顶板设置过焊孔后应力稍有增加。

横隔板应力：U 肋最大，V 肋次之，T 肋最小。U 肋之中，U2 最小，U1 次之，U3 最大。各种加劲肋开孔形式顶板设置过焊孔后应力稍有增加。

3. 横隔板开孔边缘处的拉应力 σ_y 与主拉应力 S_1

U 肋之中 U3 最大，U1 次之，U2 最小。V 肋与 U2 相当，T 肋最小。各种加劲肋开孔形式顶板设置过焊孔后应力稍有增加。其中 U3 由于开孔半径较小，除主拉应力最大外，主压应力也达 90 MPa 左右，且主压应力较大值与主拉应力较大值距离很近。

4. 从细部构造的应力角度来看，V 肋、T 肋性能较优，U 肋稍差，但 T 肋抗扭刚度等其他方面处于劣势。

5. 加劲肋顶板设置过焊孔后各项应力有所增加，且过焊孔本身也是一个应力集中部位，设置要注意。

结合正交异性钢桥面板的疲劳试验成果，从上述结论可得出正交异性钢桥面板在道砟槽范围内采用 V 肋较优，道砟槽范围外也可采用 U 肋或 T 肋。

4.3.2　加劲肋腹板倾斜角度影响分析

加劲肋腹板的倾斜角度影响其抗扭性能，对加劲肋腹板倾斜角度的选择要以方便制造加工和工地连接，以及不损失与顶板焊接细节的疲劳性能为原则。

4.3.2.1　加劲肋腹板倾斜方案

针对 U 肋和 V 肋，计算比较时拟定两者的面积 A 与惯性矩 I 基本相同，制造与工地连接的难度大致相同，拟定 5 种腹板倾斜形式，通过改变加劲肋腹板倾斜角度，考察对疲劳性能的影响。各加劲肋断面形式如图 4-6 和图 4-7 所示，截面特性见表 4-15，加载方式与上节相同。

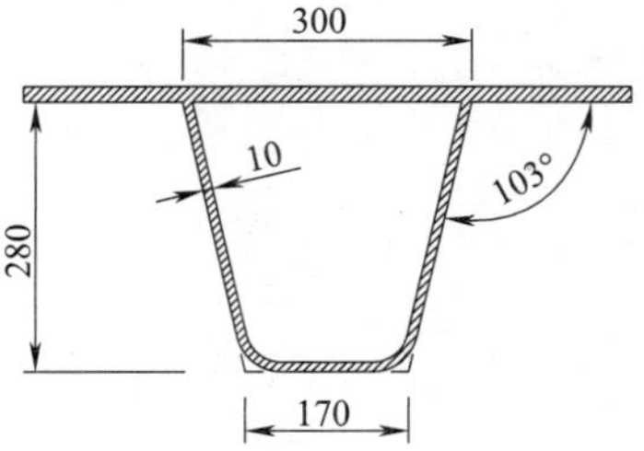

(a) U1-1截面形式

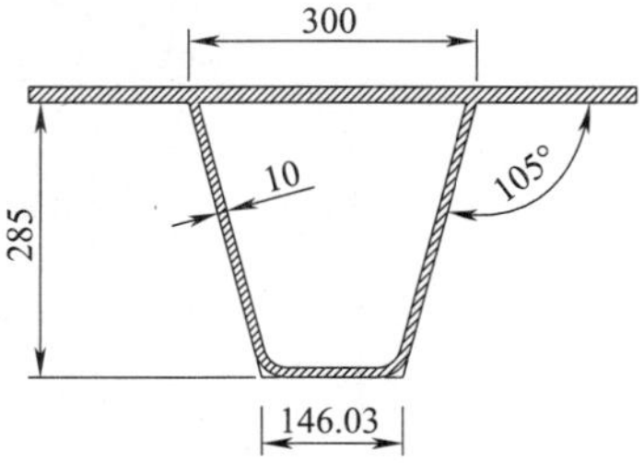

(b) U1-2截面形式

图　4-6

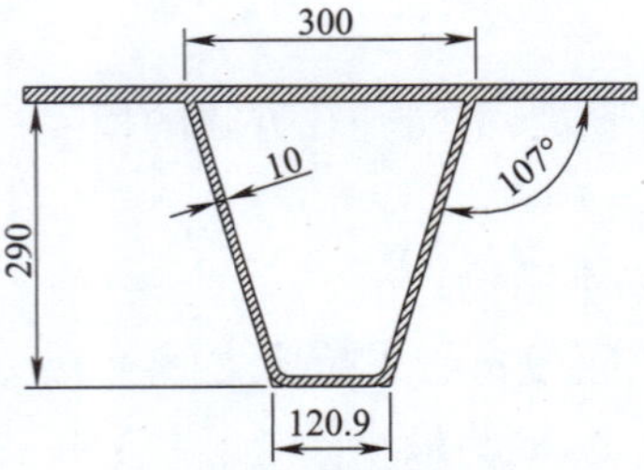

(c) U1-3截面形式

图 4-6 U1 肋不同的腹板倾斜截面形式(单位:mm)

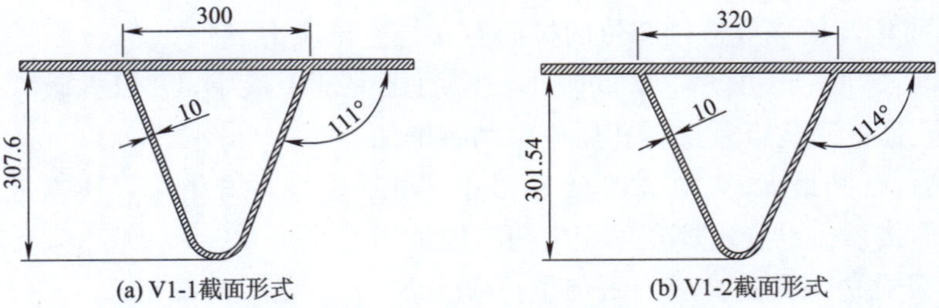

图 4-7 V1 肋不同的腹板倾斜截面形式(单位:mm)

表 4-15 各修改加劲肋腹板倾角截面表

加劲肋腹板倾角修改形式	加劲肋腹板倾斜角度(°)	加劲肋面积(m^2)
U1-1	103.7	0.721 9
U1-2	105.7	0.721 4
U1-3	107.7	0.718 3
V1-1	110.6	0.710 1
V1-2	114.0	0.702 0

4.3.2.2 考察点位置分布

如图 4-8 和图 4-9 所示,考察点主要设置在疲劳应力敏感点处,主要有:

1# ——横隔板开口处加劲肋腹板主拉应力点;2# ——横隔板开口处主压应力点;3# ——横隔板开口处主拉应力点,以及 4# 、5# 考察点。

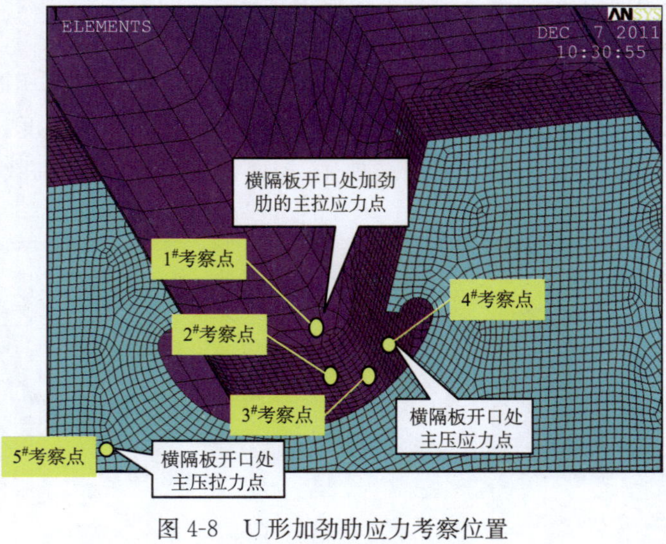

图 4-8 U 形加劲肋应力考察位置

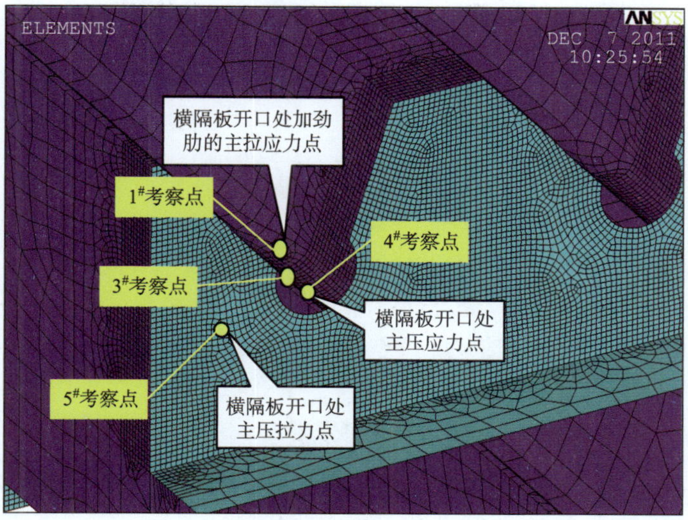

图 4-9 V形加劲肋应力考察位置

4.3.2.3 计算结果分析

各考察点应力变化形势图,分别如图 4-10～图 4-14 所示。

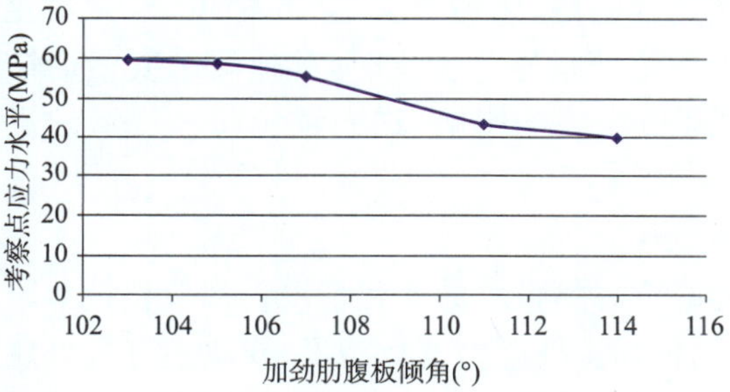

图 4-10 1# 考察点应力变化图

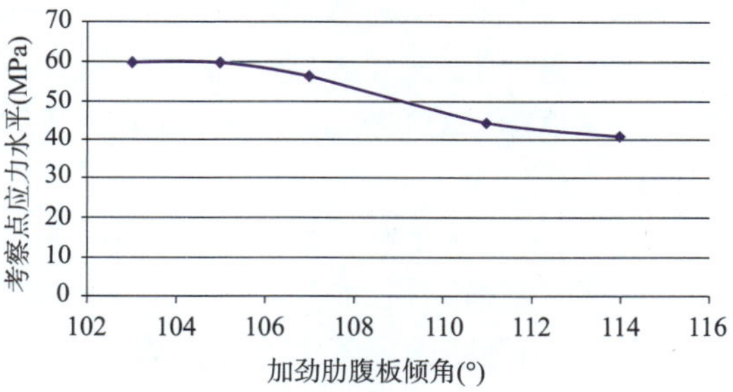

图 4-11 2# 考察点应力变化图

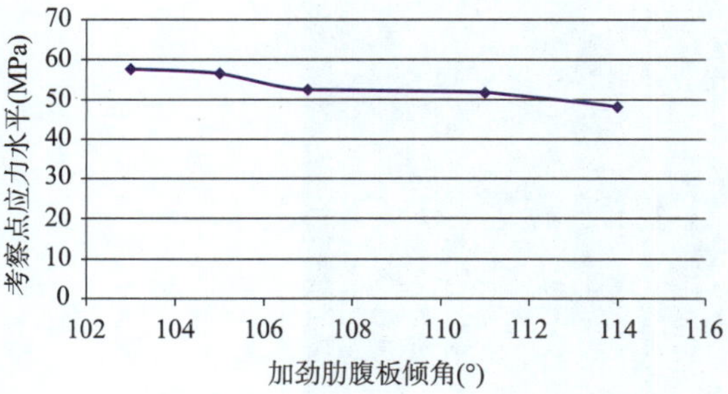

图 4-12 3# 考察点应力变化图

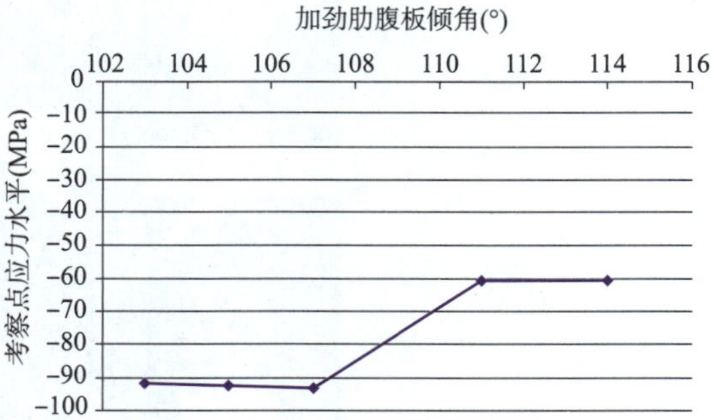

图 4-13 4# 考察点应力变化图

①随着加劲肋倾角的变化,考察点的应力情况呈下降的趋势,但趋势不明显。

②相对而言,V 肋较 U 肋应力状况得到明显改善。例如 1# 考察点与 2# 考察点 V 肋的应力较 U 肋下降较明显,由 60 MPa 下降至 40 MPa。

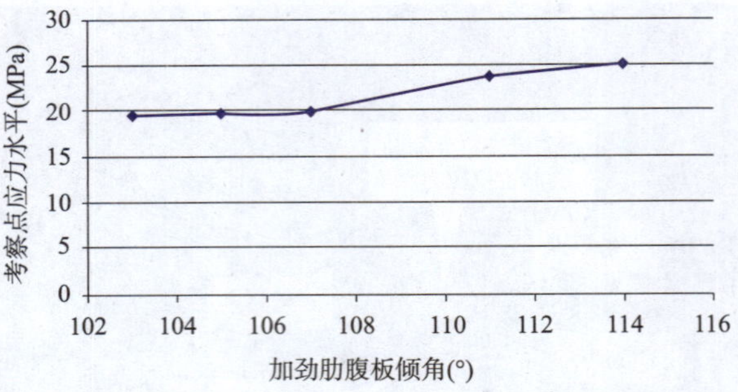

图 4-14 5# 考察点应力变化图

4.3.3 顶板、横隔板及桥面加劲肋的板厚匹配分析

4.3.3.1 计算板厚的选取

作为结构第二体系、第三体系的组成部分，顶板、横隔板和加劲肋毫无疑问随着自身板厚的增加，应力状态随之逐渐减小，主要研究各自板厚变化对其他板件的应力影响变化趋势。

在满足结构强度、整体及局部稳定以及疲劳性能的前提下，选取顶板的板厚范围 12～20 mm，横隔板的厚度范围 14～22 mm，加劲肋的厚度范围 8～12 mm，分级厚度均为 2 mm。

如果将顶板、横隔板、加劲肋的每一种都相互结合的话，则需要多达 75 种组合，为简化计算工作量，拟将三个厚度变量进行分离，当其中一个变量进行变化时，其他两个变量取结构设计厚度值，这样就可以考察每个变量对关注部位应力的影响，进而评价每个变量的影响情况。

4.3.3.2 考察点分布

主要考察横隔板、加劲肋以及顶板连接焊缝处的应力随板厚的变化情况。部位包括节段跨中顶板、加劲肋的主压应力变化情况；顶板与横隔板焊接处应力变化情况；横隔板开孔处应力变化情况。U 肋、V 肋考察点位置如图 4-15～图 4-18 所示，加载方式与上节相同。

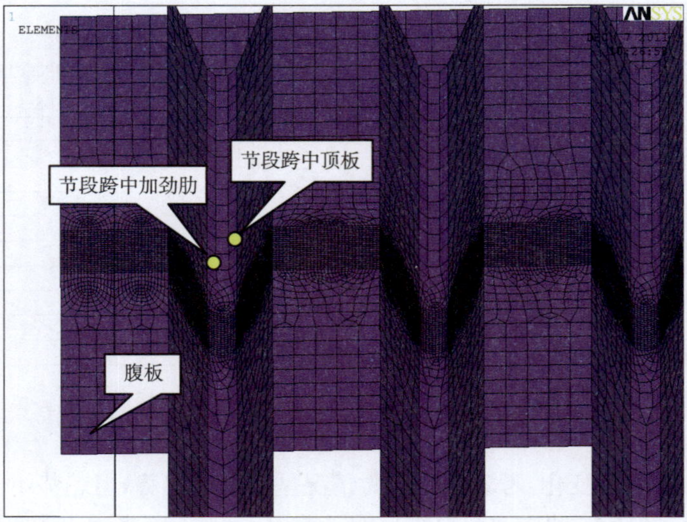

图 4-15 应力考察位置(一)

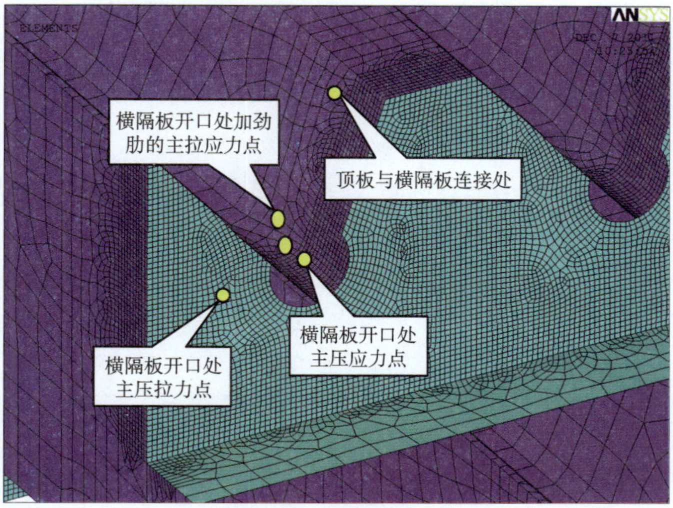

图 4-16　应力考察位置(二)

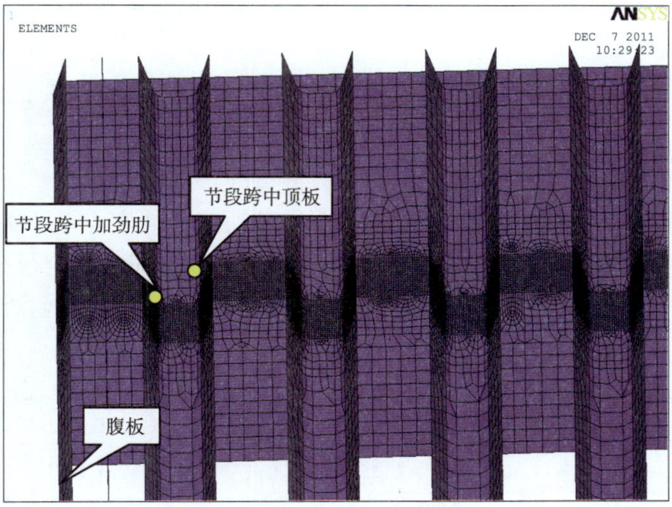

图 4-17　应力考察位置(三)

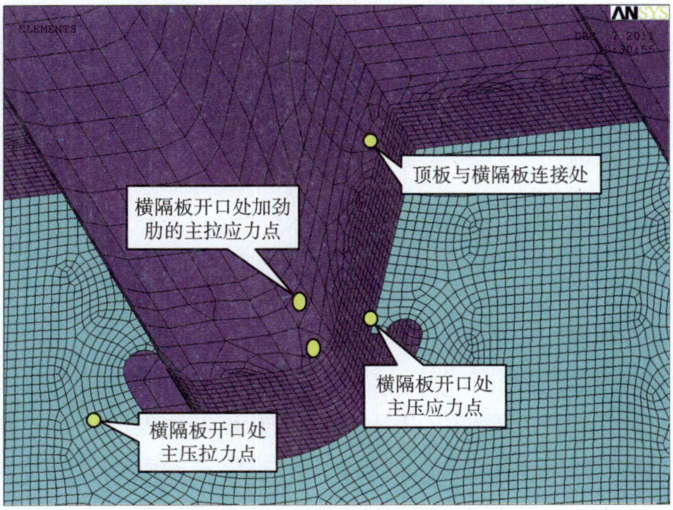

图 4-18　应力考察位置(四)

4.3.3.3 结构应力影响分析

1. 节段跨中区域

(1)顶板考察点

如图 4-19 所示，两种加劲肋断面的节段跨中顶板考察点均处于受压状态，应力水平较低，一般在 12～13 MPa 以内；加劲肋与横隔板板厚的变化对节段跨中顶板考察点的应力影响较小，而顶板自身板厚的变化对其应力大小影响明显，即板厚增加，应力减小。

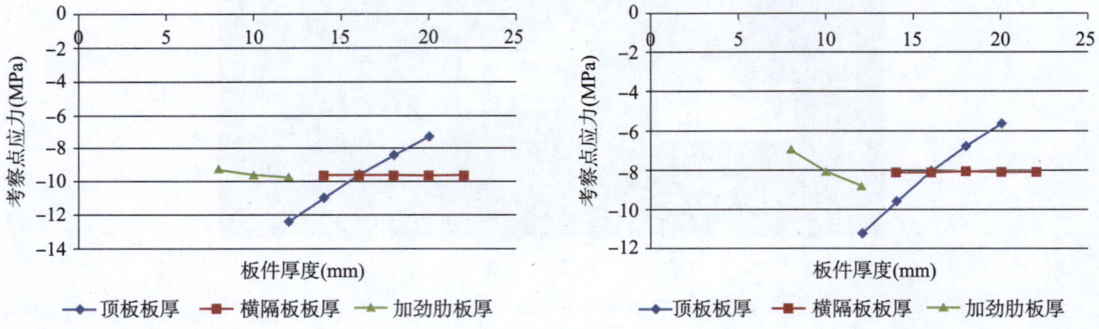

(a) V肋 (b) U肋

图 4-19 节段跨中顶板考察点应力随各板件厚度变化趋势图

(2)加劲肋腹板考察点

如图 4-20 所示，两种加劲肋断面的节段跨中加劲肋腹板考察点基本处于受压状态，且应力值较小；横隔板板厚的变化对节段跨中加劲肋腹板考察点的应力影响很小，而加劲肋自身板厚及顶板板厚变化对其应力大小虽然影响明显，但由于其量值较小，影响意义不大；相对而言，V 肋应力状态优于 U 肋。

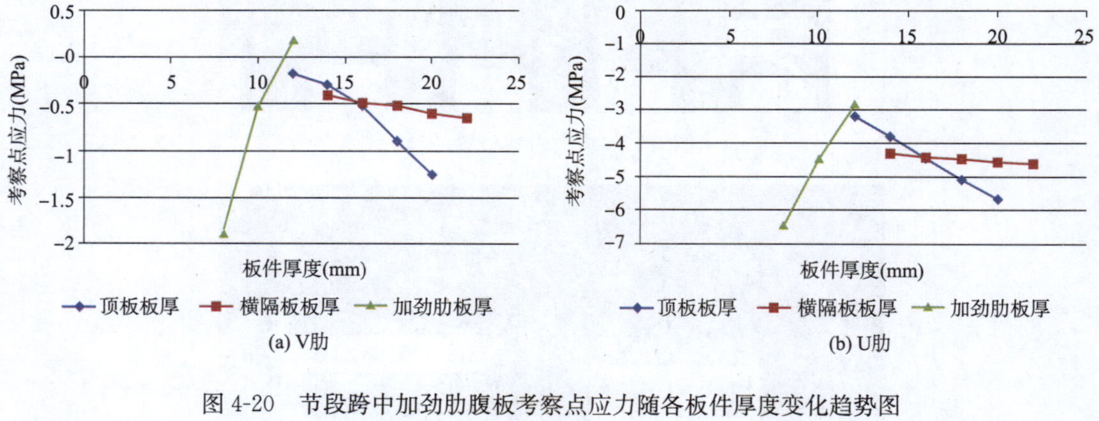

(a) V肋 (b) U肋

图 4-20 节段跨中加劲肋腹板考察点应力随各板件厚度变化趋势图

2. 横隔板区域

(1)与顶板连接处的横隔板考察点

如图 4-21 所示，两种加劲肋与顶板连接处的横隔板考察点均处于受压状态，应力较小，其值－10～－20 MPa；随着顶板和横隔板自身板厚增加，该考察点的应力逐渐减小；加劲肋板厚变化对考察点应力影响较小；相对而言，V 肋断面形式对应的考察点应力状态优于 U 肋断面形式。

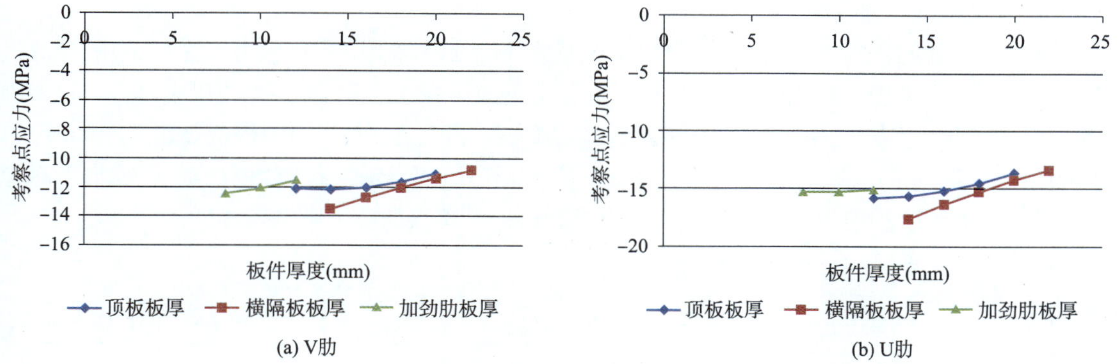

图 4-21　与顶板连接处横隔板考察点的应力随各板件厚度变化趋势图

(2)与横隔板连接处的加劲肋考察点

如图 4-22 所示，两种加劲肋与横隔板连接处的加劲肋考察点均处于受拉状态，其值 10～20 MPa；随着顶板、加劲肋厚度的增加，此处的应力有所减小；但横隔板板厚变化对考察点应力基本无影响；相对而言，V 肋断面形式对应的考察点应力状态优于 U 肋断面形式。

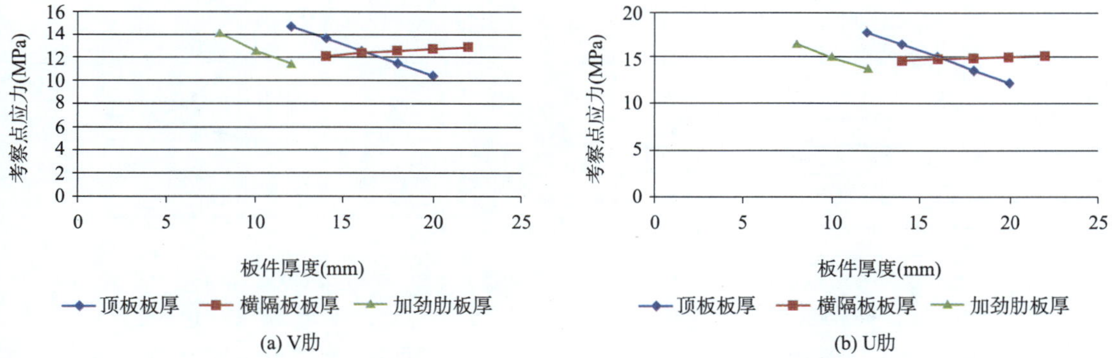

图 4-22　与横隔板连接处加劲肋考察点的应力随各板件厚度变化趋势图

(3)与横隔板连接处的顶板考察点

如图 4-23 所示，两种加劲肋与横隔板连接处的顶板考察点的应力较小，处于受拉状态，其值 15～20 MPa；随着顶板、加劲肋厚度的增加，该处的应力始终在减小，但随着横隔板板厚的增加，此处的应力值有增大的趋势，但幅度不明显。

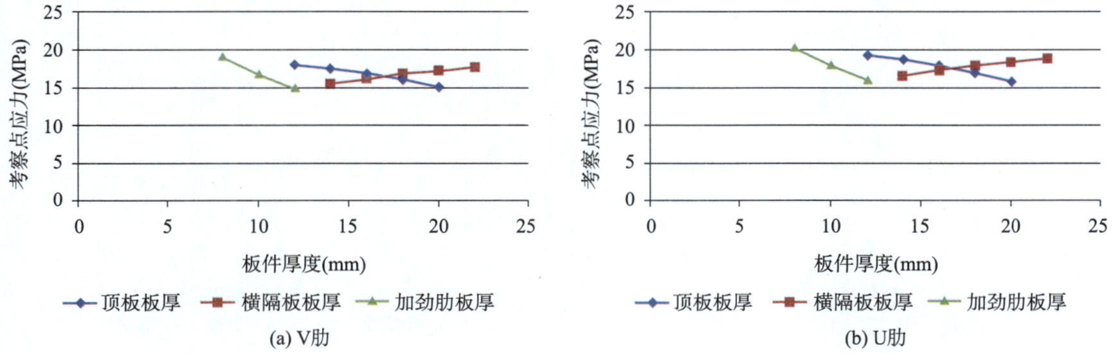

图 4-23　与横隔板连接处顶板考察点的应力随各板件厚度变化趋势图

(4)横隔板开口处考察点

如图 4-24 和图 4-25 所示,两种加劲肋在横隔板开口处考察点的主压应力、主拉应力随自身板厚变化波动加大;采用 V 肋时,当横隔板板厚由 14 mm 改为 22 mm 时,考察点主压应力由－69 MPa 下降为－44 MPa,主拉应力由 30 MPa 下降为 15 MPa;采用 U 肋时,当横隔板板厚由 14 mm 改为 22 mm 时,考察点主压应力由－103.32 MPa 下降为－70.34 MPa,主拉应力由 23.36 MPa 下降为 12.98 MPa;加劲肋和顶板的板厚变化对横隔板开口处考察点的应力影响较小。

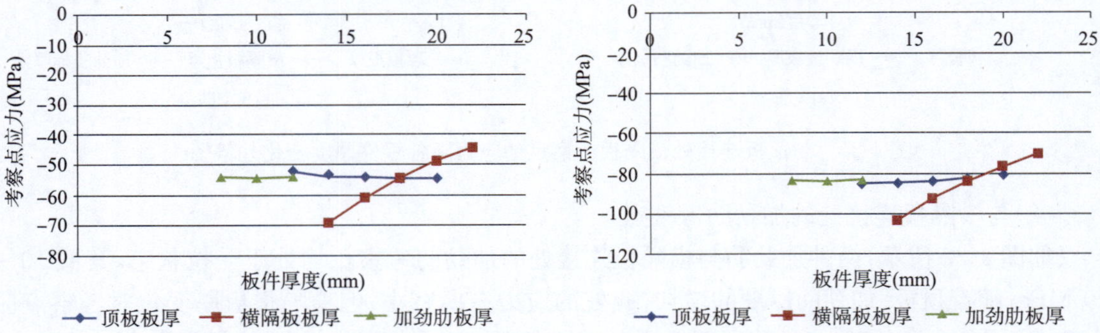

(a) V肋　　(b) U肋

图 4-24　横隔板开口处考察点主压应力随各板件厚度变化趋势图

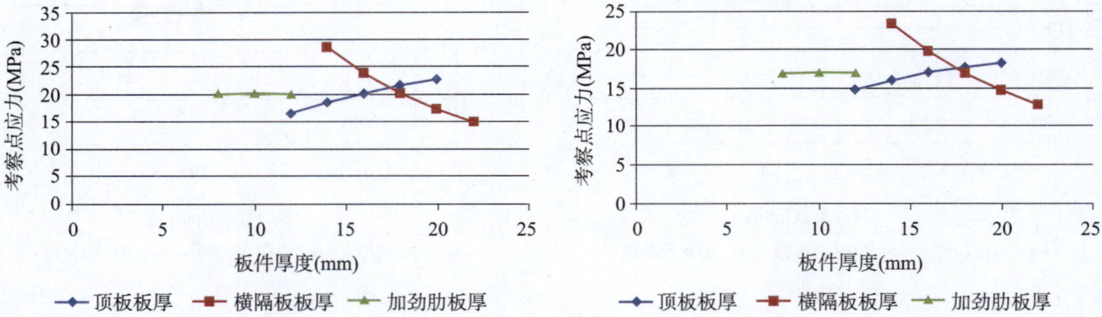

(a) V肋　　(b) U肋

图 4-25　横隔板开口处考察点的主拉应力随各板件厚度变化趋势图

(5)横隔板开口处的加劲肋考察点

如图 4-26 所示,两种加劲肋在横隔板开口处的加劲肋考察点主拉应力介于 40～70 MPa,应力水平稍高;考察点的应力值随自身板厚的增加而下降,且影响显著;横隔板及顶板厚度变化对加劲肋考察点主拉应力影响不大;相对而言,V 肋断面对应考察点的主拉应力优于 U 肋断面。

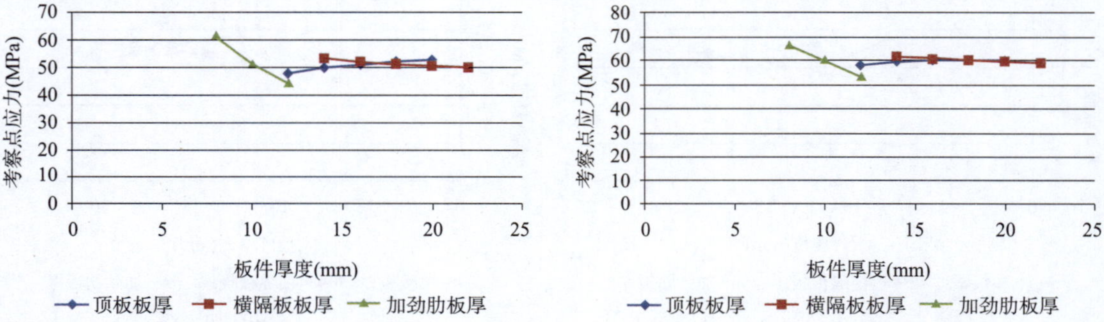

(a) V肋　　(b) U肋

图 4-26　横隔板开口处加劲肋考察点的主拉应力随各板件厚度变化趋势图

4.3.3.4　小　　结

①横隔板厚度变化基本上只影响自身应力状态，对加劲肋腹板和顶板应力状态影响较小，因此横隔板厚度满足自身强度、稳定、疲劳即可。

②顶板及加劲肋腹板的应力状态与自身厚度强相关，但二者相互影响，彼此间厚度分别增加，会改善彼此间的应力状态。顶板及加劲肋腹板厚度可根据作用在桥面板的荷载所产生的局部刚度、曲率半径，以及结合自身强度、稳定、疲劳要求确定。

③无论在节段跨中区域还是在横隔板区域，V肋断面形式的考察点（节段跨中加劲肋腹板、横隔板及横隔板开口处加劲肋腹板）应力状态均优于U肋断面形式。可认为正交异性钢桥面板采用V肋加劲更适合。

4.3.4　钢箱梁节段局部应力计算分析模型

采用通用有限元软件ANSYS建立钢箱梁节段局部应力模型，考察第一体系力对疲劳敏感部位应力的影响。钢板采用壳单元SHELL63模拟，道砟、轨枕与沥青混凝土采用实体单元SOLID45模拟，钢轨采用梁单元BEAM4模拟，各接触部分之间的相互作用通过接触部位的节点自由度耦合来实现，计算时道砟弹性模量采用120 MPa。

按钢箱梁分别设置U肋、V肋建立四节段有限元模型如图4-27所示，在锚箱处进行约束。第一体系力疲劳计算时采用的是梁段一端固定、一端悬臂的约束方式，第二体系、第三体系力计算时采用连续支撑的约束方式。U肋、V肋尺寸与施工图相同。

图4-27　四节段有限元模型图

选取的应力考察点均为较为不利的腹板内侧第一加劲肋相关的加劲肋和横隔板上的点，应力考察点位置如图4-28所示，具体位置与试验模型应力测点位置相同。

4.3.5　第一体系力疲劳影响分析

为了考察第一体系力对考察点应力幅上下限的影响情况，尤其是对控制疲劳开裂的主拉应力的影响情况，分别建模计算考察点的第二体系、第三体系和第一体系应力，然后进行叠加。

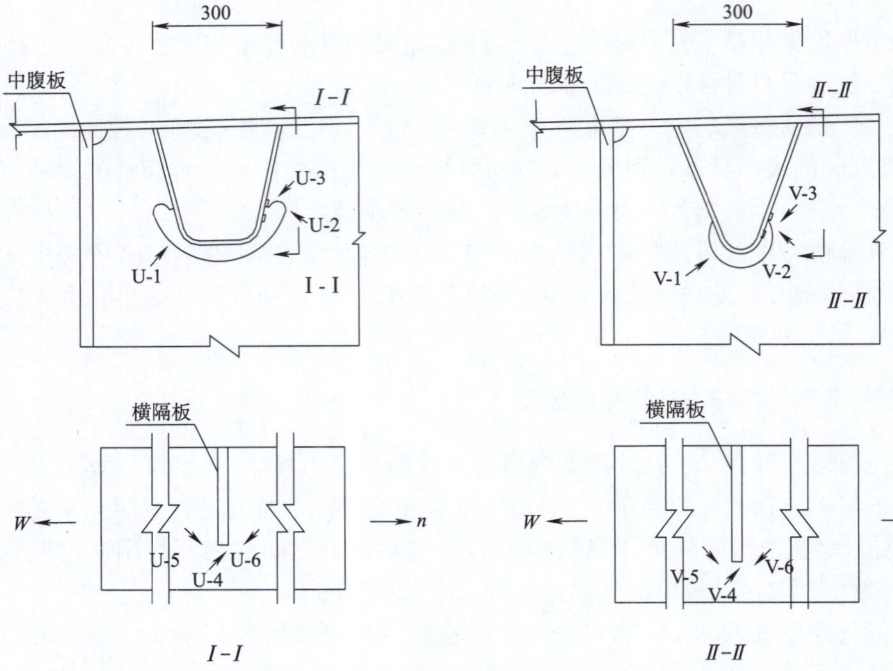

图 4-28　应力考察点布置图(单位:mm)

第一体系力恒载选择跨中的成桥内力,$M_d=-20\ 789\ \text{kN}\cdot\text{m}$,$N_d=-1\ 625\ \text{kN}$,$Q_d=101.4\ \text{kN}$,活载跨中的最大轴力工况,$M=78\ 825\ \text{kN}\cdot\text{m}$,$N=4\ 402.3\ \text{kN}$,$Q=-0.51\ \text{kN}$。表 4-16 与表 4-17 分别给出第二体系、第三体系产生的峰值应力,并列出了与第一体系力的应力叠加结果。

4.3.5.1　U 肋模型计算结果

U 形肋钢箱梁应力计算结果如图 4-29～图 4-33 所示,对各考察点的编号及主拉应力方向的影响如图 4-34～图 4-36 所示,U 形肋钢箱梁第一体系力对考察点的应力影响情况见表 4-16。

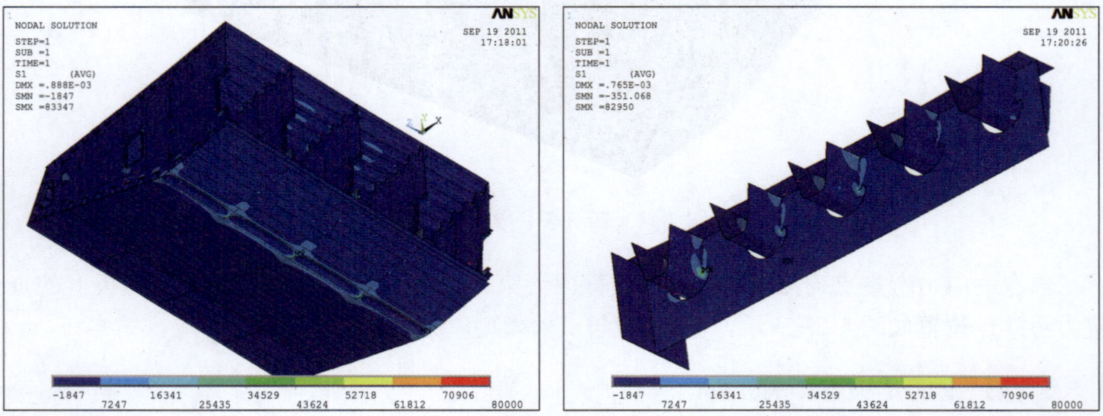

图 4-29　U 形肋钢箱梁第二、三体系力作用下主拉应力(kPa)

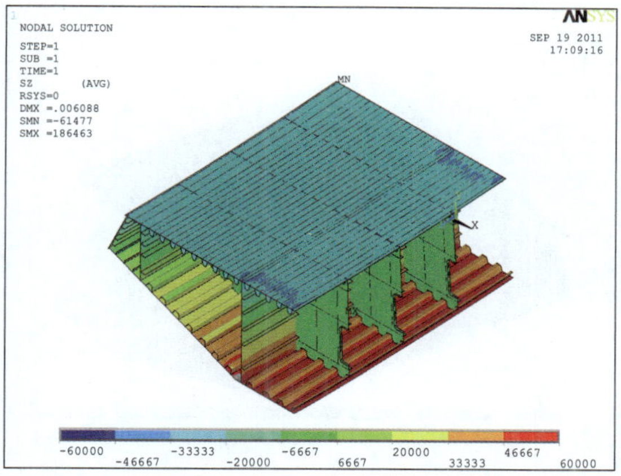

图 4-30　U形肋钢箱梁第一体系恒载作用下纵桥向应力(kPa)

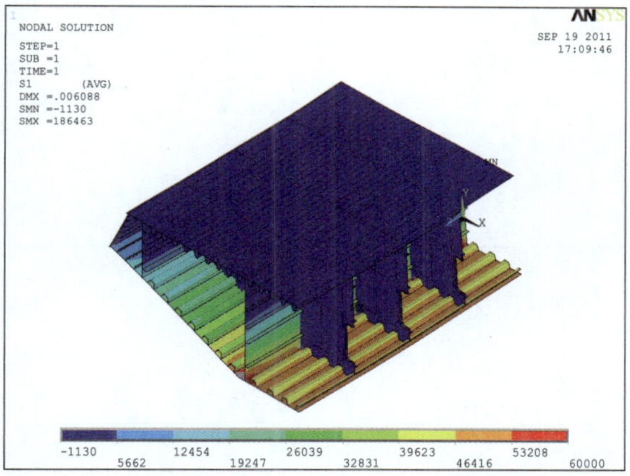

图 4-31　U形肋钢箱梁第一体系恒载作用下主拉应力(kPa)

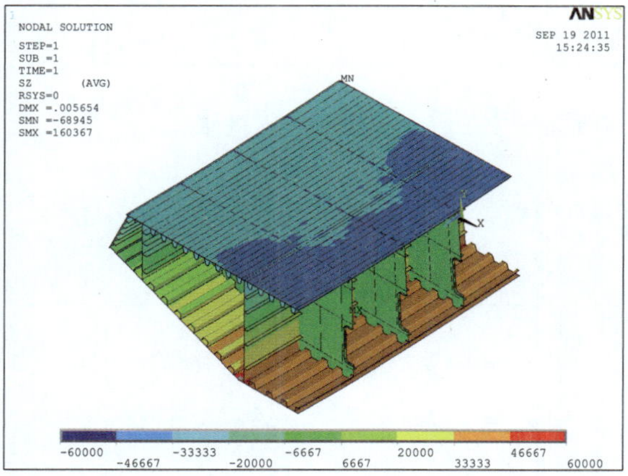

图 4-32　U形肋钢箱梁第一体系活载作用下纵桥向应力(kPa)

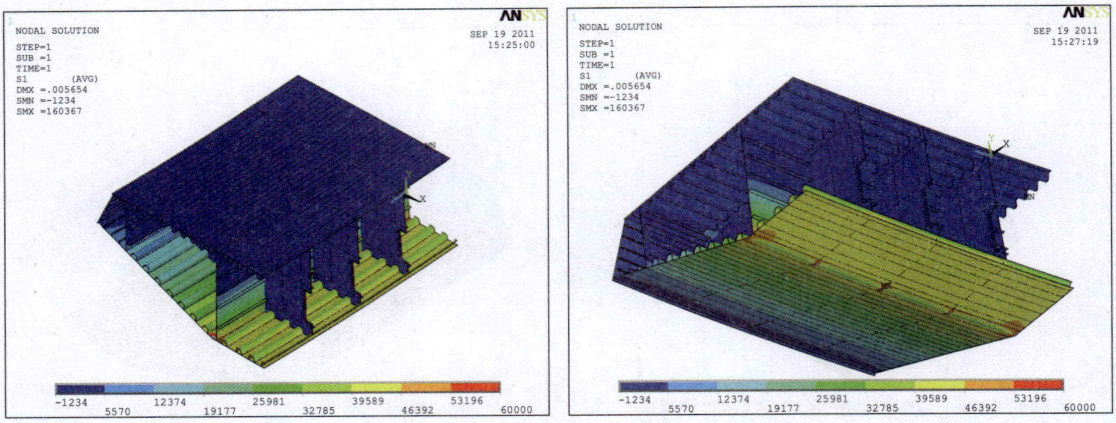

图 4-33 U 形肋钢箱梁第一体系活载作用下主拉应力(kPa)

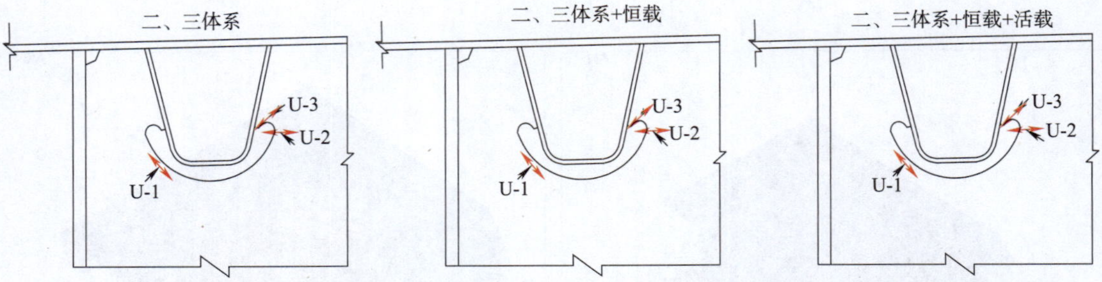

图 4-34 U 形肋钢箱梁考虑第一体系力对横隔板主拉应力方向的影响(外侧)

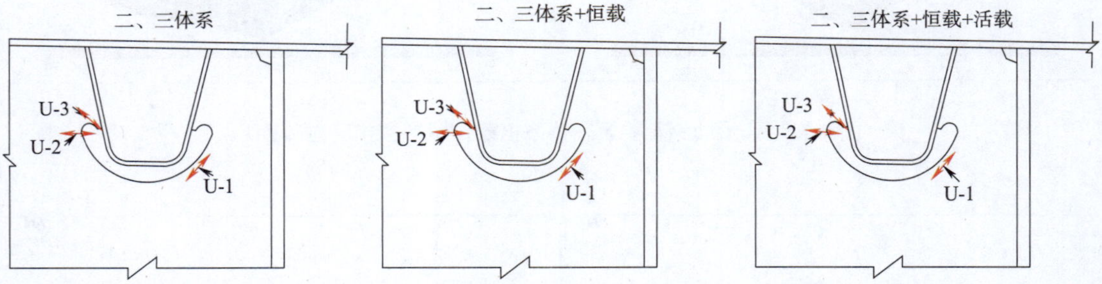

图 4-35 U 形肋钢箱梁考虑第一体系力对横隔板主拉应力方向的影响(内侧)

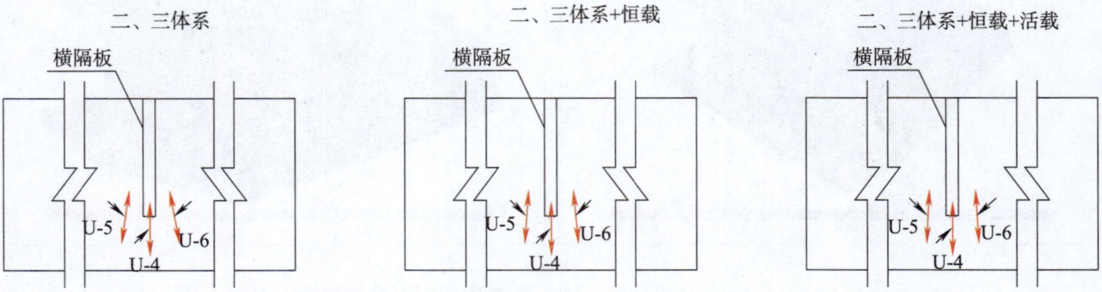

图 4-36 U 形肋钢箱梁考虑第一体系力对加劲肋主拉应力方向的影响

表 4-16　U 形肋钢箱梁第一体系力对考察点的应力影响情况

考察点		位置	主拉应力(MPa)			主压应力(MPa)			水平线与主拉应力夹角(°)		
			二、三体系	二、三+恒	二、三+恒+活	二、三体系	二、三+恒	二、三+恒+活	二、三体系	二、三+恒	二、三+恒+活
横隔板	U-1	*W*	10.12	12.30	16.83	0.50	0.63	0.90	−48.31	−49.43	−49.41
		n	10.16	12.79	17.84	0.50	0.59	0.82	47.56	48.76	48.85
	U-2	*W*	−8.91	−7.82	−6.96	−33.69	−29.41	−26.17	−0.10	1.84	3.76
		n	−8.95	−7.90	−7.03	−33.32	−28.39	−24.42	−0.39	−2.95	−6.01
	U-3	*W*	8.94	8.47	8.34	−12.90	−13.41	−14.19	42.55	43.33	44.05
		n	8.69	7.93	7.46	−12.33	−12.30	−12.43	−42.76	−43.98	−45.28
加劲肋	U-4		22.18	22.78	24.38	11.23	−13.46	−39.81	−89.90	−89.97	−89.98
	U-5		18.09	17.11	16.98	−2.48	−26.96	−53.85	81.58	85.77	87.16
	U-6		18.95	17.86	17.76	−3.37	−27.41	−53.96	−79.22	−84.51	−86.33

注：1. 水平线与主拉应力夹角为水平线到主拉应力方向需要转动的角度，逆时针为正；

2. 表中“恒”、“活”分别指考虑恒载第一体系力作用和活载第一体系力作用，其中活载第一体系力作用指中活载作用下最大轴力工况。

由图 4-29～图 4-33 和表 4-16 可知：不论是在横隔板处，还是在两道横隔板之间的节段跨中，第一体系力对主应力的贡献较小。在考虑第一体系力作用之后，除加劲肋开孔边缘 U-1 处主拉应力增加较大外，其余各点主拉应力变化很小，且由图 4-34～图 4-36 可以看出，主拉应力方向基本不变。模型试验出现裂纹的加劲肋处，由于第一体系力作用产生了较大的纵桥向压应力，但是 U-4、U-5、U-6 的主拉应力大小和方向基本与只考虑第二、三体系作用力时一致，仅主压应力大小发生了较大的变化。值得注意的是，由图 4-36 可以看出，理论计算得出的主拉应力方向与模型试验的疲劳裂纹互相垂直，这说明理论计算与试验结果是吻合的。由此可见，对于 U 肋加劲正交异性钢桥面板，在确定疲劳荷载时，可忽略第一体系力，而且它的加载频率与第二、三体系力相差很多，忽略第一体系力作用可避免加载困难。

4.3.5.2　V 肋模型计算结果

V 形肋钢箱梁在第一体系力作用下应力图，如图 4-37～图 4-41 所示，对各考察点的编号及主拉应力方向的影响如图 4-42～图 4-44 所示，V 形肋钢箱梁第一体系力对考察点的应力影响情况见表 4-17。

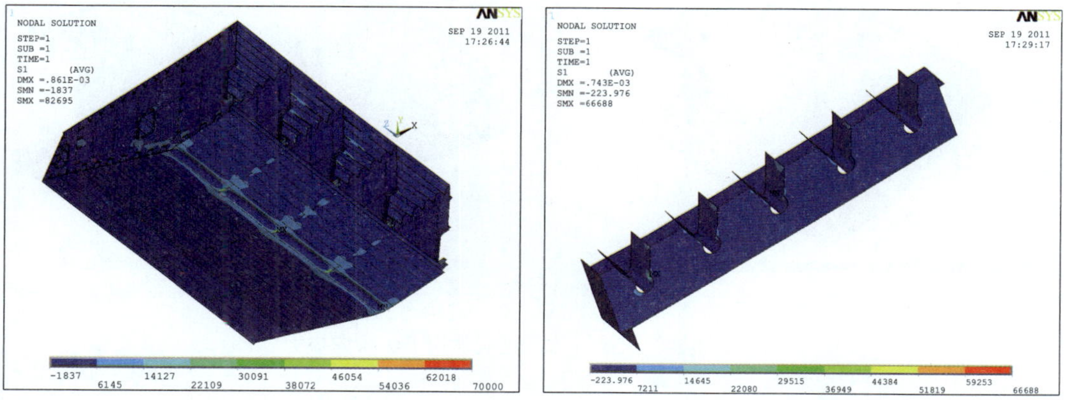

图 4-37　V 肋钢箱梁第二、三体系力作用下主拉应力(kPa)

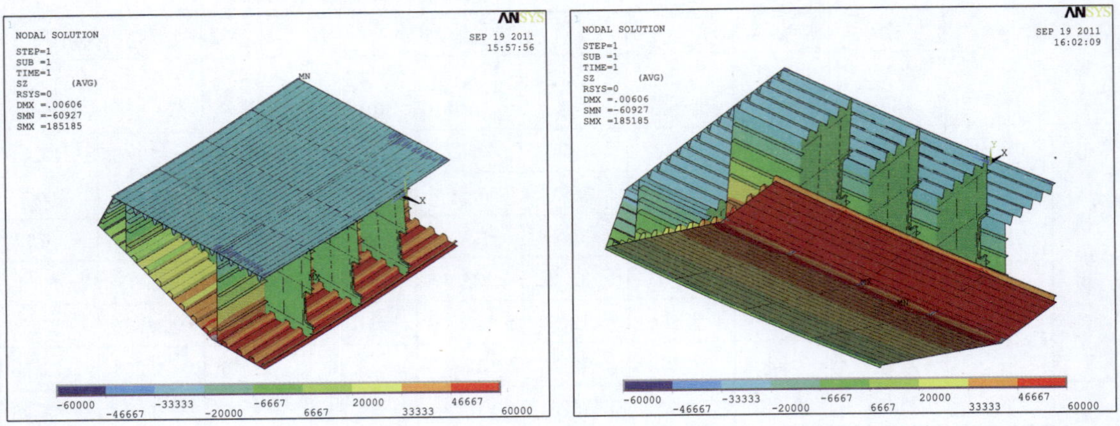

图 4-38　V 肋钢箱梁第一体系恒载作用下纵桥向应力(kPa)

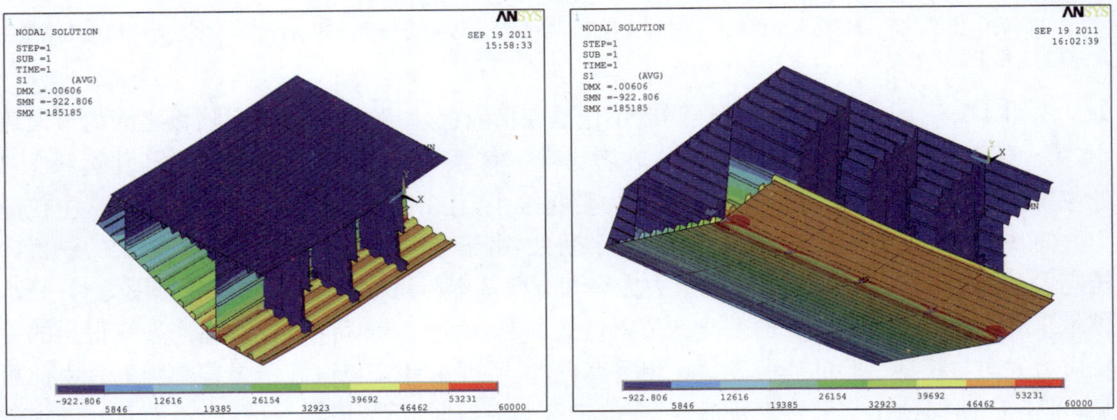

图 4-39　V 肋钢箱梁第一体系恒载作用下主拉应力(kPa)

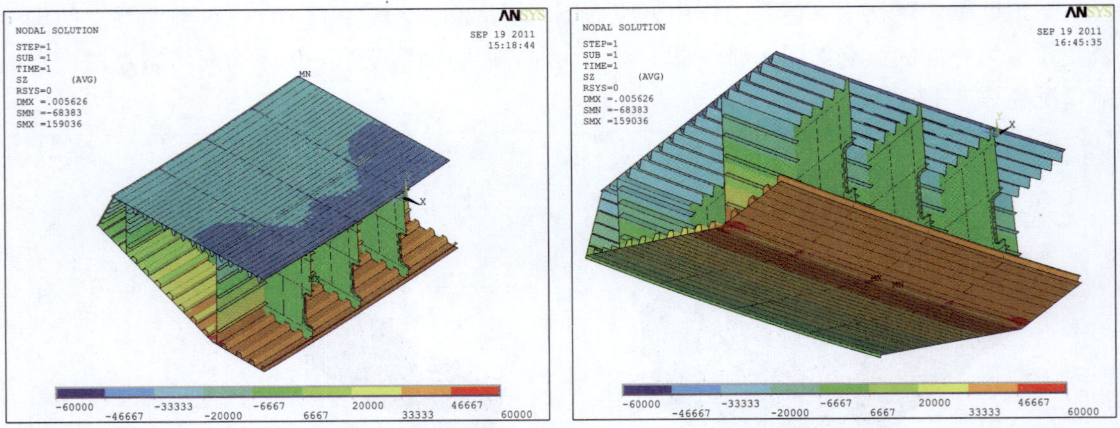

图 4-40　V 肋钢箱梁第一体系活载作用下纵桥向应力(kPa)

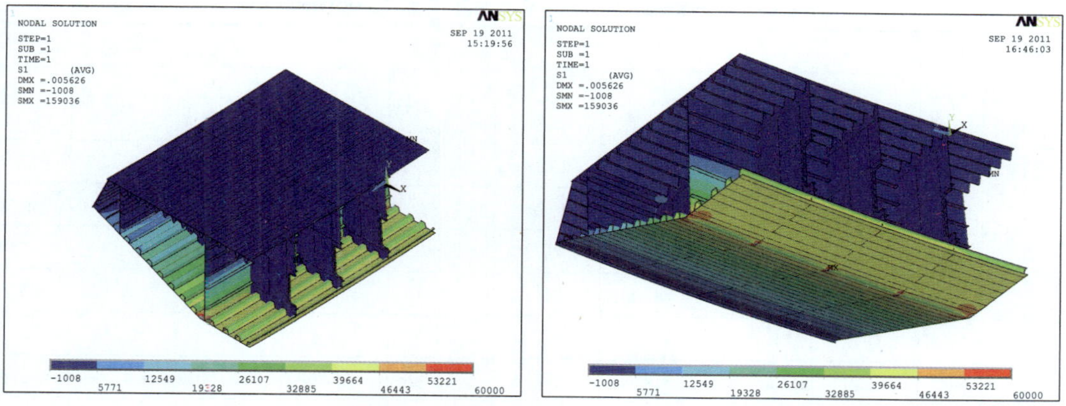

图 4-41　V 肋钢箱梁第一体系活载作用下主拉应力(kPa)

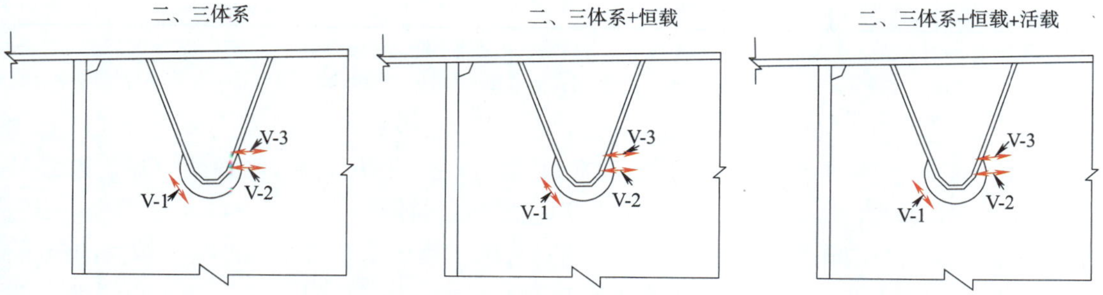

图 4-42　V 肋钢箱梁考虑第一体系力对横隔板主拉应力方向的影响(外侧)

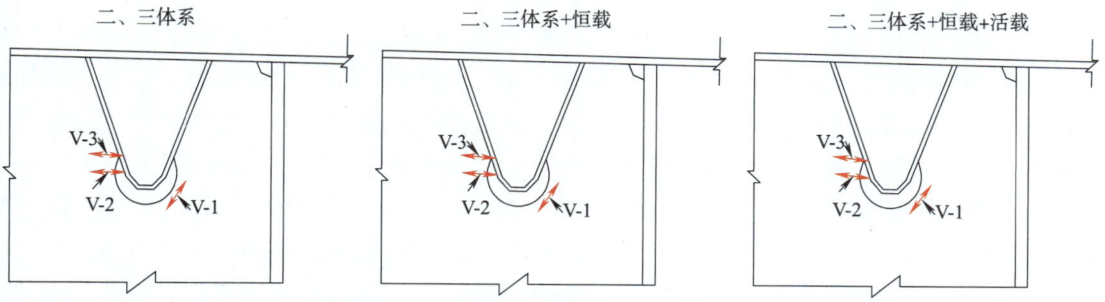

图 4-43　V 肋钢箱梁考虑第一体系力对横隔板主拉应力方向的影响(内侧)

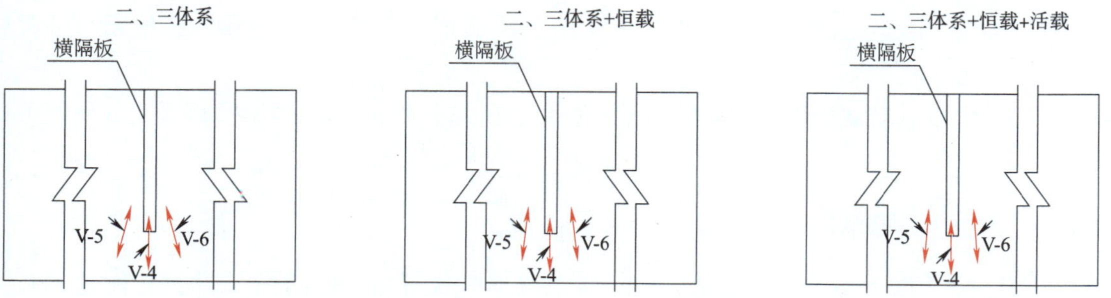

图 4-44　V 肋钢箱梁考虑第一体系力对加劲肋主拉应力方向的影响

表 4-17 V 肋钢箱梁第一体系力对考察点的应力影响情况

考察点		位置	主拉应力(MPa)			主压应力(MPa)			水平线与主拉应力夹角(°)		
			二、三体系	二、三+恒	二、三+恒+活	二、三体系	二、三+恒	二、三+恒+活	二、三体系	二、三+恒	二、三+恒+活
横隔板	V-1	w	9.55	10.51	13.81	1.26	1.47	2.04	−56.55	−55.22	−53.31
		n	9.60	11.01	14.84	1.24	1.38	1.86	55.74	54.69	53.20
	V-2	w	−4.08	−3.98	−3.97	−28.14	−25.97	−25.22	−0.28	2.23	4.83
		n	−4.12	−4.04	−4.00	−27.98	−25.19	−23.75	−0.06	−3.17	−6.73
	V-3	w	3.50	3.21	3.21	−18.57	−16.93	−16.15	3.19	5.31	7.53
		n	3.50	3.21	3.18	−18.15	−15.68	−13.89	−3.05	−4.87	−6.94
加劲肋	V-4		16.08	16.14	17.28	−0.42	−24.75	−50.87	−89.77	−89.73	−89.72
	V-5		11.24	9.29	8.46	−5.02	−28.40	−54.47	75.12	83.55	85.93
	V-6		12.28	10.33	9.68	−5.15	−28.09	−53.78	−73.70	−82.73	−85.40

注:1. 水平线与主拉应力夹角为水平线到主拉应力方向需要转动的角度,逆时针为正;
2. 表中"恒"、"活"分别指考虑恒载第一体系力作用和活载第一体系力作用,其中活载第一体系力作用指中活载作用下最大轴力工况。

由图 4-37～图 4-41 和表 4-17 可知:在考虑第一体系力作用之后,除加劲肋开孔边缘 V-1 处主拉应力增加较大外,其余各点主拉应力变化很小,且由图 4-42～图 4-44 可以看出,主拉应力方向基本不变。模型试验出现裂纹的加劲肋处,由于第一体系力作用产生了较大的纵桥向压应力,但是 V-4、V-5、V-6 的主拉应力大小和方向基本与只考虑第二、三体系作用力时一致,仅主压应力大小发生了较大的变化。

4.3.5.3 小　结

第一体系作用力分为恒载和活载,其中恒载产生的应力是恒定的,不影响考察点的应力幅,只影响应力循环的上下限,即影响疲劳应力的应力比;活载产生的应力是变化的,但变化的频率远小于第二、三体系产生的应力变化,计算发现一列车通过一次,考察点产生一次第一体系力应力循环,而一节车厢通过一次,考察点产生一次第二、三体系力应力循环,可认为第一体系力产生的应力变化比较缓和,每一个第二、三体系力应力循环基本体现不出第一体系力产生的应力变化,活载第一体系力也只是改变了考察点疲劳应力比,而基本没有改变考察点的应力幅。

不管是 U 形加劲肋钢箱梁还是 V 形加劲肋钢箱梁,第一体系作用力仅影响顶板、加劲肋、腹板的纵桥向应力,无论是在横隔板处还是两道横隔板之间,对 U 肋、V 肋与横隔板连接部位等疲劳重点关注部位的主拉应力大小与方向影响都很小。

此外,第一体系力的疲劳加载频率也与第二、三体系力相差很多,忽略第一体系力可避免加载困难。

因此,本桥钢箱加劲梁正交异性钢桥面板在确定疲劳荷载时,忽略第一体系力的作用可行且合理。

4.3.6 顶板加劲肋结构分析

①从细部构造的应力角度来看,V 肋、T 肋性能较优,U 肋稍差,但 T 肋抗扭刚度等其他方面处于劣势;加劲肋顶板设置过焊孔后各项应力有所增加,且过焊孔本身也是一个应力集中部位,不建议设置。

②随着加劲肋腹板倾角增加，横隔板的考察点应力改变效果不明显，但加劲肋腹板的应力呈下降趋势，相对而言V肋较U肋应力明显改善。

③钢箱梁顶板、加劲肋及横隔板三者板厚匹配分析表明，横隔板厚度变化基本上只影响自身应力状态，对加劲肋腹板和顶板应力状态影响较小，因此横隔板厚度根据自身强度、稳定、疲劳计算确定即可；顶板及加劲肋腹板的应力状态与自身厚度强相关，但二者相互影响，一方厚度加大，可改善另一方应力状态，但效果有限。顶板及加劲肋腹板厚度宜根据荷载作用下的桥面板局部刚度、曲率半径以及结合自身强度、稳定、疲劳要求确定；无论在节段跨中区域还是在横隔板区域，V肋断面形式的考察点（节段跨中加劲肋腹板、横隔板及横隔板开口处加劲肋腹板）应力状态均略优于U肋断面形式。可认为本结构采用V肋加劲桥面板更适合。

④钢箱梁顶板、底板、中腹板、边腹板、横隔板和U/V肋等板件自身和相互连接处的较大疲劳应力幅主要出现在边腹板与钢锚箱交接处和横隔板过焊孔与U/V肋交接处，应力幅均在99 MPa以内。顶板对接焊缝、顶板加劲肋对接焊缝、边腹板与钢锚箱角焊缝，属于第Ⅱ类疲劳容许应力幅类别，容许疲劳应力幅[σ_0]为121.7 MPa；边腹板与顶底板、顶板加劲肋上缘焊缝属于纵向焊缝，属于第Ⅳ类疲劳容许应力幅类别，容许疲劳应力幅[σ_0]为110.3 MPa；其他焊缝属于横向角接焊缝，属于第Ⅶ类疲劳容许应力幅类别，容许疲劳应力幅[σ_0]为99.9 MPa。因此，各板件疲劳应力幅满足要求。

4.4 考虑道砟铺装的正交异性钢桥面板受力特性分析

甬江桥钢箱梁采用有砟桥面，列车荷载作用在钢轨上，通过轨枕、道砟传递到正交异性板结构表面，由于道砟的分散、缓冲作用，正交异性钢桥面板的受力状态必然与直接承受轮载作用的公路桥正交异性钢桥面板有所差异。

另外，由于道砟属松散体，其弹性模量随承压力的变化在一定范围内波动。目前国内外采用较多且较为简便的方法是将道砟看做是具有一定弹性模量的弹性体，德国道砟弹性模量（下以E_b表示）E_b=120 MPa，美国E_b=207～276 MPa，日本、法国要求$E_b \geqslant$100 MPa，我国既有线普通道砟道床（不含道床板结地段），E_b的取值范围是70～170 MPa，各国对道砟的研究数据均不同。道砟弹性模量的离散性一定程度上影响了铁路正交异性钢桥面板的受力状态。

通过建立考虑道砟和不考虑道砟的两种节段有限元模型（以下分布简称“有砟模型”、“无砟模型”），反映其实际结构受力状态，为后续模型设计、提高疲劳试验的精度提供依据。

4.4.1 节段模型的正交异性钢桥面受力分析

4.4.1.1 建模思路

1. 无砟模型

无砟模型首先建立钢箱梁节段模型，中-活载、钢轨、轨枕、道砟以均布的面荷载形式作用于结构上，面荷载的分布借鉴《美国钢结构设计手册》（STRUCTURAL STEEL DESIGNER'S HANDBOOK）中的相关规定，无砟模型中，中-活载作用下结构的面力分布形式如图4-45和图4-46所示。

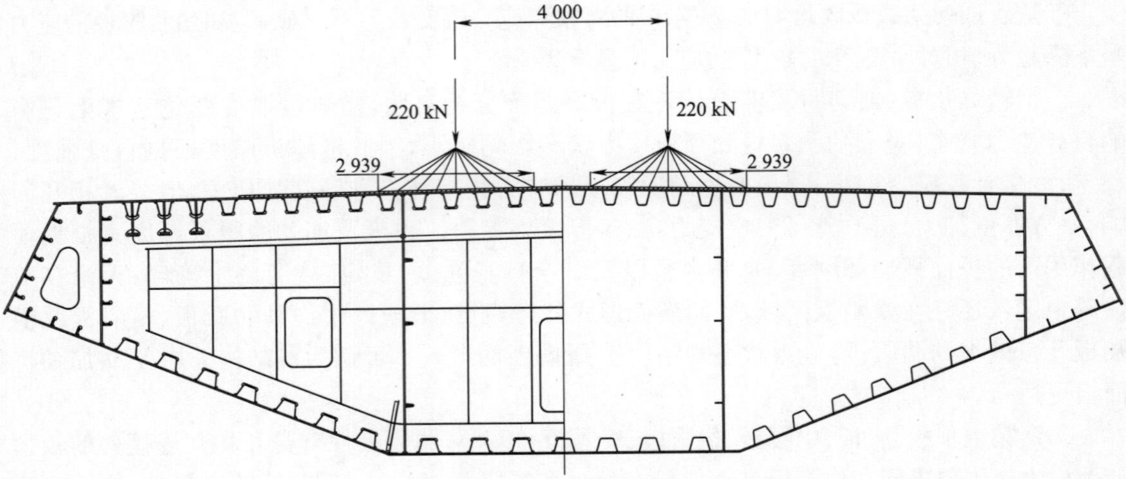

图 4-45 无砟模型中-活载横向分布形式(单位:mm)

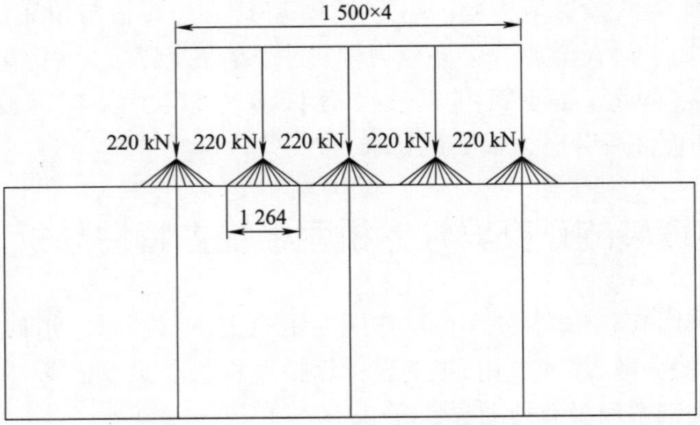

图 4-46 无砟模型中-活载纵向分布形式(单位:mm)

2. 有砟模型

有砟模型则是先独立建立钢轨、轨枕、道砟、钢箱梁模型,随后将四者进行耦合处理,组成相互接触的共同受力模型,最后以集中力形式将中-活载作用在模型钢轨上。有砟模型中,中-活载作用下结构的面力分布形式如图 4-47 和图 4-48 所示。

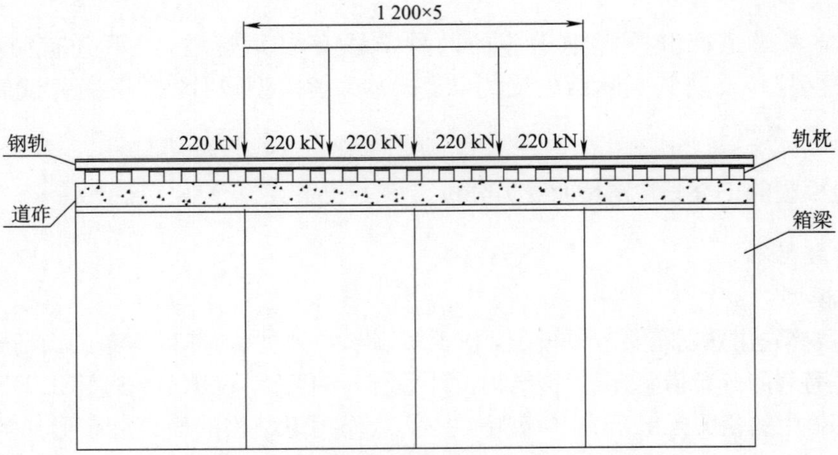

图 4-47 有砟模型中-活载纵向分布形式(单位:mm)

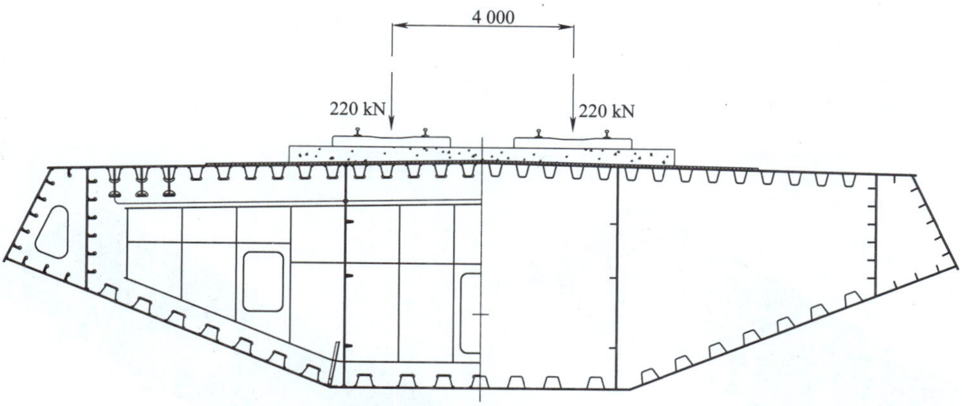

图 4-48　有砟模型中-活载横向分布形式(单位:mm)

上述无砟和有砟模型的 ANSYS 有限元模型及中-活载分布形式,如图 4-49 所示。

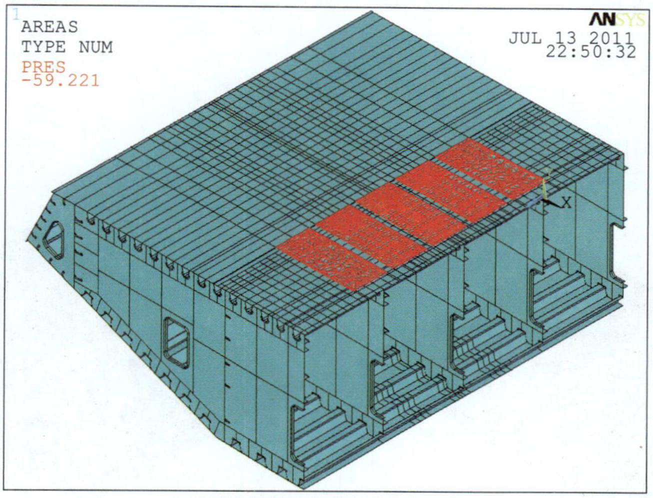

(a) 无砟模型中－活载荷载分布形式

(b) 有砟模型中—活载荷载分布形式

(注:为此图清晰起见,所用图为反力图,列车作用力与反力方向相反)

图 4-49　无砟与有砟模型的有限元分析模型与荷载分布形式

4.4.1.2 顶　　板

顶板应力分布如图 4-50～图 4-52 所示。

1. 顶板主拉应力图

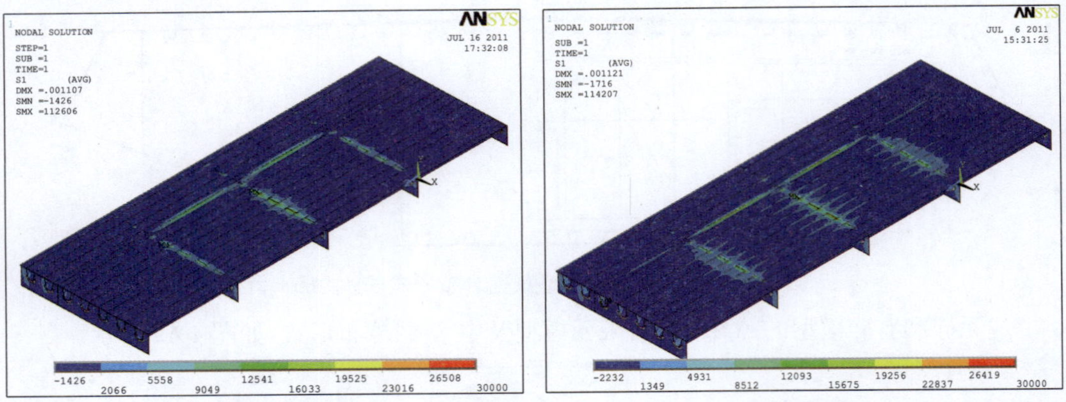

(a) 无砟模型　　(b) 有砟模型

图 4-50　顶板主拉应力云图

2. 顶板主压应力图

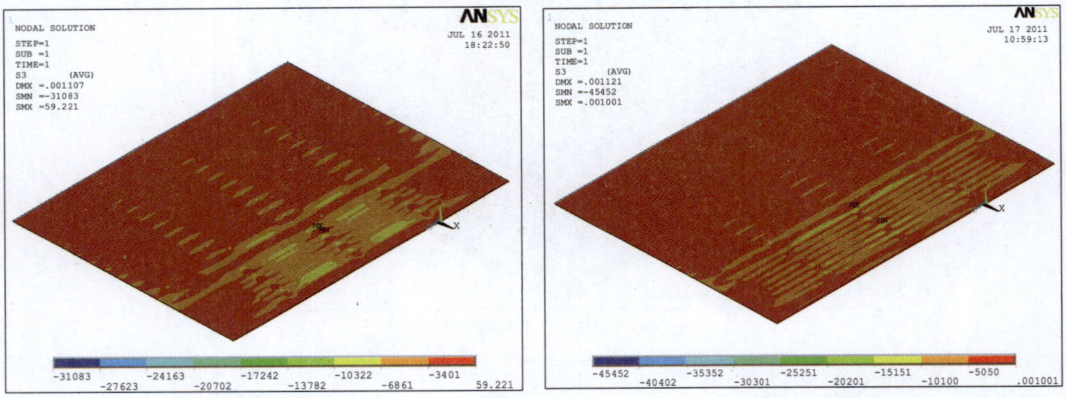

(a) 无砟模型　　(b) 有砟模型

图 4-51　顶板主压应力云图

3. 顶板 Von-Mises 应力图

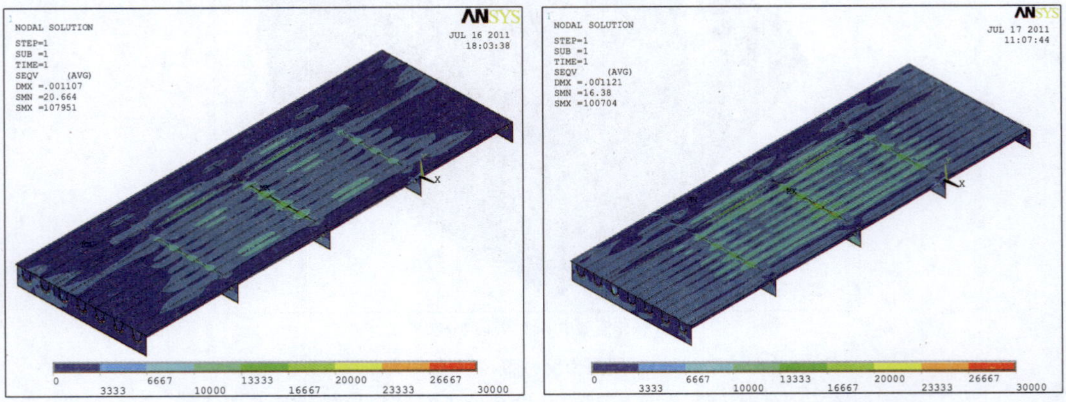

(a) 无砟模型　　(b) 有砟模型

图 4-52　顶板 Von-Mises 应力云图

4. 顶板应力分布对比表

顶板应力分布对比见表 4-18。

表 4-18　顶板应力分布情况对比表

应力情况		无砟模型	有砟模型
主拉应力	最大值(MPa)	35.926	54.211(较无砟模型增大约 50.9%)
	位置	腹板内侧第二加劲肋远离桥梁中心线腹板与横隔板、顶板连接处	腹板内侧第二加劲肋远离桥梁中心线腹板与横隔板、顶板连接处
主压应力	最大值(MPa)	−31.083	−45.452(较无砟模型增大约 46.2%)
	位置	腹板内侧第三加劲肋远离桥梁中心线腹板与横隔板、顶板连接处	腹板内侧第三加劲肋远离桥梁中心线腹板与横隔板、顶板连接处
Von-Mises 应力	最大值(MPa)	32.483	49.452(较无砟模型增大约 52.2%)
	位置	腹板内侧第三加劲肋远离桥梁中心线腹板与横隔板、顶板连接处	腹板内侧第三加劲肋远离桥梁中心线腹板与横隔板、顶板连接处

注:应力值为正值表示受拉,应力值为负值表示受压。

4.4.1.3　*加　劲　肋*

加劲肋应力分布如图 4-53～图 4-58 所示。

1. 加劲肋主拉应力图

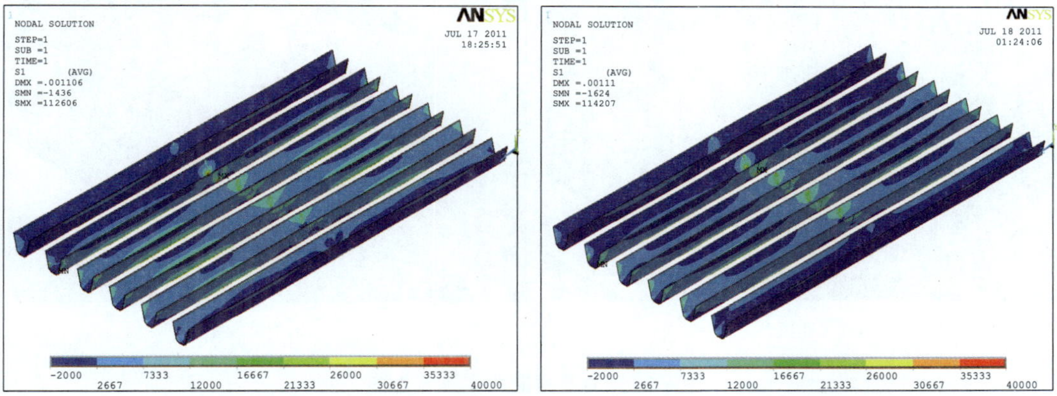

(a) 无砟模型　(b) 有砟模型

图 4-53　加劲肋主拉应力云图(一)

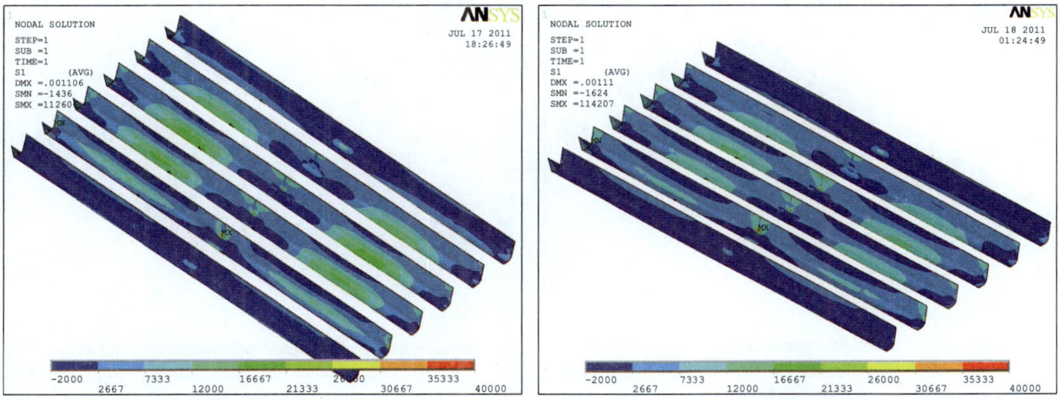

(a) 无砟模型　(b) 有砟模型

图 4-54　加劲肋主拉应力云图(二)

2. 加劲肋主压应力图

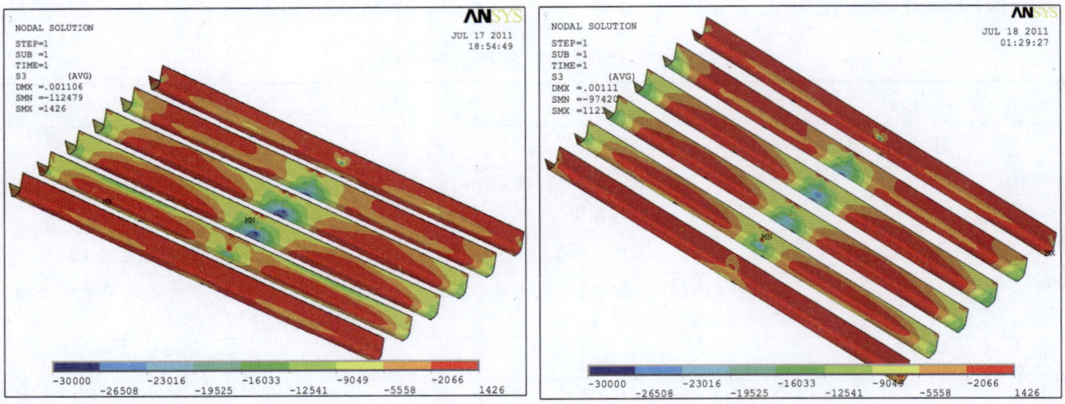

(a) 无砟模型　　(b) 有砟模型

图 4-55　加劲肋主压应力云图

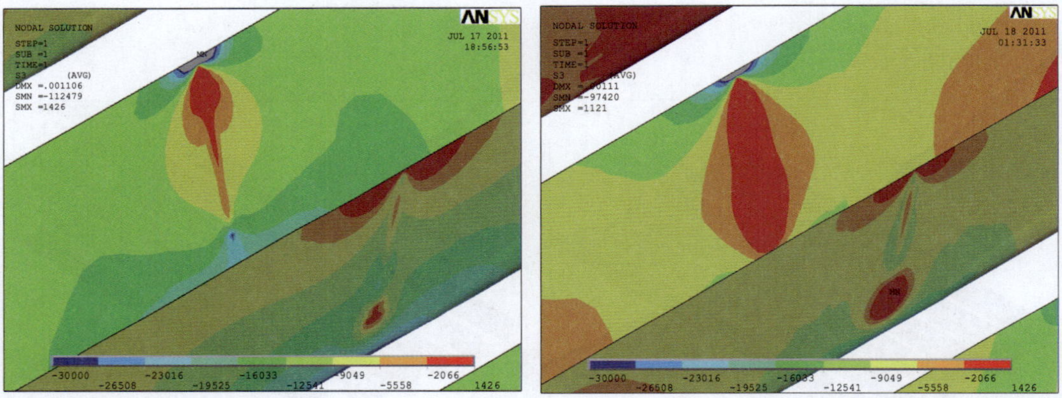

(a) 无砟模型　　(b) 有砟模型

图 4-56　加劲肋最大主压应力图

3. 加劲肋 Von-Mises 应力图

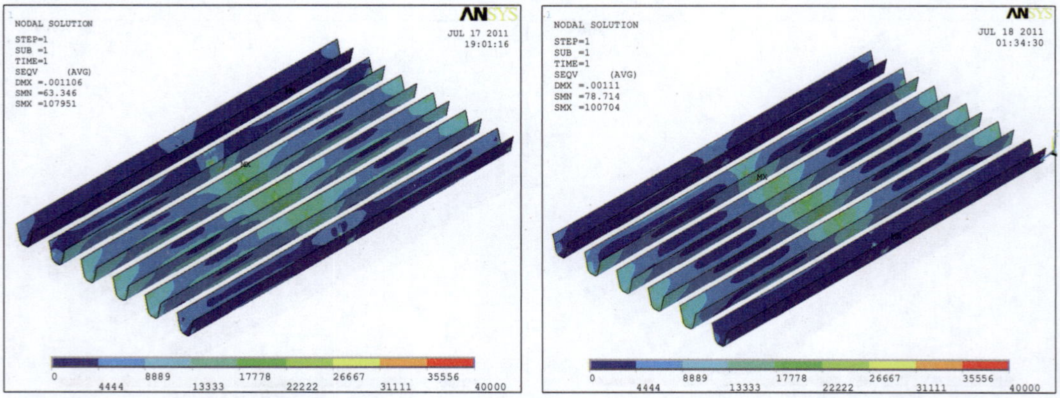

(a) 无砟模型　　(b) 有砟模型

图 4-57　加劲肋 Von-Mises 应力云图(一)

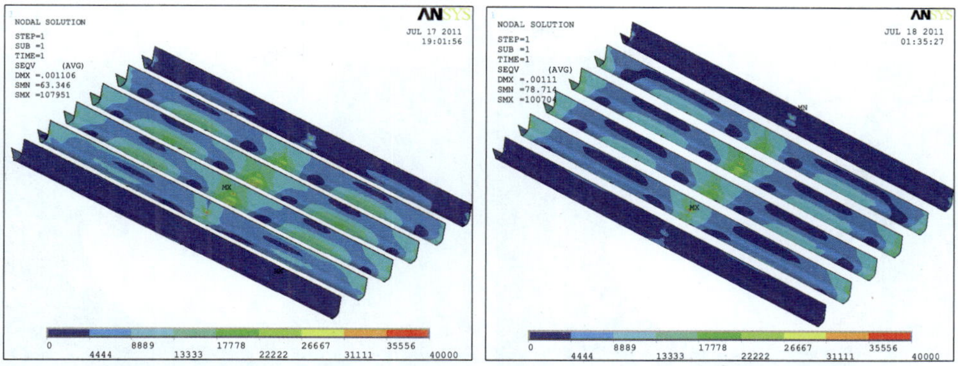

(a) 无砟模型　　(b) 有砟模型

图 4-58　加劲肋 Von-Mises 应力云图(二)

4. 加劲肋应力分布对比表

加劲肋应力分布对比见表 4-19。

表 4-19　加劲肋应力分布情况对比表

应力情况		无砟模型	有砟模型
主拉应力	最大值(MPa)	112.606	114.207
	位置	腹板内侧第一加劲肋桥梁中心线腹板与横隔板开孔连接处	腹板内侧第一加劲肋桥梁中心线腹板与横隔板开孔连接处
主压应力	最大值(MPa)	−112.479	−97.420
	位置	腹板内侧第二加劲肋远离桥梁中心线腹板与横隔板、顶板连接处	腹板内侧第一加劲肋桥梁中心线腹板与横隔板开孔连接处
Von-Mises 应力	最大值(MPa)	107.951	100.704
	位置	腹板内侧第二加劲肋远离桥梁中心线腹板与横隔板、顶板连接处	腹板内侧第一加劲肋桥梁中心线腹板与横隔板开孔连接处
加劲肋横隔板处应力	主拉应力最大值(MPa)	17.069	12.339
	Von-Mises 最大值(MPa)	16.988	12.359

注:应力值为正值表示受拉,应力值为负值表示受压,跨中部位表示两横隔板跨中。

4.4.1.4　横 隔 板

横隔板应力分布如图 4-59～图 4-66 所示。

1. 横隔板主拉应力图

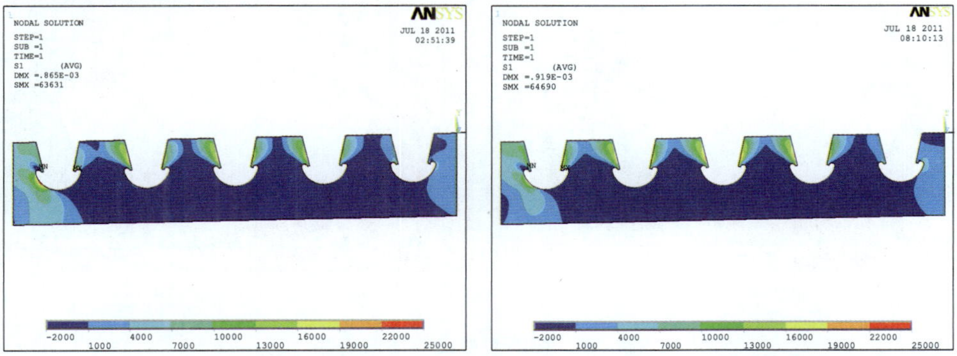

(a) 无砟模型　　(b) 有砟模型

图 4-59　横隔板主拉应力云图

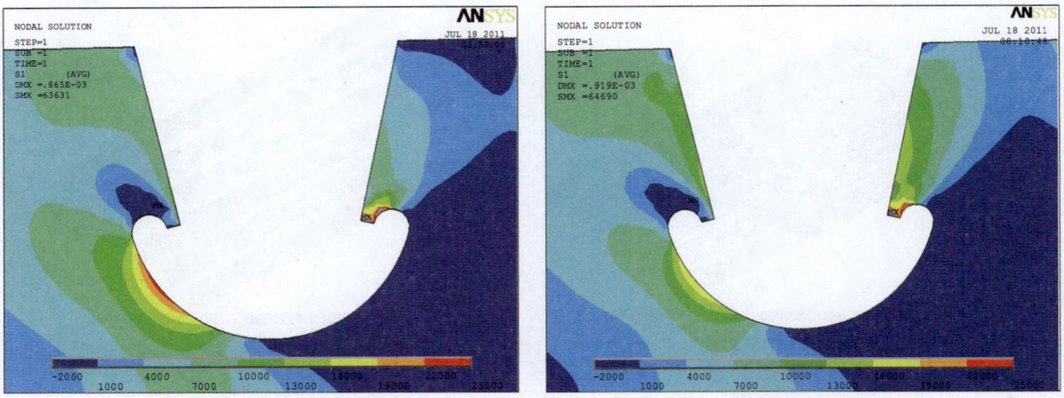

(a) 无砟模型　　(b) 有砟模型

图 4-60　横隔板最大主拉应力图

2. 横隔板主压应力

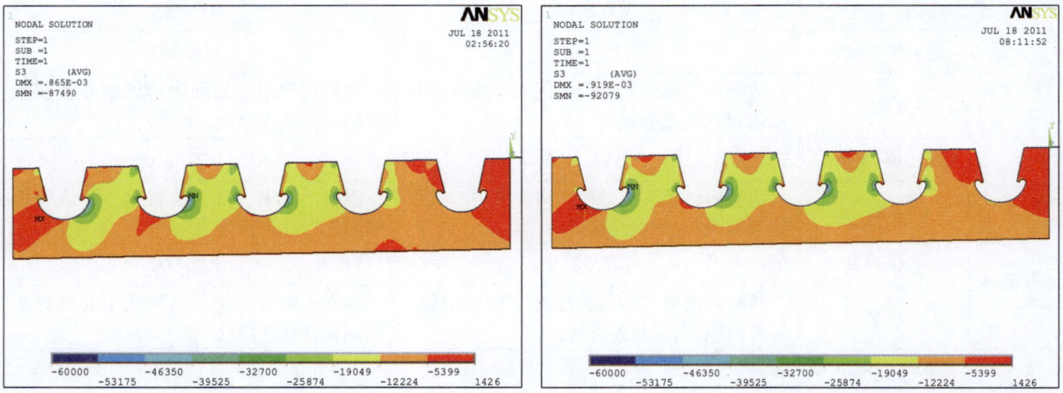

(a) 无砟模型　　(b) 有砟模型

图 4-61　横隔板主压应力云图

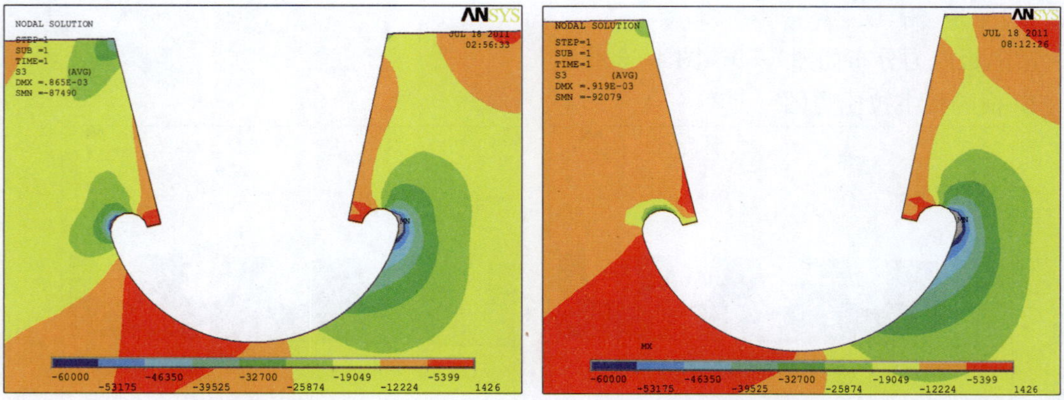

(a) 无砟模型　　(b) 有砟模型

图 4-62　横隔板最大主压应力图

3. 横隔板剪应力

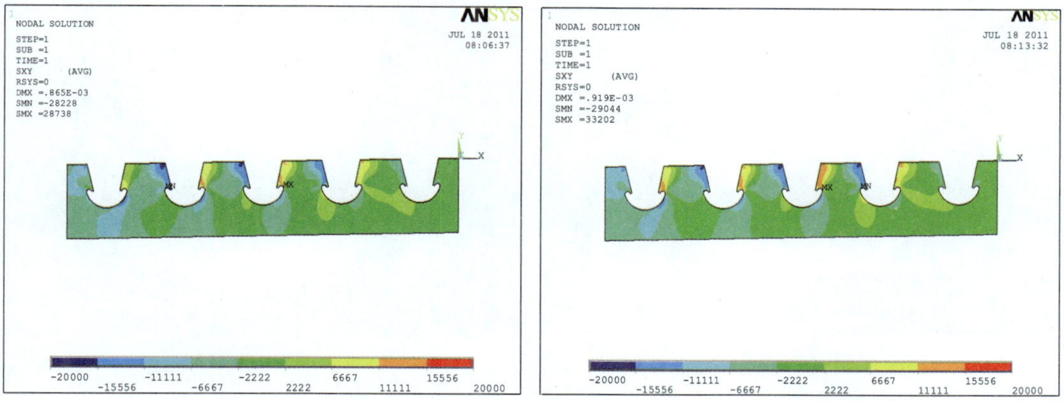

(a) 无砟模型 (b) 有砟模型

图 4-63 横隔板剪切应力云图

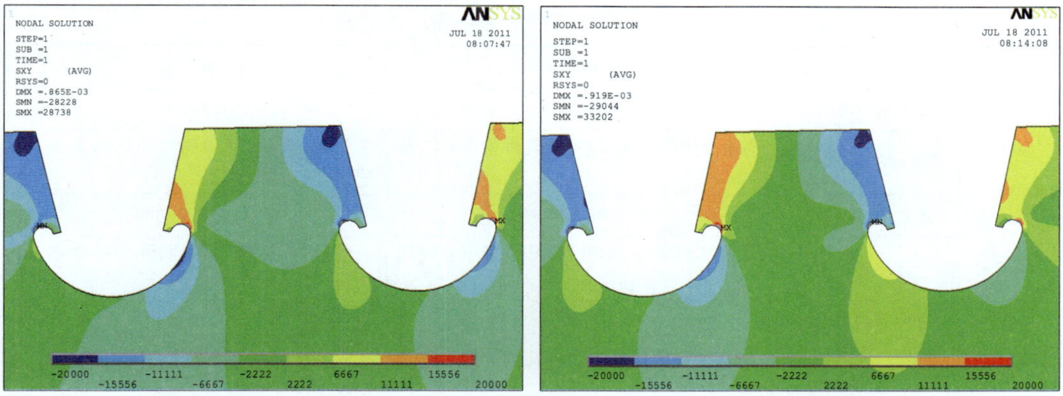

(a) 无砟模型 (b) 有砟模型

图 4-64 模型横隔板最大剪切应力图

4. 横隔板 Von-Mises 应力

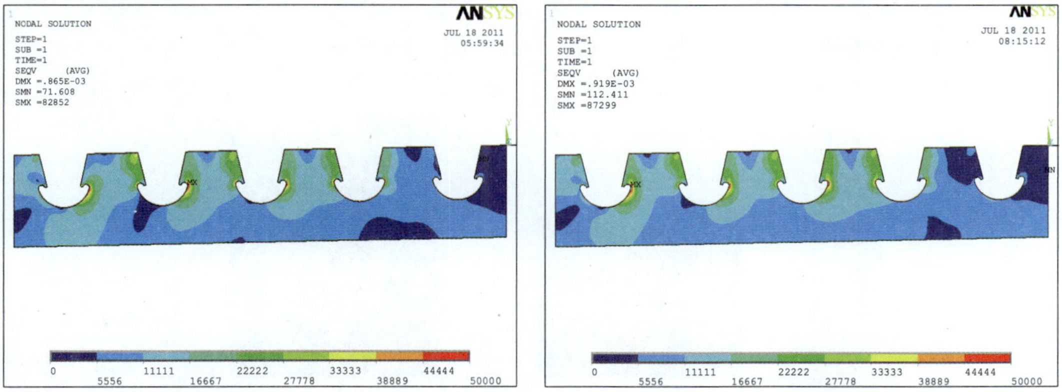

(a) 无砟模型 (b) 有砟模型

图 4-65 横隔板 Von-Mises 应力云图

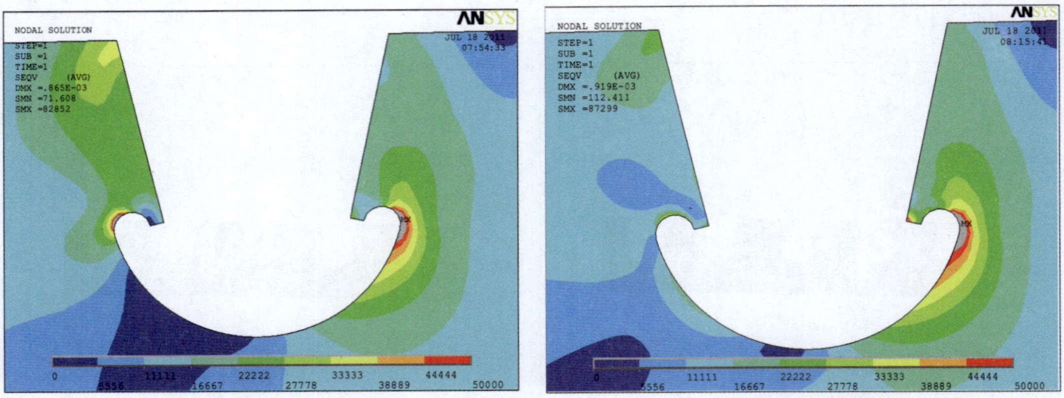

(a) 无砟模型 (b) 有砟模型

图 4-66 横隔板最大 Von-Mises 应力图

5. 横隔板应力分布对比表

横隔板应力分布对比见表 4-20。

表 4-20 横隔板应力分布情况对比表

应力情况		无砟模型	有砟模型
主拉应力	最大值(MPa)	63.631	64.690
	位置	腹板内侧第一加劲肋开孔桥梁中心线侧边缘	腹板内侧第一加劲肋开孔桥梁中心线侧边缘
主压应力	最大值(MPa)	−87.490	−92.079
	位置	腹板内侧第二加劲肋开孔桥梁中心线侧边缘	腹板内侧第一加劲肋开孔桥梁中心线侧边缘
剪应力	最大值(MPa)	28.738	33.202
	位置	腹板内侧第三加劲肋开孔桥梁中心线侧边缘	腹板内侧第三加劲肋开孔桥梁中心线侧边缘
Von-Mises 应力	最大值(MPa)	82.852	87.299
	位置	腹板内侧第二加劲肋开孔桥梁中心线侧边缘	腹板内侧第一加劲肋开孔桥梁中心线侧边缘

注:应力值为正值表示受拉,应力值为负值表示受压。

4.4.1.5 有砟模型与无砟模型总体应力分析

有砟模型与无砟模型总体应力分析如图 4-67～图 4-69 所示。

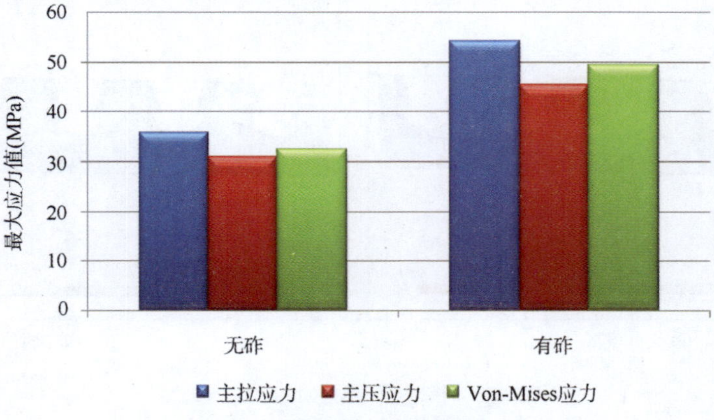

图 4-67 顶板最大应力情况对比

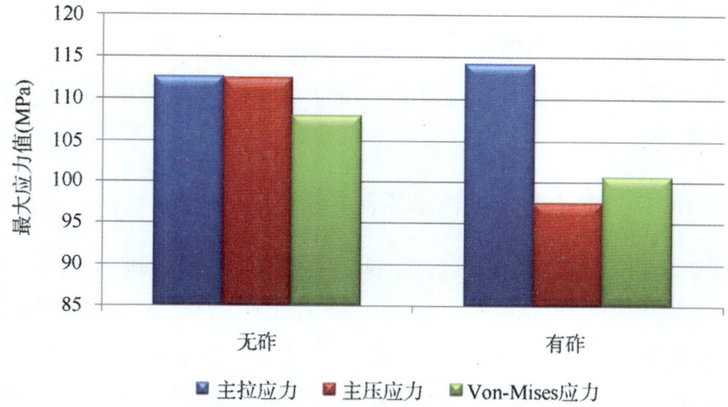

图 4-68　加劲肋最大应力情况对比

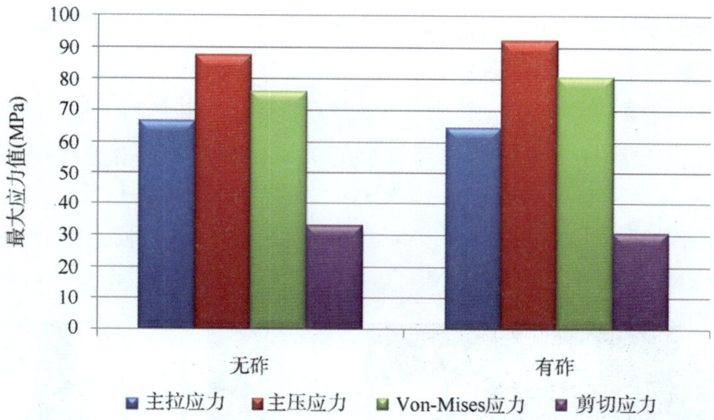

图 4-69　横隔板最大应力情况对比

通过图 4-50～图 4-69 及表 4-18～表 4-20 可知：

①两模型在加劲肋、横隔梁的应力分布情况及规律基本相同，无砟模型略大于有砟模型。

②有砟模型与无砟模型的受力差别体现在顶板主拉应力方面，两模型的主拉应力主要集中在顶板与横隔板、腹板连接处，有砟模型应力值较无砟模型应力值大约 50%，且沿加劲肋方向的影响范围大于无砟模型。

可以从以下角度分析其原因：顶板类似于受纵向加劲肋、横隔板约束的四边固结板，顶板承受桥面荷载并递至纵向加劲肋和横隔板。上述有砟模型的中-活载视为集中荷载作用，无砟模型的中-活载视为匀布力，二者顶板弯矩图如图 4-70 所示。

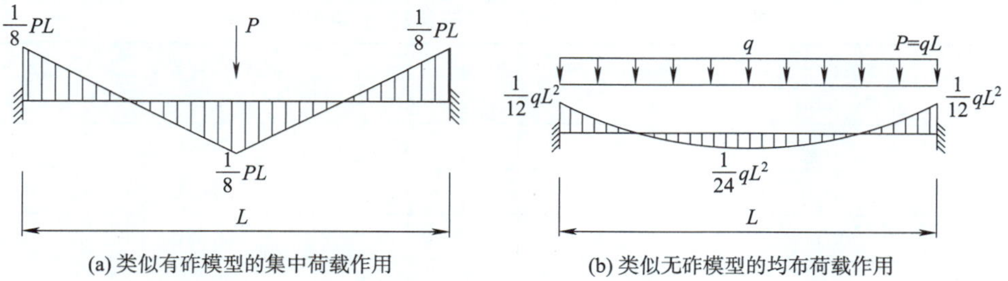

图 4-70　两种模式作用下的弯矩图

由图 4-70 可知:集中力作用的固结弯矩较均布力作用的弯矩大,且固定端负弯矩作用范围亦大,受力规律与顶板的纵向主拉应力分布规律相同。

综上所述,有砟模型与无砟模型的受力状态有所差别,采用有砟模型模拟计算及试验模型设计更合理,更符合结构实际受力状态。

4.4.2 道砟弹性模量离散性对正交异性钢桥面板受力影响分析

由上节研究可知,模拟钢轨、轨枕、道砟、钢箱梁模型,将四者进行耦合处理,组成相互接触的共同受力模型,更符合结构的实际受力状态。四者之中钢轨、轨枕和钢箱梁的弹性模量是明确的,唯有道砟属松散体,其弹性模量随承压力的变化在一定范围内波动。本节首先测试道砟弹性模量的波动范围,然后结合试验,定性分析弹性模量离散对正交异性钢桥面板的受力影响。

4.4.2.1 道砟弹性模量试验方法

通过在正交异性桥面板试验模型上堆放道砟,利用 MTS 液压伺服加载系统进行加载,可以得到试验道砟的弹性模量。如图 4-71 所示。

考虑道砟具有一定的离散性质,受力与变形存在一定的非线性,为了详细研究道砟在实际受力作用下加载直至压溃的全过程受力与变形的关系,细化模型加载力并循环加载,模型加载力分级 0 kN,2 kN,4 kN,6 kN,8 kN,10 kN,12 kN,15 kN,20 kN,25 kN,30 kN,35 kN,40 kN,45 kN,50 kN,55 kN,60 kN,65 kN,70 kN,75 kN。在加载完毕后进行卸载,卸载力为 60 kN,40 kN,20 kN,10 kN,5 kN,0 kN。共进行三个加卸载循环,在加载前进行预加载。

图 4-71 道砟弹性模量试验现场布置图

4.4.2.2 道砟弹性模量测试

道砟弹性模量测试见表 4-21～表 4-23。

表 4-21 第一次加载循环道砟加载力-变形变化表

加载力 (kN)	顶端百分表 1 (mm)	顶端百分表 2 (mm)	底板百分表 1 (mm)	底板百分表 2 (mm)	道砟变形量 (mm)
0	0.000	0.010	−0.010	−0.010	−0.005
2	0.010	0.010	−0.005	−0.015	0.000
4	0.035	0.040	−0.015	−0.020	0.020
6	0.065	0.075	−0.025	−0.035	0.040
8	0.095	0.115	−0.040	−0.055	0.058

续上表

加载力(kN)	顶端百分表 1(mm)	顶端百分表 2(mm)	底板百分表 1(mm)	底板百分表 2(mm)	道砟变形量(mm)
10	0.135	0.165	−0.055	−0.075	0.085
12	0.175	0.215	−0.065	−0.090	0.118
15	0.220	0.275	−0.085	−0.115	0.148
20	0.290	0.375	−0.120	−0.150	0.198
25	0.365	0.485	−0.150	−0.185	0.258
30	0.445	0.590	−0.185	−0.225	0.313
35	0.525	0.700	−0.215	−0.265	0.373
40	0.610	0.820	−0.255	−0.300	0.438
45	0.705	0.945	−0.285	−0.340	0.513
50	0.820	1.090	−0.315	−0.375	0.610
55	0.965	1.255	−0.350	−0.420	0.725
60	1.130	1.455	−0.380	−0.455	0.875
65	1.320	1.670	−0.420	−0.490	1.040
70	1.580	1.965	−0.445	−0.520	1.290
75	1.960	2.405	−0.475	−0.555	1.668
60	2.060	2.520	−0.395	−0.470	1.858
40	1.925	2.350	−0.270	−0.340	1.833
20	1.740	2.105	−0.130	−0.190	1.763
10	1.610	1.925	−0.050	−0.110	1.688
5	1.525	1.800	−0.010	−0.065	1.625
0	1.430	1.655	0.030	−0.025	1.545

表 4-22　第二次加载循环道砟加载力-变形变化表

加载力(kN)	顶端百分表 1(mm)	顶端百分表 2(mm)	底板百分表 1(mm)	底板百分表 2(mm)	道砟变形量(mm)
0	0.000	0.000	−0.010	0.000	−0.005
2	0.000	0.000	−0.005	−0.020	−0.013
4	0.015	0.025	−0.015	−0.030	−0.003
6	0.040	0.045	−0.025	−0.040	0.010
8	0.070	0.085	−0.040	−0.060	0.028
10	0.105	0.130	−0.050	−0.070	0.058
12	0.125	0.170	−0.060	−0.085	0.075
15	0.165	0.215	−0.080	−0.110	0.095
20	0.225	0.300	−0.115	−0.145	0.133
25	0.290	0.400	−0.150	−0.180	0.180
30	0.350	0.490	−0.180	−0.220	0.220
35	0.410	0.580	−0.210	−0.250	0.265

续上表

加载力(kN)	顶端百分表1(mm)	顶端百分表2(mm)	底板百分表1(mm)	底板百分表2(mm)	道砟变形量(mm)
40	0.480	0.680	−0.250	−0.280	0.315
45	0.575	0.785	−0.280	−0.320	0.380
50	0.695	0.910	−0.320	−0.360	0.463
55	0.820	1.020	−0.345	−0.395	0.550
60	0.970	1.170	−0.380	−0.430	0.665
65	1.155	1.355	−0.410	−0.460	0.820
70	1.395	1.615	−0.445	−0.495	1.035
75	1.700	1.935	−0.485	−0.530	1.310
60	1.820	2.070	−0.400	−0.440	1.525
40	1.650	1.875	−0.280	−0.305	1.470
20	1.465	1.630	−0.140	−0.160	1.398
10	1.325	1.430	−0.060	−0.070	1.313
5	1.260	1.340	−0.030	−0.030	1.270
0	1.155	1.180	0.010	0.015	1.180

表4-23 第三次加载循环道砟加载力-变形变化表

加载力(kN)	顶端百分表1(mm)	顶端百分表2(mm)	底板百分表1(mm)	底板百分表2(mm)	道砟变形量(mm)
0	0.000	−0.010	0.000	0.000	−0.005
2	−0.010	0.000	−0.010	−0.005	−0.013
4	0.000	0.010	−0.030	−0.020	−0.020
6	0.005	0.020	−0.040	−0.030	−0.023
8	0.020	0.035	−0.055	−0.040	−0.020
10	0.035	0.060	−0.070	−0.050	−0.013
12	0.060	0.085	−0.085	−0.060	0.000
15	0.100	0.135	−0.110	−0.080	0.023
20	0.160	0.210	−0.145	−0.110	0.058
25	0.220	0.290	−0.185	−0.150	0.088
30	0.280	0.365	−0.225	−0.180	0.120
35	0.345	0.455	−0.265	−0.220	0.158
40	0.400	0.535	−0.300	−0.255	0.190
45	0.475	0.620	−0.335	−0.295	0.233
50	0.545	0.705	−0.375	−0.330	0.273
55	0.635	0.810	−0.410	−0.360	0.338
60	0.745	0.940	−0.450	−0.400	0.418
65	0.885	1.095	−0.485	−0.440	0.528
70	1.050	1.285	−0.520	−0.475	0.670
75	1.350	1.565	−0.560	−0.510	0.923

续上表

加载力(kN)	顶端百分表 1(mm)	顶端百分表 2(mm)	底板百分表 1(mm)	底板百分表 2(mm)	道砟变形量(mm)
60	1.465	1.665	−0.480	−0.425	1.113
40	1.320	1.505	−0.355	−0.295	1.088
20	1.130	1.265	−0.220	−0.150	1.013
10	1.005	1.080	−0.140	−0.065	0.940
5	0.915	0.960	−0.105	−0.025	0.873
0	0.825	0.825	−0.060	0.020	0.805

根据表 4-21～表 4-23 可以得到三次加载循环的加载力-变形曲线，曲线如图 4-72 所示。

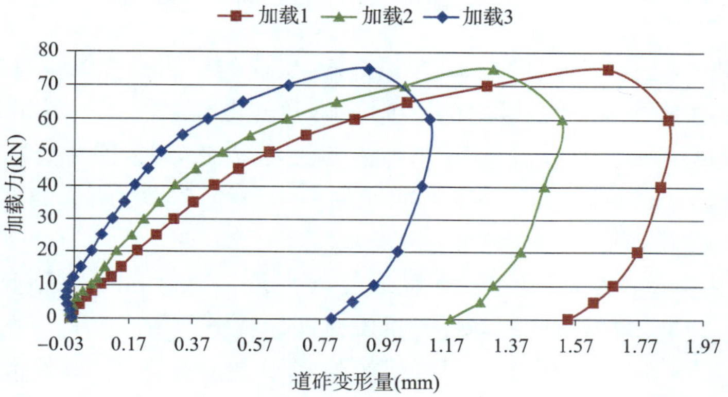

图 4-72 三次加载循环的加载力-变形曲线

由图 4-72 可见，随着加载循环次数的增加，道砟在相同加载力下的变形越来越小，即弹性模量越来越大。这种现象的产生是由于道砟在反复加载作用下，散粒石块之间的空隙逐渐被压实，道砟之间的空隙减小，从而使得弹性在加载循环次数增加下，道砟的弹性模量呈现出增加的趋势。

根据道砟的加载力-变形曲线，可以得出道砟的弹性模量计算公式如式(4-7)所示：

$$E=\frac{\sigma}{\varepsilon}=\frac{N/A}{\Delta d/d}=\frac{N}{\Delta d}\cdot\frac{d}{A} \tag{4-7}$$

式中 E——道砟弹性模量；

N——加载力；

A——加载面积；

Δd——道砟的变形量；

d——道砟的堆积高度。

道砟的堆积高度 d 与加载面积 A 为常量，因此道砟的弹性模量 E 只与加载力 N 与道砟的变形量 Δd 有关。因此可以通过道砟的加载力-变形曲线得出道砟的弹性模量。可以根据其斜率求出道砟的切线模量。

由图 4-73 可见，从三次加载的弹性模量变化中也可以体现出道砟在加载力作用下越来越密实，弹性模量逐渐增大的过程。并且在道砟三次加载循环过程中，由于加载力较小，前几级加载波动加大，而到后面逐渐趋于平稳。

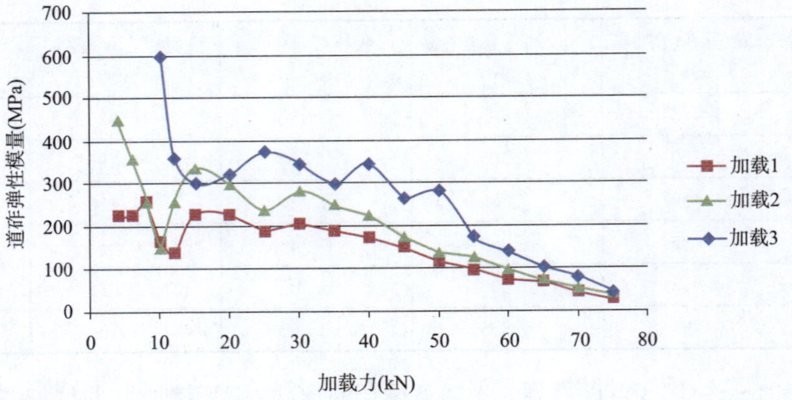

图 4-73 三次加载循环的道砟切线弹性模量

道砟每次加载过程中，当加载到 40 kN 以上时，道砟的切线弹性模量有下降的趋势，其原因为道砟在加载的过程中，由于加载力的持续增加，道砟散粒之间产生了相对滑移的现象，而表现出随着加载力的上升，道砟的位移量增加幅度变大，因此，切线弹性模量产生了下降段。

在道砟加载到 40 kN 时，加载力-变形曲线的斜率产生了较为明显的变化。当加载力为 40 kN 时，道砟所受到的应力为：$\sigma_d = N/A = 224.8$ kPa。

设计活载按中-活载计算，轨枕的底面积取 2 600 mm×260 mm，得到此时道砟的受力范围在 33～230 kPa 之间，可见道砟的弹性模量应该在加载力为 40 kN 以下的一段选取。在此范围内加载曲线基本为线性，因此采用割线弹性模量来进行计算，得到道砟的弹性模量值 203.19 MPa，可近似取为 200 MPa，基本与我国既有线普通道砟道床（不含道床板结地段）E_b=70～170 MPa 的取值范围及美国 E_b=207～276 MPa 吻合。

4.4.2.3 道砟弹性模量离散性对桥面板受力特性的影响

道砟的主要作用是将钢轨传下来的力分布均匀并传递作用于桥面上，道砟传递力并将之分布均匀的能力与程度与道砟的厚度、道砟的弹性模量、道砟的挤密程度等有关。

道砟弹性模量测试表明，道砟弹性模量的离散性对结构的主要影响体现在道砟的边缘处传力分布的微小差异，总体上对结构受力与疲劳影响极小。例如当道砟弹性模型介于 120～200 MPa 之间变化时，仅观测到道砟层的变形，对正交异性钢桥面板应力分布基本没有影响。

本试验模型在 0～300 万次疲劳试验过程中，测试发现尽管道砟的弹性模量在一定范围内变化，但历次静载试验结果显示，各验算点应力及变形（详见后续章节测试成果）呈弹性变化，未出现突变或较大波动，说明道砟弹性模量的离散性并未影响到受力特性。

为方便理论分析、模型设计，摒弃非关键因素的干扰，本桥节段仿真分析及后续模型试验道砟的弹性模量取 120 MPa。

4.4.2.4 小　结

①有砟模型与无砟模型的受力状态有所差别，两模型在加劲肋、横隔梁的应力分布情况及规律基本相同，无砟模型略大于有砟模型。受力差别主要体现在顶板与横隔板、腹板连接处，有砟模型应力值较无砟模型应力值大约 50%，且沿加劲肋方向的影响范围大于无砟模型。采用有砟模型模拟计算、试验模型设计更合理，更符合结构实际受力状态。

②道砟属松散体，测试表明弹性模量值在一定范围内变化，中-活载作用下弹性模量的离散性对正交异性钢桥面板的主要影响体现在道砟的边缘处传力分布的微小差异，总体上影响

不大。为方便模型分析、模型设计，摒弃非关键因素干扰，节段仿真分析及后续模型试验道砟的弹性模量取 120 MPa。

4.5　钢箱梁正交异性钢桥面顶板疲劳模型试验

4.5.1　模型设计

试件尺寸要根据场地与设备而定，模型与实际结构的应力分布及误差控制应遵循以下两个原则：一是要将误差控制在一定的范围内，否则试验的结果就失去了本身的意义；二是模型的应力应该大于或等于实际结构的应力，这样得出的结果会偏于安全。

基于以上设计原则，建立了 5 种模型方案，与实际结构应力状况进行了对比分析，拟定了包含 U 肋与 V 肋各两道的 1∶1 模型，模型长 6 m，宽 3 m，高 1.386 m，U 肋与 V 肋设置到同一个模型中，方便同时测试，更好地对比两种加劲肋的疲劳强度。模型总体布置如图 4-74～图 4-76 所示。

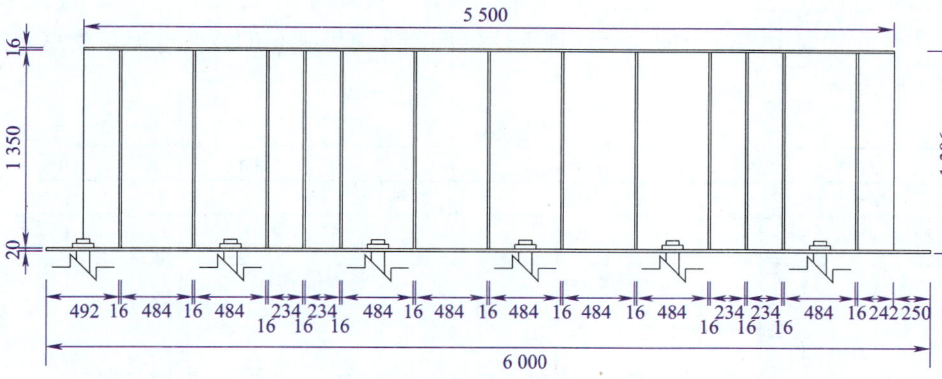

图 4-74　模型总体立面图(单位：mm)

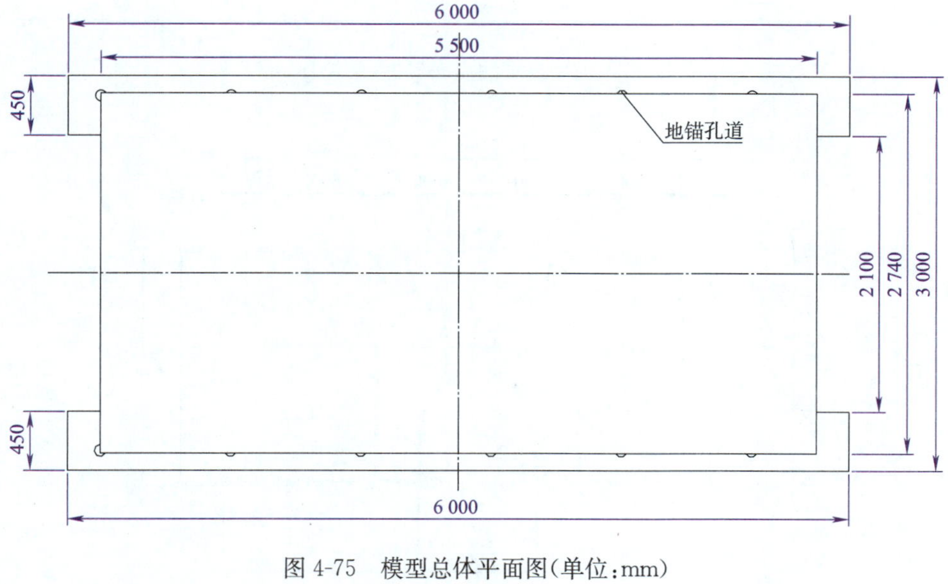

图 4-75　模型总体平面图(单位：mm)

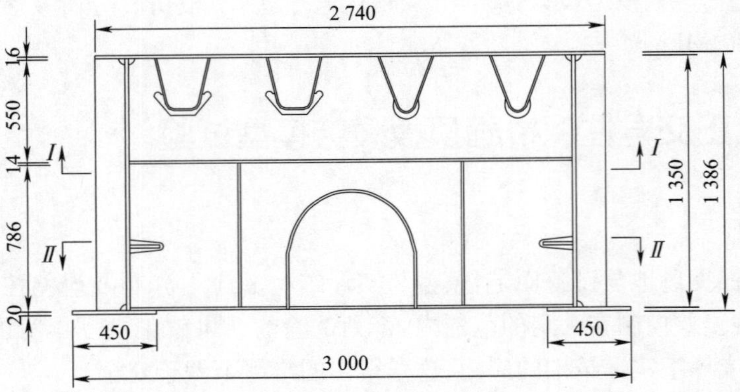

图 4-76　模型总体侧面图(单位:mm)

4.5.2　测试内容及测点布置

测试内容包括:应力测试和模型几何变形的测试。重点考察加劲肋与横隔板连接部位、横隔板开孔边缘应力集中部位及加劲肋与顶板连接部位疲劳敏感点的疲劳性能。测点布置如图 4-77～图 4-80 所示。

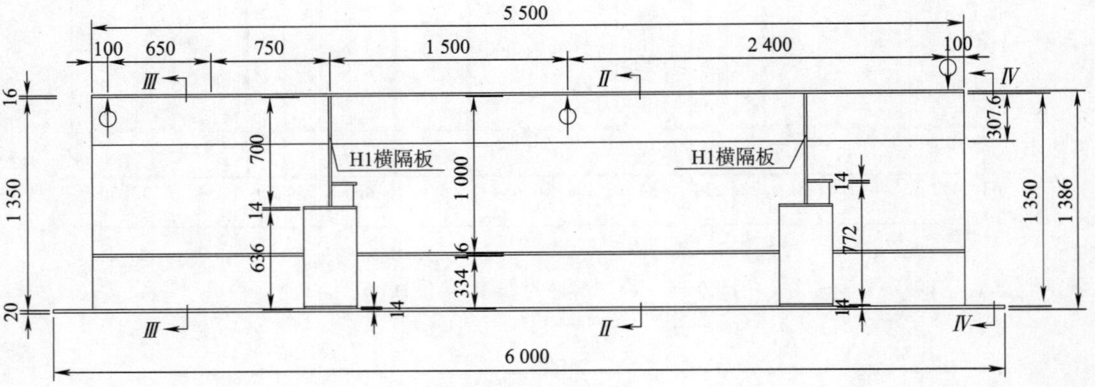

图 4-77　模型挠度测点布置图(单位:mm)

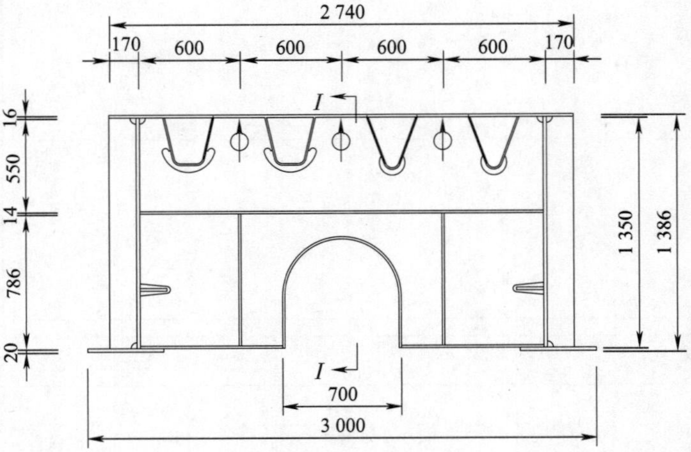

图 4-78　模型跨中截面挠度测点布置图(单位:mm)

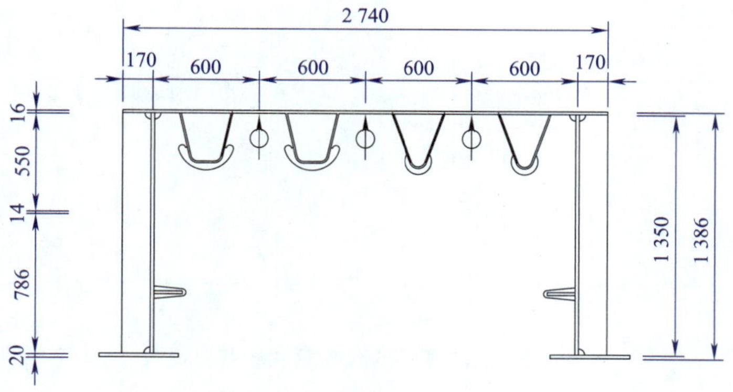

图 4-79　模型 1.5 m 端部挠度测点布置图(单位:mm)

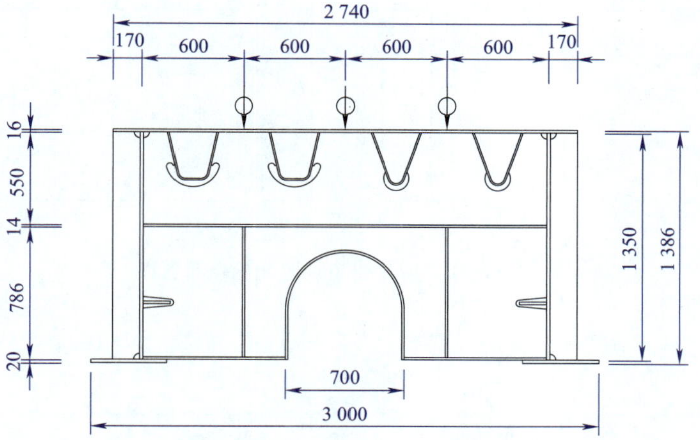

图 4-80　模型 1 m 端部挠度测点布置图(单位:mm)

疲劳模型试验测点布置如图 4-81～图 4-87 所示。

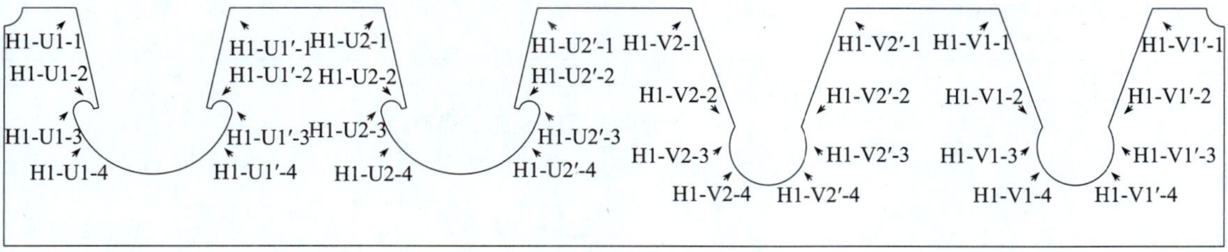

图 4-81　H1 横隔板应变测点布置图

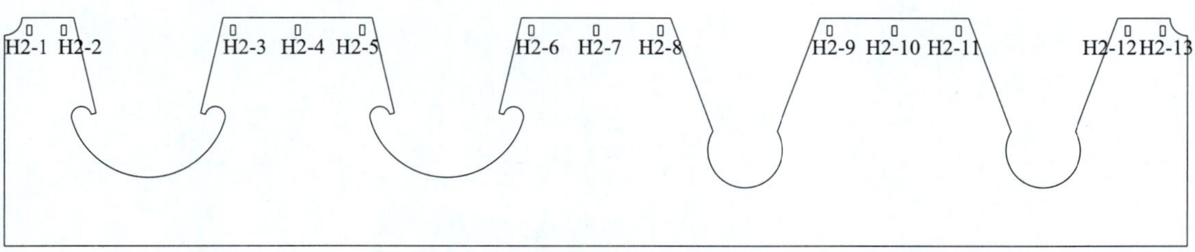

图 4-82　H2 横隔板应变测点布置图

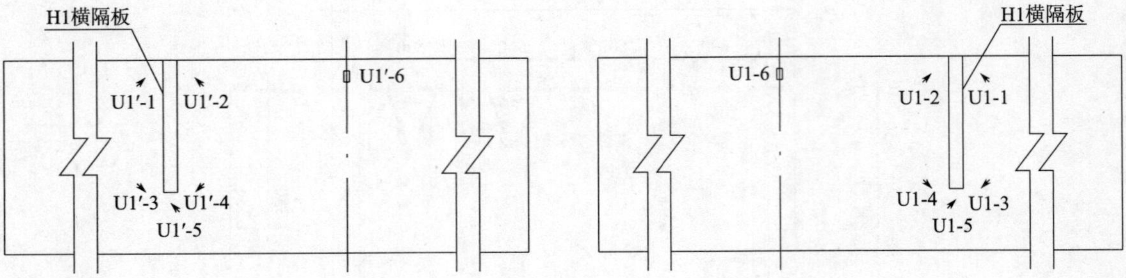

图 4-83 U1 加劲肋腹板应变测点布置图

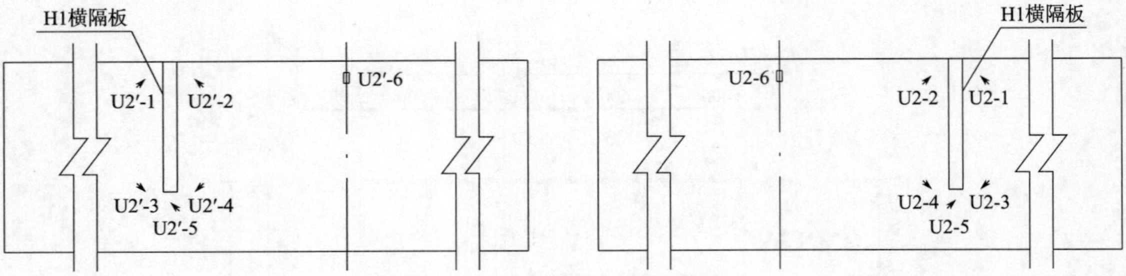

图 4-84 U2 加劲肋腹板应变测点布置图

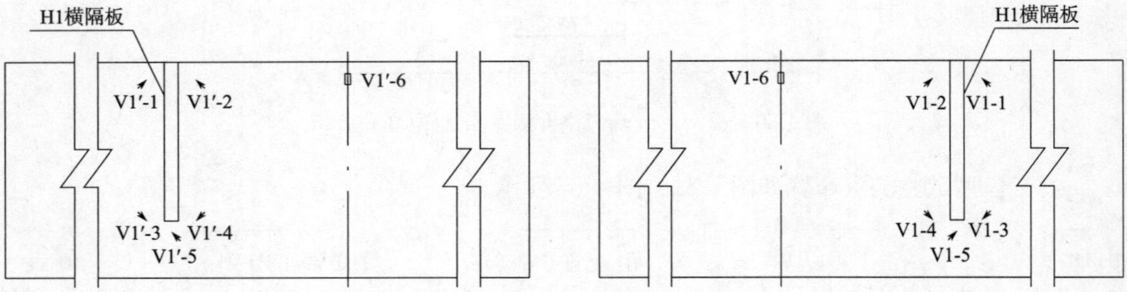

图 4-85 V1 加劲肋腹板应变测点布置图

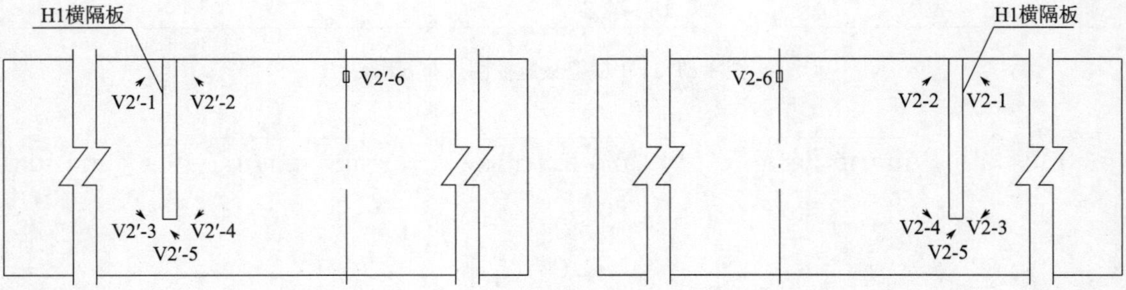

图 4-86 V2 加劲肋腹板应变测点布置图

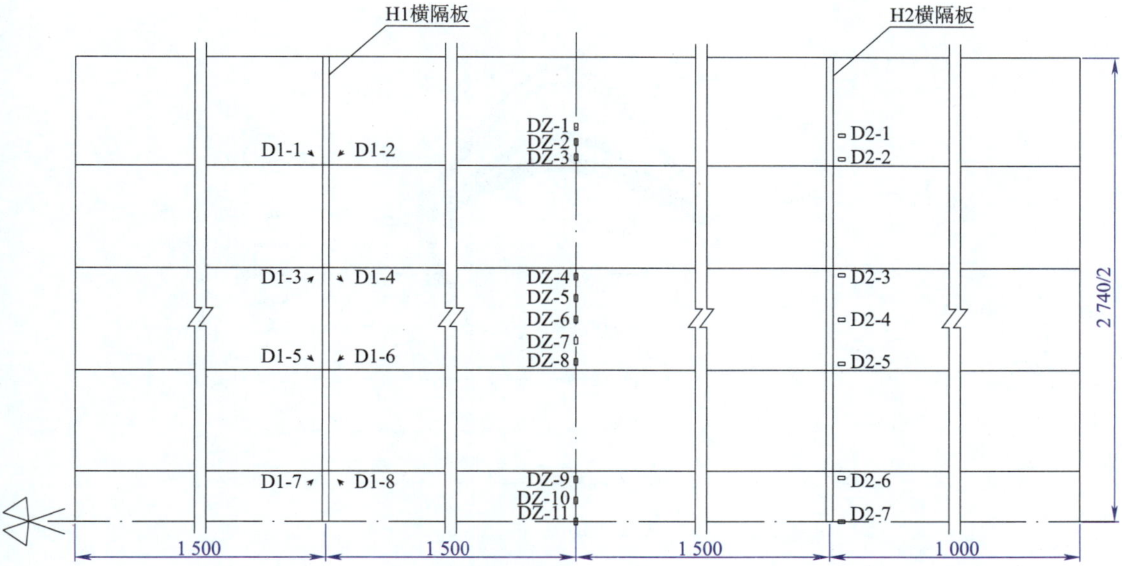

图 4-87　顶板应变测点布置图(单位:mm)

4.5.3　模型加载

选择加载方法的原则是使得试验模型尽可能多的部位与实桥节段相应部位应力等效,且优先保证相同构造下最大应力点与实桥等效。

中-活载作为设计荷载的最不利状况,与我国实际运营列车的荷载效应有显著的区别,国内外的疲劳研究成果表明,对结构的疲劳验算应该采用结构上经常作用的车辆情况及运量来分析,即需采用标准疲劳车。到目前为止我国铁路桥梁相关规范中还没有规定疲劳计算的"标准列车编组"与运量,没有提到用于疲劳计算的标准疲劳列车,考虑到钢桥疲劳是由日常各种荷重的列车反复作用而引起的累积损伤过程,因此采用国内铁路运营普遍、且轴重较大的 DF_4 型机车头 C_{64} 车厢作为疲劳加载列车更加精确实际。

本次疲劳模型试验按单线年运量 2 700 万 t 考虑疲劳循环次数,疲劳列车选用国内铁路运营普遍、且轴重较大的 DF_4 型机车头 C_{64} 车厢作为疲劳加载列车,编组列车长度取斜拉索加载影响线的长度,即 1 节 DF_4+14 节 C_{64} 型车厢($1DF_4+14C_{64}$),轴重组成为 6×230 kN+$14\times4\times230$ kN。由于 C_{64} 车辆在目前我国的铁路运营中属于较重的车辆,采用该车辆荷载计算结果偏于安全。

根据 Miner 损伤度理论,首先得出考察点的应力影响线,用标准疲劳车辆进行影响线加载,得出考察点应力的时程曲线,由时程曲线得出标准疲劳车通过时的应力幅与相应的循环次数,根据设计基准期内标准疲劳车的运量,得出总的应力幅与总的循环次数。

选择 U 肋进行计算,计算得出的各考察点的主应力影响线如图 4-88 所示,由图可以看出这些与横隔板相关的主应力影响线长度基本相同,为 10 m 左右,应力纵向影响范围为横隔板每侧不超过 2 个节段。且荷载位于横隔板位置时,各点应力均达最大。

图 4-89 是 C_{64} 货车经过时各考察点的主应力时程曲线,每节车厢轴重及间距一致,所以时程曲线呈现出周期性,这里仅给出了 2 个周期的情况,未显示车辆进入和离开影响线范围的情况,因为相比周期性的应力循环,次数很少,计算时忽略这种情况的影响。

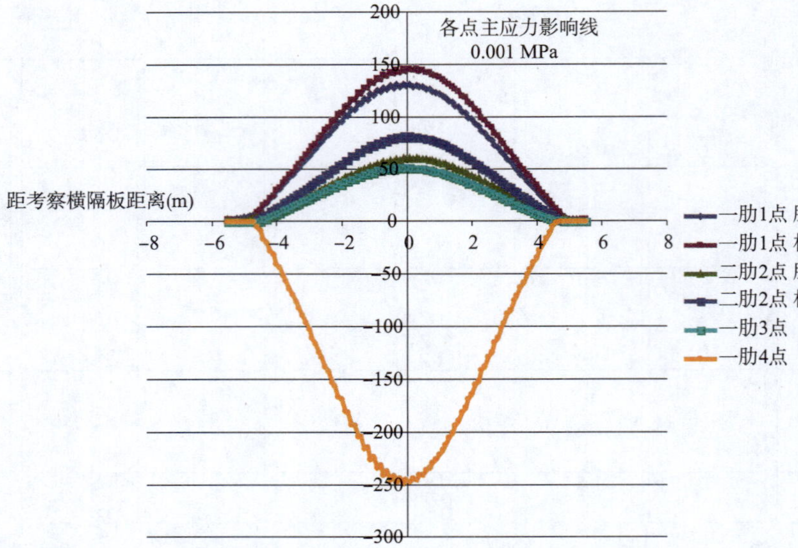

图 4-88　U 肋各考察点主应力纵向影响线

由图 4-90 可以看出 1 节 C64 车辆沿考察横隔板对称布置时，各点应力处于谷底，2 节车厢沿考察横隔板对称布置时，各点应力处于峰值，所以可以得出每节 C64 车厢经过 1 次时，各点发生一次主应力循环，且由于各轴之间影响有重叠，每次循环谷值并不为 0。按每年 2 700 万交通量计算，桥梁运营 100 年，发生总的循环次数为 27 000 000/92×100＝29 347 826 次。

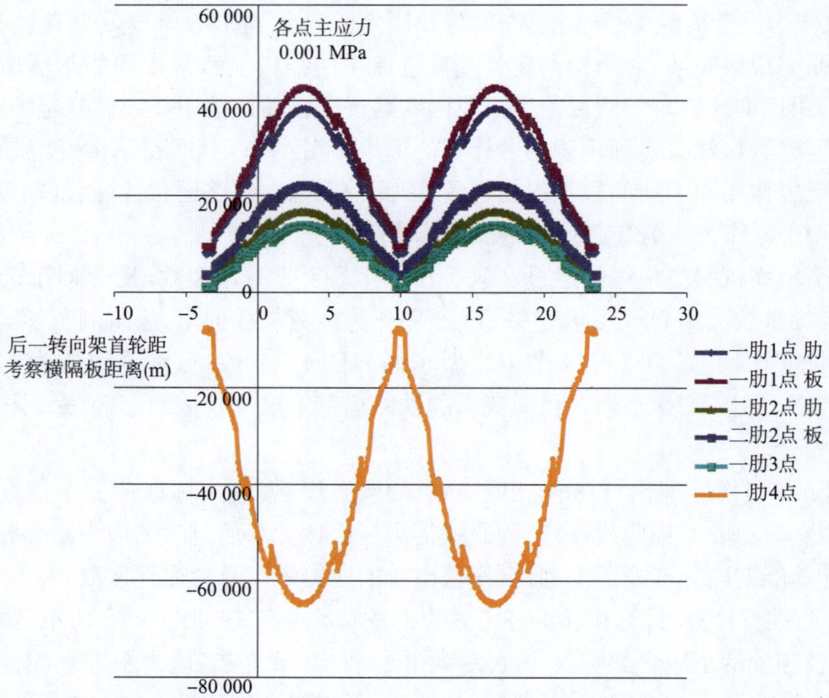

图 4-89　C64 货车经过时 U 肋各考察点应力时程曲线

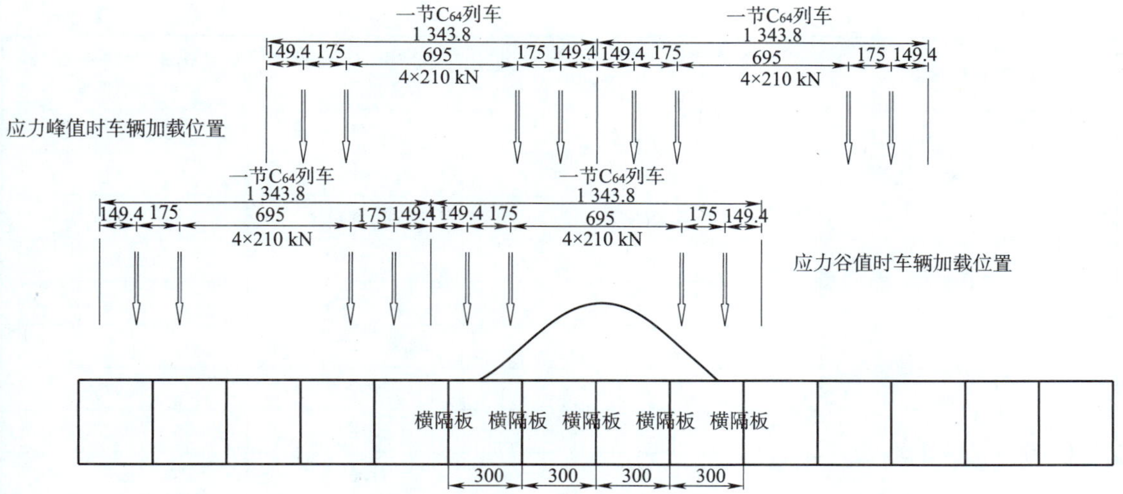

图 4-90　应力峰值、谷值时对应的车辆位置(单位:cm)

BS 5400 一般不考虑冲击影响,美国 AASHTO 钢桥疲劳指导性规范采用 0.15 的冲击系数。我国铁路桥梁钢结构设计规范采用 $1+\mu_f=1+18/(40+L)$ 考虑竖向动力作用,其值为 1.305 小于强度设计冲击公式。

为安全考虑,本桥疲劳加载冲击系数取强度设计公式,计算跨度 L 分布考虑全桥及局部效应进行包络分析,即冲击系数取 1.105、1.475。疲劳加载先按冲击系数 1.105 考虑,进行 400 万次疲劳试验;随后,疲劳加载按冲击系数 1.475 考虑,根据损伤度累积原理,扣除前 400 万次疲劳试验对结构的损伤度,随后进行 160 万次疲劳试验。

经计算,荷载循环次数 400 万次的上限荷载为 619.65 kN,下限荷载为 41.31 kN,荷载循环次数 160 万次的上限荷载为 732.8 kN,可以满足正交异性板疲劳验证试验的要求。表 4-24～表 4-26 给出了模型在上下限荷载的作用下计算得到的峰值应力、谷值应力、应力幅与实桥计算要求的应力幅的对比情况。除了 U 形加劲肋二肋 2 号点横隔板处测点、V 形加劲肋一肋 1 号点横隔板处测点以及 V 形加劲肋二肋 2 号点横隔板处测点之外,其他模型测点应力幅均稍大于实桥计算要求的应力幅,为本次疲劳试验可以有效地验证正交异性钢桥面板的疲劳性能,并且具有一定的安全储备。

表 4-24　加载模型考察点的应力幅与实桥要求的应力幅对比情况　(单位:MPa)

考察位置		原桥模型 C_{64} 荷载下折算 400 万次幅值	试验模型加载应力幅值	试验模型与原桥模型应力幅值差
U形	一肋 3 点横隔板	20.71	26.16	5.45
		20.77	25.62	4.84
	一肋 4 点横隔板	−61.77	−53.20	−8.57
		−61.09	−54.98	−6.11
	一肋 1 点横隔板	14.86	17.68	2.83
		14.40	18.05	3.65
	二肋 2 点横隔板	17.89	17.43	−0.46
		18.06	17.41	−0.65

续上表

考察位置		原桥模型 C_{64} 荷载下折算 400 万次幅值	试验模型加载应力幅值	试验模型与原桥模型应力幅值差
U形	一肋 1 点加劲肋	38.10	41.75	3.65
		30.59	37.42	6.83
		31.90	34.11	2.21
	二肋 2 点加劲肋	17.82	20.26	2.44
		18.21	21.86	3.65
V形	一肋 3 点横隔板	18.91	30.26	11.35
		18.99	28.97	9.97
	一肋 4 点横隔板	−54.57	−45.47	−9.10
		−54.16	−47.36	−6.80
	一肋 1 点横隔板	7.17	5.83	−1.34
		7.06	5.76	−1.31
	二肋 2 点横隔板	13.50	12.45	−1.06
		13.53	12.37	−1.16
	一肋 1 点加劲肋	31.75	31.46	−0.29
		22.26	25.19	2.93
		24.02	24.57	0.55
	二肋 2 点加劲肋	15.77	16.99	1.22
		15.10	19.34	4.24

注:表中各主应力值均为考察节点相关单元在此节点的平均值。

表 4-25 继续进行 160 万次疲劳试验各测点所需要施加的应力幅与加载力

考察位置		继续 150 万次疲劳试验所需施加的应力幅(MPa)	继续 160 万次疲劳试验所需施加的加载力(kN)
U形	一肋 3 点横隔板	20.47	494.02
		22.91	558.63
	一肋 4 点横隔板	−103.01	1 161.24
		−100.10	1 094.28
	一肋 1 点横隔板	18.23	637.56
		14.82	516.19
	二肋 2 点横隔板	28.11	973.63
		28.56	990.03
	一肋 1 点加劲肋	−31.42	788.15
		−27.74	577.75
		−92.06	828.25
	二肋 2 点加劲肋	−89.81	724.84
		12.19	619.97
V形	一肋 3 点横隔板	12.00	−559.21
		21.88	−512.48

续上表

考察位置		继续 150 万次疲劳试验所需施加的应力幅(MPa)	继续 160 万次疲劳试验所需施加的加载力(kN)
V 形	一肋 4 点横隔板	22.01	1 212.24
		53.91	1 137.94
	一肋 1 点横隔板	34.71	1 251.13
		46.42	1 246.64
	二肋 2 点横隔板	23.95	1 058.27
		21.87	1 070.61
	一肋 1 点加劲肋	49.33	948.00
		30.12	732.87
		36.42	898.54
	二肋 2 点加劲肋	22.76	815.83
		13.65	449.41

注:表中各主应力值均为考察节点相关单元在此节点的平均值。

表 4-26 U 形肋 C_{64} 冲击系数为 1.105 时各考察点应力幅转化表 (单位:MPa)

考察位置		峰值	谷值	幅值	折 400 万次幅值	折 400 万次谷值	折 400 万次峰值	中活载值	峰值/中-活载
U 形	一肋 3 点横隔板	10.12	0.47	9.64	20.71	0.47	21.18	14.67	1.44
		10.16	0.49	9.67	20.77	0.49	21.26	14.73	1.44
	一肋 4 点横隔板	−33.69	−4.92	−28.77	−61.77	−4.92	−66.69	−47.81	1.40
		−33.32	−4.86	−28.45	−61.09	−4.86	−65.96	−47.32	1.39
	一肋 1 点横隔板	8.94	2.02	6.92	14.86	2.02	16.88	12.29	1.37
		8.69	1.98	6.71	14.40	1.98	16.39	11.94	1.37
	二肋 2 点横隔板	9.50	1.17	8.33	17.89	1.17	19.06	13.53	1.41
		9.58	1.17	8.41	18.06	1.17	19.23	13.64	1.41
	一肋 1 点加劲肋	22.18	4.44	17.74	38.10	4.44	42.54	30.75	1.38
		18.09	3.85	14.25	30.59	3.85	34.44	24.99	1.38
		18.95	4.09	14.86	31.90	4.09	35.99	26.17	1.38
	二肋 2 点加劲肋	10.21	1.91	8.30	17.82	1.91	19.74	14.35	1.38
		10.58	2.10	8.48	18.21	2.10	20.31	14.86	1.37
V 形	一肋 3 点横隔板	9.55	0.74	8.80	18.91	0.74	19.65	13.98	1.41
		9.60	0.76	8.85	18.99	0.76	19.75	14.05	1.41
	一肋 4 点横隔板	−28.14	−2.72	−25.42	−54.57	−2.72	−57.29	−40.22	1.42
		−27.98	−2.76	−25.23	−54.16	−2.76	−56.92	−40.02	1.42
	一肋 1 点横隔板	3.50	0.16	3.34	7.17	0.16	7.33	5.00	1.47
		3.50	0.21	3.29	7.06	0.21	7.27	4.99	1.46
	二肋 2 点横隔板	7.02	0.73	6.29	13.50	0.73	14.24	10.05	1.42
		7.02	0.72	6.30	13.53	0.72	14.25	10.04	1.42

续上表

考察位置		峰值	谷值	幅值	折 400 万次幅值	折 400 万次谷值	折 400 万次峰值	中活载值	峰值/中-活载
V 形	一肋 1 点加劲肋	16.08	1.29	14.79	31.75	1.29	33.04	22.89	1.44
		11.24	0.88	10.37	22.26	0.88	23.13	15.96	1.45
		12.28	1.10	11.19	24.02	1.10	25.11	17.44	1.44
	二肋 2 点加劲肋	9.23	1.88	7.34	15.77	1.88	17.65	12.95	1.36
		8.89	1.86	7.03	15.10	1.86	16.96	12.48	1.36

试验模型安装完毕后，先对模型进行预加载，反复数次之后，进行疲劳上限荷载的静载试验，静载试验加载也采用 MTS 进行，进行静载加载时分级加载。静载试验完成后依次进行 1 万次、2 万次、5 万次、10 万次、50 万次、100 万次、200 万次、300 万次、400 万次、420 万次、440 万次、460 万次、480 万次、500 万次、520 万次、540 万次、560 万次疲劳加载，每完成一定次数疲劳加载之后在进行静载试验。

4.5.4 试验数据结果

4.5.4.1 应力数据分析

表 4-27 列出疲劳应力变化较大的点的位置与测点号之间的对应关系。限于篇幅，本节仅列出部分测点应力变化历程图。如图 4-91～图 4-102 所示。

表 4-27 疲劳位置的测点编号

位置		点号	位置		点号
U1-1 点	加劲肋	2037～2039	V1-1 点	加劲肋	2057～2059
	横隔板	2006		横隔板	2022
U1-3 点	横隔板	2003	V1-3 点	横隔板	2019
U1-4 点	横隔板	2005	V1-4 点	横隔板	2021
U2-2 点	加劲肋	2042～2043	V2-2 点	加劲肋	2062～2063
	横隔板	2008		横隔板	2024
	顶板	2076～2077		顶板	2084～2085

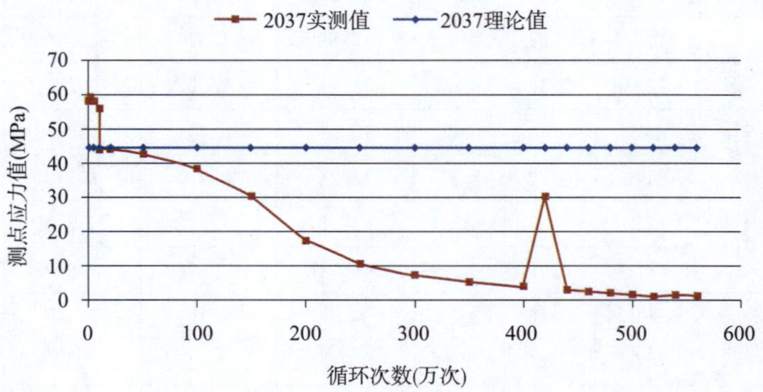

图 4-91 2037 测点应力随疲劳次数变化图

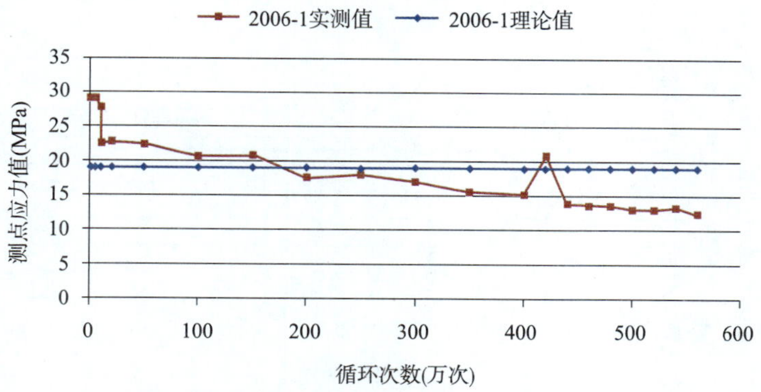

图 4-92　2006-1 测点应力随疲劳次数变化图

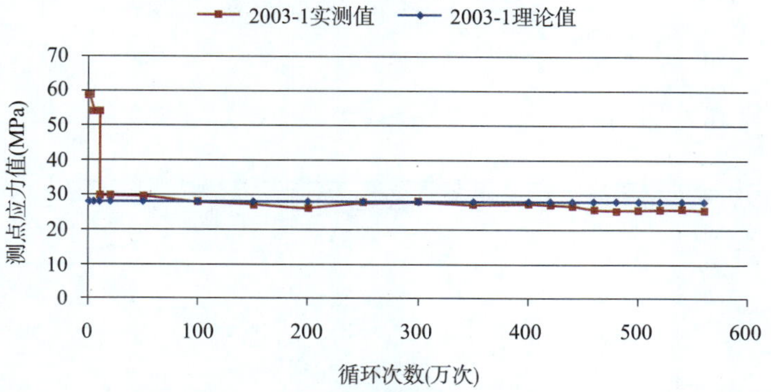

图 4-93　2003-1 测点应力随疲劳次数变化图

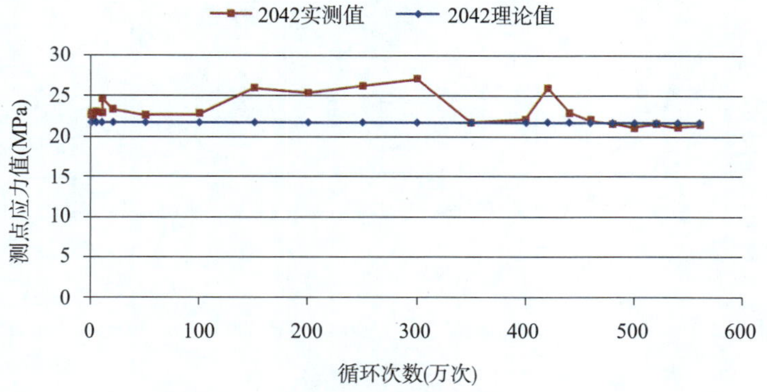

图 4-94　2042 测点应力随疲劳次数变化图

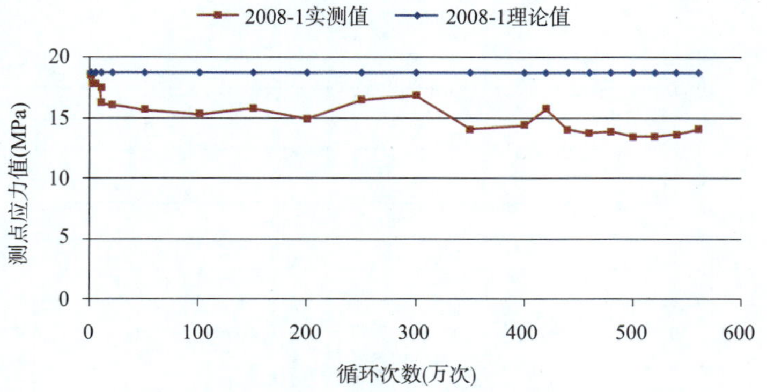

图 4-95　2008-1 测点应力随疲劳次数变化图

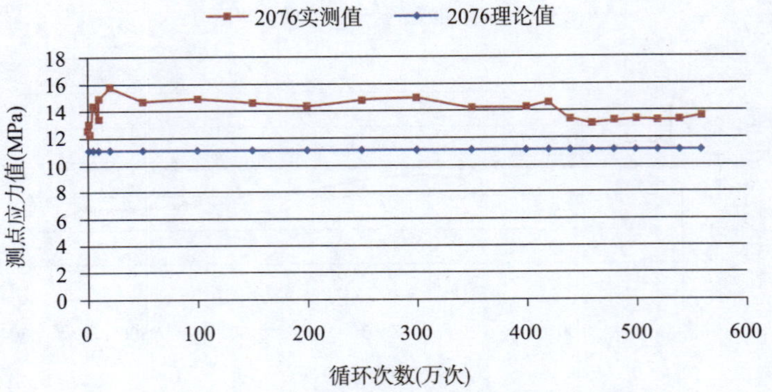

图 4-96 2076 测点应力随疲劳次数变化图

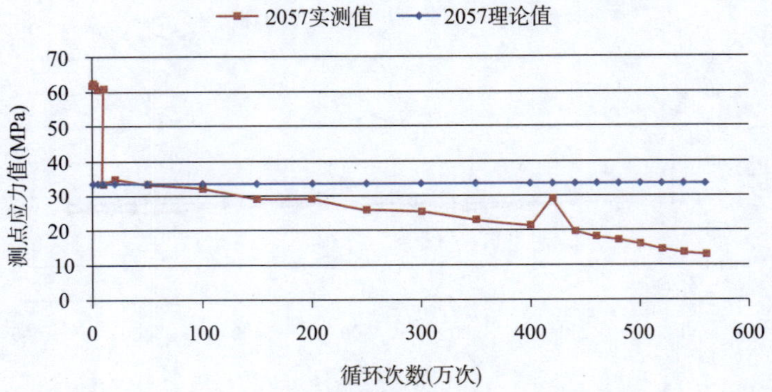

图 4-97 2057 测点应力随疲劳次数变化图

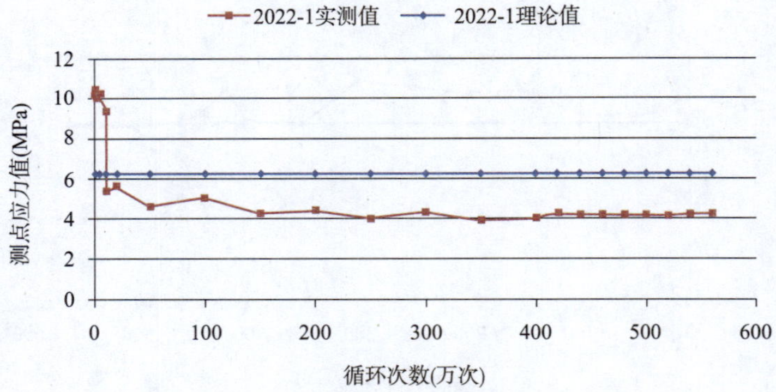

图 4-98 2022-1 测点应力随疲劳次数变化图

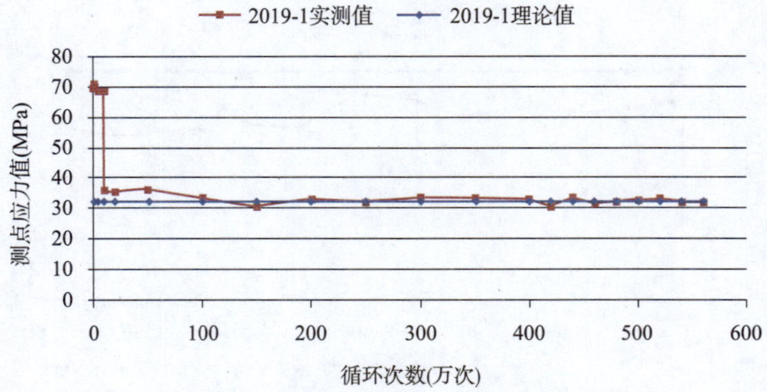

图 4-99 2019-1 测点应力随疲劳次数变化图

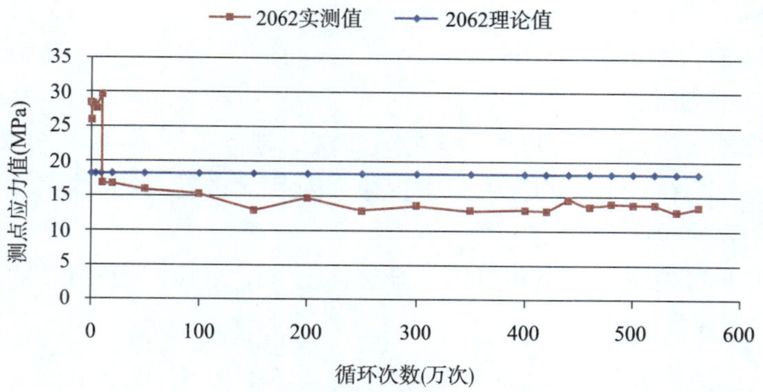

图 4-100　2062 测点应力随疲劳次数变化图

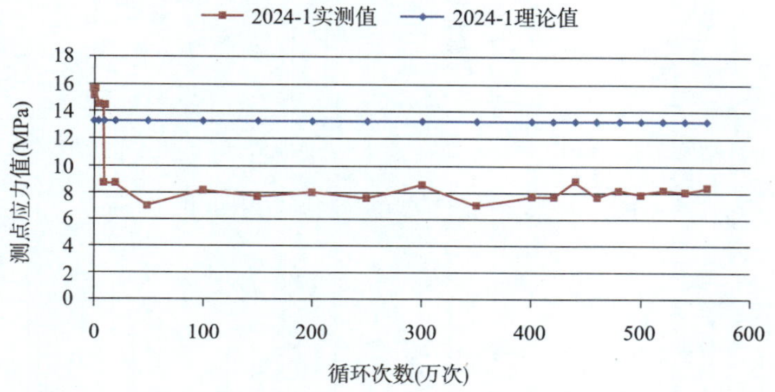

图 4-101　2024-1 测点应力随疲劳次数变化图

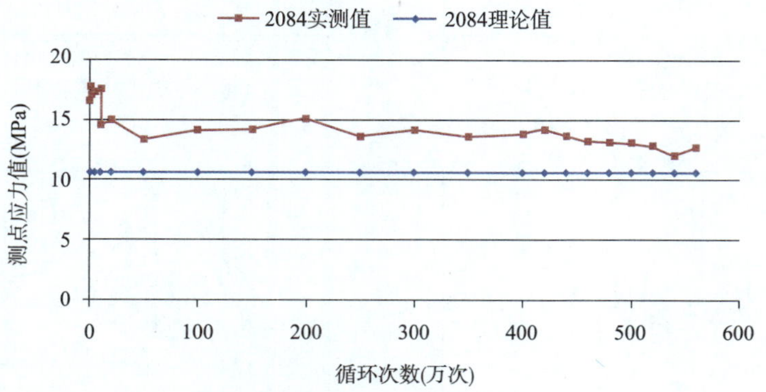

图 4-102　2084 测点应力随疲劳次数变化图

从变化历程图 4-91～图 4-102 可知：

①模型的测试值和计算值基本吻合，模型数据整体波动情况不大，均保持较为平稳的应力状态，证明试验模型在 560 万次疲劳荷载作用期间内仍然处于弹性工作状态。

②在循环进行到 150 万次的时候，2037 测点应力值下降，在 250 万次的时候对结构进行观察时，在此测点处发现疲劳裂缝，导致了此点的应力重分布现象，2037 的应力持续下降，而 2038、2039 号测点的应力值上升，并且在 150 万次后保持着这种发展趋势。

③影响焊接结构开裂的因素主要有三个：

a. 构造细节微观组织特征及其分布特征；

b. 焊接残余应力大小及其分布特征；

c. 焊接应力集中程度及分布特征。

在模型设计的时候，对此处及附近的应力分布情况进行了计算，计算结果发现原桥模型与试验模型在此构造处均存在明显的应力集中现象以及较大的拉应力，也是本次试验该考察点疲劳裂缝产生的主要原因。

疲劳试验模型开裂处应力测点布置以及开裂情况如图 4-103 与图 4-104 所示。

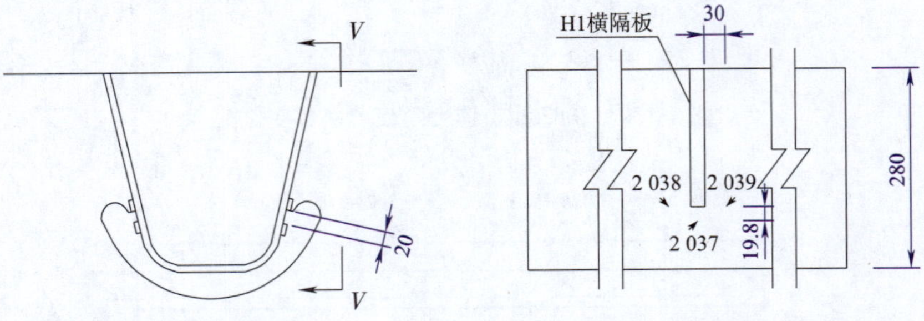

(a) U肋加劲肋正面图1：10 (b) U肋腹板(V-V)测点布置图1：10

图 4-103 U 形加劲肋开裂位置测点布置图(单位：mm)

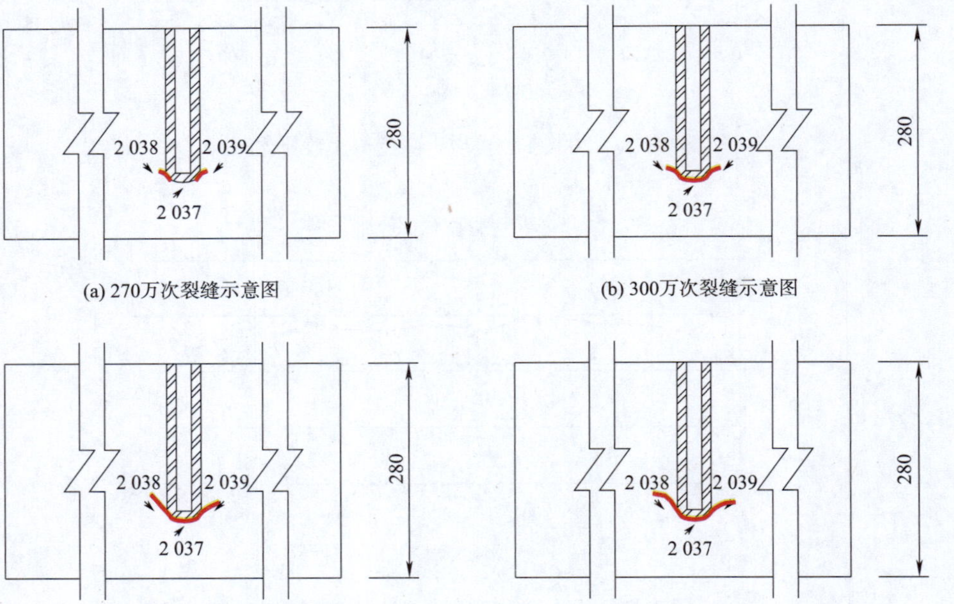

(a) 270万次裂缝示意图 (b) 300万次裂缝示意图

(c) 420万次裂缝示意图 (d) 560万次裂缝示意图

图 4-104 U 形加劲肋开裂情况图(单位：mm)

从主应力角度分析，由图 4-103 与图 4-104 可得出以下结论：

①U 肋与 V 肋各测点在主拉应力方向上具有相同的分布特点，即在横隔板的加劲肋开口处桥中心线方向侧，主拉应力方向垂直于开口边缘，远离桥中心线方向侧的主拉应力方向平行于开口边缘。

②加劲肋腹板与横隔板连接焊缝处主拉应力方向为竖向。其原因为横隔板的竖向刚

度要远大于加劲肋的竖向刚度，在竖向荷载作用下，加劲肋的竖向挠度要大于横隔板的竖向挠度，因此横隔板对加劲肋的腹板产生向上的拉扯作用，即产生了竖向的主拉应力。

4.5.4.2　挠度分析

疲劳试验设置了 9 个挠度测点，主要布置在 1 m 跨悬臂端端部、3 m 跨跨中与 1.5 m 跨悬臂端端部。试验结构在 560 万次疲劳试验中的挠度变化与理论值的对比如图 4-105～图 4-113 所示。

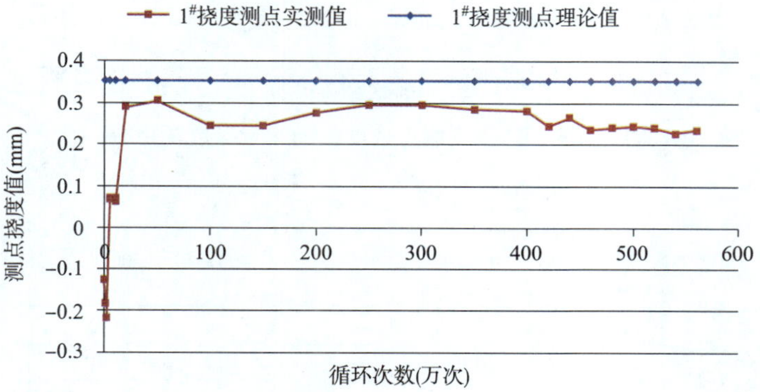

图 4-105　1# 挠度测点挠度值随疲劳次数变化图

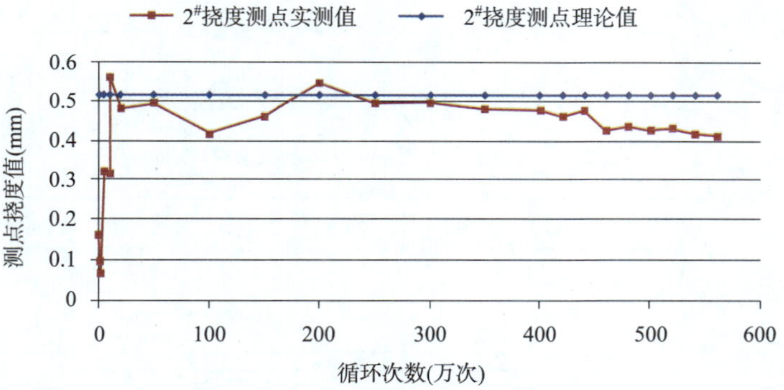

图 4-106　2# 挠度测点挠度值随疲劳次数变化图

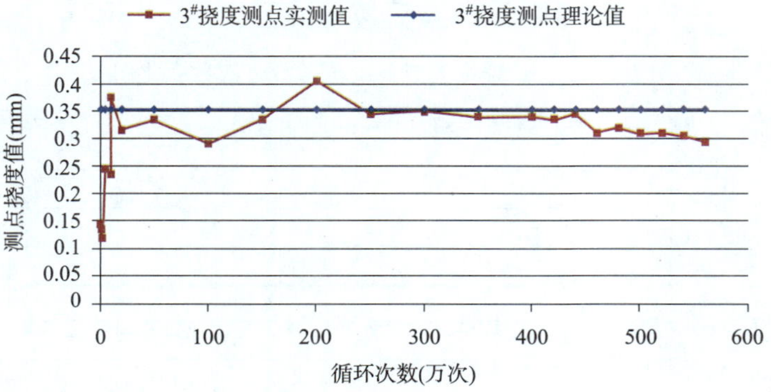

图 4-107　3# 挠度测点挠度值随疲劳次数变化图

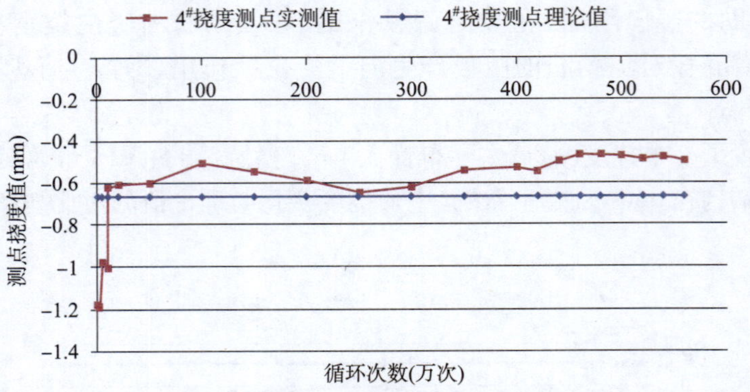

图 4-108　4# 挠度测点挠度值随疲劳次数变化图

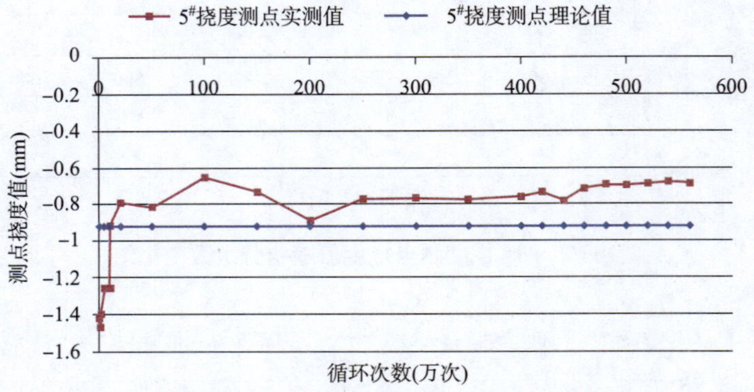

图 4-109　5# 挠度测点挠度值随疲劳次数变化图

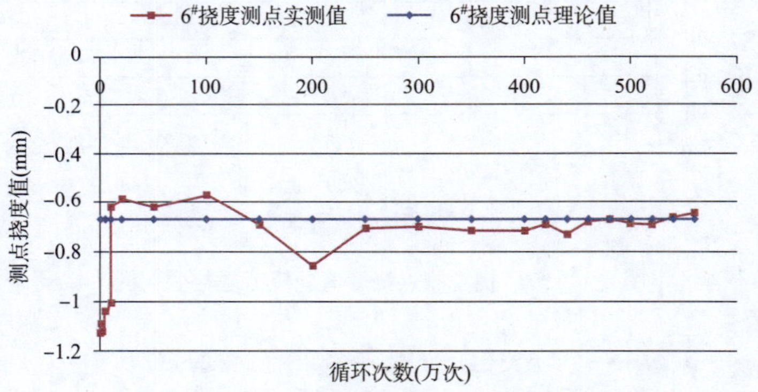

图 4-110　6# 挠度测点挠度值随疲劳次数变化图

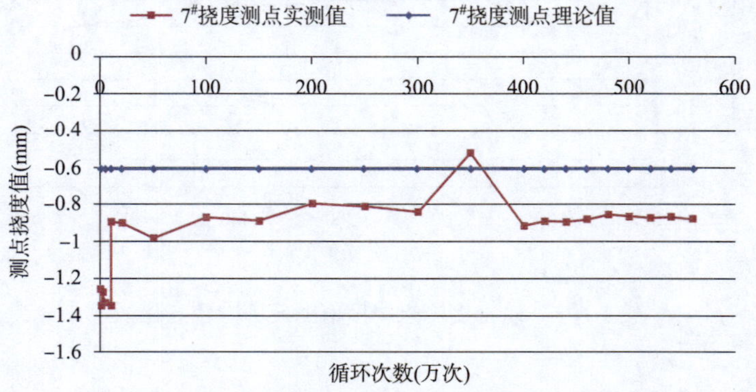

图 4-111　7# 挠度测点挠度值随疲劳次数变化图

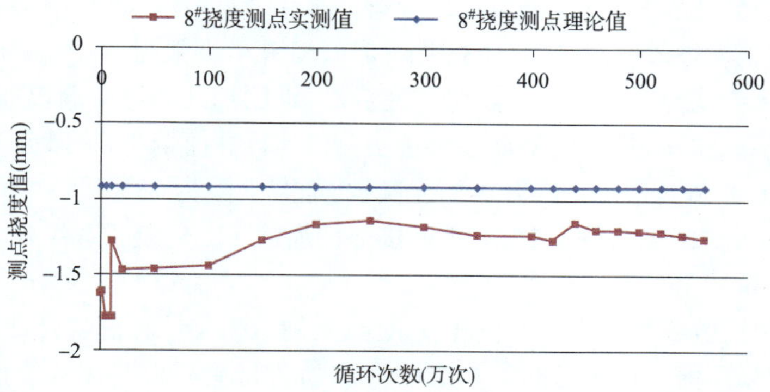

图 4-112　8# 挠度测点挠度值随疲劳次数变化图

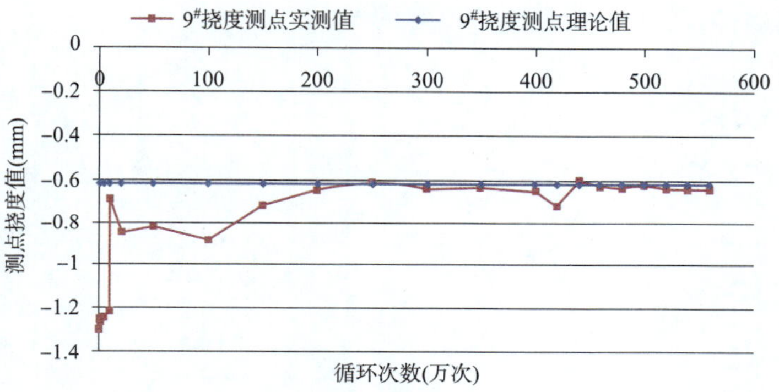

图 4-113　9# 挠度测点挠度值随疲劳次数变化图

由图 4-105～图 4-113 可以发现，在疲劳模型 10 万次后进行调整之后，计算值与实测值的吻合程度较好，挠度的实测值波动不明显，证明试验结构与理论计算结构之间吻合的程度较好，并且证明试验结构在 560 万次疲劳循环内始终在弹性范围内工作。

4.5.5　主要结论

①对于铁路钢箱混合梁斜拉桥，不论是 U 肋加劲钢箱梁还是 V 肋加劲钢箱梁，尽管铁路活载相对公路桥梁较大，第一体系作用力主要影响顶板、加劲肋、腹板的纵桥向应力，对加劲肋与横隔板连接部位等疲劳重点关注部位的主拉应力大小与方向影响都很小，且第一体系力产生的应力变化很缓和，在研究横隔板与加劲肋连接处等部位的疲劳时，可以忽略一体系力的作用，仅考虑二、三体系作用力的作用。

②正交异性钢桥面板应力分析表明，直接将轮压荷载转化为一定面积的均布面力施加于计算模型，与将道砟、轨枕、钢轨纳入到有限元模型中的精确计算方法相比有所差别，特别是桥面板及加劲肋与顶板连接处的受力差别较大，采用将道砟、轨枕、钢轨纳入到有限元模型中的精确计算方法以及试验模型的分析与设计更合理，更符合结构实际受力状态。

③道砟属松散体，测试表明弹性模量值在一定范围内变化，中-活载作用下弹性模量的离散性对正交异性钢桥面板的主要影响体现在道砟的边缘处传力分布的微小差异，总体上影响不大。为方便模型分析、模型设计，摒弃非关键因素干扰，节段仿真分析及后续模型试验道砟的弹性模量取 120 MPa 是合理的。

④采用轴重较大且国内普遍运营的 C_{64} 车辆进行加载计算，按单线年运量 2 700 万 t 考虑，遵循 Miner 损伤度等效原理，确定加载上限 619.65 kN，下限为 41.31 kN 可以满足本模型疲劳试验要求。疲劳试验表明，400 万次加载完成后，U 肋加劲肋与横隔板连接部位开裂（150 万次），V 肋未发现裂纹，同时发现 V 肋该部位实测值比计算值偏小，为保证 V 肋的可靠性，将冲击系数提高到 1.475，再增加 150 万次加载次数，加载上限为 732.87 kN，下限为 41.31 kN 可以满足疲劳试验要求。除 U 肋与横隔板连接部位加劲肋出现疲劳裂纹外，其他部位均未发现疲劳裂纹，都有超过 100 年的疲劳寿命。

⑤每进行一定次数疲劳加载后进行静载试验，实测数据与计算值吻合良好，说明模型设计合理，疲劳试验结果可信。计算与实测均表明在加劲肋与横隔板连接部位，U 肋的应力要大于 V 肋，在横隔板开孔边缘，V 肋因圆形孔开孔半径小于 U 肋苹果形孔，应力相对较大。

⑥V 形加劲肋进行完所有疲劳加载之后仍未出现应力重分配现象，说明即便按照 1.475 的冲击系数，V 肋该部位也可以有超过 100 年的寿命。

第 5 章

梯形填充前后承压板式钢混结合段试验研究

5.1 钢混结合段研究特点

5.1.1 一般钢混结合段研究现状

为了确保加劲梁钢混结合段构造的安全性和可靠性，国内外一般都采用模型试验和有限元计算相结合的方法，对结构设计的合理性进行验证。这类试验研究针对的是具体桥梁的加劲梁钢混结合段模型，进行有限元分析、对模型进行静力加载、在试验过程中对模型应力状态和变形进行测量，并将试验结果与计算结果进行对比分析，确定设计的合理性。

(1)日本多多罗大桥加劲梁钢混结合段模型试验

日本多多罗大桥为主跨 890 m 六跨钢-混凝土混合梁斜拉桥，该桥加劲梁钢混结合段模型缩尺比为 1∶50，进行了屈服试验。对两种不同的阶段，即主梁外伸悬臂达到 140 m 时和主梁合龙时的稳定性又做了缩尺比为 1∶200 的半桥模型试验。

(2)汕头礐石大桥加劲梁钢混结合段模型试验

武汉桥梁科学研究院对其加劲梁钢混结合段进行了缩尺比为 1∶2 的局部模型试验，研究分析了主梁钢混结合的传力机制、抗裂性及极限荷载下的安全储备。

(3)舟山桃夭门大桥加劲梁钢混结合段模型试验

武汉桥梁科学研究院对其加劲梁钢混结合段进行了 1∶2 的局部应力分析及模型试验，研究了截面正应力分布规律、抗裂性，剪滞效应，应力的纵向传递、剪应力分布等，得到了许多有价值的试验数据，对实桥设计起到了很大的指导作用。

5.1.2 钢混结合段研究存在问题

不同构造和材料特性易造成钢混结合段两侧钢箱梁与混凝土箱梁之间的刚度突变，刚度匹配对列车活载激励下的车-桥横、竖向振动加速度、振动位移以及脱轨系数、轮重减载率等安全性和舒适性指标是否产生影响，国内尚无相关研究成果。连接部位的传力原则是将钢梁中的应力通过钢梁的补强部位(如 T 形加劲肋)予以分散，再通过剪力键、剪力钉、纵向预应力筋及钢板与混凝土之间的黏结力作用传递到填充混凝土，再传递到预应力混凝土梁中，但传力构件由钢构件补强件、承压板、钢格室、剪力钉、预应力索、混凝土等组成，连接构造复杂，各构件的功能、传力路径及传力规律亟待进一步量化分析。

在运营过程中，由于混凝土的收缩徐变，或者混凝土浇筑缺陷，钢板件与混凝土之间可能未完全结合，可能出现钢与混凝土的结合力降低、二者出现滑移，对局部结合部位剪力连接件(剪力钉、PBL 剪力键等)受力影响较大。一般来说，结合段位于弯矩较小处，且整体受压，虽疲劳破坏的情况较少，但考虑到铁路活载大，依然可能存在疲劳损伤积累的情况。

钢混结合段的有效连接及强大的极限承载能力是保证钢混结构传力安全可靠的前提，目前国内铁路桥梁尚无大跨度混合梁斜拉桥的工程实践实例，缺乏针对性的研究资料。

5.1.3 梯形填充前后承压板式钢混结合段研究特点

钢混结合段采用张拉预应力索、设置剪力钉及 PBL 剪力键等多种连接方式将钢结构与混凝土相结合。钢结构与混凝土梁之间的刚度匹配、多种结合方式的结合效果以及混凝土浇筑质量缺陷等均会影响结构的可靠连接，从而对结构的耐久性产生影响。根据铁路钢箱混合梁斜拉桥钢混结合段对于铁路列车行车的特殊性，应该重点关注：

(1)钢混结合段位置研究和刚度匹配研究

结合段接头位置首先要考虑设置在结构变形和内力较小处，及和锚固跨(边跨)跨度的匹配，有利于施工方便，且具有良好的经济性。尚应考虑结合段两侧的刚度匹配，关注两种不同构造和材料特性造成的刚度突变对列车活载激励下的车-桥横、竖向振动加速度，振动位移，脱轨系数，轮重减载率等安全性和舒适性指标的影响。

(2)钢混结合段内力传递途径研究

钢混结合段的内力传递由钢箱梁段历经钢箱梁过渡段、钢混过渡段、混凝土横隔梁段传递至混凝土梁段，首先采用理论计算从结合段整体上分析内力效应在各板件之间的分担比例、变化规律和影响范围，然后结合足尺钢格室试件，从局部分析钢格室承压板、混凝土、钢板件、剪力钉以及 PBL 剪力键相互之间的内力传递规律，为同类型铁路桥梁构造设计提供参考。

(3)钢混结合段承载力模型试验和疲劳模型试验

按照一定的比例制作整体的钢混结合段模型，利用理论分析与模型试验相结合，验证在分级及超载工况作用下的钢混结合段受力状态，并进行破坏工况加载，得到其极限承载能力。制作足尺钢格室试件，考虑混凝土的收缩或浇筑缺陷等因素的影响，考察钢格室承压板、混凝土、钢板件、剪力钉以及 PBL 剪力键的疲劳损伤积累，研究其疲劳性能。

5.1.4 梯形填充前后承压板式钢混结合段传力机制

钢混结合段是混合梁斜拉桥的关键结构部位。由于铁路活载大，行车安全性和乘坐舒适性指标对结构刚度的要求，铁路混合梁斜拉桥钢混结合段就显得尤为重要，更加关注钢混结合段连接的承载能力与疲劳性能。

钢混结合段由两种不同特性的材料构造而成，两者之间良好的刚度匹配有利于结构刚度过渡平顺、传力顺畅。

钢混结合段的传力原则是将钢箱梁中的应力通过钢梁的补强部分(加劲肋、加强钢板等)加以分散，然后由钢格室的承压板、剪力键及钢板与混凝土之间的黏结力等作用传递到填充混凝土结构内，再传递到预应力混凝土加劲梁中。为防止弯矩作用对结合段混凝土产生纵向拉应力，需要设置预应力索使混凝土结构在各种内力组合下均处于受压状态。钢混结合段主要承受轴向力、弯矩和剪力的传力机制如下：

(1)轴向压力

钢箱梁与预应力混凝土梁间的轴力压力传递机制是将作用于钢箱梁一般截面的轴向力通过钢箱梁端部的加强部予以扩散，再将钢板上的力传递到填充的混凝土中，最终传递到预应力混凝土梁。轴向压力主要由承压板、抗剪连接件、黏结力及摩阻力承担，由于黏结力和摩阻力有很大的不确定性，一般不考虑其作用。

(2)轴向拉力

钢箱梁中的轴向拉力传递到填充混凝土是靠预应力钢筋、剪力连接件、钢板与混凝土之间的黏结力和摩阻力来实现。大部分拉应力由预应力作用来抵消,超过的部分则可由抗剪件从钢格室结构传至填充混凝土中,然后由钢筋混凝土截面来承受。

(3)剪切力

钢箱梁的剪力传递给填充混凝土是依靠抗剪连接件、钢板与混凝土表面的黏结力和摩阻力来实现。

5.2　钢混结合段刚度匹配研究

钢混结合段是混合梁斜拉桥的重要组成部分,在功能上应保证各种内力效应在钢箱梁与混凝土梁之间可靠、顺畅传递,避免刚度突变;在构造上应使两部分梁体外形协调一致,具有良好的抗疲劳性和耐久性。

5.2.1　截面特性变化规律

为研究钢混结合段刚度匹配情况,选取结合段典型截面如图 5-1 所示。图 5-1 为铁路混合梁斜拉桥典型钢混结合段,依次选取 $A\text{-}A \sim L\text{-}L$ 截面,分别计算其截面惯性矩 I_x、中性轴至截面顶缘的距离 y、截面抗弯刚度 EI 以及截面抗压刚度 EA。不同位置截面形状如图 5-2 所示,各截面特性列于表 5-1。

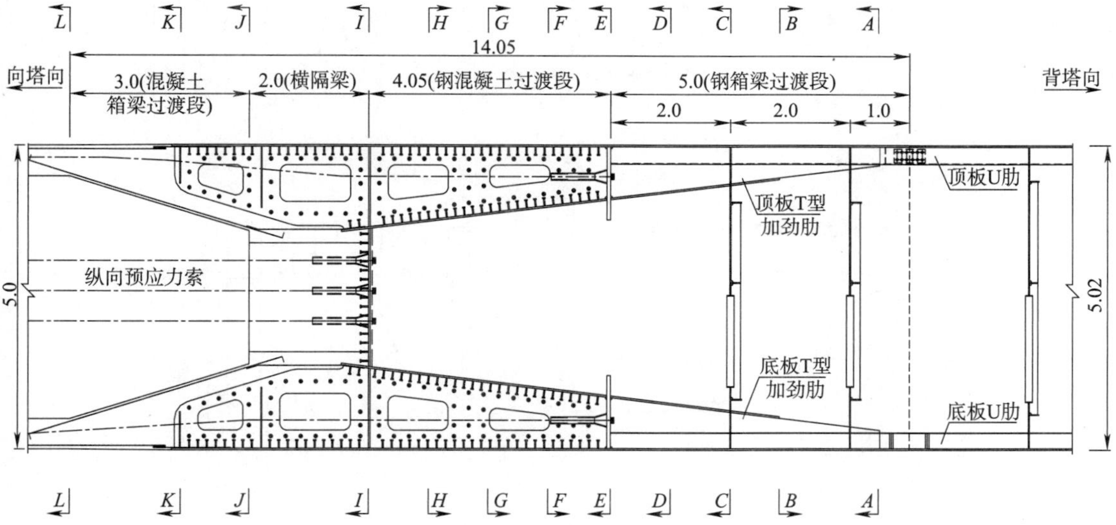

图 5-1　结合段结构中心线处立面图(单位:m)

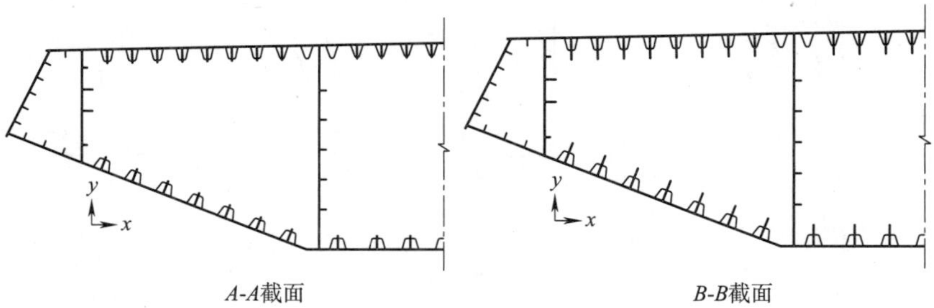

图　5-2

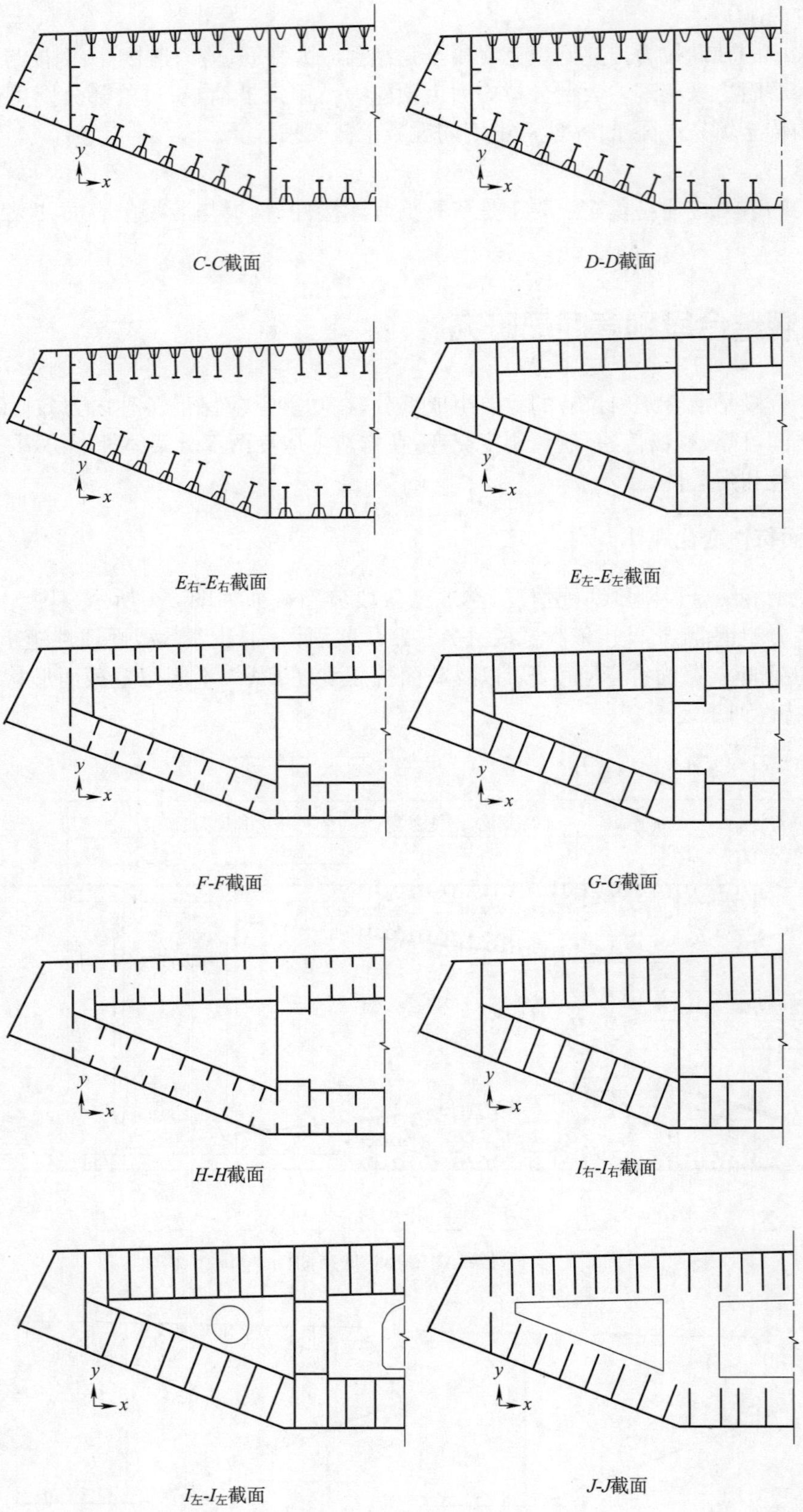

图 5-2

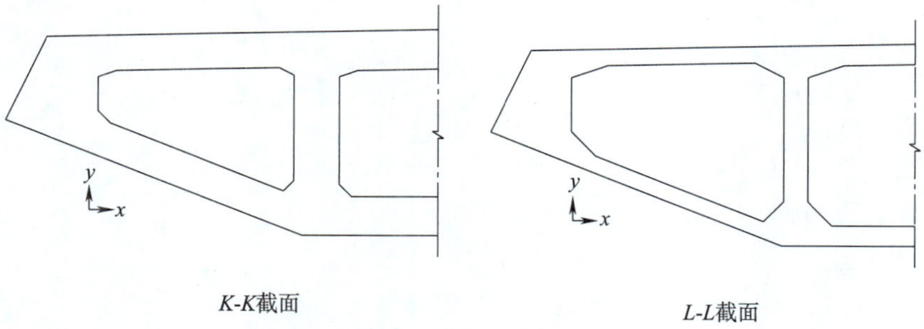

图 5-2　不同位置的截面形状

表 5-1　截面特性列表

截面编号	$y_上$(m)	I_x(m^4)	EI($\times 10^{11}$ N·m^2)	EA($\times 10^{11}$ N)
A	2.052 26	4.373 5	9.184	2.689
B	2.052 26	4.684 5	9.837	2.909
C	2.054 01	5.131 12	10.775	3.296
D	2.055 92	5.253 71	11.033	3.449
$E_右$	2.058 24	5.357 2	11.25	3.602
$E_左$	2.135 06	55.394 71	27.902	10.425
F	2.143 27	58.157 93	27.975	10.827
G	2.150 07	60.456 39	29.518	11.781
H	2.155 5	62.322 46	28.393	11.797
$I_右$	2.183 31	64.644 52	30.862	13.792
$I_左$	2.221 37	68.318 6	32.071	16.717
J	2.187 75	64.118 17	29.878	12.744
K	2.174 36	56.157 25	18.532	7.619
L	2.136 75	39.828 48	13.143	4.824

上述各截面特征值的变化曲线如图 5-3 和图 5-4 所示，可以分析出钢混结合段的混凝土梁、钢箱梁及其结合段与过渡段的截面特性变化规律。

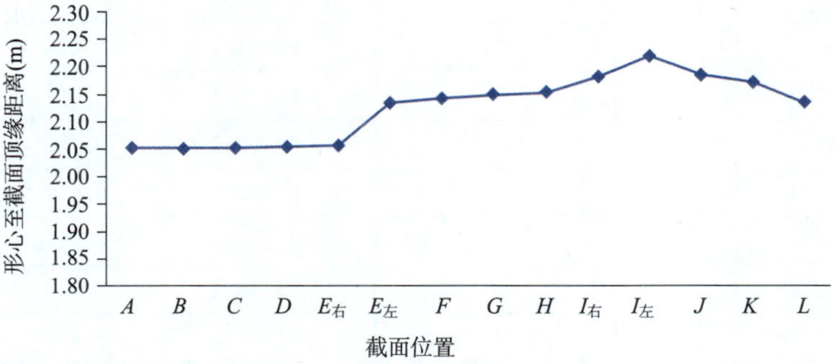

图 5-3　形心至截面顶缘的距离变化曲线

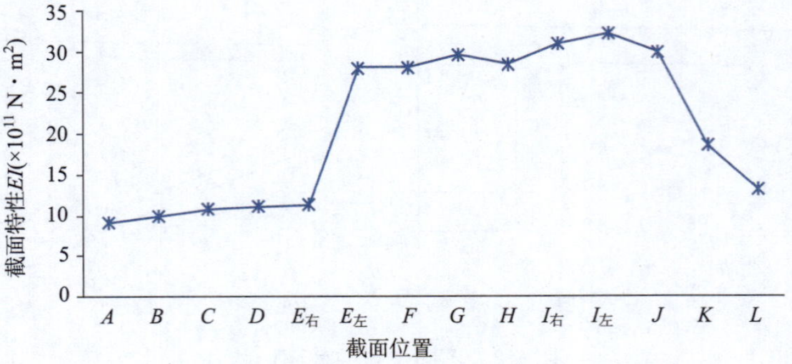

图 5-4　截面抗弯刚度 EI 变化曲线

通过图 5-3 和图 5-4 可知：

①整个钢混过渡段的截面形心变化平缓，尤其 A-A 钢箱梁标准截面和 L-L 混凝土梁截面距上缘的形心轴距离分别为 2.052 26 m 和 2.136 75 m，二者仅相差 8.45 cm，说明由钢箱截面渐变至混凝土截面，截面形心变化平缓，可以减小因连接部位断面形心轴突变引起的附加弯矩。

②钢混过渡段(即由 E-E 钢箱过渡段截面至 I-I 钢混过渡段截面)，采用设置成 4.05 m 长梯形状，使截面抗弯刚度由 11.25 m^4 平缓渐变至 32.07 m^4，有效避免了截面特性的突变。

整体来说，从钢箱梁截面变化到混凝土截面，截面中性轴位置以及截面抗弯刚度和抗压刚度基本实现了平缓变化。

5.2.2　形心轴变化对附加弯矩的影响

一般而言，由于斜拉桥的轴向力较大，若形心轴变化较大，由此产生的附加弯矩将不可忽略。如图 5-1 所示，以 A-A 截面作为基准断面，分析其后各截面形心轴位置的变化所引起的附加弯矩占成桥总弯矩的比值。

依据钢箱混合梁斜拉桥全桥纵向计算可以得到成桥轴向力 N 和弯矩 M，将钢混结合段由于形心轴变化引起的附加弯矩 ΔM 及其所占比值 $\Delta M/M$ 列于表 5-2。

表 5-2　附加弯矩占总弯矩比值

截面位置	形心差 Δy(m)	纵向力 (kN)	附加弯矩 ΔM(kN·m)	成桥弯矩 M(kN·m)	$\Delta M/M$	ΔM产生应力/成桥应力
A	0	72 414	0.0	54 920.0	0.0%	0.0%
B	0		0.0	66 188.3	0.0%	0.0%
C	0.001 75		126.7	72 728.6	0.2%	1.0%
D	0.003 66		265.0	80 529.7	0.3%	1.9%
$E_{右}$	0.005 98		433.0	88 882.4	0.5%	2.9%
$E_{左}$	0.082 80		5 995.9	88 882.4	6.7%	2.9%
F	0.091 01		6 590.4	92 901.4	7.1%	3.3%
G	0.097 81		7 082.8	96 924.5	7.3%	3.4%
H	0.103 24		7 476.0	100 943.5	7.4%	3.9%
$I_{右}$	0.131 05		9 489.9	105 080.3	9.0%	4.6%

续上表

截面位置	形心差 Δy(m)	纵向力 (kN)	附加弯矩 ΔM(kN·m)	成桥弯矩 M(kN·m)	$\Delta M/M$	ΔM产生应力/成桥应力
$I_{左}$	0.169 11	72 414	12 245.9	105 077.8	11.7%	6.0%
J	0.135 49		9 811.4	102 176.2	9.6%	5.0%
K	0.122 10		8 841.7	102 662.4	8.6%	7.2%
L	0.084 49		6 118.3	97 995.1	6.2%	6.8%

注：表中应力系梁顶上缘处数值，成桥弯矩及应力为计入预应力作用效应。

由表5-2的计算结果可知：以 *A-A* 截面为基准，在成桥轴向力作用下，由于截面形心轴变化引起的附加弯矩占成桥总弯矩的比值，刚度过渡段区段均小于0.5%，钢混结合段含混凝土区段为6.2%～11.7%；而附加应力与成桥应力比，刚度过渡段区段均小于3%，钢混结合段含混凝土区段为2.9%～7.2%，可认为由于截面形心轴变化引起的附加弯矩值及其应力值均影响较小，钢混结合段结构布置具有合理性。

5.3　钢混结合段传力途径

如图5-1所示，钢箱梁过渡段典型截面（*A-A* 截面～*E-E* 截面）、钢混过渡段及混凝土梁段（*E-E* 截面～*L-L* 截面），分别研究轴力、剪力和弯矩的传递途径、截面正应力和横向应力分布规律、前后承压板两侧力的传递规律以及混凝土、钢格室的承担比例等。

5.3.1　荷载工况

将整体计算模型非固定端（钢箱梁段）的最大/最小轴力、最大/最小弯矩、最大/最小剪力六组内力值作为标准加载工况列于表5-3，并将混凝土区域的预应力以初应变方法施加。同时，还增加1.7倍标准荷载工况和混凝土无预加应力的情况。

表5-3　标准加载工况

工况一	工况二	工况三	工况四	工况五	工况六
$N_{zmax}=-51\ 302$	$N_{zmin}=-112\ 270$	$N_z=-88\ 977$	$N_z=-74\ 967$	$N_z=-71\ 157$	$N_z=-92\ 349$
$Q_y=436$	$Q_y=-960$	$Q_{ymax}=3\ 378$	$Q_{ymin}=-4\ 303$	$Q_y=268$	$Q_y=-1\ 096$
$M_x=-18\ 088$	$M_x=20\ 170$	$M_x=-14\ 812$	$M_x=640$	$M_{xmin}=-96\ 502$	$M_{xmax}=76\ 872$

注：x—横桥向；y—竖向；z—纵桥向；轴力、剪力单位为kN，弯矩单位为kN·m。

5.3.2　计算分析结果

5.3.2.1　钢箱过渡段

钢箱过渡段选取图5-1中的 *A*、*B*、*C*、*D* 共4种典型截面，采用ANSYS分析并通过路径积分法和单元节点求和的方法进行分析。

1. 纵向力分配

所列的工况一各截面中腹板、边腹板、边板、顶板、平底板和斜底板纵向应力分担比例及变化规律如图5-5和表5-4所示。

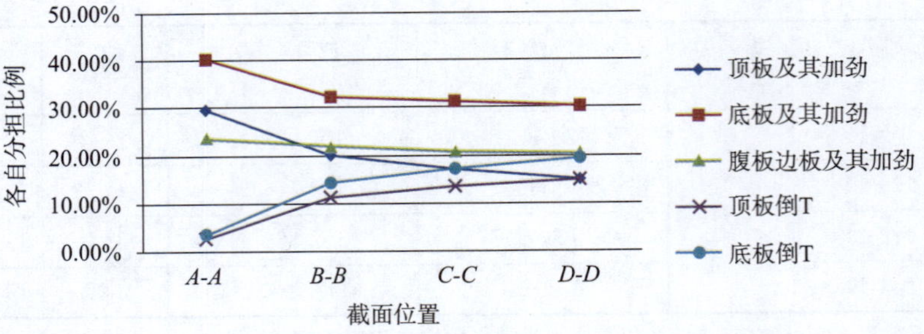

图 5-5　钢箱梁过渡段各板件分担纵向力比例

表 5-4　钢箱梁过渡段各板件分担纵向力比例

位　　置	顶板及加劲肋	底板及加劲肋	所有腹板及加劲肋	顶板倒 T	底板倒 T
A-A	29.72%	40.21%	23.76%	2.79%	3.51%
B-B	20.06%	32.24%	22.08%	11.14%	14.48%
C-C	17.08%	31.22%	20.86%	13.51%	17.33%
D-D	15.02%	30.25%	20.36%	14.88%	19.49%

由图 5-5 和表 5-4 可知：从 *A-A* 截面到 *D-D* 截面，顶、底板 T 肋承担的纵向力比例逐渐上升，而顶板及其 U、V 肋与底板及其 U 肋承担的纵向力比例逐渐减少，边腹板及其加劲肋承担纵向力比例亦逐渐减少，但幅度比较平缓。整体变化趋势表明顶底板承担的力逐渐往顶底板 T 型加劲肋转移；平底板纵向力逐渐增大，斜底板靠近结构中心线一侧承担纵向力逐渐减少，符合该工况下的受力特性。其他工况与工况一分布规律基本相同。

2. 竖向剪力分配

(1)工况三

钢箱梁过渡段各板件承担的剪力比例如表 5-5 和图 5-6 所示。

表 5-5　钢箱梁过渡段各板件各自分担比例

位　　置	中 腹 板	边 腹 板	边　　板	斜 底 板
A-A	57.69%	20.22%	9.83%	12.27%
B-B	60.17%	20.89%	8.66%	10.28%
C-C	58.59%	20.80%	9.68%	10.93%
D-D	58.02%	20.83%	9.79%	11.36%

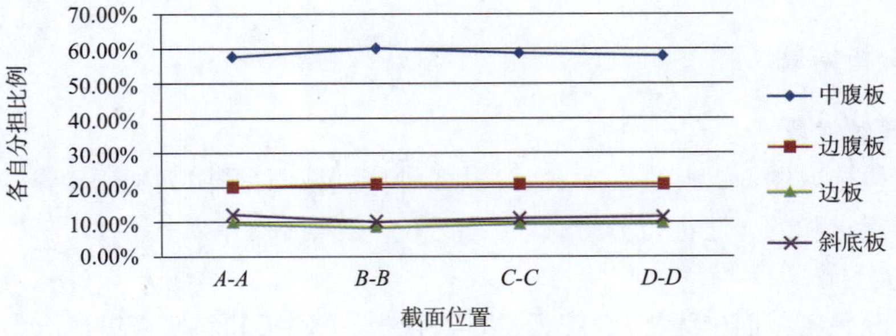

图 5-6　各板件分担竖向剪力比例

由表5-5和图5-6可知：在剪力最小工况作用下，从*A-A*截面到*D-D*截面，截面剪力主要由中腹板、边腹板、边板和斜底板承担，其中中腹板承担大部分的剪力约占60%，边腹板承担约20%的剪力，边板和斜底板承担约10%的剪力。

(2)工况四

钢箱梁过渡段各板件承担的剪力比例如表5-6和图5-7所示。

表5-6 钢箱梁过渡段各板件各自分担比例

位　　置	中腹板	边腹板	边　　板	斜底板
A-A	59.51%	12.02%	−0.72%	29.19%
B-B	68.39%	5.94%	−10.39%	36.06%
C-C	77.38%	−14.19%	−37.29%	74.11%
D-D	87.43%	−24.34%	−51.75%	88.66%

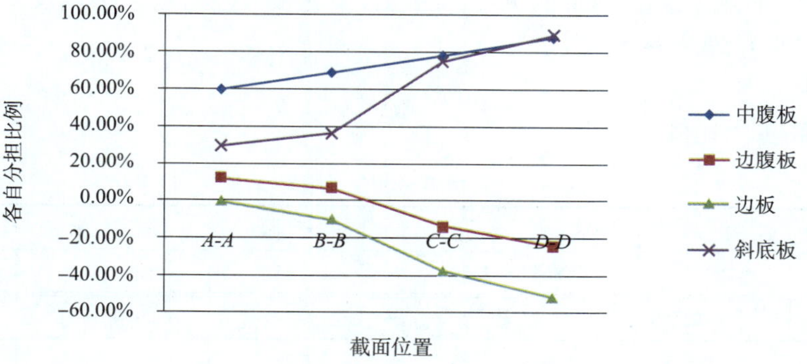

图5-7 各板件分担竖向剪力比例

由图5-7和表5-6可知：在剪力最大工况作用下，从*A-A*截面到*D-D*截面，截面剪力仍然主要由中腹板、边腹板、边板和斜底板承担；由于该工况剪力与自重反向，中腹板、斜底板承担大部分的剪力，且比例逐渐增大；边腹板和边板承担的剪力比例逐渐减小，过渡至*C-C*和*D-D*截面，承担反向剪力。

5.3.2.2 端承压板两侧对比

如图5-1所示，考察$E_{左}$-$E_{左}$截面、$E_{右}$-$E_{右}$截面应力变化情况，分析端承压板两侧内力传递规律。

1. 纵向力分配

工况一在模型非约束端同时施加纵向轴力、竖向剪力和纵向弯矩，并考虑端承压板处纵向预应力筋的作用，各板件承担的纵向力见表5-7。

表5-7 各板件分担纵向力比例

位　　置	顶板及加劲肋	底板及加劲肋	所有腹板及加劲肋	顶板倒T	底板倒T
$E_{右}$-$E_{右}$	14.08%	31.26%	19.61%	15.44%	19.60%
位　　置	顶板	底板	腹板边板	钢格室	混凝土承担比例
$E_{左}$-$E_{左}$	9.37%	25.07%	13.61%	28.98%	22.98%

由表5-7可知：从$E_{右}$-$E_{右}$截面到$E_{左}$-$E_{左}$截面，顶、底板以及腹板承担的纵向力减少，逐渐

转移为钢格室和混凝土承担；由于混凝土分担作用，$E_{左}$-$E_{左}$截面顶、底板应力略低于$E_{右}$-$E_{右}$截面；对于中腹板纵向应力，除中腹板加劲位置之外，$E_{左}$-$E_{左}$与$E_{右}$-$E_{右}$截面应力变化不大，分布较均匀。其他工况与工况一分布规律基本相同。

2. 竖向剪力分配

(1)工况三

各板件分担剪力比例见表 5-8。

表 5-8 各板件分担剪力比例对比

位置	中腹板	边腹板	边板	斜底板	
$E_{右}$-$E_{右}$	57.57%	20.66%	9.94%	11.83%	
位置	中腹板	边腹板	边板	斜底板	混凝土
$E_{左}$-$E_{左}$	25.90%	6.82%	1.78%	0.67%	64.83%

由表 5-8 可知：从$E_{右}$-$E_{右}$截面到$E_{左}$-$E_{左}$截面，中腹板、边腹板、边板以及斜底板承担的剪力减少，逐渐转移为钢-混凝土承担。

(2)工况四

各板件分担剪力比例见表 5-9。

表 5-9 各板件分担剪力比例对比

位置	中腹板	边腹板	边板	斜底板	
$E_{右}$-$E_{右}$	122.36%	−51.37%	−100.22%	129.22%	
位置	中腹板	边腹板	边板	斜底板	混凝土
$E_{左}$-$E_{左}$	30.23%	28.65%	27.66%	−19.89%	33.35%

由表 5-9 可知：由于Q_{ymax}工况剪力方向与自重方向相反，导致$E_{右}$-$E_{右}$截面的边腹板、边板，$E_{左}$-$E_{左}$截面的斜底板出现了反号，但考虑到边腹板和边板总体上承担剪力较小，不影响钢混结合段整体传力规律。

5.3.2.3 横隔梁及混凝土箱梁过渡段

1. 纵向力分配

工况一的$I_{右}$-$I_{右}$截面、$I_{左}$-$I_{左}$截面、$J_{右}$-$J_{右}$截面、$J_{左}$-$J_{左}$截面以及K截面各自承担的比例如表 5-10 和图 5-8 所示。

表 5-10 各板件分担纵向力比例

位置	顶板	底板	腹板边板	钢格室	混凝土承担比例
$I_{右}$-$I_{右}$	2.64%	8.29%	4.63%	19.95%	64.48%
$I_{左}$-$I_{左}$	2.45%	7.55%	4.21%	17.77%	68.03%
$J_{右}$-$J_{右}$	3.05%	7.19%	3.45%	8.81%	77.49%
$J_{左}$-$J_{左}$	2.95%	6.96%	3.35%	8.64%	78.10%
K-K	0.38%	0.11%	0.32%	3.17%	96.01%

由图 5-8 和表 5-10 可知：从$I_{右}$-$I_{右}$截面到K截面，腹板边板以及钢格室分担的比例逐渐减少，I截面和J截面顶板、底板分担比例变化不大，混凝土纵向力分担比例逐渐增加，至K截面时，基本上已承担全部纵向力。说明在该区段内已完成内力传递，其他工况与工况一分布规律基本相同。

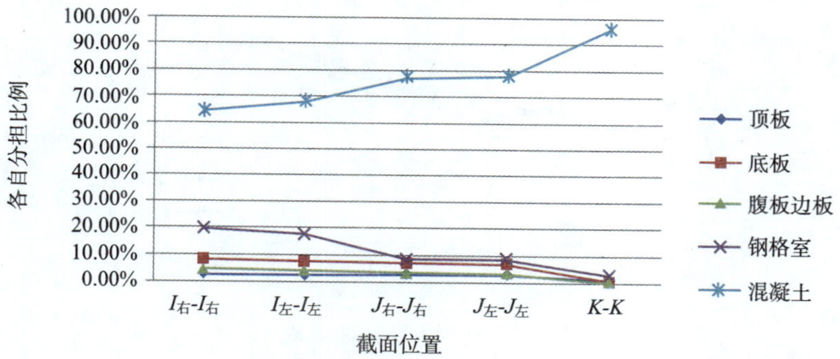

图5-8　各板件纵向力分担比例

2. 竖向剪力分配

工况三各截面竖向剪力分配如表5-11和图5-9所示。

表5-11　各板件分担剪力比例对比

位　　置	中腹板	边腹板	边　　板	斜底板	混凝土
$I_{右}$-$I_{右}$	6.36%	1.59%	1.18%	3.48%	87.39%
$I_{左}$-$I_{左}$	2.38%	1.08%	1.25%	1.19%	94.11%
$J_{右}$-$J_{右}$	0.59%	1.00%	1.50%	3.14%	93.77%
$J_{左}$-$J_{左}$	0.64%	0.99%	1.49%	3.05%	93.83%
K-K	−0.32%	0.36%	0.06%	1.16%	98.74%

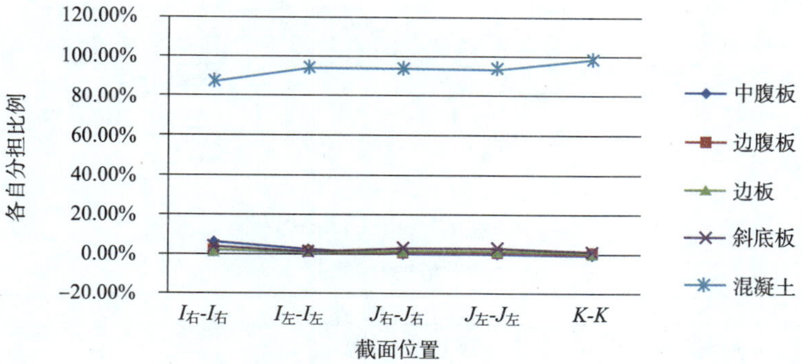

图5-9　各板件竖向剪力分担比例

由表5-11和图5-9可知：从$I_{右}$-$I_{右}$截面到K截面，混凝土承担大部分的剪力，钢结构的中腹板、边腹板、边板和斜底板承担的剪力很少，基本可以忽略不计，至K截面时，混凝土基本上已承担全部剪力。工况四分配规律与此相同。

5.3.2.4　*分界板两侧对比*

工况一的分界板两侧($I_{左}$-$I_{左}$截面与$I_{右}$-$I_{右}$截面)纵向应力变化情况分布如图5-10所示。

由图5-10可知：分界板两侧$I_{左}$-$I_{左}$截面和$I_{右}$-$I_{右}$截面，各板块应力变化不大，特别是斜底板、边腹板和边板，应力基本完全吻合，这也可以从另一侧面表明，混凝土实心面处真正参加工作的混凝土不是实体段面，而是像钢箱梁横隔板一样的空心截面，即箱形截面。其他工况分布规律与此相同。

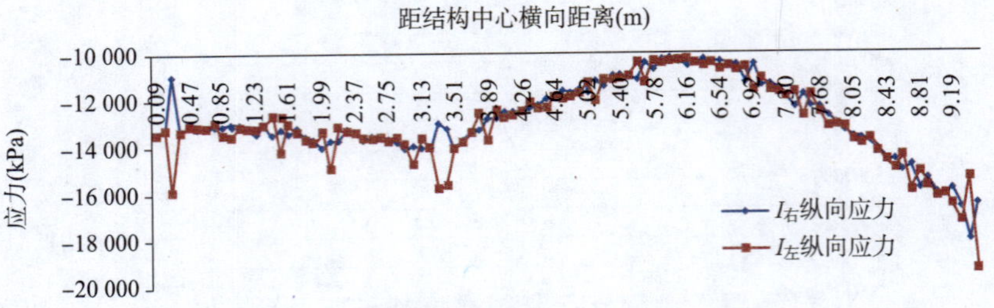

(a) 分界板顶板左右应力对比

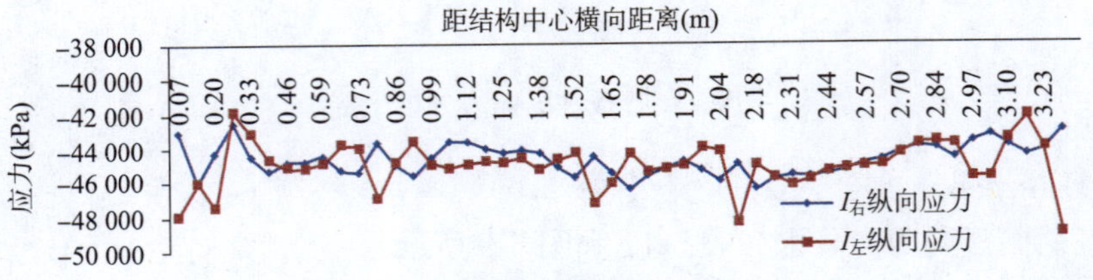

(b) 分界板平底板左右应力对比

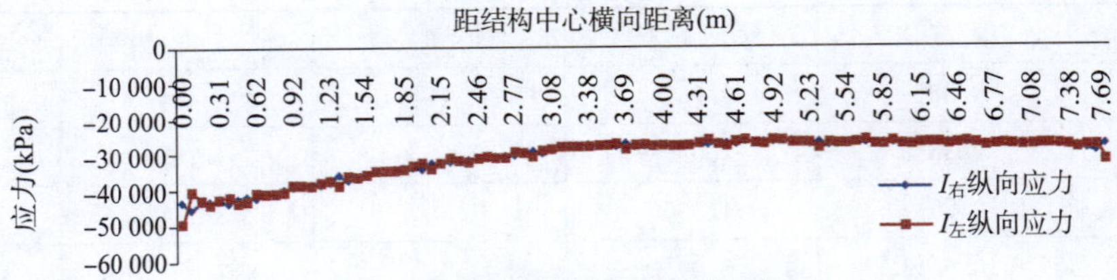

(c) 分界板斜底板左右应力对比

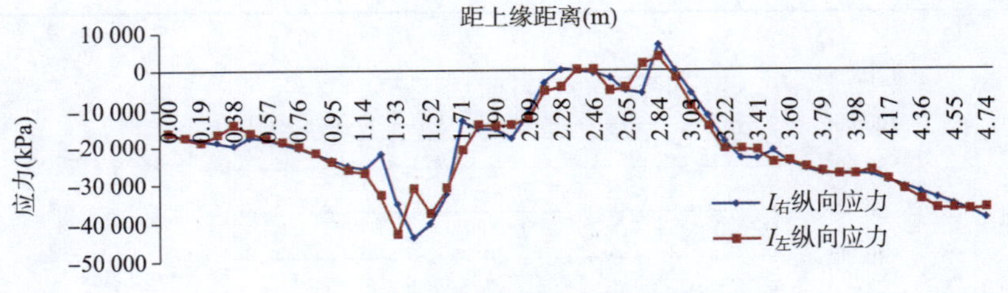

(d) 分界板中腹板左右应力对比

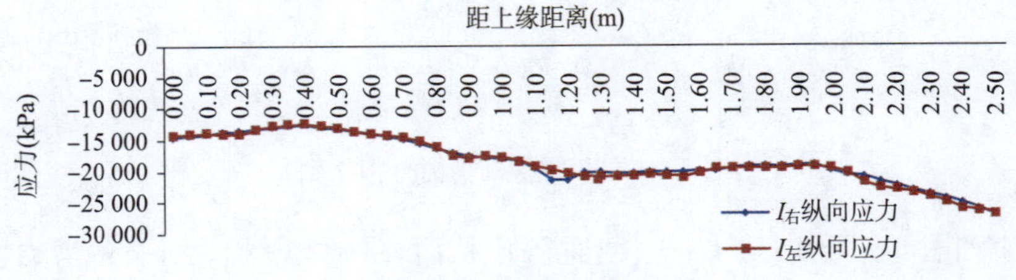

(e) 分界板边腹板左右应力对比

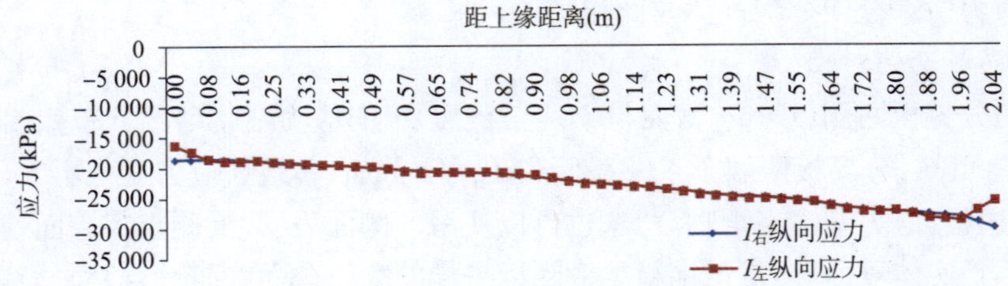

(f) 分界板边左右应力对比

图 5-10　各板件纵向应力变化

5.3.2.5　面积比与纵向力关系

以 A-A 和 D-D 截面为例，在模型非约束端单独施加纵向力作用下，分析各板件面积比与纵向力分担比例的关系，见表 5-12。

表 5-12　面积比与纵向力比例关系

A-A	顶板及其加劲	底板及其加劲	所有腹板边板	顶板倒 T	底板倒 T
面积比例	28.7%	29.5%	26.1%	8.6%	7.2%
纵向力比例	34.8%	34.9%	24.0%	3.2%	3.1%
D-D	顶板及其加劲	底板及其加劲	所有腹板边板	顶板倒 T	底板倒 T
面积比例	22.3%	23.0%	20.3%	18.7%	15.6%
纵向力比例	18.8%	26.0%	20.8%	17.2%	17.3%

由表 5-12 可知：A-A 截面的纵向力分担比例与各板件的截面面积基本呈比例关系；D-D 截面与承压板相连，各板件截面面积与其内力基本实现分配均匀，说明构造比较合理。

5.3.2.6　有无预应力对比

对比有或无预应力情况，分析预应力作用对钢混结合段纵向应力变化情况的影响。

(1)有预应力板件应力云图

对应工况一的端承压板、分界板应力分布云图如图 5-11 和图 5-12 所示。

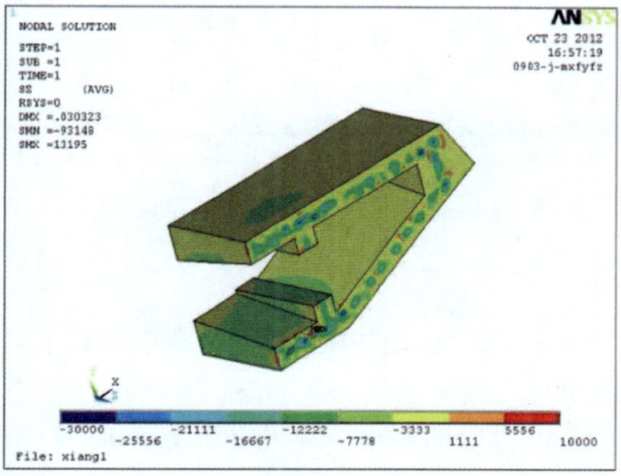

图 5-11　端承压位置纵向应力(单位：kPa)

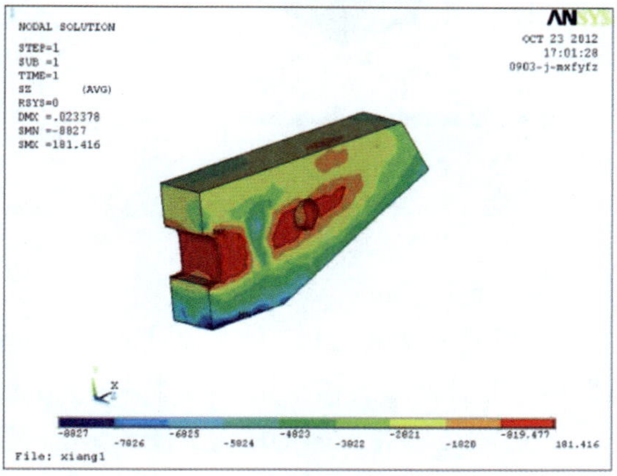

图 5-12　分界板位置纵向应力(单位：kPa)

由图 5-11 和图 5-12 可知：端承压位置局部会出现较大的应力集中，但高应力区域面积较小，整体上对结构计算影响不大；内力在实心混凝土和空心钢箱梁之间传递，由于力传递迹线的匀顺性，混凝土实心面处真正参加工作的混凝土不是实体断面，而是像钢箱梁横隔板一样的空心截面，即箱形截面。其他工况分布规律与此相同。

(2)无预应力板件应力云图

对应工况一的端承压板、分界板应力分布云图如图 5-13 和图 5-14 所示。

由图 5-13 和图 5-14 可知：无纵向预应力时，钢混过渡段的整体应力水平很低，分界板位置也不会出现有纵向预应力时类似箱形截面的应力云图。说明预应力筋起到了紧固混凝土和钢结构，使之较好结合的作用。其他工况分布规律与此相同。

5.3.2.7　荷载放大 1.7 倍

荷载放大 1.7 倍时工况一端承压板和分界板位置的应力云图如图 5-15 和图 5-16 所示。

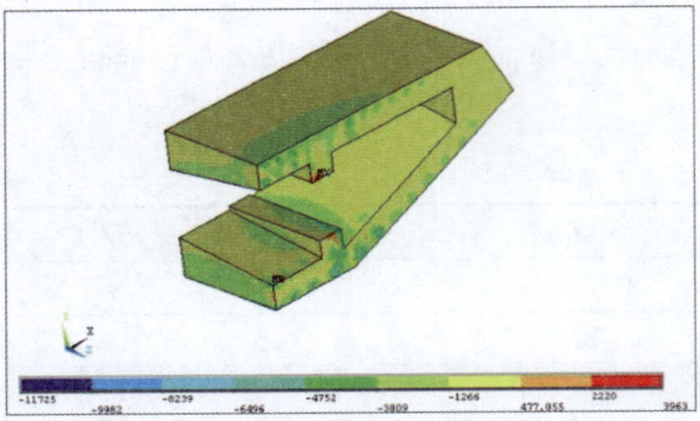

图 5-13 端承压位置纵向应力(单位:kPa)

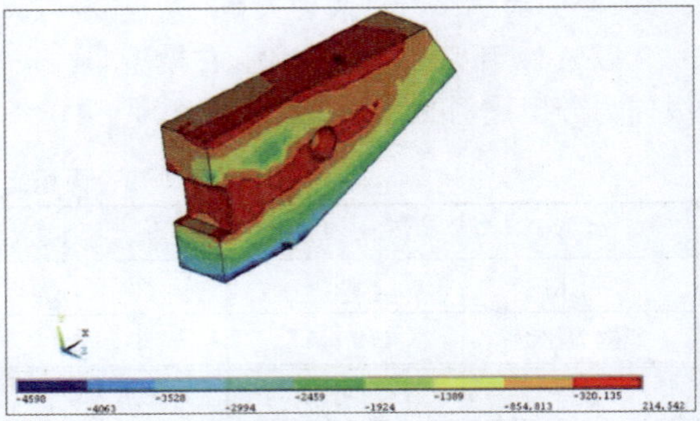

图 5-14 分界板位置纵向应力(单位:kPa)

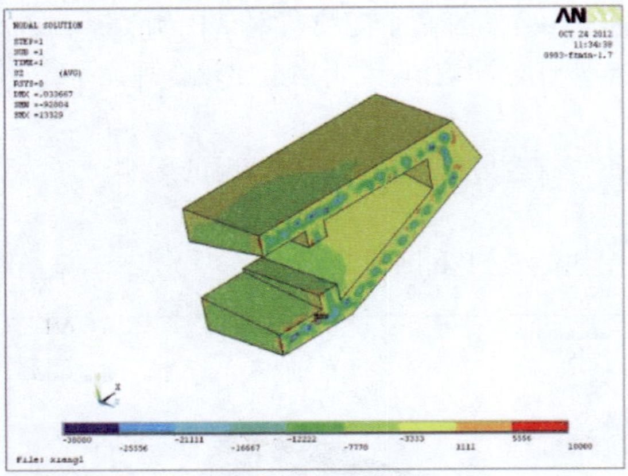

图 5-15 端承压纵向应力(单位:kPa)

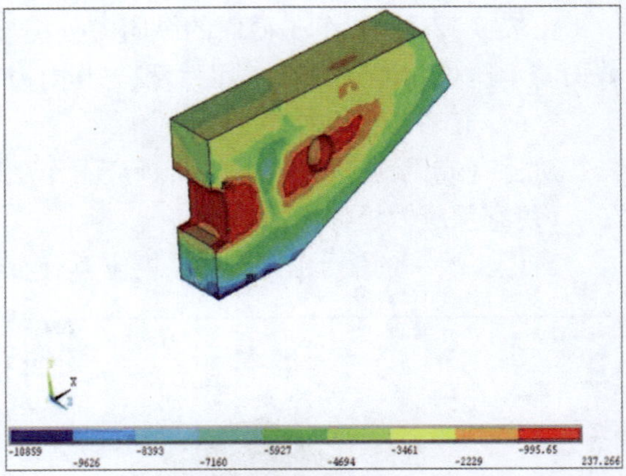

图 5-16 分界板位置纵向应力(单位:kPa)

由图 5-15 和图 5-16 可知:

①荷载工况放大 1.7 倍时,端承压板和分界板位置的应力云图分布规律与标准荷载工况基本相同,其值略大,仍满足规模要求;应力集中点的应力变化也不大。

②工况二～工况六的应力云图与工况一基本相同,说明即便将荷载工况加大到 1.7 倍标准荷载工况,钢混结合段的连接构造依然有安全保障。

5.3.3 钢格室传力模型试验

从宏观上已经分析了钢混结合段各板件(混凝土)之间的传力途径及规律,现在结合模型试件,分析局部钢格室的钢板及混凝土纵向轴力、各剪力连接件(剪力钉、PBL 剪力键等)之间传力规律。

5.3.3.1 模型设计及加载

1. 模型设计

鉴于试验场地及加载设备条件受限,此试验与疲劳模型试验相结合,试件选取底部受力最不利的一个钢格室,采用 1∶1 足尺模型,试验模型平、立面如图 5-17 和图 5-18 所示。考虑到结合段两端的传力,另在结合段两端分别设置 1 m 长的混凝土和 0.55 m 长的钢梁段,模型全长 8.9 m。试验模型预应力钢束布置如图 5-19 所示。

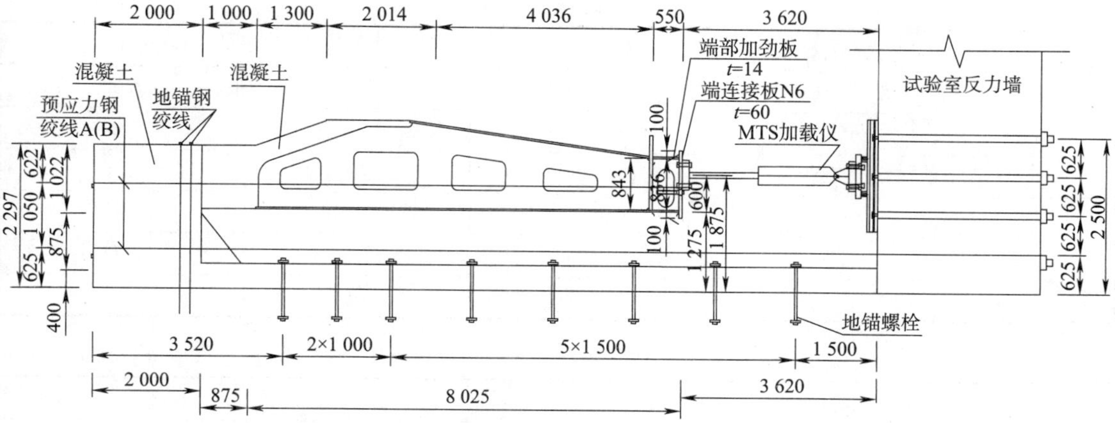

图 5-17　试验模型立面图(单位:mm)

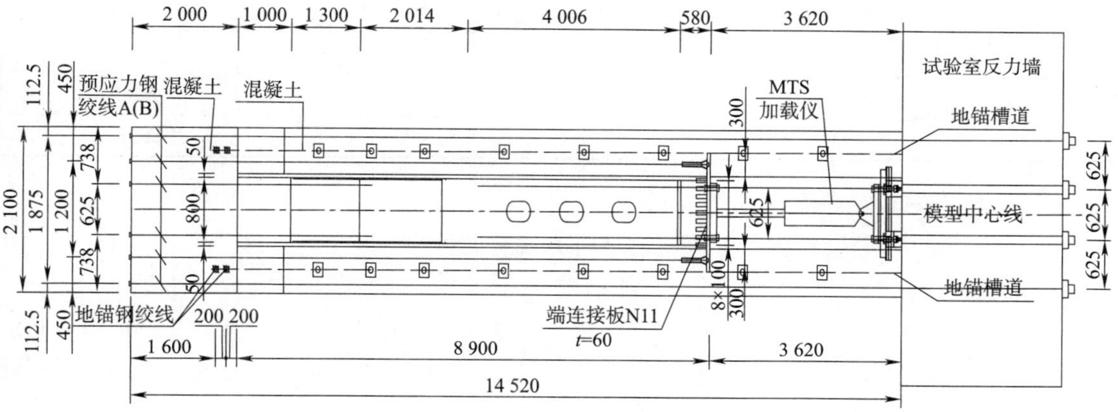

图 5-18　试验模型平面图(单位:mm)

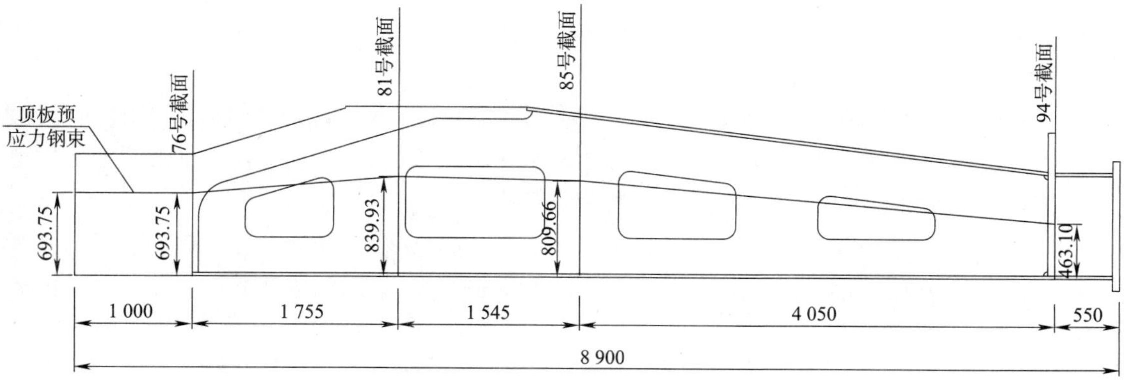

图 5-19　试验模型预应力钢束布置图(单位:mm)

2. 模型加载

通过结构整体计算,得到考察截面的恒、活载目标应力值,由目标应力值反算试验模型的目标内力值,然后以不小于内力目标值的原则确定加载值。试验模型活载轴力等效对比见表 5-13 和表 5-14。

表 5-13 试验模型活载轴力等效对比 (单位:kN)

	内力目标值	加载计算值	相 差	百分比
$81_{左}$	−1 361.49	−1 599.73	−238.24	17.50%
$85_{左}$	−1 351.60	−1 597.76	−246.13	18.21%
$94_{左}$	−1 279.25	−1 597.85	−318.60	24.90%
$76_{右}$	−1 183.98	−1 517.61	−333.63	28.18%
$81_{右}$	−1 444.32	−1 599.73	−155.41	10.76%
$85_{右}$	−1 597.78	−1 597.76	0.05	0.00%

表 5-14 试验模型活载弯矩等效对比 (单位:kN·m)

	内力目标值	加载计算值	相 差	百分比
$81_{左}$	−102.11	−82.76	19.35	−18.95%
$85_{左}$	−109.64	−136.00	−26.36	24.05%
$94_{左}$	−36.74	240.80	277.54	−755.38%
$76_{右}$	−43.02	263.41	306.43	−712.25%
$81_{右}$	−108.92	−82.76	26.16	−24.01%
$85_{右}$	−114.79	−136.00	−21.21	18.48%

5.3.3.2 理论计算假定模式

在理论计算中,假设钢板与混凝土的结合方式有两种。

(1)混凝土与端承压板全结合、与其他钢板分离模式

由于纵向预应力作用于端承压板,且端承压板紧贴在混凝土的梁端,由于紧固作用可假设承压板与混凝土之间黏结完好,无相对滑移,二者协同受力、变形协调,但混凝土与其他钢板处于分离状态,不考虑之间的黏结及摩擦作用。

此时钢混结合段的传力机理为:箱梁传递到承压板上的力,一部分传递到钢混结合段区域的混凝土,另一部分则传递至钢格室钢板,再由其上剪力钉传递给钢混结合段混凝土,最终传递至混凝土箱梁。显然这种计算模式是偏于安全的。

(2)混凝土与钢板全结合模式

第一种模式是假定钢混结合段钢板与混凝土黏结完好,不分离,无滑移,二者协同受力。与第一种模式不同,第二种模式是假设钢箱梁传递到承压板上的力先以不同的比例分别传递至钢格室的钢板和混凝土,并最终传递至混凝土箱梁。

基于上述两种模式分别计算,模型 1 为钢混结合段承压板与混凝土节点位移完全耦合,其他钢板不考虑混凝土分离,通过剪力键连接。模型 2 将钢混结合段的钢板与混凝土节点位移完全耦合。

5.3.3.3 测点布置

(1)主要等效截面主应变量测

在主要等效截面混凝土板和钢梁上下板粘贴应变花,应变花应裹以环氧树脂借以防潮。

(2)横隔板焊缝处应力集中部位主应变量测

在横隔板焊缝处应力集中部位粘贴应变花,并裹以环氧树脂作防潮处理。

(3)剪力钉和 PBL 主应变量测

在顶板、底板端部以及钢混结合段中间的剪力钉和 PBL 上粘贴应变片。

(4)承压板主应变量测

承压板是钢混结合段的主要传力构件，是重要的研究部位，在整个承压板部位粘贴应变花，并裹以环氧树脂作防潮处理。

(5)模型端部三个方向位移测量

钢格室侧板应变测点布置如图 5-20 所示。

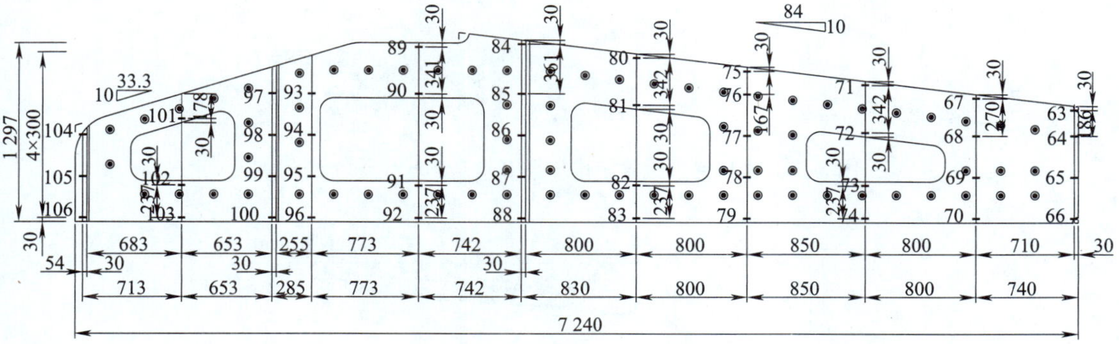

图 5-20　钢格室侧板应变测点布置图(单位:mm)

5.3.3.4　理论计算与实测数据对比

(1)钢格室顶板测点应力分析(图 5-21～图 5-25)

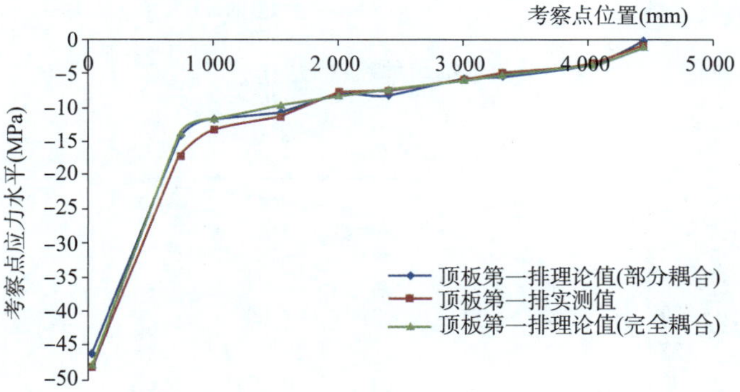

图 5-21　钢格室顶板第一排测点 Z 向应力理论值与实测值

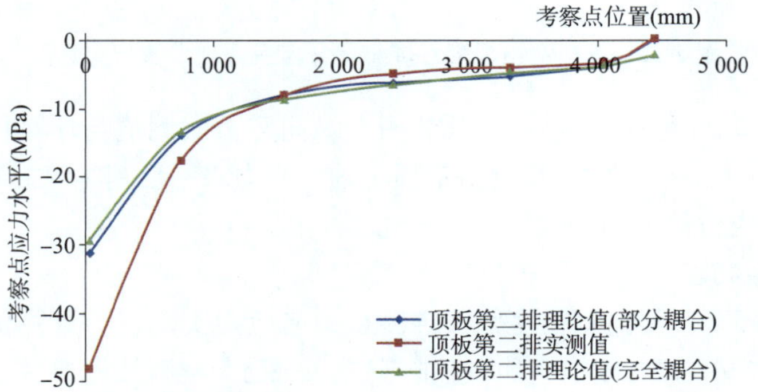

图 5-22　钢格室顶板第二排测点 Z 向应力理论值与实测值

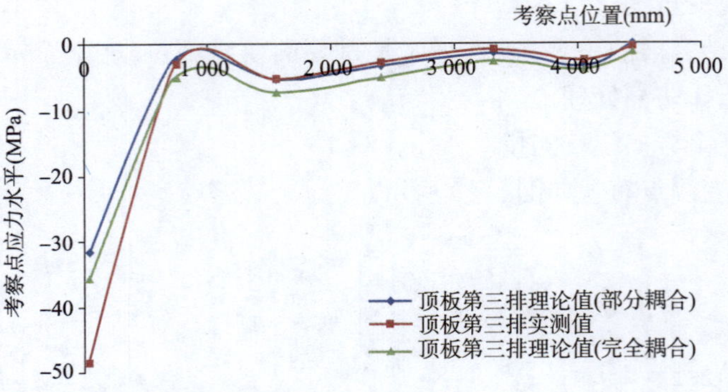

图 5-23 钢格室顶板第三排测点 Z 向应力理论值与实测值

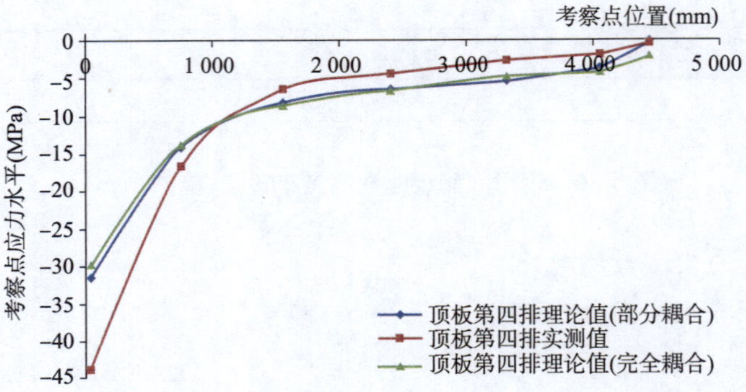

图 5-24 钢格室顶板第四排测点 Z 向应力理论值与实测值

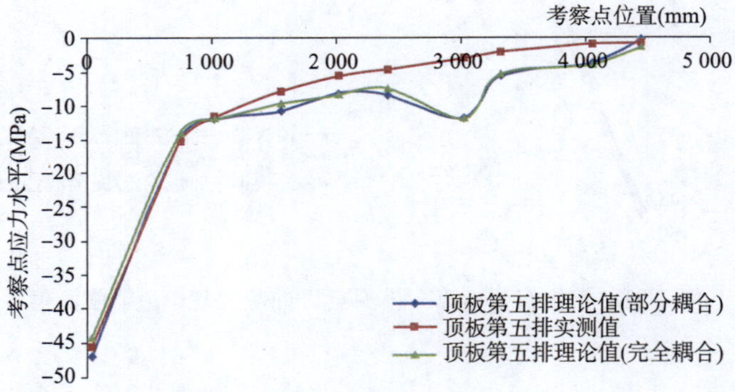

图 5-25 钢格室顶板第五排测点 Z 向应力理论值与实测值

由图 5-21～图 5-25 可知：钢格室顶板各测点纵向应力实测值与计算值基本吻合；在距离端承压板 1 000～1 500 mm 之外时，钢格室顶板轴向应力水平已基本与混凝土相当，说明钢结构与混凝土之间的内力传递趋于均匀。

(2)钢格室侧板测点应力分析(图 5-26～图 5-28)

由图 5-26～图 5-28 可知：钢格室侧板各测点纵向应力实测值与计算值基本吻合；当距离端承压板 1 000 mm 左右时，钢格室侧板轴向应力水平已与混凝土基本相当，说明钢结构与混凝土之间的内力传递趋于均匀；最顶排测点由于在板件开了过焊孔，实测值较理论计算值偏低。

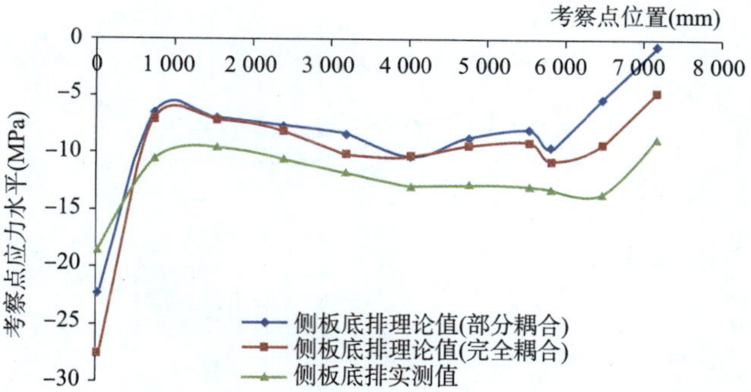

图 5-26　钢格室侧板最底排测点 Z 向应力理论值与实测值

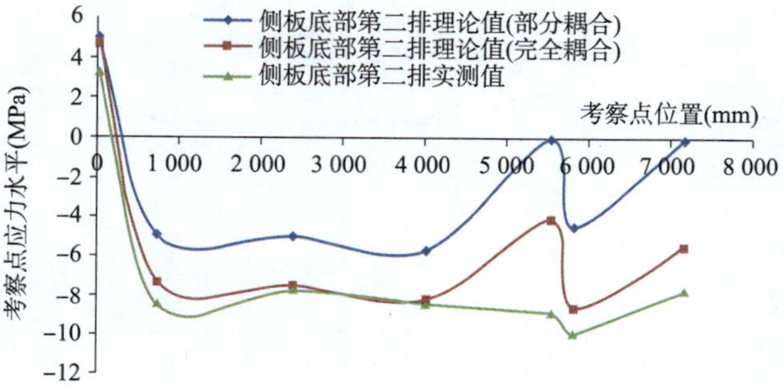

图 5-27　钢格室侧板最底部第二排测点 Z 向应力理论值与实测值

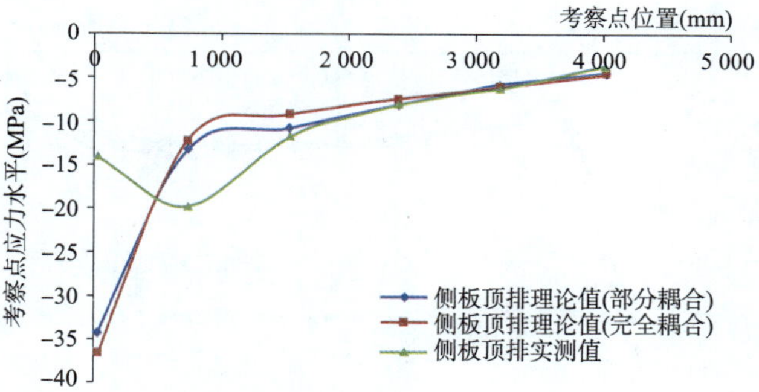

图 5-28　钢格室侧板最顶排测点 Z 向应力理论值与实测值

(3)钢格室底板测点应力分析(图 5-29～图 5-33)

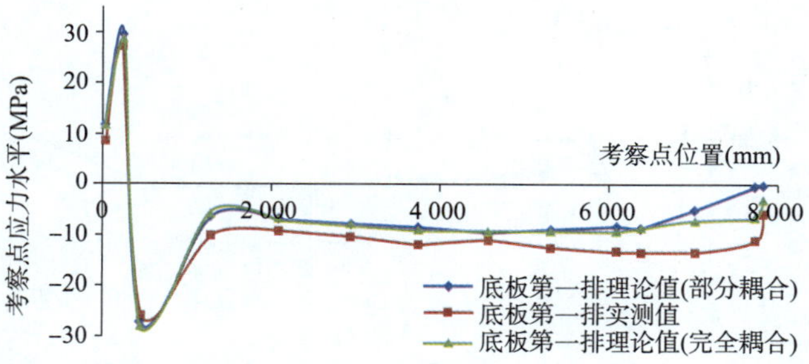

图 5-29　底板第一排测点 Z 向应力理论值与实测值

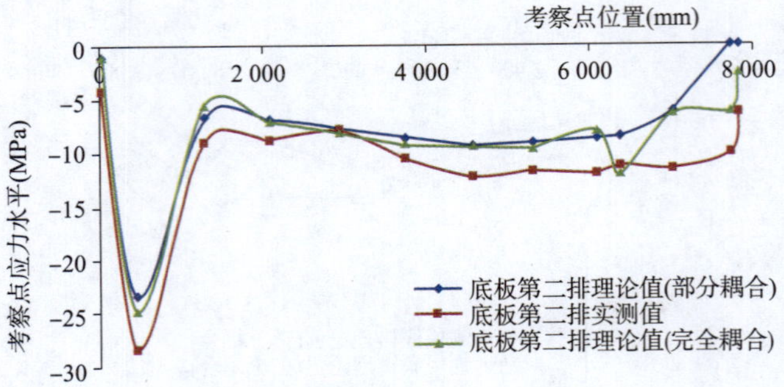

图 5-30 底板第二排测点 Z 向应力理论值与实测值

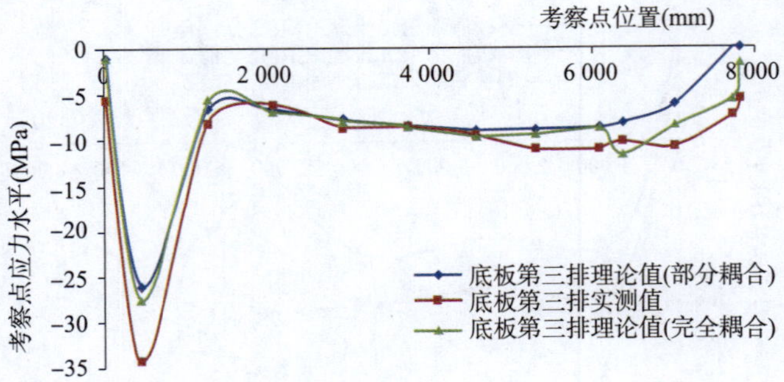

图 5-31 底板第三排测点 Z 向应力理论值与实测值

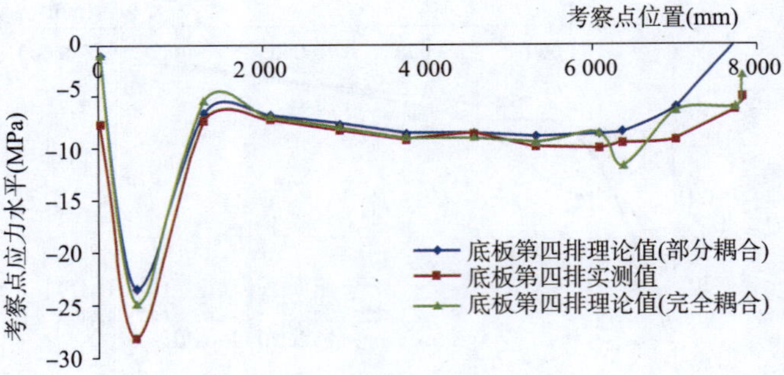

图 5-32 底板第四排测点 Z 向应力理论值与实测值

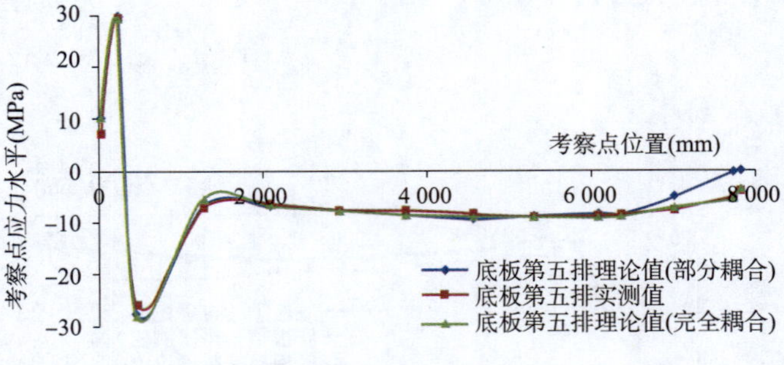

图 5-33 底板第五排测点 Z 向应力理论值与实测值

由图 5-29～图 5-33 可知，由于贴片、加载传力及温度的误差，对称布置测点应力不是完全相等，存在一定的误差；钢格室底板各测点纵向应力实测值与计算值基本吻合；距离端承压板 1 500 mm 左右时，钢格室底板应力值已与混凝土基本相当，说明钢结构与混凝土之间的内力传递趋于均匀。

5.3.3.5　小　　结

(1)钢箱过渡段

在 6 组荷载工况作用下，各板件承担纵向力的分担比例变化规律基本相同：即从 *A-A* 截面过渡到 *D-D* 截面，顶板 T 肋和底板 T 肋承担的纵向力比例逐渐上升；顶板及其 U 或 V 肋、底板及其 U 肋承担的纵向力比例逐渐减少；腹板、边板及其加劲肋承担纵向力比例逐渐减少，但减少幅度比较平缓；顶、底板承担的纵向力逐渐向 T 肋转移。

在 Q_{ymin}/Q_{ymax} 工况作用下，钢箱过渡段的剪力主要由中腹板、边腹板、边板和斜底板承担，从 *A-A* 截面到 *D-D* 截面，中腹板承担约 60%的剪力，且比例逐渐增大；边腹板承担约 20%的剪力，且比例逐渐减小；边板和斜底板各承担约 10%的剪力，其中边板承担的剪力比例逐渐减小；斜底板承担的剪力比例逐渐增大。纵向力分担比例与各板件截面面积相关，顶、底板 T 肋渐变加高有利于内力均匀传递。

(2)端承压板两侧

在 6 组荷载工况作用下，在端承压板两侧，即从 $E_{右}$ 截面到 $E_{左}$ 截面，钢结构顶板、底板以及腹板承担的纵向力减少，逐渐转移为钢格室和混凝土承担。由于混凝土的分担，使得 $E_{左}$ 截面顶底板应力水平略低于 $E_{右}$ 截面；对于中腹板纵向应力，$E_{左}$ 与 $E_{右}$ 截面应力变化不大，应力分布较均匀。

在 Q_{ymin}/Q_{ymax} 工况作用下，承压板两侧(从 $E_{右}$ 截面到 $E_{左}$ 截面)，中腹板、边腹板、边板以及斜底板承担的剪力减少，逐渐转移为钢-混凝土承担。

(3)混凝土横隔梁及混凝土箱梁过渡段

在 6 组荷载工况作用下，从 $I_{右}$ 截面到 *K* 截面，腹板、边板以及钢格室分担的比例逐渐减少，混凝土纵向力分担比例逐渐增加。至 *J* 截面混凝土已承担约 78%的纵向力，至 *K* 截面混凝土基本已承担全部纵向力。

在 Q_{ymin}/Q_{ymax} 工况作用下，从 $I_{右}$ 截面到 *K* 截面，混凝土承担大部分的剪力，中腹板、边腹板、边板和斜底板承担的剪力很少，基本可以忽略不计，至 *K* 截面时，混凝土基本上已承担全部剪力。

在分界板两侧($I_{左}$-$I_{左}$ 截面和 $I_{右}$-$I_{右}$ 截面)，各钢结构板块应力变化不大，特别是斜底板、边腹板和边板，应力基本完全吻合，这也表明，内力在实心混凝土和空心钢箱梁之间传递，混凝土实心侧参与工作的混凝土并非实体段面，而是与钢箱梁横隔板一样的空心箱形截面。

预应力束锚固点局部出现较大的应力集中，但高应力区域面积较小，不影响结构安全。若不考虑纵向预应力筋的紧固作用，钢混过渡段整体应力水平较低，分界板混凝土侧不会出现有纵向预应力筋时的类似空心箱形截面应力云图，这也说明预应力筋加强了钢结构与混凝土之间的连接。即便将 6 组荷载工况放大 1.7 倍，端承压板和分界板位置的应力云图与标准荷载工况相比，应力集中点的应力变化也不大。

(4)钢格室

距离端承压板端 1 000～1 500 mm 时，钢格室的顶、底及侧板轴向应力线形减小至已与混凝土基本相当，说明钢结构与混凝土之间的内力传递趋于均匀；钢格室顶、底板剪力钉存在群钉效应，前几排剪力钉应力稍大，其他剪力钉应力水平较低。PBL剪力键整体应力水平偏低。

5.4　钢混结合段承载力模型试验

5.4.1　模型设计

考虑到模型制作的方便性、试验中心具备的的试验场地及设备条件等，模型结构采用材料相同、尺度采用1/5的试验比例模型。试验模型遵循了几何相似、质量相似、荷载相似及物理相似原则，并经过理论分析与对比优化试验模型。

5.4.2　模型加载

模型梁段轴力采用1号千斤顶、2号千斤顶，并结合反力墙来施加；剪力采用3号千斤顶和竖向预应力筋来提供；弯矩采用1号、2号千斤顶施加偏心力和3号千斤顶、竖向预应力筋相配合的方式来提供。

为了加载安全和了解结构应变和变位随试验荷载增加的变化关系，对模型试验各荷载工况的加载分级进行。模型试验包括进行85号截面最大正弯矩和最大负弯矩工况，其各自又包含分级加载的4个工况及1.0倍最不利工况和5个超载工况的加载，若结构未发生破坏将继续对模型附加破坏工况。在计算超载工况时，首先提取施工图设计4个等效截面预应力筋产生的内力值，然后对余下的结构重力和外力产生的荷载效应值分别进行1.2、1.4、1.6、1.8、2.0倍超载，再分别加上恒定不变的预应力筋产生的内力值，即为超载工况的等效截面内力。附加破坏工况控制截面内力为对等效截面总内力作用(包括预应力作用)进行1.2、1.4、1.6倍超载。

模型试验加载前，首先进行台座预应力的张拉及体内横向筋的张拉，待张拉完0.4倍工况的体内预应力及竖向3号千斤顶就位且与加劲梁梁底接触后，切除模型的中部和端部支撑进行后续试验步骤。试验加载时，具体每个工况模拟边界力的力筋张拉顺序、张拉力、加载千斤顶力和位置如图5-34所示及见表5-15～表5-18。表中0.4Z表示最大正弯矩工况的0.4倍分级工况，0.4F表示最大负弯矩工况的0.4倍分级工况，其他依次类推。P1～P5分别代表第1次至第5次的预应力张拉值，P代表五次张拉的累积和。表中预应力编号对应的预应力筋具体见模型台座立面及体内预应力编号示意图(图5-35)。

5.4.3　模型试验结果与分析

5.4.3.1　分级及超载工况模型混凝土测点应力测试

(1)混凝土顶板测点

顶板混凝土测点均为Z向应变片测点，模型纵向即Z向共布置3个截面，每个截面10个测点，共40个测点。考虑结构对称性，仅列出横桥向一侧数据。各截面测试结果见表5-19～表5-24，分析情况如图5-36～图5-41所示。

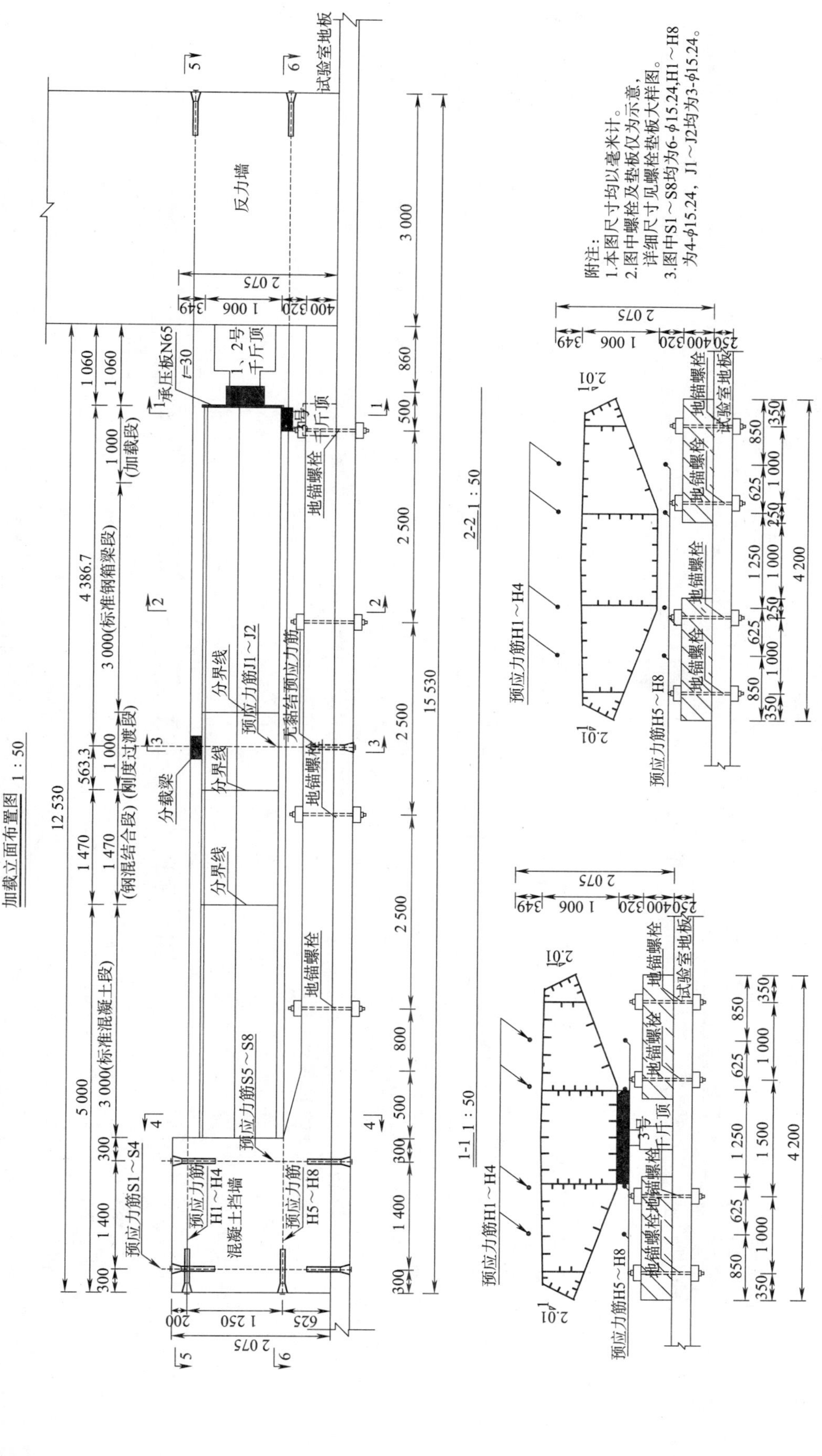

(a) 加载示意图(一)

图 5-34

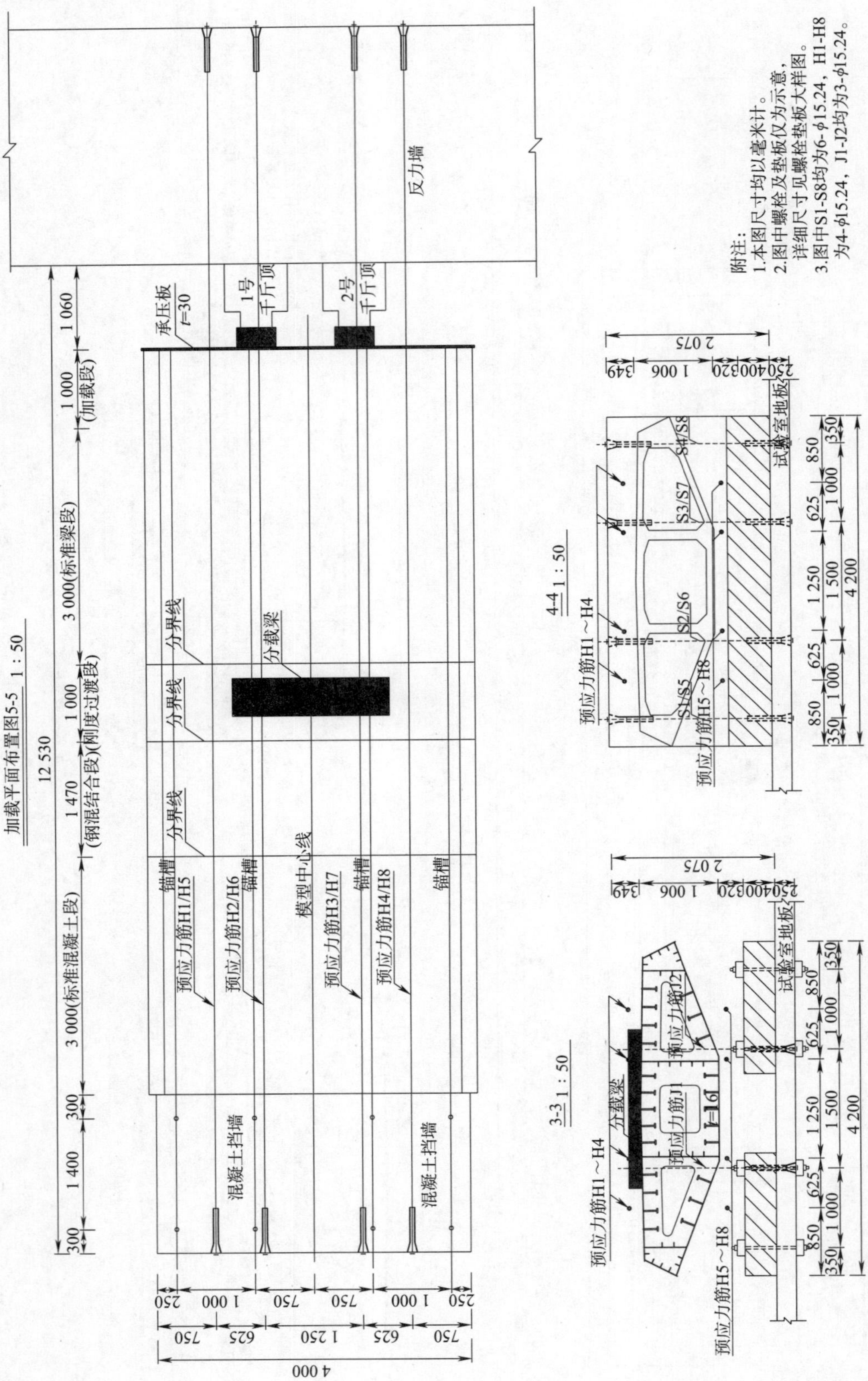

(b) 加载示意图(二)

图 5-34 模型加载示意图

表 5-15　各加载工况预应力筋、千斤顶情况(一)

加载工况		分级加载工况										
		工况 1	工况 2	工况 3	工况 4	工况 5	工况 6	工况 7	工况 8	工况 9	工况 10	工况 11
加载级		P1	拆腿	0.4F	0.4F+P2	0.6F	0.6F+P3	0.8F	0.8F+P4	0.9F	0.9F+P5	1.0F
纵向体内预应力的张拉	编号	1～14+15～16			17～24+15～16		25～30+31～32		33～36+31～32		37～40+31～32	
	张拉力(kN)	170+118			170+52		170+85		170+34		170+51	
该工况纵向体内预应力	编号	1～14+15～16			1～24		1～30+31～32		1～30+31～32		1～40	
	张拉力(kN)	170+118			170		170+85		170+119		170	
1 号千斤顶	加载力(kN)	0	0	950		1 350		1 850		2 050		2 300
	距顶板的距离均为 57 cm(距加载承压板顶缘 60 cm)											
2 号千斤顶	加载力(kN)	0	0	950		1 350		1 850		2 050		2 300
	距顶板的距离均为 57 cm(距加载承压板顶缘 60 cm)											
3 号千斤顶	加载力(kN)	0	0	35		20		0		0		0

表 5-16　各加载工况预应力筋、千斤顶情况(二)

加载工况		工况 12	工况 13	工况 14	工况 15	工况 16	工况 17	工况 18	工况 19	工况 20	工况 21
加载级		0.4Z+P－P1	0.6Z+P－P1－P2	0.8Z+P－P1－P2－P3	0.9Z+P－P1－P3－P4	1.0Z	正弯矩超载工况				
							1.2Z	1.4Z	1.6Z	1.8Z	2.0Z
1 号千斤顶	加载力(kN)	675	950	1 315	1 425	1 600	1 950	2 300	2 550	2 825	3 127
	距顶板的距离均为 32 cm(距加载承压板顶缘 35 cm)										
2 号千斤顶	加载力(kN)	675	950	1 315	1 425	1 600	1 950	2 300	2 550	2 825	3 127
	距顶板的距离均为 32 cm(距加载承压板顶缘 35 cm)										
3 号千斤顶	加载力(kN)	105	134	140	160	180	190	260	300	320	380

表 5-17　各加载工况预应力筋、千斤顶情况(三)

加载工况		工况 22	工况 23	工况 24	工况 25	工况 26
加载级		1.2F	1.4F	1.6F	1.8F	2.0F
1号千斤顶	加载力(kN)	2 750	3 000	3 500	3 700	4 250
	距顶板的距离均为 57 cm					
2号千斤顶	加载力(kN)	2 750	3 000	3 500	3 700	4 250
	距顶板的距离均为 57 cm					

表 5-18　附加工况千斤顶情况

加载工况		工况 Z1	工况 Z2	工况 Z3	工况 Z4	工况 Z5
加载级		1.0F	张拉 41-48	1.2FZ	1.4FZ	1.6FZ
1号千斤顶	加载力(kN)	2 300	2 300	2 500	3 500	4 500
	距顶板的距离均为 57 cm					
2号千斤顶	加载力(kN)	2 300	2 300	2 500	3 500	4 500
	距顶板的距离均为 57 cm					

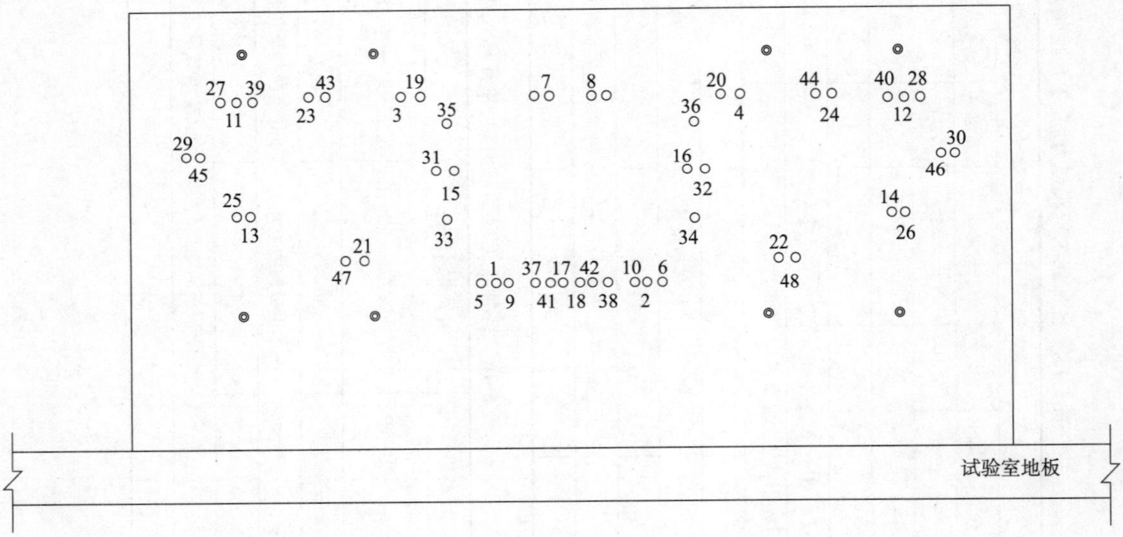

图 5-35　台座立面及体内预应力编号示意图

表 5-19　*A-A*($Z=-840$)截面顶板南侧混凝土测点应力实测值　(单位:MPa)

测　点	617号	620号	623号	626号	629号
X	−180	−445	−860	−1 320	−1 760
0.4倍负弯矩工况	−3.49	−3.14	−3.22	−3.11	−2.25
0.6倍负弯矩工况	−5.04	−4.56	−4.63	−4.53	−3.34
0.8倍负弯矩工况	−6.85	−6.32	−6.68	−5.01	−5.13
0.9倍负弯矩工况	−7.34	−6.77	−7.21	−5.52	−5.50
1.0倍负弯矩工况	−8.12	−7.82	−8.35	−6.85	−6.51
1.2倍负弯矩工况	−9.57	−9.12	−10.24	−8.66	−8.44

续上表

测　　点	617 号	620 号	623 号	626 号	629 号
1.4 倍负弯矩工况	−10.81	−10.51	−11.81	−9.86	−9.45
1.6 倍负弯矩工况	−11.68	−11.45	−12.90	−10.66	−10.26

注：表中 1.2、1.4、1.6 倍负弯矩为包含预应力的内力倍数。

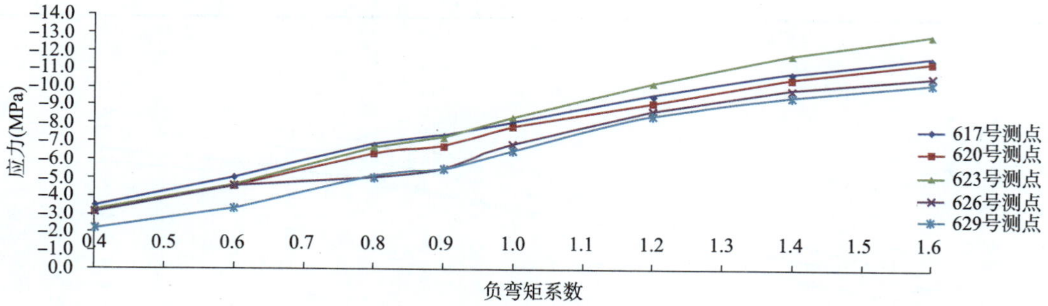

图 5-36　A-A(Z=−840)截面顶板南侧混凝土测点应力随负弯矩工况的变化

表 5-20　A-A(Z=−840)截面顶板南侧混凝土测点应力实测值　　(单位:MPa)

测　　点	617 号	620 号	623 号	626 号	629 号
X	−180	−445	−860	−1 320	−1 760
0.4 倍正弯矩工况	−3.98	−3.64	−3.92	−5.31	−2.92
0.6 倍正弯矩工况	−5.38	−4.98	−5.23	−6.65	−3.97
0.8 倍正弯矩工况	−7.08	−6.67	−7.14	−7.09	−5.65
0.9 倍正弯矩工况	−7.51	−7.09	−7.62	−7.57	−6.02
1.0 倍正弯矩工况	−8.50	−8.03	−8.66	−8.68	−7.00

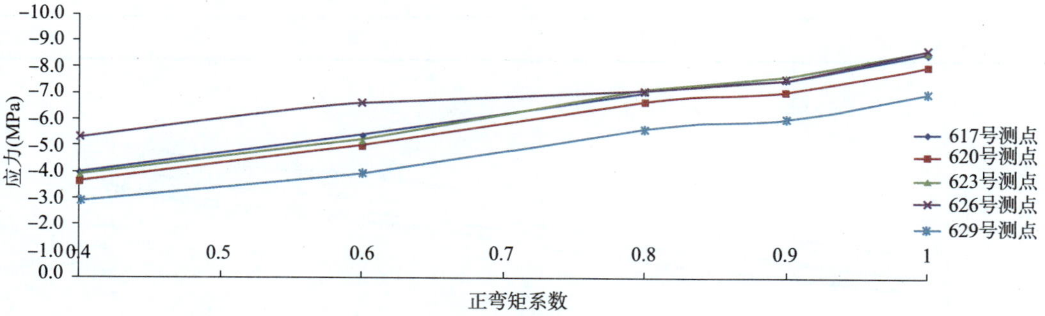

图 5-37　A-A(Z=−840)截面顶板南侧混凝土测点应力随正弯矩工况的变化

表 5-21　B-B(Z=−540)截面顶板南侧混凝土测点应力实测值　　(单位:MPa)

测　　点	616 号	619 号	622 号	625 号	628 号
X	−180	−445	−860	−1 320	−1 760
0.4 倍负弯矩工况	−3.45	−3.85	−3.15	−2.64	−2.53
0.6 倍负弯矩工况	−4.83	−5.58	−4.64	−3.95	−3.74
0.8 倍负弯矩工况	−6.43	−7.65	−6.63	−5.68	−5.64
0.9 倍负弯矩工况	−6.84	−8.15	−7.19	−6.07	−6.04

续上表

测　　点	616 号	619 号	622 号	625 号	628 号
1.0 倍负弯矩工况	−7.51	−9.42	−8.36	−7.27	−7.20
1.2 倍负弯矩工况	−8.74	−10.70	−9.78	−8.87	−8.54
1.4 倍负弯矩工况	−9.76	−11.61	−10.84	−9.78	−9.27
1.6 倍负弯矩工况	−10.49	−12.30	−11.53	−10.47	−9.85

注：表中 1.2、1.4、1.6 倍负弯矩为包含预应力的内力倍数。

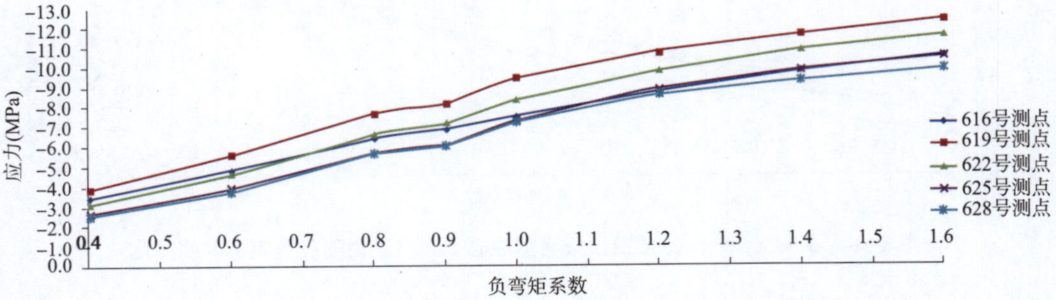

图 5-38　*B*-*B*(*Z*＝－540)截面顶板南侧混凝土测点应力随负弯矩工况的变化

表 5-22　*B*-*B*(*Z*＝－540)截面顶板南侧混凝土测点应力实测值　(单位：MPa)

测　　点	616 号	619 号	622 号	625 号	628 号
X	−180	−445	−860	−1 320	−1 760
0.4 倍正弯矩工况	−3.76	−4.68	−3.85	−3.13	−3.25
0.6 倍正弯矩工况	−5.02	−6.19	−5.23	−4.37	−4.42
0.8 倍正弯矩工况	−6.52	−8.09	−7.07	−6.06	−6.24
0.9 倍正弯矩工况	−6.86	−8.51	−7.56	−6.49	−6.61
1.0 倍正弯矩工况	−7.75	−9.56	−8.51	−7.54	−7.70

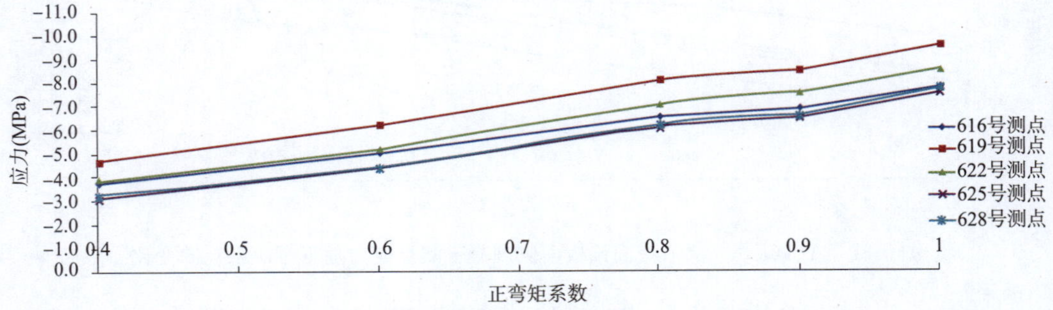

图 5-39　*B*-*B*(*Z*＝－540)截面顶板南侧混凝土测点应力随正弯矩工况的变化

表 5-23　*C*-*C*(*Z*＝－240)截面顶板南侧混凝土测点应力实测值　(单位：MPa)

测　　点	615 号	618 号	621 号	624 号	627 号
X	−180	−445	−860	−1 320	−1 760
0.4 倍负弯矩工况	−3.95	−3.35	−3.33	−3.44	−2.55
0.6 倍负弯矩工况	−5.39	−4.84	−5.16	−5.39	−3.81

续上表

测　　点	615 号	618 号	621 号	624 号	627 号
0.8 倍负弯矩工况	−7.01	−6.54	−6.97	−7.65	−5.89
0.9 倍负弯矩工况	−7.53	−7.07	−7.57	−8.18	−6.29
1.0 倍负弯矩工况	−8.08	−8.11	−8.67	−9.72	−7.63
1.2 倍负弯矩工况	−9.12	−9.62	−10.35	−11.33	−9.21
1.4 倍负弯矩工况	−10.07	−11.07	−11.44	−11.95	−10.20
1.6 倍负弯矩工况	−10.76	−11.98	−12.24	−12.42	−10.96

注：表中 1.2、1.4、1.6 倍负弯矩为包含预应力的内力倍数。

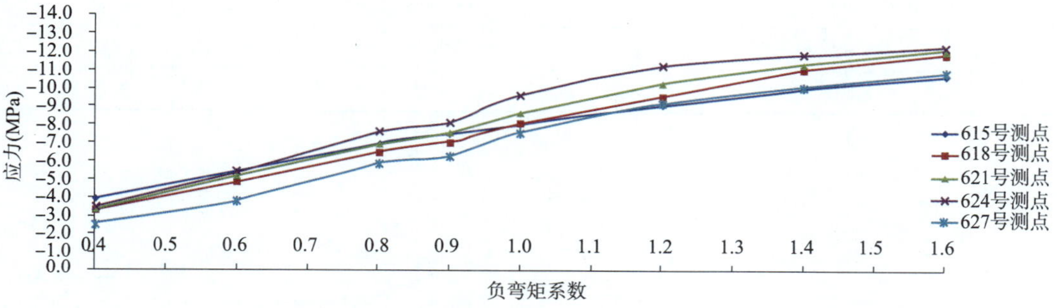

图 5-40　C-C(Z＝−240)截面顶板南侧混凝土测点应力随负弯矩工况的变化

表 5-24　C-C(Z＝−240)截面顶板南侧混凝土测点应力实测值　　(单位：MPa)

测　　点	615 号	618 号	621 号	624 号	627 号
X	−180	−445	−860	−1 320	−1 760
0.4 倍正弯矩工况	−4.70	−4.08	−4.24	−4.54	−3.71
0.6 倍正弯矩工况	−5.96	−5.42	−5.97	−6.38	−4.98
0.8 倍正弯矩工况	−7.43	−7.02	−7.67	−8.49	−6.94
0.9 倍正弯矩工况	−7.86	−7.47	−8.20	−8.99	−7.27
1.0 倍正弯矩工况	−8.72	−8.36	−9.15	−10.28	−8.47

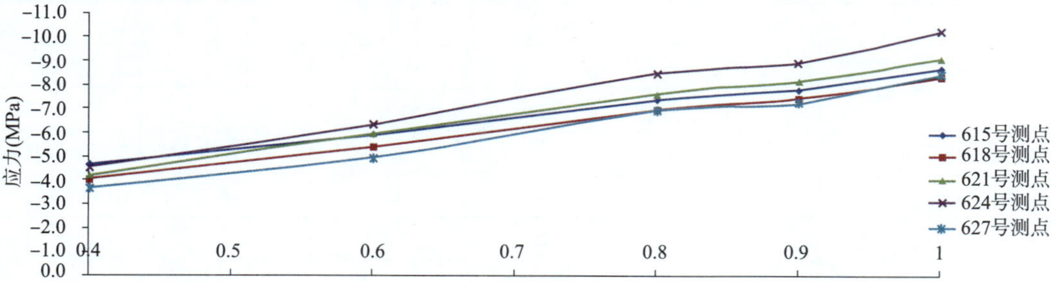

图 5-41　C-C(Z＝−240)截面顶板南侧混凝土测点应力随正弯矩工况的变化

由表 5-19～表 5-24 及图 5-36～图 5-41 可知，各工况下各截面均处于受压状态，最小压应力为−2.25 MPa，最大压应力为−13 MPa；除 A-A 截面北侧 608 号测点在 1.2 倍正弯矩工况和 1.6 倍正弯矩工况作用下应力水平测试可能与实际值有一定偏差外，各截面间应力变化不大，沿模型纵向（*Z* 向）*A-A* 截面、*B-B* 截面、*C-C* 截面应力水平相当，这说明应力已通过刚度过渡段及钢混结合段完成了过渡。各分级加载工况的截面压应力近似呈线性增加趋势。说明各工况下结构处于线弹性状态，结构安全可靠，具有较大的安全余量。

钢混结合段预应力繁多，为了更好的揭示钢混结合段的传力机理，在分析各工况下、各截面测点应力沿纵、横桥向（*Z*、*X* 方向）变化时扣除预应力效应。以下仅选取各截面 1.0 倍正弯矩工况下仅外荷载作用（扣除预应力效应）应力变化见表 5-25 及如图 5-42 所示。

表 5-25　1.0 倍正弯矩工况各截面顶板混凝土测点沿横向（*X* 向）变化（单位：MPa）

截面	1.0 倍正弯矩工况各截面顶板混凝土测点沿横向（*X* 向）变化									
X	−1 760.00	−1 320.00	−860.00	−445.00	−179.00	179.00	445.00	860.00	1 320.00	1 760.00
A-A	−1.38	−2.00	−2.22	−1.89	−2.15	−2.26	−2.80	−2.07	−1.97	−2.04
B-B	−2.00	−1.42	−2.40	−3.23	−2.04	−2.33	−2.07	−2.00	−1.93	−2.98
C-C	−2.69	−3.57	−3.28	−2.80	−3.06	−3.09	−4.59	−2.88	−3.35	−2.69

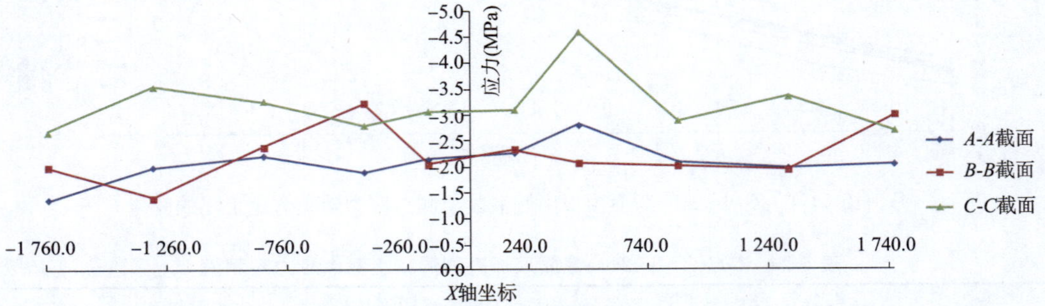

图 5-42　1.0 倍正弯矩工况各截面顶板混凝土测点沿横向（*X* 向）变化

由表 5-25 和图 5-42 可知应力沿横向变化并不显著，说明此处混凝土梁段剪力滞效应并不显著。

（2）混凝土底板测点

底板混凝土测点均为 *Z* 向应变片测点，模型纵向即 *Z* 向共布置 3 个截面，每个截面 10 个测点，共 40 个测点，各测点实测结果见表 5-26～表 5-27，分析情况如图 5-43～图 5-48 所示。

表 5-26　*A-A*（*Z*＝−840）截面底板南侧混凝土测点应力实测值　（单位：MPa）

工　况	测　点				
	662 号	665 号	641 号	638 号	635 号
X	−105	−510	−766	−1 340	−1 920
0.4 倍负弯矩工况	−6.33	−5.60	−4.95	−4.36	−3.26
0.6 倍负弯矩工况	−9.64	−7.96	−7.13	−6.33	−4.75
0.8 倍负弯矩工况	−11.92	−10.29	−9.58	−8.81	−7.00
0.9 倍负弯矩工况	−12.64	−11.08	−10.42	−9.50	−7.50
1.0 倍负弯矩工况	−15.34	−12.83	−10.80	−10.93	−8.72
1.2 倍负弯矩工况	−20.54	−14.99	−13.48	−13.48	−11.94
1.4 倍负弯矩工况	−22.11	−15.24	−15.63	−14.75	−13.36
1.6 倍负弯矩工况	−23.45	−15.46	−16.54	−16.17	−14.57

注：表中 1.2、1.4、1.6 倍负弯矩为包含预应力的内力倍数。

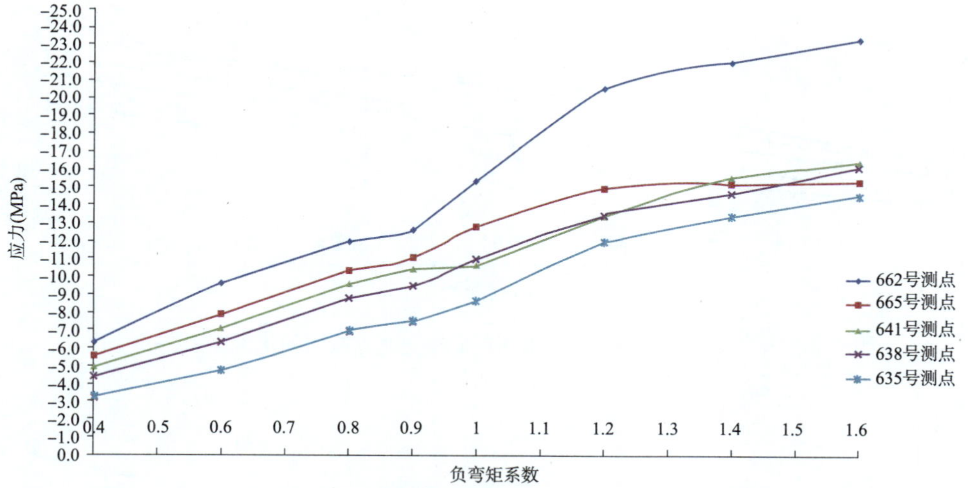

图 5-43　A-A(Z=－840)截面底板南侧混凝土测点应力随负弯矩工况的变化

表 5-27　A-A(Z=－840)截面底板南侧混凝土测点应力实测值　(单位:MPa)

测　　点	662 号	665 号	641 号	638 号	635 号
X	−105	−510	−766	−1 340	−1 920
0.4 倍正弯矩工况	−5.75	−5.12	−4.81	−4.33	−3.63
0.6 倍正弯矩工况	−8.91	−7.30	−6.84	−6.22	−5.12
0.8 倍正弯矩工况	−10.83	−9.34	−8.96	−8.48	−7.22
0.9 倍正弯矩工况	−11.37	−9.95	−9.62	−9.02	−7.61
1.0 倍正弯矩工况	−13.84	−11.52	−9.82	−10.31	−8.69

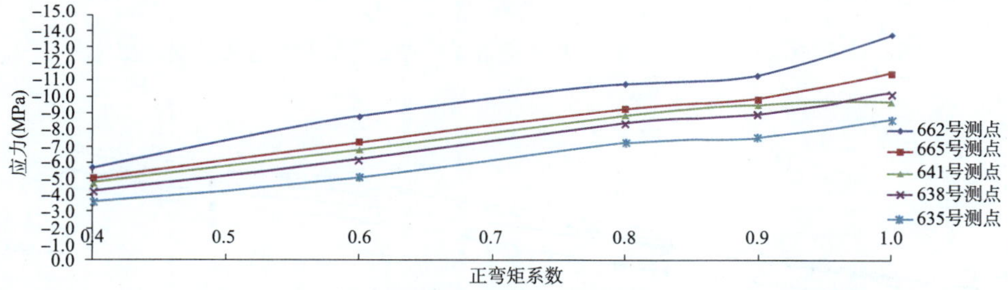

图 5-44　A-A(Z=－840)截面底板南侧混凝土测点应力随正弯矩工况的变化

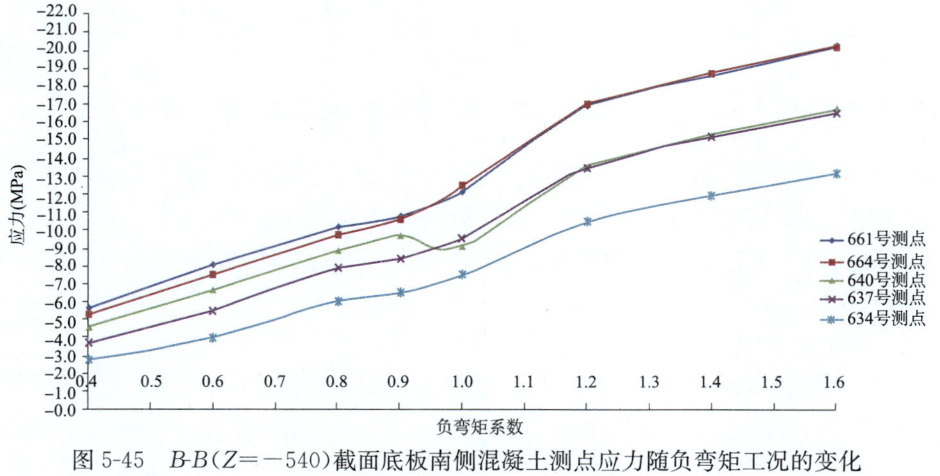

图 5-45　B-B(Z=－540)截面底板南侧混凝土测点应力随负弯矩工况的变化

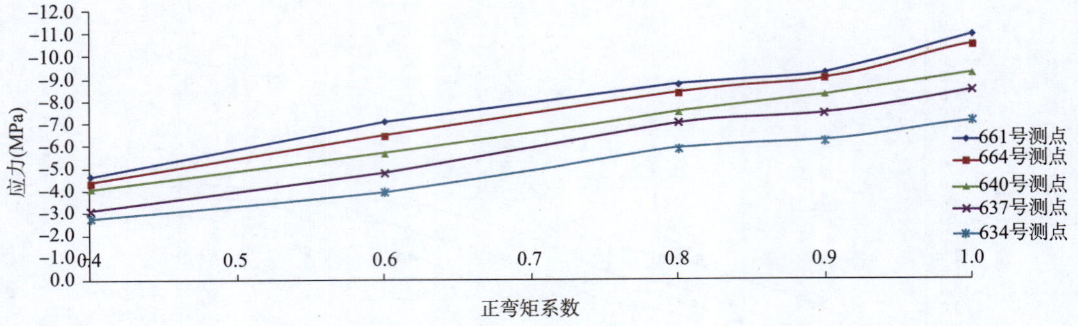

图 5-46　*B*-*B*(*Z*=－540)截面底板南侧混凝土测点应力随正弯矩工况的变化

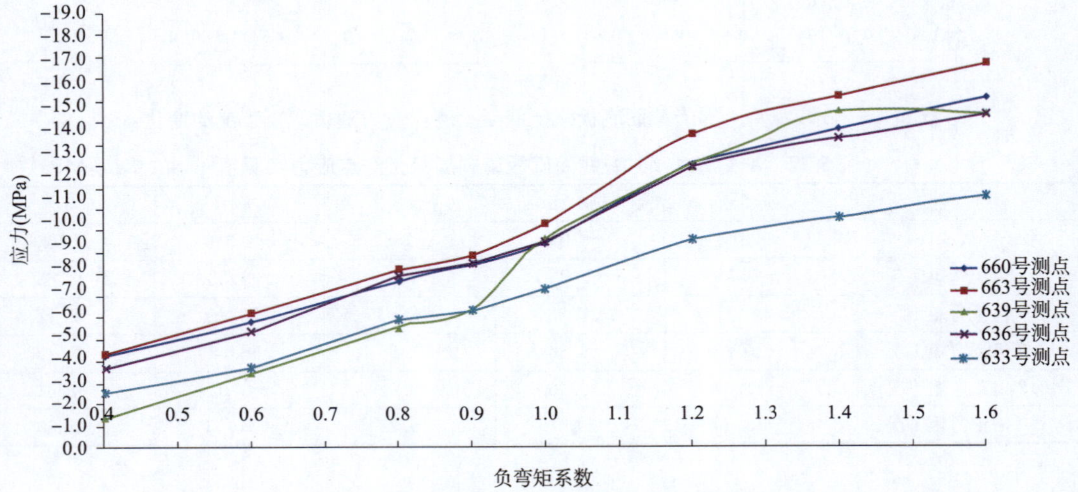

图 5-47　*C*-*C*(*Z*=－240)截面底板南侧混凝土测点应力随负弯矩工况的变化

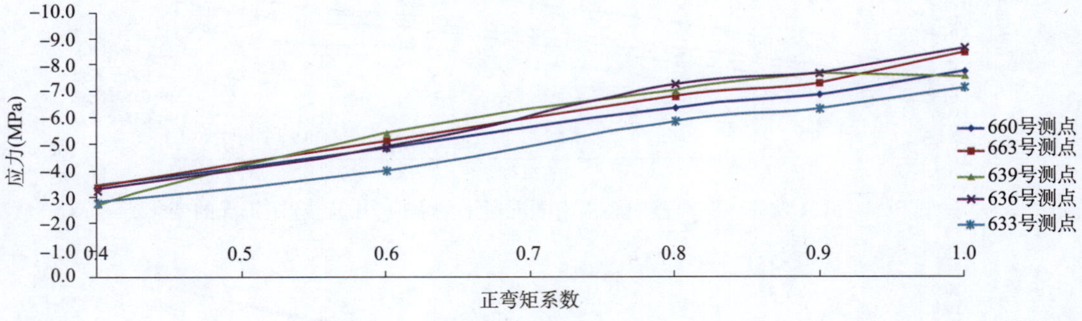

图 5-48　*C*-*C*(*Z*=－240)截面底板南侧混凝土测点应力随正弯矩工况的变化

由表 5-26 和表 5-27 及图 5-43～图 5-48 可知各工况下各截面均处于受压状态，最小压应力为－2.78 MPa，最大压应力为－23 MPa，各截面应力水平均较低，远小于设计应力；各分级加载工况的截面压应力近似呈线性增加趋势，说明各工况下结构处于线弹性状态，结构安全可靠。

(3)混凝土边板测点

边板混凝土测点均为 *Z* 向应变片测点，模型纵向即 *Z* 向共布置 3 个截面，每个截面 1 个测点，共 3 个测点，各测点实测结果见表 5-28～表 5-29，分析情况如图 5-49～图 5-50 所示。

表 5-28　边板混凝土测点应力实测值　（单位：MPa）

截面位置	A-A(Z=−840)		B-B(Z=−840)		C-C(Z=−840)	
	南　侧	北　侧	南　侧	北　侧	南　侧	北　侧
测点号	632 号	644 号	631 号	643 号	630 号	642 号
X	−2 000	2 000	−2 000	2 000	−2 000	2 000
0.4 倍负弯矩工况	−1.95	−3.73	−2.75	−3.30	−2.19	−2.99
0.6 倍负弯矩工况	−3.21	−5.18	−3.91	−4.61	−3.20	−4.18
0.8 倍负弯矩工况	−5.22	−7.33	−5.89	−6.66	−5.07	−6.24
0.9 倍负弯矩工况	−5.71	−7.86	−6.33	−7.10	−5.42	−6.63
1.0 倍负弯矩工况	−7.00	−8.93	−7.42	−8.19	−6.42	−7.65
1.2 倍负弯矩工况	−9.48	−11.12	−9.47	−9.84	−8.12	−9.25
1.4 倍负弯矩工况	−10.72	−12.43	−10.56	−11.88	−9.33	−10.67
1.6 倍负弯矩工况	−11.85	−13.52	−11.33	−12.89	−10.20	−11.58

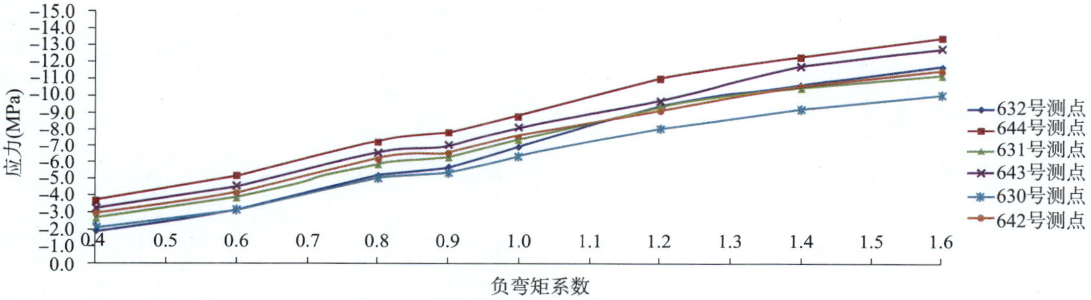

图 5-49　边板混凝土测点应力随负弯矩工况的变化

表 5-29　边板混凝土测点应力实测值　（单位：MPa）

截面位置	A-A(Z=−840)		B-B(Z=−840)		C-C(Z=−840)	
	南　侧	北　侧	南　侧	北　侧	南　侧	北　侧
测点号	632 号	644 号	631 号	643 号	630 号	642 号
X	−2 000	2 000	−2 000	2 000	−2 000	2 000
0.4 倍正弯矩工况	−3.37	−3.15	−2.89	−2.67	−2.41	−2.44
0.6 倍正弯矩工况	−4.56	−4.34	−4.01	−3.76	−3.41	−3.45
0.8 倍正弯矩工况	−6.46	−6.46	−5.88	−5.88	−5.25	−5.25
0.9 倍正弯矩工况	−6.91	−6.62	−6.21	−5.88	−5.53	−5.53
1.0 倍正弯矩工况	−7.87	−7.62	−7.19	−6.79	−6.41	−6.41

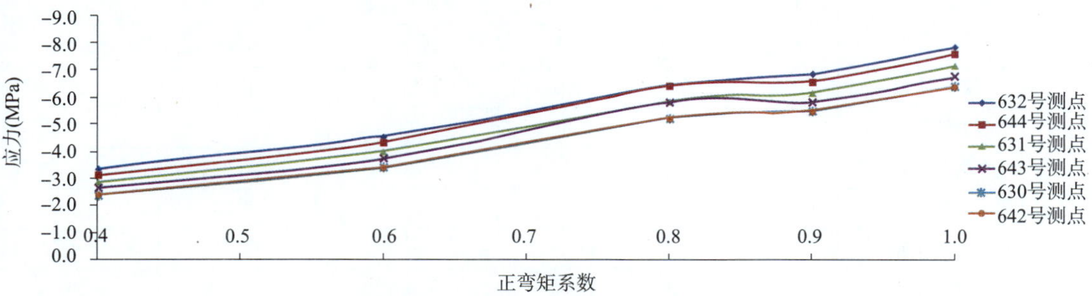

图 5-50　边板混凝土测点应力随正弯矩工况的变化

由表 5-28 和表 5-29 及图 5-49 和图 5-50 可知：各工况下边板各截面测点均处于受压状态，最大压应力为－12.89 MPa，最小压应力为－1.95 MPa。各测点随荷载的增加应力近似呈线性增加，说明结构仍处于线弹性状态。结构设计有较大的安全余量。

5.4.3.2　分级及超载工况模型钢结构测点试验

1. 顶板钢结构测点

顶板钢结构测点均为 Z 向应变片测点，模型纵向即 Z 向共布置 11 个截面，每个截面 10 个测点，共 110 个测点，各测点实测结果见表 5-30 和表 5-31，分析情况如图 5-51～图 5-72 所示。

表 5-30　*D-D*(Z=60)截面顶板南侧钢结构测点应力实测值　　(单位：MPa)

工　况	测　点				
	423 号	434 号	445 号	456 号	467 号
X	－180	－445	－860	－1 320	－1 760
0.4 倍负弯矩工况	－4.54	－4.65	－2.86	－3.30	－1.67
0.6 倍负弯矩工况	－7.13	－6.94	－4.73	－5.53	－3.19
0.8 倍负弯矩工况	－9.34	－8.85	－6.53	－7.89	－6.08
0.9 倍负弯矩工况	－10.47	－9.86	－7.29	－8.77	－6.10
1.0 倍负弯矩工况	－11.74	－11.57	－7.72	－9.94	－7.52
1.2 倍负弯矩工况	－23.05	－23.53	－11.74	－15.82	－18.56
1.4 倍负弯矩工况	－36.65	－37.13	－15.94	－22.22	－29.36
1.6 倍负弯矩工况	－48.05	－48.73	－19.14	－27.62	－38.56

注：表中 1.2、1.4、1.6 倍负弯矩为包含预应力的内力倍数。

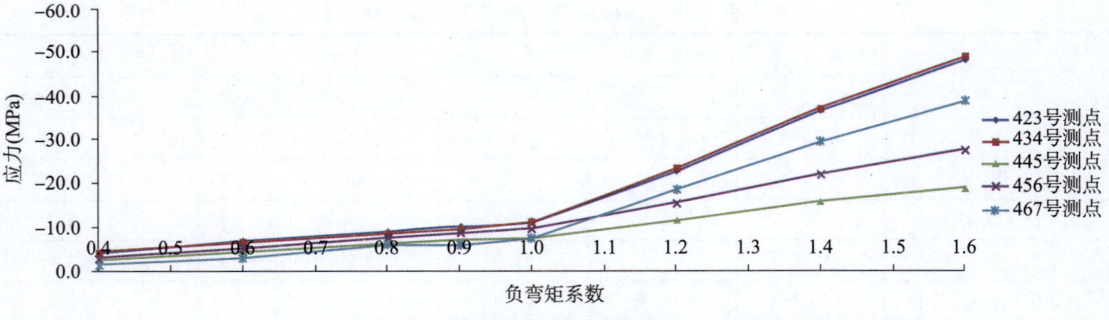

图 5-51　*D-D*(*Z*=60)截面顶板南侧钢结构测点应力随负弯矩工况的变化

表 5-31　*D-D*(Z=60)截面顶板南侧钢结构测点应力实测值　　(单位：MPa)

工　况	测　点				
	423 号	434 号	445 号	456 号	467 号
X	－180	－445	－860	－1 320	－1 760
0.4 倍正弯矩工况	－6.54	－6.85	－5.26	－5.70	－3.67
0.6 倍正弯矩工况	－8.73	－8.74	－7.53	－7.33	－5.59
0.8 倍正弯矩工况	－10.74	－10.65	－9.13	－8.89	－8.48
0.9 倍正弯矩工况	－11.47	－11.26	－9.49	－9.17	－8.70
1.0 倍正弯矩工况	－12.54	－12.37	－10.12	－10.14	－10.52

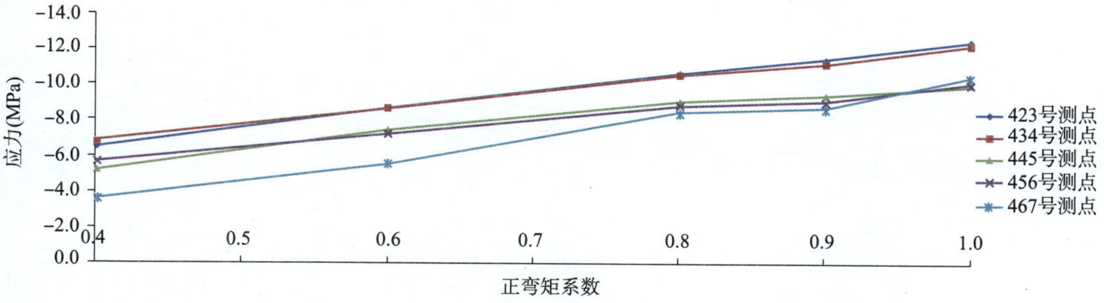

图 5-52　*D-D*(Z=60)截面顶板南侧钢结构测点应力随正弯矩工况的变化

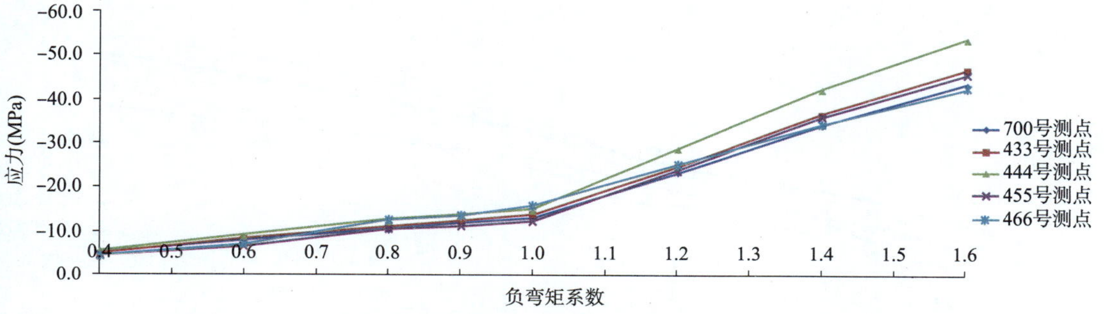

图 5-53　*E-E*(Z=260)截面顶板南侧钢结构测点应力随负弯矩工况的变化

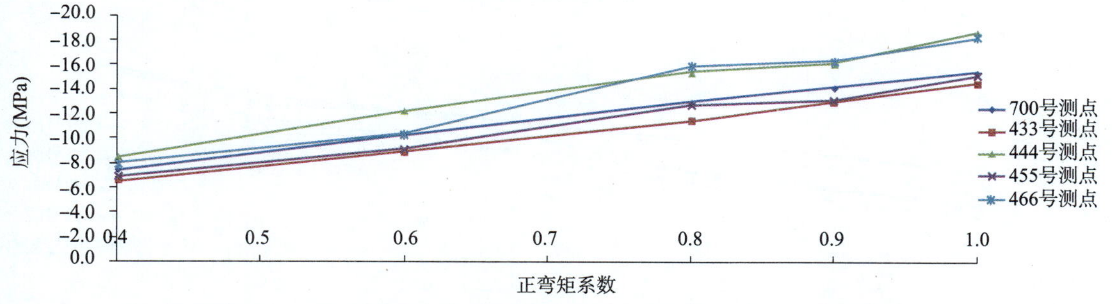

图 5-54　*E-E*(Z=260)截面顶板南侧钢结构测点应力随正弯矩工况的变化

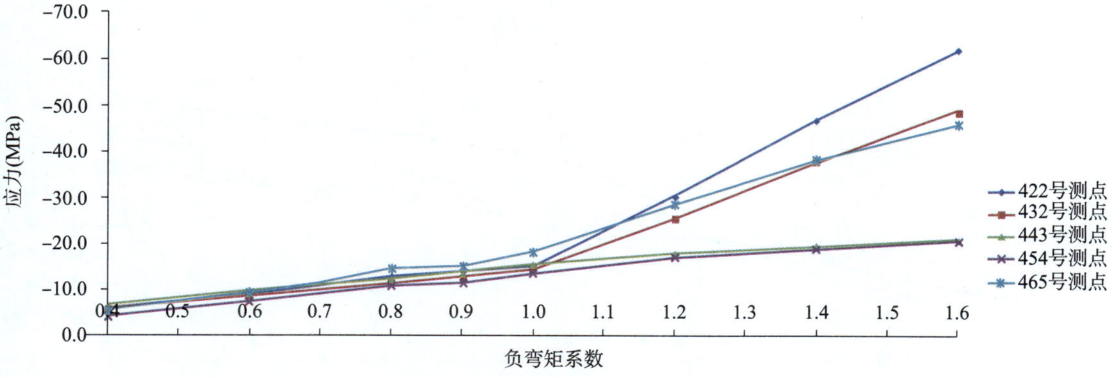

图 5-55　*F-F*(Z=340)截面顶板南侧钢结构测点应力随负弯矩工况的变化

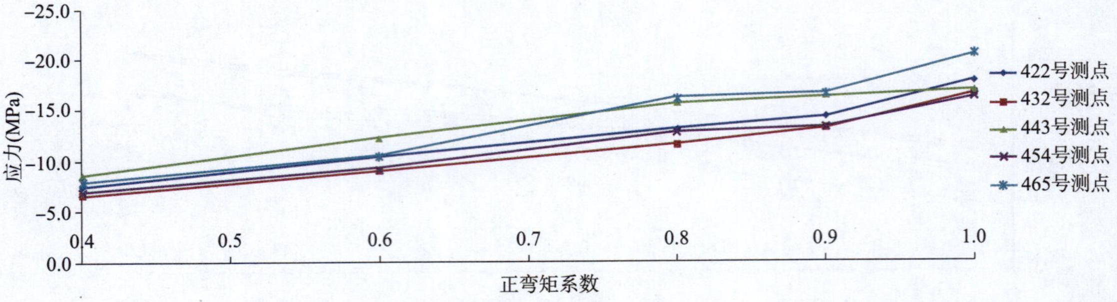

图 5-56 *F-F*(*Z*=340)截面顶板南侧钢结构测点应力随正弯矩工况的变化

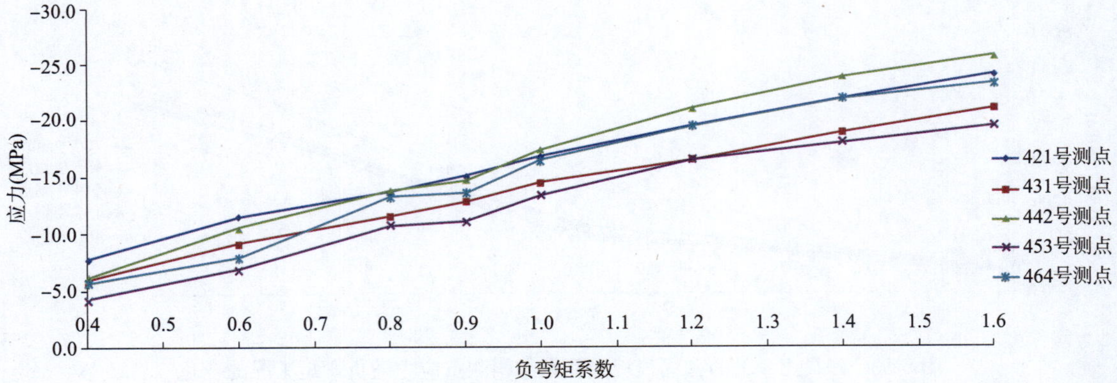

图 5-57 *G-G*(*Z*=620)截面顶板南侧钢结构测点应力随负弯矩工况的变化

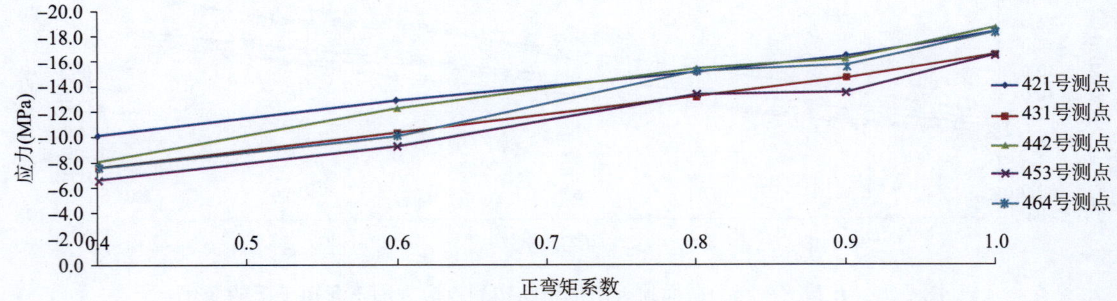

图 5-58 *G-G*(*Z*=620)截面顶板南侧钢结构测点应力随正弯矩工况的变化

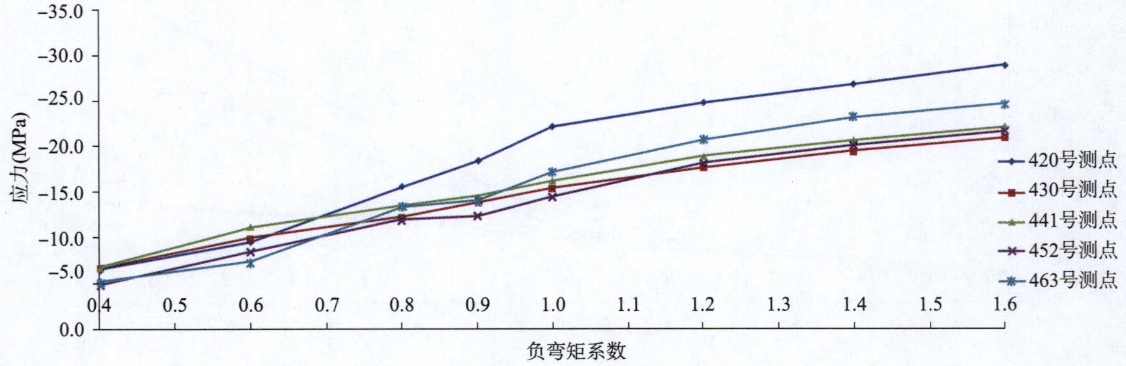

图 5-59 *H-H*(*Z*=710)截面顶板南侧钢结构测点应力随负弯矩工况的变化

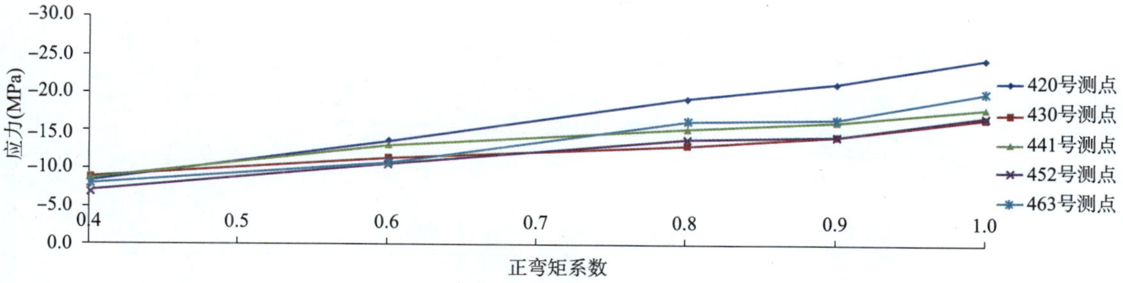

图5-60　H-H(Z=710)截面顶板南侧钢结构测点应力随正弯矩工况的变化

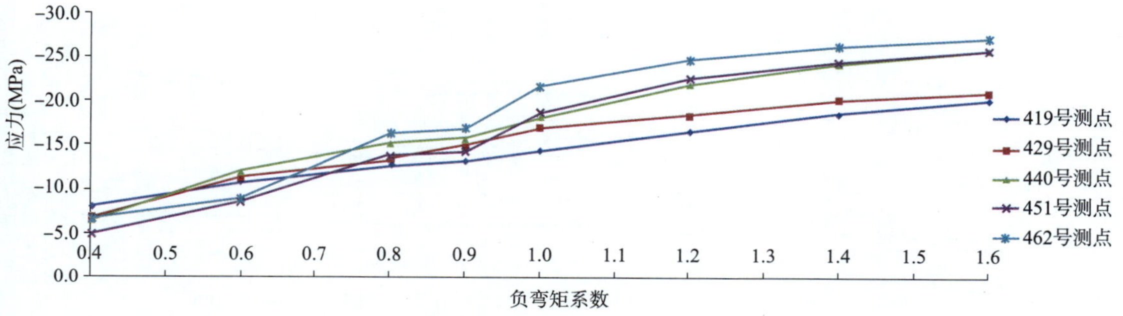

图5-61　I-I(Z=970)截面顶板南侧钢结构测点应力随负弯矩工况的变化

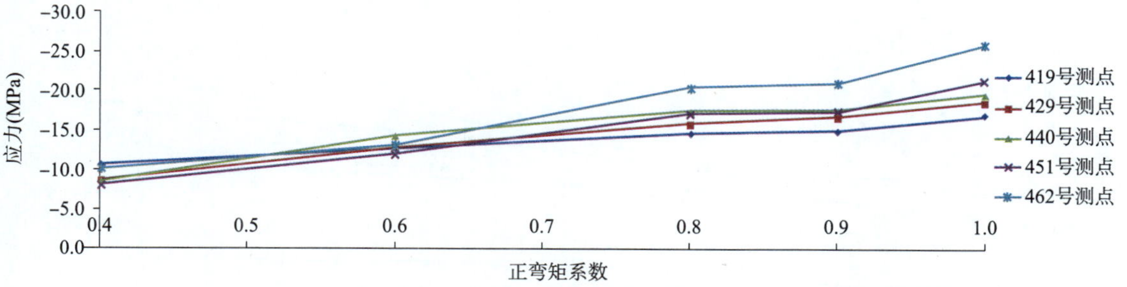

图5-62　I-I(Z=970)截面顶板南侧钢结构测点应力随正弯矩工况的变化

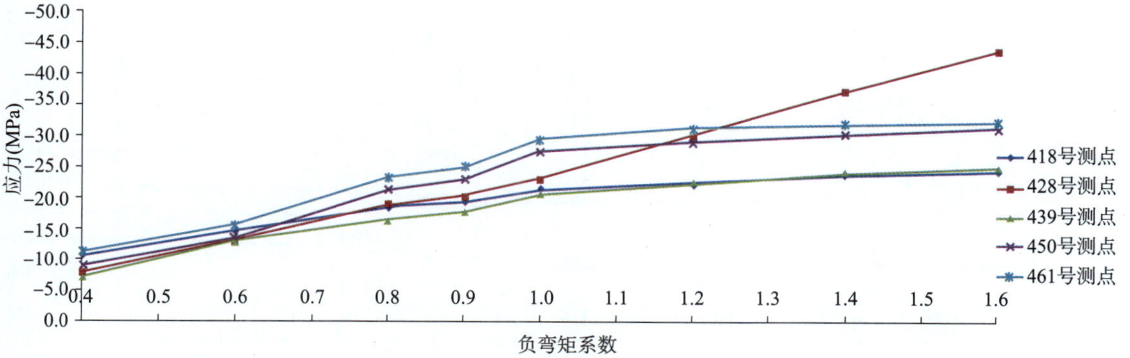

图5-63　J-J(Z=1 280)截面顶板南侧钢结构测点应力随负弯矩工况的变化

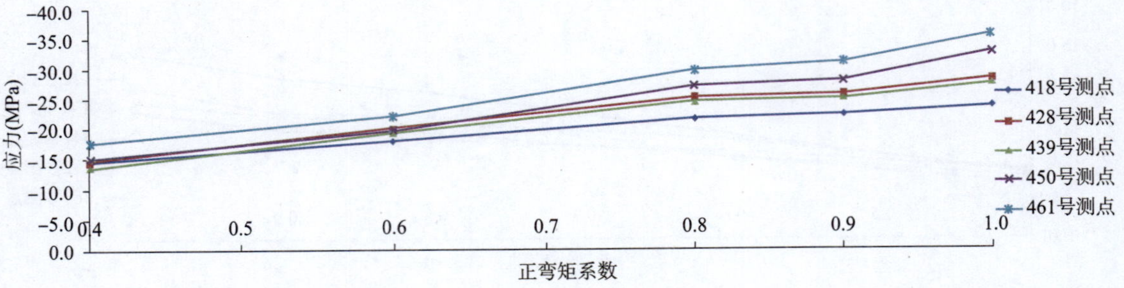

图 5-64　J-J（Z＝1 280）截面顶板南侧钢结构测点应力随正弯矩工况的变化

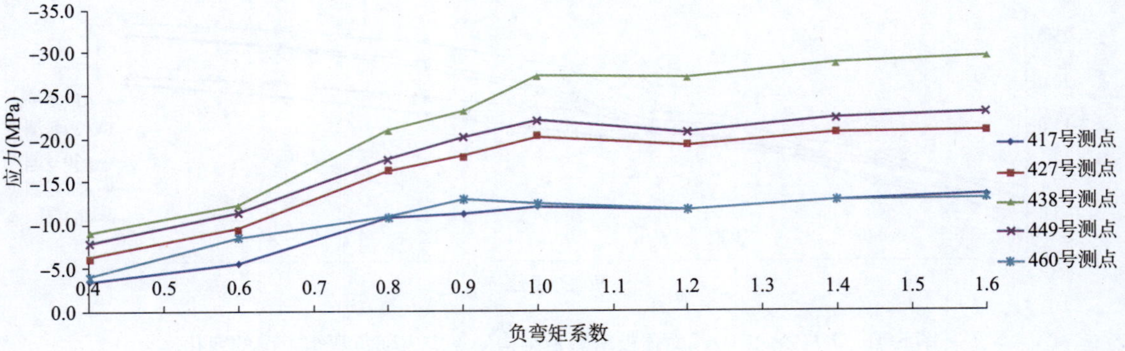

图 5-65　K-K（Z＝1 570）截面顶板南侧钢结构测点应力随负弯矩工况的变化

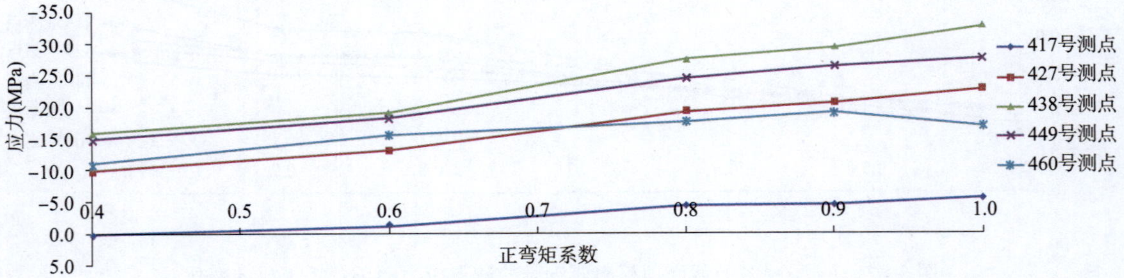

图 5-66　K-K（Z＝1 570）截面顶板南侧钢结构测点应力随正弯矩工况的变化

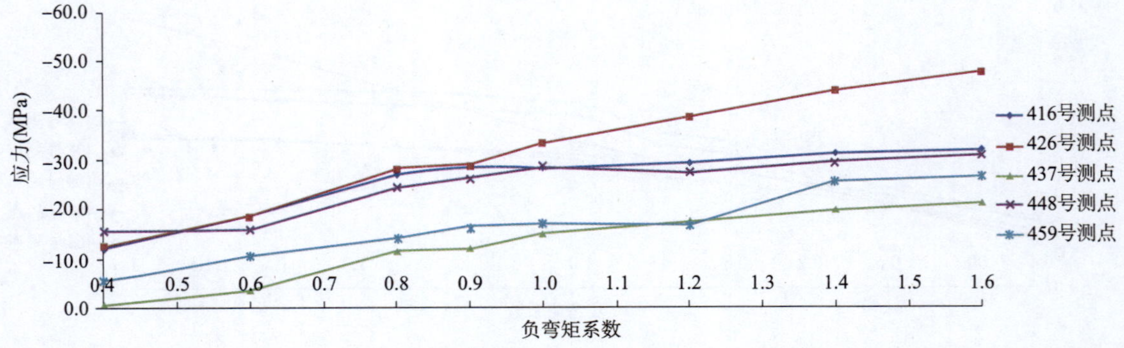

图 5-67　L-L（Z＝1 870）截面顶板南侧钢结构测点应力随负弯矩工况的变化

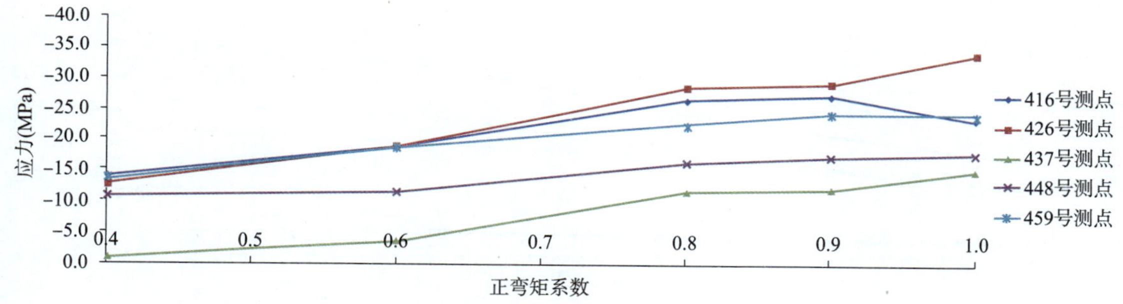

图 5-68　L-L（Z=1 870）截面顶板南侧钢结构测点应力随正弯矩工况的变化

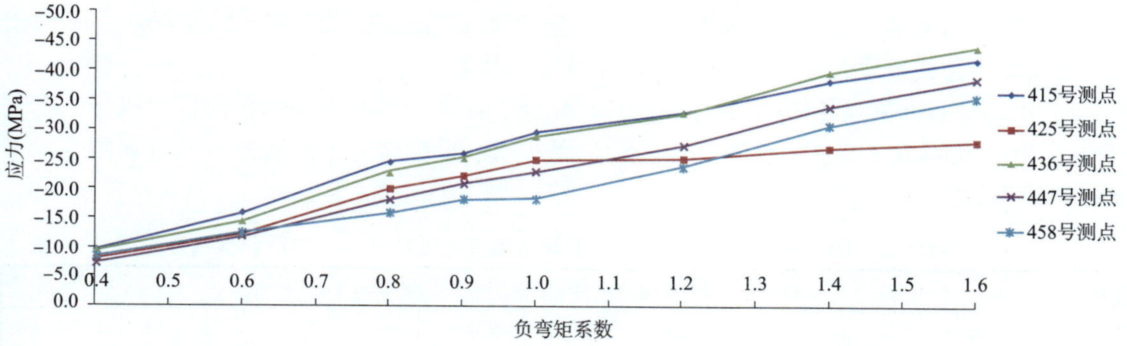

图 5-69　M-M（Z=2 170）截面顶板南侧钢结构测点应力随负弯矩工况的变化

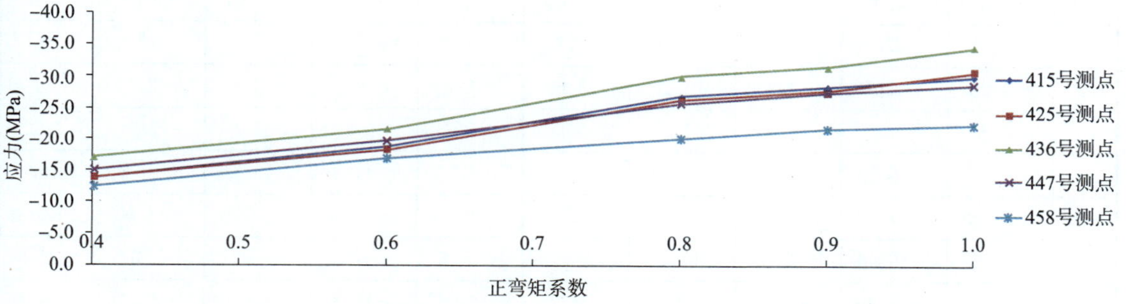

图 5-70　M-M（Z=2 170）截面顶板南侧钢结构测点应力随正弯矩工况的变化

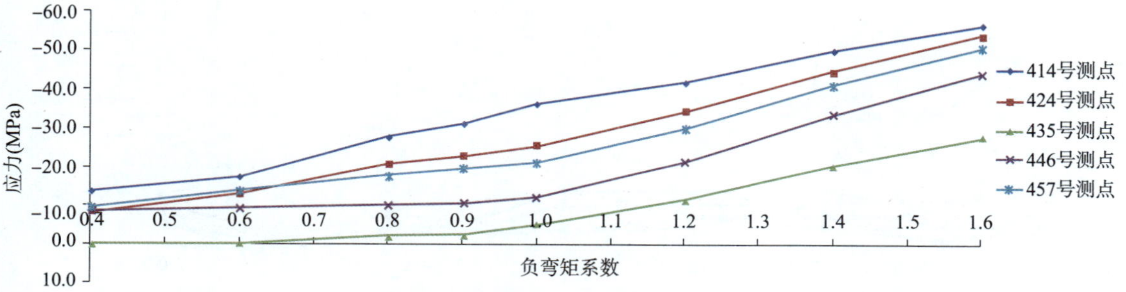

图 5-71　N-N（Z=2 470）截面顶板南侧钢结构测点应力随负弯矩工况的变化

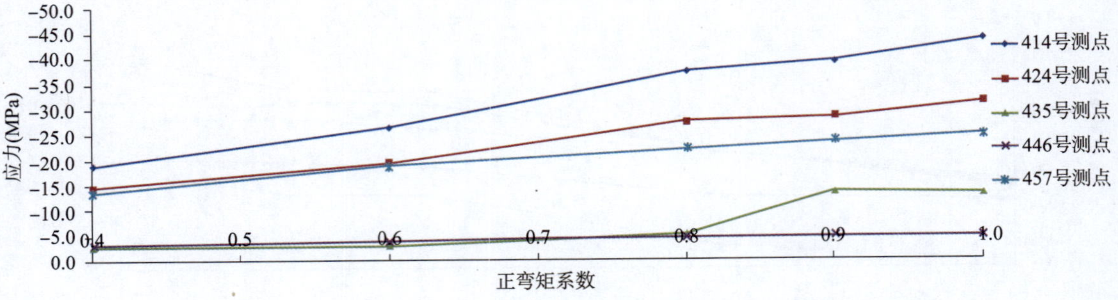

图 5-72　N-N(Z=2 470)截面顶板南侧钢结构测点应力随正弯矩工况的变化

由表 5-30 和表 5-31 及图 5-51～图 5-72 可知：在各工况作用下，钢结构测点均处于受压状态，最大压应力为 60 MPa，钢结构部分设计安全可靠；随着工况荷载的增大，结构应力不断增大，结构应力呈线性增长趋势，表明结构处于线弹性状态。

提取同一截面测点各横向测点的应力，研究分析在同一工况下结构横向传力机理。不包含预应力作用时，在 1.0 倍正或负弯矩工况下，外荷载沿模型横向变化见表 5-32 及如图 5-73～图 5-76 所示。

表 5-32　1.0 倍正弯矩工况各截面顶板钢结构测点沿横向(X 向)变化(钢混结合段)

截面	1.0 倍正弯矩工况各截面顶板钢结构测点沿横向(X 向)变化									
X	−1 760	−1 320	−860.0	−445.0	−179.0	179.0	445.0	860.0	1 320.0	1 760.0
D-D	−2.40	−4.80	−4.20	−6.00	−5.80	−6.00	−4.60	−3.00	−2.40	−2.60
E-E	−6.00	−5.40	−5.20	−4.40	−5.00	−6.00	−5.60	−4.80	−3.20	−5.00
F-F	−5.60	−4.00	−4.80	−5.20	−5.00	−5.00	−4.00	−4.50	−3.00	−4.60
G-G	−5.00	−2.80	−4.40	−4.40	−4.20	−3.4	−3.4	−3.2	−2	−4
H-H	−4.00	−3.00	−3.80	−4.20	−3.60	−3.6	−3.6	−3.8	−2.6	−4
I-I	−6.80	−4.80	−6.00	−7.20	−3.60	−5.2	−4	−4.4	−3.6	−5
J-J	−15.60	−10.70	−10.20	−11.20	−12.00	−13	−11.8	−9.6	−10.6	−15.6
K-K	−20.20	−24.80	−28.40	−20.20	−20.00	−19.20	−18.80	−19.00	−16.00	−17.00
L-L	−24.60	−26.00	−30.00	−30.40	−27.20	−24.6	−27.6	−30	−26	−24.5
M-M	−21.60	−28.80	−31.40	−27.20	−24.80	−28.8	−25.8	−27.8	−25.2	−19.8
N-N	−24.00	−30.00	−30.00	−27.60	−24.00	−24	−27	−30	−27	−25

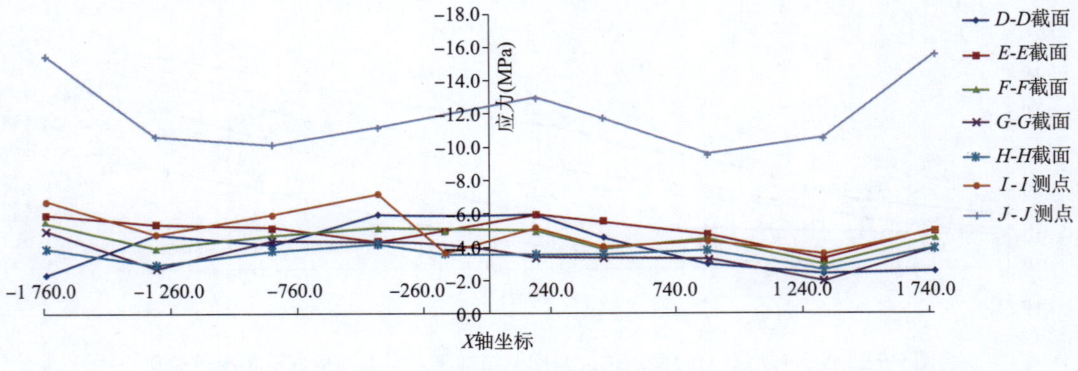

图 5-73　1.0 倍正弯矩工况各截面顶板钢结构测点沿横向(X 向)变化(钢混结合段)

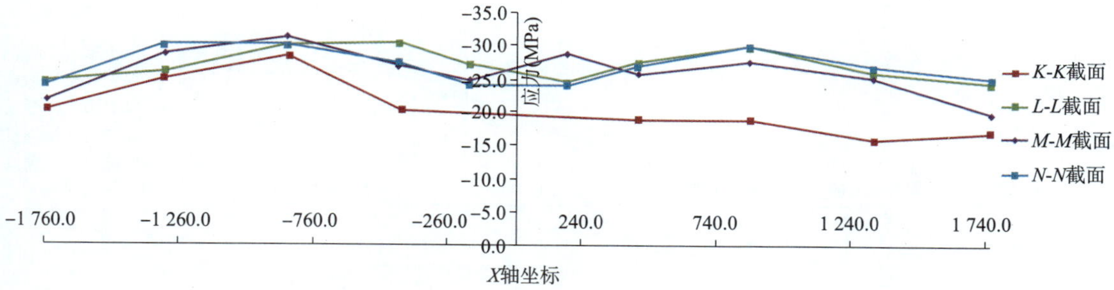

图 5-74　1.0 倍正弯矩工况各截面顶板钢结构测点沿横向(X 向)变化(刚度过渡段)

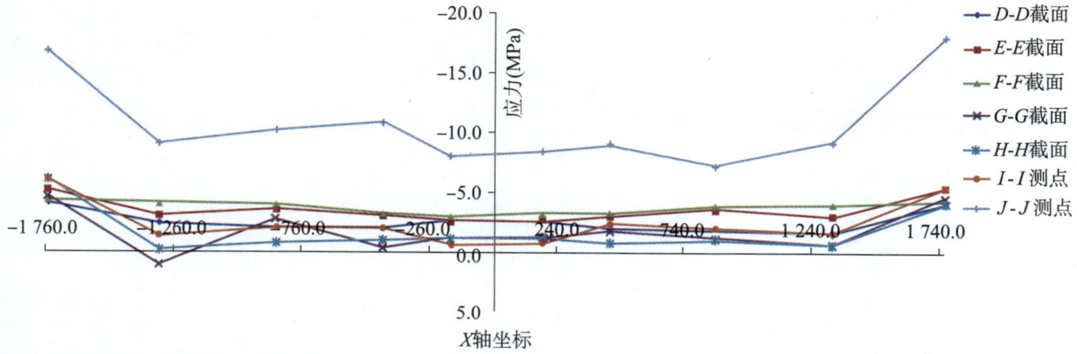

图 5-75　1.0 倍负弯矩工况各截面顶板钢结构测点沿横向(X 向)变化(钢混结合段)

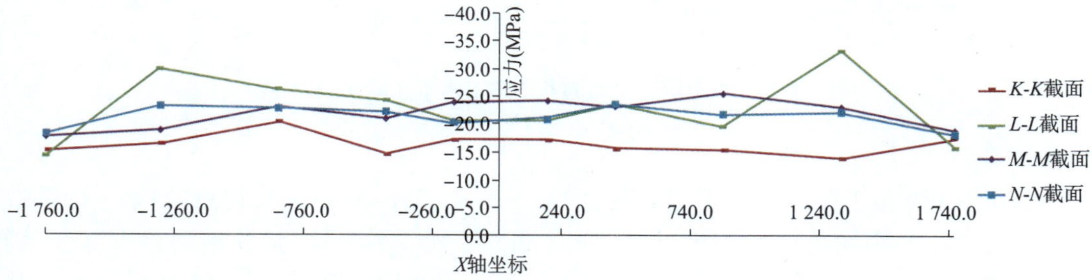

图 5-76　1.0 倍负弯矩工况各截面顶板钢结构测点沿横向(X 向)变化(刚度过渡段)

由表 5-32 和图 5-73～图 5-76 可知：各应力测点沿模型横向(X 向)应力变化不大，尤其是钢混结合段各截面，各截面剪力滞效应不甚明显；1.0 倍正弯矩工况下顶板各测点压应力水平均高于 1.0 倍的负弯矩工况。

提取出模型纵向(Z 向)应力变化规律(图 5-77～图 5-80)，模型测点由南向北依次为第一排、第二排……。

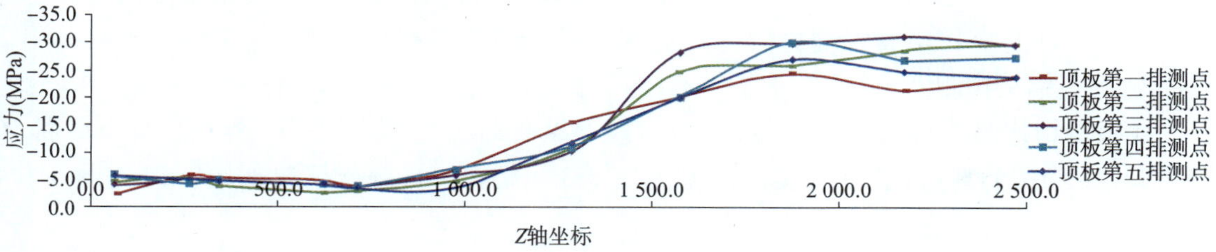

图 5-77　1.0 倍正弯矩工况南侧各排钢结构测点沿纵向(Z 向)变化

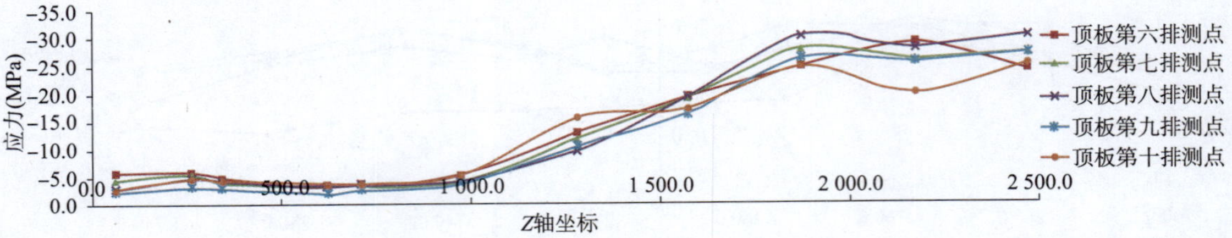

图 5-78　1.0 倍正弯矩工况北侧各排钢结构测点沿纵向(Z 向)变化

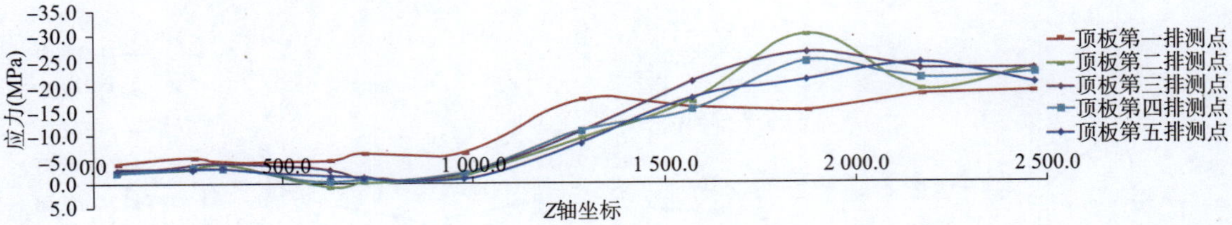

图 5-79　1.0 倍负弯矩工况南侧各排钢结构测点沿纵向(Z 向)变化

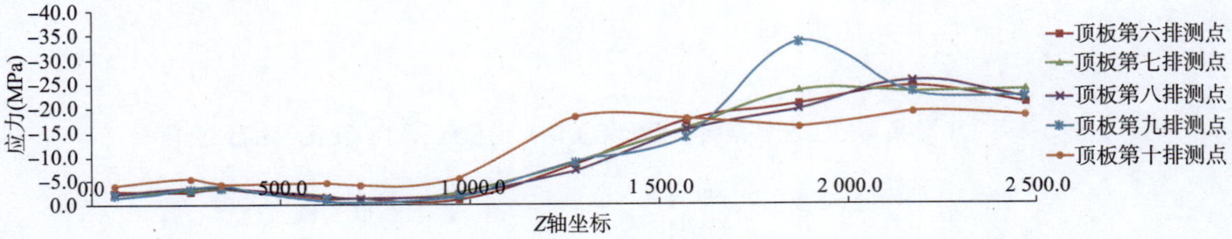

图 5-80　1.0 倍负弯矩工况北侧各排钢结构测点沿纵向(Z 向)变化

由图 5-77～图 5-80 可知：

①1.0 倍正弯矩工况作用下，Z 坐标在 1 470～2 470 mm 区间(刚度过渡段)第一排至第十排测点应力水平较高均在－25 MPa 左右，此区间模型所受轴力、弯矩均由钢结构部分承担。经过 Z 坐标为 1 470 mm 处的承压板后各测点应力水平急剧下降至－10 MPa 左右。可以看出承压板传力作用明显，其将很大一部分内力分配给了钢结构部分及 PBL 开孔板。至坐标为 1 000 mm 处应力水平下降到－5 MPa 左右，并趋于稳定，这说明内力基本已传递均匀。

②1.0 倍负弯矩工况作用下，Z 坐标在 1 470～2 470 mm 区间(刚度过渡段)第一排至第十排测点应力水平较高均在－20 MPa 左右，此区间模型所受轴力、弯矩均由钢结构部分承担。经过 Z 坐标为 1 470 mm 处的承压板后各测点应力水平急剧下降至－8 MPa 左右。至坐标为 1 000 mm 处应力水平下降到－3 MPa 左右，并趋于稳定，这说明内力基本已传递均匀。

综上所述，承压板在力的传递过程中作用显著，且经过承压板后力很短的距离内便传递均匀。由此亦可推断 PBL 键及剪力钉受力较小，结构未发生滑移。

2. 底板钢结构测点

底板钢结构测点均为 Z 向应变片测点，模型纵向即 Z 向共布置 11 个截面，每个截面 10 个测点，共 110 个测点，各测点实测结果见表 5-33～表 5-34，分析情况如图 5-81～图 5-101 所示。

表 5-33　*D-D*(Z=60)截面底板南侧钢结构测点应力实测值　(单位:MPa)

工　况	测　点				
	588 号	599 号	511 号	500 号	489 号
X	−105	−510	−766	−1 340	−1 920
0.4 倍负弯矩工况	−8.21	−8.38	−13.37	−5.42	−6.00
0.6 倍负弯矩工况	−13.24	−11.63	−16.56	−8.89	−5.76
0.8 倍负弯矩工况	−17.01	−12.59	−21.26	−13.19	−13.36
0.9 倍负弯矩工况	−18.82	−14.17	−22.94	−14.21	−13.95
1.0 倍负弯矩工况	−21.72	−16.24	−25.49	−15.22	−13.91
1.2 倍负弯矩工况	−47.12	−47.12	−53.77	−42.82	−28.65
1.4 倍负弯矩工况	−70.92	−70.92	−76.17	−64.62	−44.05
1.6 倍负弯矩工况	−93.52	−93.52	−96.57	−46.22	−58.25

注:表中 1.2、1.4、1.6 倍负弯矩为包含预应力的内力倍数。

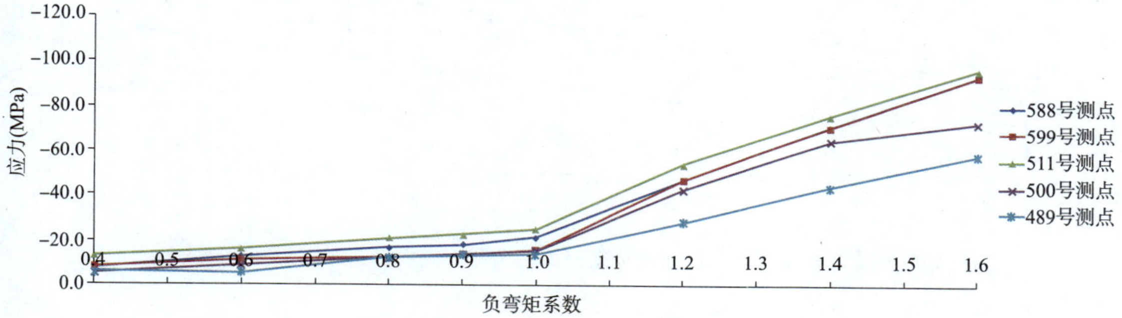

图 5-81　*D-D*(Z=60)截面底板南侧钢结构测点应力随负弯矩工况的变化

表 5-34　*D-D*(Z=60)截面底板南侧钢结构测点应力实测值　(单位:MPa)

工　况	测　点				
	588 号	599 号	511 号	500 号	489 号
X	−105	−510	−766	−1 340	−1 920
0.4 倍正弯矩工况	−6.41	−5.78	−3.37	−4.82	1.35
0.6 倍正弯矩工况	−10.24	−8.43	−8.16	−8.09	1.39
0.8 倍正弯矩工况	−13.01	−10.99	−12.86	−11.19	−4.41
0.9 倍正弯矩工况	−13.82	−8.17	−15.34	−11.61	−5.00
1.0 倍正弯矩工况	−16.32	−8.64	−19.29	−12.62	−4.36

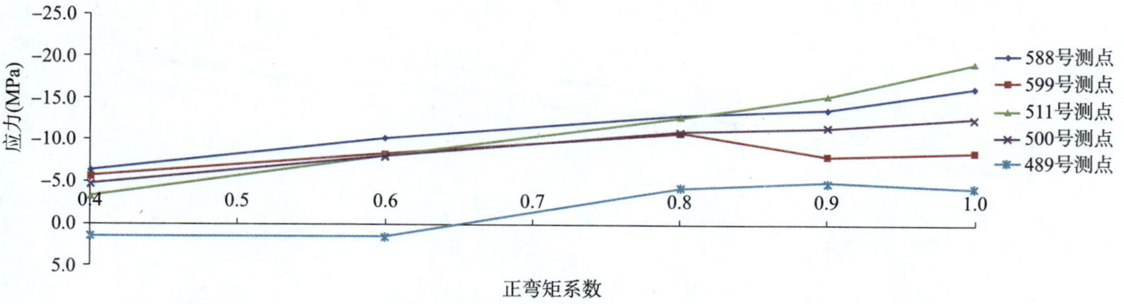

图 5-82　*D-D*(Z=60)截面底板南侧钢结构测点应力随正弯矩工况的变化

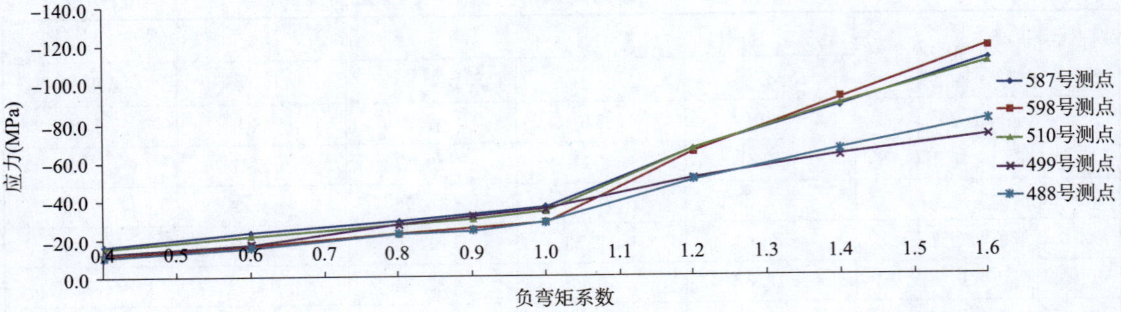

图 5-83　*E-E*(*Z*=260)截面底板南侧钢结构测点应力随负弯矩工况的变化

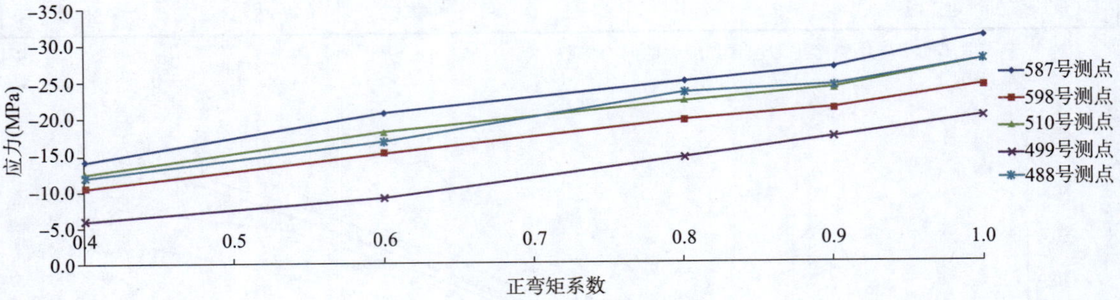

图 5-84　*E-E*(*Z*=260)截面底板南侧钢结构测点应力随正弯矩工况的变化

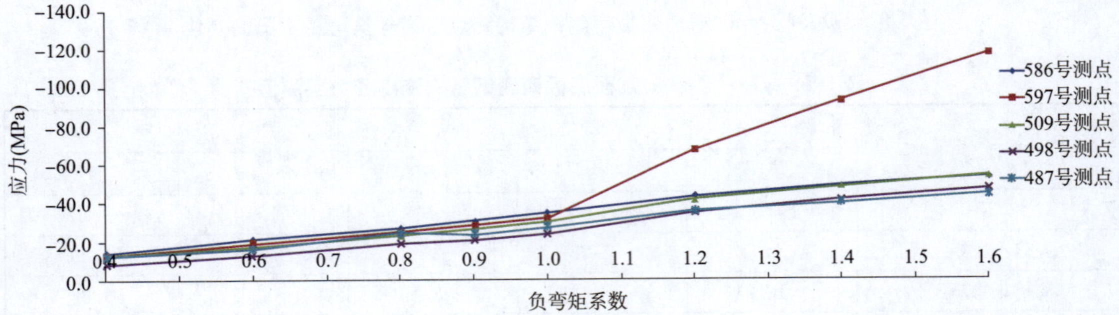

图 5-85　*F-F*(*Z*=340)截面底板南侧钢结构测点应力随负弯矩工况的变化

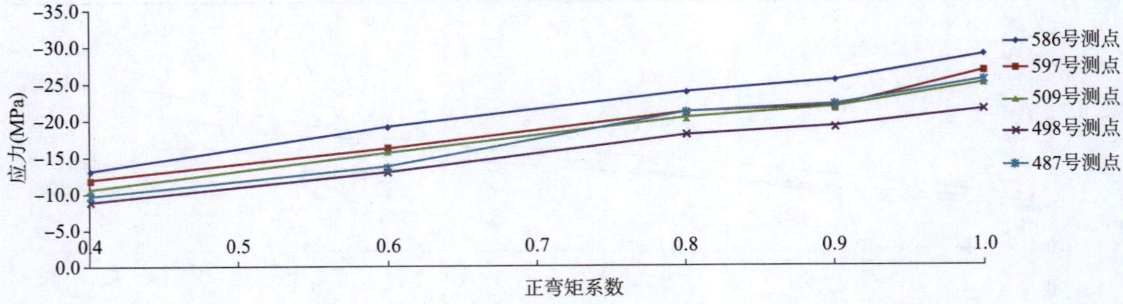

图 5-86　*F-F*(*Z*=340)截面底板南侧钢结构测点应力随正弯矩工况的变化

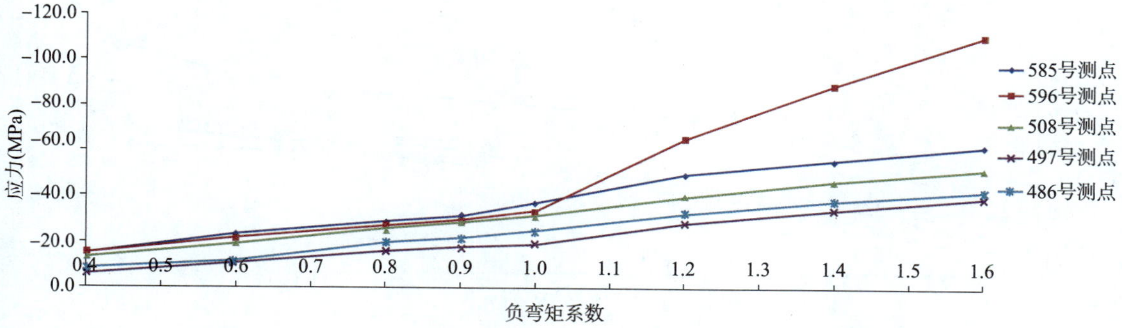

图 5-87　G-G(Z=620)截面底板南侧钢结构测点应力随负弯矩工况的变化

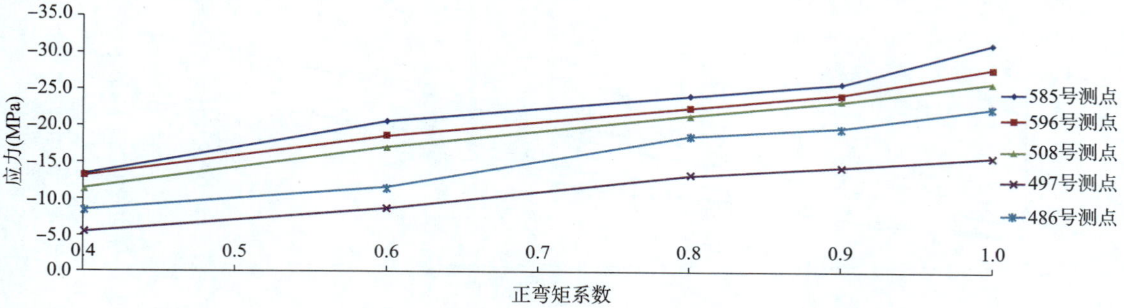

图 5-88　G-G(Z=620)截面底板南侧钢结构测点应力随正弯矩工况的变化

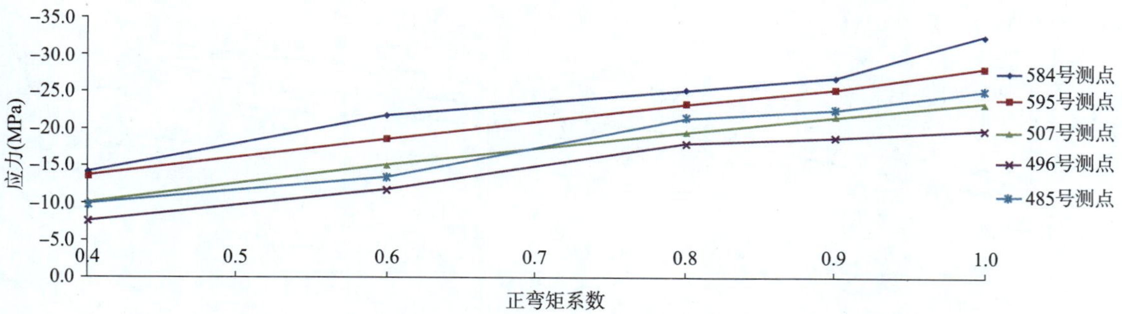

图 5-89　H-H(Z=710)截面底板南侧钢结构测点应力随正弯矩工况的变化

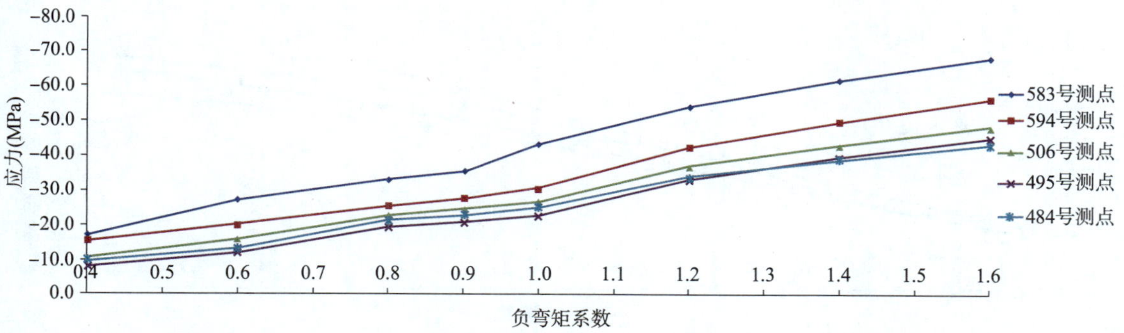

图 5-90　I-I(Z=970)截面底板南侧钢结构测点应力随负弯矩工况的变化

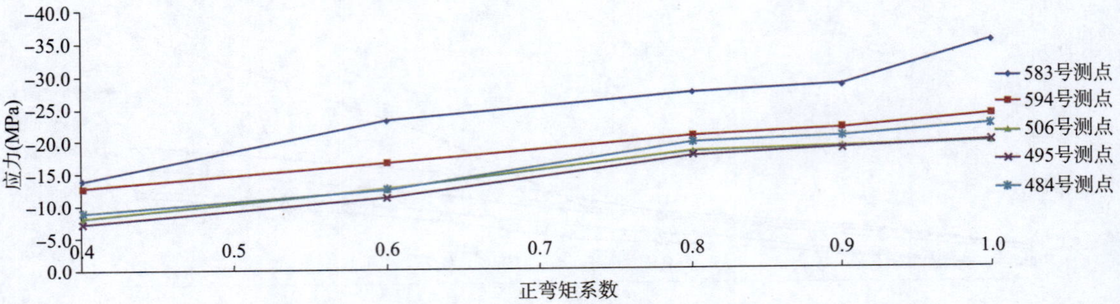

图 5-91 *I-I*（*Z*=970）截面底板南侧钢结构测点应力随正弯矩工况的变化

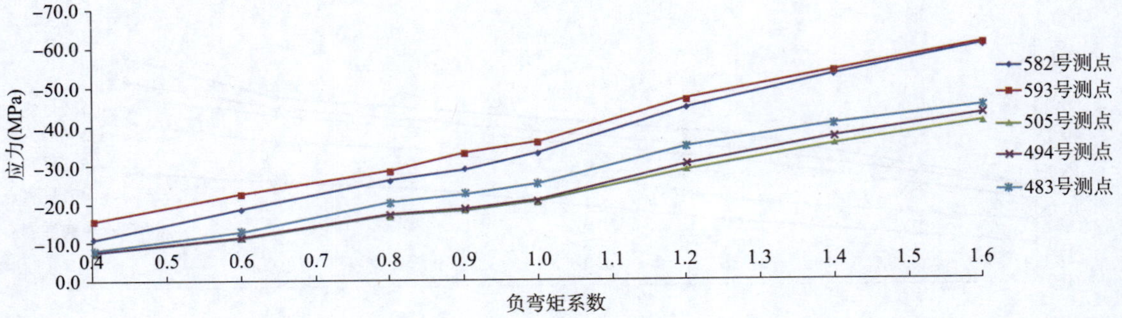

图 5-92 *J-J*（*Z*=1 280）截面底板南侧钢结构测点应力随负弯矩工况的变化

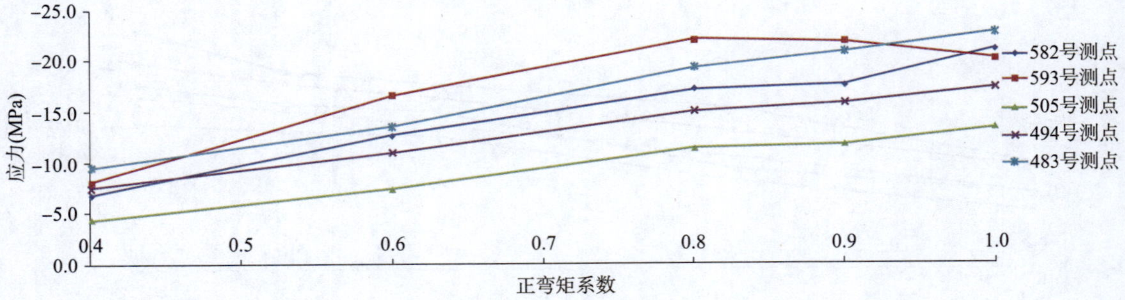

图 5-93 *J-J*（*Z*=1 280）截面底板南侧钢结构测点应力随正弯矩工况的变化

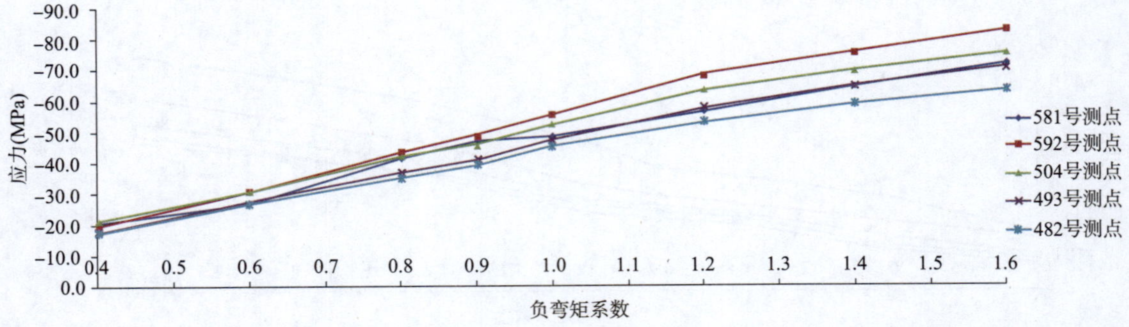

图 5-94 *K-K*（*Z*=1 570）截面底板南侧钢结构测点应力随负弯矩工况的变化

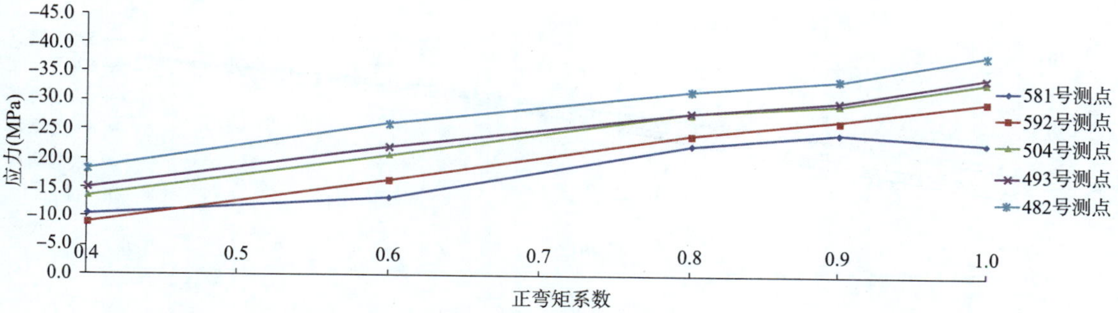

图 5-95　*K*-*K*(Z=1 570)截面底板南侧钢结构测点应力随正弯矩工况的变化

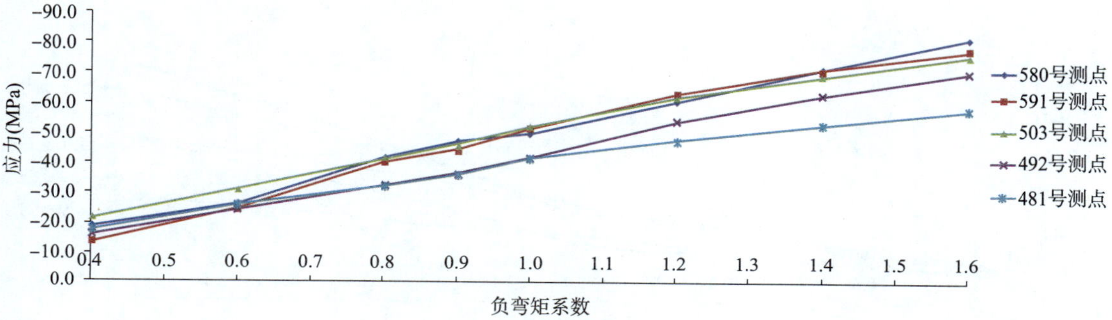

图 5-96　*L*-*L*(Z=1 870)截面底板南侧钢结构测点应力随负弯矩工况的变化

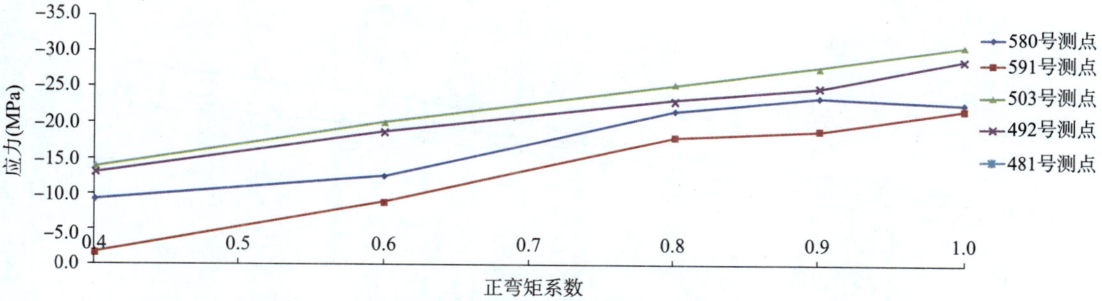

图 5-97　*L*-*L*(Z=1 870)截面底板南侧钢结构测点应力随正弯矩工况的变化

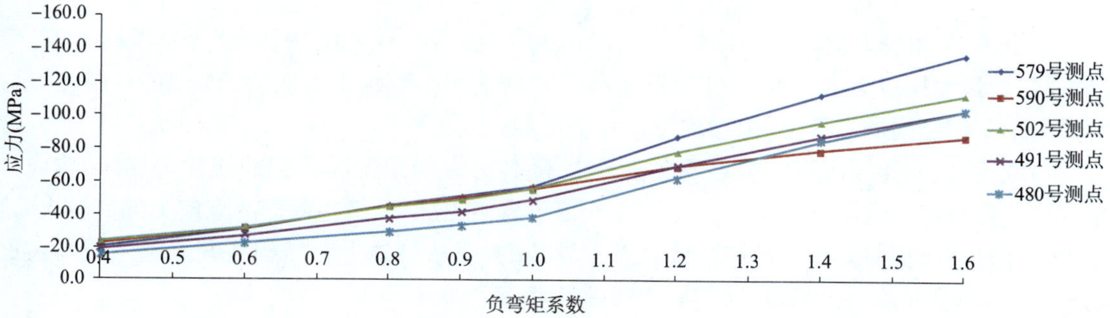

图 5-98　*M*-*M*(Z=2 170)截面底板南侧钢结构测点应力随负弯矩工况的变化

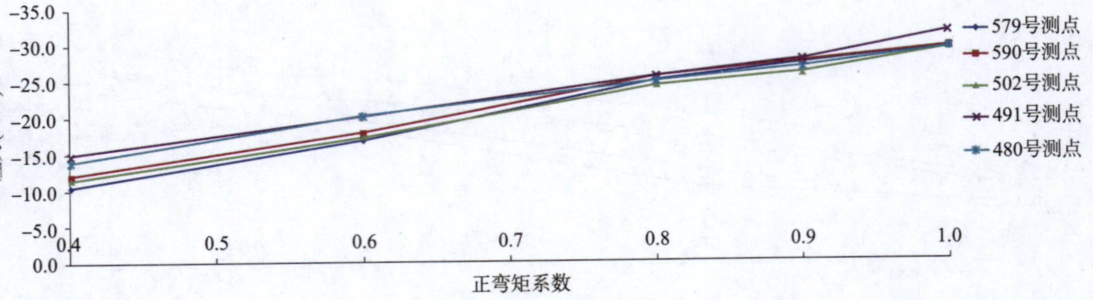

图 5-99　*M-M*(Z=2 170)截面底板南侧钢结构测点应力随正弯矩工况的变化

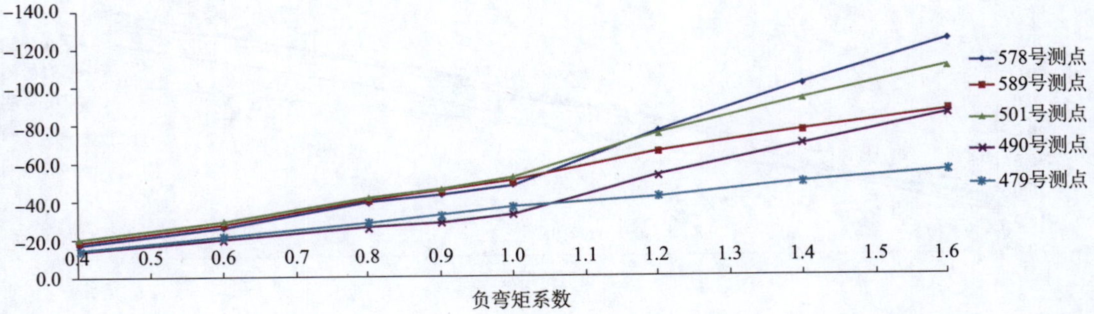

图 5-100　*N-N*(Z=2 470)截面底板南侧钢结构测点应力随负弯矩工况的变化

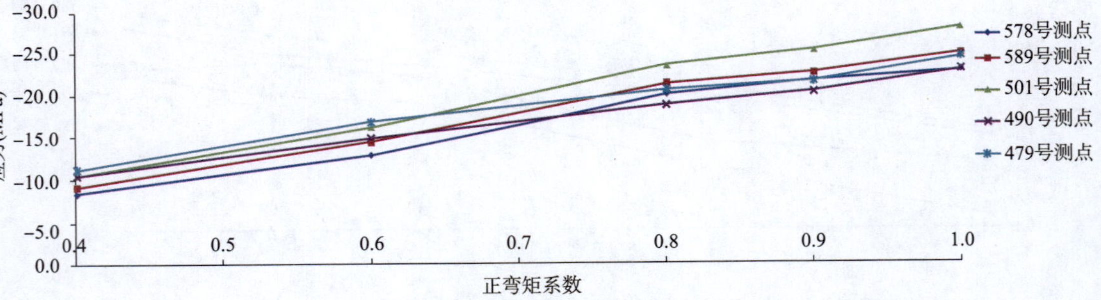

图 5-101　*N-N*(Z=2 470)截面底板南侧钢结构测点应力随正弯矩工况的变化

由表 5-33 和表 5-34 及图 5-81～图 5-101 可知:各工况下,钢结构测点(个别除外)均处于受压状态,最大压应力为－147 MPa,发生在 1.6 倍最大负弯矩工况的 *M-M* 截面。各测点应力值远小于钢结构的设计值,钢结构设计安全可靠。

提取正、负弯矩工况下各测点的变化可知,随各分级加载工况荷载的线性增加,结构应力呈线性增长趋势。在附加工况 1.2、1.4、1.6 倍负弯矩工况下,某些截面测点应力偏离较大,这是由于在这些截面等效荷载值偏离线性差别导致的,但从整体上看结构各测点随工况荷载的增加,应力均呈线性增长趋势,结构处于线弹性状态。

提取同一截面测点各横向测点的应力,研究分析在同一工况下结构横向传力机理。实测结果见表 5-35,分析情况如图 5-102～图 5-105 所示。

表 5-35　1.0 倍正弯矩工况各截面底板钢结构测点沿横向（X 向）变化（钢混结合段）

截面	1.0 倍正弯矩工况各截面底板钢结构测点沿横向（X 向）变化									
X	−1 760	−1 320	−860	−445	−179	179	445	860	1 320	1 760
D-D	−8.80	−8.00	−8.00	−4.40	−7.40	−3.20	−4.40	−5.60	−6.20	−8.00
E-E	−9.60	−16.60	−8.60	−6.00	−8.20	−6.80	−5.60	−7.60	−7.40	−8.80
F-F	−8.00	−7.00	−7.40	−7.60	−8.20	−6.60	−7.60	−7.80	−6.40	−8.80
G-G	−9.40	−8.00	−9.00	−7.80	−8.80	−7.6	−8	−7.8	−6.6	−8.4
H-H	−10.00	−7.80	−9.60	−8.40	−8.60	−8.6	−8.4	−8.2	−7	−9.8
I-I	−10.00	−7.60	−10.40	−9.60	−10.80	−9	−9.8	−10.2	−7.6	−10.6
J-J	−12.80	−9.60	−9.60	−19.60	−13.60	−11.6	−23.8	−12.2	−10.2	−13.2
K-K	−27.00	−24.00	−23.40	−27.00	−29.60	−28.6	−36	−28.6	−21.8	−22.2
L-L	−22.40	−23.00	−26.80	−30.80	−32.20	−27.8	−23.6	−16	−24.8	−20.8
M-M	−21.60	−27.60	−27.20	−29.00	−31.20	−30.8	−31.6	−24	−19.6	−19.4
N-N	−20.00	−18.60	−27.80	−27.40	−26.20	−26.4	−27.4	−29.2	−14	−20

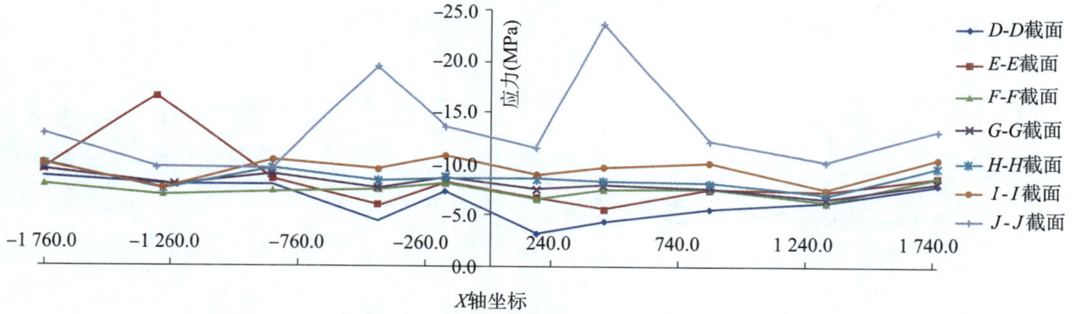

图 5-102　1.0 倍正弯矩工况各截面底板钢结构测点沿横向（X 向）变化（钢混结合段）

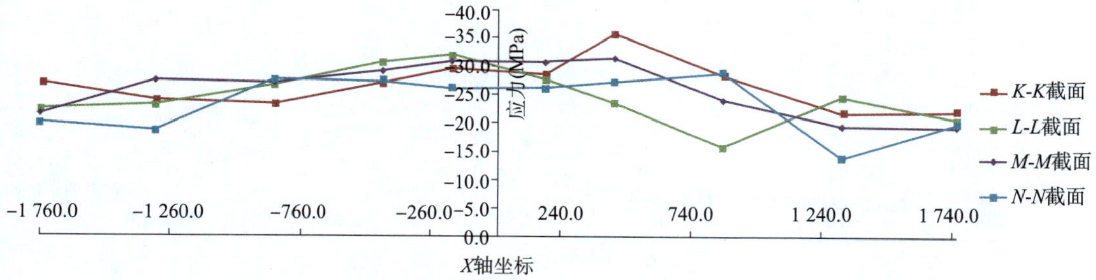

图 5-103　1.0 倍正弯矩工况各截面底板钢结构测点沿横向（X 向）变化（刚度过渡段）

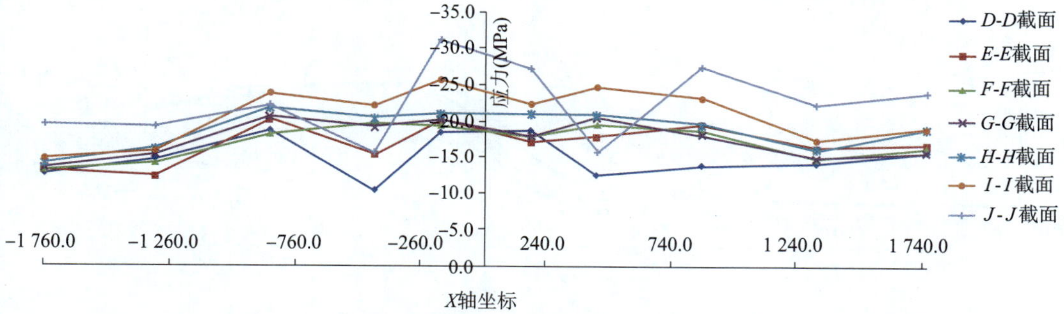

图 5-104　1.0 倍负弯矩工况各截面底板钢结构测点沿横向（X 向）变化（钢混结合段）

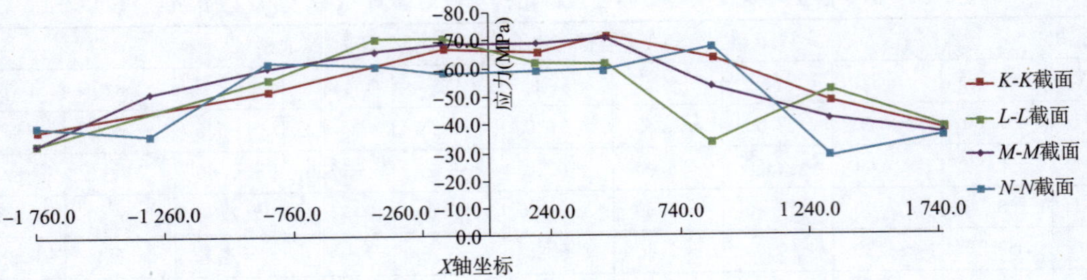

图 5-105 1.0 倍负弯矩工况各截面底板钢结构测点沿横向(X 向)变化(刚度过渡段)

由表 5-35 和图 5-102～图 5-105 可知：各应力测点沿模型横向(X 向)应力变化不大，钢混结合段各截面在 1.0 倍正弯矩工况下应力集中在－5～－15 MPa，在 1.0 倍负弯矩工况下应力集中在－20～－25 MPa，各截面剪力滞效应不明显；1.0 倍正弯矩工况下底板各测点压应力水平均低于 1.0 倍的负弯矩工况。

提取出模型纵向(Z 向)应力变化规律(图 5-106～图 5-109)，模型测点由南向北依次为第一排、第二排……。

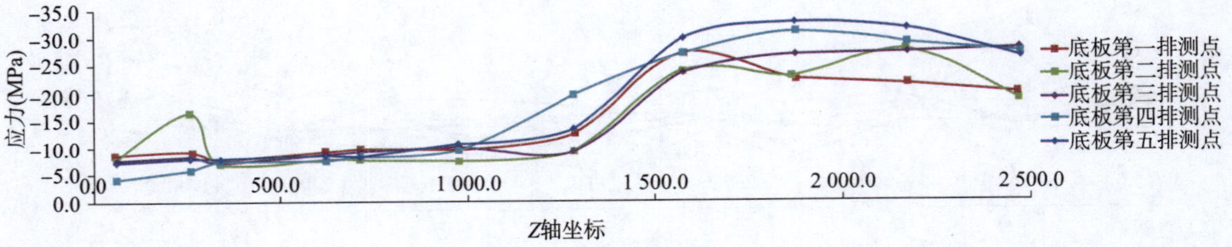

图 5-106 1.0 倍正弯矩工况南侧各排钢结构测点沿纵向(Z 向)变化

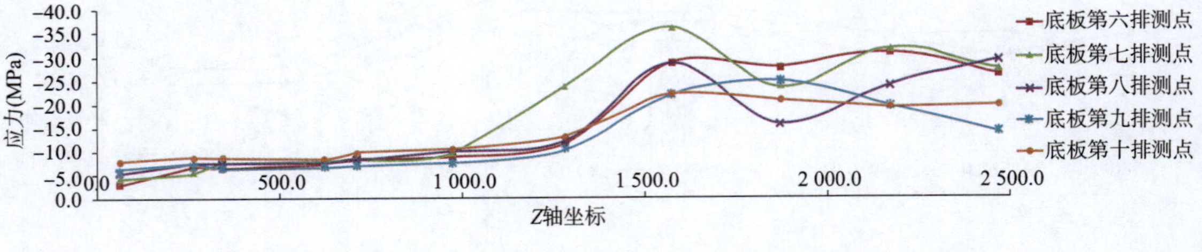

图 5-107 1.0 倍正弯矩工况北侧各排钢结构测点沿纵向(Z 向)变化

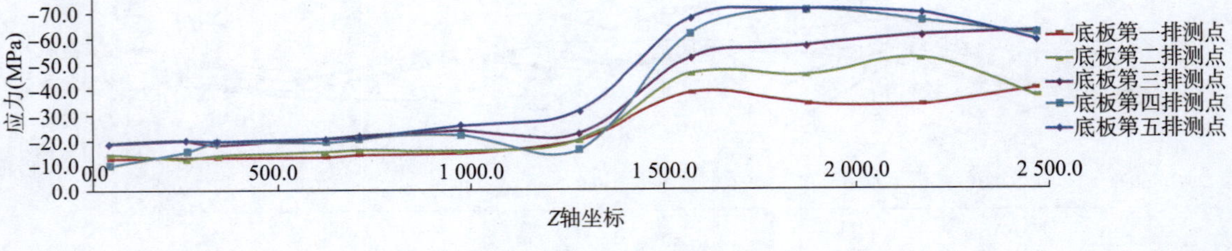

图 5-108 1.0 倍负弯矩工况南侧各排钢结构测点沿纵向(Z 向)变化

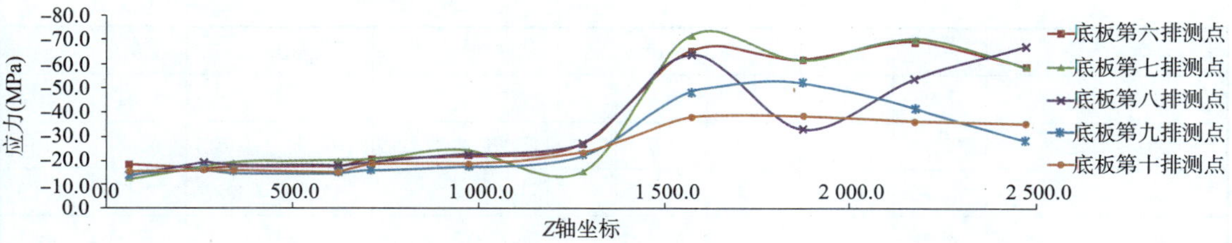

图 5-109　1.0 倍负弯矩工况北侧各排钢结构测点沿纵向(Z 向)变化

由图 5-106～图 5-109 可知：

①1.0 倍正弯矩工况作用下，Z 坐标在 1 470～2 470 mm 区间(刚度过渡段)第一排至第十排测点应力水平较高均在－25 MPa 左右，此区间模型所受轴力、弯矩均由钢结构部分承担。经过 Z 坐标为 1 470 mm 处的承压板后各测点应力水平急剧下降至－10 MPa 左右，可以看出承压板传力作用明显，其将很大一部分内力分配给了钢结构部分及 PBL 开孔板。Z 坐标在 60～1 000 mm 各测点应力为－10 MPa 左右，并趋于稳定，这说明内力基本已传递均匀。

②1.0 倍负弯矩工况作用下，Z 坐标在 1 470～2 470 mm 区间(刚度过渡段)第一排至第十排测点应力水平较高均在－60 MPa 左右，此区间模型所受轴力、弯矩均由钢结构部分承担。经过 Z 坐标为 1 470 mm 处的承压板后各测点应力水平急剧下降至－30 MPa 左右，至坐标为 1 000 mm 处应力水平下降到－15 MPa 左右，并趋于稳定，这说明内力基本已传递均匀。

综上所述，承压板在力的传递过程中作用显著，且经过承压板后力很短的距离内便传递均匀。由此亦可推断 PBL 键及剪力钉受力较小，结构未发生滑移。

3. 其他钢结构测点

钢结构部分测点除顶板、底板外还布置于 PBL 开孔板、中纵腹板、加强腹板、边腹板、边板、承压板。对于这些板件仅对其在工况 11 和工况 16 的应力水平进行分析。测试结果见表 5-36～表 5-37。

表 5-36　工况 11 钢结构部分承压板测点应力　(单位：MPa)

测　点	σ_1	σ_2	τ_{max}	σ_e	测　点	σ_1	σ_2	τ_{max}	σ_e
228,229,230	55.26	－45.25	50.25	87.18	291,292,293	15.31	11.18	2.07	13.72
231,232,233	4.39	2.38	1.01	3.81	297,298,299	21.97	4.81	8.58	20.00
234,235,236	15.04	－48.88	31.96	57.88	303,304,305	－4.02	－17.47	6.72	15.84
237,238,239	23.21	10.64	6.28	20.12	312,313,314	—	—	—	—
243,244,245	10.40	－4.22	7.31	13.03	315,316,317	18.78	－3.18	10.98	20.56
246,247,248	15.88	－15.59	15.74	27.25	318,319,320	30.67	7.88	11.40	27.59
249,250,251	30.11	7.56	11.28	27.13	321,322,323	—	—	—	—
264,265,266	24.55	17.53	3.51	21.90	330,331,332	74.16	9.42	32.37	69.93
270,271,272	15.61	－19.44	17.52	30.41	333,334,335	－34.44	－204.52	85.04	189.67
273,274,275	30.60	9.72	10.44	27.08	336,337,338	57.93	14.76	21.59	52.14
276,277,278	－1.49	－88.57	43.54	87.83	339,340,341	108.08	—	—	—
282,283,284	10.00	－40.61	25.31	46.43	342,343,344	13.29	－32.41	22.85	40.72
285,286,287	－24.73	－43.83	9.55	38.07	345,346,347	－5.66	－58.79	26.56	56.17
288,289,290	－37.64	－218.69	90.52	202.51	348,349,350	52.64	－71.77	62.20	108.16

表 5-37 工况 16 钢结构部分承压板测点应力 (单位:MPa)

测 点	σ_1	σ_2	τ_{max}	σ_e	测 点	σ_1	σ_2	τ_{max}	σ_e
228,229,230	57.43	−44.19	50.81	88.26	291,292,293	13.67	11.64	1.01	12.78
231,232,233	2.08	−0.91	1.49	2.66	297,298,299	23.26	4.40	9.43	21.40
234,235,236	16.78	−44.15	30.46	54.51	303,304,305	−12.78	−39.90	13.56	35.29
237,238,239	24.09	8.58	7.75	21.15	312,313,314	—	—	—	—
243,244,245	15.62	−4.44	10.03	18.25	315,316,317	22.39	−1.79	12.09	23.34
246,247,248	16.27	−14.80	15.54	26.92	318,319,320	34.14	9.12	12.51	30.61
249,250,251	47.17	11.09	18.04	42.72	321,322,323	—	—	—	—
264,265,266	31.57	20.81	5.38	27.80	330,331,332	75.14	11.08	32.03	70.26
270,271,272	22.47	−27.76	25.12	43.58	333,334,335	−34.24	−209.14	87.45	194.30
273,274,275	34.86	8.40	13.23	31.51	336,337,338	104.20	24.99	39.60	94.22
276,277,278	−3.43	−107.81	52.19	106.14	339,340,341	112.24	—	—	—
282,283,284	9.64	−39.96	24.80	45.55	342,343,344	12.97	−40.34	26.66	48.16
285,286,287	−23.14	−41.31	9.08	35.86	345,346,347	−5.64	−59.99	27.18	57.38
288,289,290	−32.70	−208.02	87.66	193.75	348,349,350	61.05	−56.93	58.99	102.19

由表 5-36 和表 5-37 可知:

承压板在工况 11 荷载作用下承压板最大主拉应力为 108.08 MPa,最大主压应力为 −218.9 MPa,绝大部分测点主拉应力在 15～30 MPa,主压应力在 −40～100 MPa;工况 16 荷载作用下承压板最大主拉应力为 112.24 MPa,最大主压应力为 −208.02 MPa,绝大部分测点主拉应力在 15～40 MPa,主压应力在 −40～100 MPa。比较两工况可知两个工况应力水平相当,可推断承压板受力主要是预应力作用引起的。

5.4.3.3 *分级及超载工况模型位移结果*

为了明确钢混结合段各级加载的宏观竖向位移情况,试验时在模型底部中心线安置了百分表 1～百分表 6,加载时记录百分表的读数,分析模型竖向位移大致变化趋势。为了研究钢和混凝土的粘结滑移状况,在钢混结合段交界面安置了千分表,加载时记录千分表读数,分析钢混结合段黏结滑移位移。为了确保加载的安全性在台座处安装百分表 7～百分表 8,用以监测加载的安全性。千分表及百分表布置示意图如图 5-110 所示。

(1)模型竖向位移

0.4 倍、0.6 倍、0.8 倍、0.9 倍、1.0 倍最大负弯矩工况及包含预应力作用 1.2 倍、1.4 倍、1.6 倍最大负弯矩附加工况的百分表 1～百分表 5 实测值见表 5-38,变化情况如图 5-111 所示。

由表 5-38 和图 5-111 可知:除百分表 5 外,百分表 1～百分表 4 随各工况荷载的增加,位移呈线性增长。百分表 5 在 0.4 倍最大负弯矩工况后基本保持不变,这可能是因为分载梁和加载板之间强度的摩擦力对主梁有约束作用。

(2)模型滑移位移结果及分析

0.4 倍、0.6 倍、0.8 倍、0.9 倍、1.0 倍最大负弯矩工况及包含预应力作用 1.2 倍、1.4 倍、1.6 倍最大负弯矩附加工况的千分表 1～千分表 2 实测值见表 5-39,变化情况如图 5-112 所示。

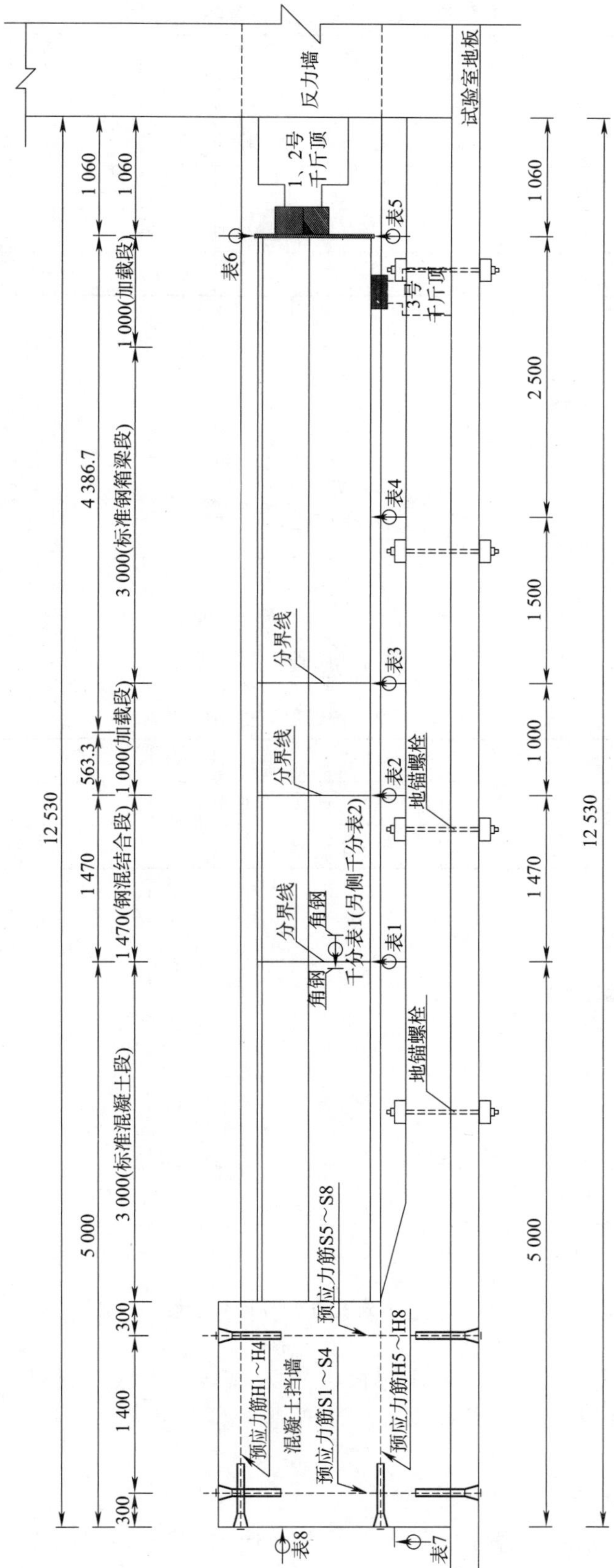

图 5-110　千分表及百分表布置示意图 (单位：mm)

表 5-38　百分表随在各工况下位移实测值　　(单位:mm)

工　况	0	0.4 倍	0.6 倍	0.8 倍	0.9 倍	1.0 倍	1.2 倍	1.4 倍	1.6 倍
百分表 1	0	0.48	0.71	0.89	1.08	1.2	1.33	1.58	1.98
百分表 2	0	0.71	0.90	1.07	1.24	1.37	1.51	1.73	2.06
百分表 3	0	0.69	0.93	1.17	1.35	1.46	1.64	1.86	2.23
百分表 4	0	0.80	1.21	1.82	1.97	2.1	2.24	2.59	3.06
百分表 5	0	0.75	0.57	0.48	0.47	0.46	0.49	0.52	0.37

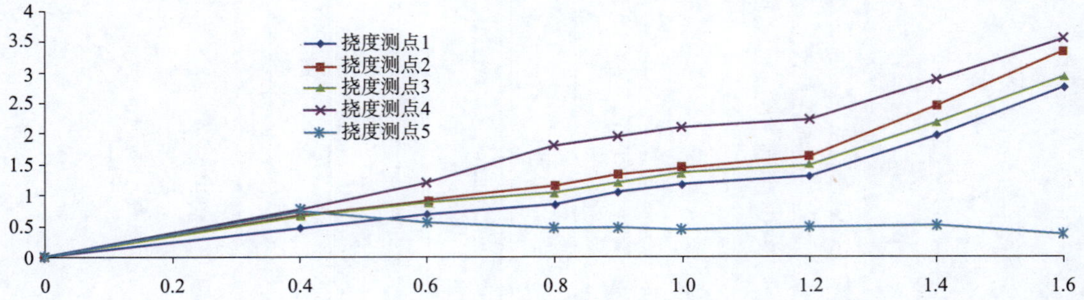

图 5-111　百分表随各工况的变化

表 5-39　千分表随在各工况下位移的实测值　　(单位:mm)

工　况	0	0.4 倍	0.6 倍	0.8 倍	0.9 倍	1.0 倍	1.2 倍	1.4 倍	1.6 倍
千分表 1	0	0.018	0.029	0.06	0.066	0.075	0.083	0.087	0.092
千分表 2	0	0.017	0.033	0.053	0.06	0.074	0.085	0.095	0.106

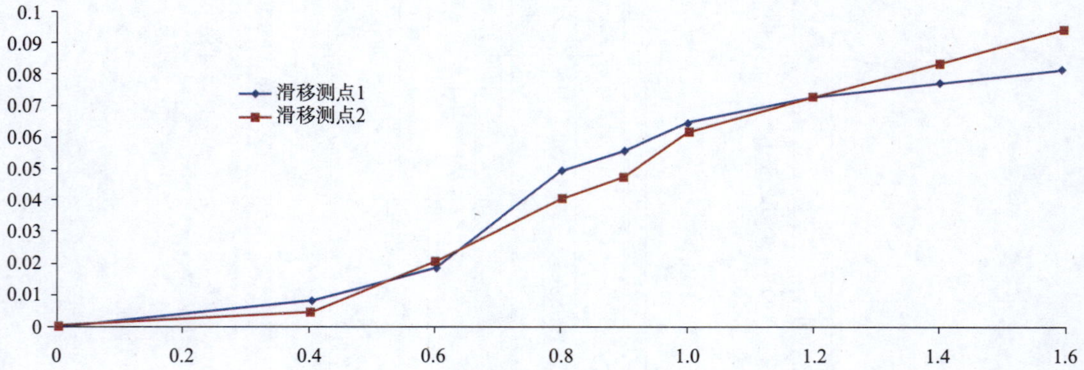

图 5-112　千分表随各工况的变化

由表 5-39 和图 5-112 可知:随着各工况荷载的增加千分表 1、千分表 2 的位移呈线性增长,且变化很小。该位移主要由主梁弹性压缩引起,表明各工况下混凝土和钢箱梁之间未发生滑移。

5.4.3.4　*破坏工况作用下的应力分析*

该模型在分级加载工况、超载工况等作用下均处于弹性状态,未发生破坏。为了进一步研究钢混结合段的破坏形态,对结构进行破坏工况的加载,变化情况如图 5-113～图 5-118 所示。

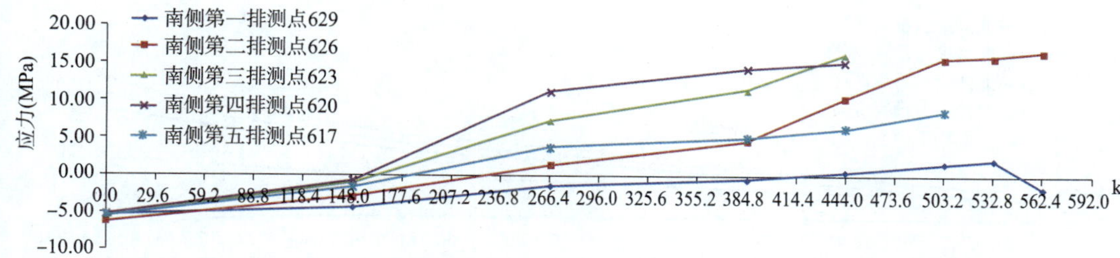

图 5-113　*A-A* 截面($Z=-840$)南侧顶板各测点应力随荷载的变化

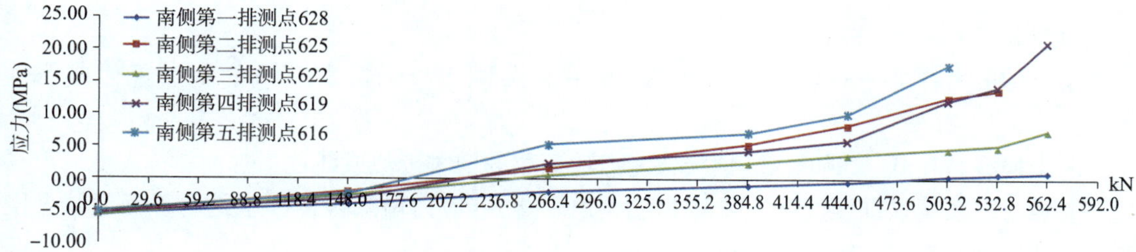

图 5-114　*B-B* 截面($Z=-540$)南侧顶板各测点应力随荷载的变化

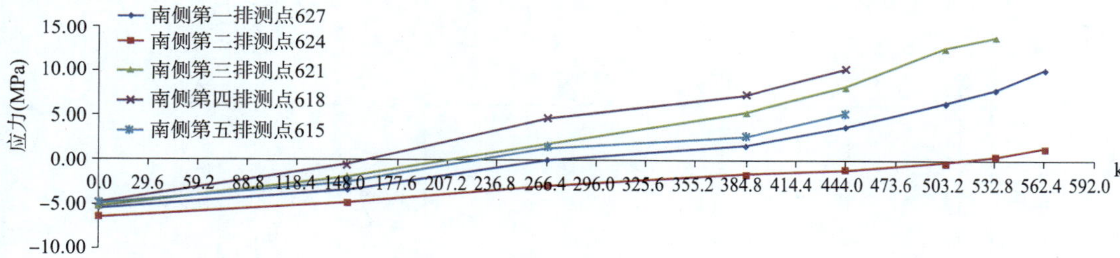

图 5-115　*C-C* 截面($Z=-240$)南侧顶板各测点应力随荷载的变化

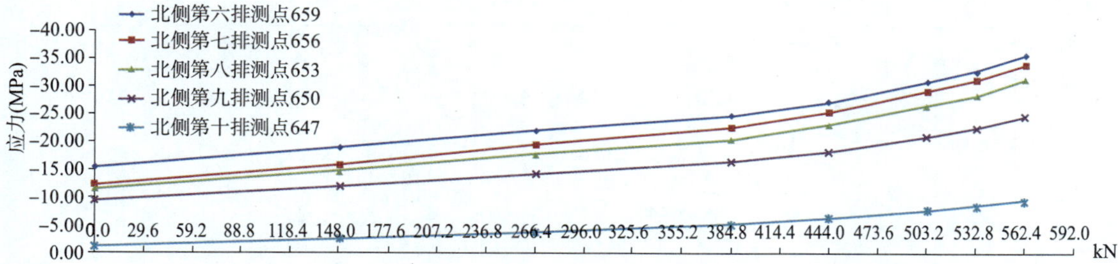

图 5-116　*A-A* 截面($Z=-840$)南侧底板各测点应力随荷载的变化

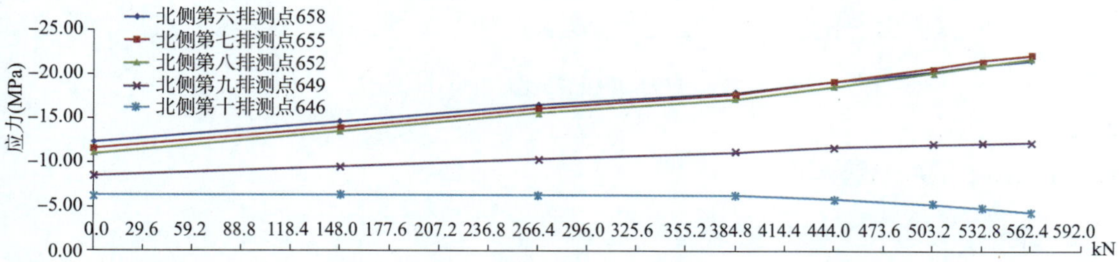

图 5-117　*B-B* 截面($Z=-540$)南侧底板各测点应力随荷载的变化

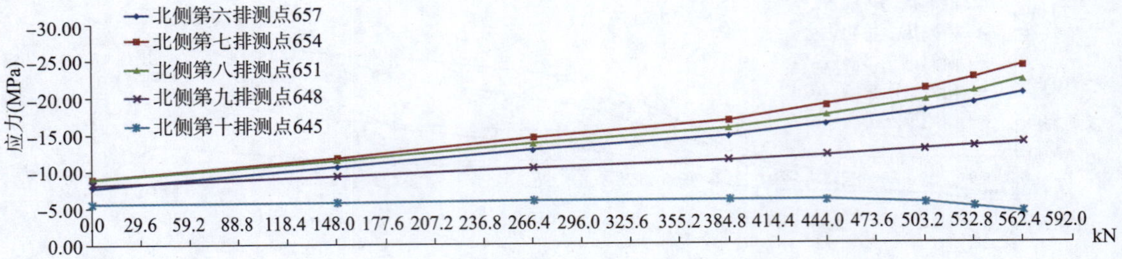

图 5-118　C-C 截面(Z=−240)南侧底板各测点应力随荷载的变化

由图 5-112～图 5-118 可知：

①当加载力在 0～384.8 kN 区间变化，底板各测点应力随着荷载的增加近似成线性增长。

②当加载力在 0～266.4 kN 顶板各测点随荷载的增大近似成线性增加。

③当荷载继续增加至 384.8 kN 时，结构出现塑性，应力增加缓慢。这是由于钢混结合段顶板局部出现开裂，导致应力重分布造成的。

④当荷载继续增加至 444 kN 时，测点应力急剧增加，数据失真。此时测点处混凝土发现裂缝，应力出现重分布，其他相邻测点应力相继失真，测点处混凝出现裂缝。如图 5-119 和图 5-120 所示。

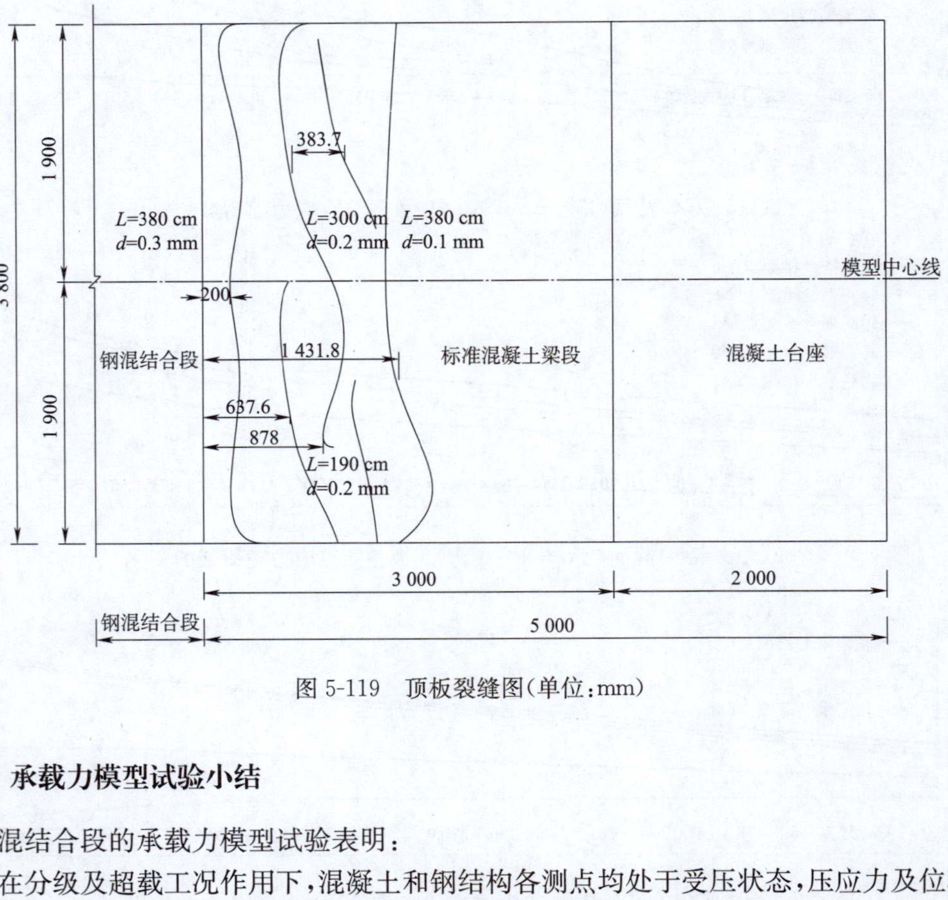

图 5-119　顶板裂缝图(单位：mm)

5.4.4　承载力模型试验小结

钢混结合段的承载力模型试验表明：

①在分级及超载工况作用下，混凝土和钢结构各测点均处于受压状态，压应力及位移近似呈线性增加趋势，混凝土和钢板之间未发生滑移，结合段区域整体变形平滑，应力传递平顺，结

图 5-120　边板裂缝

构的刚度和强度均表现为线弹性，结构安全可靠。

②混凝土和钢结构的横向应力变化平缓，剪力滞效应并不显著。

③钢结构经承压板后 1.5～2.5 m 距离，各测点应力水平急剧下降并趋于稳定，说明内力基本已传递均匀；当荷载继续增加至 384.8 kN(即附加破坏工况作用)时，结构出现塑性，钢混结合段局部出现开裂导致应力重分布，造成应力增加缓慢；当荷载继续增加至 444 kN 时，此时测点处混凝土发现裂缝，测点应力急剧增加，应力出现重分布。

5.5　钢混结合段疲劳模型试验

5.5.1　疲劳模型设计

如图 5-121～图 5-122 所示，试验模型设计及测点布置同 5.4 节，设计原则是控制截面相应部位应力与施工设计图结构相应部位应力等效。要求等效的控制截面有：

①76 号截面——钢混结合段左；

②81 号截面——斜拉索截面；

③85 号截面——钢与混凝土结合面；

④94 号截面——钢混结合段右。

模型在自重、预应力作用下基本可以实现图 5-122 中 4 个控制截面相应部位的恒载应力等效，但是仅通过 MTS 加载很难实现 4 个控制截面的活载应力幅同时等效，在实际计算时，保证钢梁与混凝土梁结合面的活载应力幅等效，尽量保证其他截面与施工图设计接近。

5.5.2　加　　载

5.5.2.1　加载方法

加载原则是使得试验模型尽可能与施工图设计节段相应部位应力等效，且优先保证相同构造下最大应力点与理论值等效。试验模型用预应力钢绞线的张拉力等效恒载力，MTS 仪器的加载力等效活载力。具体的加载布置如图 5-123～图 5-125 所示。

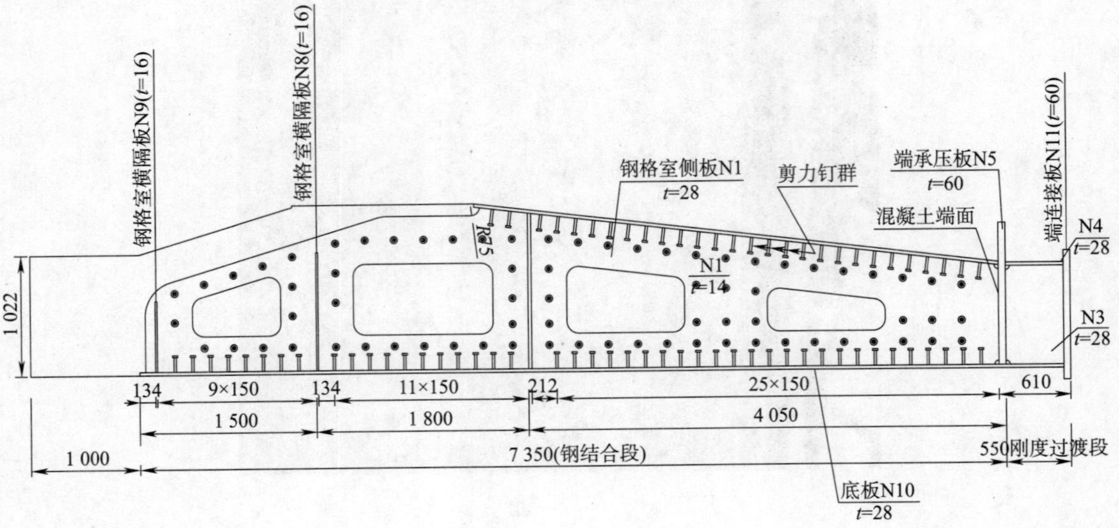

图 5-121　试验模型设计简图(单位:mm)

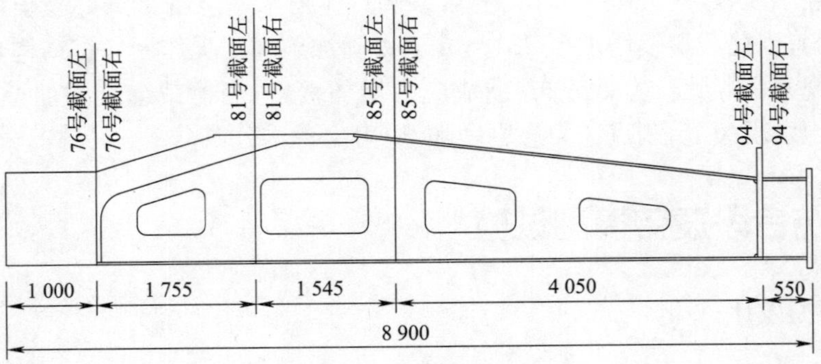

图 5-122　模型试验内力等效截面分布图(单位:mm)

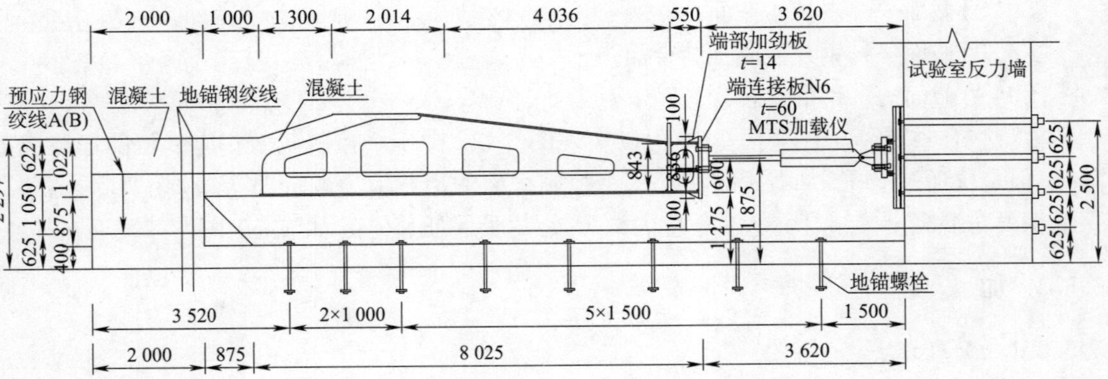

图 5-123　模型加载立面图(单位:mm)

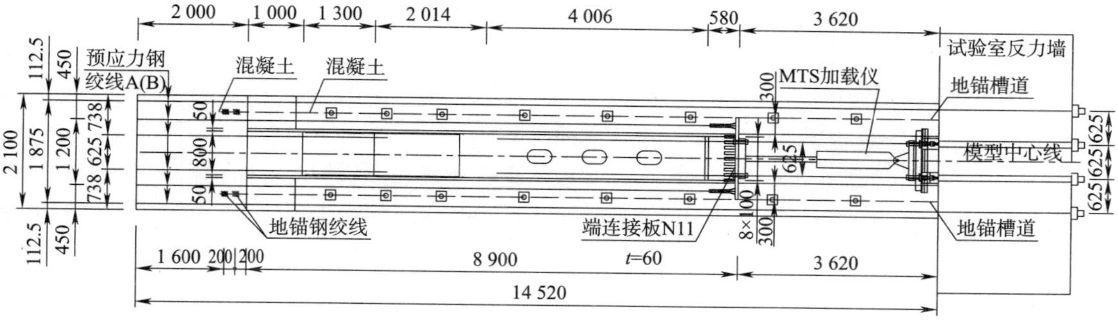

图 5-124　模型加载平面图(单位:mm)

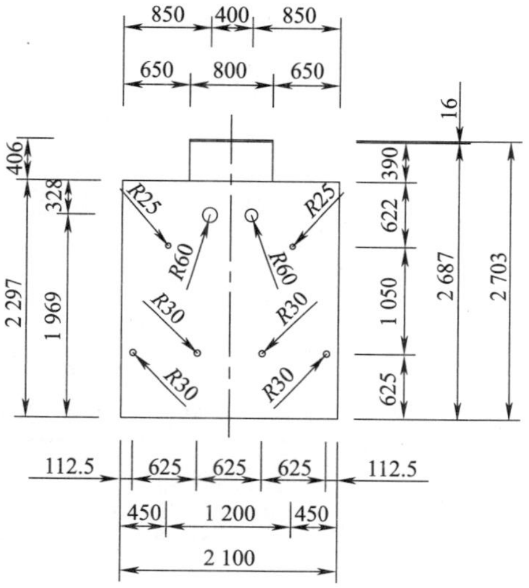

图 5-125　模型加载侧面图(单位:mm)

5.5.2.2　*加载荷载幅及加载次数*

根据 Miner 损伤度理论,确定疲劳加载荷载幅与加载次数的常用方法是首先得出考察点的应力影响线,用标准疲劳车进行影响线加载,得出考察点应力的时程曲线,由时程曲线得出标准疲劳车通过时的应力幅与相应的循环次数,根据设计基准期内标准疲劳车的运量,得出总的应力幅与总的循环次数,由 Miner 损伤度理论式(5-1)折算成相应次数的常幅应力循环。

$$\Delta\sigma_0=\left[\frac{\sum n_i(\Delta\sigma_i)^m}{n}\right]^{\frac{1}{m}} \tag{5-1}$$

式(5-1)是指在结构实用寿命期内,以 $\Delta\sigma_0$ 作为疲劳容许应力幅加载 n 次发生疲劳致伤,与若干个 $\Delta\sigma_i$,分别加载 D_i 次发生疲劳致伤的等效关系。中国铁路桥梁规范中没有关于疲劳计算的标准疲劳车及相应的运量,保守考虑,年运量按 2 700 万 t 计算。

按每年 2 700 万 t 交通量计算,桥梁运营 100 年,发生总的循环次数为 27 000 000/[(92×14+(23×6)]×100=1 893 408 次,取 200 万次。上限荷载为 1 597.76 kN(压力),下限荷载为 118 kN(拉力)。

5.5.2.3　*加载顺序*

试验模型安装完毕后,先对模型进行预加载,反复数次之后,进行疲劳上限荷载的静载试验,静载试验加载亦采用 MTS 分级加载。静载试验完成后依次进行 1 万、2 万、5 万、10 万、10

万次之后按10万次递增的次数疲劳加载，每完成一定次数疲劳加载之后再进行静载试验，待验证试验完成后，根据模型具体情况决定是否继续加载。

钢混结合段疲劳试验分为两个阶段，分别为疲劳验证试验和疲劳破坏试验。疲劳验证试验采用常幅正弦波荷载，疲劳荷载上限值为－1 597.76 kN(压力)，下限值为118 kN(拉力)。疲劳验证试验阶段共加载200万次，为监测各测点的应力，在疲劳加载过程中共停机14次，进行静载测试。由于在疲劳试验验证阶段结构没有破坏，故在本试验阶段加大荷载幅度，进行破坏试验。疲劳试验破坏阶段仍采用常幅正弦波荷载，疲劳荷载上限值－2 400 kN(压力)，下限值180 kN(拉力)。疲劳荷载幅为2 580 kN，约为该桥设计活荷载的1.5倍。疲劳破坏试验阶段共加载100万次，在疲劳破坏加载过程中共停机6次，进行静载测试。

5.5.3 钢格室疲劳模型试验结果分析

5.5.3.1 *疲劳验证试验实测数据分析*

由前述数据可知应力较大的点集中在焊接部位、截面消弱部位、顶底板第一二排剪力钉部位、承压板部位，现将主要对这几处应力按应力随疲劳次数变化进行对比分析。

1. 关键截面疲劳应力数据分析

(1)关键截面疲劳位置与测点关系

表5-40列出各关键截面及疲劳应力变化较大点与测点号之间的对应关系。

表5-40 钢箱梁关键截面疲劳位置的测点编号

位置		测点号
94号截面	顶板	2011～2015
	底板	2114～2118
85号截面	顶板	2053～2057
	底板	2139～2143
	侧板	2084～2088
81号截面	底板	2149～2151
	侧板	2093～2096
76号截面	底板	2169～2173

(2)94号截面各点的应力变化(图5-126～图5-129)

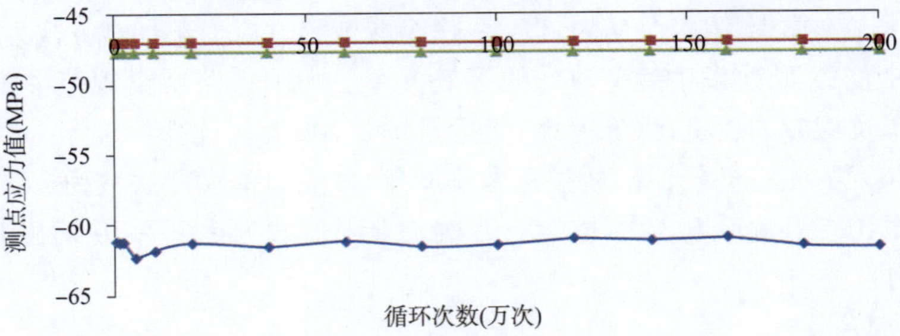

图5-126 2011测点应力随疲劳次数变化图

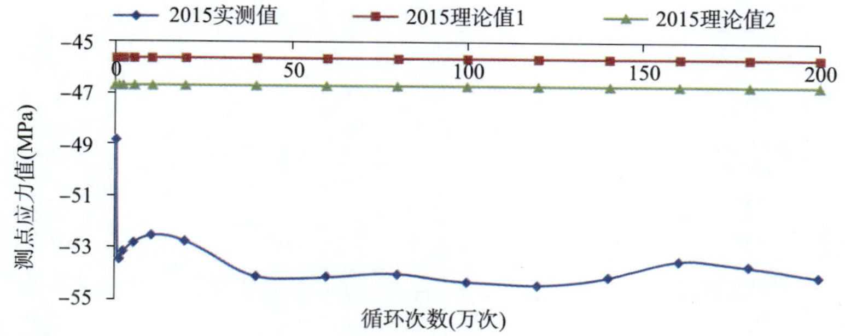

图 5-127　2015 测点应力随疲劳次数变化图

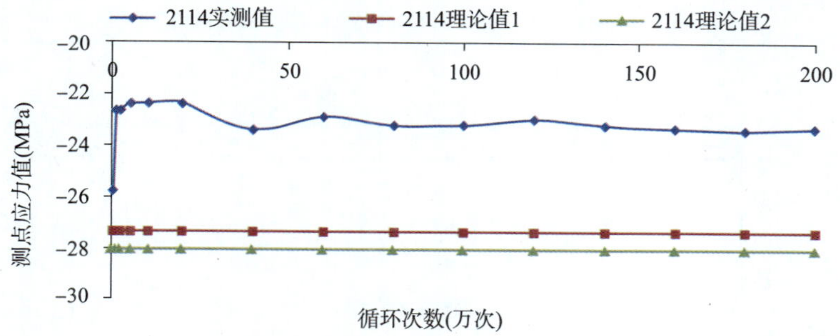

图 5-128　2114 测点应力随疲劳次数变化图

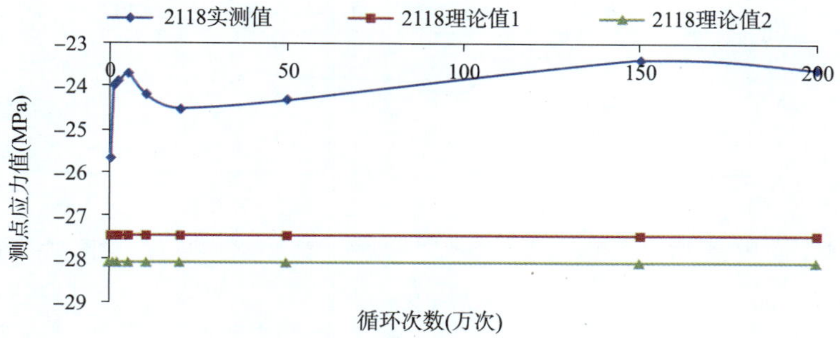

图 5-129　2118 测点应力随疲劳次数变化图

(3)85 号截面各点的应力变化(图 5-130～图 5-135)

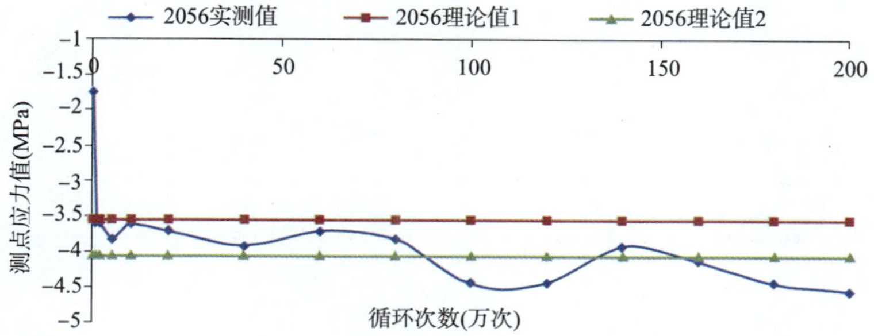

图 5-130　2056 测点应力随疲劳次数变化图

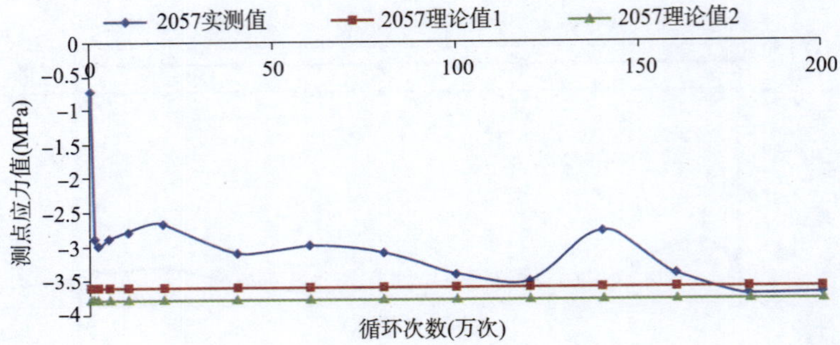

图 5-131 2057 测点应力随疲劳次数变化图

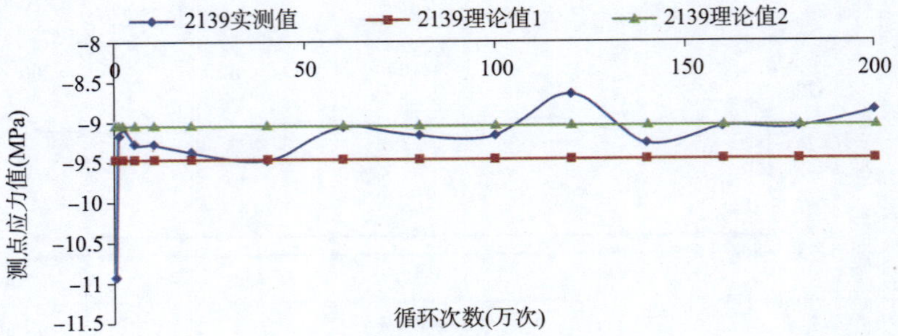

图 5-132 2139 测点应力随疲劳次数变化图

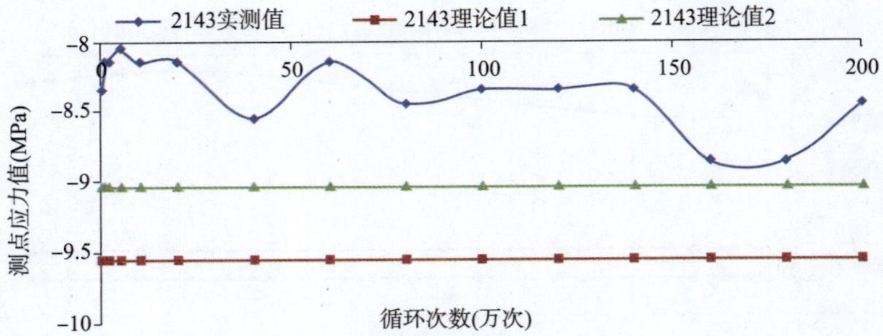

图 5-133 2143 测点应力随疲劳次数变化图

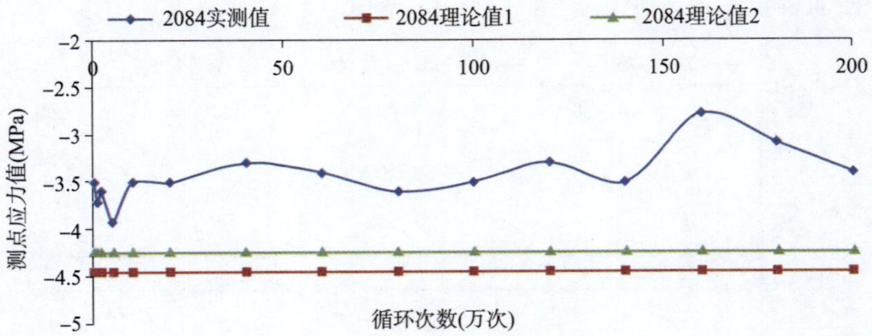

图 5-134 2084 测点应力随疲劳次数变化图

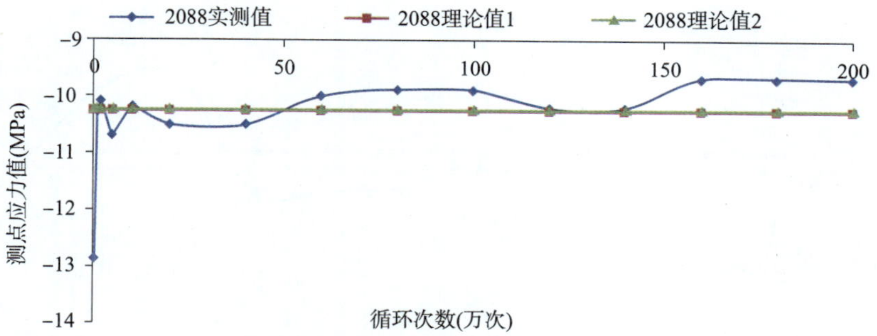

图 5-135　2088 测点应力随疲劳次数变化图

(4)81 号截面各点的应力变化(图 5-136～图 5-141)

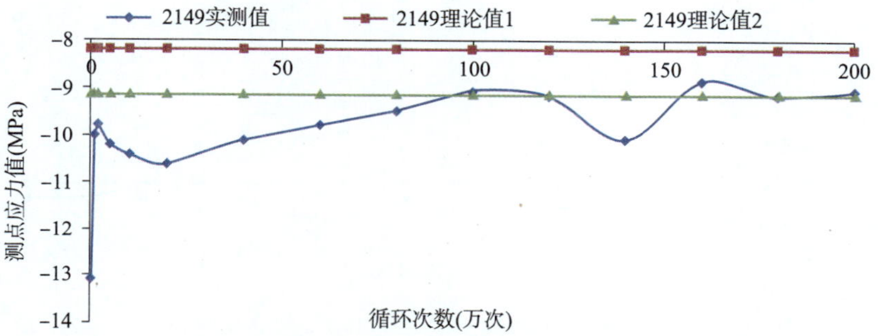

图 5-136　2149 测点应力随疲劳次数变化图

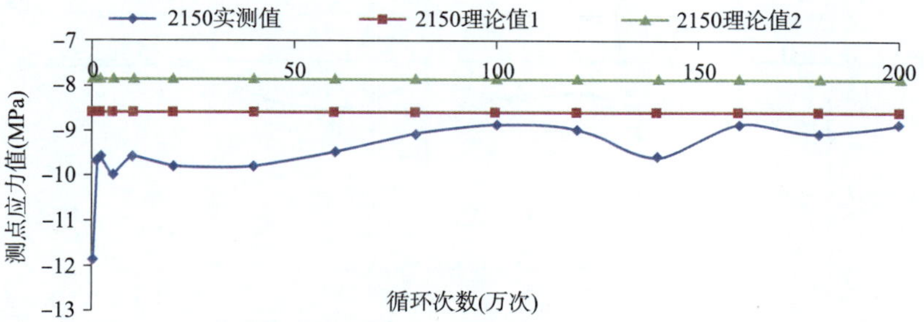

图 5-137　2150 测点应力随疲劳次数变化图

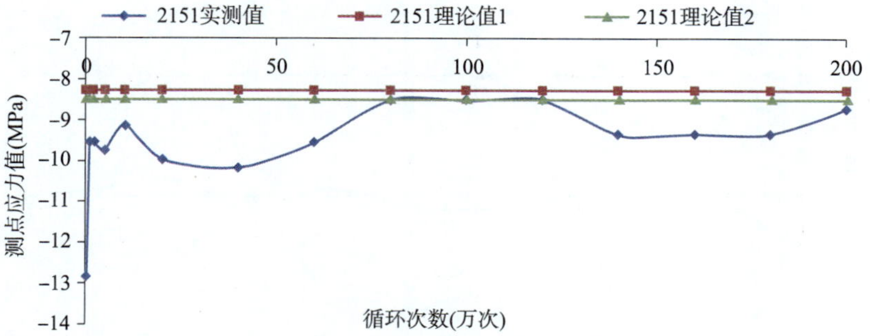

图 5-138　2151 测点应力随疲劳次数变化图

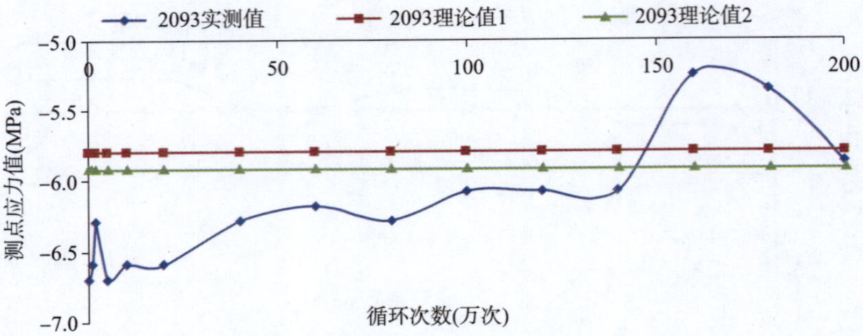

图 5-139　2093 测点应力随疲劳次数变化图

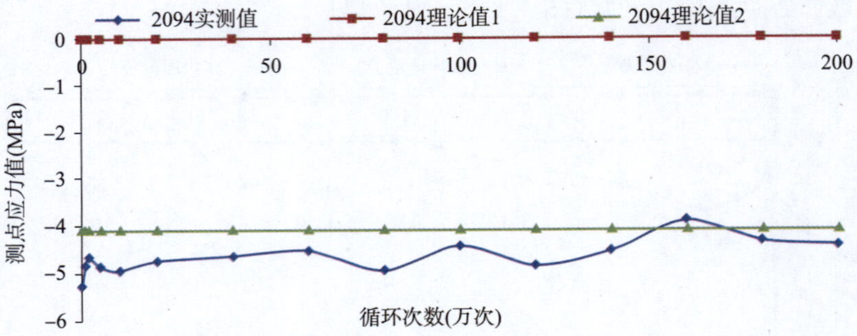

图 5-140　2094 测点应力随疲劳次数变化图

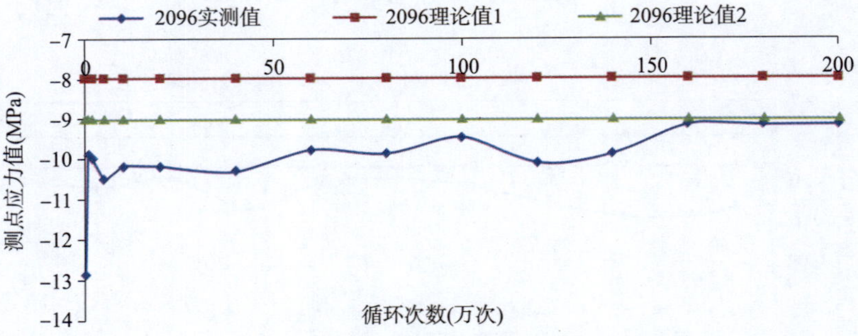

图 5-141　2096 测点应力随疲劳次数变化图

(5)76 号截面各点的应力变化(图 5-142 和图 5-143)

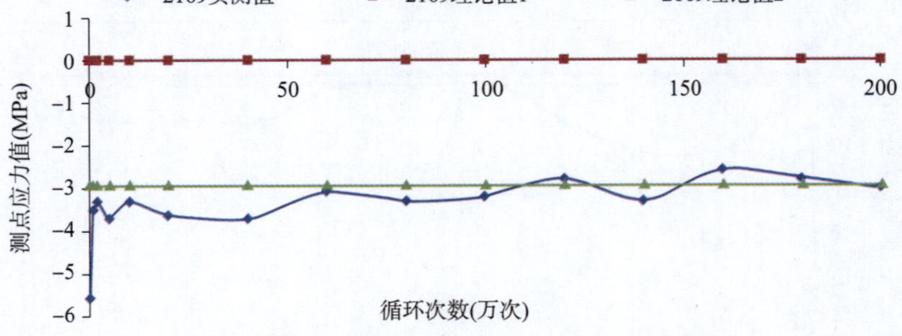

图 5-142　2169 测点应力随疲劳次数变化图

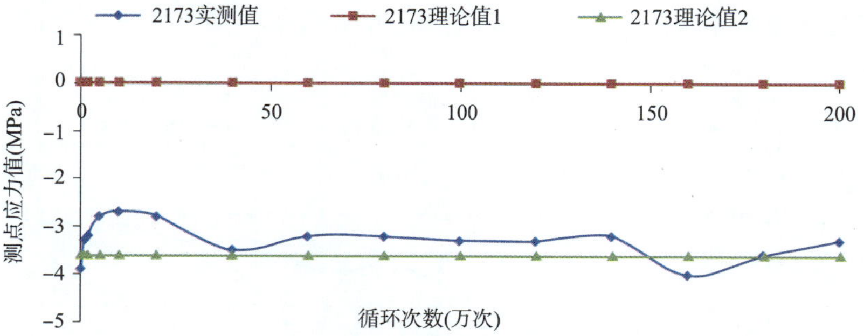

图 5-143　2173 测点应力随疲劳次数变化图

通过图 5-126～图 5-143 进行分析，可以看到，在疲劳循环进行到 200 万次之前，即疲劳验证试验阶段，各测点应力值随疲劳循环次数的增加基本保持不变，并且与模型计算应力值相差不大，即试验模型在疲劳循环进行到 200 万次时仍保持在弹性工作阶段。

2. 焊接部位疲劳应力数据分析

(1)钢混结合段模型钢箱梁焊缝部位

主要焊缝及对应测点号见表 5-41。

表 5-41　钢箱梁焊缝部位测点位置及编号

焊缝位置	测点位置	测　点　号
钢格室顶板与承压板焊缝	钢格室顶板	2016～2020
钢格室顶板与侧板焊缝	钢格室侧板	2063、2067、2071、2075、2080、2084
	钢格室顶板	2020、2025、2029、2034、2038、2043、2047、2052、2057
钢格室底板与侧板焊缝	钢格室侧板	2066、2070、2074、2079、2083、2088、2092、2096、2100、2103、2106
	钢格室底板	2123、2128、2133、2138、2143、2148、2153、2158、2163、2168

(2)钢格室顶板与承压板焊接处

①钢格室顶板与承压板焊接处及其测点号，如图 5-144 所示。

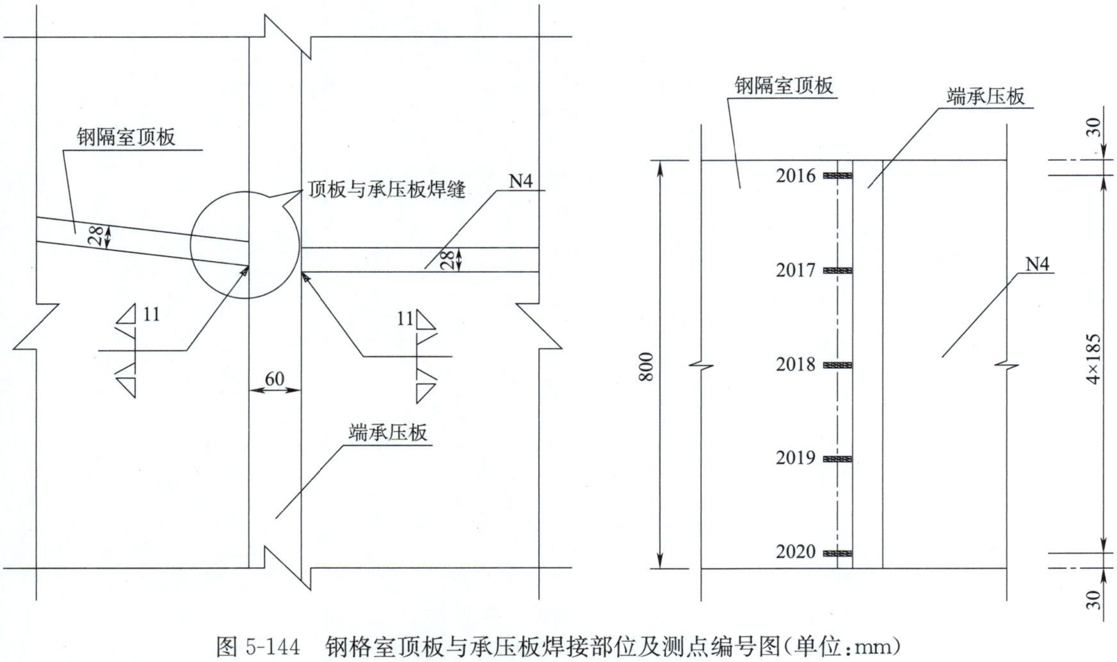

图 5-144　钢格室顶板与承压板焊接部位及测点编号图(单位：mm)

②钢格室顶板与承压板连接焊缝处各测点在疲劳荷载作用下应力变化曲线，如图 5-145 和图 5-146 所示。

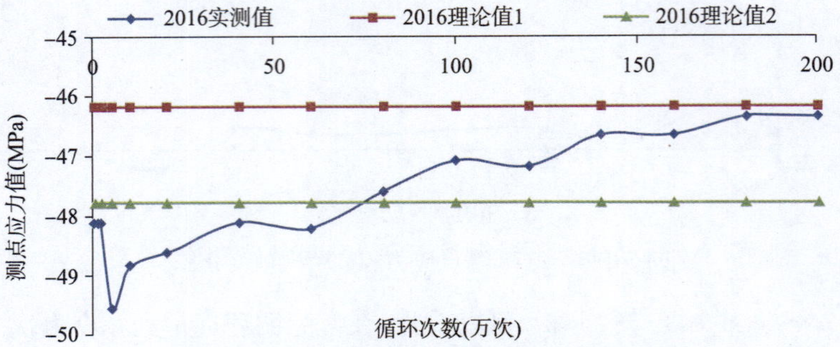

图 5-145　2016 测点应力随疲劳次数变化图

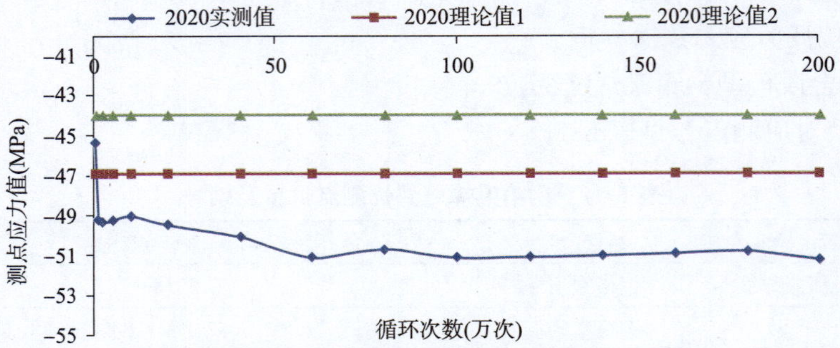

图 5-146　2020 测点应力随疲劳次数变化图

③测点 2016 在疲劳荷载作用下随疲劳次数的增加应力值呈减小状态，应力值基本在－46～－49 MPa 内，且在两种理论计算值之间，应力的波动可能由于温度变化等原因引起。

(3)钢格室顶板与钢格室侧板焊接处

①钢格室顶板与钢格室侧板焊接处及其测点号，如图 5-147～图 5-149 所示。

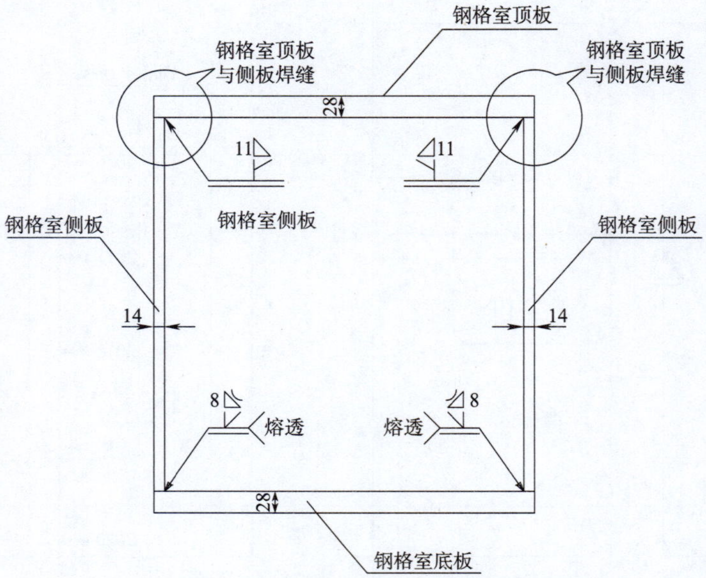

图 5-147　钢格室顶板与侧板焊接部位图(单位:mm)

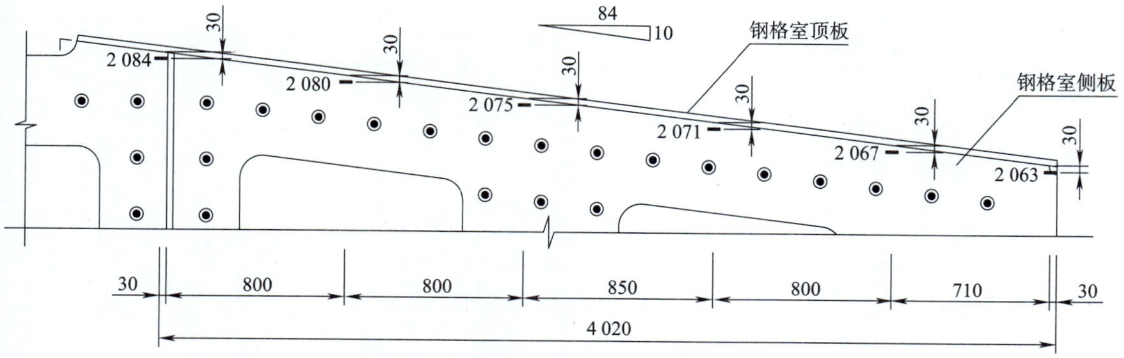

图 5-148 钢格室顶板与侧板焊接部位侧板测点编号图(单位:mm)

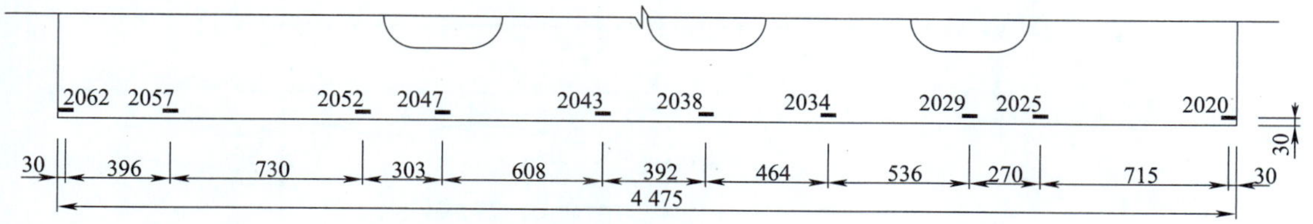

图 5-149 钢格室顶板与侧板焊接部位顶板测点编号图(单位:mm)

②钢格室顶板与侧板连接焊缝处各测点在疲劳荷载作用下的应力变化曲线,如图 5-150～图 5-154 所示。

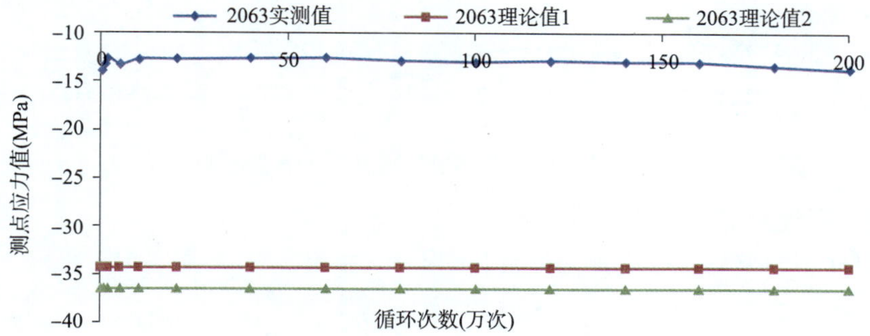

图 5-150 2063 测点应力随疲劳次数变化图

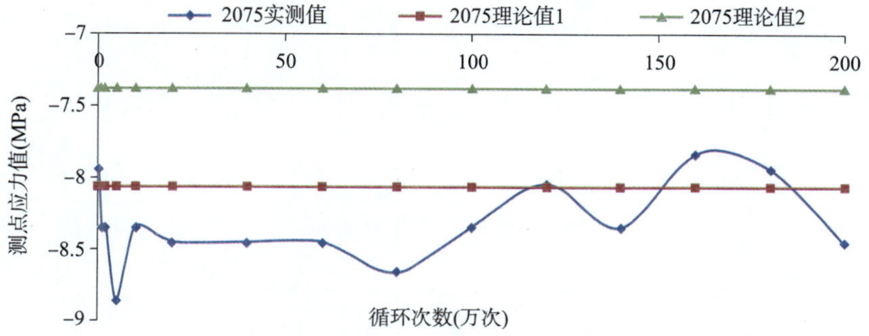

图 5-151 2075 测点应力随疲劳次数变化图

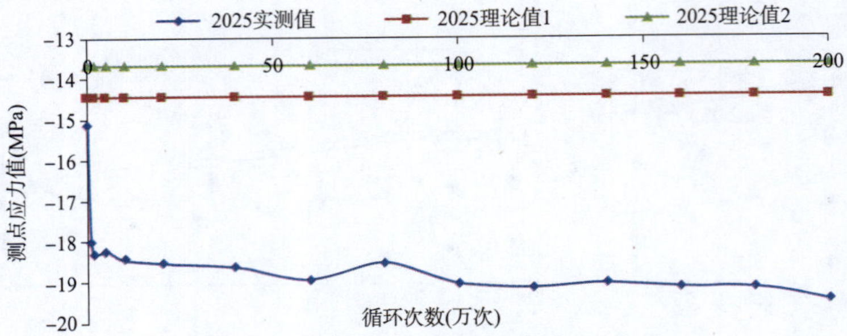

图 5-152　2025 测点应力随疲劳次数变化图

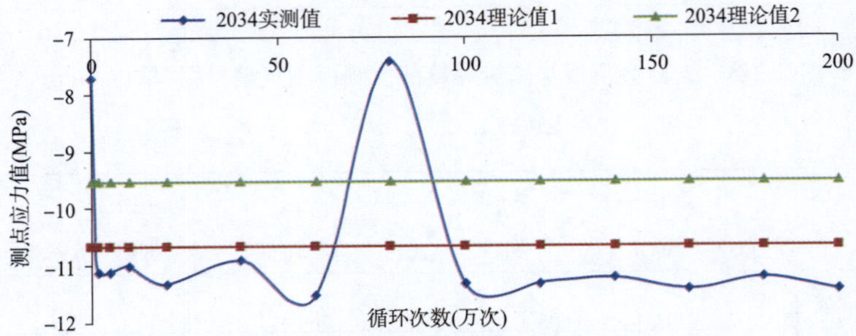

图 5-153　2034 测点应力随疲劳次数变化图

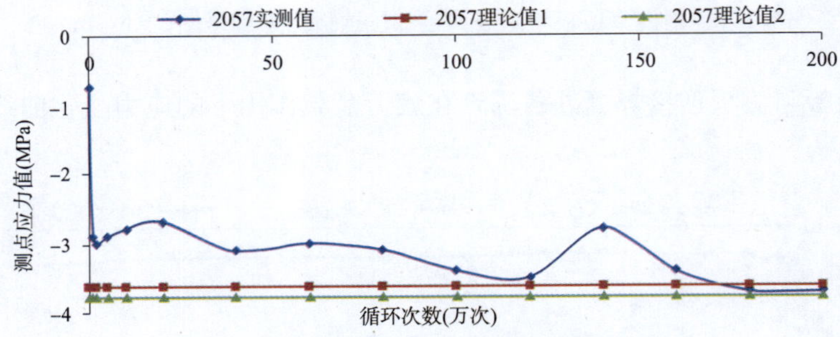

图 5-154　2057 测点应力随疲劳次数变化图

(4)钢格室底板与钢格室侧板焊接处

①钢格室底板与钢格室侧板焊接处及其测点号,如图 5-155～图 5-157 所示。

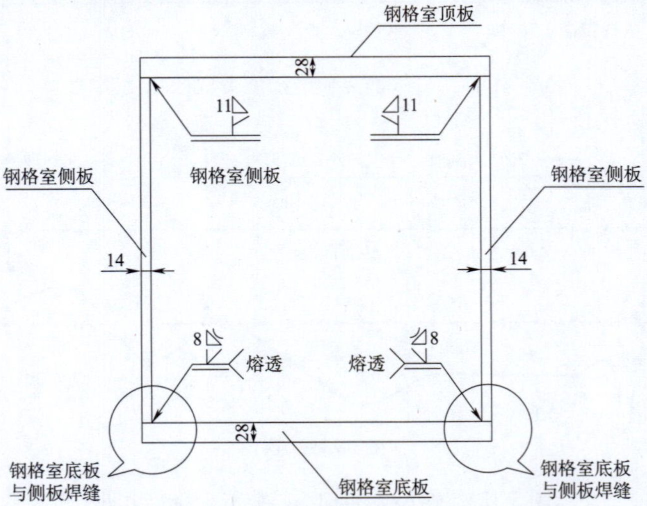

图 5-155　钢格室底板与侧板焊接部位图(单位:mm)

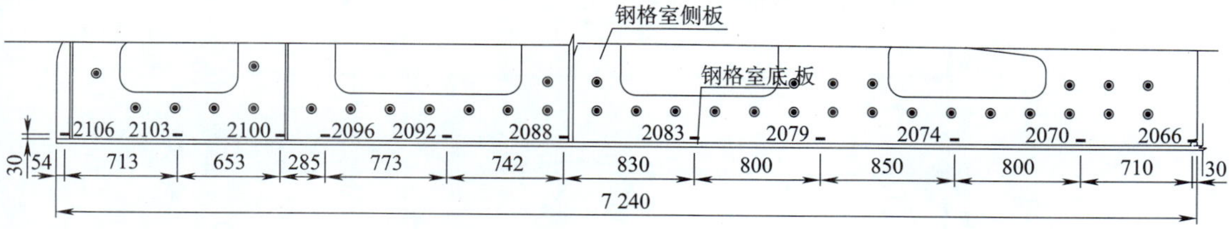

图 5-156　钢格室底板与侧板焊接部位侧板测点编号图(单位:mm)

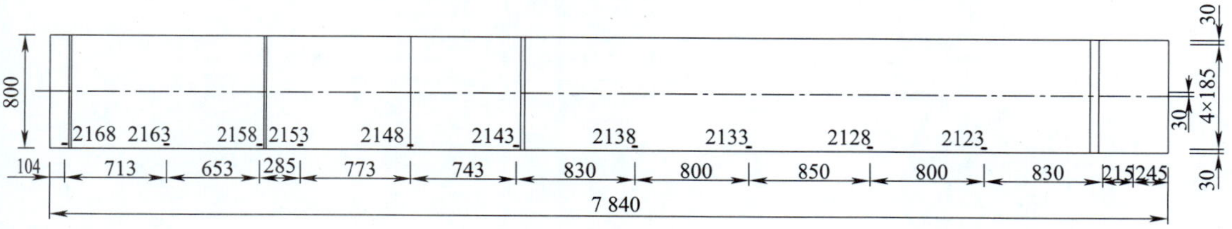

图 5-157　钢格室底板与侧板焊接部位底板测点编号图(单位:mm)

②钢格室底板与钢格室侧板连接焊缝处各测点在疲劳荷载作用下应力变化曲线,如图 5-158～图 5-162 所示。

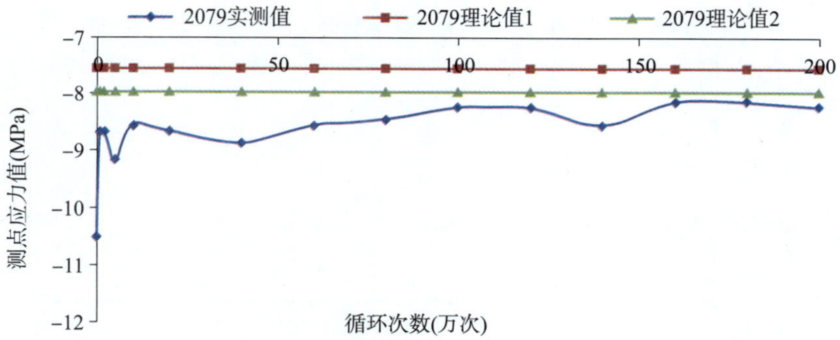

图 5-158　2079 测点应力随疲劳次数变化图

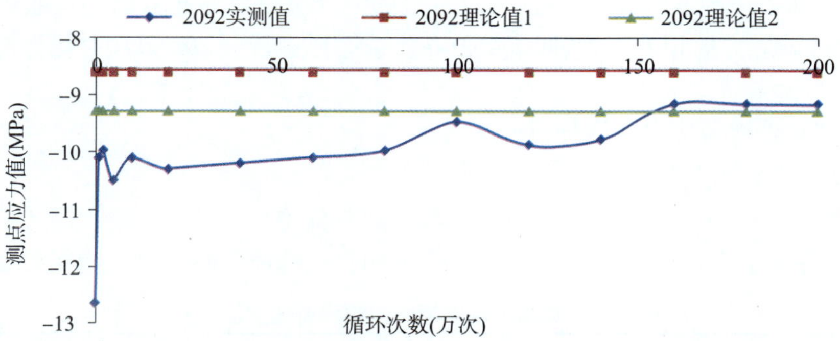

图 5-159　2092 测点应力随疲劳次数变化图

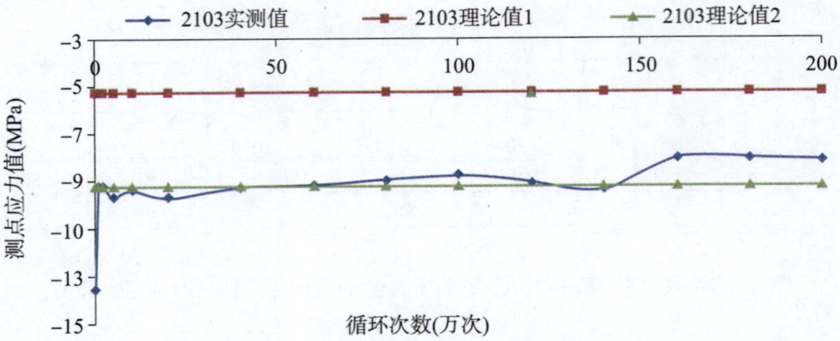

图 5-160 2103 测点应力随疲劳次数变化图

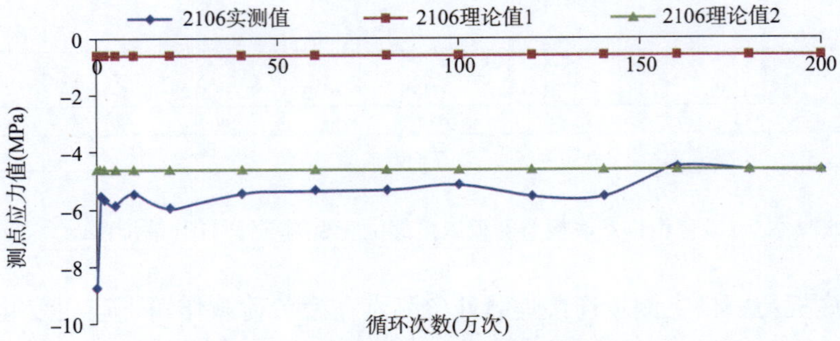

图 5-161 2106 测点应力随疲劳次数变化图

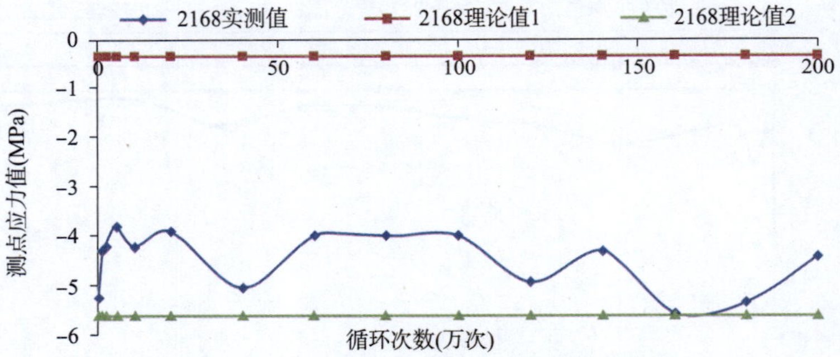

图 5-162 2168 测点应力随疲劳次数变化图

由图 5-145～图 5-146、图 5-150～图 5-154 及图 5-158～图 5-162 可知，疲劳循环进行到 200 万次之前，即疲劳验证阶段，各焊缝连接部分的测点应力值随疲劳循环次数的增加基本不变，且与模型计算应力值相差不大，即该部位在疲劳循环进行到 200 万次时仍保持在弹性工作阶段。

3. 截面削减处疲劳应力数据分析

(1)钢箱梁截面削减部位

在有限元模型计算中结构顶板和腹板在截面削减处也表现出相较削减部位应力值偏大，这些部位也是结构疲劳应力重点考察部位。顶板和腹板截面削减处对应测点号见表 5-42。

表 5-42 钢箱梁截面削减部位测点位置及编号

截面削减位置	对应硬点号
钢格室顶板	2027、2028、2036、2037、2045、2046
钢格室侧板	2072、2073、2081、2082、2090、2091、2101、2102

(2)钢格室顶板截面削弱处

①为了方便混凝土的灌注，在钢格室顶板开了一些灌浆孔，钢格室顶板灌浆孔分布及孔洞周围测点位置及其测点编号如图5-163所示。

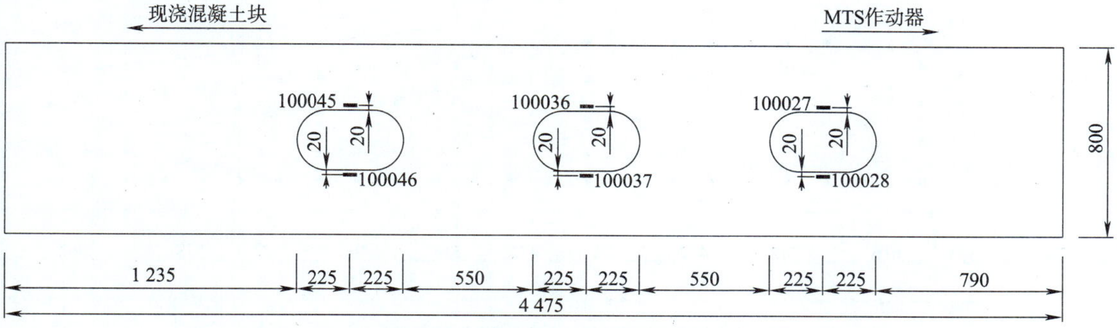

图5-163　钢格室顶板截面削弱及测点编号图(单位：mm)

②钢格室顶板截面削弱处各测点在疲劳荷载作用下应力变化曲线，如图5-164～图5-166所示。

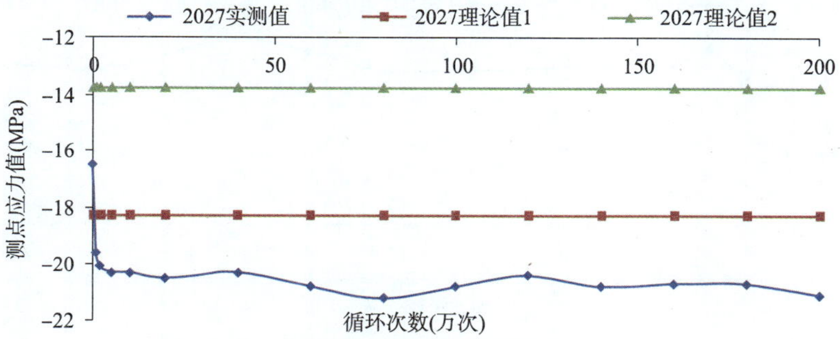

图5-164　2027测点应力随疲劳次数变化图

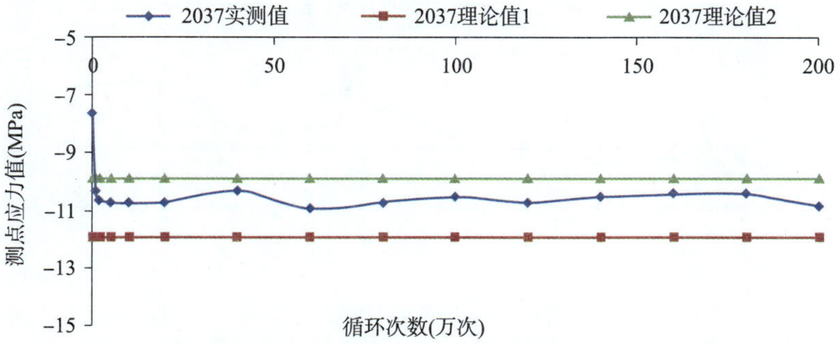

图5-165　2037测点应力随疲劳次数变化图

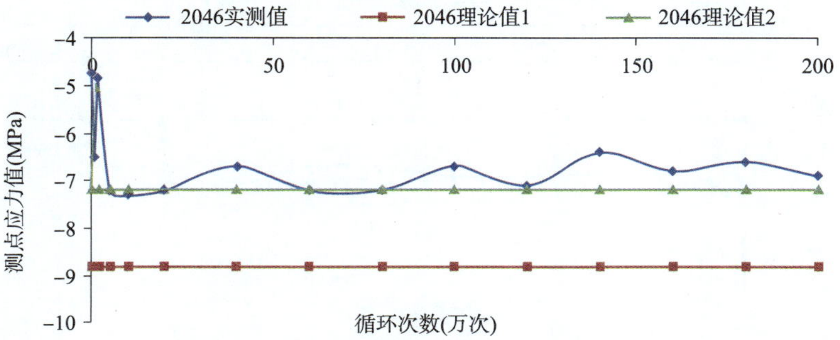

图5-166　2046测点应力随疲劳次数变化图

(3)钢格室侧板孔洞

①为了方便各格室之间混凝土的流动，在钢格室侧板开了一些孔洞，钢格室侧板孔洞分布及孔洞测点编号，如图 5-167 所示，其中 2082 号测点损坏。

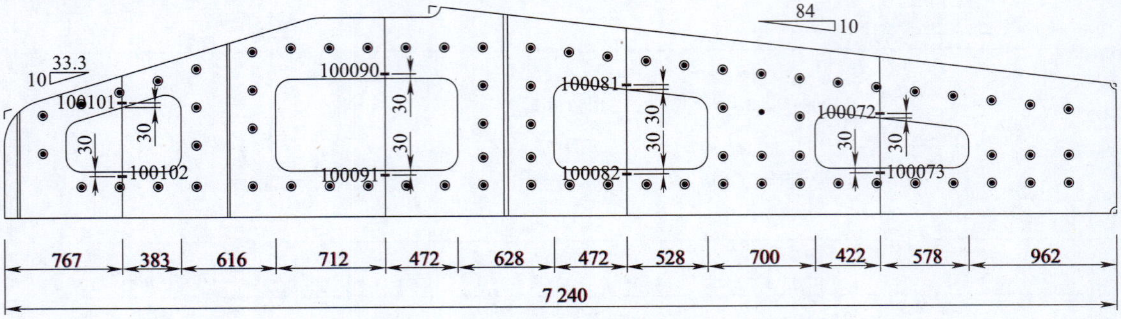

图 5-167　钢格室侧板截面削弱及测点编号图(单位:mm)

②钢格室侧板截面削弱处各测点在疲劳荷载作用下应力变化曲线，如图 5-168～图 5-170 所示。

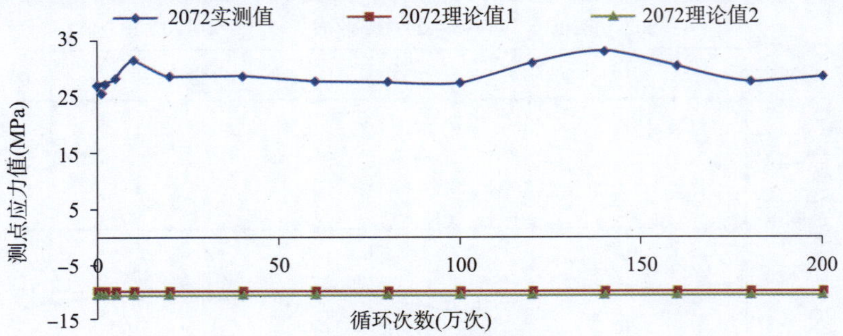

图 5-168　2072 测点应力随疲劳次数变化图

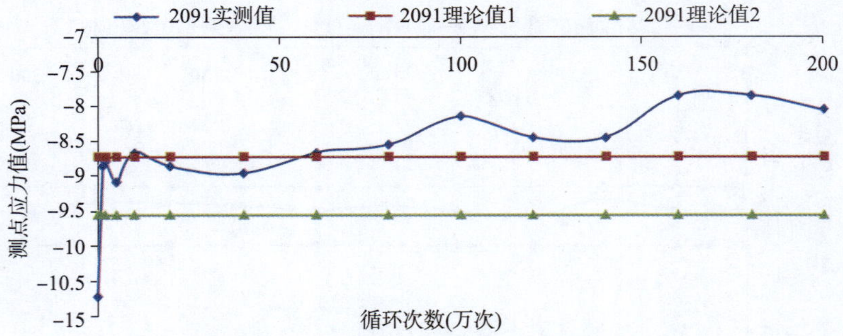

图 5-169　2091 测点应力随疲劳次数变化图

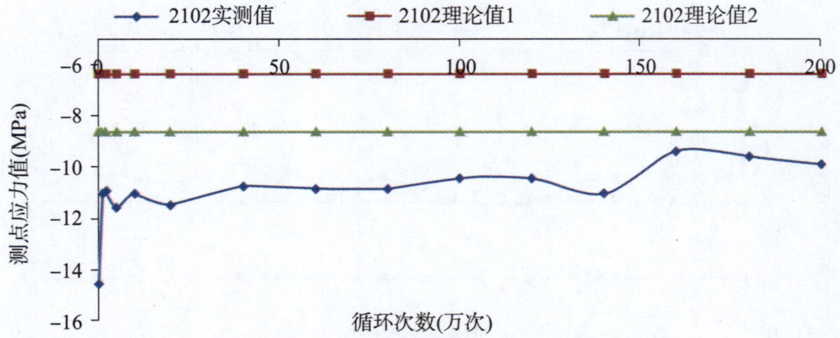

图 5-170　2102 测点应力随疲劳次数变化图

由图 5-164～图 5-166 和图 5-168～图 5-170 可知，疲劳循环进行到 200 万次之前，即疲劳验证阶段，截面削减处各测点的应力值随疲劳循环次数的增加基本不变，且与模型计算应力值相差不大，即该部位在疲劳循环进行到 200 万次时仍保持在弹性工作阶段。

4. 剪力钉、PBL 剪力键应力数据分析

①应力较大测点编号。

对存在群钉效应的剪力钉和应力值较大的 PBL 剪力键进行分析，测点编号见表 5-43。

表 5-43　顶底板剪力钉、PBL 剪力键应力较大测点编号

测点位置	对应测点号
底板剪力钉	327～328、330～331、333～334、336～337
顶板剪力钉	381～382、384～385、387～388、390～391
PBL 剪力键	423、428、429、432、434

②底板剪力钉测点在疲劳荷载作用下应力变化、顶板剪力钉测点在疲劳荷载作用下应力变化、PBL 剪力键应力变化分布，如图 5-171～图 5-176 所示。

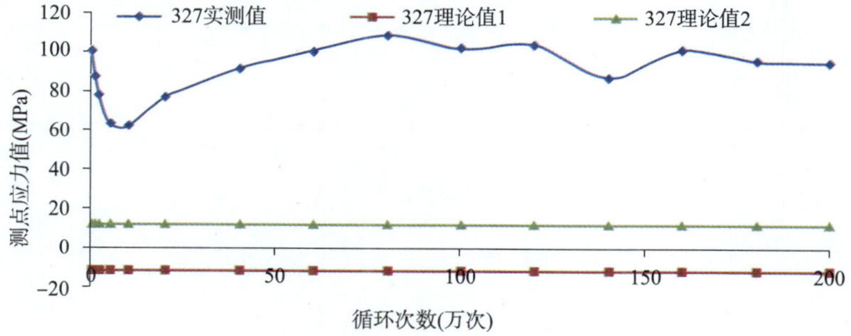

图 5-171　327 测点应力随疲劳次数变化图

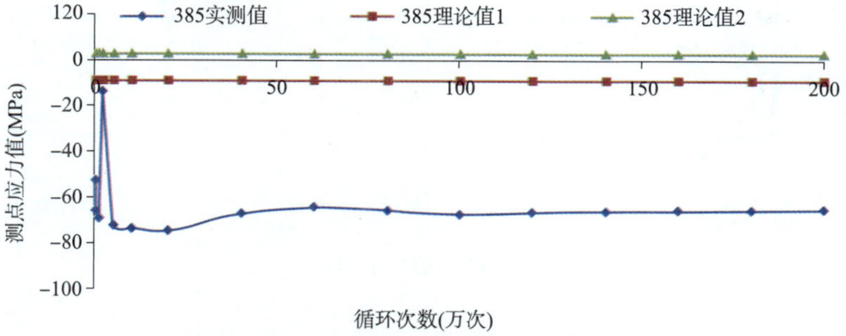

图 5-172　385 测点应力随疲劳次数变化图

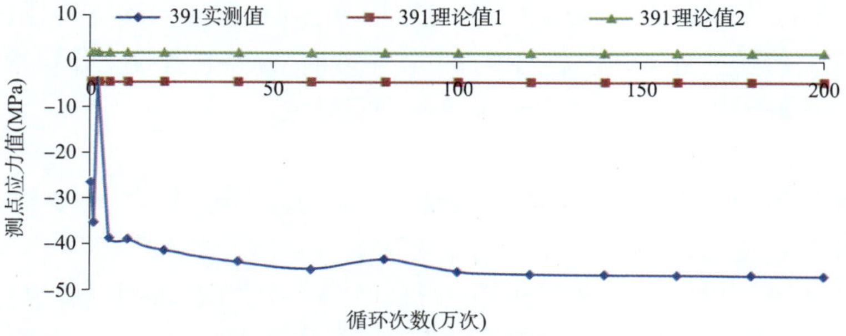

图 5-173　391 测点应力随疲劳次数变化图

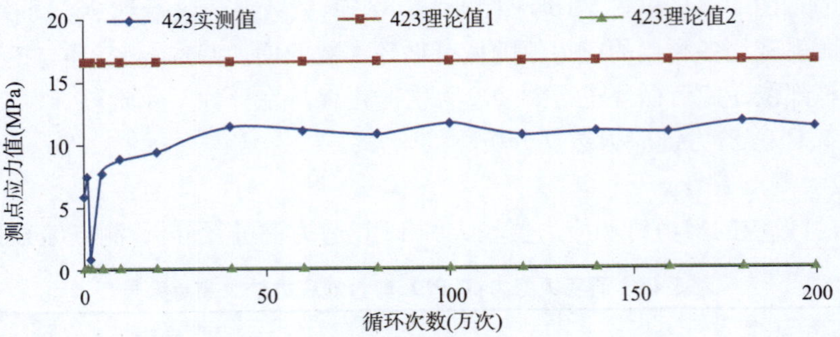

图 5-174　423 测点应力随疲劳次数变化图

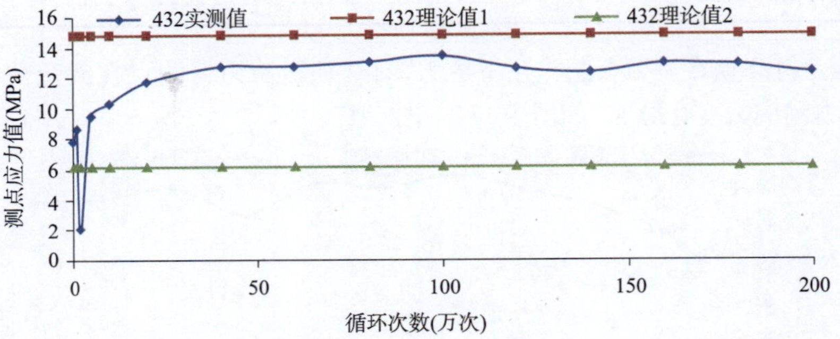

图 5-175　432 测点应力随疲劳次数变化图

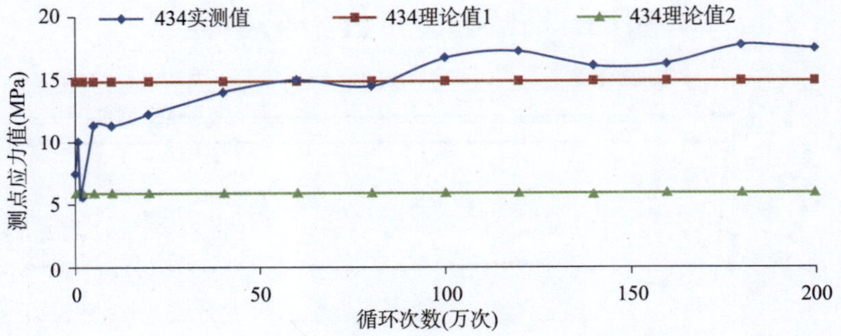

图 5-176　434 测点应力随疲劳次数变化图

由图 5-171～图 5-176 可知，疲劳循环进行到 200 万次之前，即疲劳验证阶段，各剪力钉、PBL 剪力键测点的应力值随疲劳循环次数的增加基本不变，仍保持在弹性工作阶段。顶、底板剪力钉实测值较计算值略偏大，系该处混凝土浇筑不密实导致。

5. 承压板应力数据分析

从承压板第一主应力实测值和计算值可以看出应力较大测点编号主要为 2189～2210，其应力值随疲劳次数的变化，如图 5-177、图 5-178 所示。

由图 5-177 和图 5-178 可知：疲劳循环进行到 200 万次之前，各测点应力值随疲劳循环次数的增加基本不变，仍保持在弹性工作阶段；承压板部分测点主拉应力实测值较计算值偏大，系该处混凝土浇筑不密实导致。

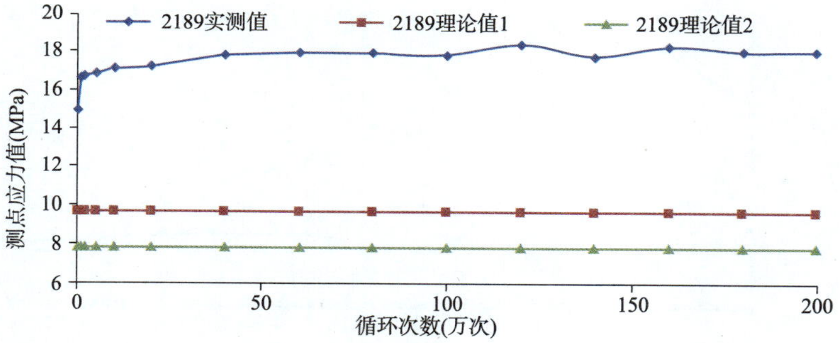

图 5-177　2189 测点第一主应力随疲劳次数变化图

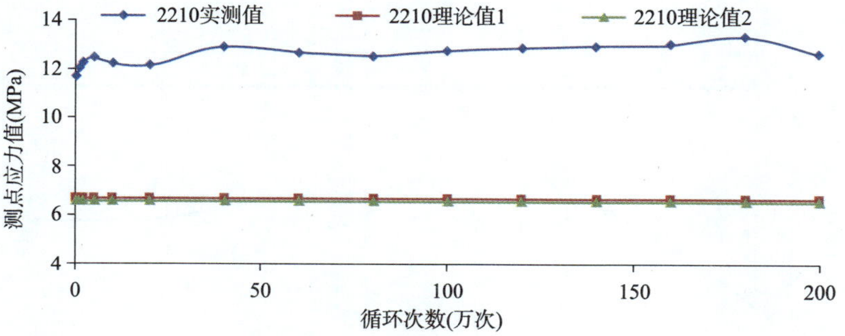

图 5-178　2210 测点第一主应力随疲劳次数变化图

5.5.3.2　*疲劳破坏试验实测数据分析*

1. 疲劳破坏试验应力变化较大位置点

疲劳破坏试验阶段一部分测点实测值发生较大变化，现将结构各部分实测值变化较大点列出进行比较，应力变化较大的测点见表 5-44。

表 5-44　疲劳破坏试验应力变化较大测点号

位　　置	测 点 号
钢混结合段侧板	2072
过渡段底板	2107～2113
钢混结合段底板	2116～2118
底板剪力钉	2327、2331、2334
顶板剪力钉	2381～2386、2391～2395
PBL 剪力键	2432、2434～2435、2440～2441
承压板	2189、2195、2198
横隔板	2246、2264、2273、2282、2324

对这些变化较大点应力作散点图进行分析，其中测点 2384、2392 损坏未列出。

2. 钢结构部分破坏试验阶段数据分析

钢混结合段疲劳试验在破坏试验阶段钢结构侧板、底板都出现应力变化较大的测点，图 5-179～图 5-183 分别为钢混结合段侧板测点、底板测点应力变化历程图。

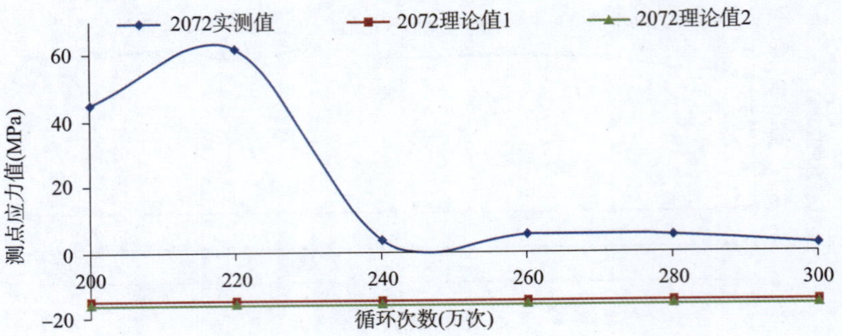

图 5-179　2072 测点应力随疲劳次数变化图

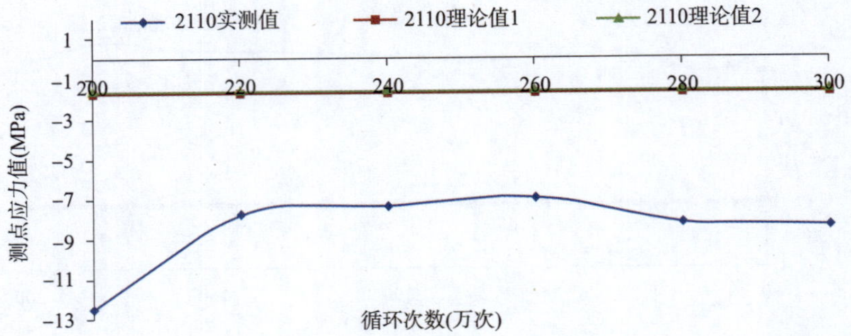

图 5-180　2110 测点应力随疲劳次数变化图

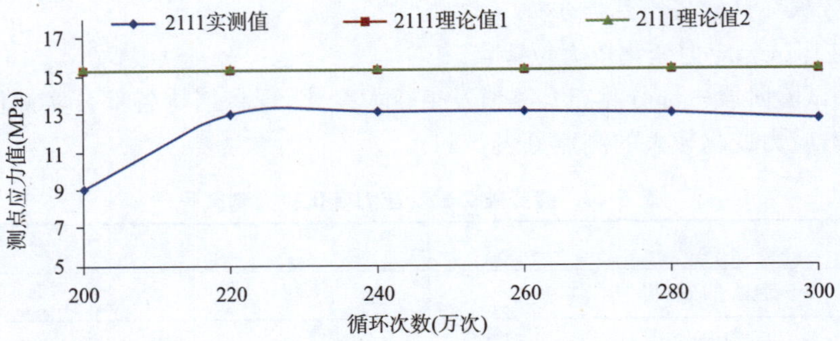

图 5-181　2111 测点应力随疲劳次数变化图

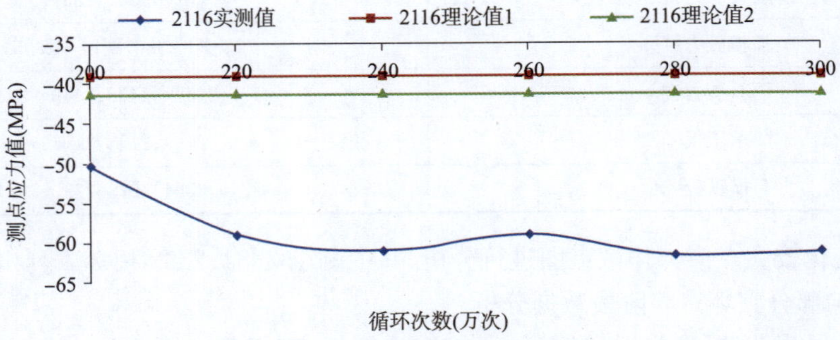

图 5-182　2116 测点应力随疲劳次数变化图

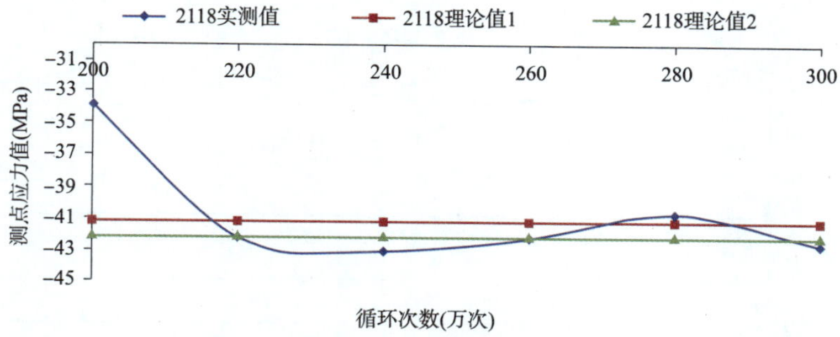

图 5-183　2118 测点应力随疲劳次数变化图

从图 5-179～图 5-183 可知：当疲劳次数为 220 万次时，测点出现了应力重分布现象，220 万次后实测应力趋于稳定；侧板变化处的测点位于开孔边缘，底板变化处的测点位于加载板和承压板的焊缝处，系钢板和混凝土梁之间滑移所致。

3. 剪力钉、PBL 剪力键破坏试验阶段数据分析

钢混结合段疲劳试验在破坏试验阶段顶板剪力钉、PBL剪力键都出现应力变化较大的点，这些测点在疲劳破坏试验中的应力变化情况如图 5-184～图 5-189 所示。

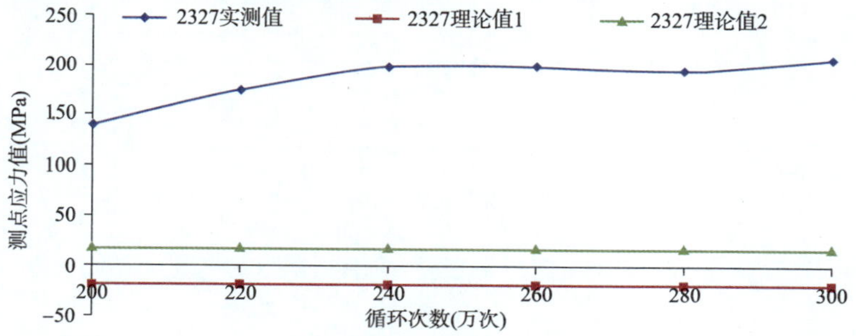

图 5-184　2327 测点应力随疲劳次数变化图

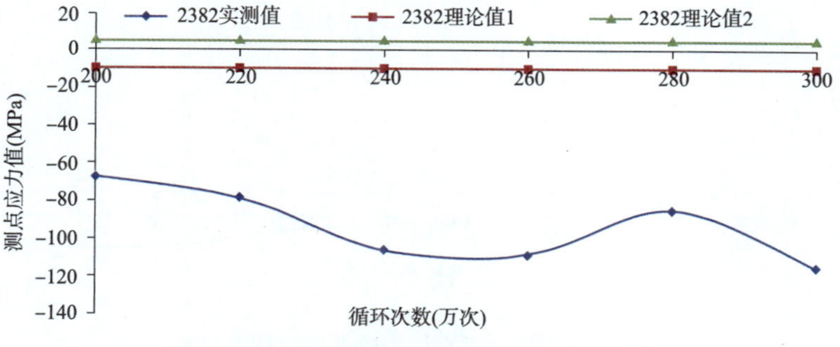

图 5-185　2382 测点应力随疲劳次数变化图

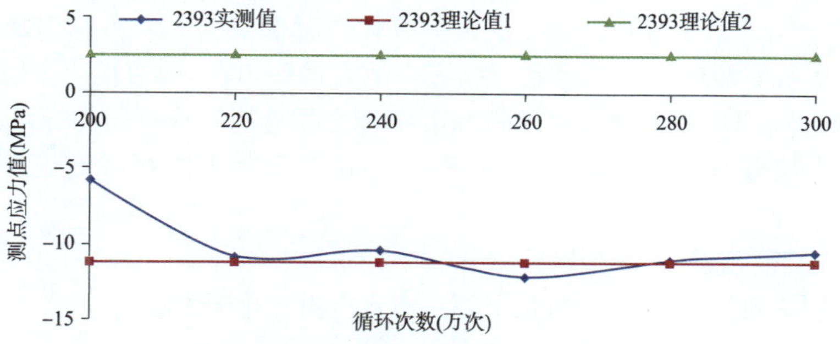

图 5-186　2393 测点应力随疲劳次数变化图

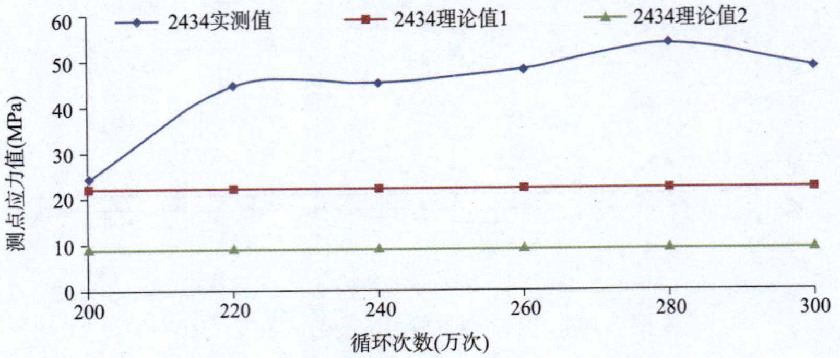

图 5-187 2434 测点应力随疲劳次数变化图

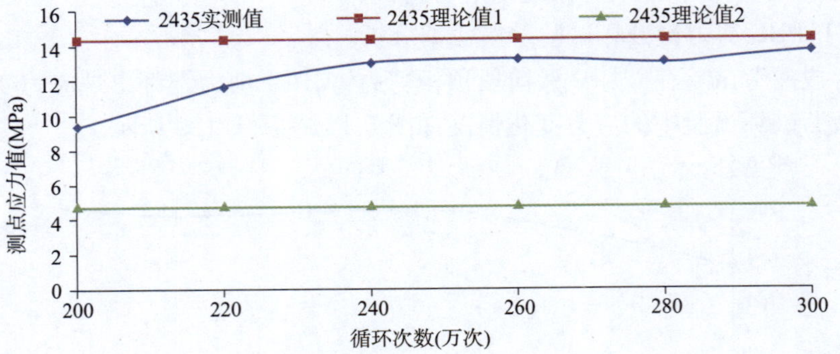

图 5-188 2435 测点应力随疲劳次数变化图

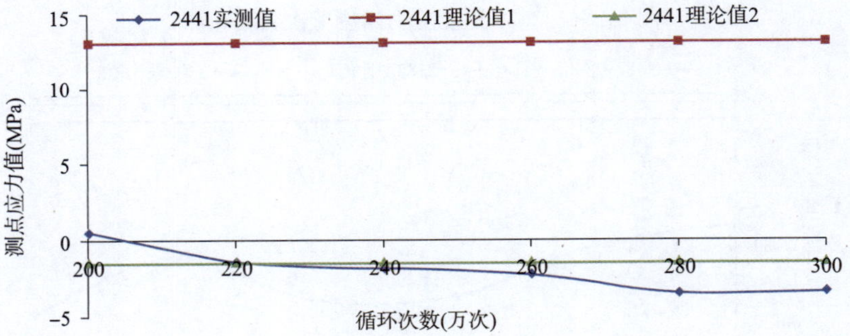

图 5-189 2441 测点应力随疲劳次数变化图

从图 5-184～图 5-189 可知：侧板、底板测点在疲劳次数为 220 万次时出现了应力重分布现象，220 万次后实测应力趋于稳定；顶、底板前几排剪力钉、剪力键应力实测值明显比计算值偏大，系该处锚固区的应力集中及钢和混凝土之间可能出现一定的黏结滑移；220 万次后部分 PBL 剪力键应力实测值偏大，系 PBL 剪力键与混凝土之间可能出现黏结滑移现象所致。

4. 承压板、横隔板破坏试验阶段数据分析

图 5-190～图 5-192 为承压板测点、横隔板测点应力变化历程图。

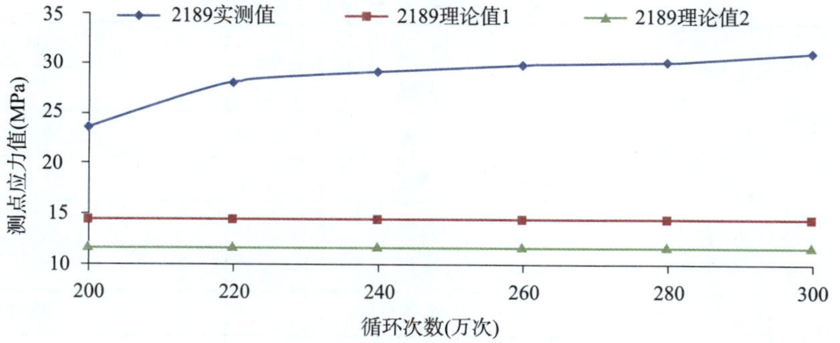

图 5-190　2189 测点第一主应力随疲劳次数变化图

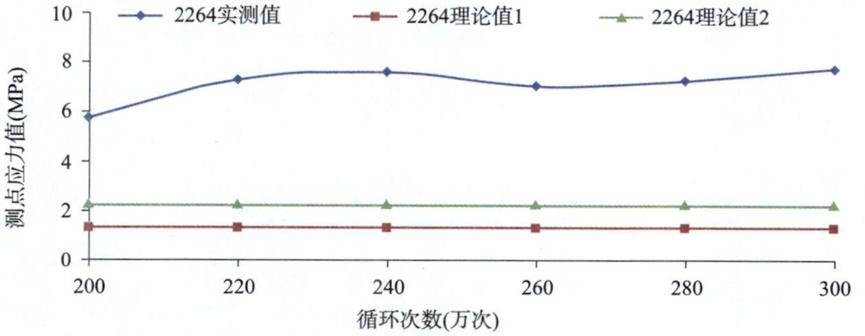

图 5-191　2264 测点第一主应力随疲劳次数变化图

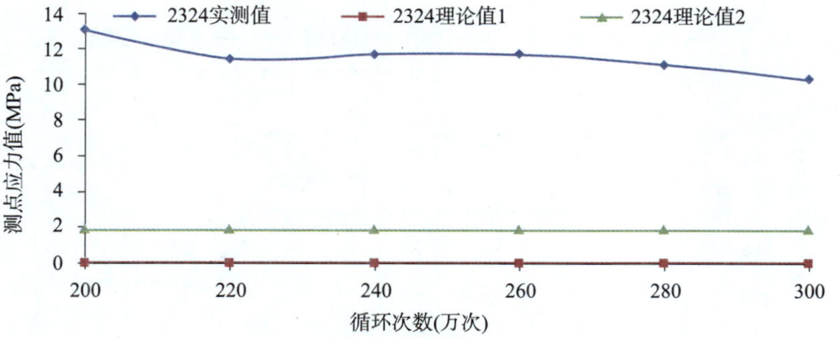

图 5-192　2324 测点第一主应力随疲劳次数变化图

从图 5-190～图 5-192 可知：承压板、横隔板测点在疲劳次数为 220 万次时出现了应力重分布，系混凝土和承压板、横隔板之间出现脱离现象，220 万次后实测应力趋于稳定；承压板各测点第一主应力比计算值偏高，系该处混凝土浇筑不密实导致。

5.5.3.3　*疲劳全过程实测数据分析*

1. 关键截面钢构件数据分析

①钢箱梁关键截面疲劳位置。钢混结合段疲劳模型试验 300 万次疲劳后，对一部分关键截面受力情况进行对比，各阶段静载实测数据与计算值进行比较，主要比较测点见表 5-45。

②各截面测点的应力变化，如图 5-193～图 5-195 所示。200 万次前为验证性试验，对应应力为荷载下限为－1 597.76 kN(压力)时的实测值，200 万次加大荷载幅，对应应力为荷载下限为－2 400 kN(压力)时的实测值。

表 5-45 钢箱梁关键截面疲劳位置的测点编号

位置		测点号
94 号截面	顶板	2013
	底板	2116
85 号截面	顶板	2055
	底板	2141
	侧板	2086
81 号截面	底板	2151
	侧板	2094
76 号截面	底板	2171

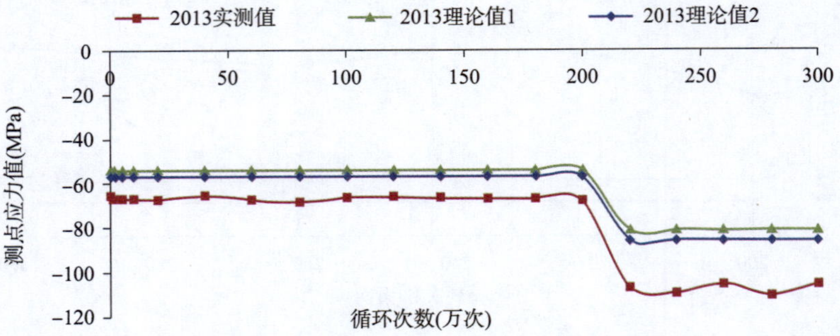

图 5-193 2013 测点应力随疲劳次数变化图

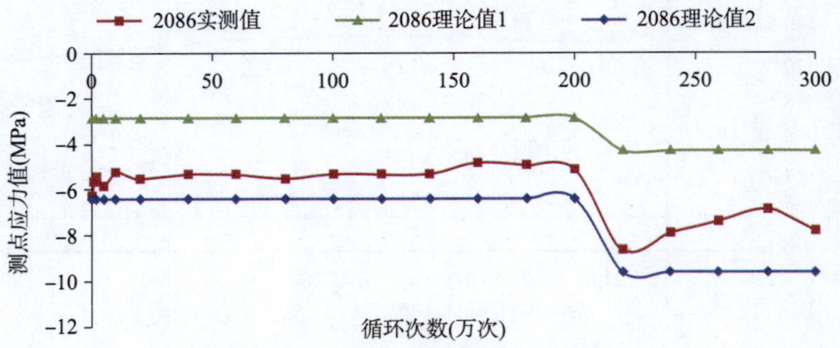

图 5-194 2086 测点应力随疲劳次数变化图

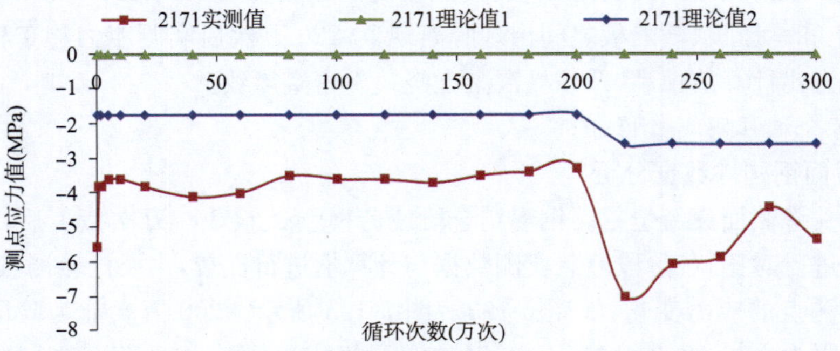

图 5-195 2171 测点应力随疲劳次数变化图

③由图 5-193～图 5-195 可知：疲劳循环 200 万次之前，各测点应力值随疲劳循环次数的增加基本保持不变，且与模型计算应力值相差不大；200 万次后，实测应力值随着疲劳荷载值的增大而增大，变化趋势与计算值基本保持一致。

2. 关键焊缝数据分析

①钢箱梁焊缝部位。

钢混结合段疲劳模型试验 300 万次疲劳后，对部分关键构件测点的受力情况进行对比，各主要比较测点见表 5-46。

表 5-46　钢箱梁焊缝部位测点位置及编号

关键部位位置	测点位置	测 点 号
钢格室顶板与承压板焊缝	钢格室顶板	2018
钢格室顶板与侧板焊缝	钢格室侧板	2067、2075、2084
	钢格室顶板	2025、2034、2043、2052
钢格室底板与侧板焊缝	钢格室侧板	2070、2079、2088、2096、2103
	钢格室底板	2128、2138、2148、2158、2168
钢格室顶板截面削弱部位	钢格室顶板	2028、2037、2046
钢格室侧板截面削弱部位	钢格室侧板	2073、2091、2102

②各关键构件测点的应力变化，如图 5-196～图 5-204 所示。200 万次前为验证性试验，对应应力为荷载下限为－1 597.76 kN(压力)时的实测值，200 万次加大荷载幅，对应力应力为荷载下限为－2 400 kN(压力)时的实测值。

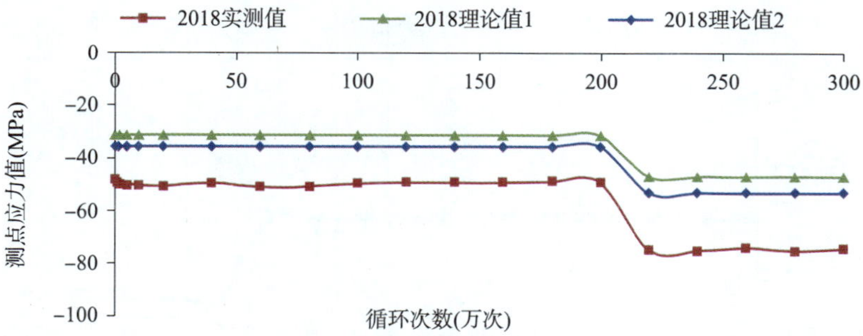

图 5-196　2018 测点应力随疲劳次数变化图

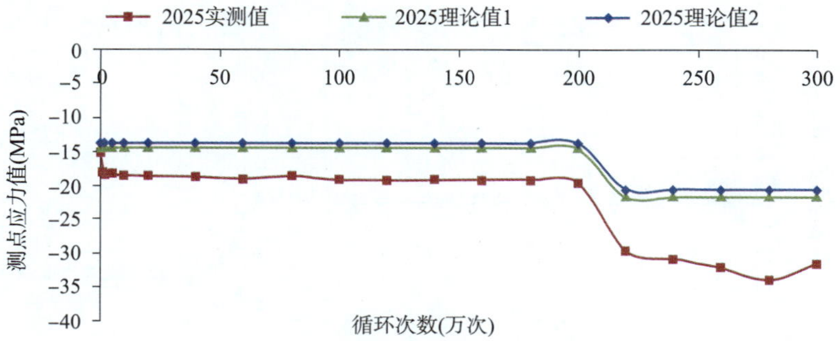

图 5-197　2025 测点应力随疲劳次数变化图

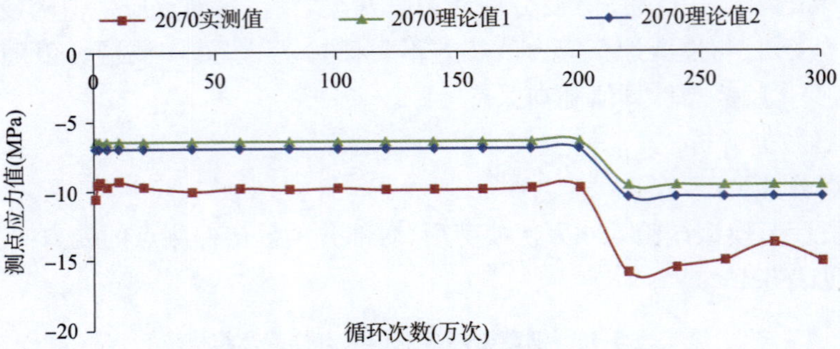

图 5-198　2070 测点应力随疲劳次数变化图

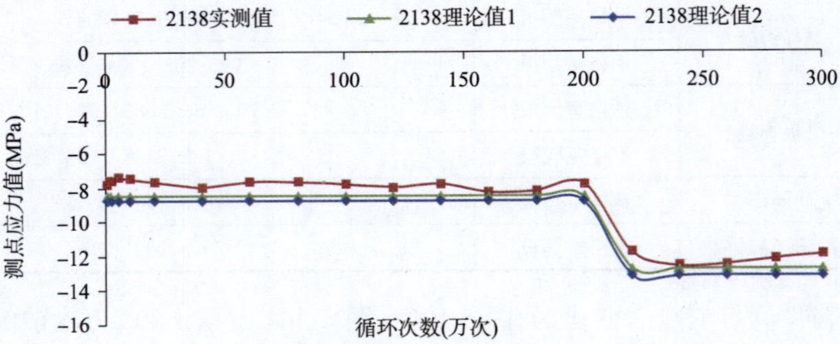

图 5-199　2138 测点应力随疲劳次数变化图

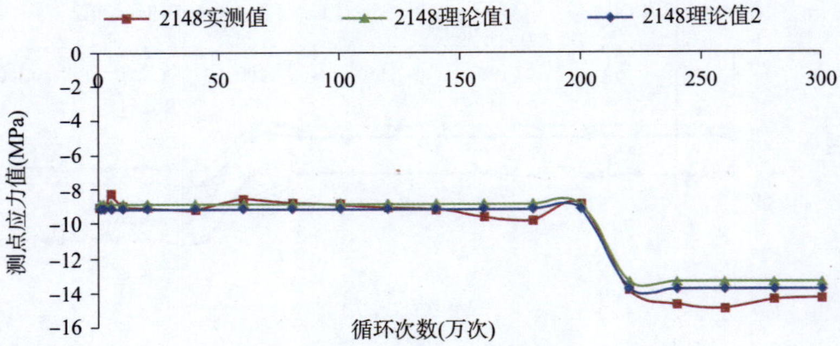

图 5-200　2148 测点应力随疲劳次数变化图

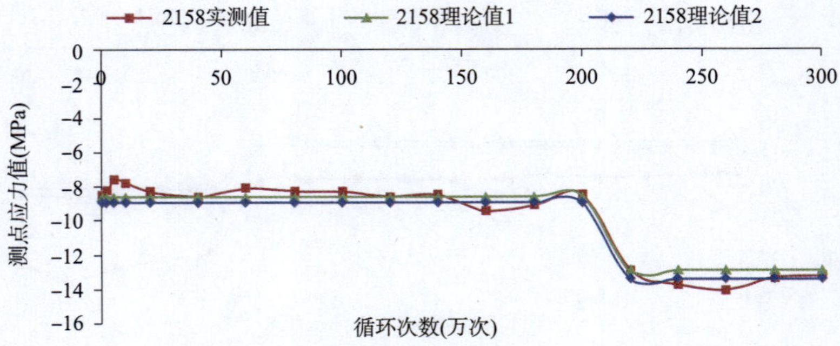

图 5-201　2158 测点应力随疲劳次数变化图

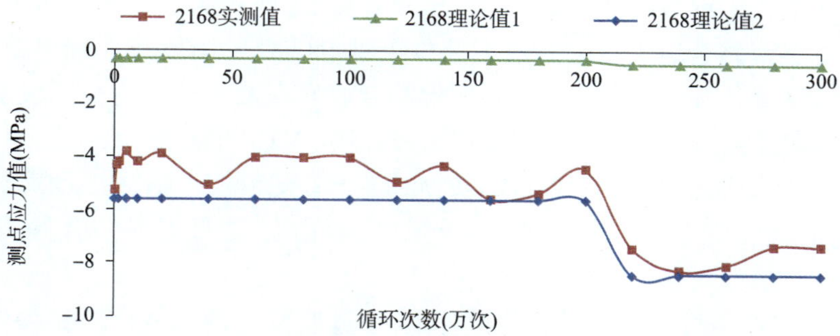

图 5-202 2168 测点应力随疲劳次数变化图

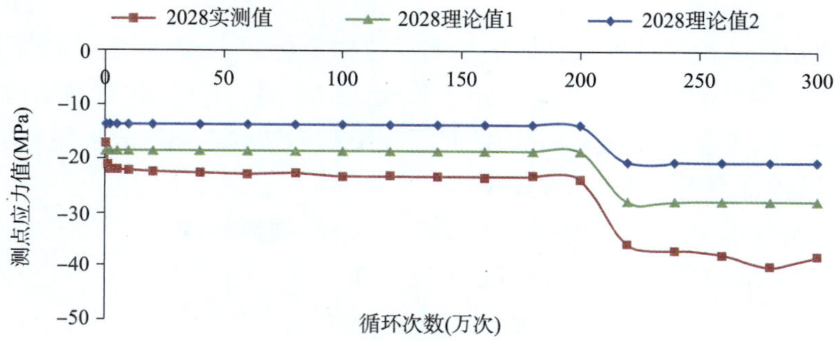

图 5-203 2028 测点应力随疲劳次数变化图

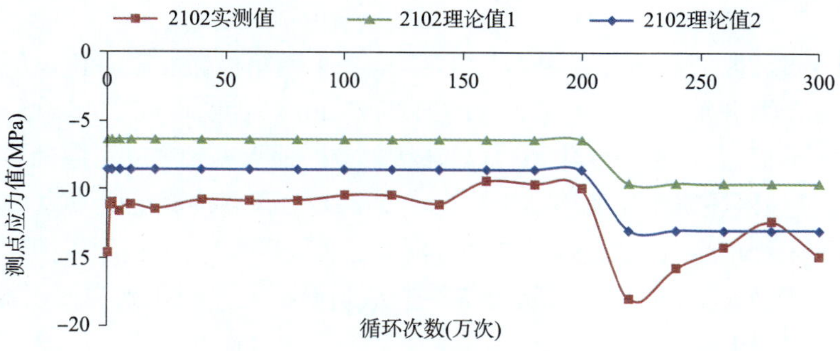

图 5-204 2102 测点应力随疲劳次数变化图

由图 5-196～图 5-204 可知:在疲劳循环进行到 200 万次之前,即疲劳验证试验阶段,各测点应力值随疲劳循环次数的增加基本不变,且与模型计算应力值相差不大;200 万次后,实测应力值随着疲劳荷载值的增大而增大,变化趋势与计算值基本保持一致。

5.5.4 疲劳试验小结

①通过对钢混结合段疲劳模型验证试验阶段测试数据分析可以看到,模型各测点应力随着荷载循环次数的增加变化很小,试验模型未出现裂缝及发生剥落现象,表明连接构造疲劳性能良好,结构总体受力合理。

②钢混结合段疲劳模型试验无论有限元计算还是试验实测应力值均较低,钢混结合段顶

板测试应力最大处位于钢混结合段顶板与承压板焊接处，计算值为－46.848 MPa，实测值为－49.234 MPa；钢混结合段侧板应力最大处位于钢混结合段侧板与顶板焊缝处，计算值为－13.112 MPa，实测值为－21.424 MPa；钢混结合段底板最大拉应力位于底板与过渡段侧板焊接位置，计算值为29.877 MPa，实测值为28.531 MPa；底板最大压应力位于底板与承压板焊接位置，计算值为－27.492 MPa，实测值为－31.209 MPa；以上计算值和实测值以及钢格室填充混凝土的最大应力值均小于强度容许值，说明钢混结合段有足够的强度储备。

③经过疲劳试验实测值与计算值进行对比，在过渡段与钢混结合段相接处由于混凝土不易浇筑密实，导致此处剪力钉受力偏大，受力较不利。因此宜要求该处混凝土浇筑时严格制定各项质量保证措施，确保混凝土的密实度，防止施工过程中混凝土的离析，保证施工质量。

④通过对钢混结合段疲劳模型破坏试验测试数据分析可以看到，疲劳破坏阶段荷载幅压力增大到2 400 kN，拉力增大到180 kN，幅值为验证试验的1.5倍，此时钢结构和剪力钉等都出现了不同程度的内力重分布现象，说明此时混凝土和钢结构之间出现了脱离的现象，但是整体上结构完好，其他部位仍基本处于弹性阶段。

⑤在疲劳试验过程中，整体结构并未出现局部失稳、破坏的现象，说明结构整体变形和应力均在弹性范围内，结构具有一定的疲劳强度安全储备。

5.6 钢混结合段研究结论与技术创新

5.6.1 研究结论

①整个钢混过渡段的截面形心变化平缓，尤其 *A-A* 钢箱梁标准截面和 *L-L* 混凝土梁截面距上缘的形心轴距离分别为2.052 26 m和2.136 75 m，二者仅相差8.45 cm，说明由钢箱截面渐变至混凝土截面，截面形心变化平缓，因连接部位断面形心轴突变引起的附加弯矩占成桥总弯矩、刚度过渡段区段弯矩比值均小于0.5%，钢混结合段含混凝土区段为6.2%～11.7%；附加弯矩对截面上缘产生的应力占成桥应力、刚度过渡段区段应力比值均小于3%，钢混结合段含混凝土区段为2.9%～7.2%，可认为本结构从钢箱梁截面变化到混凝土截面，实现了平缓过渡，钢混结合段构造合理。

②在6组荷载工况作用下，钢混结合段的钢箱过渡段各板件承担纵向力的分担比例变化规律基本相同，即顶板T肋和底板T肋承担的纵向力比例逐渐上升，顶板及其U/V肋、底板及其U肋承担的纵向力比例逐渐减少，顶、底板承担的纵向力逐渐向T肋转移；钢箱过渡段的剪力主要由中腹板、边腹板、边板和斜底板承担，中腹板承担约60%的剪力，且比例逐渐增大；边腹板承担约20%的剪力，边板和斜底板各承担约10%的剪力，且比例逐渐减小；纵向力分担比例与板件面积相关，本结构顶、底板T肋渐变加高有利于内力均匀传递；在钢混结合段的端承压板两侧，钢结构顶板、底板以及腹板承担的纵向力逐渐减少，逐渐转移为钢格室和混凝土承担；在混凝土横隔梁及混凝土箱梁过渡段，腹板、边板以及钢格室分担的比例逐渐减少，混凝土纵向力分担比例逐渐增加，至 *J* 截面混凝土已承担约78%的纵向力，至 *K* 截面混凝土基本已承担全部纵向力。在分界板两侧各钢结构板块应力变化不大，特别是斜底板、边腹板和边板，应力基本完全吻合，内力在实心混凝土和空心钢箱梁之间传递，混凝土实心侧参与工作的

混凝土并非实体段面，而是与钢箱梁横隔板一样的空心箱形截面；即便将6组荷载工况放大1.7倍，端承压板和分界板位置的应力云图与标准荷载工况相比，应力集中点的应力变化也不大。

理论分析及模型试验表明，荷载经承压板将力分配到钢箱梁和混凝土梁，钢箱梁上的力通过钢混结合设置的剪力钉、PBL剪力键以及钢箱梁和混凝土梁之间的摩擦作用传至混凝土梁，再逐渐由变化的混凝土断面传递至标准段混凝土箱梁。在钢混结合段钢箱梁与混凝土梁共同受力，钢箱梁受力逐渐减小，混凝土梁受力不断增大，最终完全由混凝土梁独自承担活载作用。

③钢格室的传力模型试验表明，距离端承压板端1 000～1 500 mm时，钢格室的顶、底及侧板轴向应力线形减小至已与混凝土基本相当，说明钢结构与混凝土之间的内力传递趋于均匀；钢格室顶、底板剪力钉存在群钉效应，前几排剪力钉应力稍大，其他剪力钉应力水平较低。钢混结合段疲劳模型试验中PBL受力情况模型同剪力钉受力情况一致，也呈两端大、中间小的趋势，并且整体应力水平都较低。剪力钉和PBL剪力键布置合理，荷载作用下钢和混凝土结合面相对滑移量较小，两种材料近乎完全结合，共同承担作用力。

④钢混结合段的承载力理论分析及模型试验表明，在分级及超载工况作用下，混凝土和钢结构各测点均处于受压状态，压应力及位移近似呈线性增加趋势，混凝土和钢板之间未发生滑移，结合段区域整体变形平滑，应力传递平顺，结构的刚度和强度均表现为线弹性，结构安全可靠。混凝土和钢结构的横向应力变化平缓，剪力滞效应并不显著。钢结构经承压板后1.5～2.5 m距离，各测点应力水平急剧下降并趋于稳定，说明内力基本已传递均匀；当荷载继续增加至384.8 kN(即附加破坏工况作用)时，结构出现塑性，钢混结合段局部出现开裂导致应力重分布，造成应力增加缓慢；当荷载继续增加至444 kN时，此时测点处混凝土发现裂缝，测点应力急剧增加，应力出现重分布。

⑤钢混结合段钢格室疲劳理论分析及模型验证试验表明，钢板、混凝土及焊缝各测点应力随着荷载循环次数的增加变化很小，计算值和实测值均小于强度容许值，试验模型未出现裂缝及发生剥落现象，表明连接构造疲劳性能良好，结构总体受力合理，在设计荷载作用下具有足够的疲劳强度安全储备；疲劳破坏阶段荷载幅压力增大到1.5倍时，钢结构和剪力钉等都出现了不同程度的内力重分布现象，此时混凝土和钢结构之间出现了脱离现象，但是整体上结构完好，其他部位仍基本处于弹性阶段；在过渡段与钢混结合段相接处由于混凝土不易浇筑密实，易导致此处剪力钉受力偏大，受力较不利，因此要求该处混凝土浇筑时严格制定各项质量保证措施，确保混凝土的密实度，防止施工过程中混凝土的离析，保证施工质量。

5.6.2　技术创新

①根据铁路混合梁斜拉桥的特点，采用新型钢混结合段结构，即阶梯式填充混凝土和前后承压板式混凝土与钢箱梁过渡的结合段。通过理论分析与模型试验相结合，定性、定量分析了钢混结合段的合理刚度匹配、传力途径及规律、承载能力及抗疲劳性能，说明了这种新型钢混结合段构造合理、传力及刚度过渡平顺，结构安全可靠，耐久性良好。

②采用完全耦合和非完全耦合两种模拟方式，将钢混结合段的钢箱梁与混凝土梁之间相互作用实际受力状况涵盖在所假定的两种模拟传力方式之间，理论计算及实测结果表明，这种计算办法切实可行，可作为构造类似钢混结合段参考。

③首次提出将铁路列车轴重较大的 C_{64}(敞 64)货车车辆和一辆 DF_4(东风 4)机车车头组成的一列车(1DF_4 机车车头＋14C_{64} 车辆),荷载总重为 14 260 kN(6×230＋14×4×230),作为大跨度铁路混合梁斜拉桥钢混结合段的典型疲劳车辆加载。

④首次开展了钢格室疲劳模型及传力途径研究。与单纯推出类试验不同,模型汇集了各钢板、混凝土、剪力钉和 PBL 剪力键,研究这些构件与材料的缺陷对承压板、混凝土、剪力钉和 PBL 剪力键的疲劳影响,避免由于钢混结合段构造复杂、混凝土浇筑施工困难、结合面处混凝土密实度较差等问题而影响钢混结合段的受力特性。

第 6 章

钢箱梁索梁锚固受力特性与模型试验

6.1 斜拉桥索梁锚固结构构造形式

索梁锚固结构是一种连接加劲梁与斜拉索的结构，它的功能是将斜拉索巨大的拉力顺畅、可靠地传递到加劲梁截面上去。一般而言，索梁锚固结构空间小、焊缝多、受力集中，是大跨度斜拉桥关键控制部位。

6.1.1 斜拉桥索梁锚固构造一般形式

斜拉桥索梁锚固的基本方式按锚固着力点在加劲梁的位置可分为三类：锚固在顶板、锚固在底板、锚固在梁高中部。按构造形式可分为散索鞍座加锚固梁式、牛腿（支架）式、锚箱式、耳板式、钢锚管式和锚拉板式六种。

（1）散索鞍座加锚固梁式连接

斜拉索先在散索鞍座上分股，随后每股用锚头锚固在锚固梁上，如图 6-1 所示。传力特点是将拉索力以剪力的形式由锚固梁直接传到加劲梁腹板，多用于稀索大吨位斜拉桥。日本的丰里大桥、太和川大桥采用该锚固形式。

（2）支架或牛腿式连接

这种索梁锚固形式的构造特点为：斜拉索直接锚固在钢主梁两侧各伸出的一个支架或牛腿上，如图 6-2 所示。由于主梁与支架或牛腿的连接部位受力相对集中，该部位通常需要进行局部补强。这种索梁锚固的结构形式同时也适用于斜拉索为单股或股数较少的斜拉桥。日本的秩父大桥、安治川大桥、横滨海湾大桥等采用了这种索梁锚固形式。

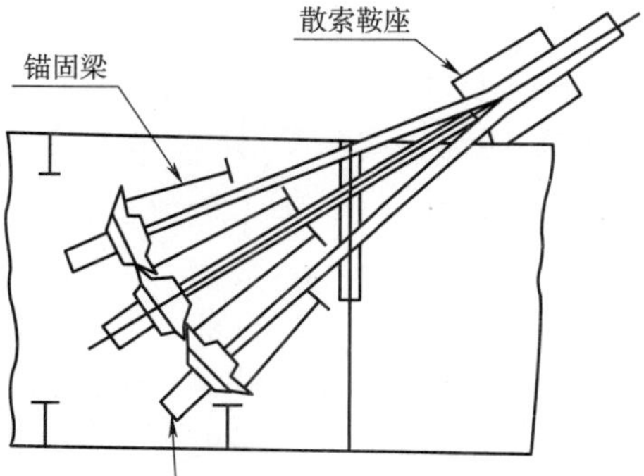

图 6-1　散索鞍座加锚固梁式索梁锚固形式

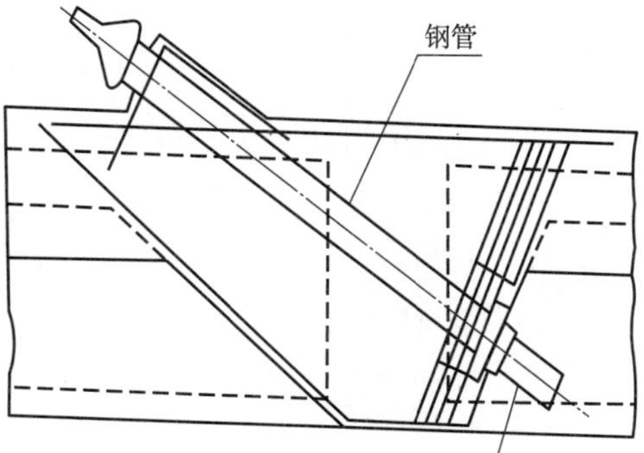

图 6-2　牛腿（支架）式索梁锚固形式

（3）锚箱式连接

如图 6-3 所示，锚箱式索梁锚固结构通过设置箱型锚固梁来实现主梁与斜拉索的连接，锚固梁与加劲梁通常有两种连接方式:一种是通过焊接或高强螺栓连接;另外一种是将主梁外伸出牛腿作为锚固梁。

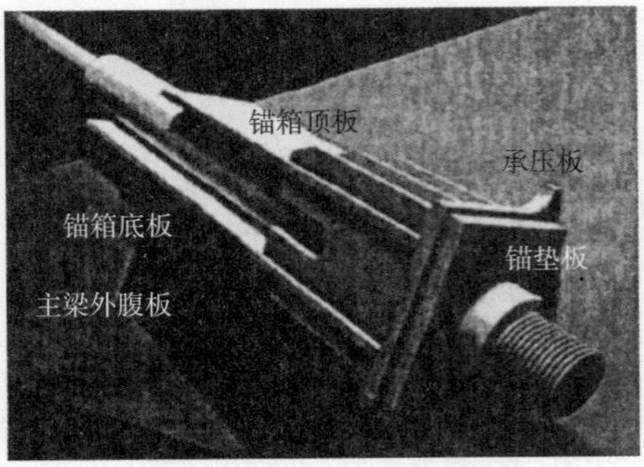

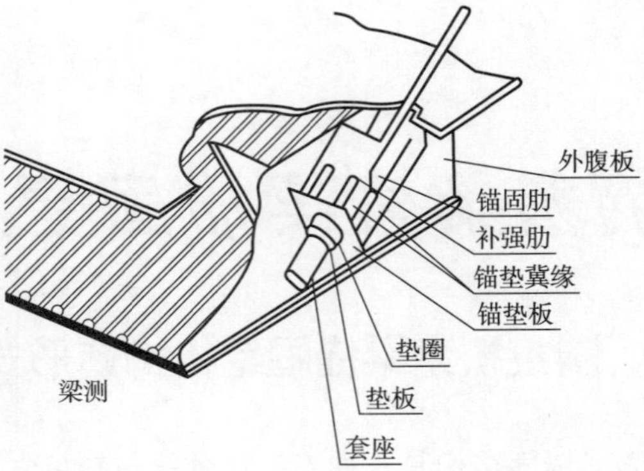

图 6-3 锚箱式索梁锚固形式

组成锚箱的各主要板件有:锚垫板、承压板、支承板、加劲板及加劲肋。传力途径为:斜拉索→锚垫板→锚箱承压板→锚箱支承板→钢梁。钢锚箱与加劲梁腹板单侧连接传力,斜拉索的索力与主梁边腹板之间存在一个偏心距,面外弯矩的作用会对主梁边腹板造成一定影响。

日本岩黑岛大桥、六甲大桥、柜石岛大桥、多多罗大桥,我国杨浦大桥、南京长江二桥、南京长江三桥、安庆长江大桥、苏通长江大桥等均采用锚箱式连接。

(4)耳板式连接

如图 6-4 所示,耳板式连接又被称为销铰式连接,由斜拉索锚头、销铰连接件、锚固耳板以及补强板组成。斜拉索直接通过销铰连接件与开孔耳板连接将索力直接传递到钢箱梁腹板。传力途径为斜拉索→销铰连接件→锚固耳板→腹板→钢梁。比较典型的采用耳板式索梁锚固结构的斜拉桥有法国的诺曼底大桥和我国舟山连岛桃夭门大桥、深圳湾公路大桥、杭州湾跨海大桥北航道桥等等。

耳板式索梁锚固结构简单,索力与主梁间的传递明确,但由于耳板开孔,削弱了板件自身的强度,同时销轴对孔壁作用有一巨大的压力,该位置的应力集中现象比较明显,使得耳板式连接对结构钢材的力学性能和板厚要求很高。

(5)锚管式连接

如图 6-5 所示,锚管式索梁锚固结构是将斜拉索引入一根顺着斜拉索的方向焊接在钢箱梁边腹板上的一根锚管,用锚具锚固在管的底部。目前采用锚管式索梁锚固结构的斜拉桥有日本的名港东大桥、名港中央大桥、名港西大桥、生口大桥,我国天津海河大桥和香港汲水门大桥。传力途径为:斜拉索→锚管→腹板→钢梁。

锚管式索梁锚固结构由于锚管与主梁边腹板直接接触,使得斜拉索的索力与主梁腹板之间不存在偏心距,索力传递顺畅,主梁腹板额外承受面外弯矩。但因锚管式索梁锚固结构主体部分处于主梁内,检查维修困难,且锚管与主梁腹板连接应力集中现象比较明显。

(6)锚拉板式连接

这种锚固结构首先将锚拉板的下部直接焊接在主梁上翼板上;然后在锚拉板的上部开槽,槽口内侧与锚拉筒外侧焊接,斜拉索穿过锚拉筒并用锚具锚固在锚拉筒的底部。如图 6-6 所示,锚固结构由承压板、锚拉筒、锚拉板、加劲肋以及加强板组成。锚拉板中部不仅需满足安装锚具锚固斜拉索的空间,还需连接上、下两部分。传力途径为:斜拉索→锚拉筒→锚拉板→钢梁。

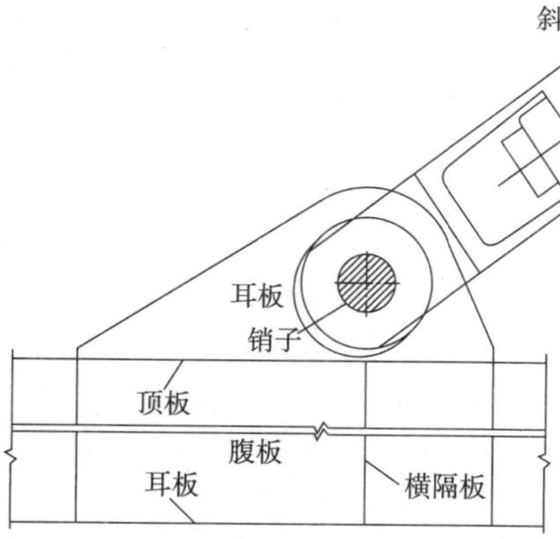

图 6-4　耳板式索梁锚固形式

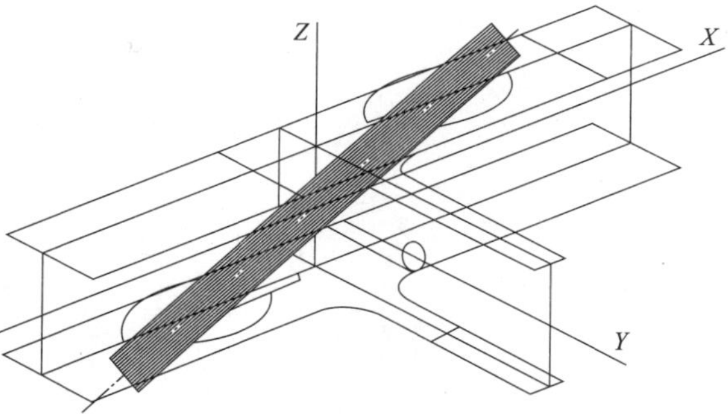

图 6-5　锚管式索梁锚固形式

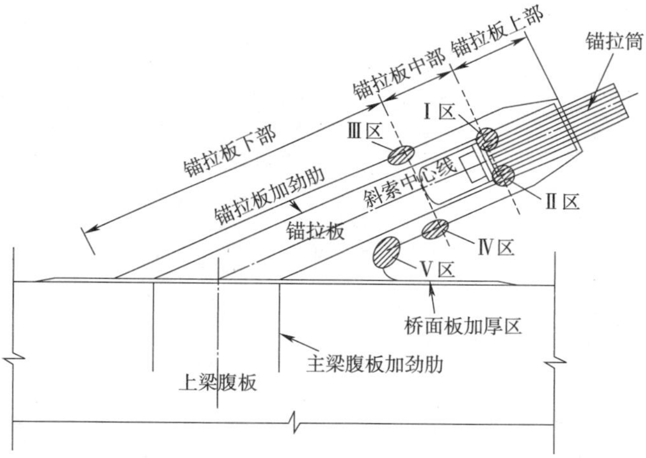

图 6-6　锚拉板式索梁锚固形式

希腊的里翁—安蒂里翁桥以及我国福建青州闽江大桥采用该连接。

这种锚固结构位于主梁上部，构造简单，日常维修养护方便，但锚拉板和主梁之间的连接部位焊接质量要求较高，锚拉板与锚拉筒和主梁之间的连接部位应力集中现象比较明显。

6.1.2　铁路斜拉桥双挑式索梁钢锚箱构造创新形式

根据铁路钢箱梁斜拉桥在列车荷载作用下，疲劳问题突出的特点，钢箱加劲梁属于薄板结构，疲劳问题更是需要重点关注。因此，提出铁路钢箱梁斜拉桥索梁锚固结构采用双挑式钢锚箱的形式，其构造与传统钢锚箱有所不同，如图 6-7 所示。传统钢锚箱是将承压板、顶板和底板焊接在钢箱梁的边纵腹板上，单侧焊缝传力。而钢锚箱由中间开圆孔的锚垫板、承压板、支承板以及各种加劲板(肋)构成，与边板、边纵腹板、顶板和斜底板通过焊缝围封，双侧焊缝传力，受力更均匀，集结构功能与风嘴功能于一体，充分利用了桥面宽度。

斜拉索传力途径为：斜拉索→锚垫板→承压板→支承板→边纵腹板与风嘴斜腹板→钢箱梁，斜拉索力由两侧边板(风嘴斜腹板)、边纵腹板的多道焊缝共同承担，表现为双挑式传力特征。该锚箱消除了以往锚箱索力与腹板存在的偏心距，改善了承压板受力状态，但由于锚箱支承板分别与边板(风嘴斜腹板)、边纵腹板连接,焊缝相对较多,空间较小,焊接施工不太方便。

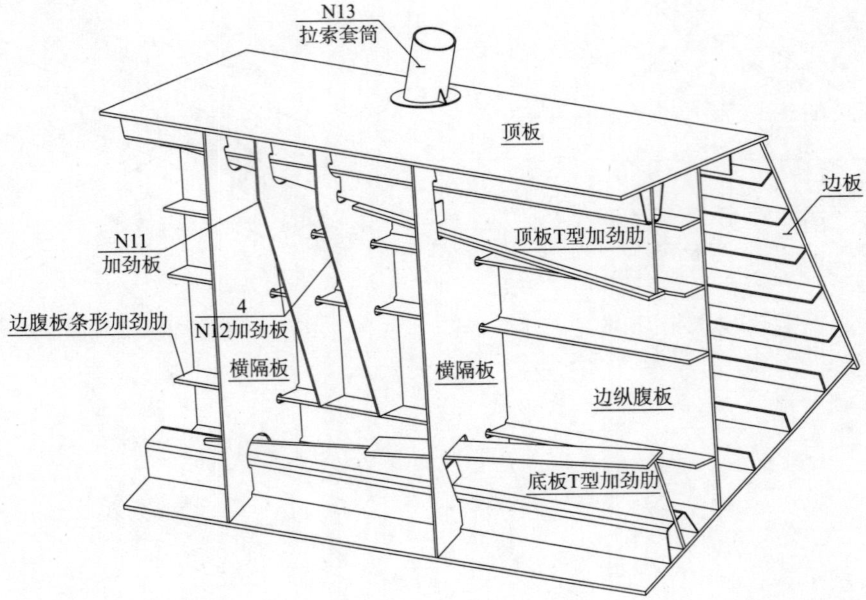

图 6-7 双挑式索梁钢锚箱

6.2 斜拉索疲劳试验索力取值

以铁路主跨 468 m 混合梁斜拉桥为例,全桥共布置 200 根斜拉索,边跨斜拉索的间距为 9.0～8.0 m,边跨斜拉索的编号自桥塔出发分别为 S1～S25;跨中斜拉索的间距为 9.0m,跨中拉索的编号自桥塔出发分别为 M1～M25。为了得到梁端疲劳索力值,在全桥计算分析中,采取以下假定和简化。

①不考虑桥墩以下基础对桥梁上部结构的作用,仅对桥墩以上部分结构的力学性能作计算分析;

②建模时只考虑主梁箱梁对截面的作用,对箱梁以上的桥面铺装以二期荷载的形式加以考虑;

③忽略斜拉索护套等附属设备;

④忽略主跨钢箱梁和箱梁横隔板对截面刚度的影响,而是在模型建立完成后,在横隔板相应位置处以荷载的形式模拟。

通过对斜拉索梁端索力值的计算可知跨中部位的 M18～M25 斜拉索活载索力幅值最大,综合成桥索力值的情况,选取 M18～M25 号斜拉索索梁锚固结构进行研究。

6.2.1 拟定标准疲劳列车加载计算索力

铁路中-活载作为设计荷载,与实际运营列车的荷载效应有显著的区别,对结构的疲劳验算而言,应根据结构上经常作用的车辆类型与运量来分析,即采用标准疲劳车。到目前为止,铁路桥梁与中-活载相关规范没有规定疲劳计算的“标准列车编组”与运量,没有涉及用于疲劳计算的标准疲劳列车。因此，为了得到铁路桥梁的荷载谱和相应的疲劳循环次数，需要事先确定桥上经常出现的标准疲劳荷载，即标准疲劳列车。

疲劳模型试验按单线年运量 2 700 万 t 考虑疲劳循环次数，疲劳列车选用中国铁路运营普遍且轴重较大的 DF_4 型机车头 C_{64} 车箱作为疲劳加载列车，编组列车长度取斜拉索加载影响线的长度，即 1 节 DF_4＋14 节 C_{64} 型车厢($1DF_4+14C_{64}$)，轴重组成为 $6\times230+14\times4\times230$(kN)。$C_{64}$ 车辆在目前中国铁路运营中属于较重的车辆，采用该车辆荷载计算是偏于安全的。

利用 MIDAS 软件将 $1DF_4+14C_{64}$ 组成的车辆荷载作用于斜拉桥整体计算有限元分析模型上，得到的斜拉索具体的梁端索力值见表 6-1 与表 6-2。斜拉索梁端索力值计算时应先按单线加载考虑，双线作用的影响将通过双线系数加以考虑。

表 6-1 边跨拉索梁端活载索力值($1DF_4+14C_{64}$)

拉索编号	活载索力(kN)		
	min	max	索力幅
S25	−4.318 22	427.630 9	431.949 1
S24	−3.170 13	430.409 8	433.579 9
S23	−2.613 06	407.999 8	410.612 8
S22	−2.681 24	412.785 8	415.467 1
S21	−3.463 25	418.621 3	422.084 5
S20	−5.276 33	425.232 9	430.509 2
S19	−6.997 25	431.329 7	438.327
S18	−6.842 78	435.045 3	441.888 1
S17	−7.791 86	438.008 8	445.800 7
S16	−9.069 64	384.504 9	393.574 6
S15	−11.614 9	387.886 6	399.501 4
S14	−14.407 8	391.576	405.983 8
S13	−17.428 5	395.284 3	412.712 8
S12	−19.082 4	367.917 3	386.999 8
S11	−22.141 2	368.305	390.446 2
S10	−25.309 1	367.746 6	393.055 6
S9	−28.462	365.308 6	393.770 6
S8	−31.056 8	358.873 1	389.929 8
S7	−32.451	343.415 7	375.866 7
S6	−32.052 1	310.178 7	342.230 8
S5	−29.780 2	262.056 1	291.836 3
S4	−32.225 4	254.462 8	286.688 1
S3	−26.543 8	181.706 1	208.249 9
S2	−20.329 8	112.874	133.203 8
S1	−32.098 2	49.106 03	81.204 18

表 6-2 跨中拉索梁端活载索力值($1DF_4+14C_{64}$)

拉索编号	活载索力(kN)		
	min	max	索力幅
M25	−73.899 1	589.877 7	663.776 8
M24	−50.591 6	604.955 9	655.547 5
M23	−32.526 4	620.108 9	652.635 4
M22	−19.397 9	635.828 1	655.225 9
M21	−10.514 2	652.020 3	662.534 5
M20	−4.513 79	669.543 1	674.056 9
M19	−1.261 92	647.537	648.798 9
M18	−0.216 88	661.247 7	661.464 6
M17	−0.082 7	634.763 2	634.845 9
M16	−0.051 65	643.526	643.577 7
M15	−2.651 42	610.514 6	613.166
M14	−6.762 87	612.867 5	619.630 4
M13	−10.489 1	611.745 8	622.234 9
M12	−11.697 9	529.052 7	540.750 6
M11	−13.557 9	520.367 2	533.925 1
M10	−15.013 9	506.115 7	521.129 6
M9	−16.560 4	485.173 7	501.734 1
M8	−19.525 4	456.397 2	475.922 5
M7	−22.804 1	387.994 1	410.798 3
M6	−29.571 7	344.651 3	374.223
M5	−37.284	293.613 1	330.897
M4	−54.200 3	299.245 6	353.445 9
M3	−56.862 3	236.61	293.472 4
M2	−49.961 1	177.173 6	227.134 7
M1	−37.620 7	113.295 5	150.916 2

6.2.2 双挑式索梁钢锚箱位置选取索力

将采用“$1DF_4+14C_{64}$”疲劳列车计算得到的斜拉索索力幅与中-活载计算得到的斜拉索索力幅进行对比，见表 6-1 与表 6-2，最大活载索力幅均在跨中附近处拉索。中-活载作用下活载索力幅在 M18～M25 索相差不大，介于 1 304～1 343 kN 之间。而与实际运行列车较为相近的“$1DF_4+14C_{64}$”疲劳列车作用下最大活载索力幅发生在 M25 号斜拉索。M25 号斜拉索处梁端成桥索力与活载作用下的索力幅值均较大，由于斜拉桥最长索均为最不利疲劳斜拉索的因素，因此，以 M25 号斜拉索处的钢锚箱进行疲劳模型试验，锚箱具体构造如图 6-8 所示。

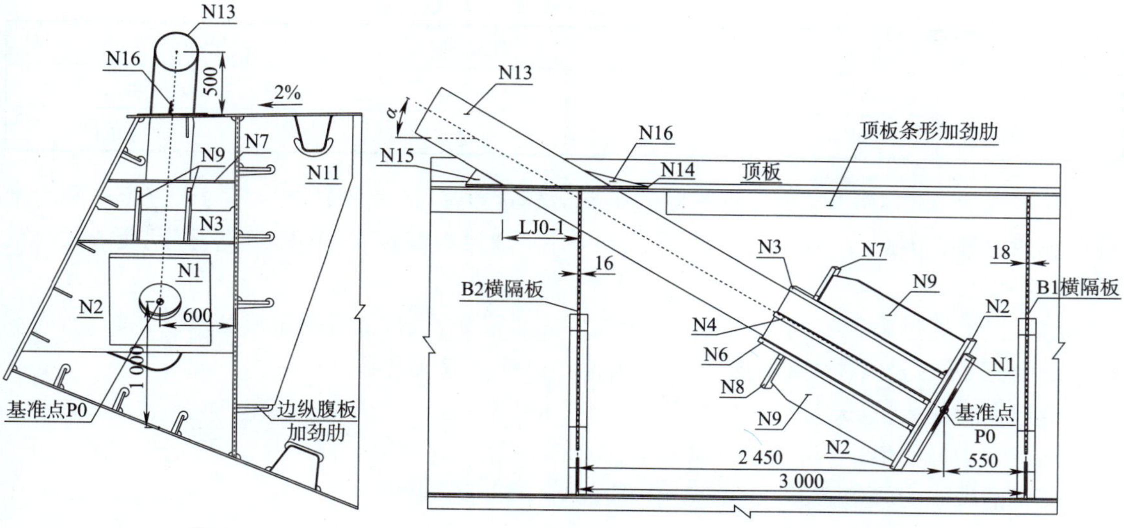

(a) 截面　　(b) 侧面

图 6-8 M25 号斜拉索处索梁锚固钢锚箱构造图(单位:mm)

6.2.3 疲劳双线系数计算索力

由于梁端疲劳列车活载索力幅的计算中只考虑了单线加载的情况,双线铁路桥还需考虑双线同时过车时对梁端活载索力幅的影响。疲劳双线系数的计算方法是:从对现行的规范双线系数研究分析可知,假定两线列车的运营情况为彼此独立的两个事件,并假定双向火车站间发车频次相同,双向列车通过桥梁时在桥梁上持续的时间相同,得到简化的双线系数计算公式为:

$$k_2^m=1-\frac{2t}{\Delta T}+\frac{2t}{\Delta T}\left(1+\frac{P_2}{P_1}\right)^m+\left(1-\frac{2t}{\Delta T}\right)\left(\frac{P_2}{P_1}\right)^m \tag{6-1}$$

M25 号斜拉索的各梁端索力值见表 6-3。一般经验是假定两条线路的运营时间间隔相同,均为 10 分钟,即 $\Delta T=10$ min,两线列车的运行速度相同,并且通过桥梁的时间相同,均为 1 分钟,即 $t=1$ min。

表 6-3 M25 号斜拉索梁端索力计算值

拉索编号	成桥索力(kN)		中-活载索力幅(kN)		
	收缩徐变前	收缩徐变后	min	max	索力幅
M25	2 679	2 544	−179	1 127	1 306

拉索编号	$1DF_4+14C_{64}$ 作用下索力幅(kN)(过车一侧)			$1DF_4+14C_{64}$ 作用下索力幅(kN)(未过车一侧)		
	min	max	索力幅	min	max	索力幅
M25	−73.90	589.88	663.78	−94.95	500.94	595.89

将 M25 号斜拉索的活载索力幅中,未过车一侧的活载索力幅 $P_2=595.89$ kN,过车一侧的活载索力幅 $P_1=663.78$ kN,分别带入公式(6-1),计算得到疲劳双线系数为:$k_2=1.400\ 283$。

同时,还参考了英国 BS 5400 规范中就铁路疲劳双线系数的规定。根据该规范中的规定,铁路疲劳双线系数的取值可以由表 6-4 计算得到。

表 6-4 英国规范中铁路桥 k_2 取值表

P_1、P_2为同号:$P_1/(P_1+P_2)$				P_1、P_2为异号:P_2/P_1	
0.5～0.6	0.6～0.75	0.75～0.9	0.9～1.0	0.0～0.7	0.7～1.0
1.42	1.27	1.125	1.0	1.0	0.89

其中,P_1=663.78 kN 为过车一侧的梁端活载索力幅,P_2=595.89 kN 为未过车一侧的梁端活载索力幅。因此,$P_1/(P_1+P_2)$=0.526 948。通过查询表 6-4 中的数据,得到疲劳双线系数为:k_2=1.42。

综合以上通过两种不同方法求得的甬江桥疲劳双线系数,最终确定疲劳双线系数为:k_2=1.40。因此 M25 号斜拉索的梁端活载索力值经过疲劳双线系数修订后为:

活载索力最大值:589.88×1.40=825.832 kN;

活载索力最小值:−73.90×1.40=−103.46 kN;

疲劳活载索力幅值:825.832−(−103.46)=929.292 kN。

6.3 双挑式钢锚箱计算模型应力分析

6.3.1 计算模型

采用通用有限元分析软件 ANSYS 建立局部模型,选取 M25 号斜拉索锚箱所在的一个钢箱梁节段以及附近共计 6 个节段,采用正对称约束,建立一半的钢箱梁模型,钢箱梁节段两端采用固定约束。锚垫板采用实体单元 SOLID45 进行模拟,与承压板节点耦合。

6.3.2 双挑式钢锚箱各板件传力途径

通过对钢锚箱的受力与传力性能分析认为,主要受力板件为承压板 N2 以及支承板 N3～N6。钢锚箱将斜拉索的索力通过锚垫板传递到承压板 N2 上,再传递到支承板 N3、N4、N5、N6 上,通过上述这些板件与钢箱梁主梁边纵腹板与风嘴板的连接焊缝,将索力通过箱梁边纵腹板与风嘴板传递到钢箱加劲梁上。

6.3.3 双挑式钢锚箱计算模型连接焊缝处应力分析

由于钢锚箱与钢箱梁主梁之间力的传递是依靠锚箱各承压板件与钢箱梁风嘴板、边纵腹板的连接焊缝实现的,连接焊缝是重点之一。全桥设计计算模型中对加劲梁带钢锚箱的连接焊缝处进行重点计算分析以及在疲劳试验模型与原桥等效问题的分析中,连接焊缝处的剪应力对比也是主要的参考因素之一。以下为 6 条主要连接焊缝处的剪应力计算结果,见表 6-5～表 6-10 和如图 6-9～图 6-14 所示。

表 6-5 支承板 N3 与边腹板连接焊缝处部分剪应力值

距离承压板 N2 的距离(cm)(沿斜拉索方向)		0	12	24	36	48	60
剪应力值(kPa)	顶部测点	11 212	25 237	24 902	23 864	22 537	20 382
	底部测点	10 870	23 267	23 383	22 463	21 397	21 266
	平均值	11 041	24 252	24 143	23 164	21 967	20 824

续上表

距离承压板 N2 的距离(cm)(沿斜拉索方向)		72	84	96	108	120	
剪应力值(kPa)	顶部测点	18 484	20 979	18 675	10 588	11 747	
	底部测点	19 398	18 273	16 136	8 240	9 364	
	平均值	18 941	19 626	17 406	9 414	10 555	

表 6-6　支承板 N5 与边腹板连接焊缝处部分剪应力值

距离承压板 N2 的距离(cm)(沿斜拉索方向)		0	12	24	36	48	60
剪应力值(kPa)	顶部测点	7 218	17 731	16 196	13 921	12 493	12 919
	底部测点	10 744	16 448	16 416	14 415	12 806	12 099
	平均值	8 981	17 090	16 306	14 168	12 650	12 509
距离承压板 N2 的距离(cm)(沿斜拉索方向)		72	84	96	108	120	
剪应力值(kPa)	顶部测点	8 697	8 663	9 924	8 409	11 914	
	底部测点	8 548	9 613	9 083	6 790	11 916	
	平均值	8 622	9 138	9 504	7 600	11 915	

表 6-7　支承板 N6 与边腹板连接焊缝处部分剪应力值

距离承压板 N2 的距离(cm)(沿斜拉索方向)		0	12	24	36	48	60
剪应力值(kPa)	顶部测点	10 613	20 042	21 284	20 675	20 223	20 760
	底部测点	8 345	19 364	23 063	21 571	19 830	21 745
	平均值	9 479	19 703	22 174	21 123	20 027	21 253
距离承压板 N2 的距离(cm)(沿斜拉索方向)		72	84	96	108	120	
剪应力值(kPa)	顶部测点	18 507	17 141	17 099	11 950	14 566	
	底部测点	20 837	20 273	18 107	10 017	13 634	
	平均值	19 672	18 707	17 603	10 984	14 100	

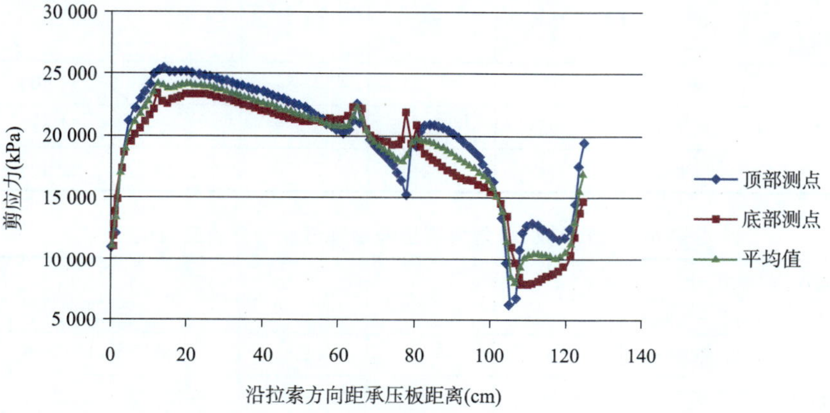

图 6-9　支承板 N3 与边腹板连接焊缝处剪应力

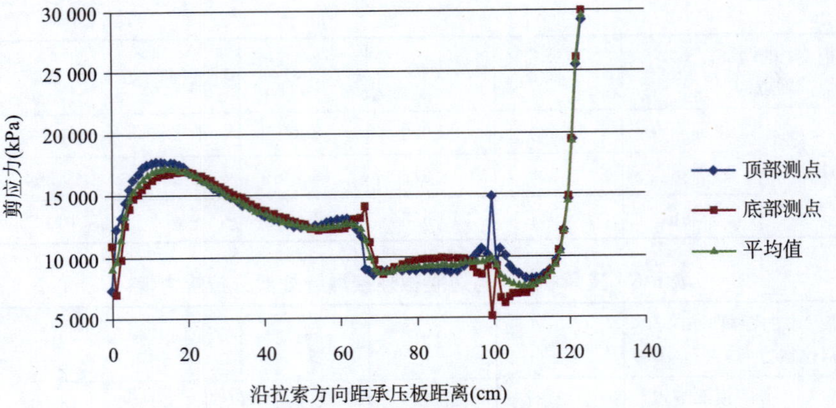

图 6-10 支承板 N5 与边腹板连接焊缝处剪应力

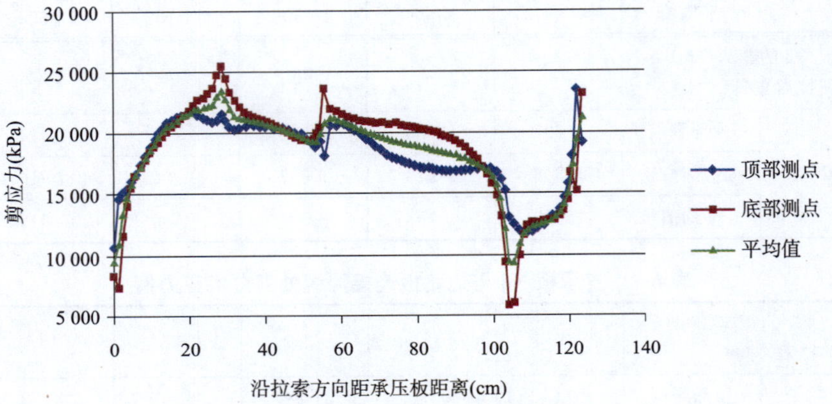

图 6-11 支承板 N6 与边腹板连接焊缝处剪应力

表 6-8 支承板 N3 与风嘴板连接焊缝处部分剪应力值

距离承压板 N2 的距离(cm)(沿斜拉索方向)		0	12	24	36	48	60
剪应力值(kPa)	顶部测点	351	10 114	13 122	15 473	16 933	17 764
	底部测点	4 627	9 736	11 561	13 582	15 006	15 744
	平均值	2 489	9 925	12 342	14 528	15 970	16 754
距离承压板 N2 的距离(cm)(沿斜拉索方向)		72	84	96	108	120	
剪应力值(kPa)	顶部测点	18 186	18 434	17 734	4 030	13 400	
	底部测点	15 988	16 058	16 582	12 559	11 417	
	平均值	17 087	17 246	17 158	8 294	12 409	

表 6-9 支承板 N4 与风嘴板连接焊缝处部分剪应力值

距离承压板 N2 的距离(cm)(沿斜拉索方向)		0	12	24	36	48	60
剪应力值(kPa)	顶部测点	1 488	3 744	3 690	3 999	4 296	4 418
	底部测点	1 791	4 490	4 148	4 341	4 534	4 581
	平均值	1 639	4 117	3 919	4 170	4 415	4 500

续上表

距离承压板 N2 的距离(cm)(沿斜拉索方向)		72	84	96	108	120	
剪应力值(kPa)	顶部测点	4 431	4 523	4 859	5 924	8 458	
	底部测点	4 597	4 661	4 893	4 824	7 128	
	平均值	4 514	4 592	4 876	5 374	7 793	

表 6-10　支承板 N6 与风嘴板连接焊缝处部分剪应力值

距离承压板 N2 的距离(cm)(沿斜拉索方向)		0	12	24	36	48	60
剪应力值(kPa)	顶部测点	3 741	6 534	7 207	9 069	10 973	12 559
	底部测点	2 029	9 572	10 926	11 774	12 888	14 015
	平均值	2 885	8 053	9 067	10 421	11 931	13 287
距离承压板 N2 的距离(cm)(沿斜拉索方向)		72	84	96	108	120	
剪应力值(kPa)	顶部测点	13 914	15 220	16 872	13 559	10 592	
	底部测点	14 950	15 634	16 102	8 555	14 578	
	平均值	14 432	15 427	16 487	11 057	12 585	

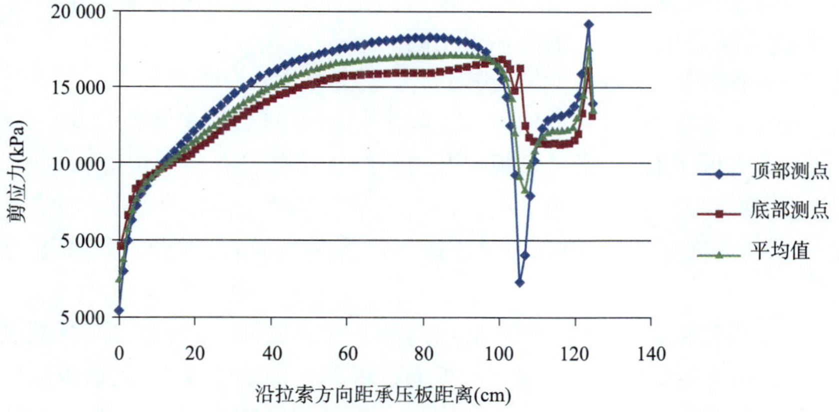

图 6-12　支承板 N3 与风嘴板连接焊缝处剪应力

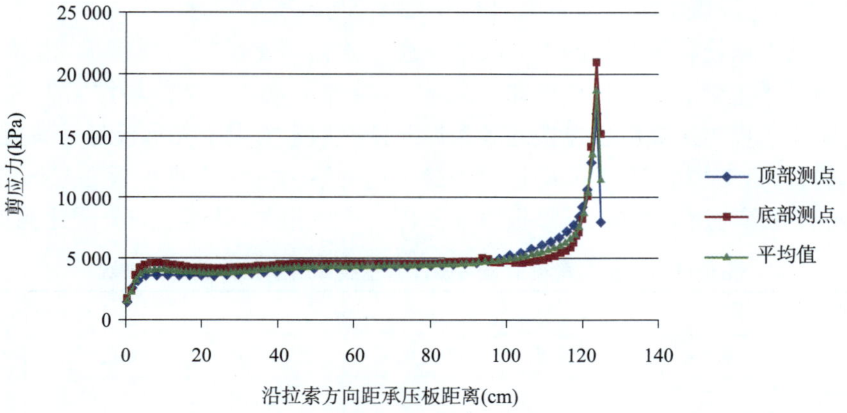

图 6-13　支承板 N4 与风嘴板连接焊缝处剪应力

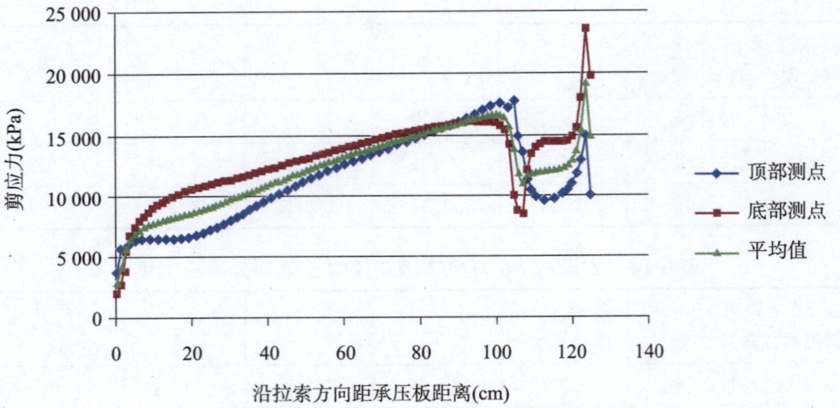

图 6-14 支承板 N6 与风嘴板连接焊缝处剪应力

6.4 双挑式索梁钢锚箱力学行为分析

通过以上计算分析可知，这种新型的双挑式索梁钢锚箱结构，将斜拉索力经锚箱底部的锚垫板传递到锚箱承压板上，再通过锚箱承压板将索力传递到锚箱的支承板上，然后再通过支承板与钢箱梁风嘴板、边纵腹板的连接焊缝传递到钢箱加劲梁上。由于该锚箱的构造不同于其他传统锚箱，其受力状态也与传统锚箱不太相同。

(1)相比传统钢锚箱，双挑式索梁钢锚箱受力更均匀

各板件应力值基本在 10～50 MPa 的范围，相比传统钢锚箱受力更均匀。与传统钢锚箱类似，在承压板、支承板、钢箱主梁风嘴板以及边纵腹板等部位存在一定应力集中，主要体现在锚箱支承板沿锚箱纵向的两端、锚箱承压板的角点及与风嘴板连接处，设计时需予以重视。

(2)支承板及与之连接的边腹板、风嘴板区域应力呈“马鞍形”分布，风嘴板与边纵腹板的应力水平相当

在双挑式索梁钢锚箱支承板上，纵向的应力分布呈典型的“马鞍形”，即两端应力较中间区段更大，且锚箱首端应力大于尾端。与支承板通过焊缝连接的边腹板、风嘴板区域应力亦沿锚固结构的纵向呈“马鞍形”分布，与支承板的应力分布规律相吻合。风嘴板与边纵腹板的应力水平基本相当，说明本桥双挑式钢锚箱构造合理。

(3)支承板与边纵腹板焊缝传力比例高于支承板与风嘴板焊缝

双挑式索梁钢锚箱将斜拉索的索力大部分通过钢锚箱支承板与风嘴板、边纵腹板的 6 条焊缝传递到钢箱梁主梁上。经计算可知，本结构 6 条焊缝总共传递的斜拉索力占全部索力的 93.52%，其中支承板与边纵腹板连接的 3 条焊缝传递的索力大于支承板与风嘴板连接的 3 条焊缝所传递的索力，支承板 N3、N6 的连接焊缝传递的索力要大于支承板 N4、N5 连接焊缝传递的索力，比例关系与边纵腹板、风嘴板厚度及传力构造相关，具体索力分配比例见表 6-11。

表 6-11 双挑式索梁钢锚箱设计各主要焊缝承担荷载比例情况

序号	1	2	3	4	5	6
焊缝名称	N3-边腹板	N3-风嘴板	N4-边腹板	N5-风嘴板	N6-边腹板	N6-风嘴板
分担荷载比例	19.85%	16.63%	14.82%	6.23%	20.72%	15.28%

6.5　双挑式索梁钢锚箱疲劳试验研究

6.5.1　模型设计原则

试验模型的设计原则为应力等效，要求试验模型与实际结构在对应部位的应力相等。模型重点考察钢锚箱承压板、钢箱梁边纵腹板、钢箱梁边板以及钢锚箱与边纵腹板和边板连接处的 6 条纵向焊缝的应力状态。采用足尺模型进行试验，模型高度约为 2.4 m，长度约为 4 m，宽度约为 3 m。试验模型如图 6-15 所示。

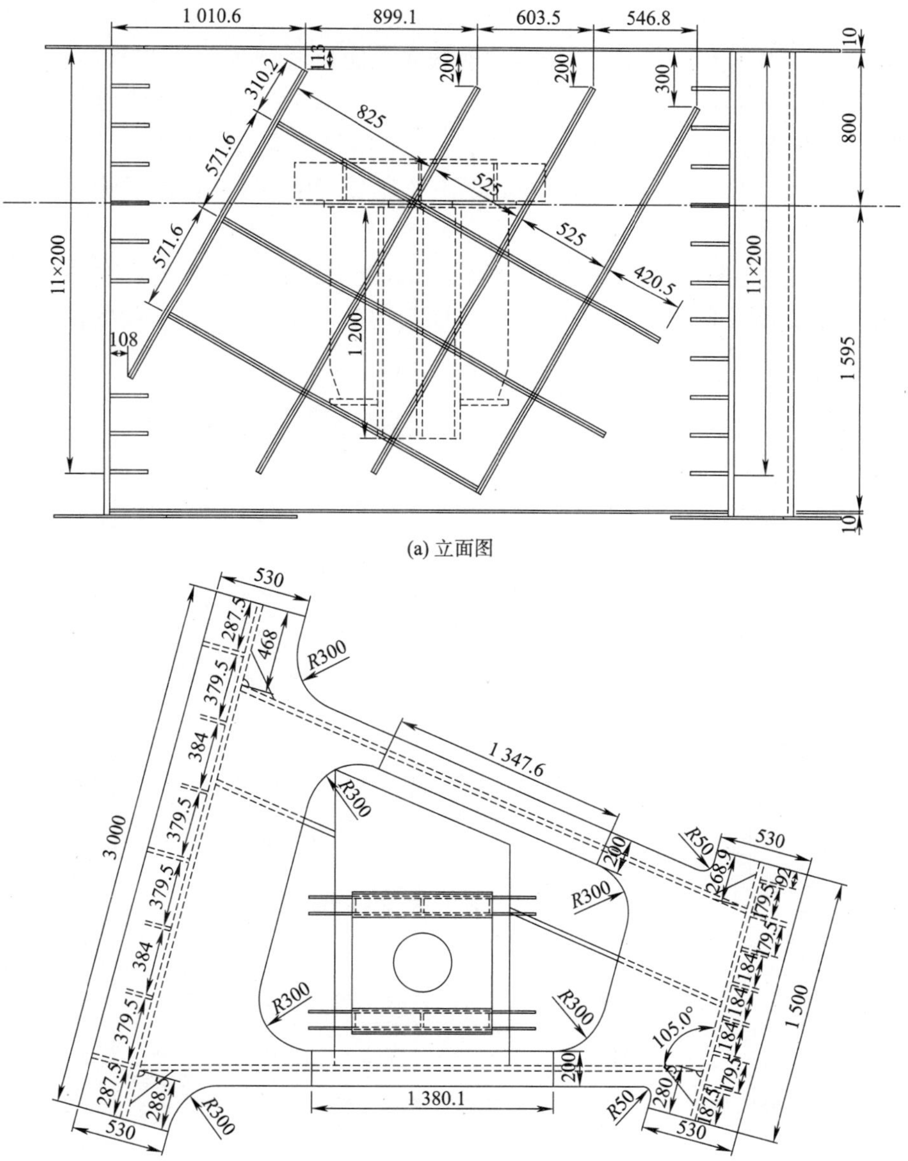

(a) 立面图

(b) 平面图

图 6-15　疲劳研究试验模型方案(mm)

6.5.2 测试及加载

试验模型加载方案如图 6-16 所示。模型试验的加载设备采用 MTS 伺服液压控制系统，将作动器直接作用于垫板上，对模型施加疲劳荷载。试验荷载详见 6.4 节内容，循环加载 200 万次。

试验模型安装完毕后，先对模型进行预加载，反复数次之后，进行疲劳上限荷载的静载试验，静载试验的加载也采用 MTS 作动器进行，进行静载加载时需分级加载。静载试验荷载值与疲劳上限荷载值一致，为 979.3 kN。荷载分级按 0.2 倍静载试验荷载作为增量级，即从 0 开始，195.86 kN、391.72 kN、587.58 kN、783.44 kN、979.3 kN。静载试验完成后依次进行 1 万次、2 万次、5 万次、10 万次、20 万次、50 万次、80 万次、100 万次、120 万次、140 万次、160 万次、180 万次、200 万次疲劳加载，每完成一定次数疲劳加载之后再进行静载试验。待验证试验完成后，根据模型具体情况决定是否继续加载，如果结构未发生损坏，则继续进行疲劳破坏试验。疲劳破坏试验阶段，疲劳荷载上限值提高至 1 650 kN，下限值不变，仍为 50 kN，疲劳荷载幅为 1 600 kN，约为疲劳验证试验阶段荷载幅的 1.722 倍。疲劳破坏试验阶段共加载 100 万次。

测试内容包括应力测试和模型几何变形的测试，钢锚箱疲劳模型试验重点考察钢锚箱主体部分与竖腹板、边板之间连接的部位的应力，以及钢锚箱主体各板件之间的传力关系。

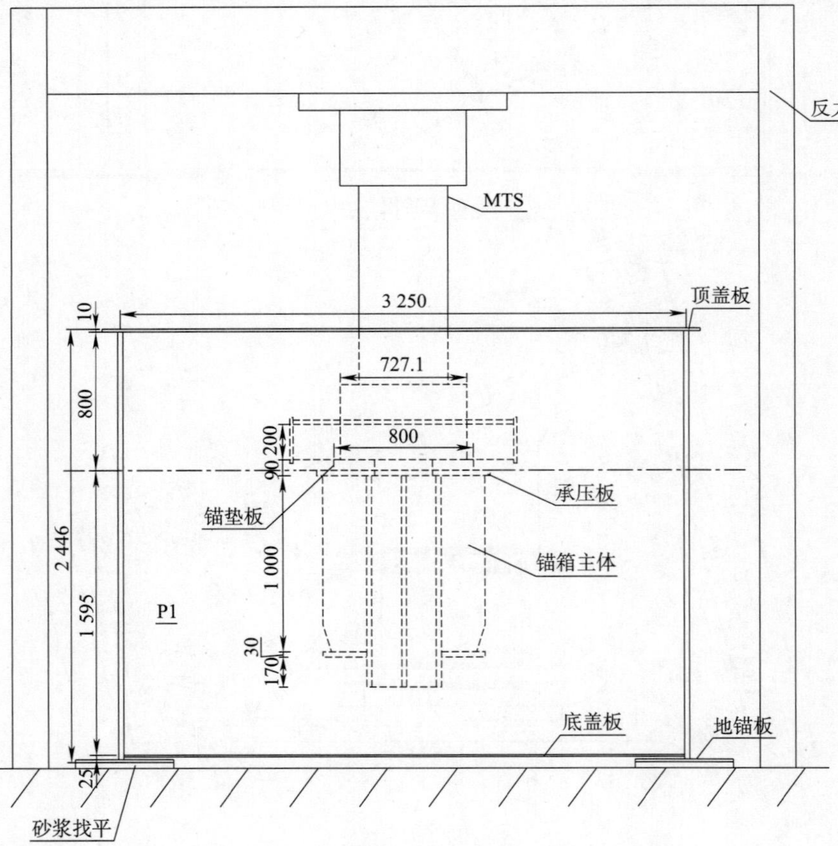

(a) 试验模型加载方案立面图

图 6-16

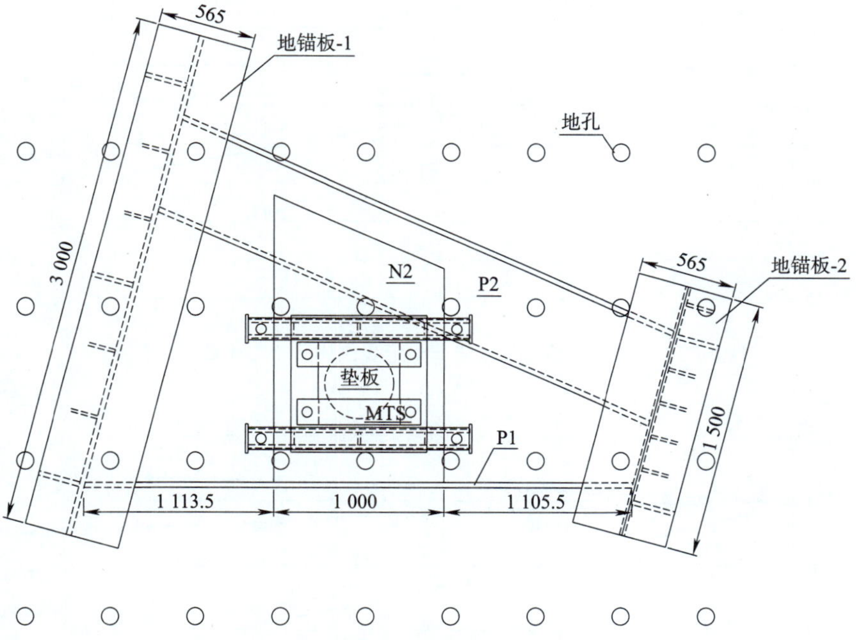

(b) 试验模型加载方案平面图

图 6-16　试验模型加载(单位:mm)

6.5.3　试验结果分析

6.5.3.1　静载试验结果分析

1. 荷载-应变曲线

静载试验在 979.3 kN 荷载作用下,钢锚箱主要板件荷载-应变曲线,如图 6-17～图 6-21 所示。

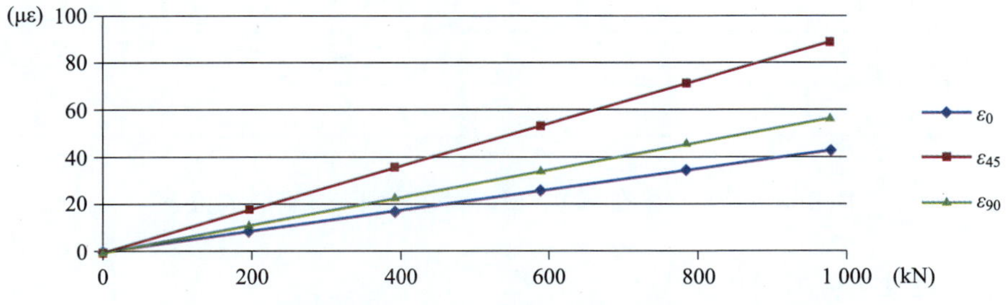

图 6-17　静载试验在 979.3 kN 荷载作用下 P1 荷载-应变图

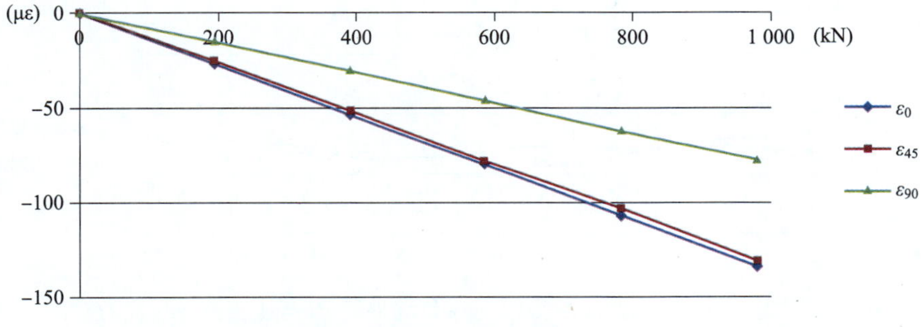

图 6-18　静载试验在 979.3 kN 荷载作用下 P2 荷载-应变图

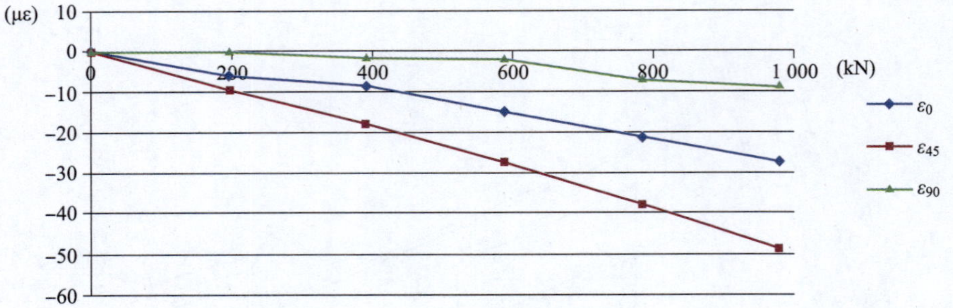

图 6-19　静载试验在 979.3 kN 荷载作用下 N2 荷载-应变图

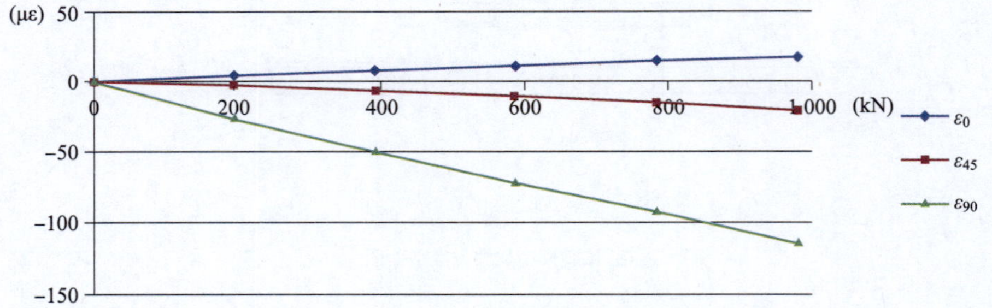

图 6-20　静载试验在 979.3 kN 荷载作用下 N3 荷载-应变图

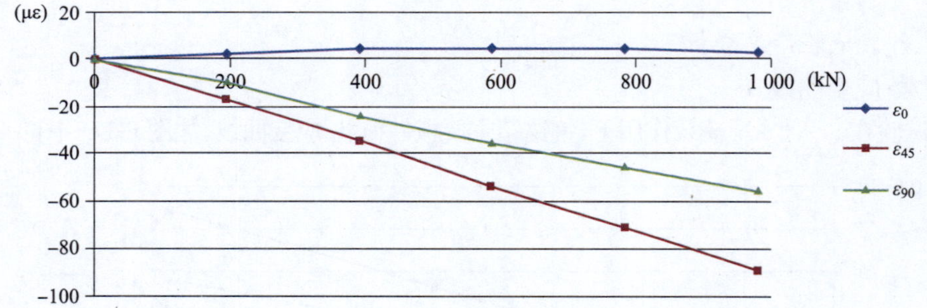

图 6-21　静载试验在 979.3 kN 荷载作用下 N6 荷载-应变图

2. 连接焊缝处主应力变化曲线

钢锚箱支承板 N3、N6 与纵腹板 P1、P2 连接焊缝处及外侧各板测点主应力对比曲线如图 6-22～图 6-30 所示。

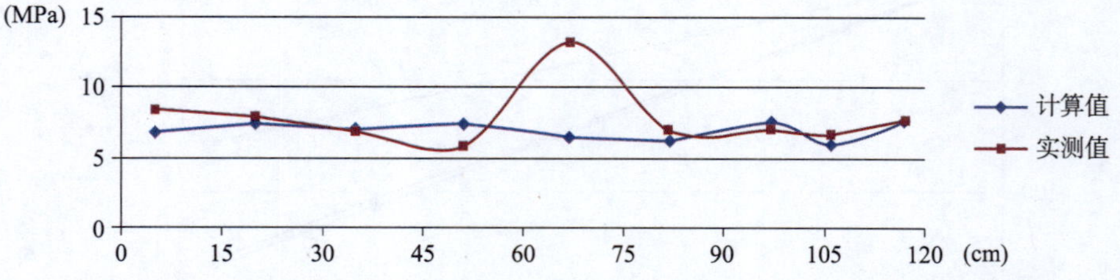

图 6-22　支承板 N3 与边纵腹板 P1 连接焊缝外侧 P1 板上测点主拉应力对比

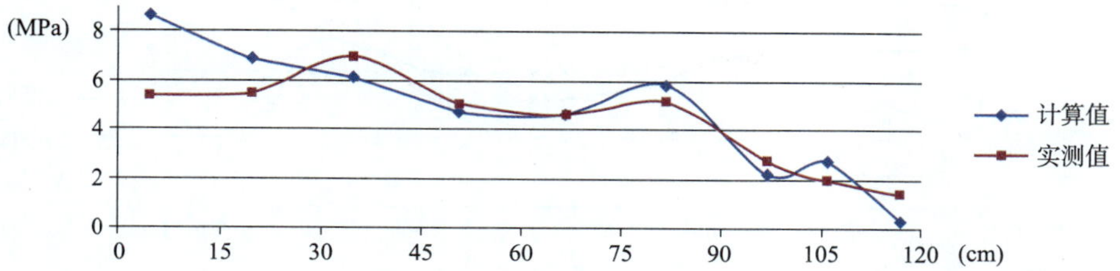

图 6-23 支承板 N3 与边纵腹板 P1 连接焊缝处 N3 板上测点主拉应力对比

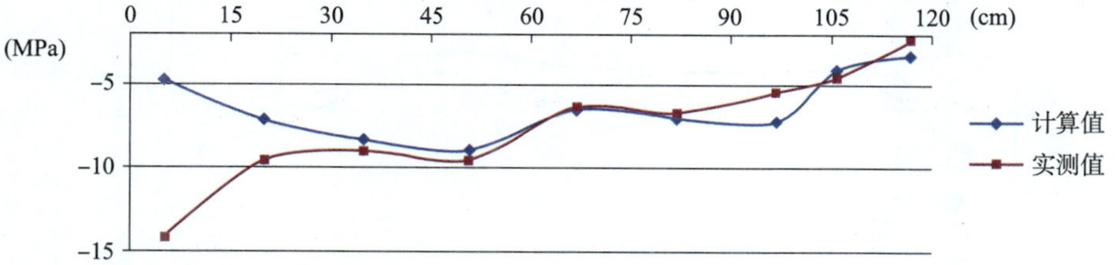

图 6-24 支承板 N3 与边纵腹板 P1 连接焊缝处 N3 板上测点主压应力对比

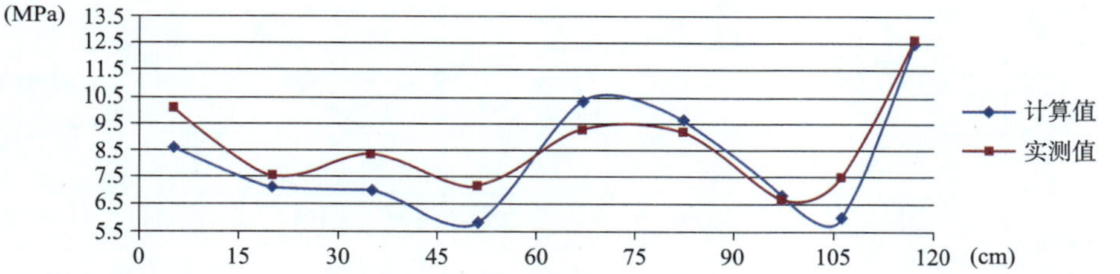

图 6-25 支承板 N6 与边纵腹板 P1 连接焊缝外侧 P1 板上测点主拉应力对比

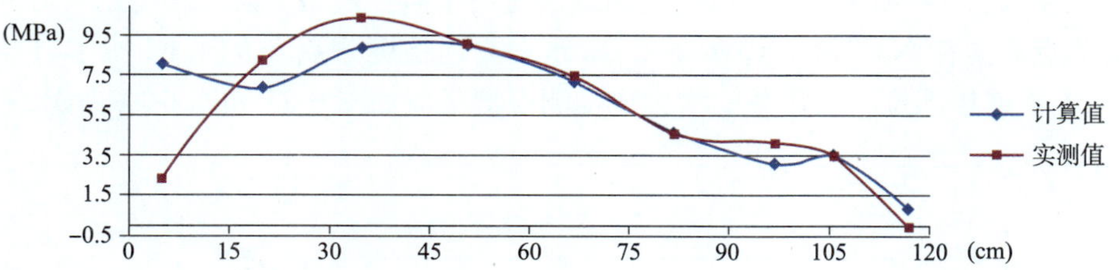

图 6-26 支承板 N6 与边纵腹板 P1 连接焊缝处 N6 板上测点主拉应力对比

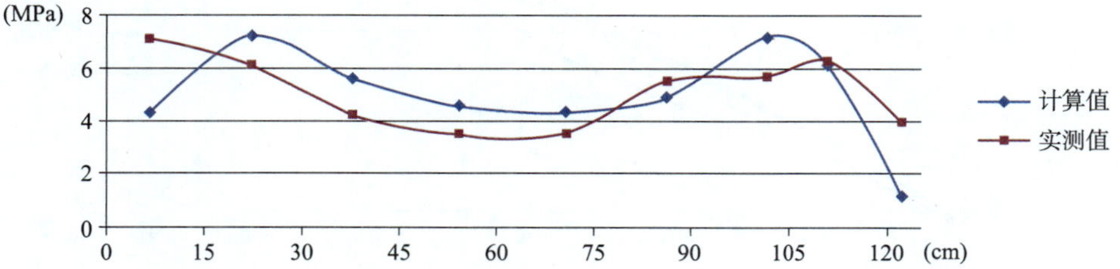

图 6-27 支承板 N6 与边纵腹板 P2 连接焊缝外侧 P2 板上测点主拉应力对比

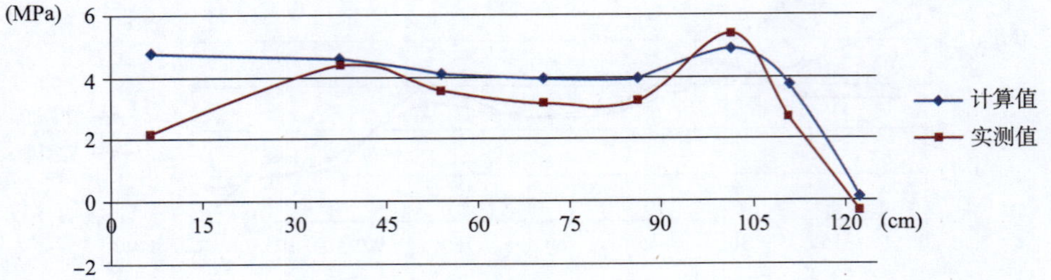

图 6-28 支承板 N6 与边纵腹板 P2 连接焊缝处 N6 板上测点主拉应力对比

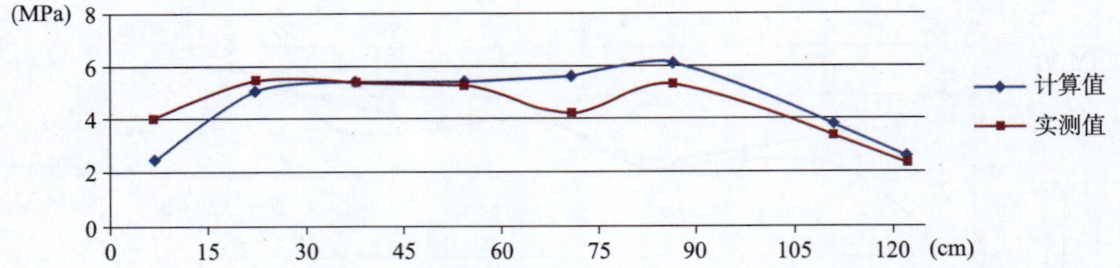

图 6-29 支承板 N3 与边纵腹板 P2 连接焊缝外侧 P2 板上测点主拉应力对比

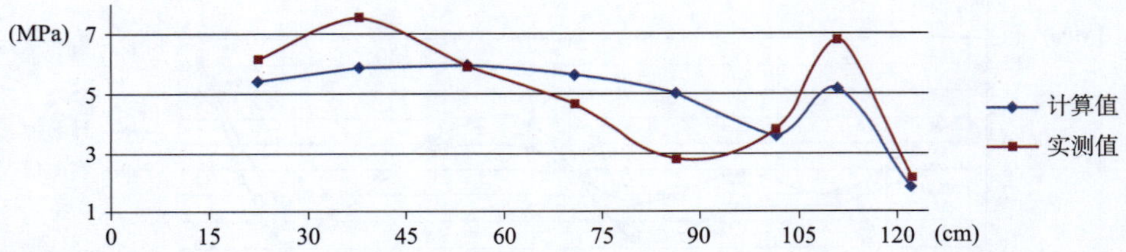

图 6-30 支承板 N3 与边纵腹板 P2 连接焊缝处 N3 板上测点主拉应力对比

3. 荷载-位移曲线

疲劳试验设置了 6 个挠度测点，挠度测点主要用来监控模型竖向位移与水平方向的位移，竖向挠度测点布置在 N3、N6、N10 板的底部，水平方向挠度测点布置在 P1 板上，位置在承压板 N2 与 P1 板连接部位。随荷载的增大挠度测点测量值如图 6-31 和图 6-32 所示。

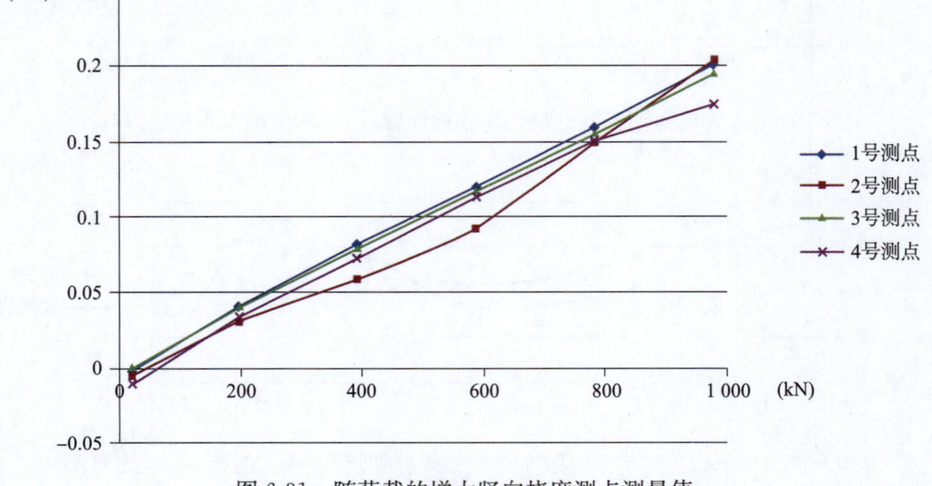

图 6-31 随荷载的增大竖向挠度测点测量值

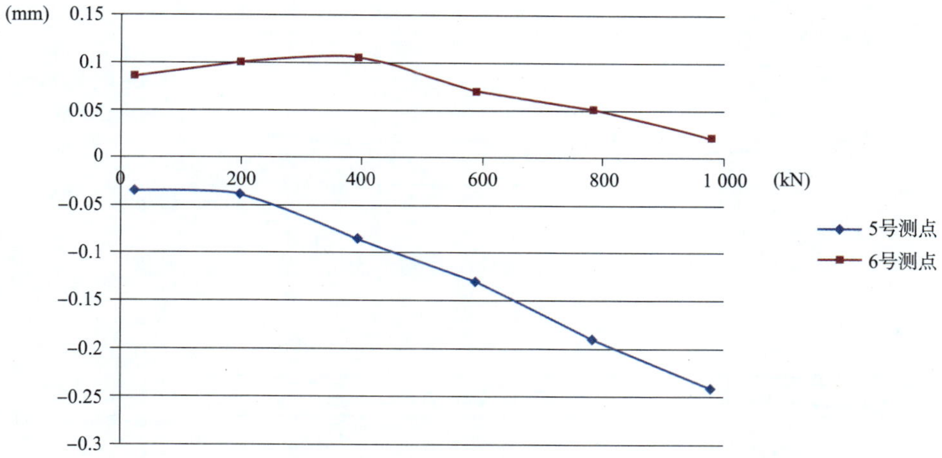

图 6-32 随荷载的增大水平方向挠度测点测量值

由图 6-31 和图 6-32 可以看出，在静载测试各级荷载作用下，荷载与结构挠度具有线性规律，表明结构处于弹性工作阶段。

6.5.3.2 疲劳加载试验结果分析

疲劳验证试验采用常幅正弦波荷载，疲劳荷载幅采用疲劳列车活载的 1.0 倍，即 929.3 kN。疲劳荷载上限值为 979.3 kN，下限值为 50 kN。疲劳验证试验阶段共加载 200 万次，为监测各测点的应力，在疲劳加载过程中共停机 14 次，进行静载测试。

1. 主应力测试结果

将各板件中应力较大测点的第一主应力提出，列于表 6-12 和图 6-33～图 6-38 中。

表 6-12 疲劳试验 0～200 万次部分测点数据 （单位：MPa）

测点编号	疲劳验证试验阶段 0～200 万次第一主应力测试值							
	计算值	0 万次	1 万次	2 万次	5 万次	10 万次	20 万次	40 万次
P1-41	23.15	20.97	20.65	21.23	21.14	21.02	20.7	20.74
P2-46	20.99	17.28	16.32	16.33	16.84	16.77	16.86	17.52
N2-6	11.73	11.57	11.17	11.41	11.81	12.2	12.64	12.87
N3-10	4.48	8.07	7.64	7.61	7.59	8.5	8.81	8.87
N6-18	8.89	8.26	8.16	8.22	8.23	8.55	7.91	7.5
N8-6	19.36	23.77	23.19	22.74	24.3	23.82	24.1	23.88
测点编号	疲劳验证试验阶段 0～200 万次第一主应力测试值							
	200 万次	60 万次	80 万次	100 万次	120 万次	140 万次	160 万次	180 万次
P1-41	20.74	21.02	20.56	20.95	20.92	20.85	21.02	21.26
P2-46	16.46	16.79	16.95	17.01	16.99	16.73	16.74	16.78
N2-6	11.21	11.83	11.84	11.65	11.26	11.31	11.61	11.61
N3-10	8.3	8.99	8.88	8.83	8.42	8.73	8.44	8.31
N6-18	8.27	8.07	8.02	8.29	8.3	8.14	8.07	8.46
N8-6	23.56	24.3	23.93	23.9	24.13	23.88	24.03	24.16

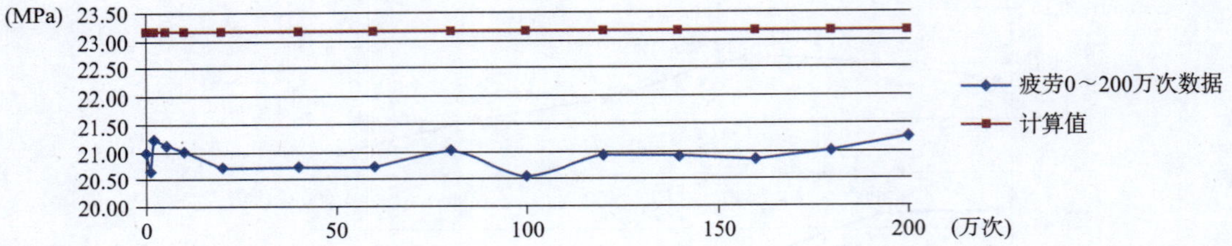

图 6-33 P1-41 测点在疲劳试验 0～200 万次阶段第一主应力数据

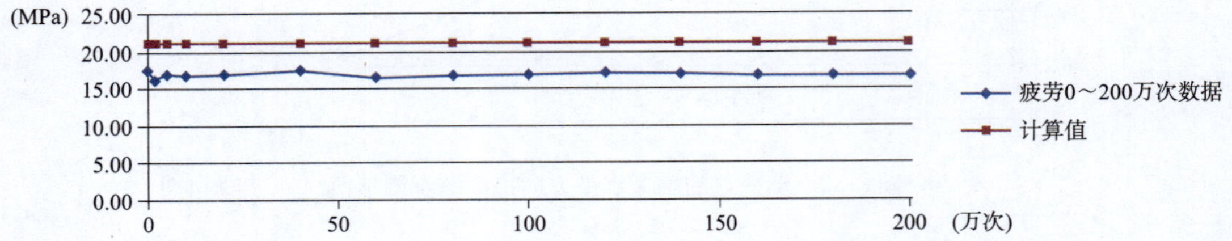

图 6-34 P2-46 测点在疲劳试验 0～200 万次阶段第一主应力数据

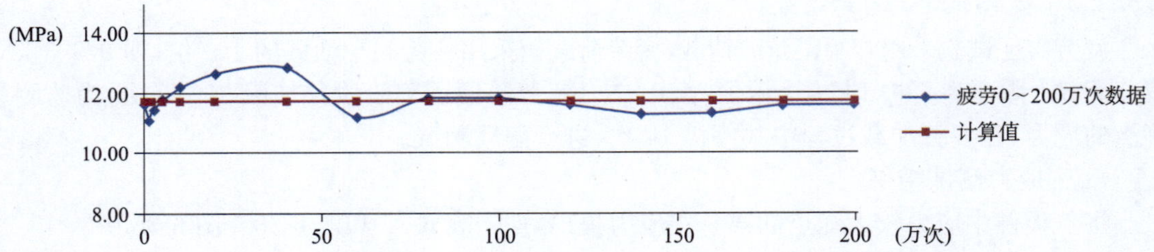

图 6-35 N2-6 测点在疲劳试验 0～200 万次阶段第一主应力数据

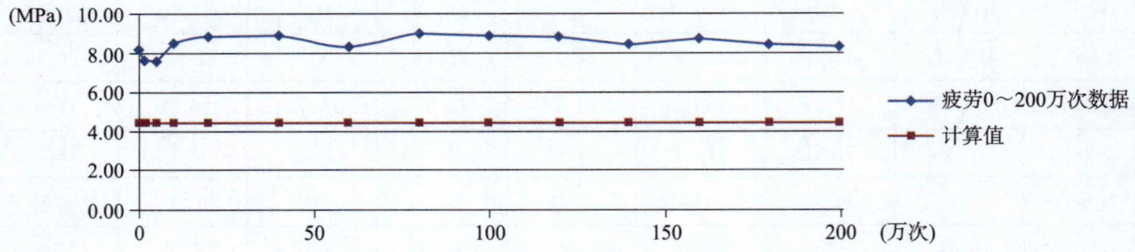

图 6-36 N3-10 测点在疲劳试验 0～200 万次阶段第一主应力数据

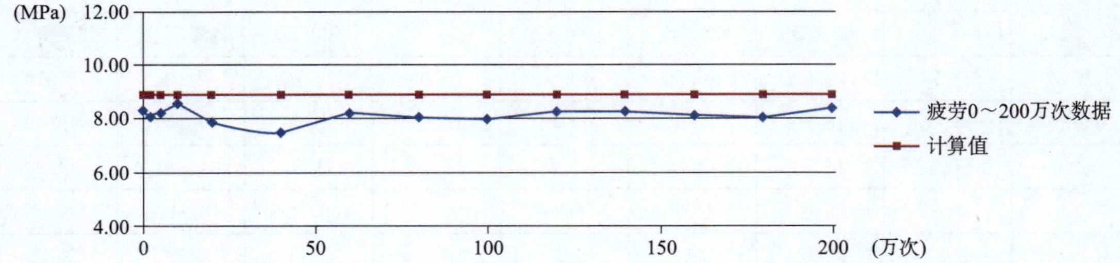

图 6-37 N6-18 测点在疲劳试验 0～200 万次阶段第一主应力数据

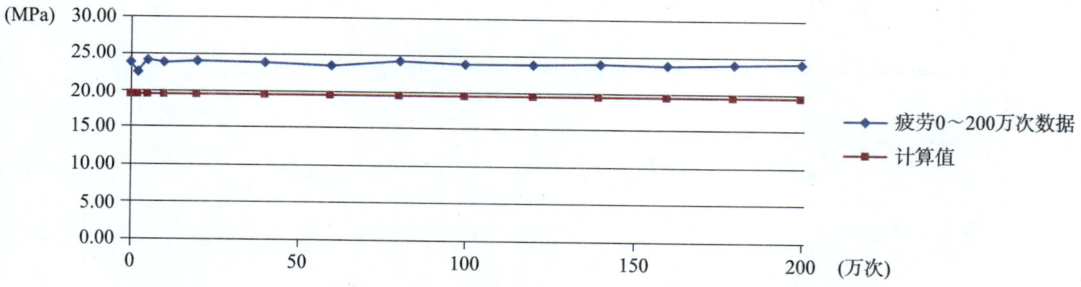

图 6-38　N8-6 测点在疲劳试验 0～200 万次阶段第一主应力数据

通过对表 6-12 和图 6-33～图 6-38 进行分析，可以看到，在疲劳循环进行到 200 万次之前，即疲劳验证试验阶段，各测点应力值随疲劳循环次数的增加基本保持不变，并且与模型计算应力值相差不大，因此试验模型在疲劳循环进行到 200 万次时仍保持在弹性工作阶段。

2. 位移数据分析

将疲劳验证试验阶段各挠度测点当疲劳循环次数进行到 200 万次时，在 979.3 kN 上限荷载作用下的挠度测量值绘制散点图，如图 6-39～图 6-44 所示。

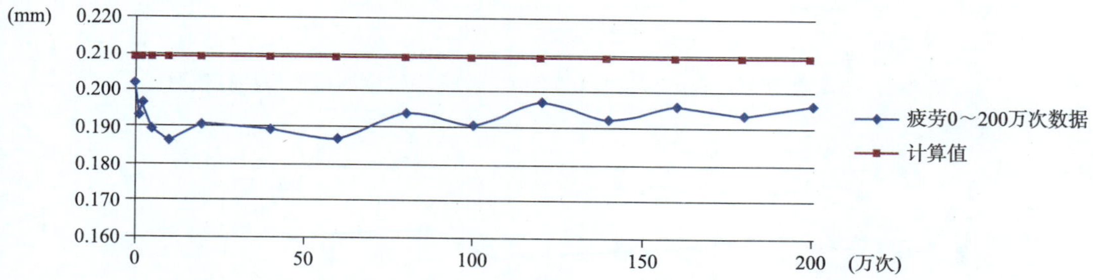

图 6-39　1 号挠度测点在疲劳试验 0～200 万次阶段挠度测量值与计算值对比

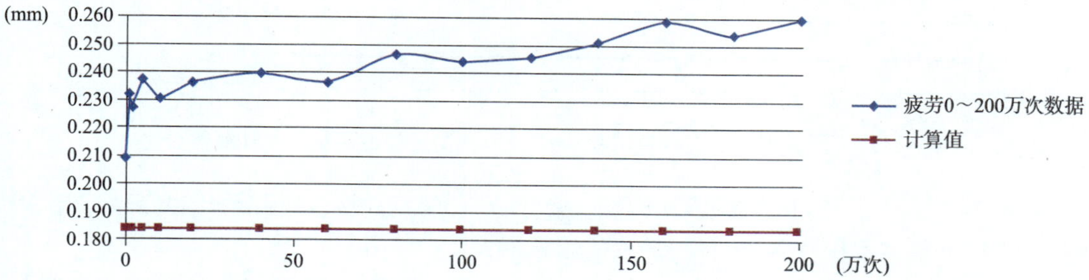

图 6-40　2 号挠度测点在疲劳试验 0～200 万次阶段挠度测量值与计算值对比

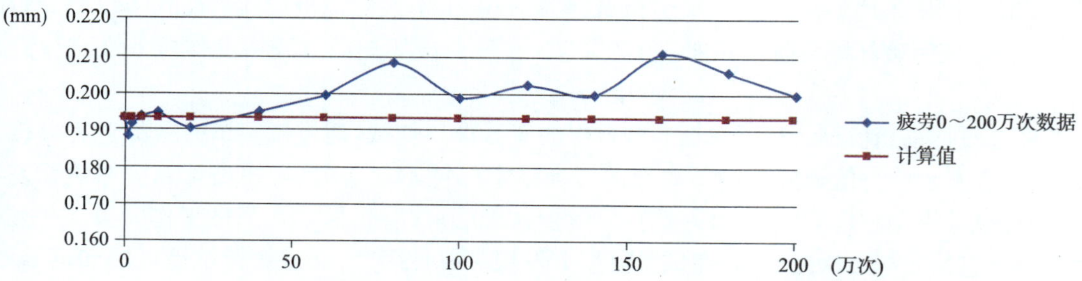

图 6-41　3 号挠度测点在疲劳试验 0～200 万次阶段挠度测量值与计算值对比

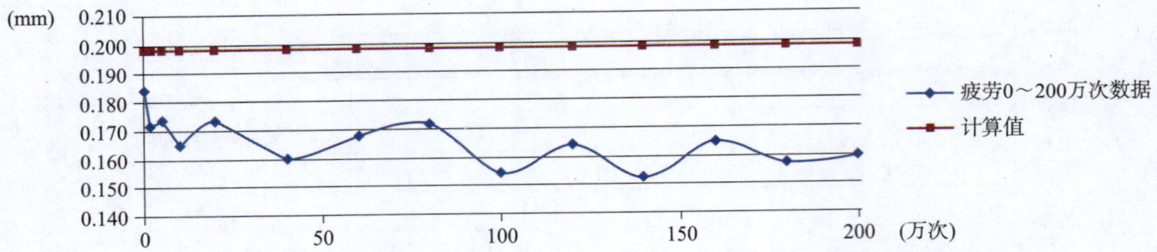

图 6-42　4 号挠度测点在疲劳试验 0～200 万次阶段挠度测量值与计算值对比

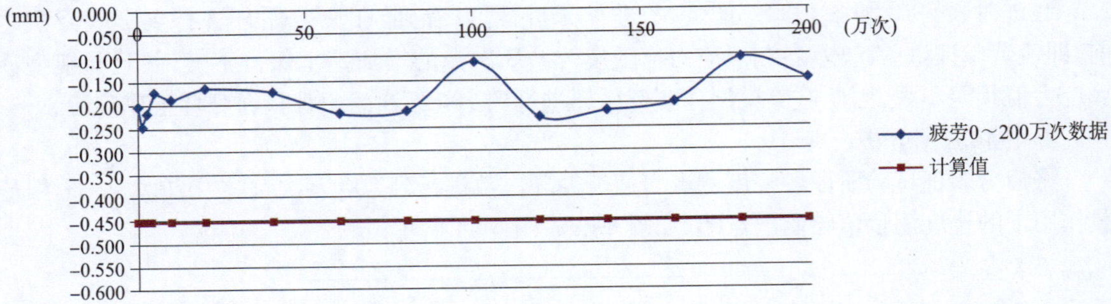

图 6-43　5 号挠度测点在疲劳试验 0～200 万次阶段挠度测量值与计算值对比

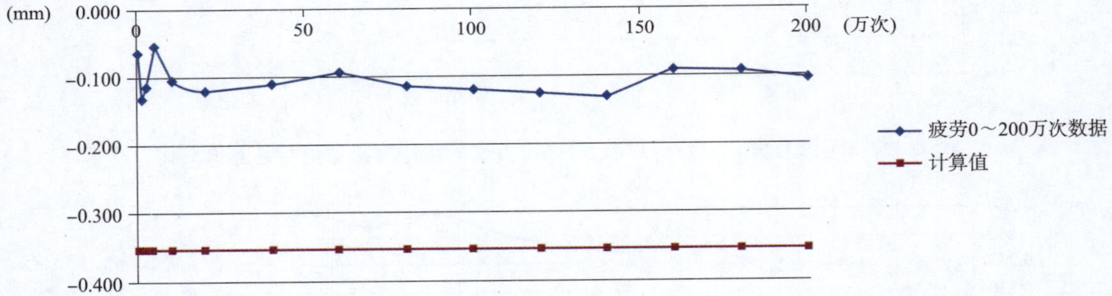

图 6-44　6 号挠度测点在疲劳试验 0～200 万次阶段挠度测量值与计算值对比

通过图 6-39～图 6-44 的数据可以看出，疲劳验证试验阶段，各疲劳循环时，静载测试得到的各测点挠度值基本保持一致，且与计算值相差不大。

由于在疲劳试验验证阶段结构没有破坏，故在疲劳验证试验阶段后继续加大疲劳荷载的幅度进行破坏试验。疲劳试验破坏阶段仍采用常幅正弦波荷载，疲劳荷载上限值 P_{max}＝1 650 kN，下限值 P_{min}＝50 kN。疲劳荷载幅为 1 600 kN，约为该桥设计活荷载(929.3 kN)的 1.722 倍。疲劳破坏试验阶段共加载 100 万次，在疲劳破坏加载过程中共停机 6 次进行静载测试。

经过对钢锚箱模型进行了总计 300 万次的疲劳循环加载，通过疲劳试验数据进行分析可以看到，各测点应力值随疲劳循环次数的增加基本保持不变，并且与模型计算应力值相差不大，因此试验模型在疲劳试验阶段疲劳循环进行 200 万次时仍保持在弹性工作阶段。并且在疲劳循环进行 300 万次之后，未在试验模型上发现裂缝。因此，通过疲劳试验可以知道，该索梁锚固结构设计合理，疲劳性能良好，并且有足够的疲劳强度安全储备。

6.6 本章总结

①双挑式钢锚箱的传力方式为:索力经锚箱底部的锚垫板传递到锚箱承压板上,再通过锚箱承压板将索力传递到锚箱的支承板上之后通过支承板与钢箱梁边板、边纵腹板的连接焊缝传递到钢箱梁主梁上。该结构主要传力板件为支承板,而承压板只是将索力传递到支承板上。其中,支承板 N3、N6 传递的荷载要大于 N4、N5,并且,通过边纵腹板这一侧传递的剪力也要大于通过边板一侧传递的。

②相比传统钢锚箱,双挑式索梁钢锚箱受力更均匀。各板件应力值基本在 10～50 MPa 的范围,与传统钢锚箱类似在承压板、支承板、钢箱加劲梁边板以及边纵腹板等部位存在一定应力集中,主要体现在锚箱支承板沿锚箱纵向的两端、锚箱承压板的角点及与边板连接处。

③理论分析及实测数据均表明,支承板及与之连接的边腹板、边板区域应力呈“马鞍形”分布,边板与边纵腹板的应力水平相当。在双挑式索梁钢锚箱支承板上,纵向的应力分布呈典型的“马鞍形”,即两端应力较中间区段更大,且锚箱首端应力大于尾端。与支承板通过焊缝连接的边腹板、边板区域应力亦沿锚固结构的纵向呈“马鞍形”分布,与支承板的应力分布规律相吻合。边板与边纵腹板的应力水平基本相当,说明本桥双挑式钢锚箱构造合理。

④支承板与边纵腹板焊缝传力比例高于支承板与边板焊缝。双挑式索梁钢锚箱将斜拉索的索力大部分通过钢锚箱支承板与边板、边纵腹板的 6 条焊缝传递到钢箱加劲梁上。锚箱结构 6 条焊缝总共传递的斜拉索力占全部索力 93.52%,其中支承板与边纵腹板连接的 3 条焊缝传递的索力大于支承板与边板连接的 3 条焊缝所传递的索力,支承板 N3、N6 的连接焊缝传递的索力要大于支承板 N4、N5 连接焊缝传递的索力,比例关系与边纵腹板、边板厚度及传力构造相关。

⑤通过对钢锚箱模型疲劳验证试验测试数据分析可以看到,模型各测点应力随着荷载循环次数的增加变化很小,在完成 200 万次疲劳循环之后,各测点的主应力值大部分比循环前的主应力值略有增加,但应力值差别很小,说明结构虽然有应力重分布现象但是不明显。在疲劳试验的验证阶段,疲劳循环完成 200 万次过后未在试验模型上发现裂缝,可见双挑式索梁锚固结构疲劳性能良好。

⑥通过对钢锚箱模型疲劳破坏试验测试数据分析可以看到,虽然疲劳荷载幅增大到了 1 600 kN,为验证试验荷载幅度 929.3 kN 的 1.722 倍,但经历了疲劳破坏阶段加载的 100 万次循环后,模型各测点测试值随荷载循环次数的增加也基本保持不变,模型各测点应力规律也与验证阶段相同。在疲劳破坏试验阶段,在个别测点,如测点 P1-34、N6-31、P2-44 当疲劳循环进行到 210 万次和 220 万次时,应力分别增大了约 10 MPa 与 15 MPa,但通过不断对模型进行观察,在这些测点附近也未发现裂缝,并且,在疲劳破坏试验阶段结束后,对模型结构进行了超声波探伤检测,同样在模型主要结构处均未发现疲劳裂缝。据此分析,这些个别测点应力值突变应为测试误差等因素导致。

通过疲劳破坏阶段试验可以看到,双挑式索梁锚固结构疲劳性能良好,具有足够的疲劳强度安全储备。

⑦采用新型的双挑式钢锚箱的形式，与传统钢锚箱通过“剪-弯”联合受力方式实现斜拉索和加劲梁之间的荷载传递不同，本结构减小了结构受弯，基本将斜拉索力全部由受剪承担。但因焊接空间较小，给现场施焊带来了一定困难。通过计算分析可知：考虑取消支承板 N4、N5，钢锚箱的整体受力行为没有发生改变，边腹板及边板焊缝传递的索力比值没有发生变化，只是由原来 6 条焊缝重分配为 4 条焊缝承担；锚箱支承板 N3、N6 应力值有所增大，加劲梁边纵腹板应力最大值则减小相对明显；取消支承板 N4、N5 可增大施焊空间，改善焊接质量，是可行的。

第 7 章

铁路钢箱混合梁斜拉桥施工控制

7.1 概　　述

钢箱混合梁斜拉桥不仅仅是跨越能力大、对桥址地形具有较强的适应性，而且边跨预应力混凝土加劲梁可与索塔同时进行施工。当索塔和边跨加劲梁施工完成后，可以依托索塔和边跨混凝土加劲梁作为锚固支撑，采用单悬臂拼装法架设主跨钢箱加劲梁。当然，单悬臂施工可大大提高主跨加劲梁长大悬臂施工的安全性。本章主要以宁波甬江桥为例，介绍铁路钢箱混合梁斜拉桥的施工控制技术。

7.1.1　混合梁斜拉桥施工控制特点

与一般的斜拉桥相比，就施工控制而言，由于混合梁斜拉桥的加劲梁是两种不同材料，加劲梁施工采用边跨混凝土箱梁逐段支架现浇，主跨钢箱梁采用节段吊装悬臂拼接的施工方法。钢箱混合梁斜拉桥施工控制特点有：

①混合梁斜拉桥两种不同材料的加劲梁，结构刚度变形、刚度具有十分明显的差异；边跨预应力混凝土加劲梁收缩徐变明显，也是影响结构行为的重要因素。

②在加劲梁施工过程中，由于大跨度钢箱梁具有明显的柔性结构变形特点，钢箱梁悬拼施工期间几何构形的变化比较大；混凝土加劲梁的变形与内力分布特点比较类似于预应力混凝土连续梁结构，施工过程中几何构形相对变化小。

③斜拉索索力对两种不同材料的加劲梁的效应不同。对于钢箱加劲梁斜拉索兼有调控应力和线形的双重作用；对于相对刚度较大的混凝土加劲梁，斜拉索索力对加劲梁产生的位移非常有限，但是，其对混凝土加劲梁所产生的应力增量却比较大，此时，混凝土加劲梁中拉应力控制问题比较突出。

④钢箱加劲梁内力和应力对结构参数的变化不敏感，但是，钢箱梁的线形受到多因素的影响；混凝土加劲梁结构刚度大，结构参数变化对其变形影响较小，但对混凝土应力影响较大，因此混凝土加劲梁应力控制是重点。

7.1.2　混合梁斜拉桥施工控制方法

在诸多的斜拉桥施工控制方法中，主要有两类方法，其一，索力-高程控制法；其二，几何形态控制法，分为单目标几何形态控制法和多目标几何形态控制法。

1. 索力-高程控制法

索力-高程控制法是一种传统的、早期的、常用的斜拉桥施工安装控制方法，其优点是相对简单直观。在斜拉桥加劲梁悬臂施工控制过程中，是以下一个梁段安装高程与理论高程接近相同作为安装梁段定位原则，用索力来调整加劲梁的梁段线形和应力，逐步调整来获得各施工阶段的安装高程和索力。理论上通常采用倒拆分析，即从设计确定的成桥状态出发，按施工的逆过程，逐步拆除在桥上安装的梁段和荷载，以倒拆分析得到的安装高程和索力来进行正装成桥分析，并通过多次迭代来获得各施工阶段的安装高程和索力。为达到与设计成桥状态相吻合的目标，须修正由环境、施工、计算参数等原因所带来的误差，控制过程中需要适时测量施工工况结构的应力、线形、索力、温度以及结构重量与弹性模量等参数，并与理论计算结果对比，以判断施工结构状态与理论结构状态之间的误差，依据混凝土斜拉桥以应力最优或钢斜拉桥以线形最优为原则，对误差进行修正和调控以逼近设计成桥状态。

在温度修正中，是通过施工过程下一梁段在安装之前测量现场环境温度按接近设计温度环境修正后提供下一个梁段安装高程和施工张拉索力来实现的。由于环境温度变化和结构温度场的复杂性，在实际工程中实施难度是比较大的，这个控制方法比较适应于斜拉桥加劲梁刚度相对较大、线形和安装高程受温度影响相对较小的混凝土结构，以及斜拉桥跨度相对较小的钢加劲梁。

传统的索力-高程控制法以安装高程控制下一个梁段的安装，以索力实施调控。在混凝土斜拉桥中，加劲梁的安装高程比较容易通过立模标高来调控，即使当发现加劲梁线形误差较大也可以通过调控几个梁段来逐渐消除。这是索力-高程控制法在混凝土斜拉桥应用的优势，由于大跨度钢箱混合梁斜拉桥中边跨混凝土梁跨度小、刚度大，而较大主跨钢箱加劲梁刚度相对较小，应用这一方法就会存在一些问题而不适应。

①由于混凝土收缩徐变、几何非线性对结构响应有影响，使得阶段线形难以准确判断。

②由于不是全过程控制，仅在安装时实时控制，不控制钢箱梁的制造线形，安装不吻合时需要现场配切，不利于钢箱梁的线形控制，不利于确保钢箱梁的质量。

③传统的索力-高程控制法是以下一个梁段的高程作为精匹配的控制参数，当受到环境温度、施工临时荷载等其他因素影响时，安装高程、索力调整就会增加控制难度。

2. 几何形态控制法

几何形态控制法是将无应力状态控制法与全过程控制法相结合，依据无应力状态的基本原理，斜拉桥的成桥状态仅与成桥时恒载、结构体系及结构构件无应力几何形态等参数有关，与施工过程无关。只要在制造阶段精确控制结构构件无应力尺寸及形状，在安装阶段精确控制其无应力几何形态成桥恒载、边界条件与设计相近，实现制造、安装全过程控制，则加劲梁的安装线形、应力、索力就自然接近设计成桥状态。

几何形态控制法是以几何线形作为控制目标，不考虑环境因素和临时荷载对线形的影响，有利于加劲梁的线形控制，即使加劲梁施工成桥线形与设计成桥线形之间存在一定的误差，加劲梁的实际内力或应力也能够接近设计成桥内力或应力，因此，几何形态控制法虽然不像索力-高程控制法那样直观，但加劲梁安装以不改变结构无应力线形、索力以无应力索长控制拉索的张拉为基本原则，则不受温度、风等环境因素，施工临时荷载等偶然因素的影响，对大跨度钢箱加劲梁斜拉桥比较适应。

斜拉桥混凝土加劲梁因刚度大，有时候虽然混凝土梁变形很小，成桥线形也可以控制在容许误差范围内，但是，混凝土梁的内力或应力会因此产生不可接受的误差。当采用斜拉索的无应力索长作为调控手段时前提是加劲梁没有施工误差，可是混凝土梁的施工误差是客观存在的，且比钢箱梁施工误差要大，梁上拉索锚固点尺寸误差有可能导致明显的索力变化，无疑不利于混凝土梁的应力控制。

混合梁斜拉桥加劲梁是由大刚度的混凝土梁和柔性的钢箱梁组合而成，无论是传统的索力-高程控制法还是几何形态控制的新方法均不能完全实现施工控制符合设计意图。

3. 混合梁斜拉桥多目标几何形态控制法

以斜拉桥加劲梁的几何线形作为主要控制目标称之为单目标几何形态控制法。由于混合梁斜拉桥的边跨混凝土加劲梁与主跨钢箱加劲梁之间存在较大的刚度差异，施工误差和材料参数误差总是存在，导致这些误差对结构响应也会明显的不同。可见，在混合梁斜拉桥采用几何形态控制法进行施工控制时，对于主跨钢箱梁因刚度比较小，即使施工成桥线形与设计成桥线形之间存在一定的误差，钢箱加劲梁的实际内力也能接近成桥设计内力；而对于边跨混凝土梁因刚度远大于钢箱梁，若以混凝土梁的内力或应力等力学参数作为控制目标，则混凝土梁的施工成桥应力接近设计成桥应力时，混凝土梁实际施工成桥线形也将会接近成桥设计线形。

由于混合梁斜拉桥存在着混凝土加劲梁，若指定成桥目标状态时没有考虑或没有完全考虑混凝土施工过程的收缩徐变影响，而仅仅简单地以设计成桥索长进行控制，则施工成桥状态与设计就会有偏差。这种情况对于刚度较大的混凝土加劲梁，往往就会导致混凝土应力与设计不符；而对于刚度较小的钢箱加劲梁，往往会导致成桥线形与设计不符。此时，钢箱梁和混凝土梁应分别以成桥应力和线形为目标，施工控制中调整成桥状态无应力索长和加劲梁无应力线形，使成桥状态的加劲梁线形、应力与设计逐步接近，反复进行安装分析和校核成桥状态的加劲梁线形与应力，直至达到所要求的条件为止。可见，由于混凝土结构收缩徐变的影响，必须采用不同的几何形态控制目标，才能获得接近设计成桥恒载状态的初始几何参数。

因此，混合梁斜拉桥多目标几何形态控制法是基于几何控制的基本原理，以结构无应力几何参数为主要控制对象，主跨钢箱梁以几何参数为基本控制目标，以斜拉索无应力索长为主要调控手段；边跨混凝土梁以力学参数作为基本控制目标，以混凝土梁无应力线形作为主要控制手段，以索长、索力双控作为应力调控的全过程控制方法。正是因为变钢箱梁斜拉桥的单一几何参数控制目标为几何、物理参数多目标控制，称之为混合梁斜拉桥多目标几何形态控制法。

7.1.3　混合梁斜拉桥总体施工步骤

①边跨辅助墩与边墩桩基础、墩身混凝土施工及主塔桩基工程施工；

②搭设边跨混凝土梁施工支架、下塔柱混凝土浇筑施工；

③边跨混凝土梁分段浇筑施工、中塔柱混凝土分节浇筑施工；

④边跨混凝土梁预应力束张拉施工、上塔柱混凝土浇筑与塔柱内斜拉索锚箱安装施工；

⑤搭设塔旁支架进行塔上梁段及伸入主跨梁段混凝土浇筑施工；

⑥钢混结合段的钢结构分块吊装、组拼定位、焊接成形及补偿收缩混凝土浇筑施工；

⑦保留钢混结合段前端点临时支墩，保留边跨第3段混凝土主梁其他临时支墩及支架；

⑧安装并按设计索力张拉第1～3对斜拉索、拆除第3段混凝土主梁及钢混结合段临时支墩；

⑨钢箱梁制造、铺设桥面运梁轨道、安装并调试桥面吊机起吊分节悬拼架设钢箱梁节段；

⑩按设计索力张拉斜拉索，调整线形，直至合龙段；

⑪主跨钢梁合龙，拆除塔梁临时固结；

⑫按设计顺序调整全桥斜拉索索力；

⑬桥面工程及附属工程施工；

⑭静动载试验及交付运营。

7.2　混合梁斜拉桥施工技术特点

7.2.1　边跨混凝土梁施工技术特点

一般来说，混合梁斜拉桥边跨均采用混凝土结构，混凝土采用现场搭设支架模板分段浇筑施工或分阶段预制拼装及顶推就位施工。

1. 分段浇筑施工边跨混凝土梁

边跨混凝土梁采用以辅助墩和施工临时支墩，根据边跨辅助墩位的布置确定边跨锚固跨和压重跨浇筑混凝土梁的分节段长度。一般压重跨梁段相对比较长，需要设置临时支墩，有时候锚固跨根据梁段的长度和地形、地质及水文情况，也需要布置施工临时支墩。往往当边跨处在无水的河滩或岸坡时，地形较为平坦、地质条件较好，采用满堂支架支撑现浇混凝土梁段的模板是比较经济的。临时支墩与桁架梁的模板支架现浇混凝土梁段布置如图 7-1 所示。

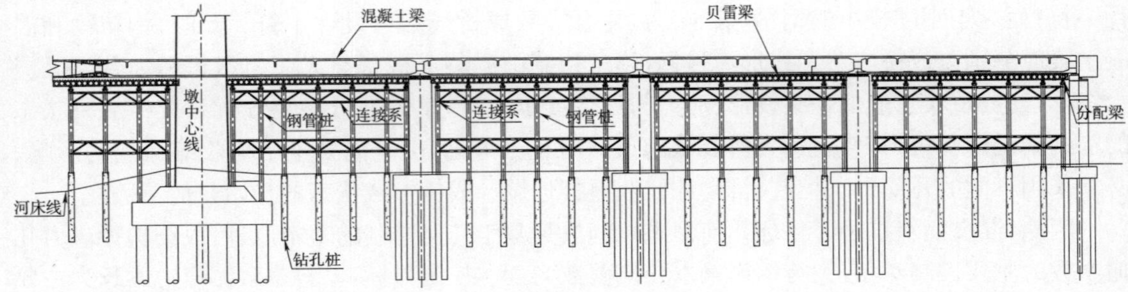

(a) 支架现浇立面布置示意

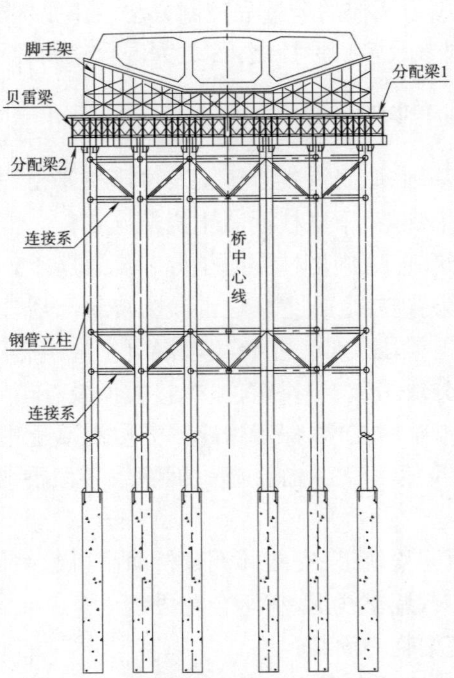

(b) 支架现浇横断面布置示意

图 7-1　分段浇筑施工边跨混凝土梁支架布置图

2. 现浇边跨锚固跨混凝土梁与对称悬臂施工压重跨加劲梁

当边跨位于河滩浅水区时，锚固跨混凝土梁采用支墩、支架分段浇筑施工，如果边跨压重跨的跨度较大，而且压重跨位于相对比较深的水域，如果此时采用临时支墩施工将会增加施工难度和施工造价，则采取压重跨的长度与主跨对应的长度对称悬臂施工。不过，此时压重跨与主跨的加劲梁应该采用同一种材料，悬臂施工节段梁在塔两侧的重量是一致的。如果均为混凝土梁则混凝土梁伸入主跨范围内的长度与压重跨混凝土梁的长度相等，混凝土梁伸入主跨相对而言就会比较长；如果均为钢箱梁或钢箱与混凝土组合截面梁则锚固跨与压重跨之间就会有钢混结合梁段，这种相结合的施工方法布置如图 7-2 所示。

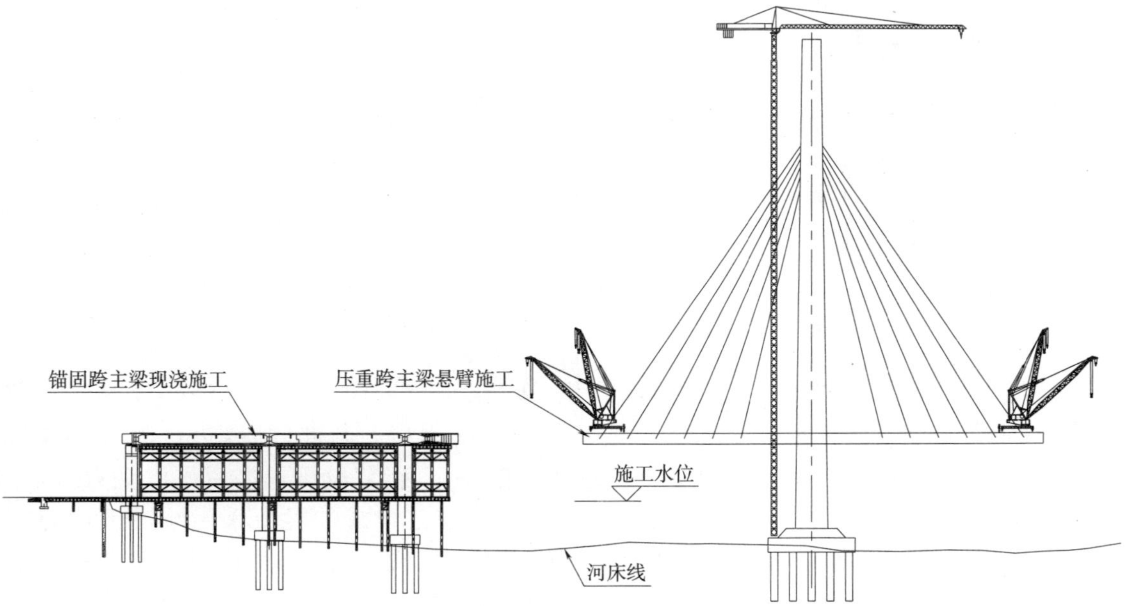

图 7-2　边跨锚固跨混凝土梁现浇与压重跨跨对称悬臂施工布置图

3. 边跨混凝土梁预制节段顶推施工

如果边跨与引桥的梁直接相连形成长大的连续梁结构，此时，引桥和边跨的梁就可以采取顶推法施工，如图 7-3 所示，如法国诺曼底主跨 856 m 混合梁斜拉桥的边跨以及引桥形成的长联连续梁，从桥台开始一直采用顶推法施工，直至跨过紧邻桥塔的辅助墩顶一定距离，然后对称悬臂施工压重跨和与其对称长度的部分主跨；还有一种就是边跨全部一直采用顶推法直接到达桥塔钢混结合段位置。

7.2.2　主跨钢箱梁施工技术特点

一般是采用节段伸臂拼装施工，特别是超大跨度的斜拉桥主跨，此时，混合梁斜拉桥边跨混凝土梁已经施工完成，给主跨的架设带来了很大的施工安全因素。当然，根据主跨跨度的大小和主跨所处的水域水深条件等具体情况，悬臂拼装节段梁运输架设方式不同。

已经建成的边跨混凝土梁上带轨道运输至节段梁需要拼装位置，如图 7-4 所示。由于节段梁横桥向宽度较大，每一新节段梁通过梁上轨道顺节段梁横向运送至悬臂移动吊

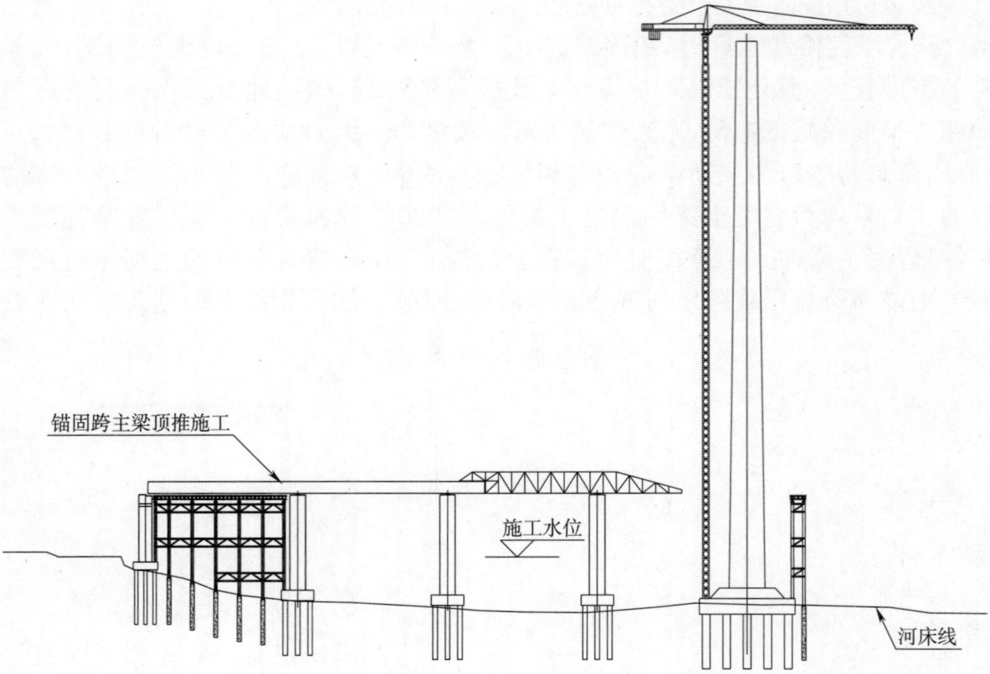

图 7-3 边跨及引桥长联连续梁顶推法施工布置图

机位置，移动吊机起吊节段梁之后再旋转，使节段梁顺桥方向就位与已经架设的节段梁连接，然后将新节段梁在吊机状态下与老节段梁环向焊接。与此同时，边跨侧安装并张拉一对后拉索，以便将新节段梁的重量往边跨转移，一旦新节段梁焊接后可以受力时，即可安装并张拉与新节段梁连接的一对前拉索。这种在已建成的梁上采用轨道运输的方式只能适应节段梁长度 8～10 m，相对而言分节长度比较短的节段梁，以便于悬臂吊机起吊梁段后有利于旋转梁段方向。否则，应采用将节段梁浮运至悬臂位置再用悬臂拼装移动吊机起吊拼装，根据起吊能力可以将节段梁长度划分到 20 m 是没有问题的，如图 7-5 所示。

如图 7-6 所示，如果更长的节段梁含有超过两对斜拉索距，主跨水域条件允许可以采用浮吊来架设比较长大的节段梁，此时，新节段梁连接的斜拉索拉力需要考虑浮吊的浮力先将梁升起的作用，然后在斜拉索锚固后再消除浮力的影响。

7.2.3 钢混结合段施工技术特点

7.2.3.1 钢混结合段钢结构构造特点

结合段的刚度过渡具有二个特点：一是 4.05 m 长钢混过渡段采用阶梯状填充混凝土前后承压板式钢混接头，通过将腹板设置成阶梯状，钢格室顶底板倾斜布置，与隔板和端承压板之间围封组成钢格室，其内填充混凝土，保证了钢箱过渡段传力至横隔梁的平顺性；二是 3m 长混凝土箱梁顶、底、腹板变厚衔接标准混凝土箱梁和混凝土实心横隔梁，使混凝土梁截面刚度平顺过渡，改善了横隔梁受力。钢箱梁与混凝土箱梁的连接是混合梁斜拉桥的关键点，钢箱梁、混凝土箱梁的过渡段长度和连接方式主要解决钢混二者之间的刚度过渡平顺、应力传递均匀和钢混结合可靠连接的问题。

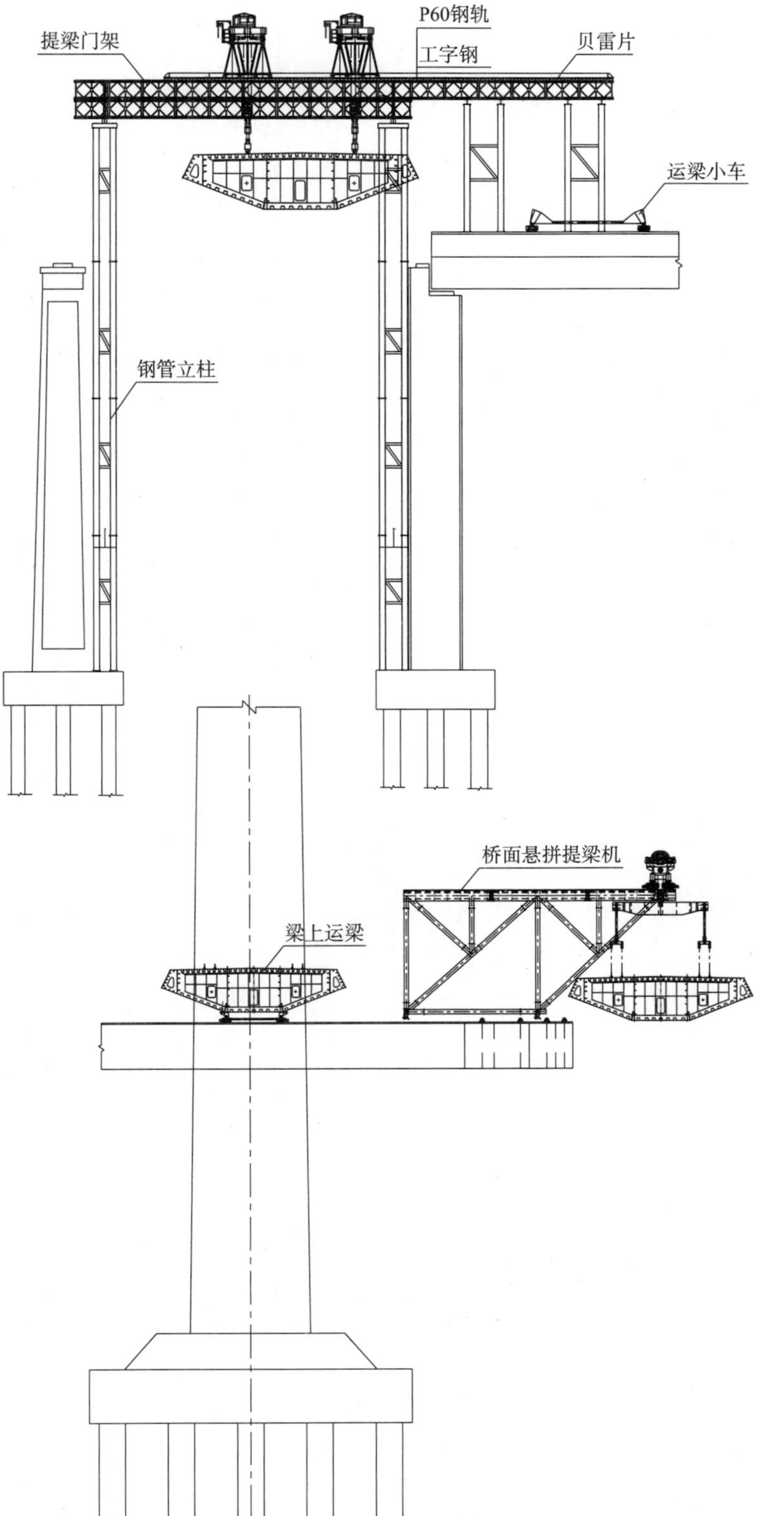

图 7-4　梁上轨道运输移动悬臂吊机架梁

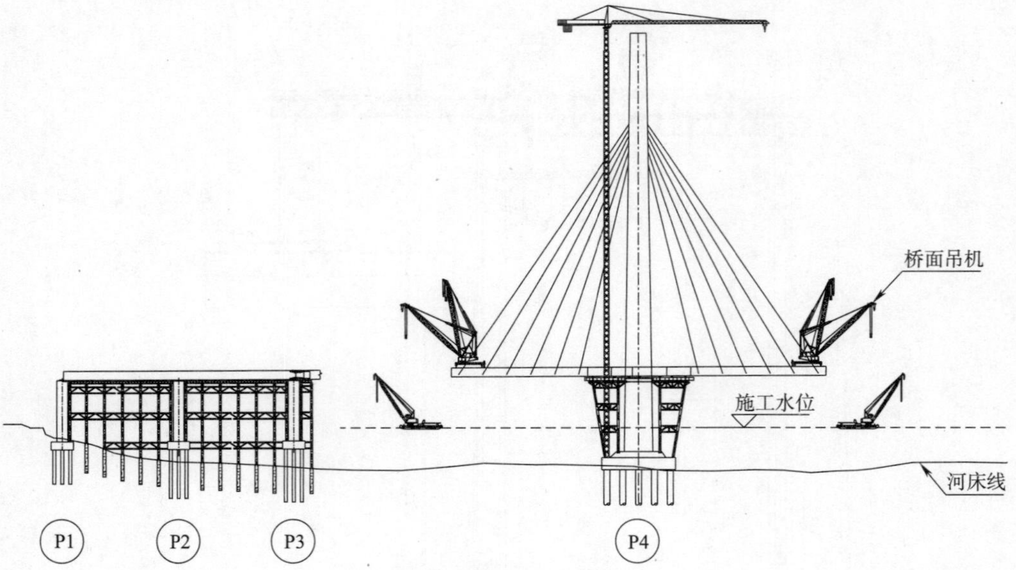

图 7-5 浮运起吊悬臂架梁

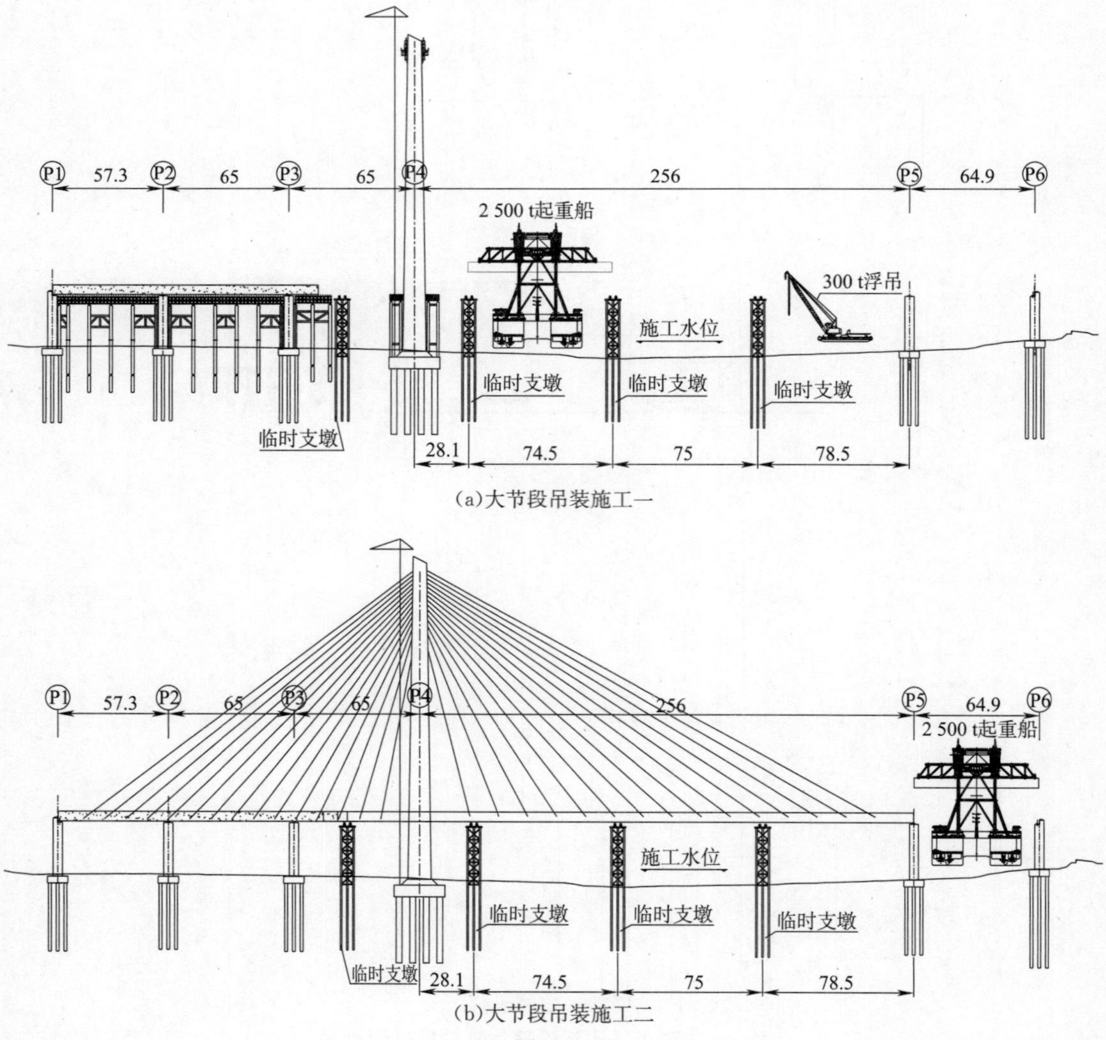

(a)大节段吊装施工一

(b)大节段吊装施工二

图 7-6

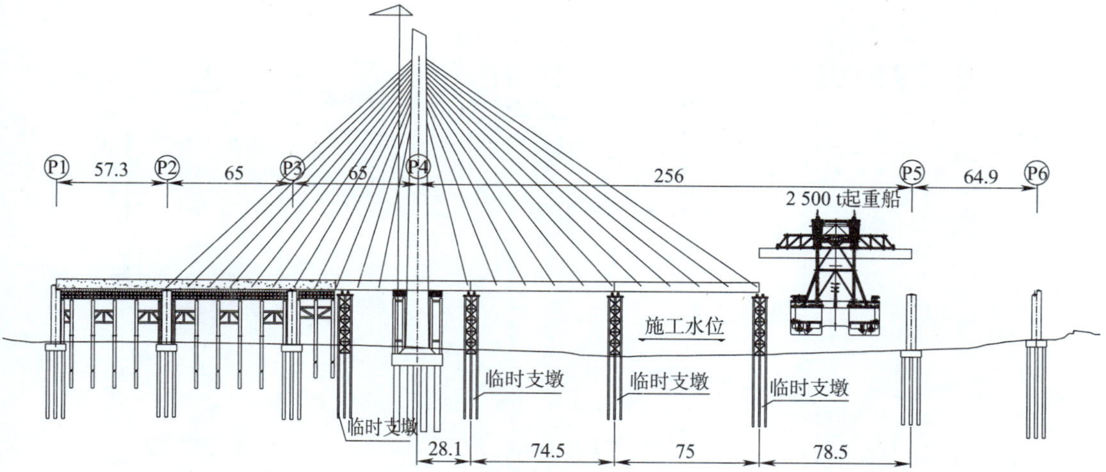

(c)大节段吊装施工三

图7-6　浮吊悬臂架设长节段梁(单位:m)

以宁波甬江铁路钢箱混合梁斜拉桥为例,钢混结合段中的钢结构部分全长12.35 m,包括7.35 m长钢混结合段和5 m长刚度过渡段,顶板、底板及中纵腹板、T形加劲肋板厚均为28 mm,边板和边纵腹板厚为30 mm,顶板(含风嘴)全宽约21 m,中心高约5 m,全桥共设置2处钢混结合段,钢混结合段单件重约389.1 t。钢混结合段钢结构三维构造如图7-7所示,钢混结合段钢结构纵截面构造如图7-8所示,钢混结合段钢结构横断面如图7-9所示。

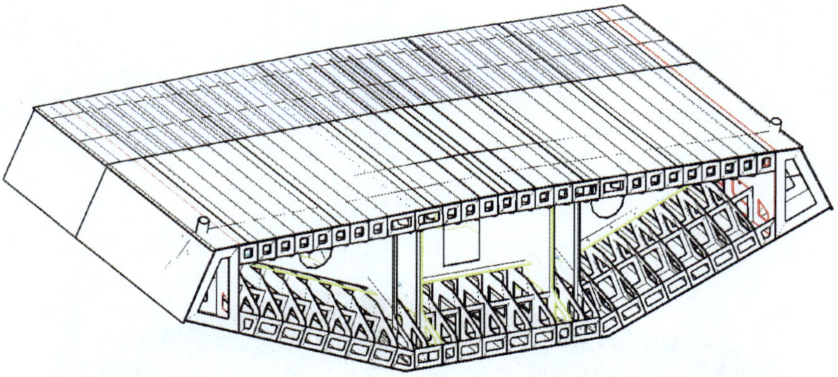

图7-7　钢混结合段钢结构三维构造图

7.2.3.2　结合段钢结构施工分块特点

为了能够使得结合段钢结构便于分片分块制造和组拼,必须将结合段钢结构分割成单体块件,如图7-10所示,顺桥向在钢混结合段与刚度过渡段的钢结构分界线位置向刚度过渡段位置偏移200 mm分为钢混结合段和刚度过渡段;将刚度过渡段横向分为4块吊装单元,如图7-11所示;将钢混结合段钢结构横向分为5块吊装单元,如图7-12所示。按纵横向各个单元块体进行制造,结合段相邻块段采用临时马板进行组拼。结合段钢结构全部组拼完成后,再解除结合段相邻块段的临时马板,结合段完成解体,焊接吊耳准备吊装。

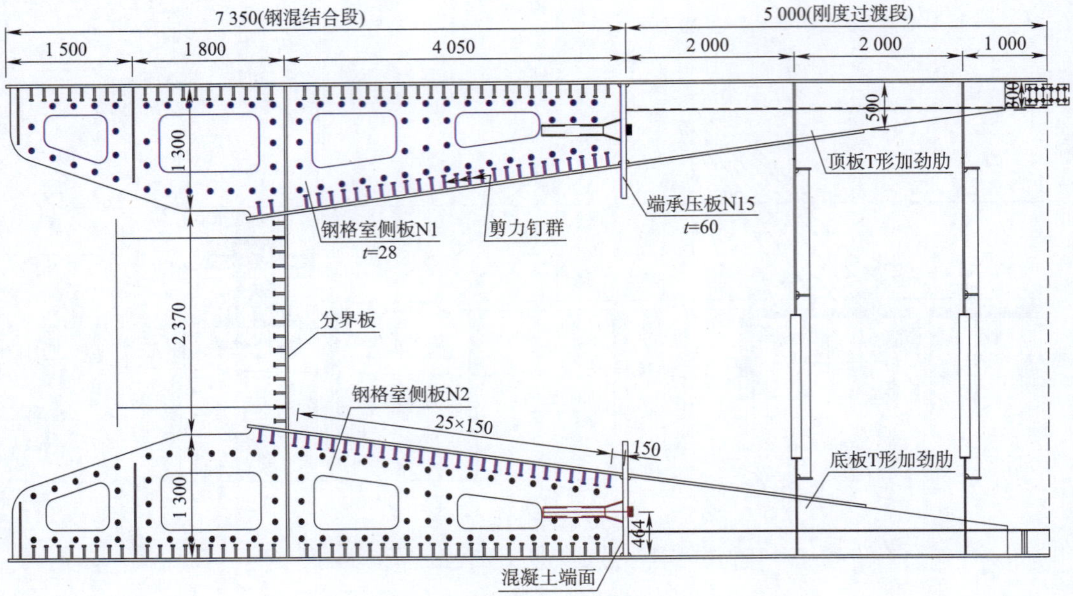

图 7-8　钢混结合段钢结构纵截面构造图(单位:mm)

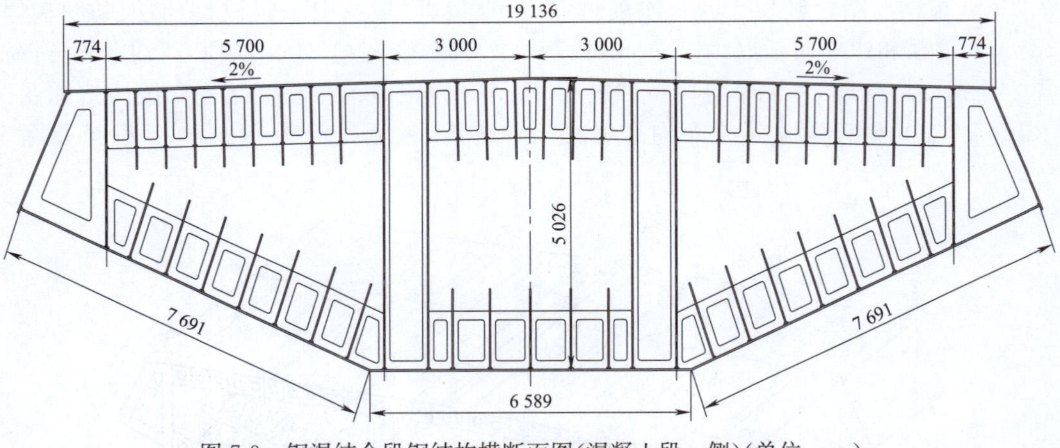

图 7-9　钢混结合段钢结构横断面图(混凝土段一侧)(单位:mm)

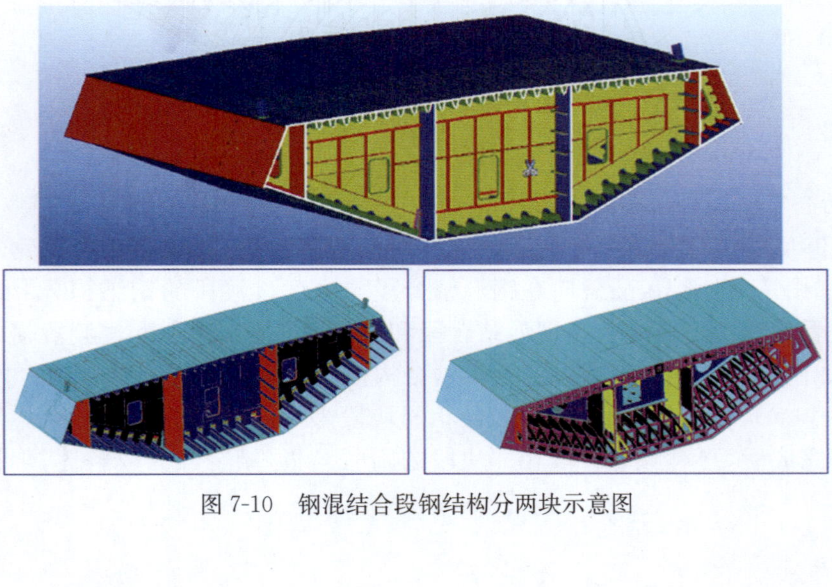

图 7-10　钢混结合段钢结构分两块示意图

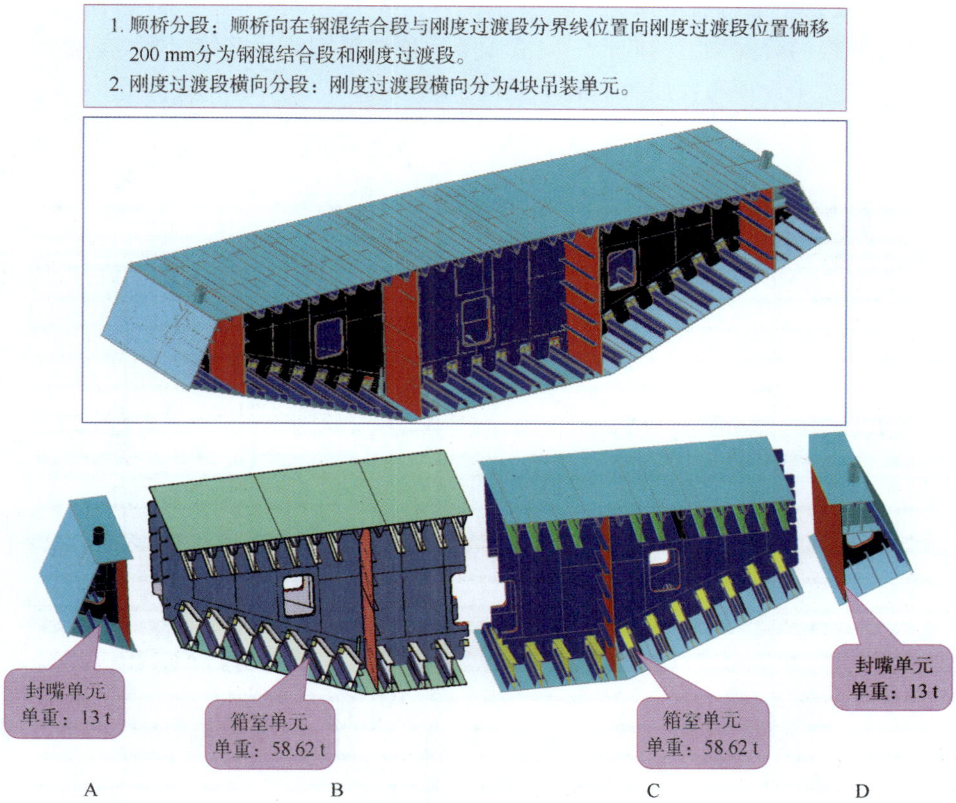

图 7-11　刚度过渡段钢结构分块示意图

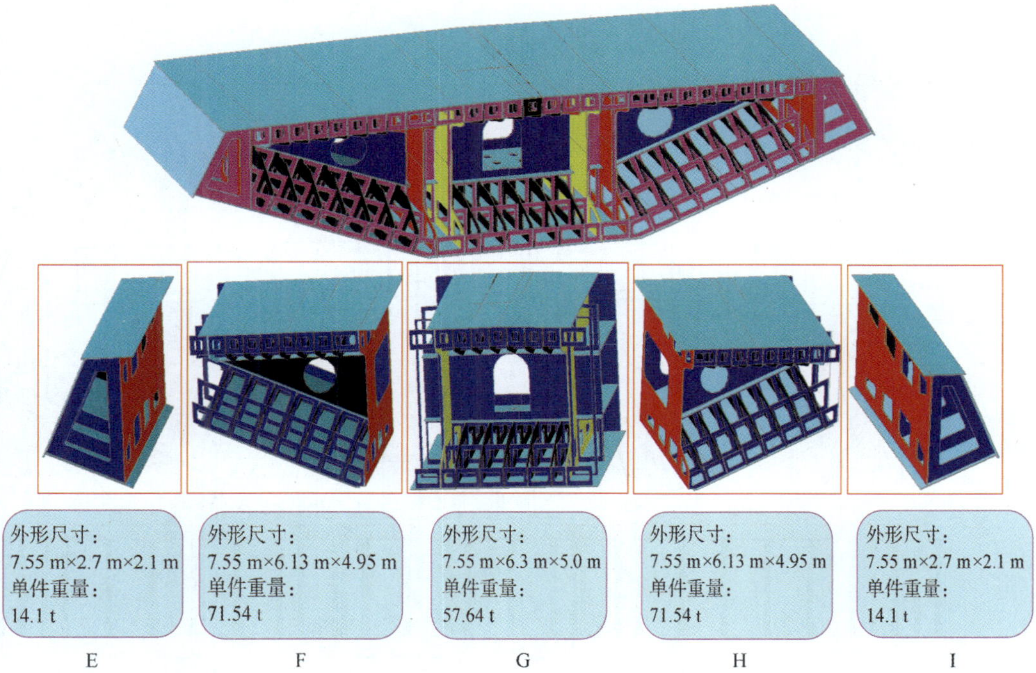

图 7-12　钢混结合段钢结构分块示意图

7.2.3.3 结合段钢箱梁精确定位

通过布置在横向分配梁上的四台三向液压千斤顶调整钢箱梁三维坐标，在胎架下支垫钢板调平，电焊固定，千斤顶布置如图 7-13 及图 7-14 所示。

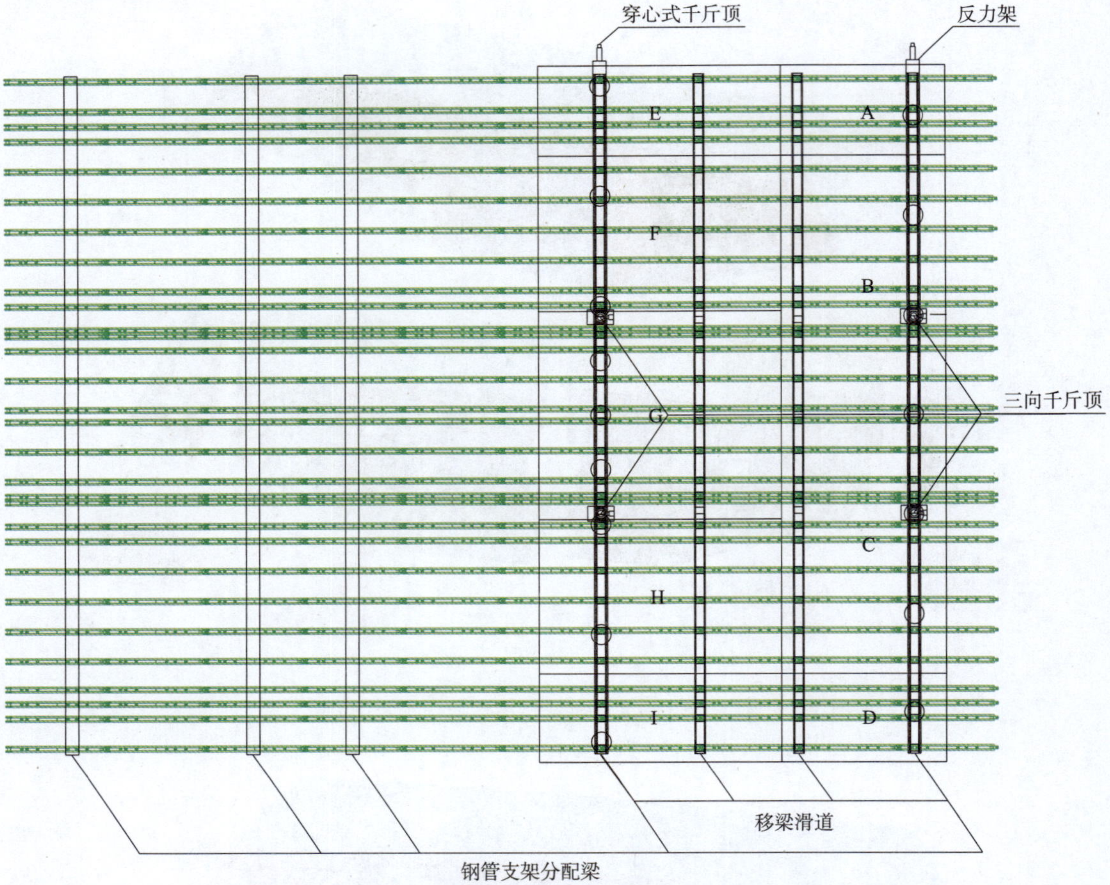

图 7-13 液压千斤顶精调平面布置示意图

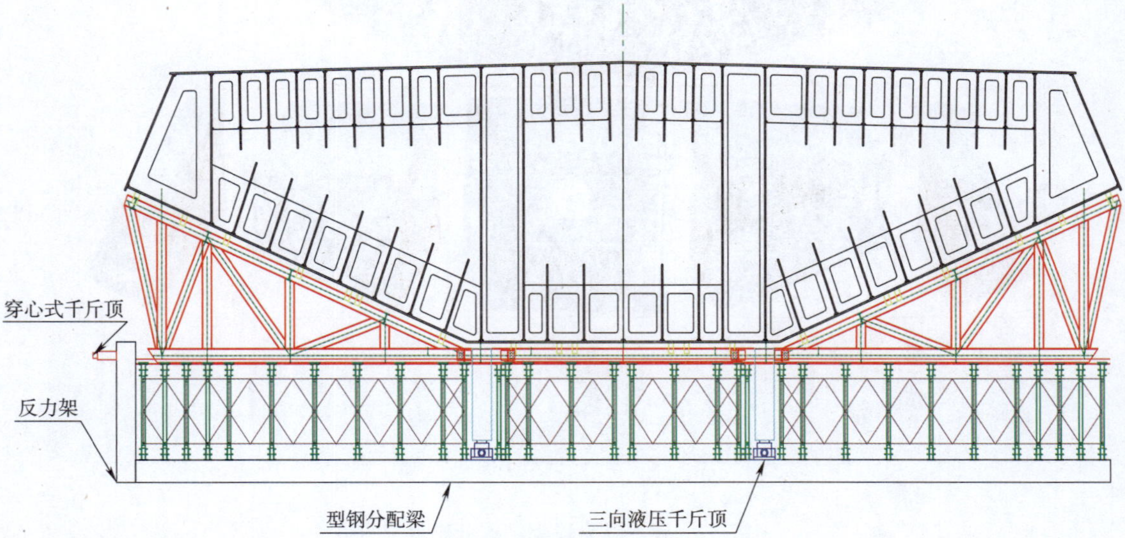

图 7-14 液压千斤顶精调立面布置示意图

如图 7-15 所示，三向液压千斤顶主要由移镐座、立顶、横移顶、纵移顶等部件和配套的手压泵组成，是一种起重位移的专用工具。应用该产品能够实现对铁路、公路的桥梁船体焊接或其他类似梁式重物的位移作业，进行低高度、短距离的垂直方向(Y)、横向(X)和纵向(Z)的位移。该产品的滑动摩擦副由千斤顶座和横(纵)移底座上的不锈钢滑板与立顶底部的聚四氟乙烯板组成，摩擦系数小，且移动平稳，特别适用于对各种大型重物的位移以及桥梁的安装检修和船体焊接，且具有设计先进、结构合理、承载能力大、位移准确、安全可靠、操作简单、携带方便等特点。

图 7-15 三向液压千斤顶照片

7.3 钢箱梁制造及节段拼装要求

7.3.1 钢箱梁制造要求

①钢箱梁板件焊接前对待焊焊缝两侧各 50 mm 范围进行打磨，不得带锈焊接。埋弧焊在引板上的起熄弧长度大于 80 mm，焊后切掉引板，不得用锤击落。有预热要求的焊缝，预热范围为焊缝两侧 50～100 mm，预热温度按工艺规定执行。

②制定工地横向环焊缝的焊接工艺时，应能保证容许的焊缝间隙可在一定范围调整，以通过调整焊缝间隙消除部分制造、安装误差。

③由焊接工艺评定确定焊接方法和焊接规范。选用焊缝熔敷金属少、变形量小的坡口型式，规定焊接顺序、焊接方向，综合控制焊接变形。

④定位焊缝所采用的焊接材料及焊接工艺应与正式焊缝的要求相同，要保持均匀，焊脚尺寸不宜过大，原则上不允许超过原焊缝高度。定位焊焊缝有裂纹、气孔、夹渣等缺陷时，必须清除后重新焊接。

⑤检查施焊过程中所采用的焊接方法，保证焊接材料的牌号、规格与相应的焊接施工工艺相同。施焊时所采用的焊接电流、电弧电压、施焊速度、气体流量、送丝速度等工艺参数严格按照相关工艺规程执行。

7.3.2 钢箱梁节段拼装要求

①制造过程中，对钢箱主梁节段采取加强措施，防止加工、移位、安装过程中钢结构变形。

②每个标准箱梁现场拼装的施工顺序为：起吊新梁段→梁段精确匹配，打码固定，焊接平台前移，梁段焊接→斜拉索第一次张拉→吊机、辅助挂索桁架前移→起吊下一梁段。

③钢箱梁的工地连接除顶板 U 肋、V 肋采用高强螺栓连接，其余均为焊接。桥上环缝的焊接，除了要确保焊缝本身质量外，还应充分考虑环境温度对焊接变形的影响，通过采取有效措施，如底板底设置马板、制定合理的施焊顺序等，严格控制焊接收缩及变形，保证结构受力和架设的线形。

④为消除钢箱梁安装过程中的累积误差，利于主跨顺利合龙，合龙段两端应各留一定的加

工余量。在保证合龙口前一个梁段精确定位完成后，测量合龙段所需要的实际长度，并对合龙梁段进行切割打磨，再吊装就位，实现主跨顺利合龙。

⑤吊装用配件或临时构件，在钢结构现场拼接完成后应予以割除。一般分两次切割，第一次切割为预热，第二次完全切割。起吊配件切割后的剩余高度一般不宜超过 20 mm，严禁切割时损失母材，切割后一律用砂轮打磨至平。桥面板临时吊点螺栓孔采用填焊封堵。

⑥梁段架设时，梁段标高的确定应在稳定的温度时段，并要考虑温度对两拼装梁段相对位移的影响，建议匹配在夜间进行。标高到位后，应迅速将临时匹配件连接起来，然后进行接缝施焊工作。要求所有焊缝质量检查合格后，方可张拉斜拉索。

⑦钢箱梁安装时必须严格进行线形控制，并要求主梁不得摆放除桥面吊机外的其他临时荷载。

7.4 钢箱梁拼装施工

将已加工并预拼完成的钢箱梁节段由拼装场地的存梁区横向运输至 P1 号(P10 号)～384 号(395 号)墩之间，通过龙门吊提梁门架提升钢箱梁至混凝土主梁梁面以上。龙门吊天车运载钢箱梁节段纵桥向移动至 P1 号～P2 号间混凝土梁面上方，下放钢箱梁节段至预先停靠在梁面指定位置的运梁车上。钢箱梁由运梁车运输至跨中悬拼提梁机位置，悬拼提梁机提升钢箱梁前移并旋转 90°，后移至拼装位置。将钢箱梁节段与已经安装的钢箱梁梁端栓焊连接。钢箱梁节段安装就位后，张拉对应梁段的斜拉索，并前移悬拼提梁机，完成钢箱梁节段拼装施工。重复以上施工步骤，依次安装各钢箱梁节段并张拉对应的斜拉索，直至合龙段。

7.4.1 钢箱梁拼装

悬拼提梁机拼接钢箱梁各个施工步骤，如图 7-16～图 7-21 所示。

步骤一：悬拼提梁机起升小车运行到如图 7-16 所示位置等待接梁，轨道式运梁小车将梁从后方运向提梁机内。

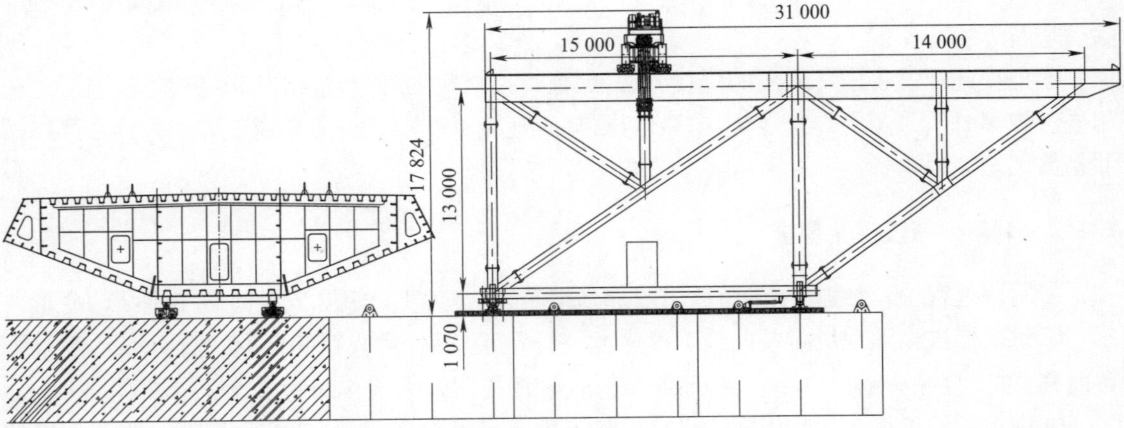

图 7-16 步骤一(单位：mm)

步骤二：运梁车运梁进入提梁机，梁中心与起升小车中心基本保持一致。

步骤三：悬拼提梁机起升小车运载钢箱梁向前运行 21 m，到达主梁前方。

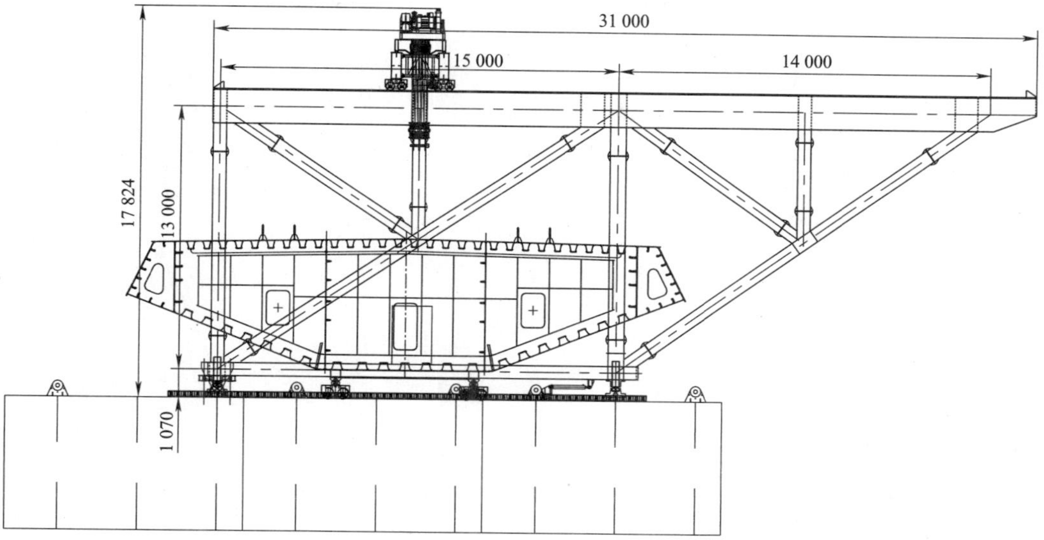

图 7-17 步骤二(单位:mm)

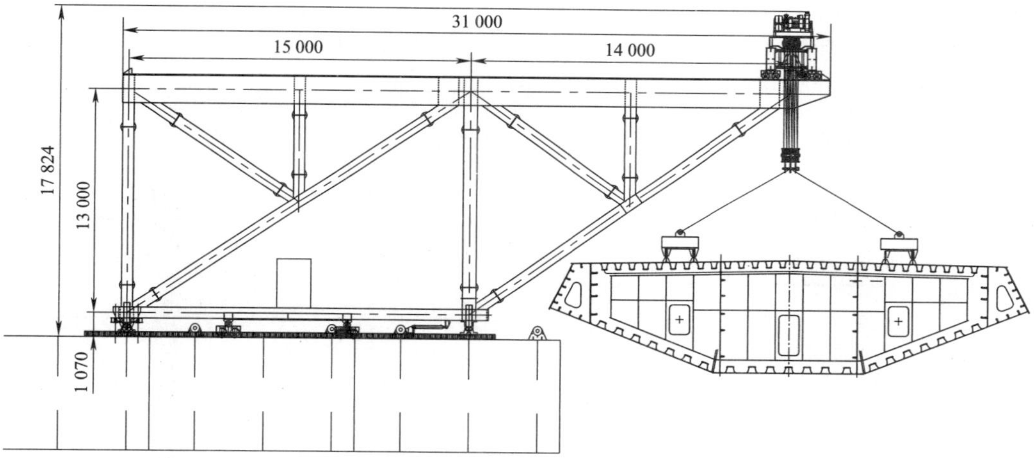

图 7-18 步骤三(单位:mm)

步骤四:悬拼提梁机起升小车通过旋转吊具带动钢梁旋转 90°。

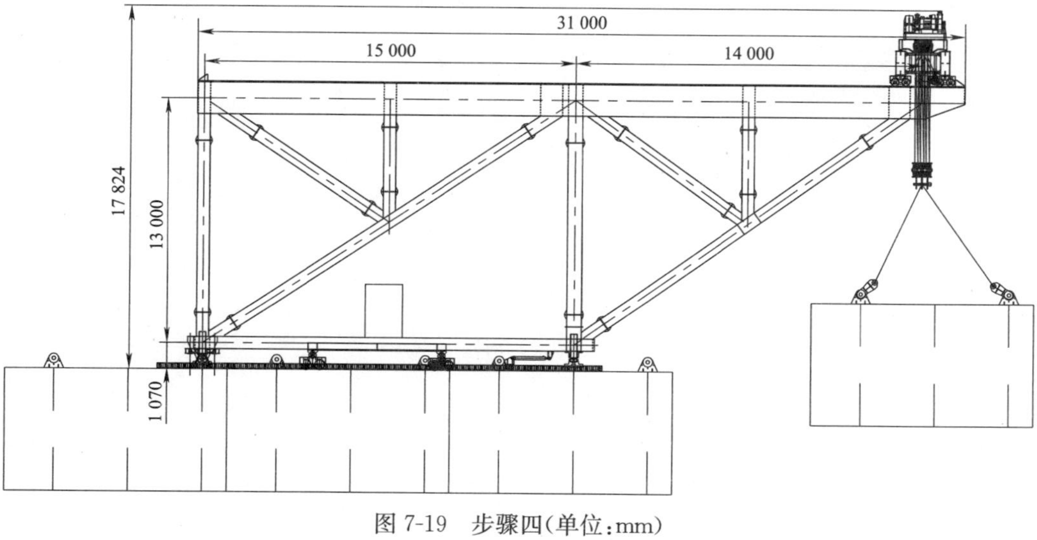

图 7-19 步骤四(单位:mm)

步骤五：悬拼提梁机起升小车带动钢梁回退到焊接位。

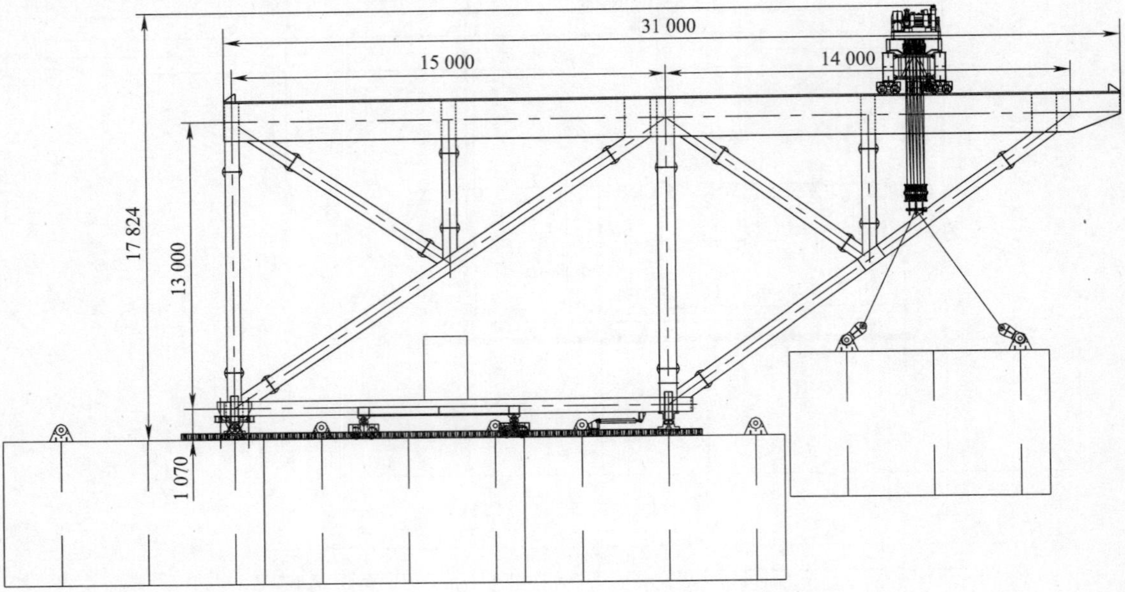

图 7-20 步骤五(单位:mm)

步骤六：钢箱梁节段对位完成，进行焊接，吊装完成。

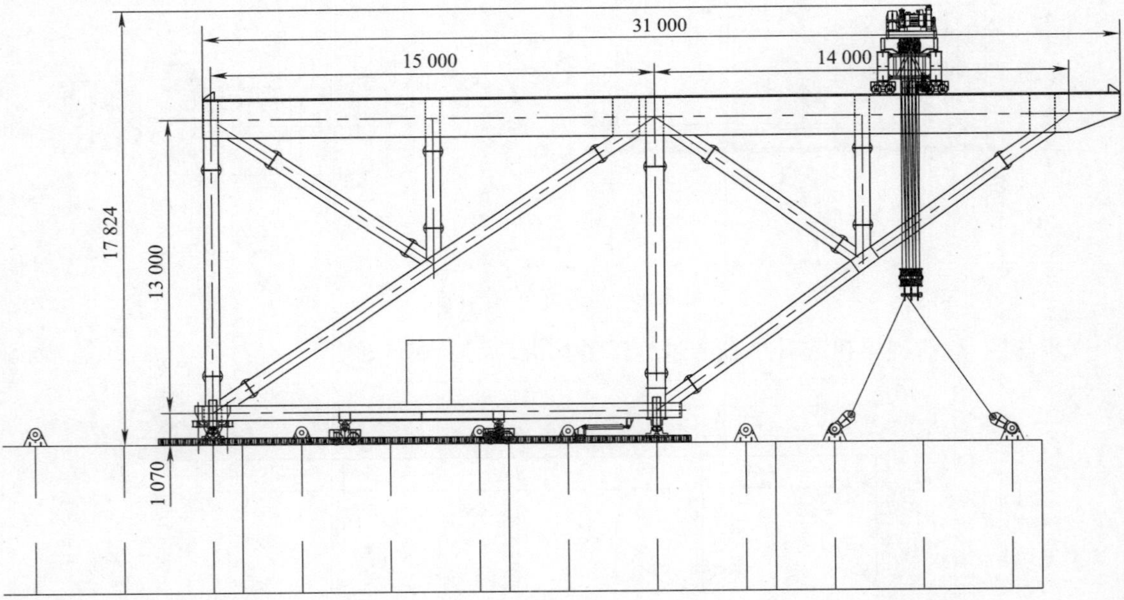

图 7-21 步骤六(单位:mm)

7.4.2 钢箱梁拼接施工

在吊装到位并检测合格后，再进行相邻钢箱梁的连接，即梁段之间接口的匹配、环缝焊接、顶板U肋(V肋)拼接板的栓接、U肋及板条肋嵌补段的焊接。焊缝探伤合格后，进行除锈补涂装，完成节段拼接施工。

1. 钢箱梁拼接作业主要内容

①钢箱梁接口匹配件连接、接口对接错边量调整；

②钢箱梁顶板U形肋(V肋)的接拼板的量配、栓接；

③钢箱梁接口环缝焊接及检查；

④钢箱梁底板U形肋、板条肋的嵌补段的拼装、焊接；

⑤钢箱梁的工地焊缝及损伤部位的除锈和补涂装，以及钢箱梁外表面最后一道面漆的涂装。

2. 钢箱梁拼接施工程序

①钢箱梁节段吊装到位后，按照腹板→斜底板→顶板→底板的顺序检查接口临时连接件。临时连接件连接合格后，按照监理工程师的指令进行对接缝的马平，马平时宜先马平箱口刚性较大的拐角部位(腹板与底板角部、底板与斜底板角部、腹板与顶板角部)，然后固定其余部位，采用定位板和火焰矫正的方法进行局部调整，保证对接缝板面错位不大于1.0 mm。

②初拧顶板U肋和V肋的连接高强螺栓。

③施焊接口环缝，接口环缝的焊接应先焊大环缝(腹板对接焊缝、纵隔板对接焊缝及顶、底板对接焊缝)后焊接纵向焊缝。顶板、底板、斜底板的横向焊缝的起弧、息弧均应避开纵向焊缝200 mm以上。钢箱梁的拼装焊接主要为梁段就位后顶板、边板、边中腹板、中纵腹板、底板和斜底板组成的环焊缝的焊接，其余为底板、斜底板U肋嵌补段、腹板板条肋嵌补段焊缝等。为了减少因焊接而产生的附加应力、焊缝残余应力和边缘材料局部应力，消除或减少不规则变形，底板、斜底板横向焊缝从桥轴中心线向两侧对称施焊。所有腹板(包括边板)采取从下到上的方向施焊，顶板从两侧向桥轴中心线施焊。

④量配顶板U形肋和V形肋拼接板螺栓孔，并标记一一对应编号。将量配数据及时返加工厂，进行顶板U肋拼接板量配端孔的施钻。同时组焊底板U形肋、板条肋嵌补段。

⑤组装顶板U肋和V肋拼接板，并进行高强螺栓初拧。

⑥终拧顶板U形肋和V形肋的拼接板高强螺栓。

⑦每完成一个梁段的安装后须进行箱梁桥轴线测量，测量数据作为下一梁段安装控制依据。

7.5　主跨合龙施工技术

1. 主跨合龙准备工作

①对已完成的钢箱梁节段进行调索，使钢箱梁标高及线形达到预期要求。

②选择温差较小、相对稳定的时段，精确多次测量钢箱梁两悬拼端之间的合龙段的长度，换算至设计合龙温度15 ℃～25 ℃时的长度，并根据测量结果确定合龙段钢箱梁长度并二次下料。

2. 主跨合龙段安装

①选择在温度较低、风速较小的时段，由架桥机起吊钢箱梁合龙段，纵移、旋转、调平。测量观测梁段的相对标高，由监控提供索力进行调索，直至两端已施工梁段相对标高一致后，缓慢下放合龙段并对位。

②待合龙段与相邻两个梁体标高齐平后，观察已施工梁段与合龙段缝口关系，将精轧螺纹

钢穿入匹配件内，进行该缝口的粗定位。测量轴线偏位情况，利用油顶及千斤顶调整缝宽及轴线偏位，直至缝口满足施工要求，轴线偏位满足设计要求。

③焊接合龙段缝口的码板，同时在合龙段与钢混结合段缝口处焊接限位码板，限位码板焊于合龙段的纵隔板位置上，防止因温度提升而导致合龙段标高下沉。继续进行合龙段缝口的修补和打磨工作，开始进行环焊缝施工。

④待第二日(或其他日)温度升高并观测发现合龙段与钢混结合段缝口因升温而缩小至焊缝施工要求时，在两个小时内完成该缝口的码板焊接，并将精轧螺纹钢带紧受力。

主跨合龙段安装步骤，如图 7-22～图 7-24 所示。

步骤一：左侧 HMF-200 悬拼提梁机前移，先拼装左侧最后 F 段，右侧 HMF-200 悬拼提梁机拼装右侧最后第二段 F 段后在原处等待。

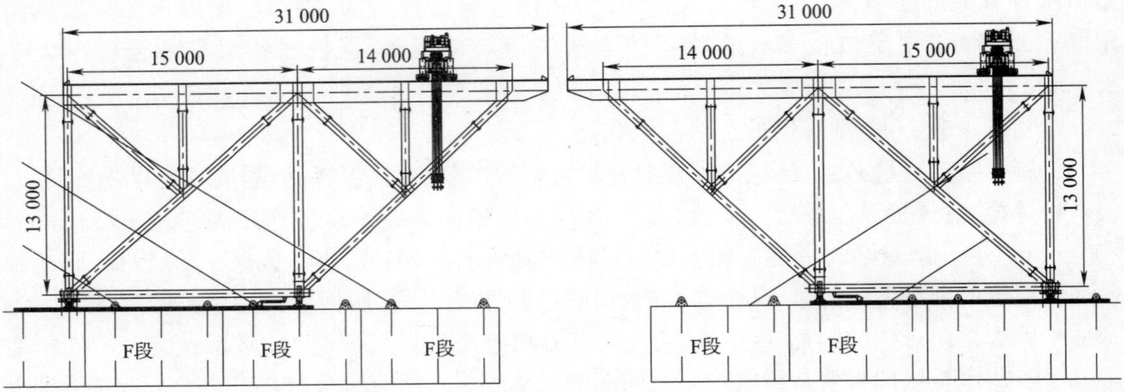

图 7-22 钢箱梁中跨合龙段安装步骤一(单位：mm)

步骤二：左侧最后一节 F 段拼装完成后，左侧 HMF-200 悬拼提梁机后移退出工作区间，行走至混凝土现浇梁端，并采用提梁门架拆卸。右侧 HMF-200 悬拼提梁机前移，拼装右侧最后一节 F 段。

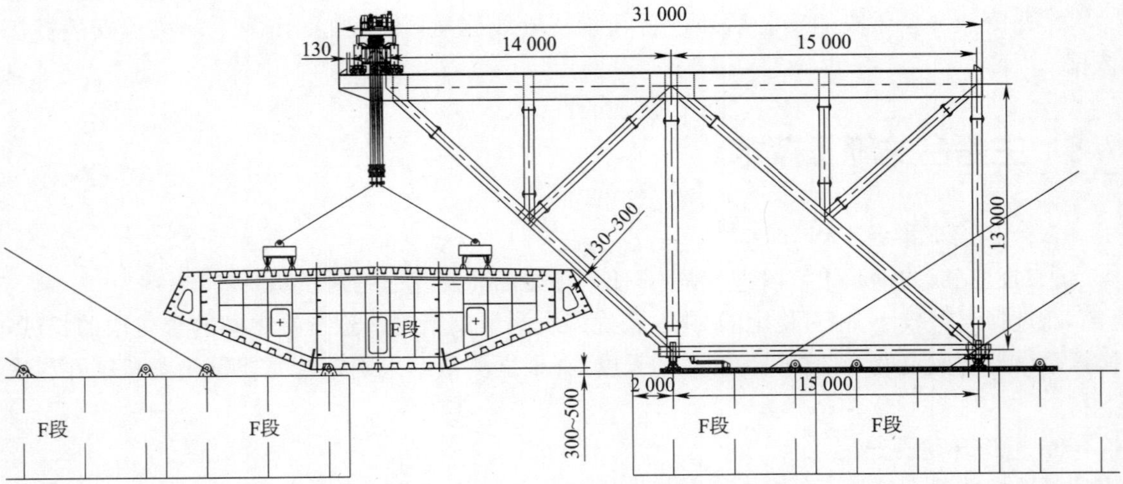

图 7-23 钢箱梁中跨合龙段安装步骤二(单位：mm)

步骤三：右侧 HMF-200 悬拼提梁机前移拼装最后合龙段(G 段)。合龙完成后 HMF-200 悬拼提梁机退至梁端，并采用提梁门架拆卸。

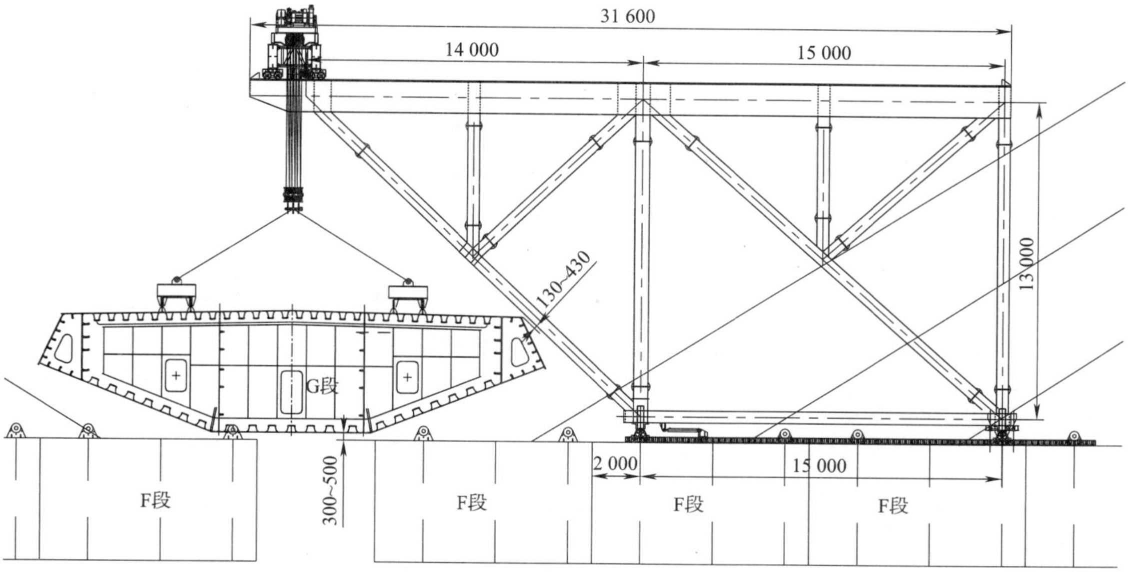

图 7-24　钢箱梁中跨合龙段安装步骤三(单位:mm)

7.6　施工监控技术

7.6.1　线形监控

线形控制包括墩身线形和上部箱梁线形两部分控制。线形监控的主要目的是保证上下部结构线形尽可能满足设计线形。

1. 桥塔线形控制

影响桥塔线形的因素可以分为两部分,一个是结构自身影响,一个是外在因素影响。所谓结构自身影响是索塔自身的设计要求,本桥的一个创新点就是成桥状态下中跨钢箱主梁适当上拱,索塔略微向边跨侧倾斜,有别于常规的"塔直梁平"成桥状态,结构本身设计要求对桥塔线形就有理论上的影响。所谓外在因素影响是指施工偏差、温度作用和风荷载作用等。

在三种外在影响因素中,温度作用是主要的。消除温度影响主要采取两个措施,一个是清晨较模法,一个是预偏量设置法。前者是根据清晨温度相对均匀的特点,选择固定的立模时间以消除温差影响;后者将墩上的模板测量基准点按计算出的温度偏移量予以预偏,当结构恢复均匀温度状态时,该基准点就会自动恢复到原正确位置,即偏差为零。

2. 上部箱梁线形控制

大跨径桥梁的上部结构线形施工监控一般有两种方法:

采用纠偏终点控制的方法。即在施工过程中,对产生主梁线形偏差的因素跟踪控制,随时纠偏,最终达到理想线形。这种方法常有 kalman 滤波法和灰色理论等。

应用现代控制理论中的自适应控制方法。即对施工过程的标高和内力的实测值与预测值进行比较,对桥梁结构的主要参数进行识别,找出产生偏差的原因,从而对参数进行修正,达到控制的目的。

箱梁线形监控拟以自适应控制方法为主,灰色理论和纯属回归方法为辅。

7.6.2 应力监控

应力监控的主要目的是保证大桥施工全过程安全以及考察加劲梁内力状态的变化，应力监控的方法是在上下部结构中预埋传感器，斜拉索张拉力监测通过频率测试法进行，然后随着施工的进程测量相应的结构应力，最后通过对比理论应力与实测应力的偏差确定结构工作状态是否正常。

在加劲梁的控制断面上，埋设了混凝土应变计，测定了各施工阶段加劲梁的混凝土应力。把应力监测的结果与施工监控、监测中其他监测结果相结合分析，全面地判断桥梁结构的受力状态，并形成预警机制，从而保障桥梁施工安全可靠地进行。

7.6.3 斜拉索索力监控

斜拉索索力是斜拉桥施工监控中重要的内容，直接关系到结构的成桥内力和线形目标的实现。斜拉索索力的监控内容主要有斜拉索施工张拉时张拉力的控制，各斜拉索张拉前后各已施工斜拉索索力的测量以及成桥时各斜拉索索力的测量与控制。

斜拉索施工张拉时张拉力的控制主要用张拉斜拉索的千斤顶的油压表的数值进行控制，已有斜拉索索力的测量采用频率法进行，对施工过程中出现的斜拉索索力实测值与计算值的偏差及时分析了原因，采取了必要的调整措施。

7.6.4 温度监控

温度是影响主梁挠度的最主要因素之一。温度变化包括日照温度变化和季节性温度变化两部分。日照温度变化复杂，会引起主梁顶底板温度差，使主梁发生挠曲，同时也会引起桥塔偏移。季节温差对主梁挠度影响比较简单，其变化是均匀的，可采集各节段在各施工阶段的温度，输入计算机计算挠度。

在建设过程中，为了规避昼夜温差影响，钢梁的架设及斜拉索张拉工作均在温度较恒定的夜间进行。

7.6.5 施工过程监控成果

以甬江桥为例，列出施工过程的监控成果。

7.6.5.1 钢梁拼装及合龙线形

1. 钢梁拼装阶段线形

钢梁拼装以钢梁端部顶面轴线为控制位置，上下游测点为辅助控点。监测数据见表 7-1 和表 7-2。

表 7-1 北岸钢梁拼装误差及合龙（桥面吊机拆除、配重卸载）线形 （单位：m）

块段编号	理论拼装标高	实际拼装标高	拼装误差	理论合龙线形	实测合龙线形	线形误差
1	41.034	41.048	0.014	41.095	41.075	−0.020
2	41.034	41.042	0.008	41.091	41.061	−0.030
3	41.018	41.004	−0.014	41.094	41.028	−0.066
4	41.002	40.950	−0.052	41.102	41.008	−0.094
5	40.988	40.903	−0.085	41.114	41.013	−0.101

续上表

块段编号	理论拼装标高	实际拼装标高	拼装误差	理论合龙线形	实测合龙线形	线形误差
6	40.983	40.911	−0.072	41.134	41.025	−0.109
7	40.984	40.908	−0.076	41.132	41.042	−0.090
8	40.989	40.987	−0.002	41.119	41.065	−0.054
9	40.992	41.008	0.016	41.133	41.092	−0.041
10	40.998	41.034	0.036	41.152	41.139	−0.013
11	41.003	41.040	0.037	41.180	41.160	−0.020
12	41.006	41.025	0.019	41.200	41.166	−0.034
13	41.008	41.008	0.000	41.221	41.144	−0.077
14	41.011	40.974	−0.037	41.231	41.144	−0.087
15	41.010	40.985	−0.025	41.237	41.162	−0.075
16	41.015	41.002	−0.013	41.242	41.183	−0.059
17	41.018	41.018	0.000	41.257	41.218	−0.039
18	41.022	41.010	−0.012	41.286	41.251	−0.035
19	41.024	41.036	0.012	41.300	41.271	−0.029
20	41.029	41.017	−0.012	41.330	41.283	−0.047
21	41.034	41.024	−0.010	41.344	41.320	−0.024
22	41.040	41.046	0.006	41.357	41.328	−0.029

表7-2　南岸钢梁拼装误差及合龙(桥面吊机拆除、配重卸载)线形　(单位:m)

块段编号	理论拼装标高	实际拼装标高	拼装误差	理论合龙线形	实测合龙线形	线形误差
1	41.034	41.046	0.012	41.100	41.077	−0.023
2	41.034	41.025	−0.009	41.097	41.047	−0.050
3	41.018	41.013	−0.005	41.103	41.043	−0.060
4	41.002	40.968	−0.034	41.114	41.032	−0.082
5	40.988	40.892	−0.096	41.131	41.018	−0.113
6	40.983	40.892	−0.091	41.156	41.000	−0.156
7	40.984	40.861	−0.123	41.159	40.982	−0.177
8	40.989	40.913	−0.076	41.147	40.994	−0.153
9	40.992	40.925	−0.067	41.161	41.018	−0.143
10	40.998	40.971	−0.027	41.157	41.057	−0.100
11	41.003	40.996	−0.007	41.164	41.083	−0.081
12	41.006	41.037	0.031	41.182	41.134	−0.048
13	41.008	41.045	0.037	41.220	41.166	−0.054
14	41.011	41.027	0.016	41.252	41.188	−0.064
15	41.010	41.010	0.000	41.273	41.198	−0.075
16	41.015	41.003	−0.012	41.297	41.213	−0.084
17	41.018	40.992	−0.026	41.308	41.223	−0.085
18	41.022	41.027	0.005	41.319	41.265	−0.054

续上表

块段编号	理论拼装标高	实际拼装标高	拼装误差	理论合龙线形	实测合龙线形	线形误差
19	41.024	40.991	−0.033	41.344	41.282	−0.062
20	41.029	41.009	−0.020	41.350	41.301	−0.049
21	41.034	41.018	−0.016	41.352	41.301	−0.051
22	41.040	41.033	−0.007	41.357	41.296	−0.061

北岸4号～7号钢梁拼装误差较大，最大为−0.085 m，南岸5号～9号钢梁拼装误差较大，最大为−0.103 m，这直接导致合龙后钢梁标高在这几个块段偏低；其余块段拼装误差绝大多数在−0.035～0.035 m范围内。

北岸合龙线形误差在−0.109～−0.020 m之间，南岸合龙线形误差在−0.177～−0.023 m之间，局部线形误差偏大，通过二次张拉力的调整，消减一部分误差，确保成桥线形满足设计要求。

2. 斜拉索二次张拉完成后钢梁线形(轴线顶面)

斜拉索二次张拉完成后，对钢梁线形进行了全部测量，以顶面轴线为控制位置，见表7-3和表7-4。由测量数据可得线形误差在−0.054～0.079 m之间。

设计允许高程误差为

$$\Delta g=\pm[25+0.25\times(x-25)] \tag{7-1}$$

式中　Δg——主梁线形允许误差(mm)；

　　　x——距最近的索塔处支点距离(m)。

表7-3　北岸二张完成后钢梁线形　(单位：m)

块段编号	理论线形	实测线形	误　差	设计成桥允许误差
1	41.225	41.229	0.004	±0.029
2	41.254	41.250	−0.004	±0.032
3	41.292	41.268	−0.024	±0.034
4	41.334	41.296	−0.038	±0.036
5	41.377	41.341	−0.036	±0.038
6	41.427	41.401	−0.026	±0.041
7	41.477	41.461	−0.016	±0.043
8	41.53	41.529	−0.001	±0.045
9	41.584	41.603	0.019	±0.047
10	41.639	41.682	0.043	±0.05
11	41.693	41.751	0.058	±0.052
12	41.747	41.797	0.050	±0.054
13	41.799	41.815	0.016	±0.056
14	41.849	41.851	0.002	±0.059
15	41.896	41.901	0.005	±0.061
16	41.941	41.954	0.013	±0.063
17	41.983	42.013	0.030	±0.065
18	42.021	42.074	0.053	±0.068

续上表

块段编号	理论线形	实测线形	误　差	设计成桥允许误差
19	42.054	42.106	0.052	±0.070
20	42.081	42.135	0.054	±0.072
21	42.103	42.177	0.074	±0.074
22	42.117	42.193	0.076	±0.077

表 7-4　南岸二张完成后钢梁线形　（单位：m）

块段编号	理论线形	实测线形	误　差	设计允许误差
1	41.225	41.247	0.022	±0.029
2	41.253	41.26	0.007	±0.032
3	41.291	41.294	0.003	±0.034
4	41.333	41.334	0.001	±0.036
5	41.376	41.364	−0.012	±0.038
6	41.425	41.393	−0.032	±0.041
7	41.475	41.421	−0.054	±0.043
8	41.528	41.475	−0.053	±0.045
9	41.582	41.545	−0.037	±0.047
10	41.637	41.614	−0.023	±0.05
11	41.691	41.692	0.001	±0.052
12	41.745	41.776	0.031	±0.054
13	41.798	41.848	0.050	±0.056
14	41.849	41.905	0.056	±0.059
15	41.896	41.94	0.044	±0.061
16	41.942	41.988	0.046	±0.063
17	41.984	42.031	0.047	±0.065
18	42.022	42.09	0.068	±0.068
19	42.055	42.125	0.070	±0.070
20	42.082	42.161	0.079	±0.072
21	42.103	42.172	0.069	±0.074
22	42.117	42.172	0.055	±0.077

7.6.5.2　钢梁成桥线形监测成果

成桥状态，对钢梁线形进行了通测，以上下游风嘴为控制位置，并根据钢梁横坡推算轴线高程，如图 7-25 所示。由测量数据可得：线形误差在−0.026～0.098 m 之间，各钢梁块段标高误差满足设计要求。

设计允许高程误差为

$$\Delta g=\pm[25+0.5\times(x-25)] \tag{7-2}$$

式中　Δg——主梁线形允许误差(mm)；

x——距最近的索塔处支点距离(m)。

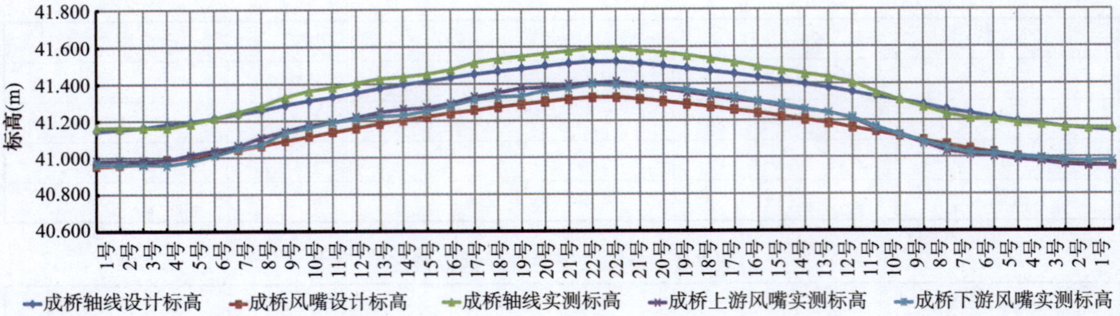

图 7-25 成桥线形监测曲线示意图

7.6.5.3 塔偏位监测成果

主要监测工况下桥塔偏位数据汇总见表 7-5 和表 7-6。

表 7-5 北岸塔偏 (单位:m)

工况	塔偏		
	理论	实测	误差
初始值	0.000	0.000	0.000
初拉完成	−0.064	−0.042	0.022
10 号索二张完	−0.097	−0.075	0.022
16 号索二张完	−0.181	−0.182	−0.001
20 号索二张完	−0.247	−0.248	−0.001
25 号索二张完	−0.317	−0.322	−0.005
二期恒载铺装完成	−0.136	−0.145	−0.009

表 7-6 南岸塔偏 (单位:m)

工况	塔偏		
	理论	实测	误差
初始值	0.000	0.000	0.000
初拉完成	−0.069	−0.063	0.006
10 号索二张完	−0.101	−0.086	0.015
16 号索二张完	−0.186	−0.183	0.003
20 号索二张完	−0.252	−0.242	0.010
25 号索二张完	−0.319	−0.327	−0.008
二期恒载铺装完成	−0.140	−0.151	−0.011

由表 7-5 和表 7-6 可知,各监测工况下,桥塔实际偏位与理论计算值较吻合,最大误差为 0.022 m;成桥状态下,北岸桥塔偏位误差为−0.009 m,南岸桥塔偏位误差为−0.011 m,南北岸桥塔实际成桥偏位与理论计算值吻合。

7.6.6 施工监控总结

①施工过程中,主梁混凝土应力实测值与理论计算值间误差在−1.15～2.39 MPa,主梁

钢材应力实测值与理论计算值间误差在−7.99～9.90 MPa之间，主梁应力在安全范围内，成桥内力满足设计要求；主塔混凝土应力实测值与理论计算值间误差在−1.5～1.5 MPa之间，主塔应力在安全范围内。

②各工况下钢梁的变形得到了较好的控制，阶段变形误差绝大多数在±0.025 m范围内。

③成桥状态主梁线形平顺，高程误差在−0.026～0.073 m之间，满足设计要求。

④成桥状态主塔偏位实测值与理论计算值较吻合，塔偏实测值与理论计算值间的误差：北岸为−0.009 m，南岸为−0.011 m，满足设计要求。

⑤成桥状态斜拉索内力与理论计算值较吻合，绝大多数误差在小于−5%，满足设计要求。

综上，宁波甬江钢箱混合梁斜拉桥在施工全过程中主梁及桥塔线形、主梁及桥塔受力、斜拉索索力得到了良好的控制，成桥状态满足设计要求。

第 8 章

实桥结构荷载试验

8.1 概　　述

8.1.1 检测及试验目的

(1)检验成桥初始数据

混合梁斜拉桥合龙铺设桥面二期恒载，调整轨面线形达到设计要求后，通过对已建成混合梁斜拉桥桥面初始高程、桥塔初始线形、恒载索力测试，与设计值分析比较，作为以后桥面高程、桥塔线形、恒载索力变化的初始数据。

(2)验证桥梁静力荷载工作状态

通过测量桥梁结构在静力试验荷载作用下的变形和内力，确定桥梁结构的实际工作状态与设计期望值是否相符，检验桥梁结构实际性能，如梁塔内力分配、结构的强度、刚度等是否达到设计要求。

(3)验证桥梁动力荷载工作状态

检验桥梁在满载货车以各种速度运行条件下的实际工作状态，测量加劲梁在列车动活载作用下的以下方面：

①最大竖向振幅，以提供桥梁的动力系数；

②横向振幅，测定桥梁的横向刚度是否满足有关要求；

③最大横向及竖向加速度值，判断是否满足规范要求；

④频响曲线，求出结构阻尼系数，了解桥梁的动力性能。

(4)通过测定桥梁的固有频率，了解结构的自振特性

(5)为桥梁的交工验收提供技术依据

通过动静载试验，判定桥梁能否保证货车运行的安全性，检验并判断桥梁是否满足设计及运输要求，为桥梁的管理、养护维修积累技术资料。

8.1.2 试验荷载

8.1.2.1 静载试验荷载

宁波铁路枢纽北环线甬江特大桥静载试验荷载采用列车机车 DF_4 型机车、车辆 C_{70} 货车，如图 8-1 所示。针对每一检验项目，所需列车的具体重量及编组，根据设计控制荷载产生的最不利效应值尽量按式(8-1)所定原则等效换算而得：

$$0.80 \leqslant \eta = \frac{S_{st}}{S\delta} \leqslant 1.00 \tag{8-1}$$

式中　η——静力试验荷载效率；

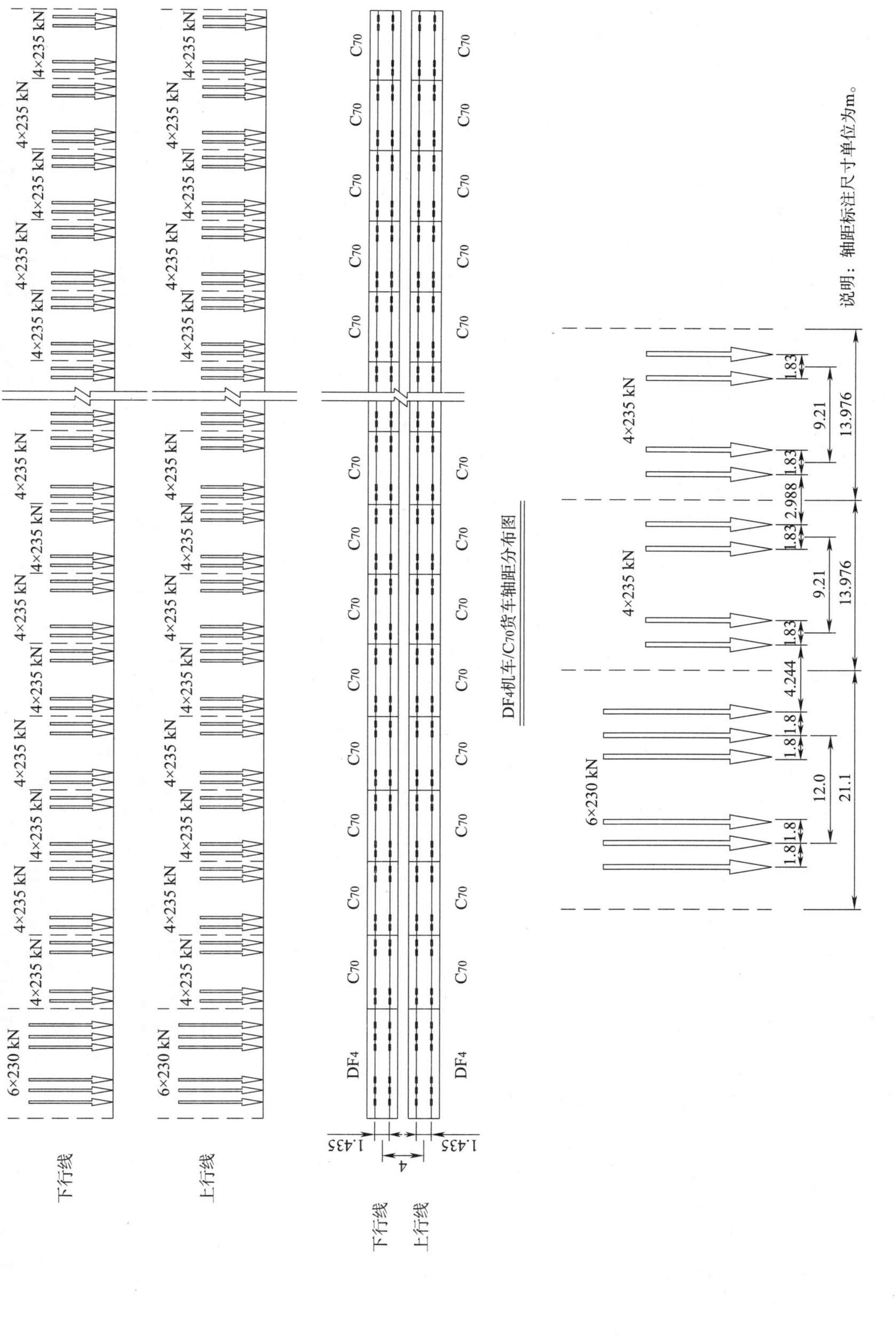

图 8-1　静载试验荷载排列图

S_{st}——试验荷载作用下检验项目计算效应值(某检验特定位置的变形、内力或应力值);

S——设计标准荷载作用下的计算效应值(不计动力系数);

δ——动力系数。

8.1.2.2 静载试验荷载工况

以宁波甬江铁路混合梁斜拉桥为例,根据静载试验荷载排列图,按静载试验需要的加载项目,对列车排列进行相应解编,以满足各工况最不利加载要求。甬江主跨 468 m 斜拉桥各工况下的计算内力、试验内力、相应的荷载效率系数,以及各静载工况列车具体编组见表 8-1,各试验工况的荷载效率系数介于 0.75～0.88 之间。

表 8-1 甬江特大桥主桥静载加载各工况加载截面及荷载布置

序号	加载试验截面	设 计 值	试 验 值	效率系数	加载车辆
1	主跨 $L/8$ 截面 $(A\text{-}A)M_{min}$	−60 710.32	−51 199.51	0.84	上行线:$1DF_4+12C_{70}$ 下行线:$1DF_4+12C_{70}$
2	主跨中截面 $(B\text{-}B)M_{max}$	94 959.55	76 830.88	0.81	上行线:$1DF_4+4C_{70}$ 下行线:$1DF_4+4C_{70}$
3	主跨 $3L/4$ 截面 $(C\text{-}C)M_{max}$	62 083.49	50 975.10	0.82	上行线:$1DF_4+4C_{70}$ 下行线:$1DF_4+4C_{70}$
4	主跨钢混结合段截面 $(D\text{-}D)M_{min}$	−108 231.87	−83 379.66	0.77	上行线:$1DF_4+12C_{70}$ 下行线:$1DF_4+12C_{70}$
5	P6 号桥塔混凝土梁截面 $(E\text{-}E)M_{min}$	−194 820.33	−171 403.09	0.88	上行线:$1DF_4+20C_{70}$ 下行线:$1DF_4+20C_{70}$
6	P6 号塔截面 $(F\text{-}F)M_{max}$	429 326.83	340 846.50	0.79	上行线:$1DF_4+20C_{70}$ 下行线:$1DF_4+20C_{70}$
7	第 6 跨跨中截面 $(G\text{-}G)M_{max}$	51 648.75	39 329.12	0.76	上行线:$1DF_4+6C_{70}$ 下行线:$1DF_4+6C_{70}$
8	P7 号墩混凝土梁截面 $(H\text{-}H)M_{min}$	−51 364.66	−40 206.67	0.78	上行线:$1DF_4+7C_{70}$ 下行线:$1DF_4+7C_{70}$
9	第 7 跨跨中截面 $(I\text{-}I)M_{max}$	41 669.37	32 761.70	0.79	上行线:$1DF_4+8C_{70}$ 下行线:$1DF_4+8C_{70}$
10	第 8 跨跨中截面 $(J\text{-}J)M_{max}$	33 747.00	26 585.16	0.79	上行线:$1DF_4+6C_{70}$ 下行线:$1DF_4+6C_{70}$
11	P9 号墩混凝土梁截面 $(K\text{-}K)M_{min}$	−39 101.52	−31 844.06	0.81	上行线:$1DF_4+7C_{70}$ 下行线:$1DF_4+7C_{70}$
12	第 9 跨跨中截面 $(L\text{-}L)M_{max}$	44 818.10	33 564.37	0.75	上行线:$1DF_4+4C_{70}$ 下行线:$1DF_4+4C_{70}$
13	第 2 跨跨中截面 $(M\text{-}M)M_{max}$	33 705.50	27 617.61	0.82	上行线:$1DF_4+7C_{70}$ 下行线:$1DF_4+7C_{70}$
14	第 4 跨跨中截面 $(N\text{-}N)M_{max}$	51 500.46	38 726.52	0.75	上行线:$1DF_4+7C_{70}$ 下行线:$1DF_4+7C_{70}$
15	S47 号斜拉索(O-O)最大拉力 N_{max}	1 223.09	1 078.94	0.88	上行线:$1DF_4+20C_{70}$ 下行线:$1DF_4+20C_{70}$

8.1.2.3 动载试验荷载

列车车辆行车试验采用货车单向行车方式,行车和制动试验单列货车由:$2DF_{4D}+20C_{70}$(重车)$+20C_{70}$(空车)编组组成。

动载试验包括行车试验和制动试验,先进行单向行车,最后进行制动试验。行车荷载作用下桥跨结构的动态响应,行车速度包括:5(标定车速试验)、40、60、70、80 km/h。测定在车辆制动荷载作用下结构的动态响应,在 40、50、60、70 km/h 四种运行速度下制动。

8.1.3　初始状态线形测试

(1)桥面初始高程测定

试验前测量桥面高程，加劲梁横向对称布置测点，索梁连接处布置测点，并在梁端、主跨跨中与 $L/4$ 及支承等位置布置测点。采用施工坐标控制网测量桥面各测点高程，全桥桥面高程测点共计 226 个。

在桥面高程测试过程中，选择 2 个不同温度时间段对主跨跨中变形进行测试。

(2)桥塔初始线形测定

试验前测量桥塔三维线形，每个塔柱上下及左右分别布置 6 个测点，共 24 个测点。采用施工坐标系测量桥塔三维坐标。在桥塔线形测试过程中，选择 2 个不同温度时间段对桥塔塔顶变形进行测试。恒载索力测试试验前，在桥梁自身恒载作用下测试所有斜拉索的索力，全桥共计 100 对(200 根)斜拉索。

8.1.4　初始状态线形测试结果

1. 桥面初始高程检测结果

不同温度下，桥跨跨中位置竖向高程实测结果见表 8-2，测试结果表明桥面初始高程与设计值符合较好，且偏差均小于设计允许偏差；不同温度下(14.5℃/8.5℃)，跨中竖向高程最大偏差为 2.16 cm。

表 8-2　不同温度下跨中位置桥面高程实测结果

测试部位	测试温度	上游侧实测高程(m)	下游侧实测高程(m)
主跨跨中	14.5℃	41.530 2	41.522 9
	8.5℃	41.551 8	41.534 1

2. 桥塔初始线形检测结果

对索塔初始线形进行测量，检测结果与设计值对比结果见表 8-3，不同温度状况下塔顶实测偏位见表 8-4。测试结果表明桥塔实测线形与设计线形符合较好，无明显差异；索塔塔顶实测最大纵向偏位为 16 cm，不同温度下(8℃/5℃，温差 3℃)，塔顶纵向偏位(朝边跨方向)最大偏差为 1.73 cm。

表 8-3　索塔初始线形检测结果与设计值对比

测试部位	测点编号	上游侧实测值(m)			下游侧实测值(m)		
		X	Y	H	X	Y	H
洪塘岸索塔	1	−4.435 1	223.298 5	182.327 5	4.516 9	223.325 5	182.293 0
	2	−4.526 0	223.864 8	137.932 1	4.518 2	223.889 7	137.947 0
	3	−8.412 8	224.214 2	102.863 6	9.389 2	224.352 5	94.483 3
	4	−11.996 0	224.553 5	71.555 1	13.924 7	224.769 8	54.421 2
	5	−16.468 0	224.986 3	31.930 9	16.479 1	225.000 8	31.903 1
	6	−13.609 6	225.238 0	4.512 8	13.607 8	225.257 9	4.497 7
云龙岸索塔	1	−4.443 5	684.593 2	182.294 0	4.487 7	684.551 5	182.290 2
	2	−4.455 0	684.092 2	137.968 2	4.521 4	684.028 1	137.929 9

续上表

测试部位	测点编号	上游侧实测值(m)			下游侧实测值(m)		
		X	Y	H	X	Y	H
云龙岸索塔	3	−9.103 2	683.633 0	95.561 0	8.217 4	683.699 2	104.899 7
	4	−12.983 4	683.337 8	62.305 8	14.395 2	683.113 8	49.953 4
	5	−16.427 4	682.987 2	31.864 0	16.541 2	683.006 3	31.858 6
	6	−13.549 4	682.712 4	4.469 5	13.656 4	682.701 3	4.505 0

表 8-4　不同温度下索塔塔顶偏位实测结果

测试部位	测试温度	上游侧实测值(m)			下游侧实测值(m)		
		X	Y	H	X	Y	H
洪塘岸索塔塔顶	8℃	−4.435 1	223.298 5	182.327 5	4.516 9	223.325 5	182.293 0
	5℃	−4.438 7	223.281 2	182.338 9	4.555 4	223.317 5	182.284 6
云龙岸索塔塔顶	8℃	−4.443 5	684.593 2	182.294 0	4.487 7	684.551 5	182.290 2
	5℃	−4.434 4	684.587 4	182.307 9	4.518 8	684.538 4	182.309 5

3. 恒载索力检测结果

对全桥索力进行测量，检测结果与设计值对比结果见表 8-5。由表可知，实测索力值与设计索力值偏差介于−6.61%～2.01%之间，实测索力与设计索力符合较好。

表 8-5　实测索力值与设计索力值对比

斜拉索编号	设计索力(kN)	云龙岸				洪塘岸			
		上游侧		下游侧		上游侧		下游侧	
		实测值(kN)	误差(%)	实测值(kN)	误差(%)	实测值(kN)	误差(%)	实测值(kN)	误差(%)
S25	2 827.2	2 744.5	−2.93	2 686.2	−4.99	2 689.0	−4.89	2 686.2	−4.99
S24	2 849.3	2 743.9	−3.70	2 727.1	−4.29	2 724.3	−4.39	2 713.1	−4.78
S23	2 811.4	2 707.5	−3.70	2 688.1	−4.39	2 699.2	−3.99	2 677.1	−4.78
S22	2 761.3	2 654.4	−3.87	2 643.5	−4.27	2 635.4	−4.56	2 613.7	−5.35
S21	2 723.7	2 616.9	−3.92	2 611.5	−4.12	2 608.9	−4.21	2 702.6	−0.77
S20	2 657.5	2 542.9	−4.31	2 535.1	−4.61	2 558.6	−3.72	2 529.9	−4.80
S19	2 601.1	2 484.4	−4.49	2 476.7	−4.78	2 523.1	−3.00	2 481.8	−4.59
S18	2 529.5	2 414.6	−4.54	2 407.2	−4.83	2 527.9	−0.06	2 412.1	−4.64
S17	2 443.8	2 323.1	−4.94	2 315.9	−5.23	2 433.8	−0.41	2 337.6	−4.35
S16	2 370.9	2 278.4	−3.90	2 252.7	−4.99	2 266.7	−4.39	2 283.1	−3.70
S15	2 300.1	2 213.4	−3.77	2 195.2	−4.56	2 206.6	−4.07	2 222.4	−3.38
S14	2 229.3	2 142.2	−3.91	2 102.6	−5.68	2 151.0	−3.51	2 206.0	−1.05
S13	2 163.2	2 056.0	−4.96	2 073.1	−4.17	2 075.2	−4.07	2 096.6	−3.08
S12	2 090.9	2 039.8	−2.44	2 010.9	−3.83	2 006.8	−4.02	2 031.6	−2.84
S11	2 022.8	1 970.3	−2.60	1 952.3	−3.49	1 938.3	−4.18	1 968.3	−2.69
S10	1 960.7	1 901.4	−3.02	1 913.0	−2.43	1 876.2	−4.31	1 914.9	−2.34
S9	1 910.6	1 839.1	−3.74	1 842.9	−3.54	1 905.2	−0.28	1 850.4	−3.15
S8	1 846.0	1 785.7	−3.27	1 802.1	−2.38	1 763.8	−4.45	1 776.6	−3.76
S7	1 810.4	1 744.0	−3.67	1 804.8	−0.31	1 731.5	−4.36	1 747.6	−3.47
S6	1 779.9	1 702.9	−4.33	1 695.8	−4.72	1 702.9	−4.33	1 702.9	−4.33

续上表

斜拉索编号	设计索力(kN)	云龙岸				洪塘岸			
		上游侧		下游侧		上游侧		下游侧	
		实测值(kN)	误差(%)	实测值(kN)	误差(%)	实测值(kN)	误差(%)	实测值(kN)	误差(%)
S5	1 773.8	1 690.3	−4.71	1 672.9	−5.69	1 690.3	−4.71	1 681.6	−5.20
S4	3 248.9	3 135.5	−3.49	3 100.4	−4.57	3 100.4	−4.57	3 116.3	−4.08
S3	3 310.4	3 187.5	−3.71	3 171.3	−4.20	3 158.3	−4.59	3 151.8	−4.79
S2	3 320.4	3 150.5	−5.12	3 127.9	−5.80	3 170.0	−4.53	3 147.3	−5.21
S1	3 382.8	3 281.3	−3.00	3 159.3	−6.61	3 195.6	−5.53	3 212.1	−5.05
M1	3 438.7	3 235.9	−5.90	3 386.9	−1.51	3 397.0	−1.21	3 299.6	−4.05
M2	3 390.4	3 219.0	−5.06	3 338.2	−1.54	3 192.5	−5.84	3 222.3	−4.96
M3	3 361.2	3 289.7	−2.13	3 217.4	−4.28	3 230.6	−3.89	3 220.7	−4.18
M4	3 308.9	3 133.6	−5.30	3 159.5	−4.52	3 153.0	−4.71	3 195.1	−3.44
M5	1 753.4	1 652.9	−5.73	1 649.5	−5.93	1 644.3	−6.22	1 681.9	−4.08
M6	1 762.1	1 674.7	−4.96	1 690.2	−4.08	1 667.8	−5.35	1 678.2	−4.76
M7	1 777.9	1 763.8	−0.79	1 713.0	−3.65	1 763.8	−0.79	1 706.0	−4.04
M8	1 810.7	1 749.9	−3.36	1 744.5	−3.66	1 769.6	−2.27	1 749.9	−3.36
M9	1 834.6	1 774.3	−3.29	1 772.5	−3.38	1 792.6	−2.29	1 783.4	−2.79
M10	1 873.4	1 800.5	−3.89	1 813.6	−3.19	1 822.9	−2.70	1 826.6	−2.50
M11	1 916.5	1 851.8	−3.38	1 857.5	−3.08	1 863.3	−2.78	1 851.8	−3.38
M12	1 962.1	1 938.0	−1.23	1 896.8	−3.33	1 906.6	−2.83	1 906.6	−2.83
M13	2 016.4	1 985.9	−1.51	1 955.6	−3.02	1 959.7	−2.81	1 959.7	−2.81
M14	2 054.1	2 022.6	−1.53	2 080.2	1.27	1 995.9	−2.83	1 995.9	−2.83
M15	2 124.8	2 090.4	−1.62	2 041.4	−3.93	2 084.0	−1.92	2 061.1	−3.00
M16	2 199.6	2 230.3	1.40	2 111.2	−4.02	2 155.3	−2.01	2 135.5	−2.91
M17	2 260.9	2 215.5	−2.01	2 174.7	−3.81	2 190.6	−3.11	2 192.8	−3.01
M18	2 329.5	2 272.8	−2.43	2 366.2	1.58	2 249.5	−3.43	2 249.5	−3.43
M19	2 407.5	2 344.9	−2.60	2 342.5	−2.70	2 455.8	2.01	2 316.0	−3.80
M20	2 469.6	2 424.0	−1.85	2 404.2	−2.65	2 421.5	−1.95	2 409.1	−2.45
M21	2 530.4	2 464.6	−2.60	2 452.0	−3.10	2 495.0	−1.40	2 472.2	−2.30
M22	2 598.0	2 520.5	−2.98	2 505.0	−3.58	2 554.3	−1.68	2 528.3	−2.68
M23	2 664.2	2 598.2	−2.48	2 584.3	−3.00	2 611.5	−1.98	2 600.9	−2.38
M24	2 703.1	2 601.4	−3.76	2 596.0	−3.96	2 644.5	−2.17	2 639.1	−2.37
M25	2 707.5	2 597.4	−4.07	2 656.7	−1.88	2 637.9	−2.57	2 643.3	−2.37

8.2 试验内容

8.2.1 静载试验内容及测试内容

8.2.1.1 静载试验加载截面位置及工况

①主跨 $L/8$ 截面(A-A)最大负弯矩 M_{min} 加载(A-A 偏载/满载工况)；

②主跨跨中附近截面(B-B)最大正弯矩 M_{max} 加载(B-B 偏载/满载工况)；

③主跨 3L/4 截面(C-C)最大正弯矩 M_{max}加载(C-C 偏载/满载工况);
④主跨钢混结合段截面(D-D)最大负弯矩 M_{min}加载(D-D 偏载/满载工况);
⑤P6 号桥塔附近混凝土箱梁截面(E-E)最大负弯矩 M_{min}加载(E-E 偏载/满载工况);
⑥P6 号桥塔塔底附近截面(F-F)最大正弯矩 M_{max}加载(F-F 偏载/满载工况);
⑦第 6 跨(云龙岸)跨中截面(G-G)最大正弯矩 M_{max}加载(G-G 满载工况);
⑧P7 号墩(云龙岸)附近混凝土箱梁截面(H-H)最大负弯矩 M_{min}加载(H-H 满载工况);
⑨第 7 跨(云龙岸)跨中截面(I-I)最大正弯矩 M_{max}加载(I-I 满载工况);
⑩第 8 跨(云龙岸)跨中截面(J-J)最大正弯矩 M_{max}加载(J-J 满载工况);
⑪P9 号墩(云龙岸)附近混凝土箱梁截面(K-K)最大负弯矩 M_{min}加载(K-K 满载工况);
⑫第 9 跨(云龙岸)跨中附近截面(L-L)最大正弯矩 M_{max}加载(L-L 满载工况);
⑬第 2 跨(洪塘乡岸)跨中截面(M-M)最大正弯矩 M_{max}加载(M-M 满载工况);
⑭第 4 跨(洪塘乡岸)跨中截面(N-N)最大正弯矩 M_{max}加载(N-N 满载工况);
⑮S47 号斜拉索(O-O)最大拉力 N_{max}加载(O-O 偏载/满载工况)。

试验具体截面布置如图 8-2 和图 8-3 所示。

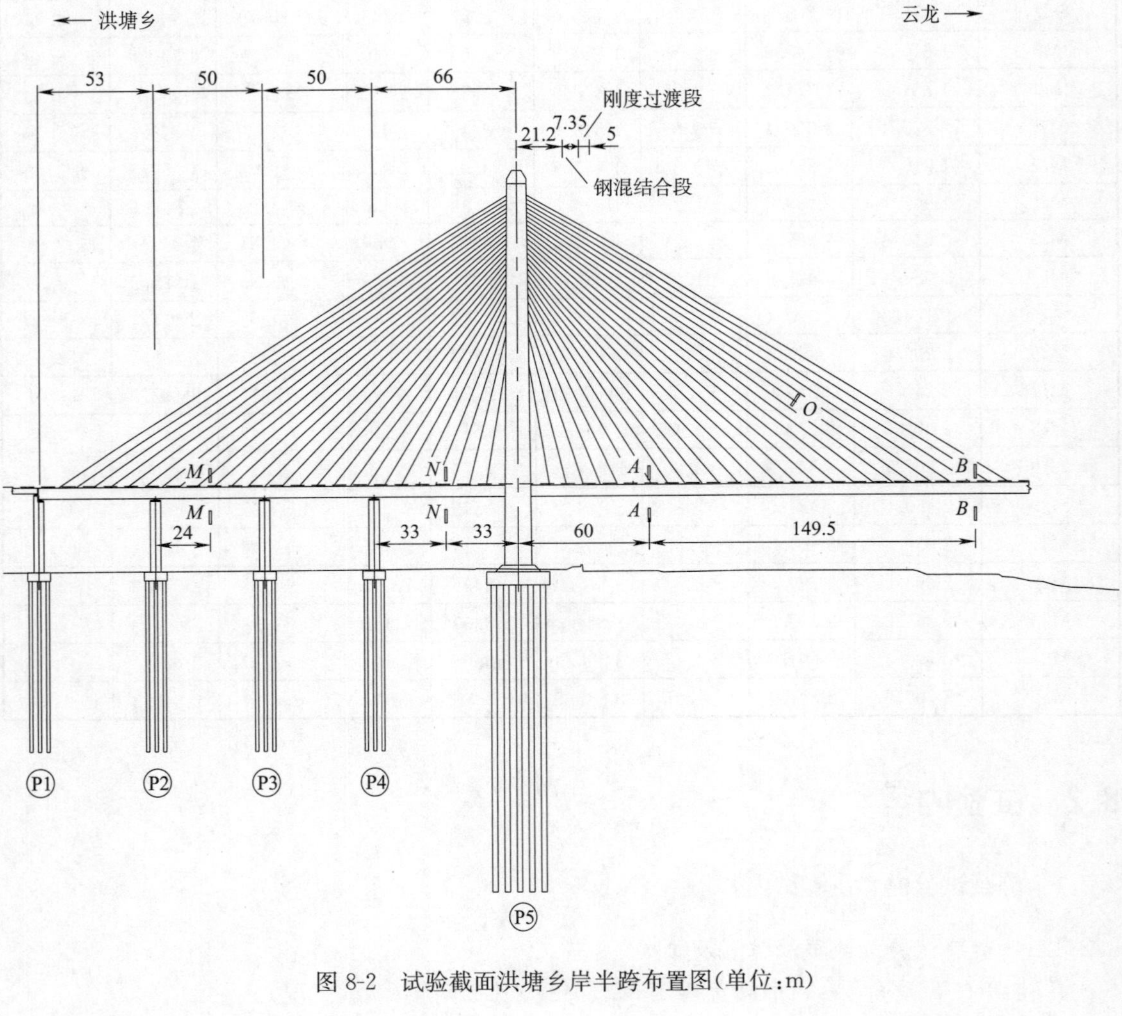

图 8-2 试验截面洪塘乡岸半跨布置图(单位:m)

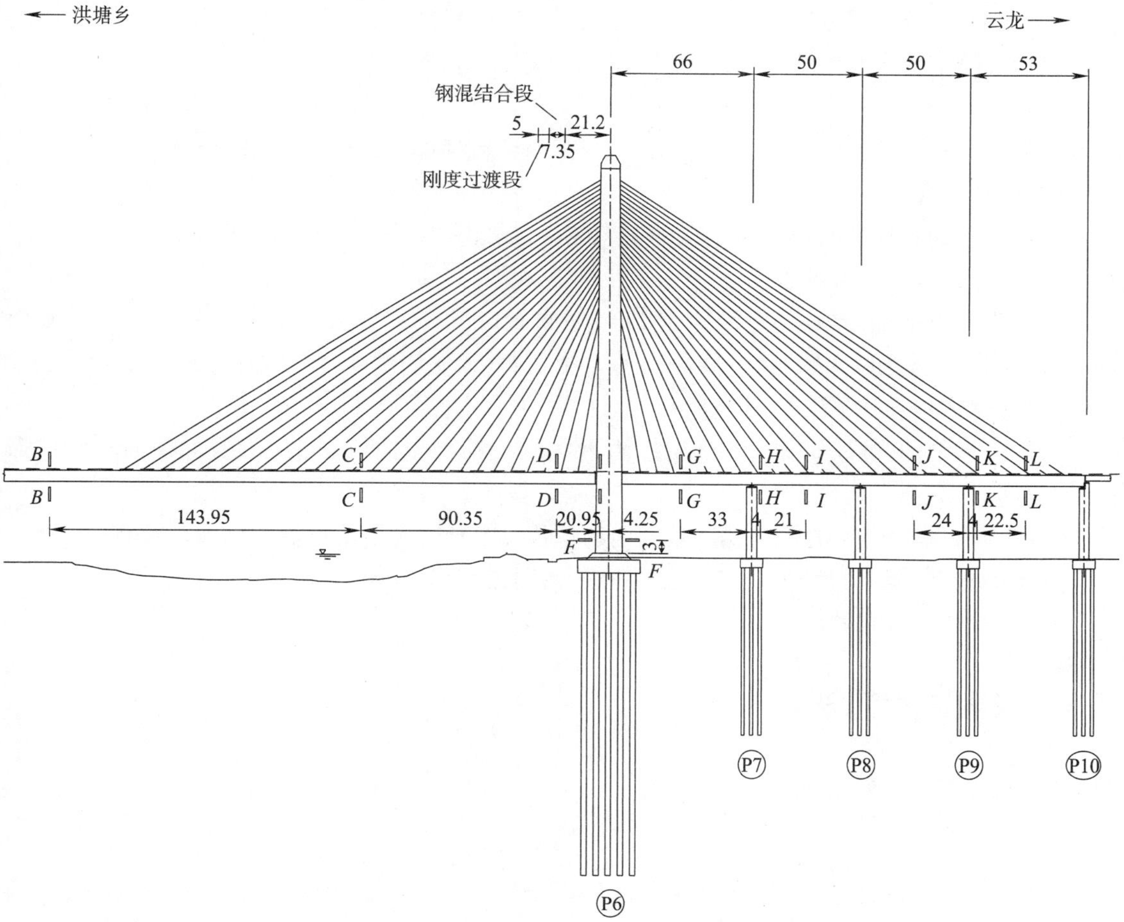

图8-3　试验截面云龙岸半跨布置图(单位:m)

8.2.1.2　静载试验测试内容

①*A-A*～*N-N* 工况下,各加载试验截面应力测试。

②*A-A*～*C-C*、*O-O* 工况下,选取索力最大的3对斜拉索进行索力增量测试,选择主跨加载车辆最多的工况,利用索力健康监测系统对主跨索力全测。

③主跨钢箱梁1/8截面竖向挠度测试,其他试验跨箱梁1/4截面竖向挠度测试。

④桥塔塔顶纵向水平偏位测试。

⑤箱梁纵向位移及梁端转角测试。

⑥支座、阻尼器位移测试。

⑦试验过程中,观测梁体控制截面有无裂缝产生或发展及其他异常情况。

8.2.2　动载试验内容及测试内容

8.2.2.1　动载试验内容

动载试验工况选取主跨跨中截面(*B-B*)、主跨钢混结合段截面(*D-D*)、P6号桥塔附近混凝土箱梁截面(*E-E*)、第6跨(云龙岸边跨)跨中截面(*G-G*)、第7跨(云龙岸边跨)跨中截面(*I-I*)进行。内容主要包括:

(1)脉动试验

在桥面无任何交通荷载以及桥梁附近无规则振源的情况下,测定桥跨结构由于桥址处风荷载、地震动、水流等随机荷载激振而引起的桥跨结构微幅振动响应。

脉动试验主要测定桥跨结构固有模态频率、振型和临界阻尼比。

(2)行车试验

行车荷载作用下桥跨结构的动态响应，行车速度包括：5、40、60、70、80 km/h。

(3)制动试验

测定在车辆制动荷载作用下结构的动态响应，制动速度为 40、50、60、70 km/h。

8.2.2.2　动载试验测试内容

①主跨跨中截面(*B*-*B*)、主跨钢混结合段截面(*D*-*D*)、P6 号桥塔附近混凝土箱梁截面(*E*-*E*)、第 6 跨(云龙岸边跨)跨中截面(*G*-*G*)、第 7 跨(云龙岸边跨)跨中截面(*I*-*I*)的动应变；

②主梁跨中截面(*B*-*B*)的动挠度；

③主跨跨中截面(*B*-*B*)和 P6 号桥塔附近混凝土箱梁截面(*E*-*E*)处的桥面横向和竖向振幅、加速度；

④P6 号桥塔处支座的横向、竖向、纵向动位移，P6 号桥塔处阻尼器的纵向动位移；

⑤主梁振型，横向、竖向、纵向自振频率及相应阻尼比；

⑥脱轨系数、减载率。

8.3　静载试验方法

8.3.1　加载方式与分级加载

(1)预加载

使用 1 列车组(1DF_{4D}+20C_{70})在试验桥梁上以 5 km/h 车速往复运行 2～3 循环，作为预载。

(2)静载试验加载及卸载

根据列车加载的特点，列车从桥外驶至试验区段，从结构受力来说，即是荷载从影响线低值区域移至影响线峰值区域，这一过程等同于逐步加载，卸载过程亦如此。

(3)静载试验持荷时间

在荷载作用下，即时监测应变、变形主要响应测点的测值变化，当测量值稳定后即进行该工况下的数据测量。通常情况，在荷载保持不变的前提下，若结构最后 5 分钟内的变位增量小于前 5 分钟增量的 15%，或小于测量仪器的分辨值，则认为结构受力处于稳定状态，无需进一步持荷载。

8.3.2　静载试验数据测试方法

①应力测试，采用在试验截面粘贴应变片(阻值 120 Ω)测试混凝土/钢板的应变/应力，并通过不同位置补偿点实现对环境温度等因素的补偿，应变采用数字应变仪自动采集存储。

②变形测试，采用水准仪及百分表测试挠度测点的竖向变形，桥塔纵向水平偏位测试，采用全站仪测试桥塔纵向水平偏位。

③梁端转角、梁体纵向位移测试，采用百分表、钢板尺进行测试。

④索力测试，采用索力动测仪进行测试。

⑤温度测量，采用红外温度测试仪测量梁体表面的温度及环境温度。

8.4　动载试验方法

8.4.1　测试系统的选择

①一般可采用电磁式测试系统、压电式测试系统、电阻应变式测试系统或光电式测试系统。在选择测试系统时，应注意选择测振仪器的技术指标，使传感器、放大器、记录装置组成的测试系统的灵敏度、动态范围、幅频特性和幅值范围等技术指标满足被测结构动力特性范围的要求，测试仪表精度应不大于预计测量值的10%。

②试验前，应对测试系统的灵敏度、幅频特性、相频特性线性度等进行标定。当采用分部标定法进行测试系统标定时，如分别标定传感器、放大器和记录仪的灵敏度为K_s、K_f、K_r，则测试系统总的灵敏度可按式(8-2)计算：

$$K=K_sK_fK_r \tag{8-2}$$

8.4.2　动载试验方法

1. 自振频率

采用脉动法或重车激振余振法进行自振频率测试，由加速度传感器作拾振器，经电荷放大到计算机内，然后进行信号回放处理。通过对脉动及列车过桥后的余振波形进行谱分析，得到脉动时桥梁的自振频率及阻尼比。对过桥时及过桥后的波形进行谱分析，绘制典型的传递函数及相干函数分析曲线以及典型的竖向脉动幅值谱分析曲线。

一般情况下，桥面系对竖向刚度的影响及桥梁顺桥向的约束作用较大。用余振波形分析得到的频率除顺桥向外，与脉动测试结果十分接近。甬江斜拉桥自振频率测试采用脉动法进行。

2. 振动加速度测试

桥跨结构测点振动加速度，采用伺服加速度传感器，配伺服放大器由计算机记录其输出信号。通过对拾振器及加速度传感器记录的位移及加速度时程曲线进行峰-峰值的扫描分析，求出桥梁结构的最大位移及加速度振幅。通过对各振动信号进行频谱分析，得出桥跨结构的自振频率。通过对脉动波形及列车过桥后的余振波形进行传递函数、相干函数、功率谱及相位谱分析，得出桥梁结构的振型。

3. 动力系数测试

用动应变等测试得到桥梁动力系数。实测主桥最大应变动力系数及最大挠度动力系数，如与设计值比较接近，则表明桥梁振动冲击效应满足设计要求。

4. 振幅(峰-峰值)测试

桥梁各测点在各种速度过车及制动时的振动幅值测量。并绘制典型的振动时程曲线。桥梁在列车作用下的横向水平振幅，直接反映了桥梁上、下部结构的横向刚度。通过实测的横向振幅来评价桥梁上、下部结构的横向刚度是目前唯一可靠的评价尺度。

根据对静载试验结果的初步分析，选择荷载效应大的测点作为动应力测点。测试在各种车速及工况下动应变测点动应变，截面动力系数采用不同行车速度动应变与基准行车速度动应变相应的增幅换算；内力影响线测试、动态增大效应也采用动应力换算的方法进行。

8.5 试验结果分析方法

8.5.1 静载试验

8.5.1.1 静载试验资料的修正

①测值修正。根据各类仪表的标定结果进行测试数据的修正，如机械式仪表的校正系数，电测仪表的率定系数、灵敏系数，电阻应变观测的导线电阻影响等等。当这类因素对测值的影响小于1%时可不予修正。

②温度影响修正。由于温度对测试的影响比较复杂，通常采取缩短加载时间，选择温度稳定性较好的时间进行试验等办法，尽量减小温度对测试精度的影响。需要时，一般可采用综合分析的方法来进行温度影响修正，即利用加载试验前进行的温度稳定观测数据，建立温度变化(测点处构件表面温度或空气温度)和测点测值(应变和挠度)变化的线性关系(温飘试验)，然后按式(8-3)进行温度修正计算：

$$S=S'-\Delta t\cdot K_{t} \tag{8-3}$$

式中 S——温度修正后的测点加载测值变化；

S'——温度修正前的测点加载测值变化；

Δt——相应于 S' 观测时间段内的温度变化(℃)。对应变宜采用构件表面温度，对挠度宜采用气温；

K_{t}——空载时温度上升 1 ℃时测点测值变化量。如测值变化与温度变化关系较明显时，可采用多次观测的平均值。

$$K_{t}=\frac{\Delta S}{\Delta t_{1}} \tag{8-4}$$

式中 ΔS——空载时某一时间区段内测点测值变化量；

Δt_{1}——相应于 ΔS 同一时间区段内温度变化量。

温飘试验方法：桥梁结构在空载状态下，对测试断面应力测定进行数据采集，并记录采集时刻的温度，采集时间间隔可为 10 min，通过数据处理，建立温度与时间、温度与测定应变之间的关系。试验中的应变数据根据温飘试验结果进行温度修正。

③支点沉降影响的修正。当支点沉降量较大时，应修正其对挠度值的影响，修正量 C 按式(8-5)计算：

$$C=\frac{l-x}{x}\cdot a+\frac{x}{l}\cdot b \tag{8-5}$$

式中 C——测点的支点沉降影响修正量；

l——A 支点到 B 支点的距离；

x——挠度测点到 A 支点的距离；

a——A 支点沉降量；

b——B 支点沉降量。

8.5.1.2 各测点变位(挠度，位移，沉降)与应变

①总变位(或总应变)： $$S_{t}=S_{I}-S_{i} \tag{8-6}$$

②弹性变位(或弹性应变)： $$S_{e}=S_{I}-S_{u} \tag{8-7}$$

③残余变位(或残余应变)： $$S_{p}=S_{t}-S_{e}=S_{u}-S_{i} \tag{8-8}$$

上列公式中，S_i 为加载前测值；S_l 为加载达到稳定时测值；S_u 为卸载后达到稳定时测值。

8.5.1.3 测点实测应力

在单向应力状态下，测点应力可按式(8-9)进行计算：

$$\sigma=E\varepsilon \tag{8-9}$$

式中 σ——测点应力；

E——构件材料的弹性模量；

ε——测点实测应变值。

在主应力方向已知的平面应力状态下，测点应力可按式(8-10)和式(8-11)进行计算：

$$\sigma_1=\frac{E}{1-v^2}(\varepsilon_1+v\varepsilon_2) \tag{8-10}$$

$$\sigma_2=\frac{E}{1-v^2}(\varepsilon_2+v\varepsilon_1) \tag{8-11}$$

式中 E——构件材料的弹性模量；

v——构件材料的泊松比；

ε_1、ε_2——相互垂直方向的主应变；

σ_1、σ_2——相互垂直方向的主应力。

8.5.1.4 主要测点的校验系数及相对残余变形

①对加载试验的主要测点(即控制测点或加载试验效率最大部位测点)可按式(8-12)计算校验系数 ξ：

$$\xi=\frac{S_e}{S_s} \tag{8-12}$$

式中 S_e——试验荷载作用下量测的弹性变位(或应变)值；

S_s——试验荷载作用下的理论计算变位(或应变)值。

② S_e与 S_s的比较，可用实测的横截面平均值与计算值比较，也可考虑荷载横向不均分布而选用实测最大值与考虑横向增大系数的计算值进行比较。横向增大系数最好采用实测值，如无实测值也可采用理论计算值。

③对加载试验的主要测点，应按式(8-13)计算其相对残余变位(或应变)：

$$S'_p=\frac{S_p}{S_t}\times 100\% \tag{8-13}$$

式中 S'_p——相对残余变位(或应变)；S_p、S_t 意义同前。

8.5.1.5 裂缝发展情况

若存在裂缝，应进行观测，在测试截面拉应力较大时也应进行检查。

①当裂缝数量较少时可根据试验前后观测情况及裂缝观测表对裂缝状况进行描述。

②当裂缝发展较多时应选择结构有代表性部位描绘裂缝展开图，并应注明各加载程序裂缝长度和宽度的发展。

8.5.1.6 挠度结果分析

竖向实测位移与理论计算的比较，计算各工况两次加载实测竖向结果的平均值、理论计算值及结构校验系数。

按照《大跨径混凝土桥梁的试验方法》(YC4-4/1982)，实测值与计算值进行对照，如满足规范限值要求，表明本桥的静载试验结果满足桥梁设计及检定规范的要求。

8.5.1.7 应力结果分析

按照《大跨径混凝土桥梁的试验方法》(YC4-4/1982),实测值与计算值进行对照,如满足规范限值,表明本桥的静载试验结果满足桥梁设计及检定规范的要求。

8.5.2 动载试验

8.5.2.1 时域分析

(1)结构自振频率

结构自振频率通过直接读取时程曲线的振动周期 T 换算而得,结构振动频率 f 为:

$$f=\frac{1}{T} \tag{8-14}$$

(2)动力系数

动力系数的计算公式为:

$$1+\mu=\frac{2w_{\mathrm{dmax}}}{w_{\mathrm{dmax}}+w_{\mathrm{dmin}}}=\frac{2\varepsilon_{\mathrm{dmax}}}{\varepsilon_{\mathrm{dmax}}+\varepsilon_{\mathrm{dmin}}} \tag{8-15}$$

式中 w_{dmax}、$\varepsilon_{\mathrm{dmax}}$和 w_{dmin}、$\varepsilon_{\mathrm{dmin}}$——实测挠度和应变的最大值和最小值。

动应变、动挠度、振动物理量(位移、速度、加速度)的幅值、峰-峰值及动态增量,要注意扣除信号中的直流偏移量。

8.5.2.2 频域分析

(1)频谱分析

对时域信号通过数字滤波、加窗函数、平均处理和 FFT 分析,得到每个拾振点的幅值谱(或功率谱)和相位谱,可获取结构各个方向分析频率范围内的多阶自振频率。

(2)结构阻尼系数 ξ

通过共振曲线确定结构阻尼系数 ξ,计算公式为:

$$\xi=\frac{\Delta\omega}{2\omega_{\mathrm{n}}} \tag{8-16}$$

式中 ω_{n}——共振频率;

$\Delta\omega$——对应共振频率共振曲线的半功率点频率差。

(3)振型分析

桥梁振型是个空间概念,必须利用全部测点的幅频特性和相频特性,一般可采用以下几种模态振型分析方法:

1)主谐量法

2)ITD 时域模态参数识别法

只需要采集结构振动的响应数据,不需要采集激励力数据,由自由振动响应数据经数学处理得到系统矩阵,然后求系统矩阵的特征值和特征向量。

3)频域模态参数识别法

通过采集结构激励力和响应信号,拟合结构的频率响应函数 FRF,再对 FRF 进行单自由度拟合法 SDOF 和多自由度拟合法 MDOF 直接得到结构的模态振型。

4)振型的特点和精度

根据模态批示函数 MIF 和模态安全判据 MAC 确定试验及识别模态振型的特点和精度。

8.5.2.3 阻尼系数的测试和计算

桥梁结构的阻尼比,可根据行车试验测记的测点余振相应信号(振动衰减曲线),按式

(8-17)进行计算：

$$D_r=\frac{1}{2m\pi}1n\frac{A_i}{A_{i+m}} \tag{8-17}$$

式中　D_r——测点阻尼比；

m——在振动衰减曲线上量取的波形数；

A_i——在振动衰减曲线上量取的第 i 个波形的幅值；

A_{i+m}——在振动衰减曲线上量取的第 $i+m$ 个波形的幅值。

桥梁结构阻尼比也可根据频谱分析得出的测点自功率谱图，用半功率点带宽按式(8-18)计算：

$$D_r=\frac{B_i}{2f_i} \tag{8-18}$$

式中　B_i——第 i 阶自振频率相应的半功率点带宽，即 0.707 倍功率谱峰值所对应的频率差；

f_i——第 i 阶自振频率。

8.5.2.4　动载试验结果评定

①实测桥梁的自振频率决定桥梁的总体刚度和整体性。

②实测阻尼比大小直接影响桥梁动态响应大小，并可判断桥梁结构振动状态。

③桥梁振动的振幅表示桥梁振动的剧烈度，影响行车舒适和安全。

④动载试验的实测动力系数须小于设计规范采用值，否则应提高轨道平整度或对行车限速。

⑤实测桥梁模态振型决定桥梁振动形态，是否与结构动力计算分析结果相符。

8.6　荷载试验结果

8.6.1　静载试验结果

8.6.1.1　应力测试结果

主跨钢箱梁 *A-A* 试验截面的应力结构校验系数介于 0.80～0.96 之间，主跨钢箱梁 *B-B* 试验截面的应力结构校验系数介于 0.81～0.97 之间，主跨钢箱梁 *C-C* 试验截面的应力结构校验系数介于 0.80～0.92 之间，主跨钢混结合段 *D-D* 试验截面的应力结构校验系数介于 0.72～0.99 之间，主跨混凝土 *E-E* 试验截面的应力结构校验系数介于 0.66～0.91 之间，索塔混凝土 *F-F* 试验截面的应力结构校验系数介于 0.59～0.89 之间。

边跨混凝土 *G-G* 试验截面的应力结构校验系数介于 0.51～0.84 之间，边跨混凝土 *H-H* 试验截面的应力结构校验系数介于 0.42～0.88 之间，边跨混凝土 *I-I* 试验截面的应力结构校验系数介于 0.53～0.83 之间，边跨混凝土 *J-J* 试验截面的应力结构校验系数介于 0.55～0.88 之间，边跨混凝土 *K-K* 试验截面的应力结构校验系数介于 0.51～0.79 之间，边跨混凝土 *L-L* 试验截面的应力结构校验系数介于 0.57～0.84 之间，边跨混凝土 *M-M* 试验截面的应力结构校验系数介于 0.54～0.87 之间，边跨混凝土 *N-N* 试验截面的应力结构校验系数介于 0.61～0.89 之间。

各试验工况下试验截面的应力结构校验系数均处于合理范围，表明桥跨结构具有足够的强度储备。

8.6.1.2　挠度测试结果

主跨 *A-A* 工况作用下，主跨钢箱梁的挠度结构校验系数介于 0.85～0.99 之间、边跨混凝土梁的挠度结构校验系数介于 0.65～0.76 之间；主跨 *B-B* 工况作用下，主跨钢箱梁的挠度结构校验系数介于 0.71～0.99 之间、边跨混凝土梁的挠度结构校验系数介于 0.70～0.76 之间；主跨 *C-C* 工况作用下，主跨钢箱梁的挠度结构校验系数介于 0.88～0.97 之间、边跨混凝土梁的挠度结构校验系数介于 0.73～0.78 之间；主跨 *D-D* 工况作用下，主跨钢箱梁的挠度结构校验系数介于 0.79～0.97 之间、边跨混凝土梁的挠度结构校验系数介于 0.62～0.71 之间；主跨 *E-E* 工况作用下，主跨钢箱梁的挠度结构校验系数介于 0.88～0.99 之间、边跨混凝土梁的挠度结构校验系数介于 0.63～0.74 之间；主跨 *F-F*/*O-O* 工况作用下，主跨钢箱梁的挠度结构校验系数介于 0.77～0.98 之间、边跨混凝土梁的挠度结构校验系数介于 0.49～0.76 之间。

边跨 *G-G*/*J-J* 工况作用下，边跨混凝土梁的挠度结构校验系数介于 0.49～0.78 之间；边跨 *H-H* 工况作用下，边跨混凝土梁的挠度结构校验系数介于 0.55～0.76 之间；边跨 *I-I* 工况作用下，主跨钢箱梁的挠度结构校验系数介于 0.87～0.96 之间、边跨混凝土梁的挠度结构校验系数介于 0.66～0.70 之间；边跨 *K-K* 工况作用下，边跨混凝土梁的挠度结构校验系数介于 0.53～0.90 之间；边跨 *L-L* 工况作用下，边跨混凝土梁的挠度结构校验系数介于 0.48～0.60 之间；边跨 *M-M*/*N-N* 工况作用下，边跨混凝土梁的挠度结构校验系数介于 0.51～0.81 之间。

满载试验工况下桥跨结构的挠度结构校验系数均处于合理范围，表明桥跨结构具有足够的刚度储备。

8.6.1.3 偏载增大系数测试结果

A-A 偏载工况作用下，主跨钢箱梁的偏载增大系数介于 1.01～1.19 之间；*B-B* 偏载工况作用下，主跨钢箱梁的偏载增大系数介于 1.01～1.10 之间；*C-C* 偏载工况作用下，主跨钢箱梁的偏载增大系数介于 1.00～1.11 之间；*D-D* 偏载工况作用下，主跨钢箱梁的偏载增大系数介于 1.01～1.15 之间；*E-E* 偏载工况作用下，主跨钢箱梁的偏载增大系数介于 1.00～1.05 之间；*F-F*/*O-O* 偏载工况作用下，主跨钢箱梁的偏载增大系数介于 1.02～1.12 之间。

各试验偏载工况作用下，主跨钢箱梁偏载效应不明显。

8.6.1.4 塔顶水平偏位测试结果

主跨 *A-A* 工况作用下，索塔塔顶水平偏位结构校验系数介于 0.92～0.96 之间；主跨 *B-B* 工况作用下，索塔塔顶水平偏位结构校验系数介于 0.97～0.98 之间；主跨 *C-C* 工况作用下，索塔塔顶水平偏位结构校验系数介于 0.83～0.92 之间；主跨 *D-D* 工况作用下，索塔塔顶水平偏位结构校验系数介于 0.93～0.98 之间；主跨 *E-E* 工况作用下，索塔塔顶水平偏位结构校验系数介于 0.93～0.96 之间；主跨 *F-F* 工况作用下，索塔塔顶水平偏位结构校验系数介于 0.90～0.99 之间。

各试验荷载工况作用下，索塔塔顶水平偏位结构校验系数处于较为合理的范围，索塔具有足够的刚度。

8.6.1.5 支座位移测试结果

各荷载试验工况作用下，索塔处支座横向位移实测值介于－0.70～0.26 mm 之间，竖向位移实测值介于 0.00～1.16 mm 之间，纵向位移实测值介于－8.82～8.02 mm 之间。

8.6.1.6 塔顶水平偏位测试结果

各荷载试验工况作用下，索塔处阻尼器纵向位移实测值介于－10.00～11.80 mm 之间。

8.6.1.7 梁端转角检测结果

在静载试验 *L-L* 工况下，梁端转角检测结果见表 8-6。梁端转角最大实测值为 0.04‰。参考《新建时速 200 公里客货共线铁路设计暂行规定》在中-活荷载乘以动力系数作用下，梁体下挠的梁端转角不得大于 2‰。实测最大动力系数为 1.57，计入动力系数后，梁端转角仅为

0.06‰rad，小于规定值。

表 8-6　加载试验下梁端转角检测结果

工　况		实测值(mm)			梁端转角(‰rad)
L-L 工况 （第 9 跨跨中附近截面最大正弯矩）	云龙岸梁端	上游侧	顶	−0.10	0.04
			底	0.08	
		下游侧	顶	−0.10	0.01
			底	−0.06	

8.6.1.8　索力检测结果

主跨 *A-A* 工况作用下，斜拉索索力结构校验系数介于 0.74～0.93 之间；主跨 *B-B* 工况作用下，斜拉索索力结构校验系数介于 0.86～0.99 之间；主跨 *C-C* 工况作用下，斜拉索索力结构校验系数介于 0.89～0.95 之间；主跨 *F-F* 工况作用下，斜拉索索力结构校验系数介于 0.80～0.98 之间。

各试验荷载工况作用下，斜拉索索力结构校验系数处于较为合理的范围。

8.6.2　动载试验结果

8.6.2.1　自振特性实测结果

甬江钢箱混合梁斜拉桥自振特性测试结果见表 8-7，实测频谱图如图 8-4 所示。

表 8-7　甬江特大桥自振特性测试结果

序　号	实测频率(Hz)	计算频率(Hz)	振　型	阻尼比
1	0.39	0.345	横向一阶弯曲	0.19
2	0.49	0.441	竖向一阶弯曲	0.13
3	0.88	0.565	纵向一阶弯曲	0.09

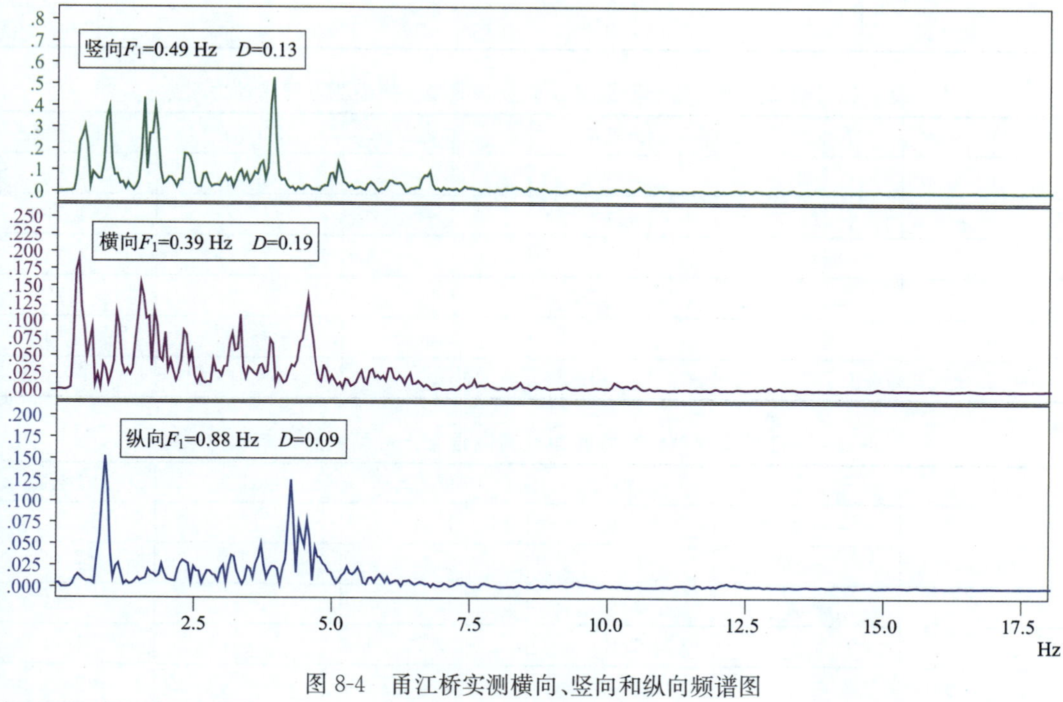

图 8-4　甬江桥实测横向、竖向和纵向频谱图

从实测结果可以看出：

①甬江特大桥桥跨结构横向基频为 0.39 Hz，参照《铁路桥梁检定规范》中所规定简支梁的限定$[f]=100/L=100/468=0.214$ Hz，实测横向基频率大于规范规定限值，可以认为甬江特大桥的横向刚度较好。

②频率计算值与实测值符合较好；实测桥跨结构的阻尼比在 0.09～0.19 之间。

③各自振测点的频谱图特征明显，反映了结构竖、横向低阶自振频率和响应幅值状况。

④实测振型图明确的反映了桥跨结构竖、横向一阶的振型状况。

8.6.2.2　应变动力系数测试结果

各测试截面应变动力系数测试结果见表 8-8～表 8-11。

表 8-8　甬江桥钢箱梁截面 *B-B* 各测点行车动力系数

车速(km/h)	激振类型	边箱 U 肋竖向	边箱 U 肋纵向	中箱 V 肋竖向	中箱 V 肋纵向	顶板底缘	底板顶缘
5	行车	1.02	1.03	1.26	1.55	1.03	1.02
40	行车	1.03	1.04	1.25	1.57	1.04	1.03
60	行车	1.02	1.06	1.24	1.42	1.04	1.04
70	行车	1.03	1.07	1.27	1.38	1.06	1.03
80	行车	1.05	1.08	1.30	1.38	1.05	1.04
动力系数范围		1.02～1.05	1.03～1.08	1.24～1.30	1.38～1.57	1.03～1.06	1.02～1.04

表 8-9　甬江桥钢箱梁截面 *B-B* 各测点制动动力系数

车速(km/h)	激振类型	边箱 U 肋竖向	边箱 U 肋纵向	中箱 V 肋竖向	中箱 V 肋纵向	顶板底缘	底板顶缘
40	制动	1.02	1.02	1.31	1.55	1.05	1.04
50	制动	1.03	1.04	1.27	1.56	1.05	1.03
60	制动	1.04	1.05	1.27	1.53	1.04	1.03
70	制动	1.04	1.04	1.27	1.50	1.06	1.05
动力系数范围		1.02～1.04	1.02～1.05	1.27～1.31	1.50～1.56	1.04～1.06	1.03～1.05

表 8-10　甬江桥钢混结合段截面 *D-D* 及各混凝土截面测点行车动力系数

车速(km/h)	激振类型	*D-D* 截面	*E-E* 截面	*G-G* 截面	*I-I* 截面
5	行车	1.17	1.04	1.11	1.16
40	行车	1.12	1.04	1.10	1.14
60	行车	1.13	1.05	1.15	1.18
70	行车	1.11	1.05	1.12	1.12
80	行车	1.14	1.05	1.08	1.10
动力系数范围		1.11～1.17	1.04～1.05	1.08～1.15	1.10～1.18

表 8-11　甬江桥钢混结合段截面 *D-D* 及各混凝土截面测点行车动力系数

车速(km/h)	激振类型	*D-D* 截面	*E-E* 截面	*G-G* 截面	*I-I* 截面
40	制动	1.12	1.04	1.12	1.13
50	制动	1.12	1.04	1.10	1.12
60	制动	1.13	1.04	1.10	1.15
70	制动	1.13	1.05	1.10	1.14
动力系数范围		1.12～1.13	1.04～1.05	1.10～1.12	1.12～1.15

从测试结果可以看出：

①甬江桥跨中钢箱梁 *B-B* 截面 U 肋（边箱近风嘴处）测点行车应变动力系数介于1.02～1.08 之间，V 肋测点（中箱近中腹板处）行车应变动力系数介于 1.24～1.57 之间，顶底板测点行车应变动力系数介于 1.02～1.06 之间；钢混结合段 *D-D* 截面测点行车应变动力系数介于 1.11～1.17 之间；主跨混凝土 *E-E* 截面测点行车应变动力系数介于 1.04～1.05 之间；边跨混凝土 *G-G* 截面测点行车应变动力系数介于 1.08～1.15 之间；边跨混凝土 *I-I* 截面测点行车应变动力系数介于 1.10～1.18 之间。

②甬江桥跨中钢箱梁 *B-B* 截面 U 肋测点（边箱近风嘴处）制动应变动力系数介于1.02～1.05 之间，V 肋测点（中箱近中腹板处）制动应变动力系数介于 1.27～1.56 之间，顶底板测点制动应变动力系数介于 1.03～1.06 之间；钢混结合段 *D-D* 截面测点制动应变动力系数介于 1.12～1.13 之间；主跨混凝土 *E-E* 截面测点制动应变动力系数介于 1.04～1.05 之间；边跨混凝土 *G-G* 截面测点制动应变动力系数介于 1.10～1.12 之间；边跨混凝土 *I-I* 截面测点制动应变动力系数介于 1.12～1.15 之间。

③各试验截面行车及制动冲击系数与同类型桥梁相比处于较为合理的范围。

8.6.2.3　加速度测试结果

桥跨结构各测试部位加速度测试结果见表 8-12 和表 8-13。

表 8-12　甬江桥行车实测振动加速度（m/s^2）

车速(km/h)	激振类型	*B* 截面竖向	*B* 截面横向	*E* 截面竖向	*E* 截面横向	P6 号桥墩纵向	P6 号桥墩横向
5	行车	0.34	0.10	0.12	0.03	0.01	0.01
40	行车	0.87	0.86	0.63	0.20	0.06	0.13
60	行车	0.91	0.72	0.74	0.25	0.07	0.11
70	行车	0.98	0.97	0.63	0.27	0.08	0.15
80	行车	1.11	1.03	0.76	0.28	0.09	0.15

表 8-13　甬江桥制动实测振动加速度（m/s^2）

车速(km/h)	激振类型	*B* 截面竖向	*B* 截面横向	*E* 截面竖向	*E* 截面横向	P6 号桥墩纵向	P6 号桥墩横向
40	制动	0.69	0.81	0.55	0.30	0.06	0.11
50	制动	0.65	0.74	0.64	0.29	0.07	0.10
60	制动	0.78	0.73	0.95	0.32	0.06	0.13
70	制动	0.85	1.10	0.79	0.25	0.07	0.14

从测试结果可以看出：

甬江特大桥主跨跨中处桥面竖、横向加速度分别介于 0.34～1.11 m/s^2 和 0.10～1.10 m/s^2 之间；桥塔处桥面竖、横向加速度分别介于 0.12～0.95 m/s^2 和 0.03～0.32 m/s^2 之间；P6 号墩墩顶纵、横向加速度分别介于 0.01～0.09 m/s^2 和 0.01～0.15 m/s^2 之间。

根据《铁路桥梁检定规范》10.0.5 条第 2 项规定："桥跨结构在荷载平面的横向振动加速度 a_{max} 不应超过 1.4 m/s^2"。桥跨结构实测横向加速度最大值发生制动速度为 70 km/h 时的主跨跨中桥面处，其值为 1.10 m/s^2，小于规定的横向加速度限值 1.4 m/s^2，表明桥跨结构横向动力性能良好。

根据《新建时速 200 公里客货共线铁路设计暂行规定》(铁建设函〔2003〕205 号)第 5.3.2 条规定:"道砟桥面强震频率不大于 20 Hz 的竖向振动加速度 $a \leqslant 0.35g$"。桥跨结构实测竖向加速度最大值发生 80 km/h 时的主跨跨中桥面处,其值为 1.11 m/s^2,小于规定的横向加速度限值 3.5 m/s^2,表明桥跨结构竖向动力性能良好。

8.6.2.4　动位移和振幅测试结果

桥跨结构各测试部位振幅测试结果见表 8-14 和表 8-15。

表 8-14　甬江桥各测试部位行车实测振幅(mm)

车速(km/h)	激振类型	B 截面竖向		B 截面横向		E 截面竖向		E 截面横向		P6 号桥墩纵向		P6 号桥墩横向	
		最小	最大	最小	最大	最小	最大	最小	最大	最小	最大	最小	最大
5	行车	−0.030	0.030	−0.030	0.040	−0.015	0.015	−0.008	0.006	−0.003	0.004	−0.004	0.004
40	行车	−0.070	0.070	−0.050	0.060	−0.032	0.028	−0.029	0.025	−0.026	0.025	−0.017	0.018
60	行车	−0.200	0.190	−0.060	0.060	−0.090	0.090	−0.050	0.050	−0.050	0.050	−0.040	0.040
70	行车	−0.240	0.250	−0.080	0.080	−0.120	0.120	−0.060	0.050	−0.050	0.040	−0.030	0.030
80	行车	−0.220	0.230	−0.110	0.110	−0.100	0.100	−0.040	0.060	−0.040	0.040	−0.030	0.040

表 8-15　甬江桥各测试部位制动实测振幅(mm)

车速(km/h)	激振类型	B 截面竖向		B 截面横向		E 截面竖向		E 截面横向		P6 号桥墩纵向		P6 号桥墩横向	
		最小	最大	最小	最大	最小	最大	最小	最大	最小	最大	最小	最大
40	制动	−0.140	0.150	−0.110	0.090	−0.030	0.030	−0.030	0.030	−0.070	0.120	−0.150	0.130
50	制动	−0.240	0.160	−0.100	0.080	−0.035	0.040	−0.037	0.032	−0.070	0.100	−0.023	0.024
60	制动	−0.180	0.160	−0.050	0.060	−0.040	0.040	−0.060	0.050	−0.040	0.040	−0.035	0.035
70	制动	−0.280	0.260	−0.150	0.120	−0.790	0.760	−0.250	0.250	−0.070	0.070	−0.140	0.125

从测试结果可以看出:

甬江桥桥跨结构桥面竖、横向振幅分别介于−0.79~0.76 mm 和−0.25~0.25 mm 之间;P6 号墩墩顶处纵、横向振幅分别介于−0.07~0.12 mm 和−0.15~0.13 mm 之间。

根据《铁路桥梁检定规范》中规定,参照钢筒支梁,桥梁跨中处桥面横向最大振幅应满足下式的规定:$A_{max} \leqslant L/6\,000=78$ mm,其中 L 为跨度(mm),在制动速度为 70 km/h 时,实测桥跨结构桥面横向最大振幅为 0.79 mm,小于规范规定限值。

根据《铁路桥梁检定规范》中规定和本桥墩身、基础和地基情况,桥梁墩顶横向振幅通常值应满足下式的规定:

当 $H_1/B \geqslant 2.5$(中高墩)时,$[A_{max}] \leqslant \dfrac{(H+\Delta h)^2}{100B}+0.2$,其中 H 为墩高(m),B 为墩身横向平均宽度(m),当车速≤60 km/h 时,$\Delta h=0$,车速>60 km/h 时,$\Delta h=1$。当车速≤60 km/h 时,$A_{max}=2.52$ mm;当车速>60 km/h 时,$A_{max}=2.64$ mm。

实测甬江桥桥墩横向最大振幅为 0.15 mm,小于规范规定限值。

8.6.2.5　动挠度测试结果

甬江桥主跨跨中截面实测挠度动挠度值见表 8-16 和表 8-17,动挠度时程曲线如图 8-5 和图 8-6 所示。

表 8-16　甬江桥跨中截面行车实测动挠度(mm)

车速(km/h)	激振类型	主跨跨中上游侧桥边缘		动力系数
		最大值	最小值	
5	行车	126.586	125.906	1.00
40	行车	128.288	122.503	1.02
60	行车	131.350	120.121	1.04
70	行车	130.674	128.981	1.01
80	行车	139.137	136.768	1.01

表 8-17　甬江桥跨中截面制动实测动挠度(mm)

车速(km/h)	激振类型	主跨跨中上游侧桥边缘		动力系数
		最大值	最小值	
40	制动	140.153	127.289	1.05
50	制动	142.523	126.950	1.06
60	制动	144.028	132.478	1.04
70	制动	103.551	95.429	1.04

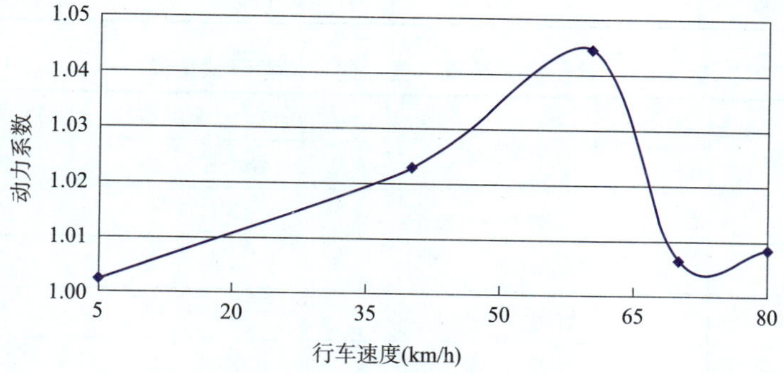

图 8-5　甬江桥跨中截面行车实测动挠度曲线

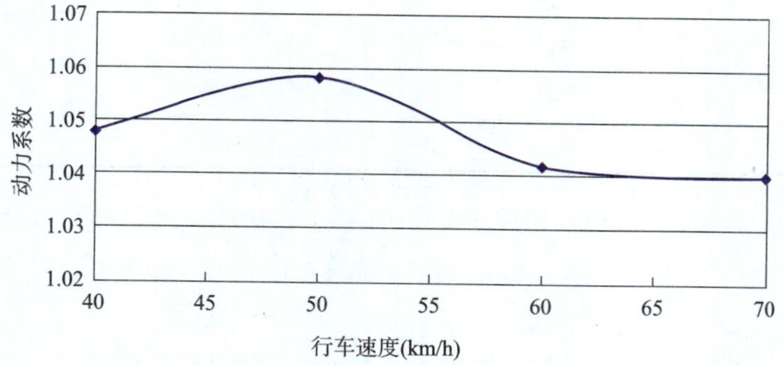

图 8-6　甬江桥跨中截面制动实测动挠度曲线

从测试结果可以看出：在各种行车荷载作用下，甬江桥主跨跨中处最大动挠度介于 126.586～139.137 mm 之间，跨中截面动挠度时程曲线过渡较为圆顺，对桥跨结构冲击作用较小。

8.6.2.6 支座、阻尼器动位移测试结果

甬江特大桥 P6 号墩支座竖、横及纵向动位移及阻尼器动位移测试结果见表 8-18 和表 8-19。

表 8-18 甬江桥多向活动支座竖、横、纵向动位移测试结果(mm)

车速(km/h)	激振类型	P6 号下游侧支座					
		支座竖向		支座横向		支座纵向	
		最小值	最大值	最小值	最大值	最小值	最大值
5	行车	−0.14	0.11	−0.02	0.05	0	−1.61
40	行车	−0.20	−0.15	−0.06	−0.03	0	−2.29
60	行车	−0.18	0.16	−0.04	0.04	0	−2.32
70	行车	−0.20	0.15	−0.03	0.04	0	−2.27
80	行车	−0.22	0.14	−0.02	0.05	0	−2.37
40	制动	−0.18	0.15	−0.04	0.04	0	−2.12
50	制动	−0.18	0.16	−0.02	0.06	0	−1.93
60	制动	−0.19	0.16	−0.03	0.05	0	−1.90
70	制动	−0.19	0.16	−0.03	0.05	0	−2.34

表 8-19 甬江特大桥阻尼器纵向动位移测试结果(mm)

车速(km/h)	激振类型	P6 号桥塔上游侧阻尼器	P6 号桥塔下游侧阻尼器
		最大值	最大值
5	行车	−2.31	−1.39
40	行车	−2.73	−1.86
60	行车	−2.45	−1.66
70	行车	−2.48	−1.76
80	行车	−2.96	−1.71
40	制动	−2.68	−1.54
50	制动	−2.78	−1.35
60	制动	−2.76	−1.51
70	制动	−2.96	−2.54

测试结果表明:各试验工况作用下,P6 号桥塔处支座的竖向位移介于−0.22～0.16 mm 之间,横向位移介于−0.06～0.06 mm 之间,纵向最大位移介于−1.61～−2.37 mm 之间;P6 号桥塔处阻尼器的纵向最大位移介于−1.35～−2.96 mm 之间。

参考《新建时速 200 公里客货共线铁路设计暂行规定》纵向活动支座的横桥向应设置可靠的限位装置,使支座的横向位移不大于±1 mm,动载试验货车作用下,实测 P6 号墩活动支座横向位移最大值为 0.06 mm,小于规范规定限值。

8.6.2.7 脱轨系数及减载率测试结果

桥跨结构脱轨系数及减载率测试结果见表 8-20～表 8-23。

表 8-20　甬江特大桥行车脱轨系数实测值

车速(km/h)	激振类型	轨道	横向力 Q(t)	竖向力 P(t)	脱轨系数
40	行车	左轨	0.76	2.57	0.29
		右轨	0.81	3.42	0.24
60	行车	左轨	1.03	2.75	0.37
		右轨	1.08	2.57	0.42
70	行车	左轨	1.08	2.39	0.45
		右轨	1.30	2.53	0.51
80	行车	左轨	1.40	2.57	0.55
		右轨	1.73	3.59	0.48

表 8-21　甬江特大桥制动脱轨系数实测值

车速(km/h)	激振类型	轨道	横向力 Q(t)	竖向力 P(t)	脱轨系数
40	制动	左轨	1.35	11.97	0.11
		右轨	1.30	12.31	0.11
50	制动	左轨	0.86	12.48	0.07
		右轨	0.97	12.14	0.08
60	制动	左轨	0.54	2.57	0.21
		右轨	0.76	2.82	0.27
70	制动	左轨	0.54	3.08	0.18
		右轨	0.76	3.08	0.25

表 8-22　甬江特大桥行车减载率实测值

车速(km/h)	激振类型	p_1(t)	p_2(t)	减载率
40	行车	2.42	2.08	0.08
60	行车	2.62	2.08	0.11
70	行车	3.31	2.06	0.23
80	行车	3.76	1.64	0.39

表 8-23　甬江特大桥制动减载率实测值

车速(km/h)	激振类型	p_1(t)	p_2(t)	减载率
40	制动	12.01	9.69	0.11
50	制动	12.18	10.52	0.07
60	制动	2.82	2.68	0.03
70	制动	3.08	2.24	0.16

从测试结果可以看出：甬江特大桥桥跨结构的行车脱轨系数介于 0.24～0.55 之间，制动脱轨系数介于 0.07～0.27 之间；行车减载率介于 0.08～0.39 之间，制动减载率介于 0.03～0.16 之间。

根据规范《铁道机车动力学性能试验鉴定方法及评定标准》(TB/T 2360—1993)中第 2.2.2.1 条规定，当最大脱轨系数小于等于 0.6 时，评定等级为优良。在行车速度为 80 km/h

时，实测桥跨结构的最大脱轨系数为0.55，小于规范规定限值，属于优良等级。

根据规范《铁道车辆动力学性能评定和试验鉴定规范》(GB 5599—1985)中第3.3.3.1条规定减载率限值为0.60。在行车速度为80 km/h时，实测桥跨结构的最大减载率为0.39，小于规范规定限值。

8.7 实桥荷载试验结论

8.7.1 初始状态线形检测结论

①桥面初始高程与设计值符合较好，且偏差均小于设计允许偏差。

②桥塔实测线形与设计线形符合较好，无明显差异；索塔塔顶实测纵向最大偏位为16 cm。

③实测索力值与设计索力值偏差介于−6.61%～2.01%之间，实测索力与设计索力符合较好。

8.7.2 荷载试验结论

8.7.2.1 静载试验结论

①各试验工况下试验截面的应力结构校验系数均处于合理范围，表明桥跨结构具有足够的强度储备。

②满载试验工况下桥跨结构的挠度结构校验系数均处于合理范围，表明桥跨结构具有足够的刚度储备。实测甬江特大桥最大梁端转角(计入冲击系数)为0.06‰rad，小于规定值，满足要求。

③各试验偏载工况作用下，主跨钢箱梁偏载效应不明显。

④各试验荷载工况作用下，索塔塔顶水平偏位结构校验系数处于较为合理的范围，索塔具有足够的刚度。

⑤各荷载试验工况作用下，索塔处支座横向位移实测值介于−0.70～0.26 mm之间，竖向位移实测值介于0.00～1.16 mm之间，纵向位移实测值介于−8.82～8.02 mm之间。

⑥各荷载试验工况作用下，索塔处阻尼器纵向位移实测值介于−10.00～11.80 mm之间。

⑦各试验荷载工况作用下，斜拉索索力结构校验系数处于较为合理的范围。

8.7.2.2 动载试验结论

①实测横向基频率大于规范规定限值，甬江桥的横向刚度较好；频率计算值与实测值符合较好；实测桥跨结构的阻尼比介于0.09～0.19之间。

②各试验截面行车及制动冲击系数与同类型桥梁相比处于较为合理的范围。

③桥跨结构实测横向加速度最大值为1.10 m/s^2，小于规定的横向加速度限值1.4 m/s^2，表明桥跨结构横向动力性能良好；实测竖向加速度最大值为1.11 m/s^2，小于规定的竖向加速度限值3.5 m/s^2，表明桥跨结构竖向动力性能良好。

④实测桥跨结构桥面横向最大振幅为0.79 mm，小于规范规定限值$A_{max} \leqslant L/6\,000=78$ mm，满足规范要求；实测甬江桥桥墩横向最大振幅为0.15 mm，小于规范规定限值2.52 mm。

⑤在各种行车荷载作用下，甬江钢箱混合梁斜拉桥跨中处最大动挠度介于126.586～139.137 mm之间，跨中截面动挠度时程曲线过渡较为圆顺，对桥跨结构冲击作用较小。

⑥实测P6号墩活动支座横向位移最大值为0.06 mm，小于规范规定限值±1 mm，满足规定要求。

⑦实测桥跨结构的最大脱轨系数为0.55，小于规范规定限值，属于优良等级；实测桥跨结构的最大减载率为0.39，小于规范规定限值，满足要求。

综上所述，检测结果表明：桥面初始高程、桥塔初始线形、恒载索力与设计值符合较好；荷载试验结果表明：甬江钢箱混合梁斜拉桥结构具有足够的刚度和强度储备，满足设计荷载等级（双线"中-活载"）要求；桥跨结构横向振幅、加速度及脱轨系数均满足规范要求，动力性能良好。

第 9 章

铁路混合组合梁斜拉桥工程实例

9.1 宁波甬江钢箱混合梁斜拉桥

9.1.1 工程概况

新建铁路宁波北环线是宁波铁路枢纽的货物列车外绕线，甬江钢箱混合梁斜拉桥跨越甬江，是宁波北环线的关键性控制工程。货物列车设计速度 120 km/h，有砟轨道桥面，主桥立面位于±1‰纵坡上，平面位于直线上。

桥区河段属感潮河段，河道顺直，主槽位于大里程侧，主槽宽约 180 m，水深在 8.0 m 以上，边滩宽浅，水深仅 1.5 m。航道等级为Ⅲ级，通行 3 000 t 海轮，通航净高不小于 30.86 m，设计最高通航水位 3.27 m。

桥址属北亚热带湿润季风气候，多年平均气温 16.4℃，桥面处设计基准风速 43.2 m/s。场址表层为第四系杂填土(Q_4^{ml})、第四系全新统海积(Q_4^{m})黏性土和淤泥质黏性土，其下为第四系上更新统冲海积(Q_3^{al+ml})黏性土及冲洪积(Q_3^{al+pl})砂类土，下伏基岩为白垩系下统馆头组(K_1g)泥质粉砂岩、燕山晚期火山岩(γ)玄武玢岩及燕山晚期潜火山岩($\lambda\pi y_4$)流纹斑岩。场地土为软土～岩石，场地类别为Ⅳ类，100 年 10%地表水平动峰值加速度 0.131g，100 年 4%地表水平动峰值加速度 0.152g。

9.1.2 桥式结构总体布置

主桥采用(53＋50＋50＋66＋468＋66＋50＋50＋53)m 混合梁斜拉桥，半漂浮体系。钢混分界点位于主梁中跨侧距桥塔 24.5 m 处，除中跨 419 m 采用钢箱加劲梁外，余均采用预应力混凝土箱梁。P1 号～P4 号墩、P7 号～P10 号墩处设竖向约束、纵向活动支座；P5 号塔、P6 号塔与主梁间设竖向约束和横向约束支座，纵向设置阻尼限位器。总体布置如图 9-1 所示。

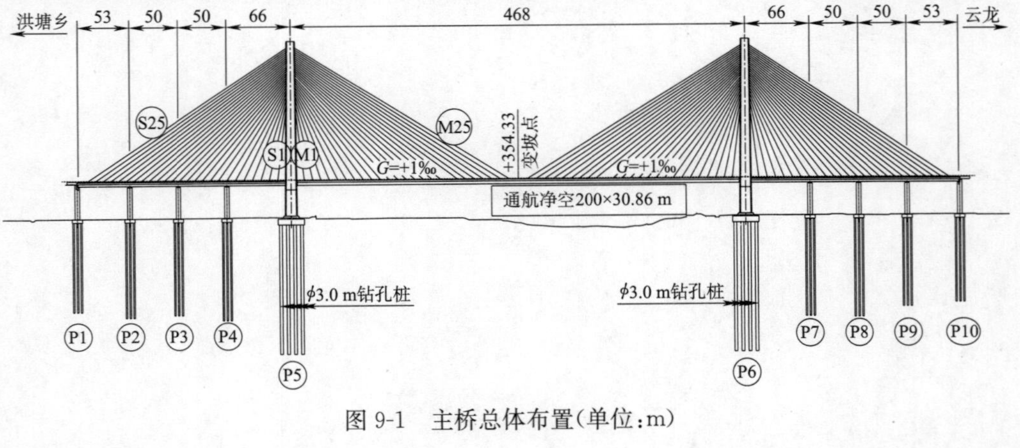

图 9-1　主桥总体布置(单位：m)

9.1.3　结构设计

1. 加劲梁

(1)混凝土箱梁

混凝土箱梁采用单箱三室等高截面，截面全宽 21 m，中心处梁高 5.0 m。分标准横截面和加厚横截面两种截面，紧临桥塔边跨侧第一对索与中跨侧第二对索之间为加厚截面区域，其他为标准截面区域。标准横截面中室梁顶板、底板厚度均为 40 cm，边室顶板、斜底板厚 32 cm，直腹板厚 45 cm；加厚横截面中室梁顶板、底板厚度均为 50 cm，边室顶板、斜底板厚 40 cm，直腹板厚 60 cm。混凝土箱梁横截面如图 9-2 所示。

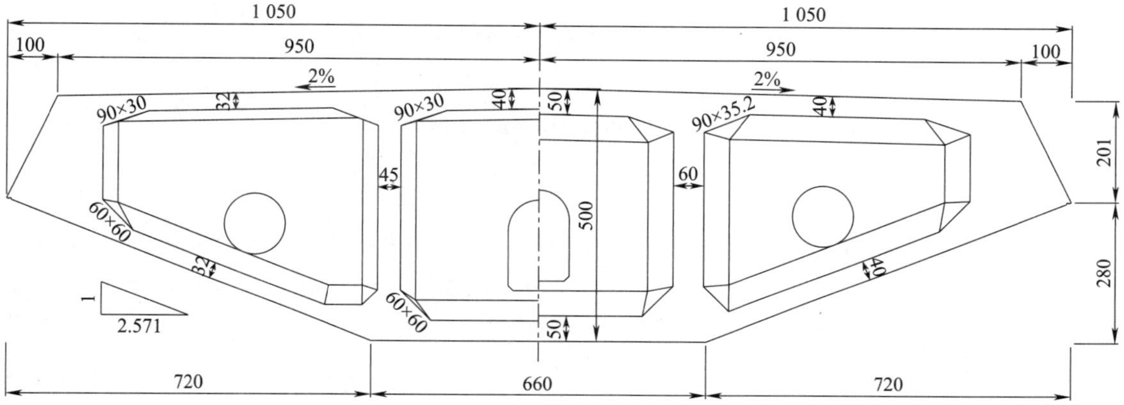

(a) 半标准断面　　(b) 半加厚断面

图 9-2　混凝土主梁横断面(单位：cm)

混凝土箱梁每 8～9 m 布置一道厚 35 cm 斜拉索横梁，与斜拉索位置对应设置。桥塔、连接墩顶及辅助墩顶箱梁各设置一道横隔梁。混凝土箱梁采用三向预应力体系，纵向预应力索规格为 17-ϕ^s15.2 mm、15-ϕ^s15.2 mm、12-ϕ^s15.2 mm、7-ϕ^s15.2 mm。横向预应力索规格为 5-ϕ^s15.2 mm，竖向预应力筋采用 ϕ32 mm 精轧螺纹钢筋。

(2)钢箱梁

中跨钢箱梁采用带风嘴的单箱五室截面，截面外轮廓尺寸与混凝土箱梁相同。中间三室与混凝土主梁三室相对应，两侧单室为钢锚箱，兼作风嘴。钢箱梁为正交异性板结构，由顶板、上斜顶板、下斜底板、底板及竖腹板围封而成。根据受力和刚度过渡要求，钢箱梁分 6 个区、7 个梁段类型，在不同区段采用了不同的板厚。钢箱梁设两道中纵腹板和两道边纵腹板，中纵腹板厚 20～30 mm，边纵腹板厚 30 mm；箱内顶、底板纵向设 U 形加劲肋，U 形肋的厚度根据顶、底板厚度不同在 8～10 mm 之间变化，顶板 U 形肋横向间距 600 mm，底板及下斜底板 U 形肋横向间距 800 mm。钢箱梁过渡段在 U 形肋上设置顶、底板变高 T 形加劲肋。钢箱梁横截面如图 9-3 所示。

钢箱梁节段标准长 9 m，刚度过渡段长 5 m，中跨合龙段长 4.9 m。标准节段每隔 3 m 设置一道实腹横隔板。钢箱梁施工采用工厂制造，工地吊装拼接。工地连接顶、底、腹板间均全焊透对接。除桥面板 U 形/V 形加劲肋采用高强度螺栓连接外，其余加劲肋均采用嵌补段连接。

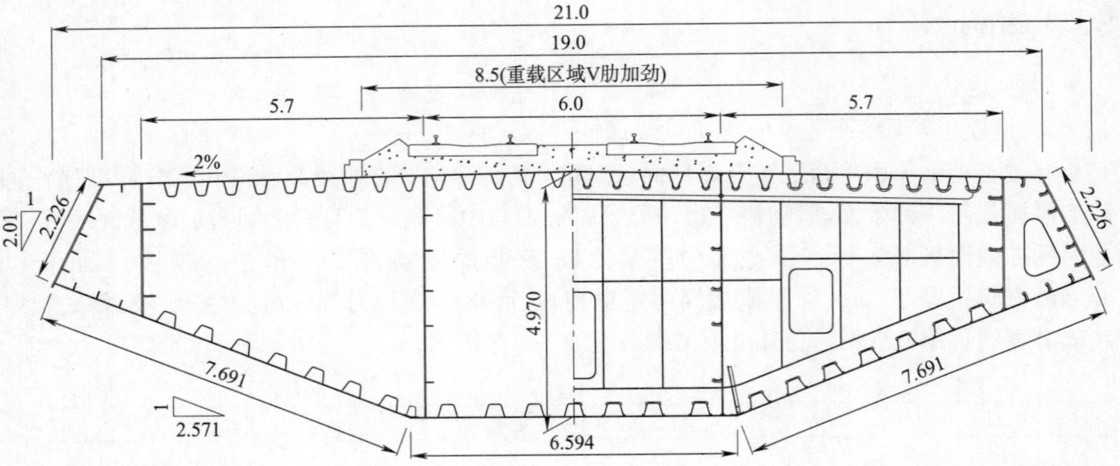

图 9-3　钢箱主梁横断面(单位:m)

(3)钢混结合段

整个钢混结合段长 14.05 m,包含 3 m 长混凝土箱梁过渡段、2.0 m 长混凝土横隔梁实心段、4.05 m 长钢混过渡段、5.0 m 长钢箱梁过渡段。钢混接头采用梯形填充混凝土前后承压板,通过将钢箱梁端部的顶板、底板和腹板做成双壁板,使填充的混凝土与紧邻的混凝土箱梁的顶板、底板和腹板通过 PBL 剪力板、纵向预应力索、横向预应力索及普通钢筋等连接。钢混结合段构造如图 9-4 所示。

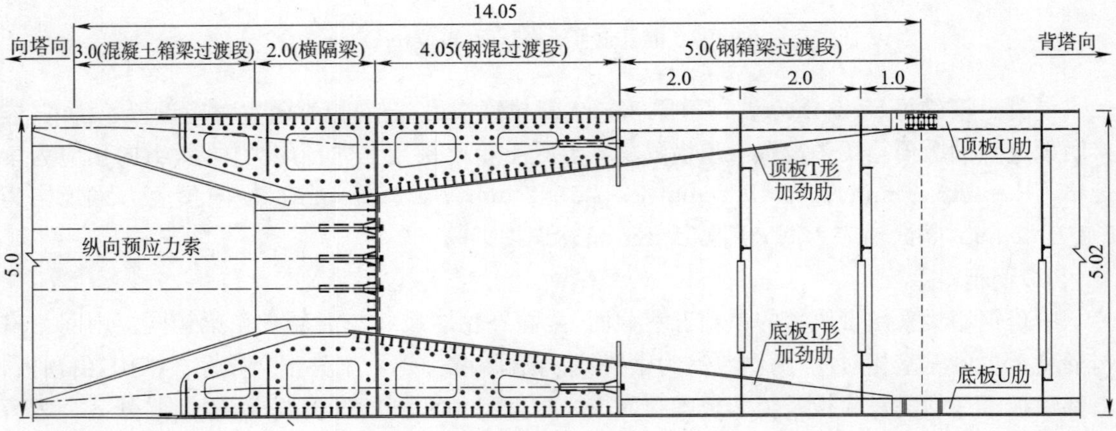

图 9-4　梯形填充混凝土前后承压板式钢混结合段构造(单位:m)

2. 桥塔

采用钻石型桥塔,桥面以上桥塔采用倒 Y 形,桥面以下塔柱内缩为钻石形。塔底以上桥塔全高为 177.91 m,桥面以上塔高 141.5 m,桥面以下塔高 36.41 m,桥面以上塔的高跨比为 1/3.307。桥塔纵向宽度由塔顶 9 m 线性加宽至塔底 12.53 m。上塔柱斜拉索锚固区横桥向宽度为 9 m,采用单箱双室截面,顺桥向壁厚 1.4 m,横桥向壁厚 0.8 m。中塔柱为两分离式倾斜塔柱,倾斜度 1/8.840 8。单箱单室截面,每柱横桥向宽度为 5.0 m,顺桥向壁厚 1.4 m,横桥向壁厚 1.2 m。下塔柱亦为两分离倾斜塔柱,中心线倾斜度 1/5.635 5。单箱单室截面,每柱横向宽度由5 m渐变至9 m，顺桥向、横桥向壁厚均为1.5 m，底部加厚。桥塔四周设100 cm×30 cm切角，上塔柱侧面自上而下设200 cm宽、20 cm深的嵌槽。中塔柱和下塔柱在塔梁交接处设下横梁，下横梁采用等宽度变高度截面，截面宽10 m，高6～9.385 m。下横梁采用全预应力混凝土结构，配置19-ϕ^s15.2 mm低松弛预应力钢绞线，锚固于桥塔外侧壁上，圆形塑料波纹管成孔，真空辅助压浆。为减少现场高空预应力张拉和锚固定位施工困难，保证斜拉索-塔锚固区结构受力的可靠性和运营期的耐久性、安全性，桥塔锚固采用内置式钢锚箱。桥塔及内置式钢锚箱构造如图9-5所示。

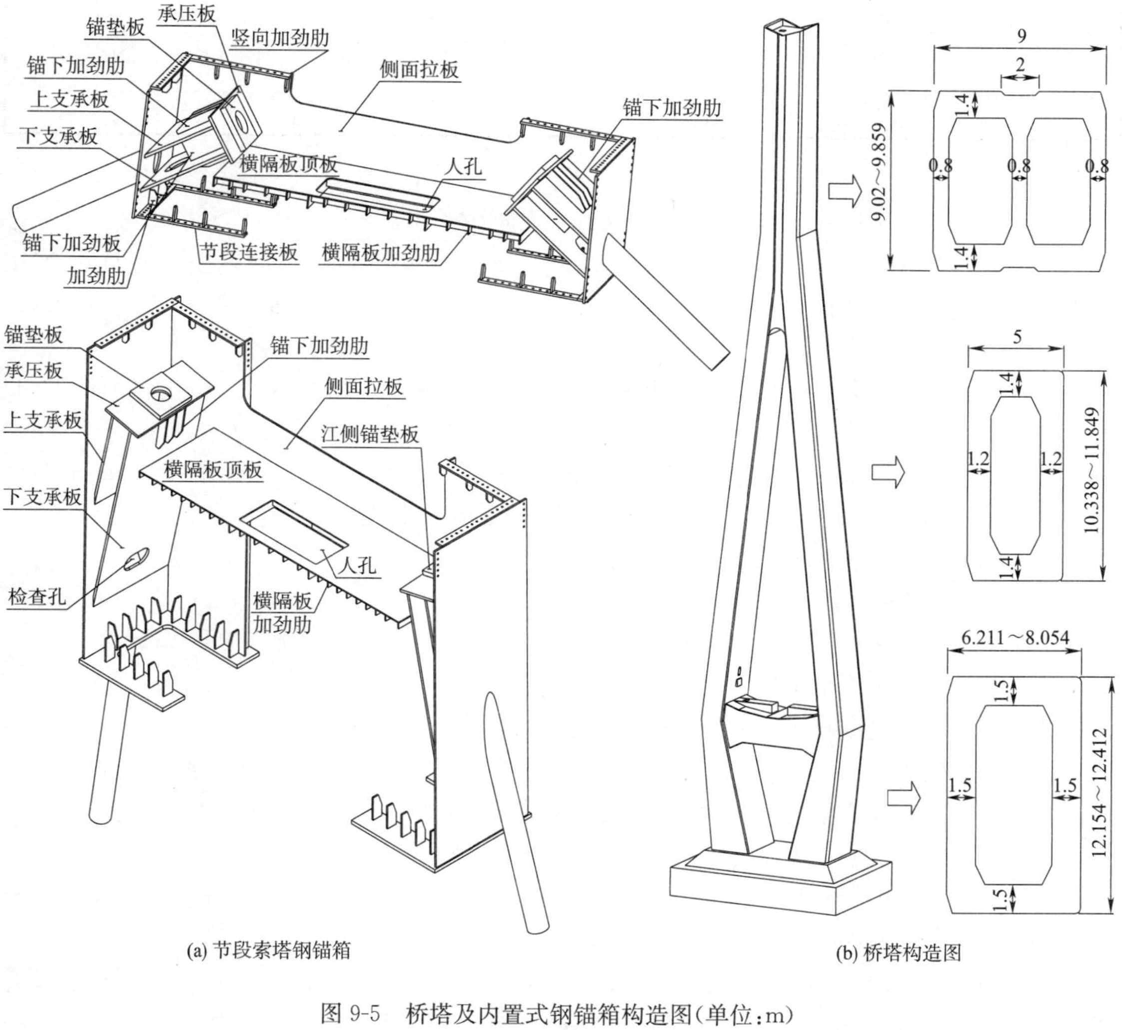

(a) 节段索塔钢锚箱　　(b) 桥塔构造图

图9-5　桥塔及内置式钢锚箱构造图(单位:m)

斜拉索的大部分水平分力由锚箱侧拉板和横隔板承担，其他水平分力及不平衡力由塔柱承担，斜拉索竖直分力通过钢锚箱端部剪力钉传递到塔柱混凝土。全桥桥塔钢锚箱共96节，节段最大吊重29.6 t。

3. 斜拉索

斜拉索采用抗拉标准强度1 670 MPa镀锌平行钢丝拉索，空间双索面体系，扇形布置，全桥共100对斜拉索。斜拉索梁上间距8～9 m，塔上索距(锚点竖向间距)1.829～4.703 m。斜拉索与桥塔采用内置式钢锚箱的锚固方式，张拉端设置在塔内。斜拉索在梁端设外置式阻尼器以抑制风雨振，并在其下端 2.5 m 高的范围内外包不锈钢管。斜拉索最长（含锚具）266.8 m，最大规格为 PES(C)7-223，单根最大重量约 18 t。根据索力的不同，规格分别为 PES(C)7-223、PES(C)7-211、PES(C)7-199、PES(C)7-187、PES(C)7-163、PES(C)7-151，共六种，见表 9-1。

表 9-1 斜拉索分类表

斜拉索规格		PES(C) 7-151	PES(C) 7-163	PES(C) 7-187	PES(C) 7-199	PES(C) 7-211	PES(C) 7-223
斜拉索编号	岸侧	S5～S12	S13～S16	S1～S4 S17～S23	S24～S25	—	—
	江侧	M5～M7	M8～M12	M1～M4 M13～M15	M16～M17	M18～M19	M20～M25
斜拉索根数		44	36	72	16	8	24

4. 下部结构

辅助墩及连接墩均采用矩形墩，截面纵向×横向尺寸为 4.8 m×9.0 m。桥墩截面四周自上而下设置 30 cm×30 cm 倒角，侧面自上而下设 420 cm 宽、30 cm 深的嵌槽。辅助墩、连接墩承台尺寸顺桥向×横桥向×厚度为 10.6 m×14.6 m×3.5 m，桩基础均采用 12ϕ1.5 m 钻孔桩，顺桥三排，横桥向四排，桩中心距 4 m，桩长 85.5～100.5 m。

两桥塔承台顺桥向×横桥向×厚度为 27 m×38.9 m×6 m，塔座为高 3 m 的楔形体，上截面尺寸顺桥向×横桥向为 15 m×28.9 m，下截面尺寸顺桥向×横桥向为 18.6 m×33.3 m。桥塔桩基础均采用 24ϕ3 m 钻孔灌注桩，顺桥四排，横桥向六排，纵向桩中心距 7.2 m，横向桩中心距 6.7 m，最大桩长 132.5 m，要求桩端后压浆，以减小桩基的沉降量，降低工程风险。

5. 指导性施工方案与成桥状态

(1)施工方案与主要步骤

混凝土箱梁采用逐段支架现浇，钢箱梁采用节段吊装施工。主要施工步骤如下：

①常规方法施工下部结构及塔柱。

②逐段支架现浇混凝土箱梁，每侧混凝土箱梁分五个现浇段、三批浇筑。

③利用桥面吊机吊装钢箱梁节段，按设计顺序安装、张拉斜拉索，直至全桥合龙。

④依次调整斜拉索索力，完成桥面附属工程施工。随后进行荷载试验，交付运营。

(2)施工成桥状态

通过非线性影响矩阵优化和偏差施工等技术，实现了适宜于铁路钢箱混合加劲梁斜拉桥的“塔偏梁拱”成桥状态。

①全桥合龙后合理调整斜拉索力，使主跨钢箱梁适当上拱、桥塔向岸侧偏移，即施加预存弯矩，平衡铁路活载效应，减小了主力工况下主跨钢箱梁上、下缘弯矩和桥塔下塔柱两侧纵向弯矩差值。

②边跨斜拉索与主跨斜拉索的索力相协调，保证桥塔具有良好的线形和内力状态，使得边跨符合预应力混凝土连续梁结构特点，辅以体内预应力钢索使之满足受力要求。加大斜拉索的张拉力也在一定程度同步提高了结构整体竖向刚度。

(3)成桥状态计算结果

成桥状态的加劲梁和桥塔预偏位移如图 9-6 所示，主力工况下的加劲梁弯矩包络图如图 9-7 所示。

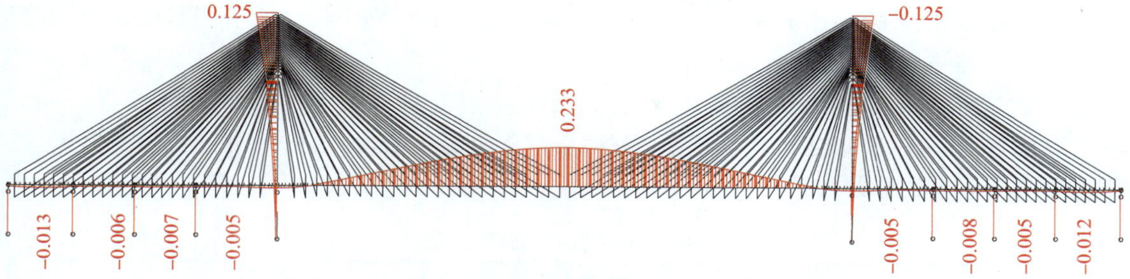

图 9-6　成桥状态主梁及桥塔预偏位移图(单位:m)

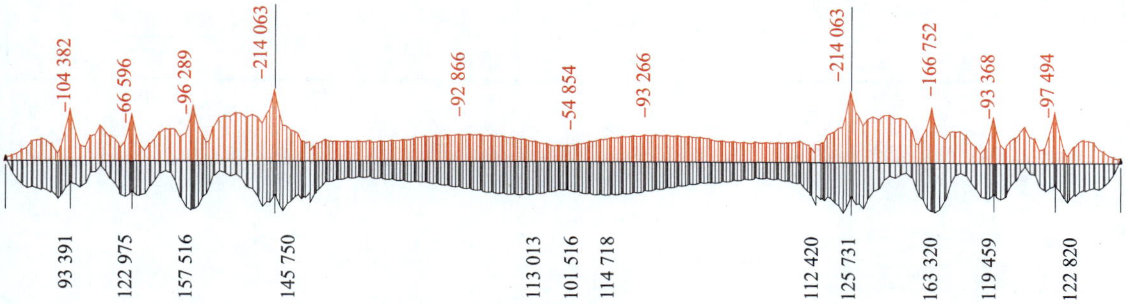

图 9-7　主力作用下加劲梁弯矩包络图(单位:kN·m)

图 9-6 和图 9-7 中的结果表明成桥状态具有整体刚度大,梁、塔线形匀顺,结构受力合理的特点。

9.1.4　结构静动力分析

9.1.4.1　计算模型

采用 TDV RM2006、Midas/Civil 等有限元程序相互计算校核,按施工流程逐阶段计算结构各截面内力、应力和位移。计算荷载包括恒载、列车活载、混凝土收缩徐变、预应力、温度变化、风载、列车制动力、支座沉降等荷载,同时考虑斜拉索的非线性影响。桩-土相互作用以柔度矩阵的形式等代考虑。

检算内容包括混凝土梁应力、强度,钢箱梁强度、疲劳应力幅,斜拉索应力及安全系数,以及结构在裸塔状态、最大单悬臂状态和运营状态下的稳定性。并检算单侧换索工况。

9.1.4.2　主要计算结果

1. 加劲梁应力

施工及运营阶段混凝土箱梁、钢箱梁应力见表 9-2。

表 9-2　加劲梁应力　(单位:MPa)

阶　段	混凝土箱梁		钢箱梁(第一体系)	
	上缘最大/上缘最小	下缘最大/下缘最小	顶板最大/顶板最小	底板最大/底板最小
施工阶段	−10.37/−0.42	−9.79/−0.45	−36.47/2.08	−20.38/2.29
运营阶段	−16.21/−0.67	−20.60/−0.82	−109.15/27.83	−96.89/74.94

注:负值为压应力。

由表 9-2 可知,施工及运营阶段加劲梁均处于受压状态,混凝土箱梁最大压应力为 −20.6 MPa,出现在索塔中心处,最小压应力为 −0.42 MPa,出现在混凝土主梁梁端,均满足规范值;钢箱梁顶板第一体系最大应力－109.15 MPa,出现在钢混过渡段塔侧起点处,考虑与第二体系、第三体系应力叠加,满足规范要求。

2. 桥塔应力

对桥塔上塔柱、中塔柱和下塔柱控制截面按最不利施工阶段、运营阶段进行强度检算,控制截面最大应力结果见表 9-3。

表 9-3　桥塔控制截面最大应力　(单位:MPa)

阶　段		上塔柱	中塔柱	下塔柱
施工阶段		－3.83/－0.417	－5.70/－0.61	－5.66/－0.63
运营阶段	主力	－6.93/－1.08	－9.36/－1.83	－8.78/－1.99
	主力＋附加力	－7.38/－0.708	－11.23/－0.26	－10.43/－0.94

注:负值为压应力。

由表 9-3 可知,塔柱各施工阶段及运营阶段均处于受压状态,最小压应力具有一定安全储备。

3. 斜拉索索力

成桥及运营状态斜拉索索力如图 9-10 所示。

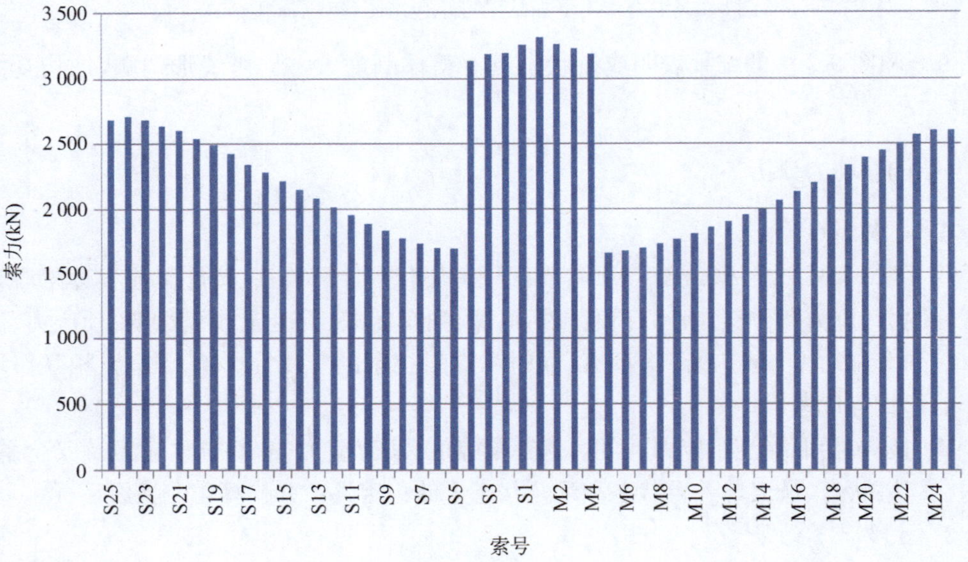

图 9-10　成桥状态下的斜拉索索力

斜拉索在最不利荷载组合作用下,最小安全系数 2.83,疲劳应力幅 121 MPa,均满足安全要求。

4. 结构总体刚度及变形

结构总体刚度及变形见表 9-4。

表 9-4　结构总体刚度及变形

项　目	位　移
主跨跨中静活载竖向挠度及挠跨比	竖向挠度 0.664 m,挠跨比 1/705
梁端转角(‰rad)	0.329
列车摇摆力、风力、温度作用下的梁体水平位移及水平挠跨比	水平位移 0.085 4 m,挠跨比 1/5 480

经车-桥及风-车-桥耦合振动分析验证，桥梁结构和列车系统的各项动力响应均在容许值以内，旅客乘坐舒适度指标均达到“良好”标准以上，说明塔、梁、索刚度匹配和结构整体刚度控制合理。

9.1.4.3 抗震分析和阻尼器参数选取

建立有限元模型，采用反应谱、线性时程和非线性时程分析方法对地震反应进行了分析，并对主桥各墩和桥塔关键截面及各桩基进行了抗震验算。抗震性能检算表明，在100年超越概率10%地震作用下，结构处于弹性范围内；在100年超越概率4%地震作用下，将P1、P10号连接墩单向活动支座横桥向设计为可剪断，P2、P9号辅助墩利用施工钢护筒，结构满足抗震性能要求。

设置黏滞阻尼器可以改善结构位移及内力，其中梁端位移、塔顶位移和塔梁间相对位移随阻尼系数C增大而减小，塔底剪力值随阻尼系数C增大略有减小，塔底弯矩值随阻尼系数C增大变化不敏感，但阻尼器的阻尼力随阻尼系数C的增大而快速增大。通过对阻尼系数C、速度指数α和结构地震响应的优化组合，选取阻尼系数$C=2\ 000\ \text{kN}\cdot(\text{m/s})^{-0.3}$，速度指数$\alpha=0.3$。

9.1.4.4 结构抗风性能分析

本桥桥面高度处成桥和施工状态的设计基准风速分别为43.2 m/s和36.2 m/s，颤振检验风速分别为66.6 m/s和55.9 m/s，静力扭转发散检验风速为86.4 m/s。成桥状态竖弯和扭转基频分别为0.430 2 Hz和1.369 3 Hz，扭弯频率比3.182 9；最大单悬臂状态竖弯和扭转基频分别为0.465 7 Hz和1.636 0 Hz，扭弯频率比3.513 0。加劲梁节段颤振临界风速风洞试验共模拟了铁路桥成桥和施工状态、公路桥成桥状态三种截面形式，考虑了铁路桥和公路桥两种相对位置（铁路桥分别位于公路桥上风侧和下风侧），包括−3°、0°和+3°三种风攻角共12种工况。

试验结果表明，公路桥成桥状态的颤振临界风速最小值为105 m/s，高于公路桥的颤振检验风速（65.8 m/s），本桥成桥状态位于公路桥下风侧的颤振临界风速最小值为112 m/s，高于本桥的颤振检验风速。涡激共振风洞试验研究表明，公路桥在各工况下均未发现明显的竖弯涡振和扭转涡振；本桥处于公路桥上风侧时，在各工况下未发现明显的竖弯涡振和扭转涡振；本桥处于公路桥下风侧时，出现了扭转涡振现象，但未超过规范值。因此本桥颤振稳定性、竖弯涡振和扭转涡振均满足规范要求，与公路桥相互间的抗风干扰较小。

9.1.4.5 车-桥及风-车-桥耦合振动分析

建立车-桥一体空间模型，采用郑武线实测轨道谱，分别模拟C_{62}、C_{80}货车以60～120 km/h通过桥梁，对行车安全性进行研究。采用15、20、25、30、35 m/s五种风速，选取C_{62}空车、SS_8客车，C_{62}货车空车分别以50、60、70、80 km/h通过桥梁，SS_8客车分别以80、100、120、140、160、180、200 km/h通过桥梁，进行风-车-桥耦合振动分析。研究表明：

①无风情况下，当C_{62}货车（v=50～80 km/h）、SS_8客车（v=80～200 km/h）单线或双线对开通过桥梁时，桥梁的各项动力响应和列车的各项动力响应计算值均在容许值以内；当C_{62}货车（v=50～80 km/h）、SS_8客车（v=80～200 km/h）单线或双线对开通过桥梁时，列车脱轨系数<0.8，轮重减载率<0.6，列车行车安全性有保障；当C_{62}货车（v=50～80 km/h）单线或双线对开通过桥梁时，机车司机台处横、竖向舒适度指标均达到“良好”标准以上；货车车辆运行横、竖向平稳性指标达到“合格”标准以上；当SS_8客车（80～200 km/h）单线或双线对开通过桥梁时，机车司机台处横、竖向舒适度指标均达到“良好”标准以上；车辆乘客乘坐横、竖向平稳性指标也均达到“良好”标准以上。

②客货车单线或双线对开通过桥梁，当风速为 20 m/s 时，C_{62} 货车（v=50～80 km/h）、SS_8 客车（v=80～200 km/h）均可正常通行；当风速为 25 m/s 时，C_{62} 货车（v=50～80 km/h）可正常通行，SS_8 客车需以 v=80～180 km/h 减速通行；当风速为 30 m/s 时，C_{62} 货车需以v=50～80 km/h、SS_8 客车需以 v≤80 km/h 减速通行；当风速为 35 m/s 时，需封闭桥梁。符合国内外强风行车管制规程。

9.1.5 主要创新技术

1. 世界上最大跨钢箱混合梁双线铁路斜拉桥技术

突破了大跨度铁路桥梁长期以来沿用采用钢桁梁斜拉桥的传统，以科学理论和试验为依据，创新设计理念提出采用钢箱混合梁铁路斜拉桥，创造性地应用新技术、新材料、新结构、新工艺，结构整体稳定性好，行车刚度条件优，施工方便，取得了较好的技术经济效益。

2. 创新提出混合梁斜拉桥塔偏梁拱的目标成桥状态方法

针对铁路混合梁斜拉桥的特点，提出在混合梁斜拉桥成桥调索时，使塔柱适当地往边跨侧偏斜、主跨加劲梁适当地上拱，以减小主力工况下主跨钢箱梁上下缘弯矩和桥塔下塔柱两侧纵向弯矩差值，使边跨和主跨斜拉索的索力相协调、桥塔和加劲梁具有良好的线形和内力状态。

3. 索梁锚固创新采用双挑式钢锚箱结构

双挑式钢锚箱结构系支承板与加厚的风嘴板及钢箱边纵腹板采用双侧焊缝连接，使钢锚箱结构成为与风嘴板和边纵腹板共同承担索力的双挑式索梁钢锚箱结构。依托双侧焊缝传力，减小了焊缝剪应力及索力偏心矩，充分利用桥面宽度，集结构功能与风嘴功能于一体，有效地提高了截面的抗弯、抗扭刚度。与传统钢锚箱相比，双侧焊缝传力，焊缝应力分布更均匀，增强了疲劳强度安全储备，为大跨度铁路斜拉桥提供了一种新型锚固结构形式。

传统的钢锚箱与加劲梁边纵腹板单侧连接，依靠单侧焊缝传力，索力与边纵腹板之间的面外偏心弯矩作用对钢箱梁边腹板会造成不利影响。外侧加装不参与整体受力的薄钢板或其他板材形成风嘴，仅仅用以改善结构的抗风性能。

4. 创新采用梯形填充前后承压板钢混结合段技术，使混合加劲梁刚度过渡平顺

铁路斜拉桥列车荷载很大，由斜拉索产生的轴力对不同材料和构造组成的结合段截面形心变化将产生较大的附加弯矩。遵循混合加劲梁刚度平顺过渡原则，创新采用了梯形填充混凝土与前后承压板组合的钢混结合段构造连接技术，通过将钢箱梁腹板设置成梯形状，钢格室顶底板倾斜布置，与隔板和端承压板之间围封组成钢格室，其内填充混凝土，保证了钢箱过渡段传力至横隔梁的平顺性；混凝土箱梁顶、底、腹板变厚与实体混凝土横隔梁渐变衔接，使混凝土箱梁截面刚度平顺过渡。

结合段不同部位截面特性变化规律及附加弯矩研究表明：在成桥轴向力作用下，由于截面形心轴变化引起的附加弯矩占成桥总弯矩的比值，刚度过渡段区段均小于 0.5%，钢混结合段含混凝土区段为 6.2%～11.7%；而附加应力与成桥应力比，刚度过渡段区段均小于 3%，钢混结合段含混凝土区段为 2.9%～7.2%。充分说明了结合段不同部位截面形心的平缓变化，有利于截面刚度过渡和减小附加弯矩与应力。

承载力模型试验验证：钢混结合段构造合理、传力及刚度过渡平顺，结构安全可靠，耐久性良好。与传统钢混结合段相比，刚度过渡更加平顺、传力路径和传力机理更加清晰明确。

5. 创新采用 V 肋加劲正交异性钢桥面板，显著改善了钢桥面板敏感点疲劳性能

合理匹配 V 肋与桥面板、横隔板板厚，优化过焊孔形状，强化加劲肋约束方式，显著改善

敏感点疲劳性能，延长结构疲劳寿命。

正交异性板结构体系构造复杂，连接焊缝较多，焊缝连接部位容易发生疲劳开裂，如纵肋和顶板的连接部位、纵肋和横隔板的连接部位、横隔板开口尖角处及加劲肋的纵向连接部位等。

在面积与惯性矩基本相同的U肋和V肋对比分析中，理论分析表明：无论在节段跨中区域还是在横隔板区域，V肋断面的敏感点应力状态均略优于U肋断面。实验室1∶1模型疲劳模型验证结果显示：U肋加劲正交异性钢桥面板经过150万次后，敏感点发生开裂现象，换算疲劳使用寿命不到50年，而V肋加劲正交异性钢桥面板即使加载至560万次，未发现疲劳裂纹，其敏感点的疲劳最大应力幅不到40 MPa，疲劳寿命超过100年，疲劳性能更优。

9.2　四线铁路穗盐路钢箱混合梁曲线斜拉桥

9.2.1　工程概况

穗盐路钢箱混合梁曲线斜拉桥是新建贵广、南广铁路引入广州枢纽工程，在穗盐路地段骑跨城区道路交叉十字路口和广州西环高速公路高架桥，与广州西环高速公路高架桥的斜交角度仅10°。桥面布置按铁路限界规定及线路平面布置，考虑人行道、接触网、电缆槽、曲线超高及斜拉索在曲线桥梁上的空间位置，确定桥宽为24.0 m，道砟槽内侧净宽19.44 m，斜拉索中心距22.42 m。铁路线别由左向右依次为南广左线、贵广左线、贵广右线、南广右线，线间距分别为5.32 m、4.8 m、4.92 m。主桥纵断面位于平坡上，贵广左线曲线半径R=1 150 m，曲线外侧设超高150 mm。桥面布置如图9-11所示。

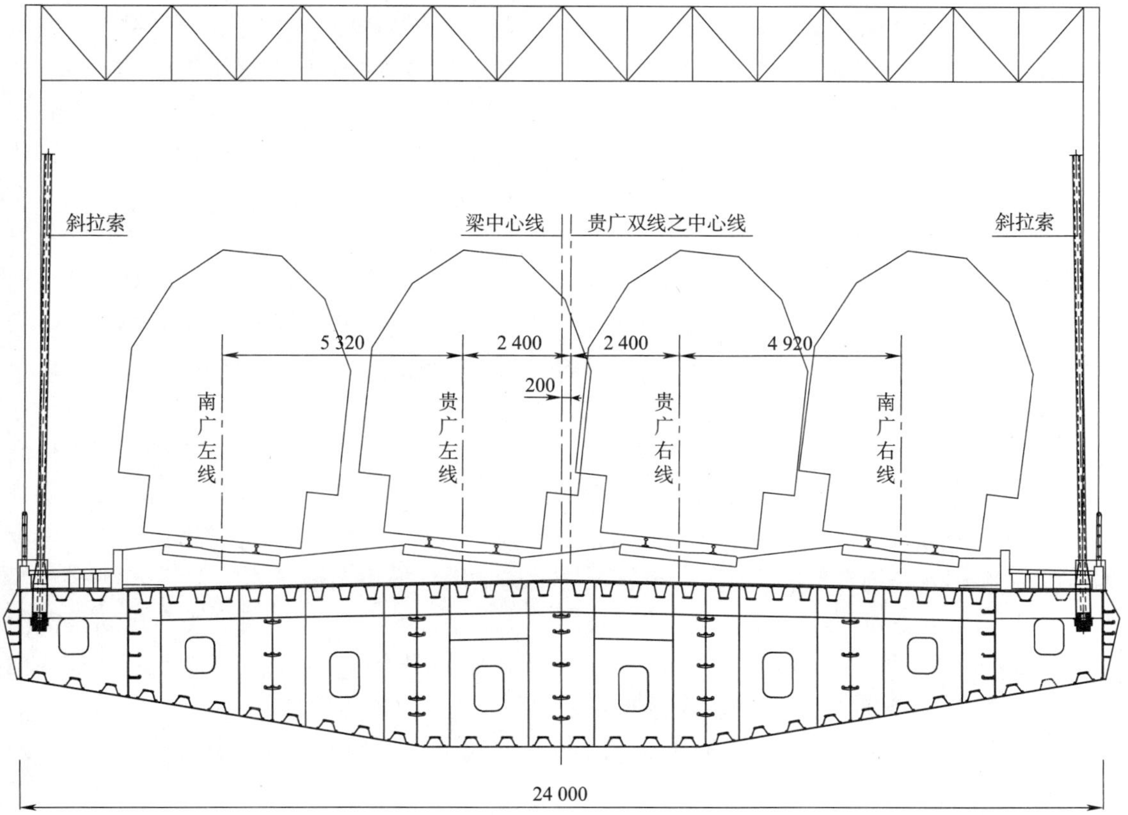

图9-11　桥面布置图(单位:mm)

9.2.2 曲线斜拉桥结构总体布置

贵广铁路穗盐路斜拉桥为四线铁路独塔钢箱弯斜拉桥，桥梁中心线曲线半径 1 147.8 m，孔跨为(32.6+2×175+32.6)m 对称独塔双索面弯斜拉桥，其中主跨 2×175 m 为单箱多室钢箱结构，边辅跨 32.6 m 为预应力混凝土结构，桥塔横跨西环高速公路高架桥，主梁与桥塔下横梁固结，桥主跨钢箱梁与边辅跨、与桥塔塔梁固结区均设钢混结合段，边墩设 E 型钢阻尼支座。桥梁布置如图 9-12 所示。

9.2.3 曲线斜拉桥结构设计

(1)加劲梁构造

边跨采用预应力混凝土梁形式，中跨采用单箱多室扁平钢箱梁形式，钢箱梁与混凝土梁连接处设钢混结合段，预应力混凝土主梁固结于桥塔下横梁上。桥面宽为 24.0 m，宽跨比 1/7.3。标准梁高 3.684 m，高跨比 1/47.5，辅助墩顶梁高 4.038 m。混凝土梁跨中顶板厚 30 cm，底板厚 40 cm，中腹板厚 36 cm，边腹板厚 45 cm；近支点处，顶板厚 60 cm，底板厚 70 cm，腹板厚 72 cm。钢箱梁顶板厚 16～24 mm，底板厚 12～24 mm；边腹板及次边腹板厚 24 mm，间距 2.4 m；纵隔板厚 10～12 mm，间距 3.2 m；横隔板纵向间距 3 m，吊点横隔板厚 24 mm，其余横隔板厚 12 mm；顶底板采用 8 mm 厚 U 形纵向加劲肋，在加 T 肋部分顶板采用 12 mm U 肋，底板采用 10 mm U 肋。加劲梁截面如图 9-13 所示。

(2)钢混结合段构造

全桥共设置 4 个钢混结合段：两辅助墩往跨中方向 4～10 m 范围内，及桥塔中心往跨中方向 4～9 m 范围内各设置 2 个钢混结合段。预应力混凝土梁的纵向预应力筋分批锚固在结合段的前后两块承压板上，保证钢板与混凝土的密贴性。其钢结构部分由承压钢板、锚固箱、剪力连接件组成。承压钢板厚 60 mm，锚固钢箱采用与钢箱梁一致的 24 mm 厚钢板。纵向力、弯矩通过连接部位梁段的剪力键和后面的承压板传递；剪力、扭矩通过桥面及腹板的剪力键传递。桥塔横梁与钢混结合段一体固结构造如图 9-14 所示。

(3)斜拉索

斜拉索采用强度等级 1 670 MPa、直径 $\phi7$ 平行钢丝斜拉索，规格为 PES(C)7-253～379，斜拉索长 221.9～91.7 m，双索面布置，梁上横桥向吊点间距 23.12 m，主跨钢箱梁上顺桥向吊点间距 12 m，预应力混凝土边跨吊点间距加密至 8 m。张拉端设置于塔端。

(4)桥塔构造

桥塔为双柱式鼎形框架结构，桥面以上塔高 118.9 m，塔高与跨度比 0.67。桥面以下塔高 20.0 m。采用 C55 混凝土，塔柱为矩形空心截面形式，两塔柱中心间距在塔底为 46.3 m，塔顶为 24.0 m。塔柱顺桥向尺寸从塔顶 7.0 m 渐变到塔底 9.0 m，横桥向尺寸从塔顶 5.0 m 渐变到塔底 7.2 m，顺桥向壁厚 1.2～2.0 m，横梁以上的上塔柱横桥向壁厚均为 1.0 m，下塔柱为 1.5～2.2 m。塔顶设置两道横梁，横梁宽度为 5 m，由中间的 4.5 m 高曲线变化到根部的 22.0 m 高，其曲线形的造型与曲线主梁相呼应，以增大桥塔横桥向刚度，有效抵抗指向曲线内侧的径向索力，减小桥塔横向变形、改善横梁与桥塔交点处的受力状态。

与主梁固结的下横梁采用高 5.0 m、宽 8.0 m 的变高矩形空心截面，根部高 7.4 m，净跨 37.0 m。

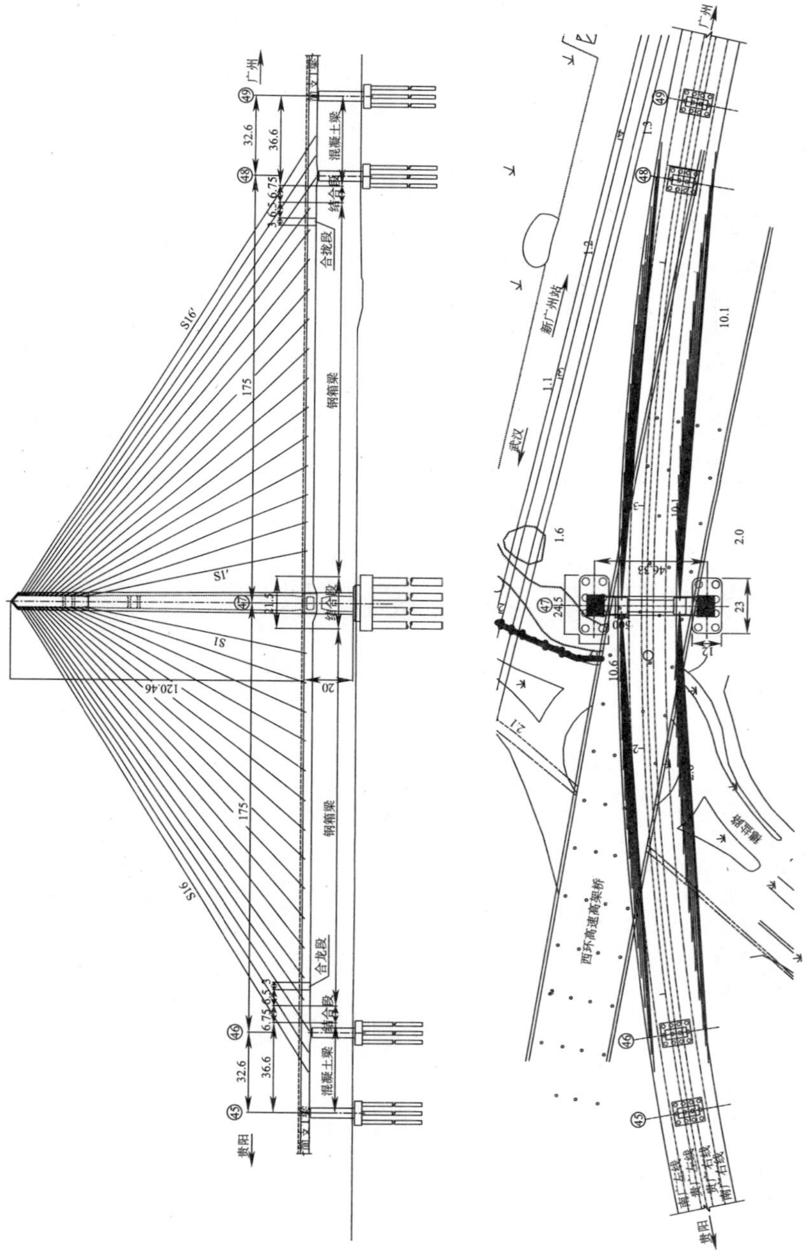

图 9-12　桥梁布置图(单位：cm)

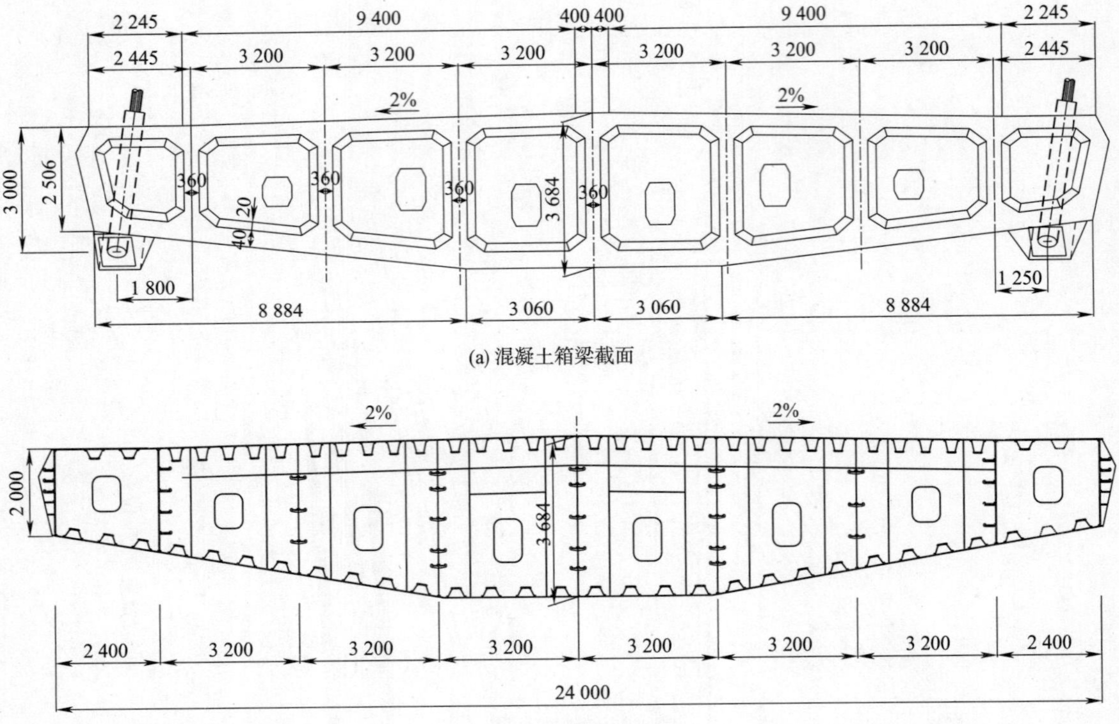

(a) 混凝土箱梁截面

(b) 钢箱梁截面

图 9-13 加劲梁截面(单位:mm)

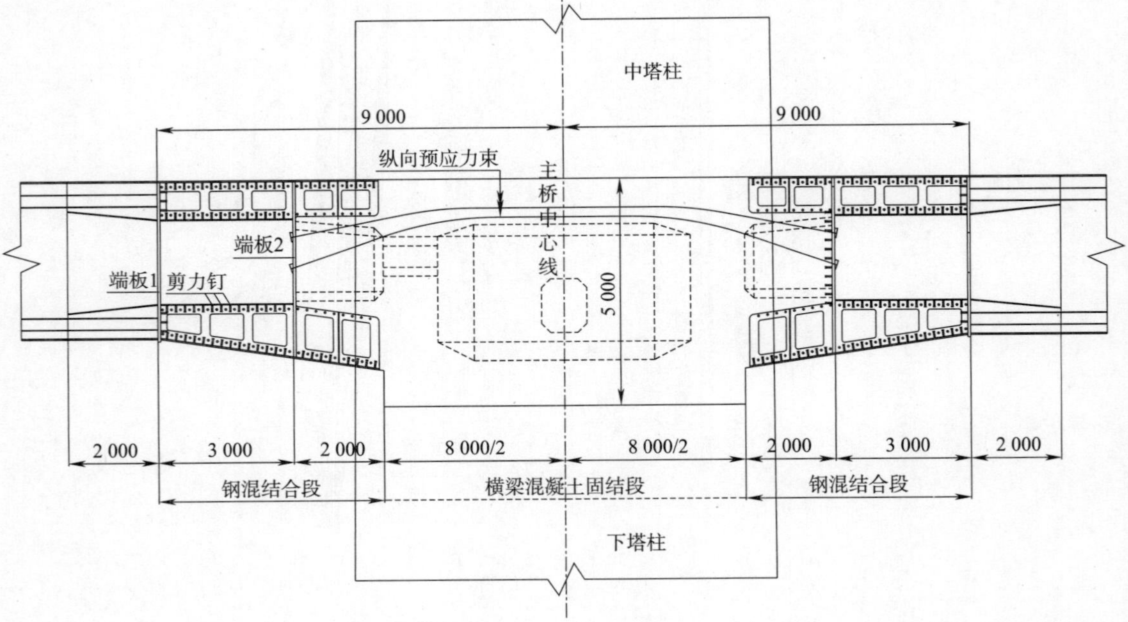

图 9-14 桥塔横梁与钢混结合段一体固结构造(单位:mm)

(5)下部结构及基础

边墩及辅助墩墩高 18.5 m。为避开公路桥面,辅助墩及边墩墩身横向尺寸受限制,最小截面为 8.8 m×4 m 的矩形空心截面形式,承台顶增大至 12.6 m×6 m。边墩及辅助墩向曲线外侧设置了 0.1 m 的偏心。横跨高速公路高架桥的桥塔采用分离式基础，每个承台布置 8 根直径 3 m 的钻孔灌注桩。曲线外侧桥塔纵向弯矩较内侧大，桩基中心顺桥向间距 6.5 m，横桥向 7 m；曲线内侧桥塔桩基中心顺桥向间距 6 m，横桥向 7 m。承台为圆弧切角矩形，厚 5 m，承台顶设塔座。辅助墩及边墩均布置 12 根 1.5 m 直径的钻孔灌注桩。桩基中心顺桥向间距 3.6 m，横桥向 3.2 m。

9.2.4 曲线斜拉桥的受力特点及结构分析

9.2.4.1 曲线斜拉桥的受力特点

1. 结构特点

四线铁路曲线斜拉桥，桥梁中心的曲线半径仅为 1 147.8 m，采用扁平箱形截面。结构的优越性在于：

①自重轻，钢箱梁比混凝土梁轻约 79%，比同等跨度的钢桁梁轻 50%左右，可极大限度地减小恒载，对约束较强的曲线桥来说，非常有利于抗震设计。

②钢箱梁横向整体受力性能好，不再像四线铁路钢桁梁一样需要增加中间竖向支撑来减小横梁跨度，减小了桥面宽度。

③抗扭刚度大，抗风性能好，且比钢桁梁施工简单，后期养护方便。

2. 受力特点

①索面均向曲线内侧倾斜，加劲梁横向弯曲效应明显，主力与附加力组合的最大横向弯矩约为竖向弯矩的 1.3 倍，其中恒载占约 50%，离心力占约 40%。因此塔梁间在横桥向设置部分偏心，兼顾铁路限界要求。

②四线铁路小半径曲线桥客观上导致桥塔、边墩及辅助墩的横向受力出现较大差异，为改善受力状态，对边墩、辅助墩均设置 0.1 m 预偏心，分离式桥塔的两侧基础各不相同。

③由于密布斜拉索的弹性支撑作用，因平曲线引起的加劲梁恒载扭矩较小，大部分扭矩源于四线列车荷载的偏心作用。当两索面索力相等时，恒载扭矩仅为主力与附加力组合扭矩的 5%以内，而活载扭矩则占主力与附加力组合的 85%以上，发生在主跨靠近辅助墩及桥塔处，桥跨中部扭矩约为支点处的 0.42 倍。应充分利用空间双索面以及左右侧不对称索力提供较大的抗扭刚度，减小加劲梁扭转效应。

④塔梁固结处的横梁构造非常关键，需要能承受较大的加劲梁纵向弯矩及扭矩。

⑤为了适应曲线桥的横向变形与受力要求，采用 E 型钢支座加销钉进行抗震减振。

9.2.4.2 结构分析

1. 斜拉索索力

斜拉索内力、应力如图 9-15 所示。

从图 9-15 中可知，主力与附加力组合拉索最大应力为 518 MPa，活载最大应力幅 135 MPa。

2. 刚度指标

在 ZK 活载静力作用下，梁体竖向挠跨比为 1/1 004，梁端竖向转角为 0.81‰rad。在列车横向摇摆力、离心力、风力和温度作用下，梁体水平挠度为 1/5 756，水平转角为 0.29‰rad。ZK 活载作用下，3.0 m 长的一线两根钢轨的竖向相对变形量为 0.15 mm。轨道铺设后，道砟铺设后的收缩徐变引起的主跨下挠为 9.4 mm。

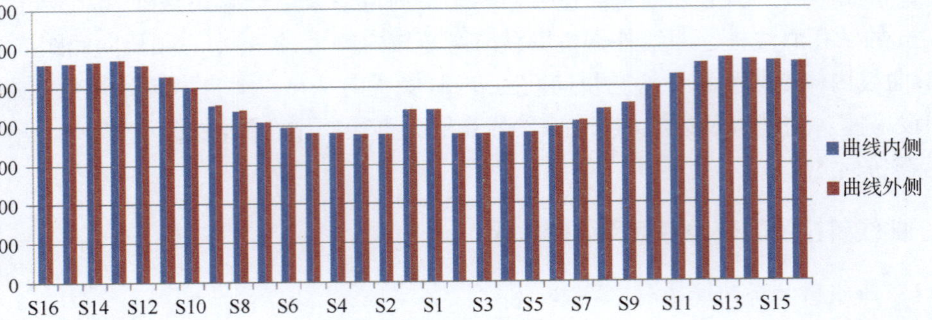

(a) 成桥斜拉索索力(kN)

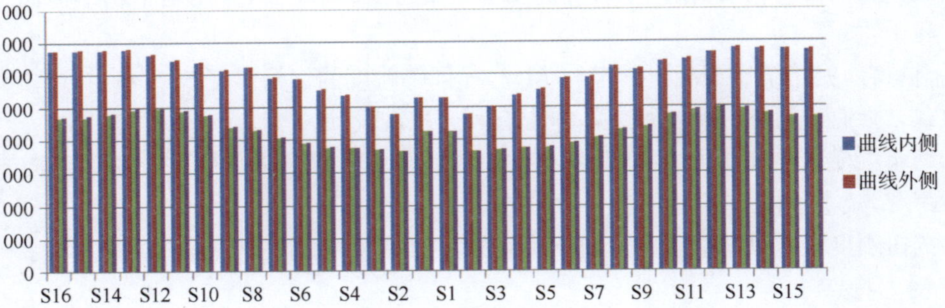

(b) 主力与附加力组合各索面索力包络图(kN)

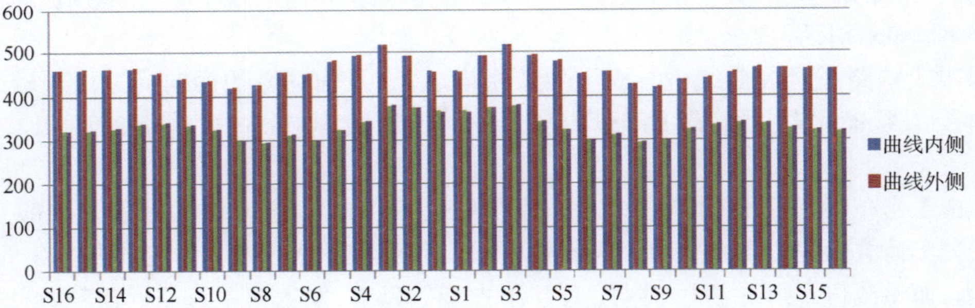

(c) 主力与附加力组合各索面拉索最大应力包络图(MPa)

图 9-15 斜拉索内力、应力

3. 主要应力指标

钢箱梁最大压应力为 181.6 MPa，最大拉应力为 100.9 MPa。钢箱梁最大应力幅为 70.4 MPa。预应力混凝土梁部最大压应力为 16.1 MPa，最小压应力为 0.3 MPa。桥塔预应力混凝土横梁最大压应力为 12.4 MPa，最小压应力为 0.3 MPa。

4. 整体稳定性与钢箱梁局部稳定性

成桥状态下第一类稳定安全系数为 26.8，施工最大悬臂状态下第一类稳定安全系数为 32.2。钢箱梁局部稳定性：

①本桥腹板及横隔板应力水平较低，多处板件高厚比及加劲肋布置超出了按 Q345q 钢容许应力确定的《铁路桥梁钢结构设计规范》范围，板件的局部稳定性有保证。

②基于梁段壳单元分析的结果表明，优化腹板纵向加劲肋布置后，钢箱梁最小弹性稳定安全系数为 1.92，发生在腹板靠近顶板处，大于《铁路桥梁钢结构设计规范》(TB 10002.2—

2005)条文说明 8.0.7 中提到的基于弹性稳定的 1.72 的安全系数。

9.2.4.3　车桥动力响应分析

采用列车-桥梁整体空间模型进行列车-桥梁时变系统空间振动响应计算,计算中轨道不平顺采用美国 5 级谱和德国低干扰轨道谱模拟轨道不平顺,计算列车选取 C_{62} 货车、SS_8 客车、CRH2 客车、ICE3 客车、E500 客车,计算速度按客货共线 50～200 km/h,客运专线 80～200 km/h 取值,主要结果见表 9-5。

表 9-5　行车动力性能检算结果汇总表

序　号	项　目	计算值	容许值	评　价
1	脱轨系数 Q/P	0.37	≤0.8	行车安全
2	轮对竖向减载率 $\Delta P/P$	0.49	≤0.6	行车安全
3	横向水平力 Q	34.66	≤80 kN	行车安全
4	车体竖向加速度	0.076g	≤0.13g	良好
5	车体横向加速度	0.087g	≤0.10g	良好
6	斯佩林舒适度指标	2.69	<2.5、2.75、3.0	良好

表 9-5 结果表明本桥具有良好的动力特性及列车走行性,各列车以单线、双线、三线或四线同时通过桥梁时,桥梁的动力响应均在容许值以内,列车行车安全性满足要求,列车车体的竖、横向振动加速度满足限值要求,旅客列车的乘坐舒适度均达到"良好"标准以上;货物列车的运行平稳性也达到"良好"标准以上。

9.2.5　主要创新技术

①创新在铁路上采用四线扁平钢箱混合梁弯曲斜拉桥技术,扁平钢箱很好地解决了板件局部稳定性及疲劳问题,用钢量指标具有良好的经济性。

②创新利用桥塔横梁与加劲梁钢混结合段固结一体的连接方式,减小了桥梁跨度,降低了建筑结构高度,增强了结构的抗弯、抗扭刚度。

③采用 H 型桥塔设置横向预偏心与增强型塔柱横梁板柱结构,改善了四线曲线钢箱混合斜拉桥的受力性能。根据四线铁路弯斜拉桥的受力特点,H 型桥塔的两侧塔柱受力不均,塔柱横向预偏心及增强型塔柱横梁板柱结构增大桥塔横向刚度,改善了结构受力性能,形成了别具一格的桥塔景观。

④采用双向活动支座与边墩 E 型加横向限位销钉的抗震技术,较好地适应了减隔震需求及四线铁路宽桥面横向温度变形需求。

9.3　潭江钢箱混合梁独塔斜拉桥

9.3.1　工程概况

新建深圳至茂名铁路潭江钢箱混合梁独塔斜拉桥,跨越江门潭江,距离上游 S271 省道小冈桥(黄宣充纪念大桥)约 1.3 km。桥址河段微弯河面宽约 540 m,桥轴线法线方向与水流流向交角约为 24°,水深良好,最大水深 13 m,河床基本稳定。桥位处为规划Ⅲ级航道,要求双孔单向通航最小净宽为 191 m,通航净空高度不应小于 10 m。

桥址处表层为素填土、淤泥、粉质黏土、细砂、中砂、粗砂及细圆砾土，下伏基岩为侏罗系(J)泥质砂岩、含砾砂岩及燕山期花岗岩。本场地的抗震设防烈度为 7 度，地震分区为第一组，场地类别为Ⅱ类，设计基本地震加速度值为 0.10g，地震动反应谱特征周期值为 0.35 s。

9.3.2　桥式结构总体布置

跨潭江水道主桥采用(31.8＋57＋130＋256＋63.9)m 独塔混合梁斜拉桥，主桥长 540.55 m，桥面宽 14 m。主跨 256 m 为潭江通航孔，(31.8＋57)m 为混凝土梁，其余为钢箱双主梁。钢混结合面设置于辅助墩顶处。主桥两侧接 48 m 现浇简支箱梁。桥式布置如图 9-16 所示。

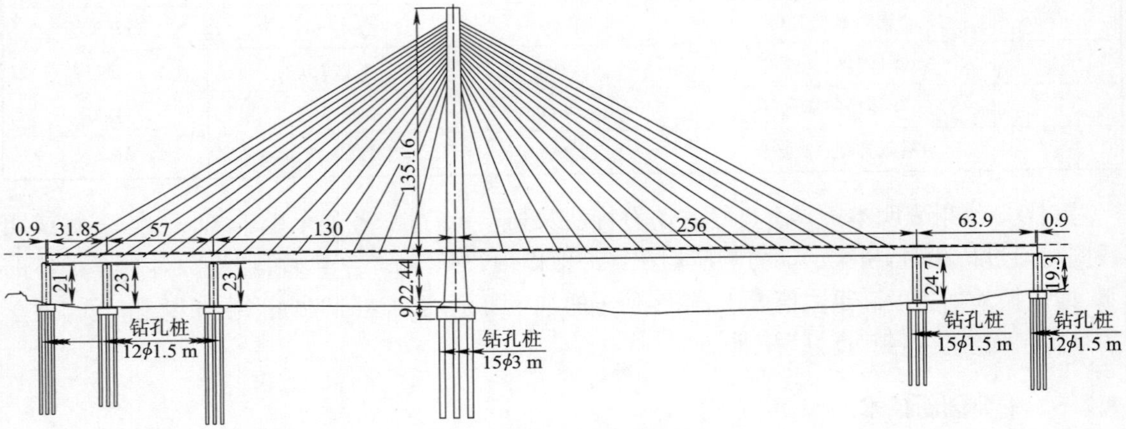

图 9-16　主桥立面布置图(单位：m)

总体上采用混凝土梁支架现浇、钢箱梁大节段吊装与悬拼结合的施工方案，即预应力混凝土梁及钢混结合段采用支架法施工，分段浇筑完成；为减少工地焊接工作量及保证质量、缩短工期，130 m 边跨钢箱梁采用大节段悬臂拼装法施工(最大节段长 30 m，最大节段重约 480 t)，256 m 主跨采用 15 m 节段悬臂拼装施工。

9.3.3　结构总体设计

1. 混凝土箱梁

加劲梁由混凝土箱梁和钢箱梁两部分组成，钢混结合段位于 10 号辅助墩顶处。混凝土箱梁采用双箱双室等高截面，截面全宽 14 m，中心处梁高 4.6 m。分标准横截面和加厚横截面两种截面，跨中范围为标准截面，墩顶处为加厚截面。标准横截面边箱梁顶、底板厚度均为 80 cm，桥面板厚 50 cm，内侧腹板厚 70 cm，外侧腹板最大厚度 105 cm；加厚段横截面边箱梁顶厚为 120 cm，8 号墩顶处底板厚 180 cm，9 号、10 号墩顶处底板厚 140 cm，桥面板厚 50 cm，内侧腹板厚 70 cm，外侧腹板最大厚度 105 cm。混凝土箱梁截面如图 9-17 所示。

在拉索吊点及吊点中间设厚 60 cm 普通横梁，高 1.2 m，箱外箱内贯通，间距 5.6 m、5.75 m、6 m 不等，全桥共计 13 道普通横梁。墩顶设置一道横隔梁，起横向联系及压重作用，其中 8 号墩顶横梁厚 2 m，9 号、10 号墩顶横隔梁厚 3 m，全桥共计 3 道墩顶横隔梁，箱内设置过人孔。

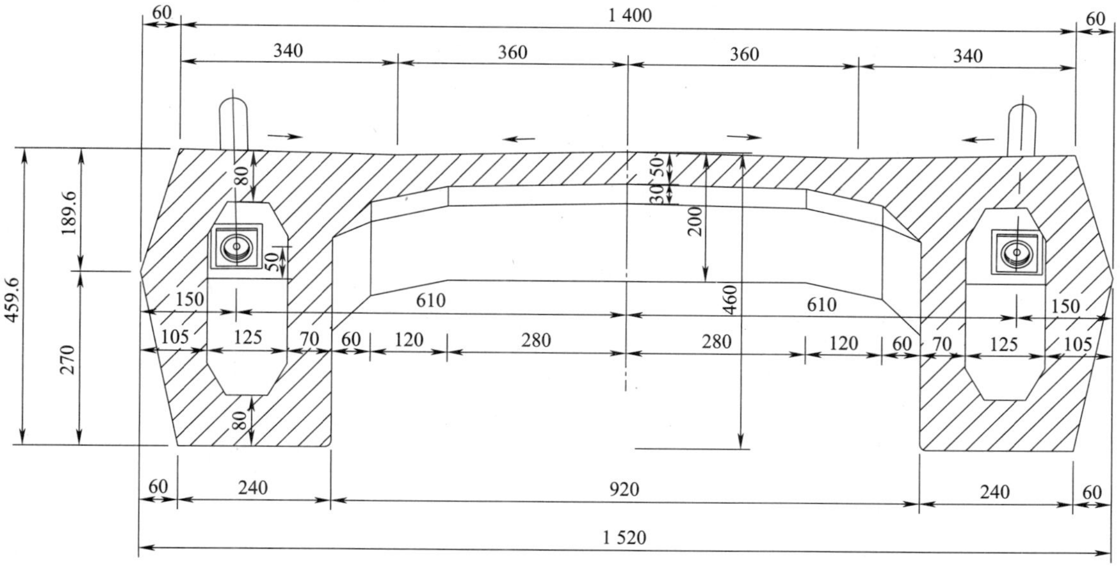

图 9-17　混凝土箱梁截面(单位:cm)

2. 钢混结合段及刚度过渡段

全桥仅在边跨侧 10 号辅墩顶位置设置一处钢混结合段,结合点设置在墩中心线以外 1.5 m 处的横隔梁端面处,两侧梁体通过该实心梁段传力。结合段采用梯形填充混凝土前后承压板式钢混接头,整个结合段长 8.5 m,包含 3.5 m 墩顶实体横隔梁插入段、3.5 m 顶底腹板变厚钢混过渡段、5 m 顶底板 U(V)肋加焊变高 T 肋钢箱梁过渡段共 3 部分。

通过将结合段钢箱梁的顶板、底板、腹板与隔板和端承压板之间围封组成钢格室,其内填充混凝土,与混凝土箱梁顶板、底板和腹板平顺过渡。钢混结合段及钢箱梁刚度过渡段顶板厚 32 mm、底板厚 36 mm,腹板厚 28 mm,顶板加劲肋厚 28 mm,底板加劲肋厚 32 mm,腹板加劲肋厚 24～28 mm。整个结合段(含钢箱梁过渡段)加工成整体,起吊后在支架上安装固定。钢混结合段构造如图 9-18 所示。

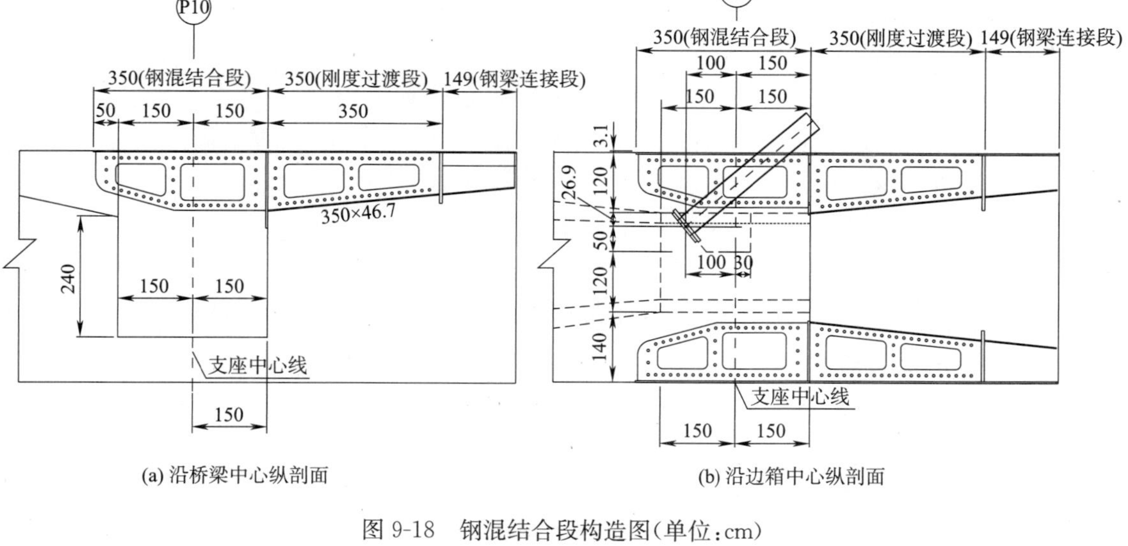

(a) 沿桥梁中心纵剖面　　(b) 沿边箱中心纵剖面

图 9-18　钢混结合段构造图(单位:cm)

3. 钢箱加劲梁

钢箱梁由带风嘴的箱形双主梁与钢桥面板组成，截面外轮廓尺寸与混凝土箱梁相同，与混凝土主梁箱室相对应，斜拉索锚固于箱内。桥梁中心线处箱梁基准高 4.6 m，桥面宽 14 m，两侧各设 2.6 m 宽风嘴，如图 9-19 所示。

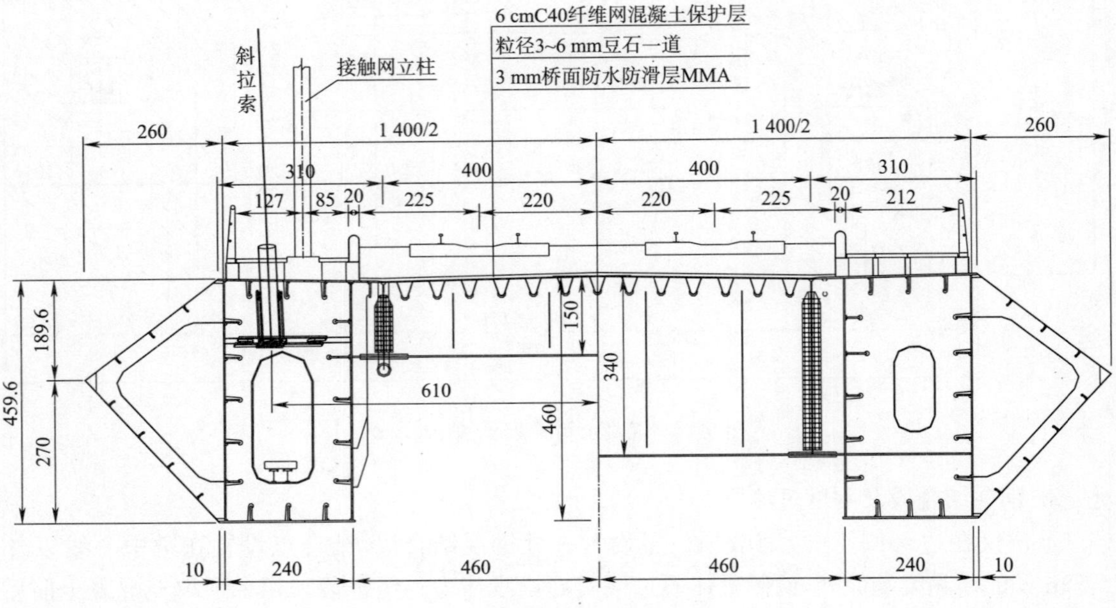

图 9-19 钢箱梁截面图

两侧钢箱梁均为单箱单室矩形结构，由顶板、底板、外腹板、内腹板围封而成，内腹板箱内侧高 4 484.6 mm，外腹板箱内侧高 4 531.5 mm，箱梁内宽 2 344 mm。钢箱梁一般梁段顶板厚 28 mm，墩顶处加厚至 32～36 mm，64 m 边跨跨中顶板加厚至 44 mm。钢箱梁一般梁段底板厚 32 mm，墩顶处加厚至 36～48 mm，64 m 边跨跨中顶板加厚至 48 mm。外侧腹板跨中一般段厚 24 mm，桥塔、辅助墩及钢混结合段处加厚至 28 mm，64 m 边跨处厚 24 mm。内侧腹板与桥面板横梁相接，跨中一般段厚 28 mm，桥塔、辅助墩及钢混结合段处厚 28 mm，64 m 边跨处厚 24 mm。每隔 3 m(墩顶处局部调整)设一道横隔板，一般段横隔板厚 24 mm，拉索锚点前后横隔板厚 28 mm，支点横隔板加厚，横隔板设过人孔，并以 24 mm 厚肋板封边。

正交异性钢桥面板宽 8 m，顶板厚 16 mm，墩顶及边跨 64 m 处加厚至 20～24 mm。纵向设置 V 肋，加劲肋一般段板厚 8 mm，墩顶及边跨加厚至 10～12 mm，间距 600 mm。跨中每隔 3 m 设一道倒 T 形横梁，墩顶设箱形横梁。一般段横梁高 1.5 m，腹板厚 18 mm，底板宽 650 mm、厚 28 mm。箱形横梁高 3.4 m，11 号塔及 12 号墩顶采用单箱双室截面，13 号墩顶采用单箱单室截面。

斜拉索锚固点设置于钢箱梁内，采用上下传力板与加劲板形成井字形格构与锚垫板顶紧密贴传递拉索索力。

钢箱梁纵向分成 25 个节段。从桥塔处起算，大跨侧依次为 1 号～20 号节段，小跨侧依次为 22 号～25 号节段。钢箱梁标准节段 2 号～16 号段长 15 m，采用悬臂拼装施工；17 号段为合龙段长 6 m；其余节段长 9～30 m，采用浮吊大节段吊装。

箱梁节段除顶板采用焊接外，其他均采用高强螺栓连接。

4. 斜拉索

斜拉索采用抗拉标准强度 1 670 MPa 镀锌平行钢丝拉索，空间双索面体系，扇形布置，全桥共 30 对拉索，斜拉索混凝土梁上索距 11.5 m、12 m、12.5 m、15.3 m，钢箱梁上索距 15 m，塔上索距(锚点竖向间距)2.0 m、2.2 m、2.5 m。拉索型号 PES 7-199～337，最大索长约 270 m，最小倾角 28.1°。

斜拉索与索塔采用内置式钢锚箱的锚固方式，张拉端设置在塔内。在梁端设外置式阻尼器以抑制拉索风雨振，并在其下端 2.5 m 高的范围内外包不锈钢管。

5. 塔上钢锚箱

为减少现场高空预应力张拉和锚固定位施工困难，保证斜拉索-塔锚固区结构受力的可靠性和运营期的耐久性、安全性，索塔锚固采用内置式钢锚箱。钢锚箱由侧面拉板、端板、锚垫板、上下传力板、横隔板、加劲肋等构件组成。每个塔柱钢锚箱分成 14 节以便运输、吊装，节段最大吊重 12.7 t。

6. 桥塔

桥塔采用 H 型混凝土塔，塔底以上索塔高为 157.6 m，桥面以上塔高 130.5 m，为主跨的 1/1.96。索塔纵向宽度由塔顶 6.9 m 加宽至塔上横梁处 9.337 m 再加宽至塔底 12.253 m，索塔四周设 R=20 cm 的圆角。桥塔结构由下、中、上塔柱及下横梁及下横梁区塔柱、上横梁及上横梁区塔柱五部分组成，塔柱及横梁均为单箱单室截面。下塔柱中心线为倾斜直线，中、上塔柱为竖直线。上塔柱横桥向宽度为 4.7 m，顺桥向长度为 6.9～7.519 m，顺桥向壁厚 0.8 m，横桥向壁厚 1.0 m。上塔柱内设拉索钢锚箱，索塔锚固区配置“#”字形布置的纵、横向预应力筋，采用预应力混凝土用高强精轧螺纹钢筋。中塔柱横桥向宽度为 4.7 m，顺桥向长度为 7.825～9.344 m，顺桥向壁厚 0.8 m，横桥向壁厚 1.3 m。下塔柱中心线倾斜度 1∶13.466 6，每柱横向宽度由 5.175 m 渐变至 7.492 m，顺桥向长度为 10.611 m 渐变至 11.853，顺桥向壁厚 1.0 m，横桥向壁厚 1.7 m，塔底留 2 m 高的实体段。下横梁采用变高度截面，预应力混凝土结构，高 4.0～6.438 m，截面宽 9 m。顶、底板壁厚 0.7 m，靠近塔柱侧局部加厚至 2.02 m；腹板壁厚 1.2 m，靠近塔柱侧局部加厚至 1.7 m。钢箱梁竖向支座处及下横梁跨中均设有一道 0.8 m 厚横隔板。上横梁采用变高度截面，预应力混凝土结构，高 4.0～6.455 m，截面宽 6 m。顶、底板壁厚 0.7 m，靠近塔柱侧局部加厚至 1.927 m；腹板壁厚 0.7 m。跨中设一道 0.8 m 厚横隔板。

7. 墩身基础构造

索塔承台平面尺寸为 20.2 m×33.2 m，厚 6 m，设 3 m 高塔座。基础采用桩基础，承台底按行列式布设 15 根 ϕ3 m 钻孔灌注桩。

边墩及辅助墩均采用变截面花瓶形实体墩，墩高 19.3～25.2 m。12 号墩承台尺寸为 10.6 m×18.6 m，厚 3.5 m，承台底按行列式布设 15 根 ϕ1.5 m 钻孔灌注桩。其余桥墩承台尺寸为 10.6 m×14.6 m，厚 3.5 m，每个承台按行列式布设 12 根 ϕ1.5 m 钻孔灌注桩。

8. 加劲梁约束体系

顺桥向：桥塔处设纵向固定支座，其余墩顶支座纵向活动。桥塔处设纵向型黏滞阻尼器(带液压锁定熔断装置)。正常使用条件下支座纵向固定，地震力作用下支座纵向滑动，随后液压锁定熔断装置达到熔断力后解锁，阻尼器发挥作用达到减隔震的目的。地震过后，液压熔断装置重新锁定，可短时间内恢复行车。

横桥向：桥塔与主梁之间设置横向限位支座。桥墩一侧支座横向固定，另一侧横向活动。

10 号墩、12 号墩支座设横向 E 型钢阻尼器。

支撑体系如图 9-20 所示。

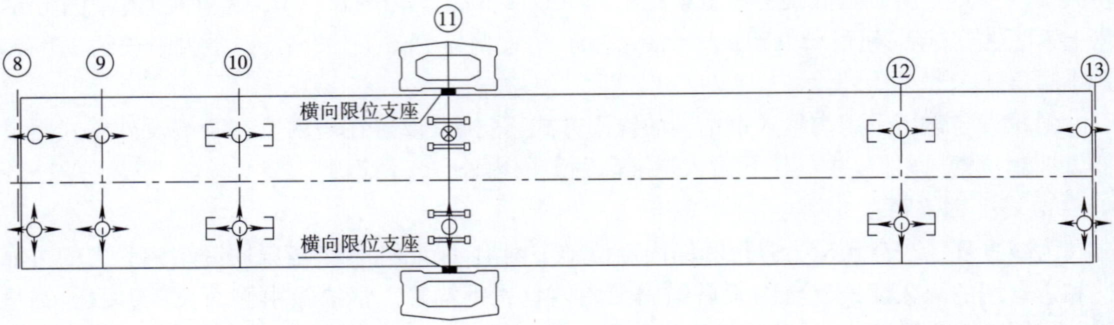

图 9-20 支承体系布置图(单位:m)

9.3.4 结构静动力分析

9.3.4.1 整体计算模型

采用 Midas/Civil 建立空间分析模型,斜拉索采用索单元模拟,桥面板采用正交异性板单元模拟,混凝土板采用板单元模拟,横梁采用倒 T 型梁单元模拟,主梁桥塔桥墩等均采用 3 维梁单元模拟。分析模型含索单元 60 个,梁单元 3 188 个,板单元 1 808,2 887 个节点,考虑桩-土相互作用,基础按刚度矩阵模拟。

9.3.4.2 计算结果

1. 斜拉索索力

斜拉索索力如图 9-21 所示。

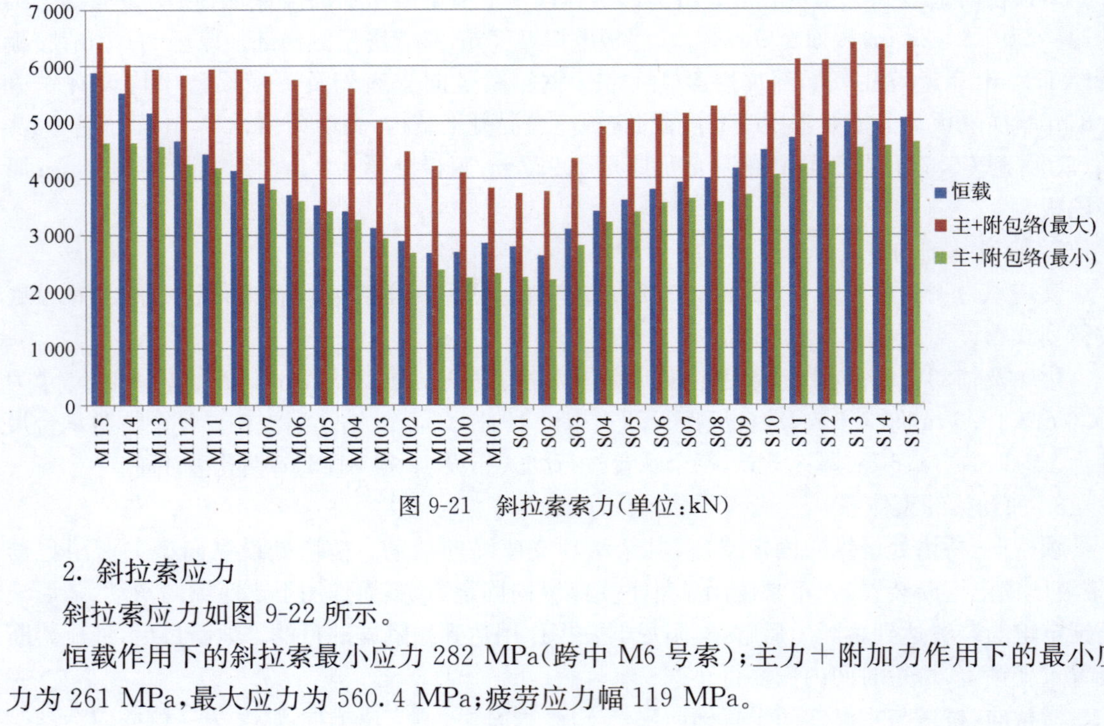

图 9-21 斜拉索索力(单位:kN)

2. 斜拉索应力

斜拉索应力如图 9-22 所示。

恒载作用下的斜拉索最小应力 282 MPa(跨中 M6 号索);主力+附加力作用下的最小应力为 261 MPa,最大应力为 560.4 MPa;疲劳应力幅 119 MPa。

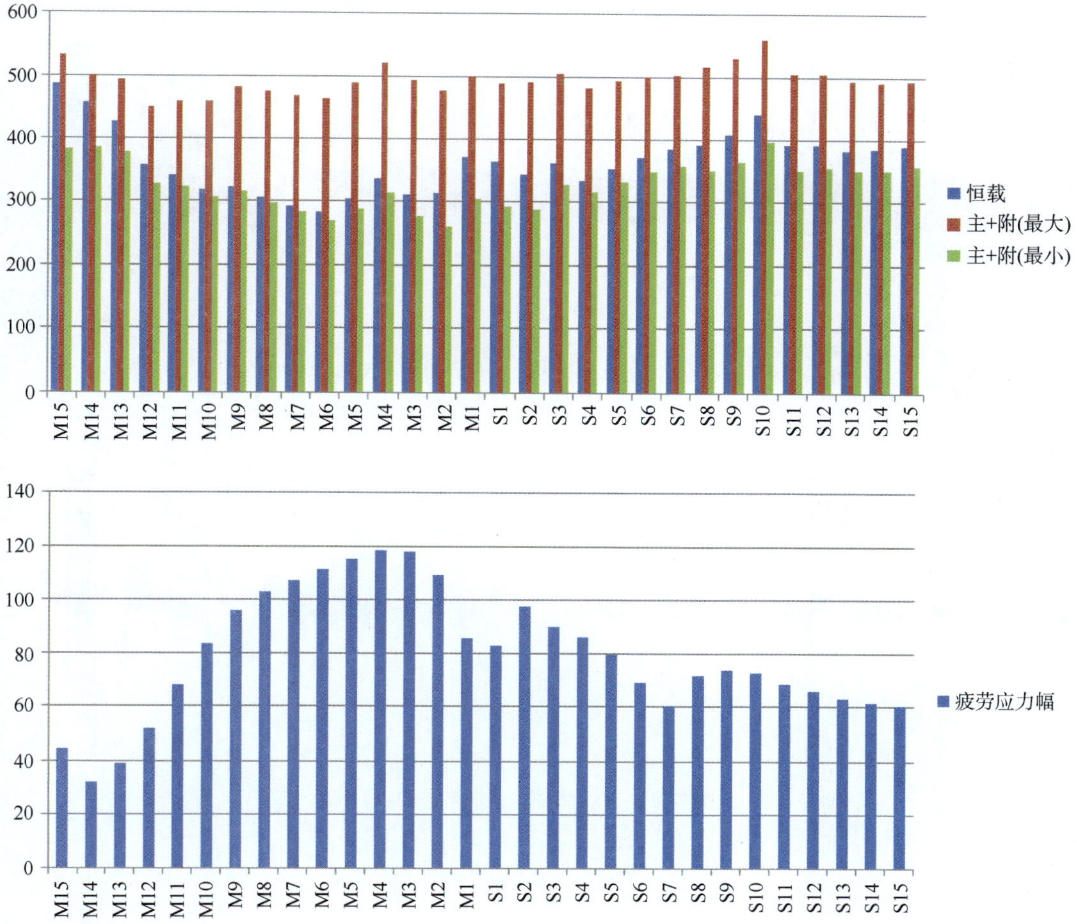

图 9-22　斜拉索应力(单位:MPa)

3. 钢箱梁应力

主力组合正应力包络如图 9-23 所示,主力与附加力组合正应力及剪应力包络如图 9-24 和图 9-25 所示,上、下缘疲劳应力如图 9-26 和图 9-27 所示。钢箱梁局部应力如图 9-28 所示。

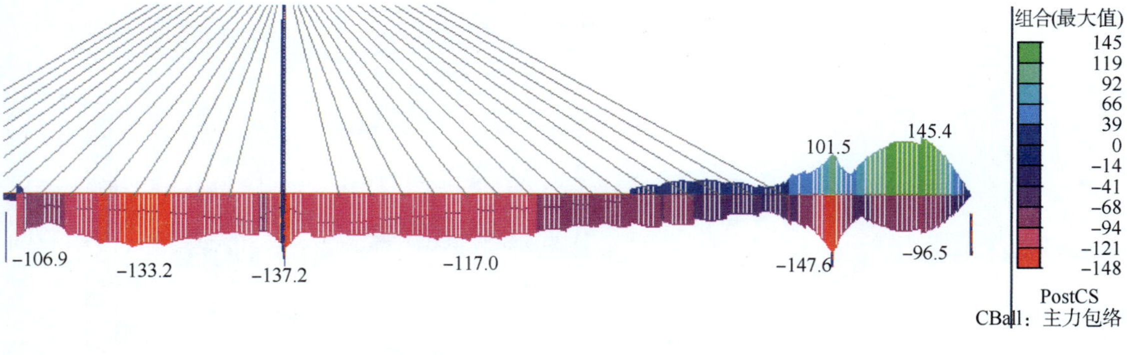

图 9-23　钢箱梁正应力包络图(主力)(单位:MPa)

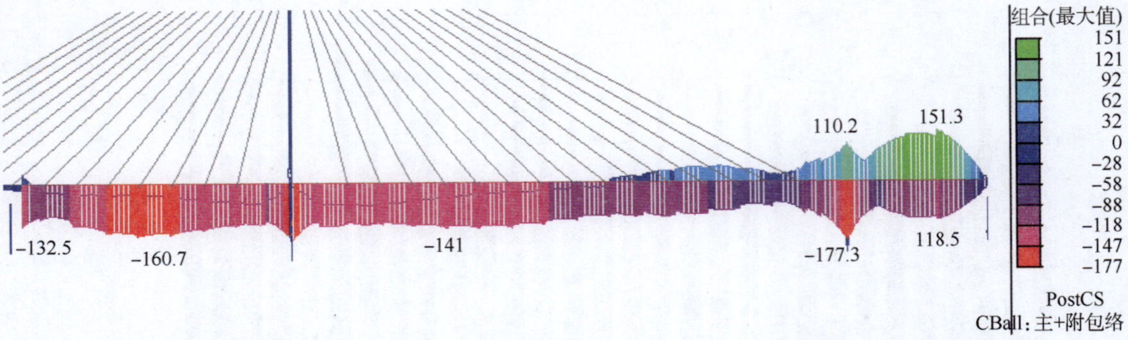

图 9-24 钢箱梁正应力包络图(主力与附加力)(单位:MPa)

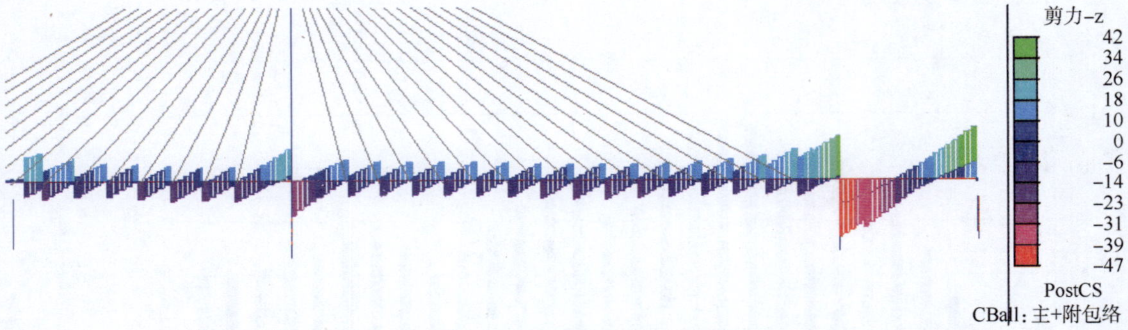

图 9-25 钢箱梁剪应力包络图(主力与附加力)(单位:MPa)

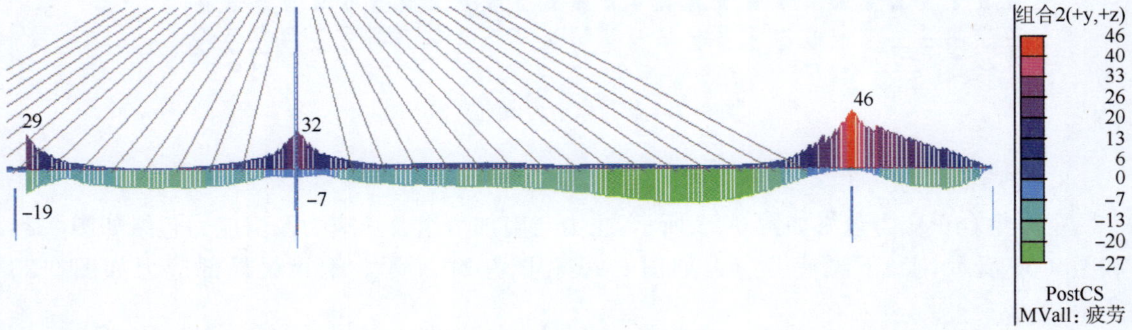

图 9-26 上缘疲劳组合正应力

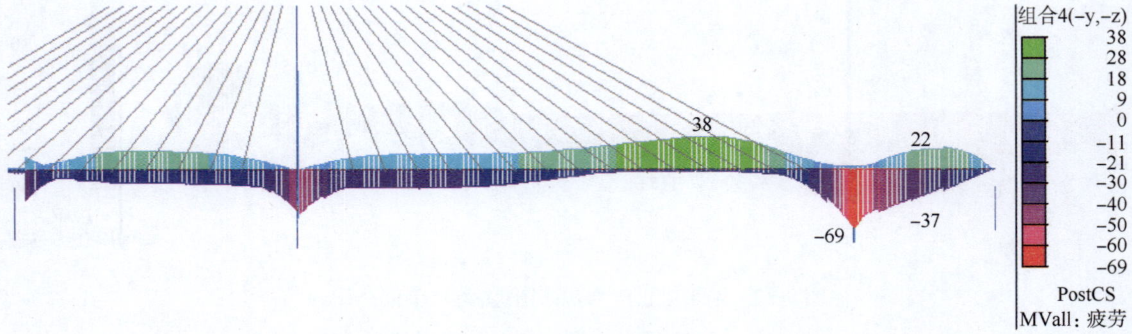

图 9-27 下缘疲劳组合正应力

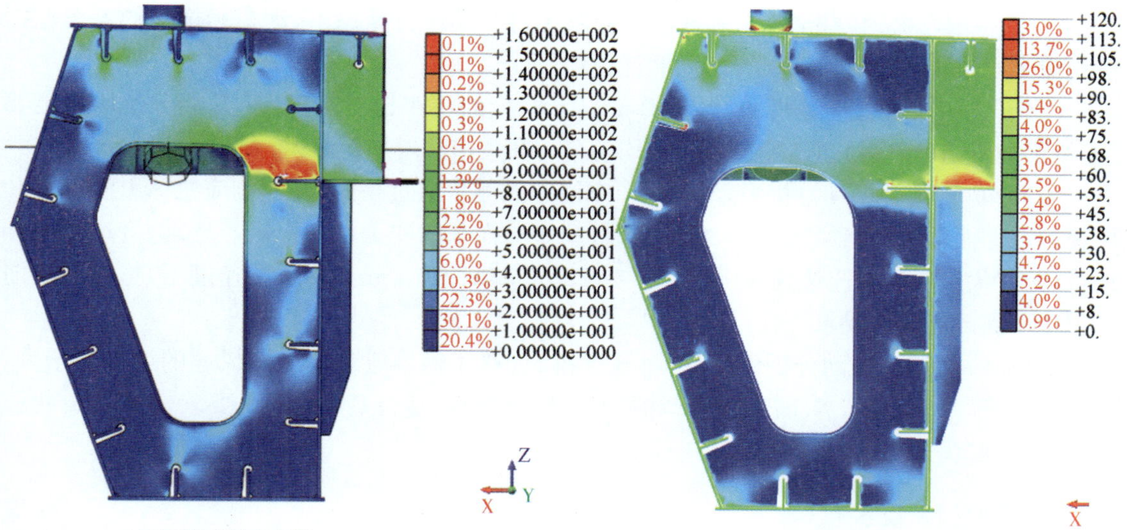

(a) 改进前等效应力图　　　　(b) 改进后等效应力图

图 9-28　钢箱梁局部应力(单位:MPa)

横隔板与横梁下翼缘板连接处局部应力偏高,不利于此处疲劳抗力。为此加厚横隔板至 24 mm(常规横隔板)、28 mm(吊点横隔板)、减小人孔高度,并加大该处圆角半径,此处等效应力显著降低至 120 MPa,改善效果明显。

4. 稳定性分析

采用 Midas 计算施工阶段及成桥阶段全桥的一类整体稳定性,见表 9-6。参考《公路斜拉桥设计细则》(JTG/T D65-01—2007),对索塔和主梁进行稳定性分析,其稳定安全系数应大于 4。定义失稳临界荷载$=K\times$[恒载+双线列车荷载+横向风力],成桥后,各加载工况第最小弹性稳定安全系数 $K=21.4>4$,整体稳定满足要求。

表 9-6　成桥阶段一类稳定性分析失稳模态

模　　态	稳定安全系数 K	屈曲模态
1	21.4	桥塔横向失稳
2	34.6	主梁面内竖向失稳

9.3.4.3　抗风分析

对潭江特大桥进行了动力特性分析以及风洞试验,测试了节段模型的颤振性能、涡振性能及静力三分力系数。通过本研究,可得到如下结论:

①成桥状态节段模型颤振试验结果表明主梁断面优化前后不同攻角下的临界风速为 111.45 m/s,高于检验风速(颤振:59.60 m/s;驰振:45.38 m/s)。

②施工状态节段模型颤振试验结果表明不同攻角下的临界风速为 99.12 m/s,高于检验风速(颤振:54.82 m/s;驰振:41.75 m/s)。

9.3.4.4　风车桥耦合动力分析

对潭江特大桥进行不同车速、不同风速情况下的车-桥耦合振动分析以及风-车-桥耦合振动分析,通过分析得到以下结论:

①车-桥耦合振动分析中,各计算工况下桥梁的挠跨比、加速度及梁端折角均满足要求,桥梁横桥向、竖向及扭转响应总体上均随车速的增加而增大。

②车-桥耦合振动分析中，单车过桥以及双车对开的运行状态下，动车和拖车的安全性指标均满足要求，舒适性指标评价均达到“优秀”。

③风-车-桥耦合振动分析中，各计算工况下桥梁的挠跨比、加速度及梁端折角均满足要求，桥梁横桥向、竖向及扭转响应总体上均随车速和风速的增加而增大。

④风-车-桥耦合振动分析中，当车辆单车沿迎风侧轨道过桥时，车辆响应总体上随车速和风速的增加而增大。当风速小于 30 m/s 时，动车与拖车的安全性指标满足要求，舒适性指标评价均达“优秀”；当风速达到 30 m/s 时，在 220 km/h、240 km/h 的运行速度下，拖车的横向加速度不满足舒适性要求。

⑤风-车-桥耦合振动分析中，双车对开过桥时，双车辆响应总体上随风速的增加而增大。当风速小于 30 m/s 时，各工况下动车和拖车的倾覆系数、脱轨系数均满足要求，Sperling 指标评价均达到“优秀”。

9.3.5 主要创新技术

①国内大跨度铁路首次采用双主梁混合梁斜拉桥。双主梁主要承担纵向荷载，钢桥面正交异性板承担的列车活载由密横梁（肋）传递至双主梁，结构传力途径清晰明确，具有整体性好，截面抗弯、抗扭刚度大的特点，充分发挥了构件各自的承载性能。

②国内铁路首次采用大节段钢箱梁拼装技术。梁板式双主梁工厂制造，现场拼装除钢桥面板采用焊接外，边主梁及横梁（肋）均采用高强螺栓栓接，保证了线形和现场钢结构施工质量，节省了工期。

③首次采用集固定支座、熔断式黏滞阻尼器、横向 E 型钢阻尼器于一体的综合抗震体系。该体系在多遇地震、90%设计地震作用下，桥塔纵向固定支座不破坏；达到设计地震水平及以上时，桥塔固定支座剪断，阻尼器熔断解锁，阻尼器发挥作用；地震过后，桥塔支座自动重新锁定，各抗震体系分工明确、安装养护简易、空间小、工程成本低，较好地实现了三级设防思想。

9.4 赣江钢箱混合组合梁斜拉桥

9.4.1 工程概况

赣江钢箱混合组合梁斜拉桥位于江西省中南部，北连江西省会南昌市，南接江西重镇赣州市。昌吉赣铁路线位自北向南，分别于吉水县、泰和县、赣州市三次跨越赣江，其中赣州赣江钢箱混合组合梁斜拉桥为全线跨度最大的桥梁。该桥桥位位于章水、贡江两江汇合口下游 1.9 km，既有赣江公路大桥上游 1.1 km。

桥址处河道顺直，河槽宽约 600 m，水深 2～8 m，与线路夹角 87°。赣江为Ⅲ(3)级航道，经通航论证计算本桥跨度应大于 282 m，通航净高 10 m。主桥采用(35＋40＋60＋300＋60＋40＋35)m 混合组合梁斜拉桥。

赣州地区地处亚热带季风气候区，多年平均气温为 19.4℃，多年平均风速 1.8 m/s，最大风速 14 m/s。桥址区域内主要出露的岩性地层为第四系新近人工堆积层人工填土、素填土；第四系全新统冲洪积层淤泥、淤泥质黏土、粉质黏土、圆砾土、砾砂、细砂；第四系残坡积层粉质黏土；下伏基岩为白垩系上统南雄组泥质砂岩、砂岩等。地震动峰值加速度为 0.05g，地震动反应谱特征周期均为 0.35 s。

主要技术标准：双线，线间距 5 m，设计时速 350 km，设计为 ZK 活载。主桥立面为平坡，平面位于直线上，桥上采用Ⅰ型双块式无砟轨道。

9.4.2　桥式结构总体设计

桥跨布置采用(35＋40＋60＋300＋60＋40＋35)m 混合组合梁斜拉桥，半漂浮体系，全梁长 572.1 m。边跨及部分主跨加劲梁为预应力混凝土箱梁，其余主跨加劲梁为箱形钢-混凝土组合梁，钢混结合段分界点位于主跨侧距桥塔 20 m 处。P1 号～P3 号墩、P6 号～P8 号墩处设竖向约束、纵向活动支座；P4 号塔、P5 号塔与主梁间设带纵向阻尼器的竖向约束和横向约束支座，同时在桥塔上设置横向抗风支座。总体布置如图 9-29 所示。

1. 加劲梁

(1)混凝土箱梁

混凝土箱梁采用单箱三室等高截面，梁顶宽 16.5 m，中心处梁高 4.5 m。如图 9-30 所示。

混凝土梁截面为带风嘴形式，顶板、底板及斜底板厚度为 40 cm，中腹板厚 50 cm，边腹板厚 170 cm；在支点横梁处顶板、底板及斜底板加厚至 70 cm，中腹板加厚至 110 cm，边腹板加厚至 200 cm。混凝土梁在桥塔靠岸侧附近至钢混结合段部分，断面取消风嘴设置，中腹板厚度为 70 cm，在桥塔处横梁加厚至 130 cm。

混凝土梁每隔 10.5 m 布置一道高 2 m，厚 50 cm 横隔梁，与斜拉索位置对应设置，全桥共计 26 道拉索横梁，其中一道拉索横梁与墩顶横梁重合。

为减少一次混凝土浇筑方量，混凝土主梁共分为四个节段浇筑，依次从边跨向中跨侧逐段现浇，节段混凝土长分别为 44.7 m、42 m、29 m、40 m。

混凝土箱梁纵向配置预应力，预应力筋规格为 17-ϕ^s15.2 mm、15-ϕ^s15.2 mm、12-ϕ^s15.2 mm；墩顶横梁及拉索横梁配置横向预应力，规格以 5-ϕ^s15.2 mm 为主，拉索横梁处增设 15-ϕ^s15.2 mm 规格；纵梁中腹板与拉索横梁相交处设置 ϕ32 mm 竖向预应力螺纹钢筋。

(2)钢混组合梁

组合梁采用槽形钢梁＋混凝土桥面板的箱形截面，设置弧形风嘴，桥面宽 16.3 m，梁高 4.475 m(指组合梁中心线处，钢梁内轮廓至混凝土板顶)，如图 9-31 所示。

1)钢梁

①顶板。顶板包括边腹板上翼缘、中腹板上翼缘及横隔板上翼缘。其中边、中腹板上翼缘标准宽分别为 1 040 mm、900 mm，厚 36 mm，与横隔板上翼缘交汇处宽度加宽至 1 480 mm、1 620 mm，采用圆弧过渡；横隔板上翼缘宽度为 700 mm，厚度为 36 mm。

②底板及其加劲肋。底板包括平底板和斜底板，平底板内宽 5 552 mm，斜底板内宽 5 253 mm，平底板和斜底板为一块整板，采用热弯成型工艺，根据受力需要在顺桥向不同区段采用 16 mm 和 20 mm 板厚。底板加劲肋主要采用 U 形加劲肋，厚度 8 mm，间距 800 mm，在靠近边腹板处斜底板上增设一道板肋，宽 240 mm，厚 22 mm。

③边腹板及其加劲肋。边腹板高 2 335 mm，标准段厚 30 mm，与锚拉板连接范围加厚至 40 mm。边腹板上设置两道高 280 mm，厚 28 mm 纵向加劲肋，在横隔板和横隔肋之间于边腹板两侧设置厚 20 mm 横向加劲肋。

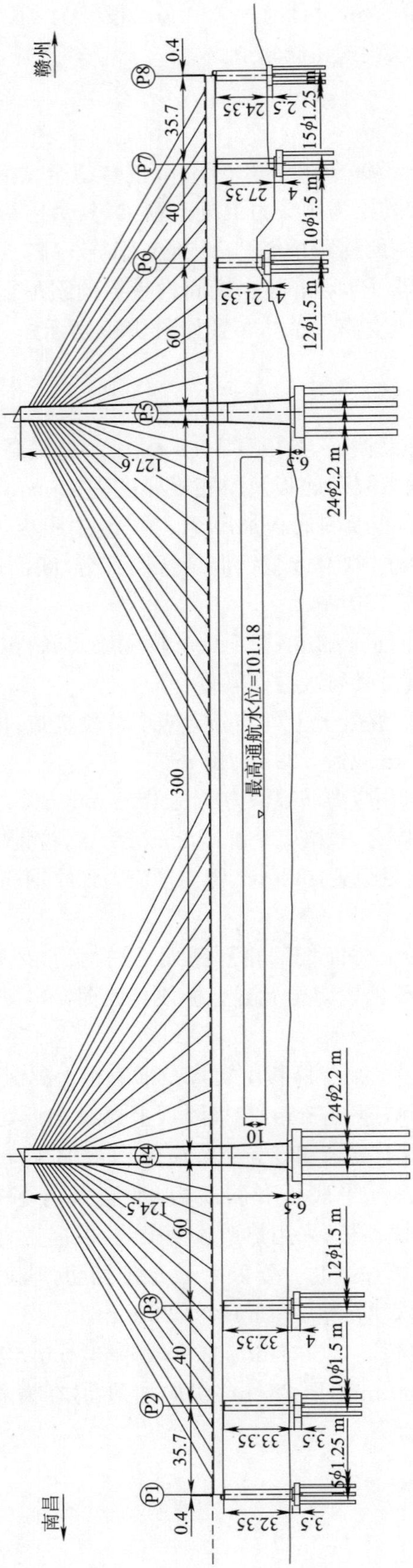

图 9-29　主桥总体布置(单位：cm)

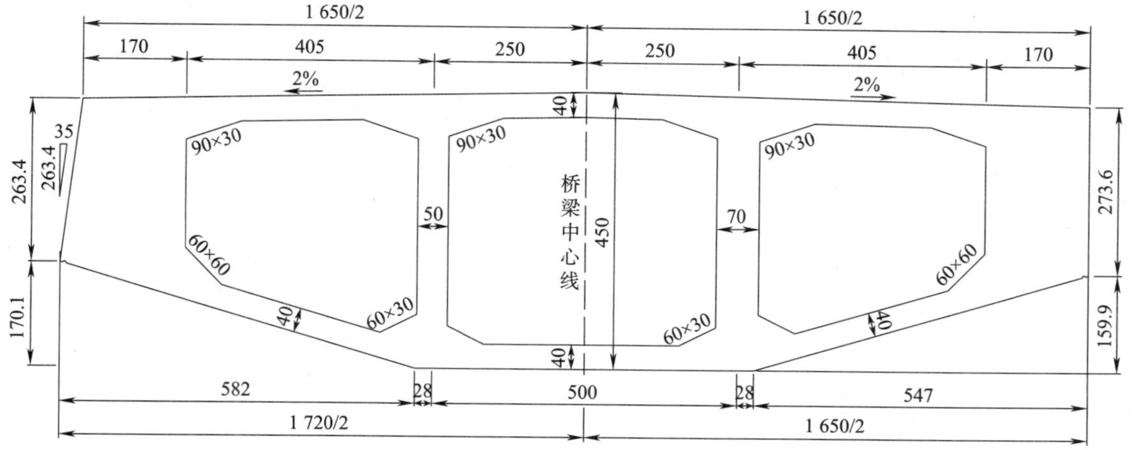

图 9-30　混凝土箱梁横截面图(单位:cm)

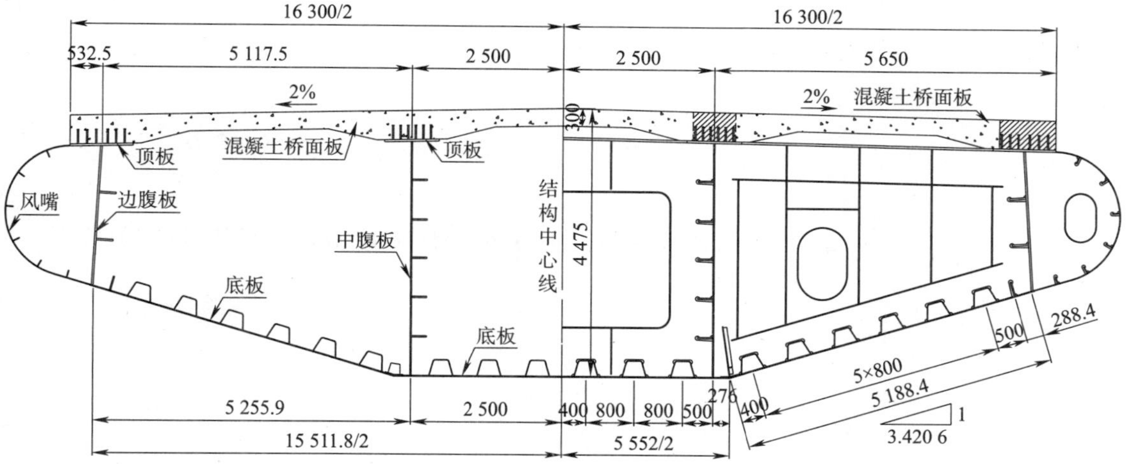

图 9-31　钢混组合梁断面(单位:cm)

④中腹板及其加劲肋。中腹板高 3 890 mm,根据受力需要在顺桥向不同区段采用 20 mm 和 24 mm 板厚。中腹板纵向采用板式加劲肋加劲,高度方向共设置 5 道加劲肋,高 250 mm,厚 24 mm,在横隔板和横隔肋之间于中腹板两侧设置厚 20 mm 横向加劲肋。

⑤横隔板及横隔肋。横隔板及横隔肋标准间距 6.0 m,可以保证主梁具有足够的横向刚度、抗扭刚度,保证施工期间桥面吊机及运营荷载产生的局部变形及应力要求。拉索处横隔板板厚 18 mm;非拉索处横隔板厚 16 mm。横隔肋采用 T 形截面,板厚 16 mm。

⑥剪力钉。边腹板上翼缘布置六列 ϕ22 mm×250 mm 焊钉,其横桥向间距分为 14、15、19 cm,顺桥向间距 15 cm;中腹板上翼缘布置六列 ϕ22 mm×250 mm 焊钉,其横桥向间距 15 cm,顺桥向间距 20 cm;锚拉板与桥面板结合面两侧布置两排 ϕ22 mm×250 mm 焊钉,顺桥向间距 20 cm,与边腹板上翼缘上焊钉错开布置。横隔板上翼缘布置 ϕ22 mm×250 mm 焊钉,其横桥向间距 12.5 cm,顺桥向间距 13 cm。

2)混凝土桥面板

①桥面板构造。混凝土桥面板全宽 16.3 m,桥面板标准厚度 30 cm,在钢梁上翼缘附近区域加厚至50 cm。桥面板分为预制板与纵向湿接缝以及横向湿接缝三部分制作,单个梁段横

向分 3 块预制板，板宽分别为 4. 39 m、4. 26 m、4. 39 m，纵向湿接缝宽分别为 0. 89 m、0. 74 m、0. 74 m 和 0. 89 m，横向湿接缝宽 0. 6 m。

为了减小混凝土收缩、徐变对结构的影响，在拼装每块预制板前，要求保证六个月以上的存放时间，同时纵向湿接缝和横向湿接缝均采用补偿收缩混凝土。

②预应力布置及施加。根据结构受力需要，在桥面板中布置纵向预应力，预应力钢束采用直径 ϕ^{s}=15. 20 mm 标准强度为 1 860 MPa 的钢绞线。纵向预应力分两类，一类在节段悬拼过程张拉，一类在中跨合龙后张拉。悬拼过程中采用 15-5 钢绞线，在节段纵、横向湿接缝浇筑完成，且强度及弹性模量均达到设计的 100%时张拉，锚下张拉控制应力 σ_k=1 250 MPa，单端张拉，锚具采用 15-5 型扁锚，采用型号为 90×19 mm 的金属波纹管扁管成孔；合龙后张拉预应力筋型号采用 15-15，在中跨合龙且合龙段湿接缝强度及弹性模量均达到设计的 90%时张拉，锚下张拉控制应力σ_k=1 320 MPa，两端张拉，张拉时遵循先长束后短束对称的原则，锚具采用 15-15 型圆锚，采用型号为 ϕ90 mm 的金属波纹管成孔。

(3)钢混结合段

钢混结合段采用埋入式+前后承压板式钢混接头。整个结合段长 10 m，包含 2 m 钢梁埋入段、3 m 顶底板渐变段、5 m 刚度过渡段共 3 部分。如图 9-32 所示。

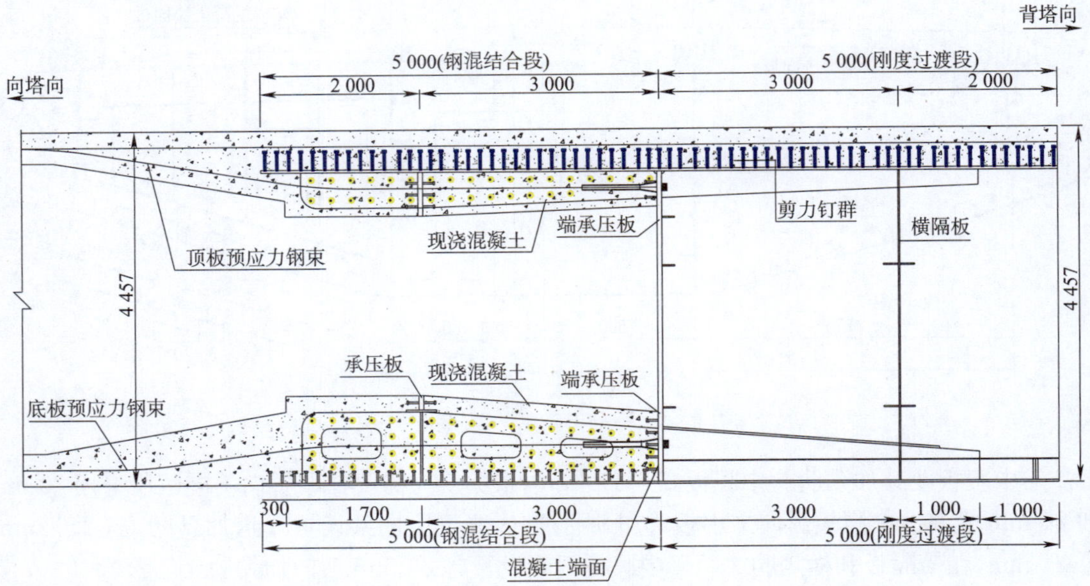

图 9-32 钢混结合段构造图(单位：cm)

由于混凝土主梁的截面尺寸比结合面钢主梁大，因此，采用钢梁埋入混凝土的方式，钢梁伸入混凝土主梁 2 m。为减小结合面混凝土的局部压应力，在结合面处设置厚 60 mm 的承压板，以便将钢梁传来的轴向力分散到承压板上，承压板兼作腹板预应力锚垫板。

3 m 顶底板渐变段通过顶板混凝土板变厚、在底板上设置纵向隔板再填充混凝土形成渐变段，使混凝土梁过渡到钢混组合梁，并设置厚 60 mm 的承压板，以便将钢梁传来的轴向力分散到承压板上，承压板兼作顶底板预应力锚垫板。5 m 刚度过渡段通过在钢梁上翼缘板及底板加设变高板肋和倒 T 肋使钢混组合梁截面形成过渡。

为保证钢梁与混凝土的可靠连接，钢梁上翼缘板顶、腹板两侧以及底板上侧均布置剪力钉；同时在钢梁上翼缘板下方设置加劲板，在钢梁底板上方设置纵隔板，加劲板及隔板上设置 PBL 剪力键，保证力的可靠传递。

2. 桥塔

桥塔采用大半径曲线人字形混凝土塔，塔底以上索塔全高为 120.6 m，桥面以上塔高 88 m，为主跨的 1/3.409。索塔纵向宽度由塔顶 6 m 加宽至塔上横梁处 8 m 再加宽至塔底 9.571 m，索塔四周设 100 cm×30 cm 切角。桥塔结构由下、中、上塔柱及横梁四部分组成，塔柱横向为分离式单箱单室截面，下塔柱为倾斜直线，中、上塔柱为曲线，内外曲线半径分别为 500 m、504 m。上塔柱在顶端微合，中间通过弧形板连接，每个单箱单室截面横桥向宽度为 4 m，顺桥向壁厚 0.8 m，横桥向壁厚 0.8 m，弧形板厚 0.4 m。索塔锚固区配置纵、横向高强精轧螺纹钢筋，“#”字形布置。中塔柱每柱横桥向宽度为 4.0 m，顺桥向壁厚 1.0 m，横桥向壁厚 1.0 m。下塔柱中心线倾斜度 1∶6.116，每柱横向宽度由 4.49 m 渐变至 5.586 m，顺桥向、横桥向壁厚均为 1.3 m，塔底留 3 m 高的实体段。中塔柱和下塔柱在塔梁交接处设下横梁，下横梁采用等宽度变高度截面，截面宽 7 m，高 5～7 m，顶、底板壁厚 1.0 m，腹板壁厚 1.2 m，支座处设有横隔板。横梁设计为预应力混凝土结构，每塔布置 52 束 $19\phi^s15.2$ 预应力钢丝束，锚固于索塔外侧壁上，圆形金属波纹管成孔，真空辅助压浆。

为减少现场高空预应力张拉和锚固定位施工困难，保证斜拉索塔锚固区结构受力的可靠性和运营期的耐久性、安全性，索塔锚固采用内置式钢锚箱。全桥桥塔钢锚箱共 44 节，节段最大吊重 22.9 t。

3. 斜拉索

斜拉索采用抗拉标准强度 1 670 MPa 镀锌平行钢丝拉索，空间双索面体系，扇形布置，全桥共 48 对斜拉索。斜拉索混凝土梁上索距 10.5 m，钢混组合梁上索距 12 m，塔上索距(锚点竖向间距)1.8～3.0 m。

斜拉索与桥塔采用内置式钢锚箱的锚固方式，张拉端设置在塔内。斜拉索在梁端设外置式阻尼器以抑制风雨振，并在其下端 2.5 m 高的范围内外包不锈钢管。

斜拉索最长(含锚具)165.25 m，最大规格为 PES(C)7-265，单根最大重量约 14 t。根据索力的不同，规格分别为 PES(C)7-265、PES(C)7-253、PES(C)7-223、PES(C)7-199、PES(C)7-187、PES(C)7-163，共六种。

4. 下部结构

辅助墩及连接墩均采用圆端形实体墩，墩顶截面纵向×横向尺寸为 4.0 m×9.0 m，纵向为直坡，横向为 1∶45 放坡。边墩顶设置 1.5 m(宽)×0.5 m(高)检查空间供支座检查用；辅助墩墩顶设置 2.0 m(宽)×2.2 m(高)检查空间供梁底检查小车通过。基础采用钻孔桩基础，连接墩采用 1.25 m 桩径，辅助墩采用 1.5 m 桩径。

桥塔承台为矩形，并设置 2 m 高加台，下承台尺寸为 20.7 m×15 m×4.5 m。承台间设置横向系梁，系梁尺寸(8～10)m(宽)×4.5 m(高)。主塔采用 2-12ϕ2.2 m 分离式钻孔桩基础，摩擦桩，行列式布置，最大桩长 51 m，桩底持力层为弱风化泥质砂岩。

5. 指导性施工方案

混凝土箱梁采用逐段支架现浇，钢箱钢混组合梁采用节段吊装施工。主要施工步骤如下：

①常规方法施工下部结构及塔柱。

②逐段支架现浇混凝土箱梁，每侧混凝土箱梁分四个现浇段浇筑。

③在混凝土主梁施工完成后进行单向悬臂拼装各钢梁节段，张拉相应斜拉索，吊装预制桥面板，再浇筑湿接缝，直至全桥合龙。

④依次调整斜拉索力，完成桥面附属工程施工。

9.4.3 结构静动力分析

9.4.3.1 计算模型

采用 Midas/Civil、桥梁博士等有限元程序相互计算校核，按施工流程逐阶段计算结构各截面内力、应力和位移。计算荷载包括恒载、列车活载、混凝土收缩徐变、预应力、温度变化、风载、列车制动力、支座沉降等荷载，同时考虑斜拉索的非线性影响。桩-土相互作用以柔度矩阵的形式等代考虑。

检算内容包括混凝土梁应力、强度，钢箱梁强度、疲劳应力幅，斜拉索应力及安全系数，以及结构在裸塔状态、最大单悬臂状态和运营状态下的稳定性。并检算单侧换索工况。

9.4.3.2 主要计算结果

1. 加劲梁应力

运营阶段混凝土箱梁、钢梁应力见表 9-7。

表 9-7 加劲梁应力 (单位：MPa)

工　况	混凝土箱梁		组合梁(钢梁部分)	
	上缘最大/上缘最小	下缘最大/下缘最小	顶板最大/顶板最小	底板最大/底板最小
主力	−10.3/−1.1	−14.2/−1.3	−85.9/24.8	−110.0/27.8
主＋附	−13.9/−0.5	−16.1/−0.4	−103.8/35.3	−126.0/36.6

注：负值为压应力。

各荷载组合作用下，组合梁的混凝土板均受压。恒载作用下，收缩徐变完成后，混凝土板压应力为−2.6～−6.0 MPa；主力作用下，混凝土板压应力为−1.4～−8.8 MPa；主力＋附加力作用下，混凝土压应力为−0.4～−10.8 MPa。

2. 桥塔

主力作用下，最大压应力为−12.1 MPa，最大拉应力为 1.6 MPa。主力＋附加力作用下，最大压应力为−13.2 MPa，最大拉应力为 2.0 MPa。

3. 斜拉索

成桥及运营状态斜拉索索力如图 9-33～图 9-34 所示。

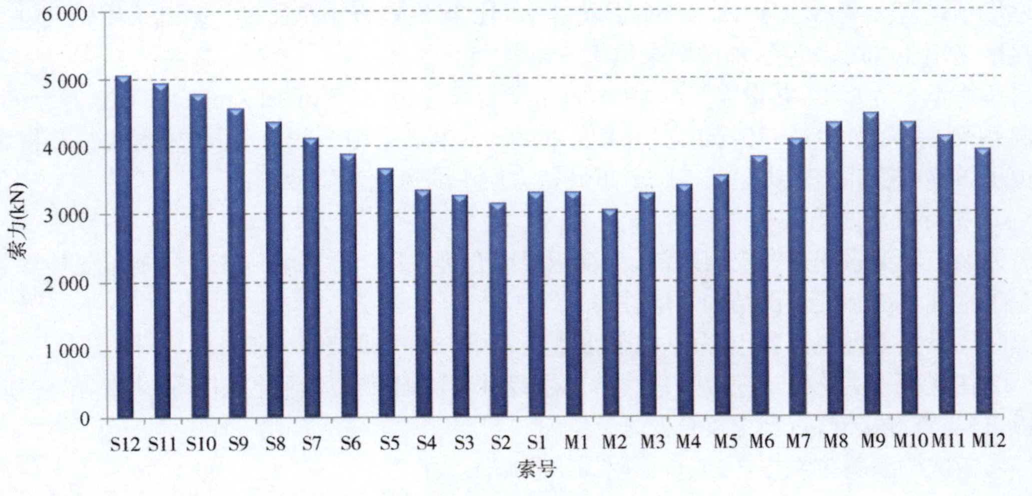

图 9-33 成桥状态下的斜拉索索力

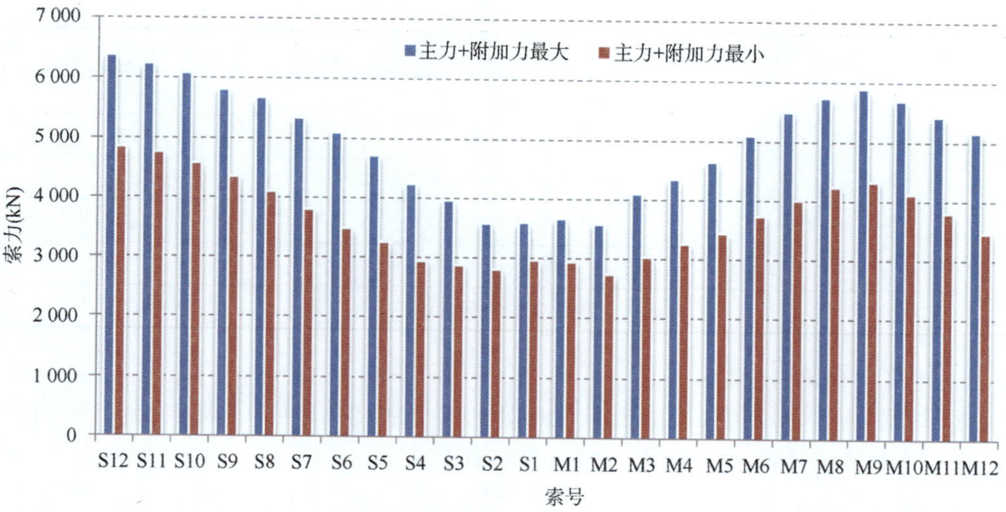

图 9-34 主力+附加力组合下斜拉索索力

斜拉索在最不利荷载组合作用下，最小安全系数 2.67，疲劳应力幅 113 MPa，均满足安全要求。

4. 总体刚度及变形

结构总体刚度及变形见表 9-8。

表 9-8 结构总体刚度及变形

项　　目	位　　移
中跨跨中静活载竖向挠度及挠跨比	竖向挠度 0.338 m，挠跨比 1/888
梁端转角(‰rad)	0.129
列车摇摆力、风力、温度作用下的梁体水平位移及水平挠跨比	水平位移 0.035 1 m，挠跨比 1/8 547

9.4.3.3 抗震分析和阻尼器参数选取

建立赣州赣江特大桥主桥及相邻引桥的空间弹性动力计算模型，分析结构动力特性；采用反应谱方法进行地震反应分析，研究结构在两种设防水准地震输入下[E1 地震作用(50 年 10%)、E2 地震作用(50 年 2%)]的地震反应；并对主桥采用非线性时程方法研究阻尼器的纵桥向减震效果。进行了两种(E1 地震和 E2 地震)设防水准地震输入的抗震验算，得出如下结论：

①E1 地震作用：在纵桥向与竖向、横桥向与竖向地震输入下，主桥所有墩柱、桥塔截面及桩基础最不利单桩截面地震弯矩小于其初始屈服弯矩，截面保持为弹性工作状态。

②E2 地震作用：在纵桥向与竖向、横桥向与竖向地震输入下，主桥所有墩柱、桥塔截面及桩基础最不利单桩截面地震弯矩小于其等效屈服弯矩，截面保持为弹性工作状态。

③E2 地震作用下梁端位移达到 0.691 m，但在塔梁连接处添加非线性阻尼器，对结构进行非线性时程分析后，得到梁端最大位移为 0.138 m，使梁端位移得到很好的控制。

④每塔采用 4 个黏滞阻尼器，阻尼器参数见表 9-9。

表 9-9 单个阻尼器设计参数

分类	名称	阻尼限位装置
动力阻尼参数	力与速度函数	$F=CV\alpha$
	速度指数	0.3
	阻尼系数 $C(kN/(m/s)^{0.3})$	1 250
	最大反应速度(m/s)	0.152
	阻尼力(kN)	710
静力行程	额定最大行程(mm)	124

9.4.3.4 车桥耦合振动分析

建立车-桥一体空间模型,采用德国 CRH3 动力分散式车组(列车编组为:2×(动+拖+动+动+动+动+拖+动),共 16 节),速度等级取 200、250、300、350、380、420 km/h。采用德国低干扰轨道谱进行车-桥耦合分析,共分为三种类型的工况:不同车速下单车过桥、不同车速下双车同时入桥、设计车速 350 km/h 时双车不同入桥距离下过桥。研究表明:

(1)单车和双车以 200～420 km/h 速度通过桥梁时,桥梁的横向挠跨比、横向加速度、竖向加速度和单侧梁端竖向折角均满足要求,桥梁的动力性能满足要求。

(2)单车以 200～420 km/h 车速通过本桥时,车辆运行安全性均满足要求;双车以 200～380 km/h 车速通过本桥时,车辆运行安全性均满足要求,平稳性达到优秀。

9.4.4 主要创新技术

为满足桥面铺设无砟轨道运行时速 350 km 列车的需求,大跨斜拉桥必须具有较好的结构刚度及动力性能,桥面板不仅具有较大的刚度,而且应与无砟轨道底座板具有良好的连接性能。综合多方面因素考虑,跨赣江主跨 300 m 高速铁路斜拉桥创新采用钢箱混合组合梁的结构形式,即边跨为混凝土箱梁、主跨采用钢箱组合梁,除具有钢箱混合梁斜拉桥的优势外,还具有以下特点:

①以钢箱混合梁铁路斜拉桥为基础,将主跨钢箱梁采用混凝土桥面板,从受力角度而言,钢与混凝土材料相互组合,箱梁腹板、底板仍然采用加劲的薄壁钢板结构,顶板采用钢筋混凝土预制厚板结构,形成钢箱混凝土桥面板组合截面结构。增加了索结构桥式的重力刚度,同等跨度箱梁斜拉桥挠跨比从 1/700 左右提高到 1/880 左右;增加了钢箱结构整体和局部的稳定性,改善了组合结构的受力性能,节省了钢材,减少了造价;同时增加风振阻尼特性,改善抗风性能。

②相对于正交异性钢桥面板,混凝土板上铺设无砟轨道,技术更加成熟。混凝土桥面板的刚度大,作为无砟基座的刚性基底,有利于轨道稳定性,改善了高速行车条件。

③桥面混凝土板通过分块、提前预制,大幅降低混凝土收缩、徐变引起的变形及应力重分配。

④与钢桥面板相比,从抗疲劳角度来说,混凝土桥面板增大了恒活比,改善了结构疲劳性能。

9.5 单线铁路岳口汉江钢箱混合梁独塔斜拉桥

9.5.1 工程概况

潜江铁路支线为单线货运铁路,线路在岳口镇南既有岳口汉江公路桥下游 1.05 km 处跨越汉江,正线长度 37.181 km。

桥址处汉江水面宽约 350 m，水流较急，桥轴线与水流交角为 90°，河道、河势较为稳定。桥位河段航道规划等级为Ⅲ级，规划航道尺度 2.4 m×90 m×500 m（水深×双线航宽×弯曲半径），根据通航论证及防洪评估的要求，采用主跨为 260 m 的钢箱混合梁独塔斜拉桥。

场址表层为第四系全新统冲湖积层淤泥质黏土、粉质黏土，其下为黏性土、粉土、砂类土及碎石类土。

9.5.2　桥式结构总体布置

主桥结构采用（32＋50＋93.7＋260＋38）m 钢箱混合梁独塔斜拉桥，全梁长 474.6 m（含梁缝）。钢混结合段位于主跨侧距离索塔 23 m 处，边跨加劲梁采用预应力混凝土箱梁，其余采用钢箱梁。结构体系为塔梁分离的形式，塔梁之间设置固定支座和纵向阻尼器。阻尼器允许加劲梁在温度、平均风荷载引起的纵向缓慢移动，对脉动风、列车制动和地震引起的动力响应应具有阻尼耗能作用。主桥总体布置如图 9-35 所示。

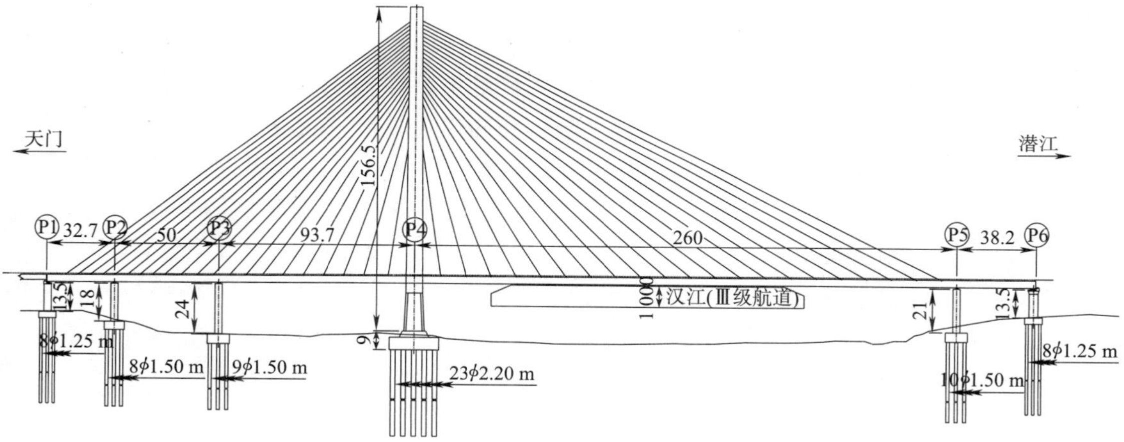

图 9-35　主桥总体布置（单位：m）

9.5.3　结构总体设计

1. 加劲梁

（1）混凝土箱梁

混凝土箱梁采用单箱三室等高截面，普通截面全宽 13 m，中心处梁高 3.5 m。截面中室梁顶板厚度为 40 cm，底板厚度为 60 cm，中腹板厚 50 cm，斜底板厚 60 cm；加厚横截面中室梁顶板厚度为 40 cm，底板厚度为 60 cm，中腹板厚 70 cm，斜底板厚 60 cm。加宽段截面中室梁顶板厚度为 40 cm，底板厚度为 60 cm，中腹板厚 70 cm，斜底板厚 60 cm。混凝土箱梁每 5.5～9.5 m 布置一道厚 50 cm 横梁，与斜拉索位置对应设置，全桥共计 22 道斜拉索横梁。索塔、连接墩顶、辅助墩顶及结合块箱梁各设置一道横隔梁，其中 P89～P91 号墩顶隔梁厚 2.5 m，P88 号墩顶横隔梁厚 2.35 m，结合块横隔梁厚 2 m，全桥共计 5 道墩（塔）顶横隔梁。混凝土梁典型断面如图 9-36 所示。

（2）钢箱梁

钢箱梁采用带风嘴的单箱三室截面，截面外轮廓尺寸与伸入主跨的混凝土箱梁相同，中间三室与混凝土箱梁三室相对应。

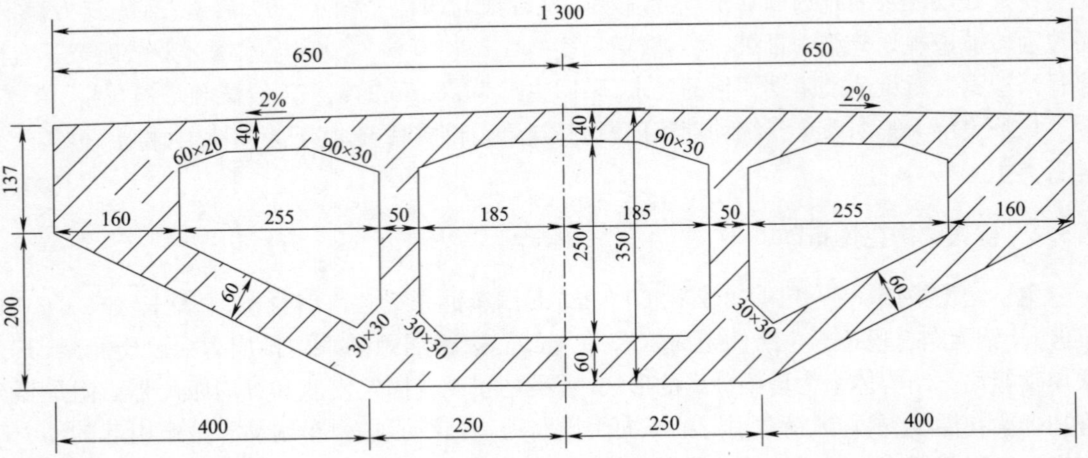

图 9-36 混凝土梁典型断面(单位:cm)

钢箱梁为正交异性板结构，由顶板、底板、斜底板、中腹板、边腹板及风嘴围封而成。根据受力和刚度过渡要求，钢箱梁在不同区段采用了不同的板厚，共分 6 个区，10 个梁段类型。

顶、底板厚 16～28 mm，钢箱梁设两道中腹板和两道边腹板，中腹板厚 20～28 mm，边腹板厚 30、40 mm；根据正交异性钢桥面板疲劳试验结果，顶板均设置纵向 V 肋，加劲肋厚 10 mm、间距 600 mm。底板纵向均采用 U 肋，U 肋板厚 8 mm(在压重区域加厚至 10 mm)、平底板上 U 肋间距 700 mm，斜底板上间距 800 mm。

主跨钢箱梁节段长 12 m，边跨钢箱梁节段长 9 m，每隔 3 m 设置一道实腹横隔板。全桥共计 24 个钢箱梁节段，钢混结合段重约 181.1 t，其他最大节段重约 134.1 t。钢箱梁断面如图 9-37 所示。

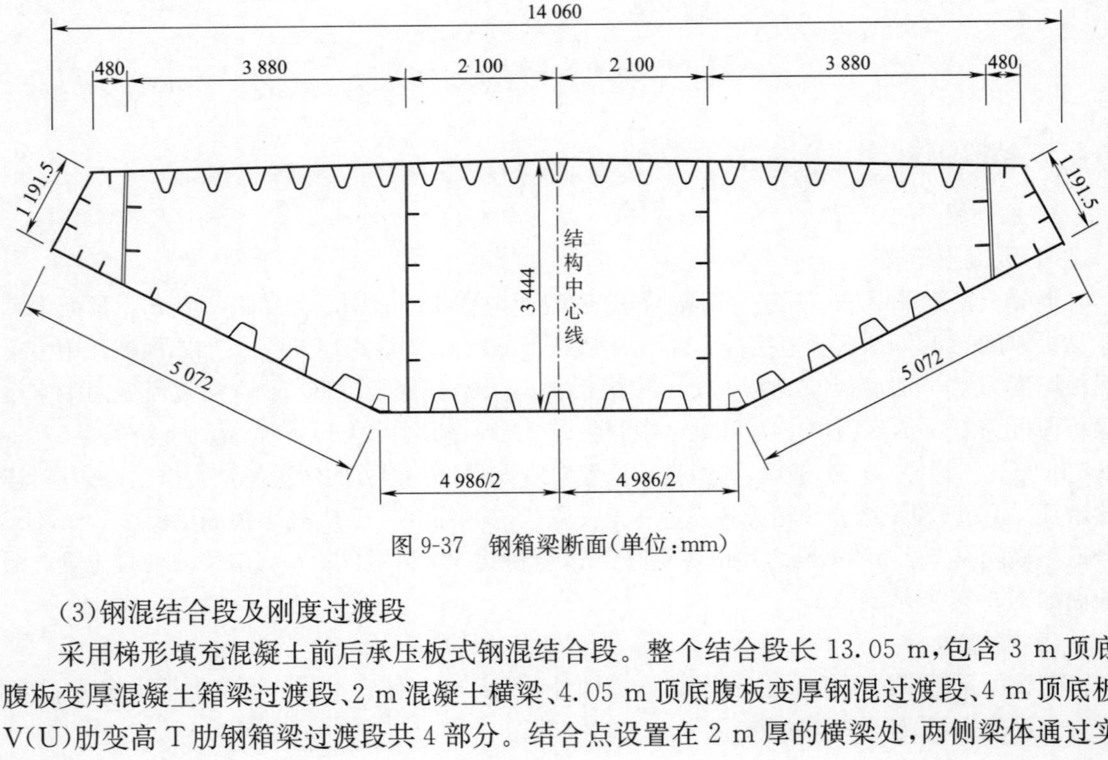

图 9-37 钢箱梁断面(单位:mm)

(3)钢混结合段及刚度过渡段

采用梯形填充混凝土前后承压板式钢混结合段。整个结合段长 13.05 m，包含 3 m 顶底腹板变厚混凝土箱梁过渡段、2 m 混凝土横梁、4.05 m 顶底腹板变厚钢混过渡段、4 m 顶底板 V(U)肋变高 T 肋钢箱梁过渡段共 4 部分。结合点设置在 2 m 厚的横梁处，两侧梁体通过实心梁段传力。其中4.05 m钢混过渡段采用阶梯状填充混凝土前后承压板式钢混接头，通过将结合段钢箱梁的顶板、底板、腹板与隔板和端承压板之间围封组成钢格室，其内填充混凝土，与混凝土箱梁顶板、底板和腹板平顺过渡。PBL剪力键、纵向预应力索以及钢格室顶底板布置的剪力钉保证了力的可靠传递和扩散。钢混结合段及钢箱梁刚度过渡段顶板、底板及中纵腹板、T形加劲肋板厚均为28 mm，边腹板厚度为30 mm。整个结合段（含钢箱梁过渡段）加工成整体，起吊后在支架上安装固定。为方便混凝土浇筑及自由流动，钢混结合段的钢格室顶板上开设浇筑孔，隔板上设置连通孔；为保证钢格室角点混凝土密实，在上角点及适当位置设置出气孔，在下角点预留压浆孔；为确保连接的可靠性，钢格室箱体内侧钢板设穿孔钢筋及搭焊钢筋与混凝土梁内钢筋连成整体。

2. 桥塔

索塔采用钻石型索塔，桥面以上索塔采用倒Y形，桥面以下塔柱内缩为钻石形，塔底以上索塔全高156.5 m，桥面以上塔高130 m，桥面以下塔高29.5 m，桥面以上塔的高跨比为1/2。

索塔纵向宽度由塔顶6 m线性加宽至塔底10 m。上塔柱斜拉索锚固区横桥向宽度为6 m，采用单箱单室截面。中塔柱为两分离式倾斜塔柱，单箱单室截面。下塔柱亦为两分离倾斜塔柱，单箱单室截面。中塔柱和下塔柱在塔梁交接处设下横梁，横梁高4 m。索塔下横梁为全预应力混凝土结构，锚固于索塔外侧壁上。索塔锚固采用钢锚箱，钢锚箱作为斜拉索锚固结构，设置在上塔柱中，斜拉索锚固在钢锚箱上，钢锚箱共20节，每节钢锚箱高1.830～5.6 m，钢锚箱节段之间采用高强螺栓连接；钢锚箱最下端支撑锚固在混凝土底座上。钢锚箱为箱形结构，由侧面拉板、端部承压板、腹板、锚板、锚垫板、横隔板、连接板、加劲肋等构件组成。其中侧面拉板主要承担斜拉索水平拉力，板厚40 mm，表面设置竖向人孔，为增加钢锚箱钢板的竖向稳定性，侧面拉板外侧焊有竖向加劲肋；端部承压板与混凝土塔壁相连，表面焊有剪力钉；索力通过腹板传递至竖向拉板上，高度随斜拉索角度不同而变化，腹板两侧焊有加劲肋；两块侧面拉板之间设置横隔板，为厚度16 mm带肋钢板，上面开有人孔，在斜拉索张拉时作为施工平台使用；锚板厚40 mm，锚垫板厚80 mm。

3. 斜拉索

斜拉索采用抗拉标准强度1 670 MPa镀锌平行钢丝拉索，空间双索面体系，扇形布置，全桥共42对斜拉索。斜拉索梁上间距6～12 m，塔上索距1.7～4.63 m。斜拉索最长277.3 m，最大规格为PES(C)7-199，单根最大重量（不计锚具）约9.2 t。根据索力的不同，规格分别为PES(C)7-109、PES(C)7-121、PES(C)7-127、PES(C)7-139、PES(C)7-151、PES(C)7-163、PES(C)7-199，共七种。

4. 下部结构

主塔采用23ϕ2.2 m钻孔桩基础，摩擦桩，梅花式布置，桩长97 m，桩底持力层为细圆砾土。承台为矩形，承台尺寸为26.9 m×23.7 m×6 m。边墩及辅助墩墩身均采用圆端形实体墩、ϕ1.25 m梅花式钻孔灌注桩、矩形承台。

5. 指导性施组方案

基础采用常规方法施工，桥塔采用爬模或滑模施工，边跨混凝土梁采用支架现浇施工，中跨钢箱梁采用桥面吊机节段拼装施工，主要施工工序如下：

①陆地基础采用常规的钻孔方式施工，浅水区基础利用栈桥和水中平台施工，深水区利用水中平台配备船泊施工方案。

②陆地承台采用直接或利用钢板桩开挖现浇施工；水中承台利用套箱或钢围堰进行现浇

施工。

③桥塔采用爬模或滑模施工。

④混凝土梁采用支架现浇施工，边跨钢箱梁采用支架现浇施工；钢箱梁采用整节段悬拼施工，钢箱主梁节段通过船舶水路运输到桥位，在混凝土主梁施工完成后进行单向悬臂拼装。利用船舶运送至待拼梁段处，然后利用桥面吊机吊装钢箱梁节段，先临时与相邻节段临时连接，对中调整后正式连接，张拉相应斜拉索，至全桥合龙。

⑤桥面及附属工程施工。

⑥斜率索力调整。

⑦荷载试验及通车运营。

第 10 章

铁路钢箱混合组合梁斜拉桥发展研究

10.1 主跨 480 m 公铁同层钢箱混合梁斜拉桥方案研究

10.1.1 桥式布置

桥式布置为(2×56+110+480+110+2×56)m 混合梁斜拉桥，主桥长 926.0 m。公路与铁路同层合建，铁路布置在桥面中央，桥面组成为 16.25 m 公路+11.0 m 铁路+16.25 m 公路，桥面总宽 43.5 m。立面布置如图 10-1 所示。

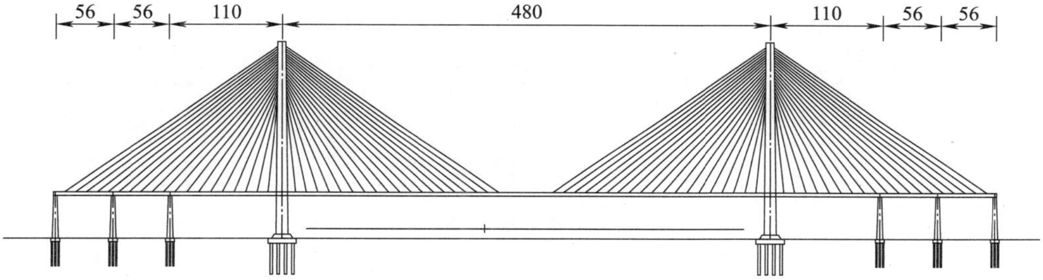

图 10-1 主跨 480 m 钢箱混合梁斜拉桥立面布置图(单位：m)

10.1.2 结构构造

1. 加劲梁

加劲梁梁长 925.5 m，其中 480 m 主跨和 110 m 边跨采用钢箱梁，钢箱梁长 675.0 m。两端 2×56 m 边跨采用预应力混凝土箱梁，混凝土梁长 250.5 m(含钢混结合段)。主梁顶宽 43.5 m，梁高 5.0 m。

(1)钢箱梁

如图 10-2 所示，钢箱梁采用鱼腹式双箱双室截面，顶板横向倾斜形成 2%的双向横坡，外侧设置 1.75 m 宽风嘴。钢箱梁顶板厚 16 mm，底板厚 16～24 mm，外腹板厚 32 mm，中腹板厚 24～32 mm。钢箱梁顶板设 8 mm 厚 U 形纵肋，底板和腹板设板式纵肋。

对应各吊点处，钢箱梁顺桥向每隔 12.0 m 设一道箱形横梁，横梁中部梁高 5.0 m，两腹板间距 3.0 m，腹板厚 20 mm；横梁底宽 3.1 m，底板厚 24 mm。

在两道横梁之间，钢箱梁顺桥向每隔 3.0 m 设 1 道横隔板，横隔板厚 16 mm；箱外设 1 道倒 T 形横肋，横肋高 1.6 m，腹板厚 16 mm，底板宽 580 mm，厚 24 mm。

在对应铁路挡砟墙范围内，设置两道小纵梁，小纵梁采用倒 T 形截面，梁高 1.6 m。

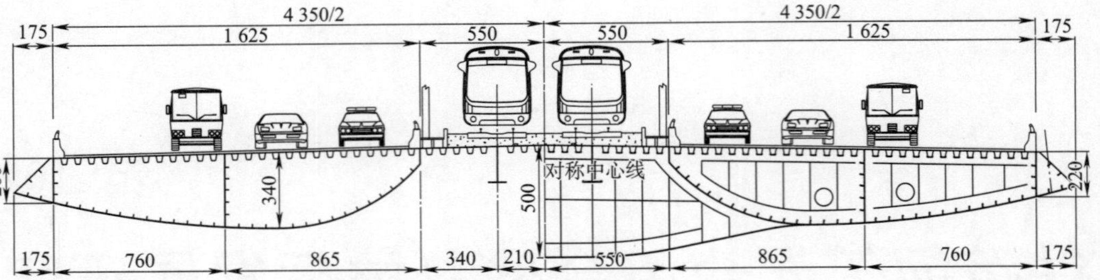

图 10-2 钢箱梁横断面图(单位:cm)

(2)混凝土箱梁

混凝土箱梁外形轮廓同钢箱梁，一般顶板厚 0.35 m、底板厚 0.35 m、中腹板厚 0.60 m，在各支点处和钢混结合段局部加厚，如图 10-3 所示。对应各吊点处，顺桥向每隔 8.0 m 或 10 m 设一道 T 形横梁，横梁中部梁高 5.0 m，腹板厚 0.5 m，下翼缘宽 1.5 m。

混凝土箱梁为预应力混凝土结构，设纵向和横向预应力，纵向预应力采用 15-7ϕ5 钢索，横向预应力采用 19-7ϕ5 钢索和 5-7ϕ5 钢索。

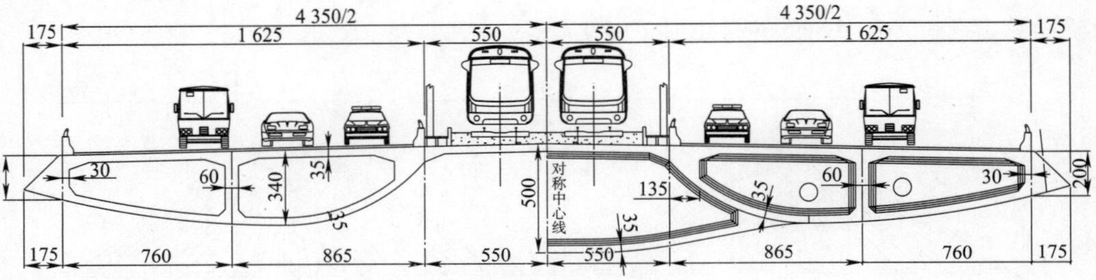

图 10-3 混凝土箱梁横断面图(单位:cm)

2. 桥塔

桥塔采用双柱花瓶形，下横梁以上塔柱高 152.0 m，下横梁以下塔柱高 32.0 m，塔柱总高 184.0 m。桥塔顺桥向宽度由塔顶 9.0 渐变为塔底 11.12 m，上塔柱横桥向宽 5.5 m，中塔柱横桥向宽 5.5 m，下塔柱横桥向宽由 5.5 m 渐变为 10 m。如图 10-4 所示。

塔柱采用单箱单室截面，上塔柱前后塔壁厚 1.5 m，侧面壁厚 1.25 m；中塔柱前后塔壁厚 1.5 m，侧面壁厚 1.25 m；下塔柱前后塔壁厚 2 m，侧面壁厚 1.5 m。

两塔柱最大横向中心距 52.5 m，塔顶横向中心距 27.0 m，塔底横向中心距 36.5 m。两塔柱间设置 2 道横梁，上横梁高 4.0 m，下横梁高 6.0 m，横梁采用单箱单室截面。

上塔柱和横梁为预应力混凝土结构，中塔柱和下塔柱为钢筋混凝土结构。

3. 斜拉索

全桥共设 76 对斜拉索，按双索面扇形布置，斜拉索下端锚于主梁边缘，混凝土梁区段纵向索距 8.0～10.0 m，钢箱梁区段纵向索距 12.0 m，锚点横桥向间距 44.5 m。上端锚于塔柱内，锚点竖向间距 1.6～4.85 m，横桥向间距 27.0 m。

斜拉索采用 PES7-265～PES7-421 型Ⅱ级松弛平行钢丝拉索(ϕ7 mm 镀锌平行钢丝成品索)，配套使用冷铸镦头锚，在塔柱内张拉。斜拉索在主梁锚点附近设外置式阻尼器以抑制风雨振。

4. 基础结构

桥塔基础采用 32 根 ϕ3.0 m 钻孔桩，顺桥向桩间距 7.0 m，横桥向桩间距 7.0 m，承台平面尺寸为 26.2 m×61.2 m，厚 6.0 m。承台顶面设置 3.0 m 厚塔座，加强承台刚度来满足结

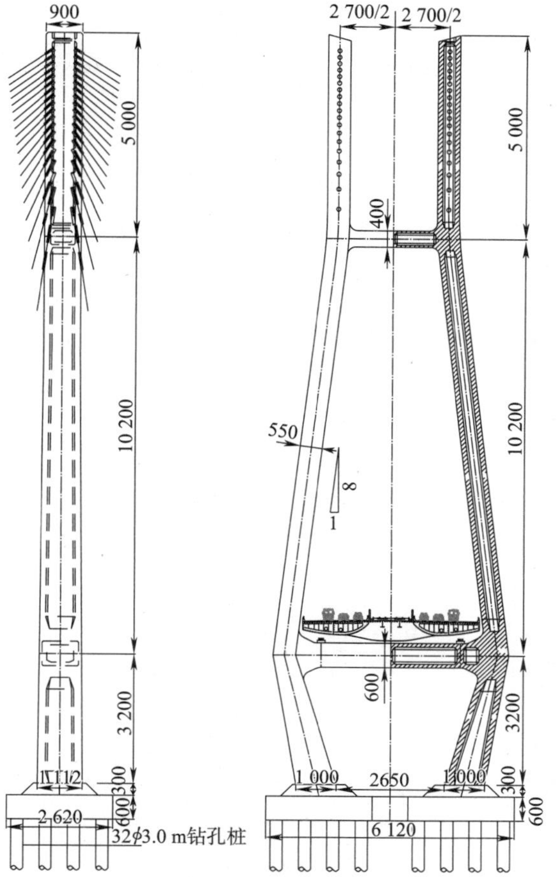

图 10-4　桥塔构造图(单位：cm)

构受力要求。

桥墩采用双柱门式墩，墩高 34.0～38.0 m，分离式基础，采用 18 根 ϕ1.5 m 钻孔桩。

5. 支座及阻尼器

①各桥墩、桥塔处设置两个竖向约束支座。

②各桥塔处设置 4 个纵向阻尼器，在温度力作用下，主梁纵向自由伸缩，但在制动力、脉动风或地震力等冲击荷载作用下，主梁纵向变形受到阻尼器的约束。

③各桥塔处设置 4 个横向阻尼器，各桥墩处设置 2 个横向阻尼器。

6. 桥面构造

公路桥面铺设 3 mm 厚 MMA 防水层，上铺 9 cm 厚沥青混凝土。铁路桥面铺设 3 mm 厚 MMA 防水层，其上直接铺设线路设备。

10.1.3　主要建筑材料

①混凝土。混凝土箱梁 C60 混凝土，桥塔塔柱及横梁 C50 混凝土，桥墩墩身及横梁 C45 混凝土，承台及钻孔桩 C45 混凝土。

②普通钢筋：HPB300、HRB400 钢筋。

③钢绞线：采用标准强度 $f_{pk}=1\ 860$ MPa、弹性模量 $E_p=1.95\times10^5$ MPa、公称直径 15.20 mm 钢绞线，材质符合《预应力混凝土用钢绞线》(GB/T 5224—2014)标准。

④钢材：钢箱梁采用Q345qD钢，材质符合《桥梁用结构钢》(GB/T 714)标准。

⑤斜拉索：采用PES7-265～PES7-421型Ⅱ级松弛平行钢丝拉索(ϕ7 mm镀锌平行钢丝成品索)，其 $f_{pk}=1\ 670$ MPa，$E_p=1.95\times10^5$ MPa。斜拉索各项指标符合《斜拉索热挤聚乙烯高强钢丝拉索技术条件》(GB/T 18365—2001)要求，斜拉索钢丝各项指标符合《桥梁缆索用热镀锌钢丝》(GB/T 17101—2008)要求。

10.1.4 结构计算分析

(1)计算图式

按施工流程逐阶段计算结构各截面内力、应力和位移。计算模型考虑桥塔基础刚度的影响，各桥墩处设竖向约束、纵向活动，桥塔与加劲梁间设竖向主从约束，纵向设置阻尼限位器。

(2)整体计算结果

1)斜拉索应力

恒载作用下最小应力：－312 MPa；主力＋附加力组合最大索力：－8 392 kN；最大应力：－518.0 MPa；最大活载应力幅：135 MPa。

2)钢箱梁纵向应力

主力组合最大压应力103.0 MPa，最大拉应力－71.7 MPa；主力＋附加力组合最大压应力131.0 MPa，最大拉应力－76.0 MPa；最大活载应力幅76.0 MPa。

3)混凝土箱梁纵向应力

主力组合最大压应力15.3 MPa，最小压应力1.2 MPa；主力＋附加力组合最大压应力18.5 MPa，最小压应力0.2 MPa。

4)桥塔轴向应力

主力组合最大压应力11.5 MPa；主力＋附加力组合最大压应力15.5 MPa。

5)结构刚度

在铁路列车和汽车活载作用下，主跨钢箱梁跨中竖向挠度为0.556 m，挠跨比为1/864，梁端梁体下挠的最大梁端转角0.7‰rad＜2‰rad；塔顶水平位移0.195 m。

6)支反力

恒载及荷载组合支反力见表10-1，表中为半桥宽竖向支反力。

表10-1 恒载及荷载组合支反力表 (单位：kN)

位置	恒载	主力组合		主力＋附加力组合	
		最大	最小	最大	最小
边墩支座	11 040	14 640	8 644	15 160	8 032
辅助墩1支座	27 310	34 390	19 600	35 390	18 390
辅助墩2支座	19 300	28 890	11 630	30 260	10 240
桥塔支座	5 978	13 470	6 785	14 670	5 583

10.2 主跨766 m分离式钢箱混合梁斜拉桥方案研究

10.2.1 桥式布置

主桥采用(3×72＋76＋766＋76＋3×72)m双线铁路混合梁斜拉桥方案主桥长1 350 m。主跨766 m跨越潭江。桥式布置如图2-24所示。

加劲梁采用双主梁结构形式，桥面横向宽度 33 m，梁高 5 m。顶面设 2%横向排水坡，底面为圆弧形。双主分别梁位于截面两侧，底面宽 7.5 m，外侧高 2.8 m，内侧高 4.3 m。主跨采用钢箱梁，边跨采用预应力混凝土箱梁，加劲梁截面如图 10-5 所示。

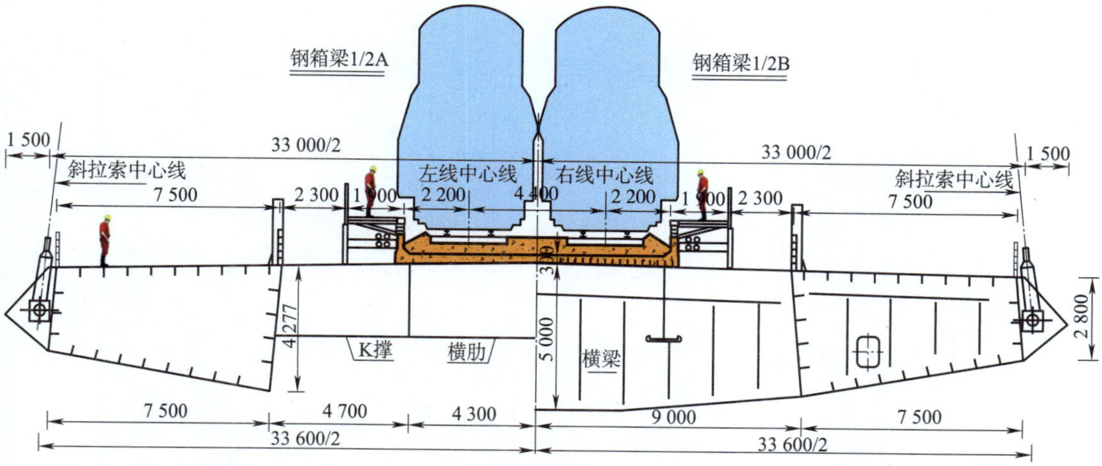

(a) 主跨钢箱梁截面

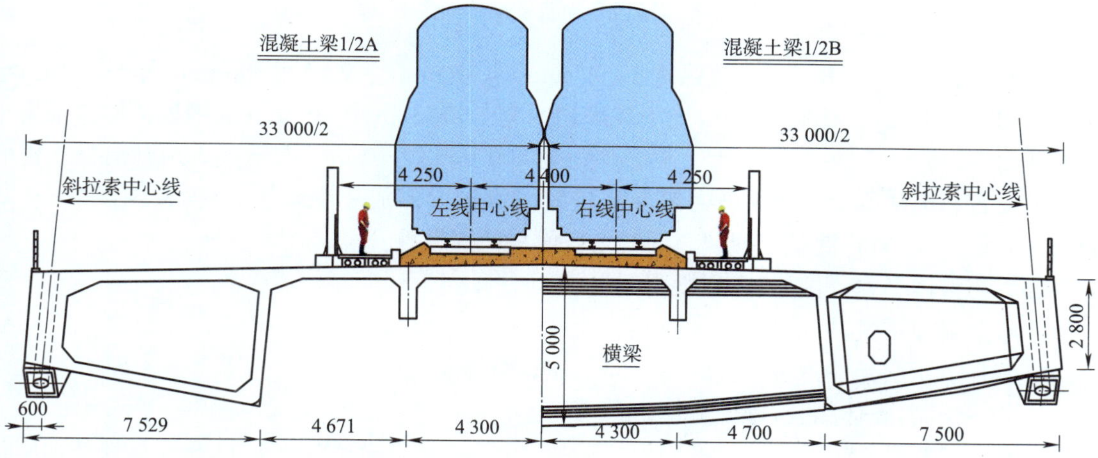

(b) 边跨混凝土梁截面

图 10-5　桥面布置及主梁标准截面图(单位：mm)

主跨采用钢箱梁，其节段平面布置如图 10-6 所示。钢箱梁锚点处腹板采用 36 mm 钢板，其余顶底板、腹板及加劲肋厚度为 32～24 mm，外侧设置 1.5 m 宽风嘴。桥面系采用带水平 K 撑的纵横梁体系。

边跨采用预应力混凝土梁结构形式，外形轮廓同主跨钢箱梁。锚固腹板壁厚 1.2 m，其余臂厚从外侧到塔下，由 35 cm 增大到 65 cm。桥面板最小厚度 31.9 cm，混凝土小纵梁高 1.586 m，腹板厚 0.5 m。吊点横梁采用马蹄形，跨中高 5 m，腹板厚 0.5 m，下翼缘宽 1 m。在节间跨中 5 m 范围内按纵向间距 0.6 m 配置 4-7ϕ5 横向预应力束。

主跨桥面系采用钢纵横梁体系，叠合 30 cm 厚混凝土桥面板，通过横梁和水平 K 撑与主梁连接。在吊点处每隔 10 m 设一道横梁，横梁为工字形截面，跨中高 5 m，下翼缘宽 1 000 mm，厚 40 mm，上翼缘宽 800 mm，厚 36 mm。两道横梁之间设置 2 道横肋，横肋采用工

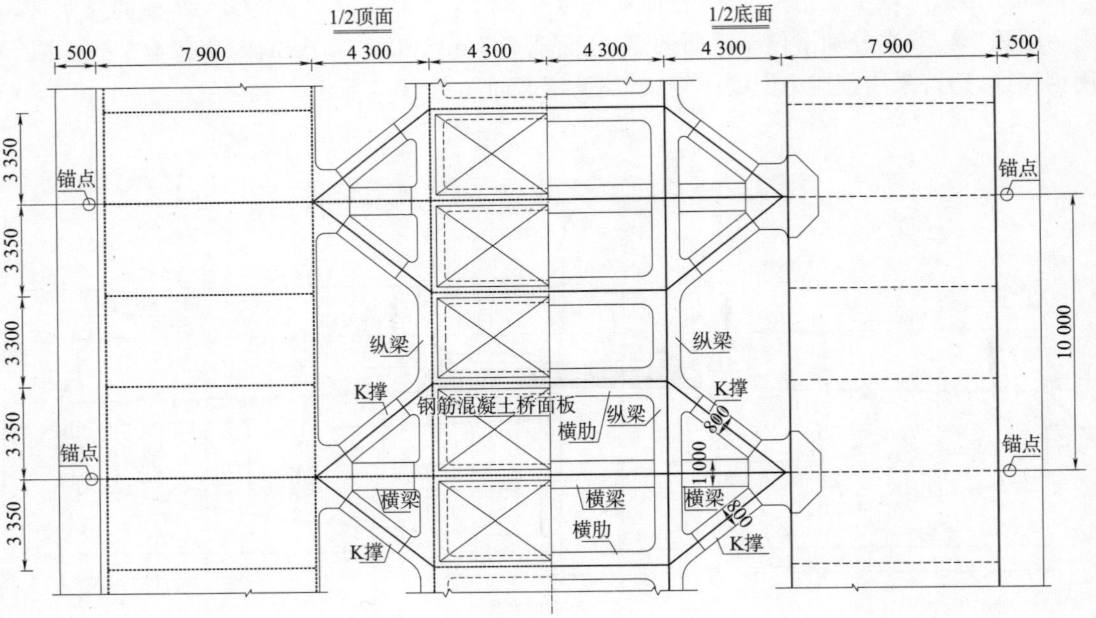

图 10-6　钢箱梁节段平面及桥面系构造图(单位:mm)

字形截面,高 2.5～2.586 m,下翼缘宽 1 000 mm,厚 36 mm,上翼缘宽 800 mm,厚 36 mm。小纵梁采用工字形截面,梁高 2.5 m,上下翼缘均为宽 1 000 mm,厚 36m m 的钢板。K 撑采用工字形截面,梁高 2.416～2.5 m,上下翼缘均为宽 800 mm 厚 40 mm 的钢板。预制混凝土桥面板通过设置在纵横梁上翼缘的剪力钉及湿接缝与纵横梁形成一个整体,桥面板内配置 5-7ϕ5 的预应力钢绞线,防止混凝土开裂。混凝土桥面板的优越性:

①参与整体受力,可以减少主梁用钢量;

②增大附加重量,可以提高索的刚度;

③避开了正交异性钢桥面板的疲劳问题和防腐等问题;

④分块预制,整体结合,施工方便。

拉索为双索面布置,全桥共 296 对斜拉索。梁上主跨吊点横桥向间距 33.6 m,边跨横向间距 31.8 m。采用强度等级为 1 860 MPa 的单根防腐钢绞线组成的群锚拉索,单根钢绞线面积 139 mm^2,斜拉索规格为 55～109 束。拉索长度 425.5～133.5 m。在塔顶,拉索锚固于塔上钢锚箱,锚点间距 1.5～3 m;在主梁上,拉索锚固于边腹板上钢锚箱,钢箱梁上索间距10 m,混凝土梁上索间距 7～8 m。在索塔内张拉。斜拉索在主梁锚点附近设外置式阻尼器以抑制风雨振。

桥塔采用钻石形索塔,如图 10-7 所示。桥面以上塔高 200 m,桥面以下塔高 61 m,桥塔顺桥向宽度由塔顶 9.5 m 渐变为塔底 16 m,上塔柱横桥向宽 9.0 m,中塔柱横桥向宽 5.5 m,下塔柱横桥向宽由 5.5 m 渐变为 10 m。上塔柱采用单箱双室结构,前后塔壁厚 1.6 m,侧面壁厚 0.8 m;中塔柱为单箱单室结构,前后塔壁厚 1.6 m,侧壁厚 1.4 m。下塔柱为单箱单室结构,前后塔壁厚 2 m,侧壁厚 1.8 m。桥塔设一道下横梁,采用单箱单室结构,梁高 6 m,宽12 m,腹板厚度 1.8 m,上下翼缘厚 1.2 m,在桁梁支座下方及跨中共设置四道 0.6～1 m 厚横隔板。

索塔承台尺寸为 33.2 m×47.2 m,厚 6 m,设 3 m 高塔座,基础采用钻孔桩基础,桩径 3 m,每个承台设 35 根桩。辅助墩及连接墩均采用空心门式墩,墩高 55～58 m,基础采用 ϕ1.5 m 钻孔桩基础。

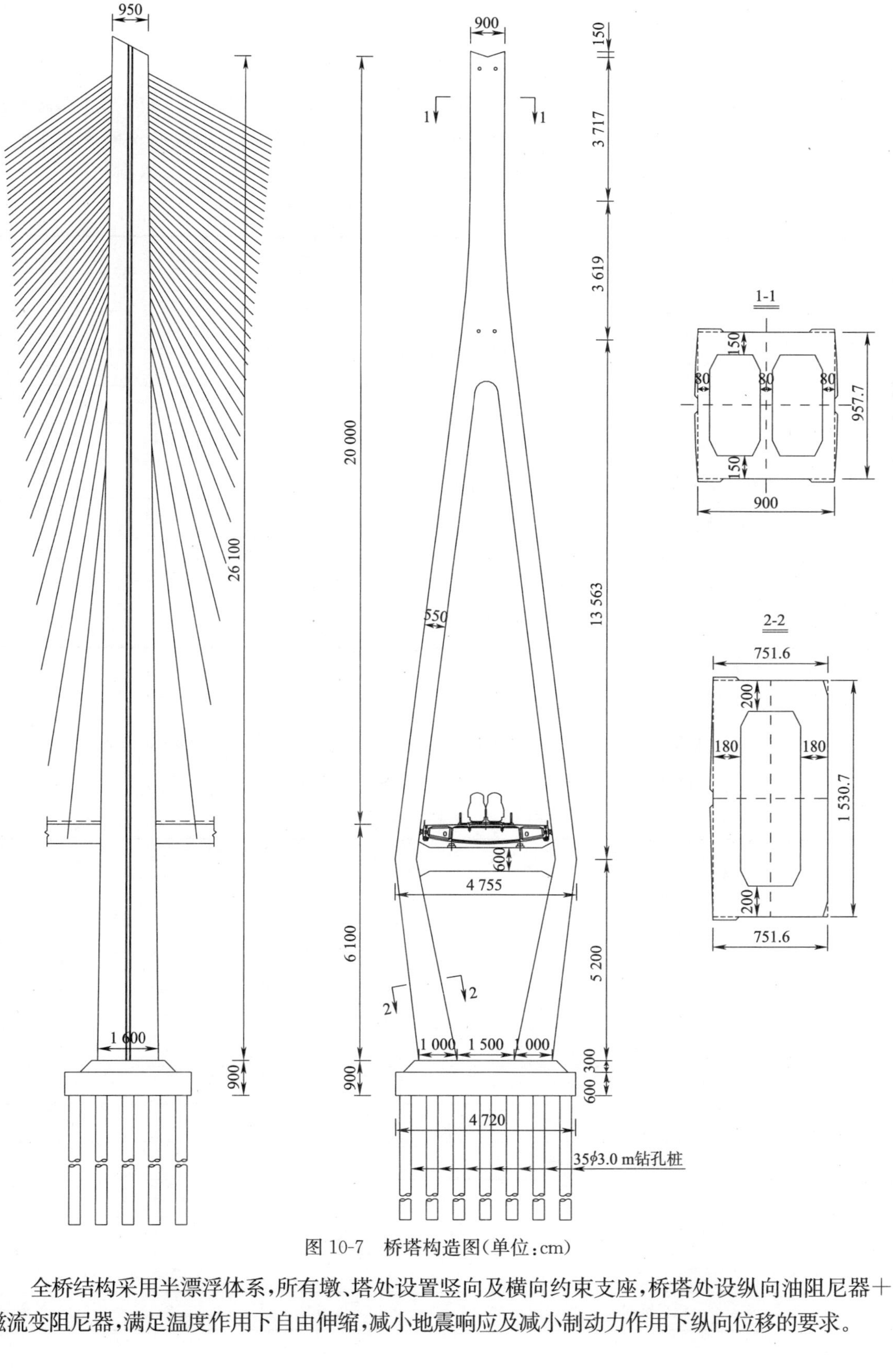

图 10-7　桥塔构造图(单位:cm)

全桥结构采用半漂浮体系,所有墩、塔处设置竖向及横向约束支座,桥塔处设纵向油阻尼器+磁流变阻尼器,满足温度作用下自由伸缩,减小地震响应及减小制动力作用下纵向位移的要求。

10.2.2 加劲梁结构方案

1. 主梁高度比选

选择梁高 4.5 m、5 m、5.5 m 三种方案进行比较，见表 10-2。混凝土箱梁的梁高和截面形式均与钢箱梁协调匹配，外形尺寸与钢箱梁一致。重点比较梁高对结构横、竖向刚度及主要工程数量的影响。

表 10-2 不同梁高方案比较表

方案	梁高 4.5 m	梁高 5.0 m	梁高 5.5 m
主跨跨中静活载挠度(m)	1.098	1.073	1.06
主跨跨中挠跨比	1/698	1/714	1/723
运营风力、摇摆力作用下的横向位移(m)	0.191	0.191	0.186
水平挠跨比	1/4 012	1/4 010	1/4 119
主跨跨中钢箱梁底缘活载疲劳应力幅(MPa)	69.2	63.6	59.3
辅助墩截面混凝土梁顶缘(主力＋附加力)应力幅(MPa)	15.5	15.0	14.1
加劲梁 C60 混凝土数量(m^3)	29 104	29 734	30 885
混凝土数量增幅(m^3)	−630	0	1 151
主跨用钢量(t)	19 816	20 260	20 658
用钢量增幅(t)	−444	0	398

注:材料数量增幅均与梁高 5 m 方案比较。

2. 主梁宽度比选

在不增大钢箱主梁截面面积的情况下，增大双主梁横向间距及吊点横向间距，分别采用 30 m、33 m、36 m 三种桥面宽度方案进行比选。比较情况见表 10-3。

表 10-3 桥面宽度比较表

方案	桥面宽 30 m	桥面宽 33 m	桥面宽 36 m
宽跨比	1/25.5	1/23.2	1/21.3
主跨跨中静活载挠度(m)	1.073	1.073	1.073
主跨跨中挠跨比	1/714	1/714	1/714
运营风力、摇摆力作用下的横向位移(m)	0.231	0.191	0.162
水平挠跨比	1/3 316	1/4 010	1/4 732
主跨跨中钢箱梁底缘活载疲劳应力幅(MPa)	63.7	63.6	63.4
辅助墩截面混凝土梁顶缘(主力＋附加力)应力幅(MPa)	15.6	15.0	14.5
加劲梁 C60 混凝土数量(m^3)	29 104	29 734	30 368
混凝土数量增幅(m^3)	−630	0	634
吊点横梁应力(MPa)	127	136	146
横梁竖向挠度(mm)	4.254	5.716	7.47
横梁挠跨比	1/8 463	1/6 298	1/4 819

续上表

方　　案	桥面宽 30 m	桥面宽 33 m	桥面宽 36 m
主跨用钢量(t)	19 427	20 260	21 159
用钢量增幅(t)	−833	0	899

注:材料数量增幅均为与桥面 33 m 方案比较。

从三种梁宽方案比选可知:梁宽对横向刚度影响显著,30～36 m 范围内,梁宽每增加3 m,横向刚度增大 20%;30 m 梁宽方案水平挠度过大;36 m 梁宽方案,横梁用钢量增加过多,不经济,横梁应力及挠度均大幅增加。

3. 主梁板厚比选

加劲梁各梁段截面钢板厚度采用三种方案,见表 10-4,比较结果见表 10-5。

表 10-4　板厚方案

位　　置	板厚(mm)		
	方案一	方案二	方案三
A 段(结合段)	40	32	28
B 段(一般梁段)	36	28	24
C 段(跨中梁段)	30	24	20
边腹板	40	36	36

表 10-5　加劲梁板厚比较表

方　　案	方案一	方案二	方案三
主跨跨中静活载挠度(m)	1.046	1.073	1.092
主跨跨中挠跨比	1/732	1/714	1/701
运营风力、摇摆力作用下的横向位移(m)	0.166	0.191	0.198
水平挠跨比	1/4 618	1/4 010	1/3 868
主跨跨中钢箱梁底缘活载疲劳应力幅(MPa)	50.9	63.6	73.2
辅助墩截面混凝土梁顶缘(主力＋附加力)应力幅(MPa)	15.0	15.0	15.0
主跨用钢量(t)	22 893	20 260	18 966
用钢量增幅(t)	2 633	0	−1 294

从板厚比选结果表 10-5 可知:板厚对竖向刚度有一定影响,对横向刚度影响略大;方案三钢箱梁疲劳应力幅过大,且横向刚度较差;方案一各项指标均有富足,但用钢量增加 2 633 t,造价提高约 3 600 万,经济性较差;方案二相对较佳。

10.2.3　辅 助 墩

辅助墩的设置可减小尾索区斜拉索的应力幅值,提高结构竖向刚度。对于边跨 292 m、梁高 5 m 的铁路斜拉桥而言,考虑设置 2～4 个辅助墩作为可行方案进行比较。

两个辅助墩方案:(80＋92＋120)m＋766 m＋(120＋92＋80)m,由于混凝土梁不能适应大跨度的需要,边跨部分改为钢箱梁,钢箱梁伸入边跨 100 m;三个辅助墩方案:(3×72＋76)m＋766 m＋(76＋3×72)m,混凝土梁伸入主跨 32 m;四个辅助墩方案:(4×56＋68)m＋766 m＋

(4×56+68)m，混凝土梁伸入主跨 32 m。各辅助墩方案对结构刚度及造价的影响，比较计算结果列于表 10-6。

表 10-6 不同辅助墩设置方案比较表

方　案	两个辅助墩方案	三个辅助墩方案	四个辅助墩方案
中跨跨中静活载挠度(m)	1.105	1.073	1.066
中跨跨中挠跨比	1/693	1/714	1/719
运营风力、摇摆力作用下的横向位移(m)	0.236	0.191	0.191
水平挠跨比	1/3 246	1/4 010	1/4 015
主跨跨中钢箱梁底缘活载疲劳应力幅(MPa)	65.1	63.6	63.2
辅助墩混凝土梁顶缘(主力＋附加力)应力幅(MPa)	19.4	15.0	13.0
主梁 C60 混凝土数量(m^3)	19 404	29 734	29 734
C60 混凝土数量增幅(m^3)	－10 330	—	0
主跨用钢量(t)	25 352	20 260	20 260
用钢量增幅(t)	5 092	—	0
墩台基础混凝土数量(m^3)	79 997.25	90 390	100 782.75
墩台基础数量增幅(m^3)	－10 393	—	10 393
综合造价增幅(万)(考虑施工临时措施)	－276	—	3 177

注：数量增幅相比三个辅助墩方案。

从比较结果可知：增加辅助墩对竖向、横向刚度有利，三个辅助墩方案比两个辅助墩方案横、竖向刚度提高较大，但四个辅助墩方案与三个辅助墩方案刚度几乎没有什么差别。两个辅助墩方案横向刚度较差，混凝土应力过大；三个辅助墩方案相对较优。

10.2.4 风-车-桥系统耦合振动计算与分析

(1)无风行车条件

当货物列车(C_{62} 货车)在 50～80 km/h 速度范围内、旅客列车(SS_8 牵引的双层客车)在 80～200 km/h 速度范围内、动车组(CRH2 列车)在 120～240 km/h 速度范围内通过桥梁时，均可满足列车行车安全性和桥梁安全性的要求。该速度范围内，货车运行平稳性达到“良好”标准，旅客列车和动车组的乘车舒适度均达到“良好”标准以上。

(2)桥面平均风速不高于 25 m/s 时

当货物列车(C_{62} 货车)在 50～80 km/h 速度范围内、旅客列车(SS_8 牵引的双层客车)在 80～200 km/h 速度范围内、动车组(CRH2 列车)在 120～240 km/h 速度范围内通过桥梁时，均可满足列车行车安全性和桥梁安全性的要求。该速度范围内，货车运行平稳性达到“良好”标准，旅客列车和动车组的乘车舒适度均达到“合格”标准以上，故可正常运行。

10.2.5 抗风分析

基本风速 100 年重现期、10 m 高、10 分钟平均年最大风速为 $V_{10}=32.5$ m/s。

假如主跨跨中桥面桥位设计常水位为 $H_{water}=3.32$ m 及主跨跨中桥面设计标高为 $H_{deck}=58.08$ m，则对应桥面高度处设计基准风速为：

$$V_d=V_{10}\times\left(\frac{H_{deck}-H_{water}}{10}\right)^{0.16}=32.5\times\left(\frac{58.08-3.32}{10}\right)^{0.16}=42.7(\mathrm{m/s}) \quad (10\text{-}1)$$

颤振检验风速的确定与桥梁跨径和桥位地表类别有关，江门潭江特大桥斜拉桥方案的主跨为 766 m。分别考虑风速的脉动影响及水平相关特性的无量纲修正系数 μ_f 可参照《公路桥梁抗风设计规范》第 6.3.8 条规定，按 B 类地貌场地取为 1.26。考虑风洞试验误差及设计、施工中不确定因素的综合安全系数 $K=1.2$，则 100 年重现期成桥状态颤振检验风速为：

$$[V_{cr}]=1.2\cdot\mu_f\cdot V_d=1.2\times1.26\times42.7=64.6(\mathrm{m/s}) \quad (10\text{-}2)$$

加劲梁竖弯和扭转基频分别为 0.212 87 Hz 和 0.537 98 Hz，对应的振型为对称振型，扭弯频率比为 2.527 27，相应的主梁等效质量和质量惯性矩分别为 1.03×10^5 kg/m 和 1.27×10^7 kg·m²/m，颤振临界风速 109.2 m/s，见表 10-7。

表 10-7　颤振稳定性临界风速

结构状态	m(t/m)	I_m(t·m²)	f_t(Hz)	颤振临界风速(m/s)
成桥状态	103	1 270	0.538	109.2

桥塔横向位移 0.435 m，跨中横向位移 0.872 m，钢梁应力 187 MPa，结构具有较大的安全储备。静风稳定性临界风速与检验风速见表 10-8。驰振力系数大于 0 不会发生驰振现象。

表 10-8　静风稳定性表

风速类型	成桥状态
静风稳定性临界风速(m/s)	823
静风稳定性检验风速(m/s)	85.4

10.3　不等跨(798＋588＋798)m 公铁钢箱混合组合桁梁斜拉桥方案研究

10.3.1　桥式布置总体构思

考虑航道上过往船舶的通航及桥址上下游码头作业要求，单向通航净宽应不小于 680 m；双向通航净宽应不小于 878 m。结合桥址跨越航道、港口码头情况，考虑桥墩阻水及稳流影响，单向通航主跨采用(798＋588＋798)m。

根据主跨跨度的布置和桥址范围规划铁路与公路的情况，桥式立面布置方案研究采用(80＋160＋798＋588＋798＋160＋80)m 公铁两用四塔钢箱混合桁梁斜拉桥，双层桥面。与传统钢桁梁不一样，加劲梁采用箱桁组合形式，即下层通行铁路，采用钢箱及混凝土箱梁，上层通行公路采用箱形弦杆与正交异性板组成的板桁结构，上下层通过腹杆连接形成箱桁组合截面。798 m 主跨下层加劲梁采用分离式组合钢箱梁，588 m 主跨采用分离式组合钢箱-混凝土结合梁，边跨采用预应力混凝土箱梁，斜拉索锚固于钢箱梁及混凝土箱梁上。588 m 中主跨斜拉索交叉布置，不仅满足斜拉索布置需要，而且交叉索可提高本桥的整体刚度。设计方案研究的关键是如何充分利用钢箱、钢桁及混凝土箱梁的组合优势，合理布置高低塔及交叉索，使得不等跨多塔斜拉桥能够达到安全、美观、经济的目的。桥式布置如图 10-8 所示。

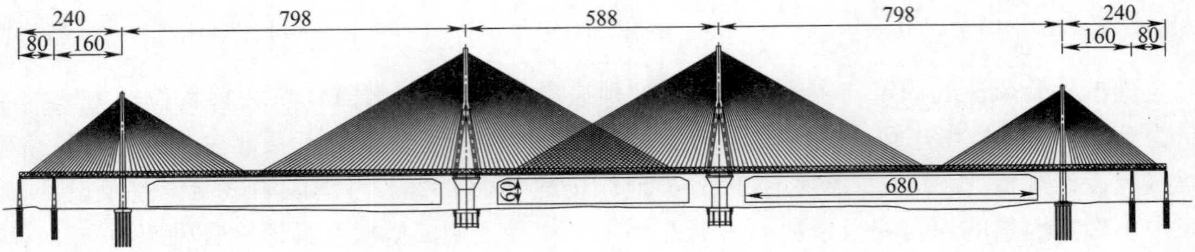

图 10-8 主桥总体布置图(单位:m)

10.3.2 不等跨多塔混合梁斜拉桥的特点与刚度控制

1. 不等跨多塔混合梁斜拉桥的特点

不等跨多塔斜拉桥相对于双塔斜拉桥而言具有显著的特点,在荷载作用下,除了中跨主梁自身下挠外,塔身也向跨中倾斜,边跨主梁将向上挠起,为解决中跨刚度问题,一般是在边跨设置锚索,控制塔顶倾斜,同时增加辅助墩,减小边跨的上挠。

多塔斜拉桥中间塔两侧既无辅助墩,也没有边锚索,中间塔的水平位移将增大,从而梁的挠度将加大,使已经是柔性结构的斜拉桥柔性更大,导致多塔斜拉桥的主梁挠度、斜拉桥疲劳应力幅和塔底内力比双塔斜拉桥要大得多,因此如何确保多塔斜拉桥的整体刚度,是斜拉桥设计的关键技术。

由于多塔斜拉桥主梁长度较大,温度效应影响显著,过大的温度变形不仅影响加劲梁和斜拉索结构的合重性与安全性,也影响结构的适用性,对于索塔,如果温度效应处理不当将导致塔底内力较大,将会增加索塔及基础等受力构件的设计难度。

根据多塔斜拉桥的结构特点,为降低温度效应对桥塔、加劲梁产生的不利影响,加劲梁采用漂浮体系。在桥塔和加劲梁之间安装阻尼装置,以控制加劲梁在制动力和地震力作用下的纵向位移。在各墩上设置竖向支座,桥塔上同时设置横向支座限制加劲梁横向位移。

2. 不等跨多塔混合梁斜拉桥刚度控制问题

(1)边跨设置辅助墩

在边跨设置辅助墩可降低多塔斜拉桥的边塔水平位移及塔柱内力,进而影响中塔;其改善结构力学性能的效果没有双塔斜拉桥显著,仅能对边跨、边塔及次边跨产生直接影响,对中间塔和中间跨的影响要通过次边跨来逐步向中间跨传递,这种作用越接近中跨影响越小。

(2)中塔采用刚度较大的桥塔

桥塔作为锚固拉索并与基础直接相连的压弯构件,控制塔顶纵向水平位移对减小加劲梁的挠度、活载的内力幅及降低塔中的压弯效应均有重要意义,增大桥塔刚度是改善这一问题最直接的措施。多塔斜拉桥的中间塔一般采用较大的桥塔刚度。例如,加拿大的诺森伯兰海峡多塔斜拉桥、希腊里翁—安蒂里翁大桥均采用刚性较大的桥塔,有效解决多塔斜拉桥刚度较弱的问题。

根据对已建成的多塔斜拉桥研究,采用刚性较大桥塔对于提高多塔斜拉桥刚度具有很强的适用性及经济性,通常情况下应适当增加中塔刚度。

刚性塔是改变全桥竖向刚度直接有效的措施,但塔根弯矩剧增。增加桥塔刚性的同时,需确保桥塔自身的强度及稳定性。

(3)设置塔间加劲索

在塔间设置加劲索能将中间塔柱塔顶受到的不平衡力最为直接分配到刚度较大的边塔上，能有效降低桥塔的弯矩，是提高多塔斜拉桥刚度的有效措施，综合考虑景观因素，以及满足通航要求，研究采用跨中设置重叠索来提高全桥刚度。

(4)桥塔处加劲梁研究采用双支点

通过对桥塔处设置双支点支承加劲梁，降低了由加劲梁传递到上塔柱的荷载比例，减小上塔柱的水平位移及弯矩。

此方法对全桥刚度的贡献取决于双支点的间距，浙江嘉绍大桥桥塔处双支点距离达 46 m，是改善多塔斜拉桥刚度的有效措施。

(5)增大加劲梁和斜拉索刚度

加劲梁和斜拉索都是斜拉桥除桥塔之外的荷载传递的支承构件，也是体系刚度贡献者，因此，适当增大加劲梁和斜拉索的刚度，对提高全桥结构刚度是有利的。

通常情况下，斜拉桥加劲梁的刚度与加劲梁的重量是密不可分的，加劲梁重量增加必将导致斜拉索用量增加；单纯增加斜拉索的面积而不改变加劲梁的结构形式，不能使斜拉索保证在一定的应力水平，从经济角度是有些不合适的。

10.3.3　加劲梁结构方案研究

多塔大跨度铁路斜拉桥研究采用钢箱混合桁梁，不仅可以满足加劲梁需要具有相对较大的纵横向刚度，同时还可以满足列车高速运行时具有较好的桥面整体性要求。相比普通钢桁梁而言，钢箱混合桁梁具有宽大的下弦钢箱成为加劲梁的主体，可提供足够的横向刚度、受压截面积以及良好的整体桥面，上弦桁架可以仅起辅助加劲作用，目的是主要承受公路荷载。

本桥主跨接近 800 m，八车道公路及四线铁路，主梁若采用普通钢桁梁，杆件尺寸较大，设计、制造均较困难。根据斜拉桥加劲梁既受强大的轴向压力又受弯矩的力学特点，将箱梁与钢桁叠合在一起，作为公铁两用多塔斜拉桥的加劲梁，能够使这一问题得到合理的解决。

10.3.3.1　主跨 798 m 加劲梁及钢桁

主跨 798 m 加劲梁上层桥面设计通行双向八车道高速公路，下层桥面设计通行四线铁路。主跨钢箱桁加劲梁是由分离式组合钢箱梁、上弦杆、上纵梁、竖腹杆、斜腹杆及正交异形桥面板组成的空间节段，如图 10-9 所示。

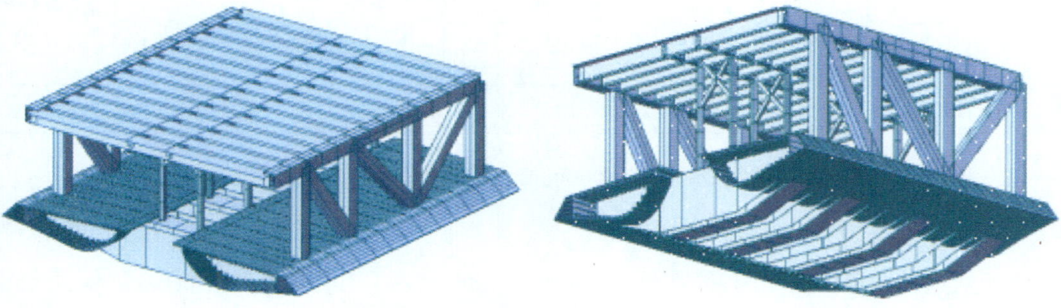

图 10-9　主跨加劲梁钢箱桁梁空间节段图(公路桥面 U 肋未示)

1. 主桁中心距及桥面布置

根据《公路桥涵设计通用规范》规定及结构构造要求，公路桥面主桁桁间距总宽为 34 m，防护墙设置在上弦杆上。主桁中心距是包括左侧桁中心距车道线距离 0.25 m、左幅行车道宽度 4×3.75 m、左幅左侧路缘带宽度 0.75 m、中央防撞护栏外到外距离 2.0 m、右幅左侧路缘带宽度 0.75 m、右幅行车道宽度 4×3.75 m、右侧桁中心距车道线距离 0.25 m。

2. 主桁桁高及桁节点间距

考虑到上层公路行车的视觉效果，采用双索面，为减小斜拉索索力，需采用合适桁高及节间长度降低钢桁梁节段重，综合考虑桁梁高度对斜拉桥的总体受力影响程度，主桁高采用 10 m。根据主跨跨径的大小、斜杆的水平倾角、杆端次应力及斜拉索索力等因素，桁节间距采用 12 m。

3. 主桁形式与结构

主桁采用 N 形桁架，边上弦杆为箱型截面，上弦杆内高 1 200～1 600 mm，内宽 1 600 mm，板厚 16～48 mm，上弦杆顶板向桁内侧加宽与整体桥面板焊接。斜腹杆采用箱形截面，内宽为 1 600 mm，内高为 1 200 mm，板厚 16～24 mm；边直腹杆均采用箱形杆件，边直腹杆宽 1 600 mm，高 1 600～2 200 mm，板厚 16～52 mm。主桁中上弦杆、中直腹杆宽 600 mm，高 600 mm，板厚 16～36 mm。

主桁采用焊接杆件整体节点，在节点外以高强度螺栓拼接的结构形式，箱形杆件四面等强对接拼装，箱型腹杆四面与钢箱梁通过节点板进行对拼连接，主桁拼接采用 M30 高强螺栓。主跨 798 m 加劲梁横断面布置如图 10-10 所示。

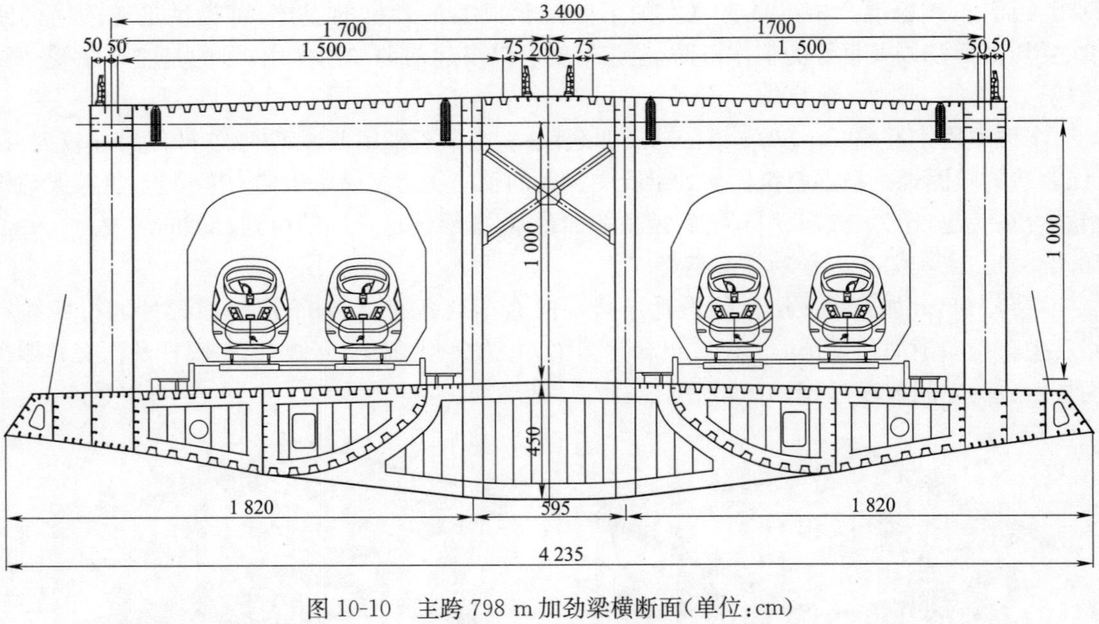

图 10-10　主跨 798 m 加劲梁横断面（单位：cm）

10.3.3.2　主跨 588 m 加劲梁形式

由于航道及港口等控制因素，本桥采用（798＋588＋798）m 不等跨多塔斜桥，为保证 588 m 跨加劲梁在荷载作用下的线形控制，需增加 588 m 主跨加劲梁的重量，加劲梁布置如图 10-11 所示。

增加 588 m 主跨加劲梁的重量比较有效的途径为：采用混凝土箱桁、钢箱桁（箱内风嘴填

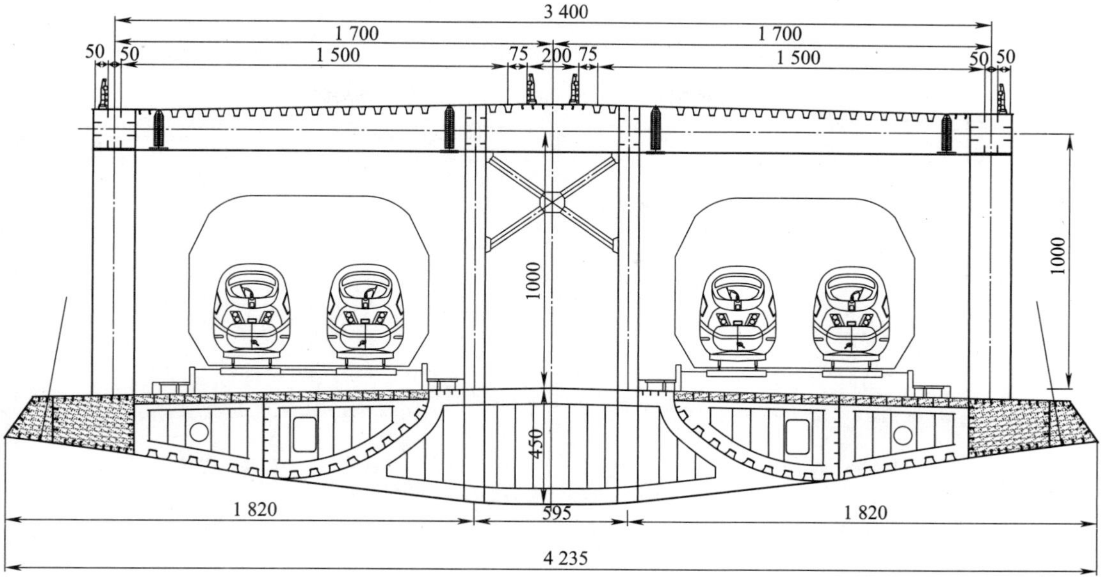

图 10-11 主跨 588 m 加劲梁横断面(单位:cm)

混凝土及箱梁顶板结合混凝土)。主跨 588 m 位于深水区且桥面离水面较高,不宜采用满堂支架现浇方式。但混凝土箱桁又远重于钢箱桁,也不宜采用斜拉桥常用的悬臂拼装的施工方案,因而采用钢箱桁,在钢箱内填筑混凝土压重。

(1)增加 588 m 主跨加劲梁的重量,确保提高两个 798 m 主跨加劲梁结构的整体刚度。

(2)在钢箱内填筑混凝土,有利于增加主梁的轴向承载能力,以降低钢材的应力。

(3)箱内填混凝土可在中主跨合龙后浇筑,不破坏桥塔两侧悬拼施工的平衡性。

10.3.3.3 边跨加劲梁形式

如图 10-12 所示,为减小边跨长度,边跨采用预应力混凝土梁箱形结构形式,外形轮廓同主跨钢箱梁。锚固腹板壁厚 1.0 m,其他壁厚 0.4 m,腹板厚 0.6 m。吊点横梁采用箱形,跨中高 3.5 m,腹板厚 0.35 m。按纵向间距 0.5 m 配置 4-7ϕ5 横向预应力束。

10.3.4 桥面板结构形式

10.3.4.1 公路桥面结构

为降低主桁、斜拉索及基础的工程量,公路桥面采用自重较轻的正交异性钢桥面。采用密横梁结构,每隔 3 m 设置一道横梁,纵肋支承在横梁上,横梁与主桁上弦杆件之间采用焊接,横梁腹板与主桁采用高强螺栓连接。桥面荷载通过桥面板及纵肋传递给横梁,由横梁传递至主桁。由于斜拉索会对主桁结构作用较大的轴向力,为减小横梁的面外弯矩及上弦杆轴力,共设两根纵梁。

正交异性钢桥面板厚 16 mm,U 肋间距 600 mm,U 肋上口宽 300 mm,底宽 200 mm,肋高 300 mm,肋厚 8 mm;整体桥面中钢桥面板作为横梁的上翼缘,横梁腹板高约 1.2 m,腹板厚 12 mm,横梁下翼缘采用 800 mm×28 mm。

10.3.4.2 铁路桥面结构

(1)798 m 主跨部分

根据斜拉桥轴向力较大的特点,本桥铁路桥面采用分离式组合钢箱梁,斜拉索锚固于钢箱

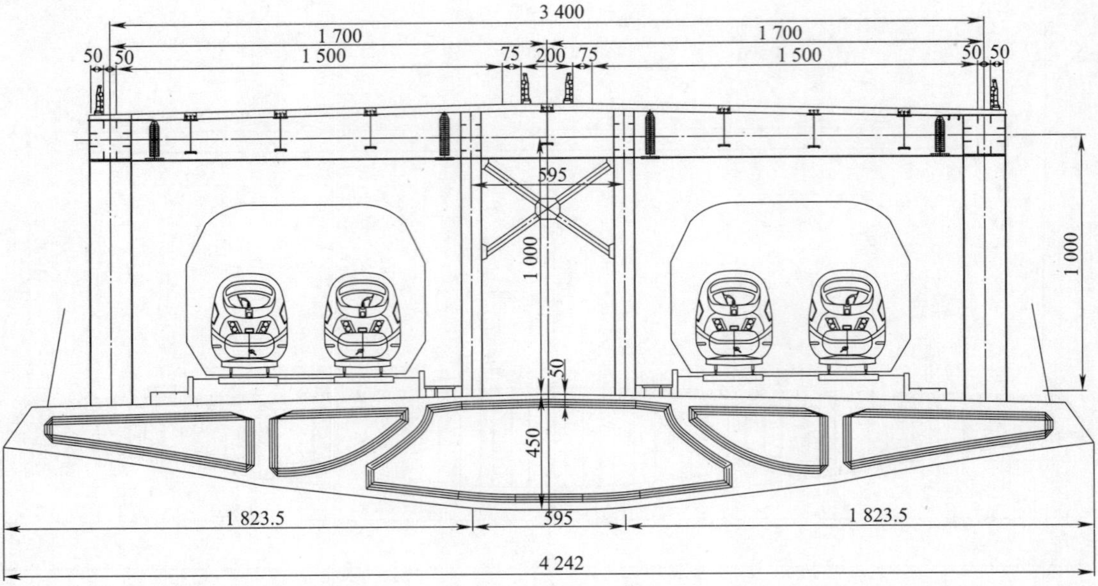

图 10-12　边跨混凝土加劲梁横断面(单位:cm)

梁上,钢箱梁锚点处腹板采用 40 mm 钢板,其余顶底板、腹板及加劲肋厚度为 16～28 mm。外侧设置 1.0 m 宽风嘴。顶板纵向采用 U 形加劲肋,横向间距 600 mm,上口宽 300 mm,高 300 mm,厚 10 mm。腹板及底板纵向采用 U 形加劲肋,横向间距 800 mm,上口宽 400 mm,高 260 mm,厚 8 mm。分离式组合钢梁每个节段设 3 道内横隔板,间距 3 m,板厚为 12～14 mm。组合箱梁由中间横梁连接,该横梁间距为 12 m,对应斜拉索的位置布置。中间横梁横断面为矩形箱形断面,梁高约 3.5 m,腹板中心距为 3 m,顶、底板及腹板厚 16 mm,顶底板及腹板上均采用 16 mm×200 mm 的 I 肋加劲,中间横梁内每隔 2 m 设一隔板,板厚 10 mm。

吊点横隔板靠近外腹板处局部加厚为 16 mm。拉索锚箱设在风嘴内侧,拉索间距 10 m,索力通过吊索和锚箱均匀传递至腹板。节段构造中,顶、底、腹板及中间横梁均需全焊透。不同板厚间的对接,应在板厚一侧做成 1∶10 坡度,同时还应对焊接表面受力方向进行机械加工,使之均匀过渡。除顶板 U 肋采用高强度螺栓连接,其余加劲肋均采用嵌补段连接。

(2)588 m 主跨部分

由于中主跨跨度小于两侧边主跨,在中主跨风嘴填充混凝土,同时将主梁做钢箱混凝土结合梁,增加加劲梁的重量,且充分利用结合梁的优势,降低钢箱梁的应力。拉索锚固于风嘴底板上,便于交叉索的布置。

10.3.5　拉索及锚固体系

为了充分考虑行车时的视觉效果,斜拉索采用双索面布置,一个边塔共采用 48 对索,一个中塔采用 78 对索,主跨加劲梁上拉索间距均为 12 m,边跨加劲梁上拉索间距为 9～12 m,边塔上拉索交点间距布置为 23×2.0 m,中塔上拉索交点间距布置为 38×2.0 m。

斜拉索在恒载＋活载作用下最大索力为 1 400 t,若采用平行钢丝斜拉索,单根拉索长度和重量都较大,拉索的运输安装有一定难度。而钢绞线索的运输、安装、锚固构造处理等较平行钢丝拉索更容易,优先采用钢绞线斜拉索。

10.3.6　桥塔结构与基础

1. 边塔

如图 10-13 所示，两边塔结构尺寸相同，塔柱采用钢筋混凝土结构，桥面以上为倒 Y 形，桥面以下塔柱内收为钻石形，塔柱纵向尺寸由塔顶 9 m 按线性增加到塔底 14 m。

桥塔由上塔柱、中塔柱及下塔柱组成。两个塔柱合成整体的部分为上塔柱，该区域为斜拉索的锚固区，高 80 m。为单箱双室截面，顺桥向边长 9～10.6 m，壁厚 1.0 m，横桥向边长 12～18 m，壁厚 1.0 m。塔柱内壁设外凸的锯齿块作为斜拉索的锚点。

横梁以上至塔柱合并段为中塔柱，高 111 m，采用空心矩形截面，顺桥向边长 10.6～12.6 m，壁厚 1.0 m，横桥向边长 9 m，壁厚 1.0 m。

横梁以下至承台顶为下塔柱，高 81 m，采用空心矩形截面，顺桥向边长 10.6～14 m，壁厚 1.0 m，横桥向边长 9 m，壁厚 1.0 m。下塔柱底部设马蹄形基座，下塔柱与中塔柱交界处设横梁。

下塔柱底部设马蹄形基座，下塔柱与中塔柱交界处设横梁。

横梁为预应力混凝土结构，采用双室空心矩形结构，高 8 m，宽 12 m，顶底板厚 1 m，腹板厚 1.0 m，支座处设有横隔板。

2. 中塔

对多塔斜拉桥而言，由于缺少边跨锚索，中间塔在活载作用下受力和变形均较大，桥跨结构的刚度较双塔斜拉桥差，且中塔刚度是决定整桥刚度的重要因素，中塔结构构造如图 10-14 所示。

由于中塔刚度要求，中塔顺桥向及横桥向均采用倒 Y 形，上塔柱高 155 m，为单箱双室截面，纵向 10 m，横向 12 m，单箱双室截面，壁厚 1.0 m；中塔柱为四根塔柱，高为 143 m，采用单箱单室截面，纵横向均为 6 m，壁厚 1.0～1.2 m。

中塔柱支撑于四根横梁上，横梁高 3.5 m，宽 6.4 m，横梁采用预应力结构，以承受四根中塔柱的推力。

横梁下连接壁厚为 1.5 m 的变截面圆柱墩，直径从 64 m 渐变至 35 m，高为 24.5 m。

为减小桥墩横断面，下塔柱采用等截面圆柱墩，直径为 35 m，壁厚为 1.8 m。

3. 基础工程

主塔墩基础属大型深水基础，除承受巨大的垂直荷载，还需承受制动力、船撞力等水平荷载作用。根据本桥桥址的地质，可供选择的基础形式主要有沉井基础和钻孔灌注桩基础。

(1)边塔基础

钻孔灌注桩基础承载力高、稳定性好、基础沉降量小而且均匀，施工技术成熟，可以适应不同水文地质条件、荷载性质和上部结构特征，具有良好的适应性。

两个边塔基础均采用 45 根 ϕ3.0 m 钻孔桩基础，按摩擦桩设计，持力层为微风化泥质粉砂岩，桩长 80 m。基桩采用行列式布置，桩间距顺桥向为 8 m，横桥向为 7.5 m。承台采用矩形承台，顺桥向长 37 m，横桥向长 65 m，厚度为 8 m。

(2)中塔基础

由于中塔承受较大的纵向弯矩，若采用桩基础，桩基数量较多，工程量浩大。同时中塔刚度要求较高，由于冲刷影响，一定自由长度的桩基础刚度将减弱。综合考虑主塔基础采用沉井基础。

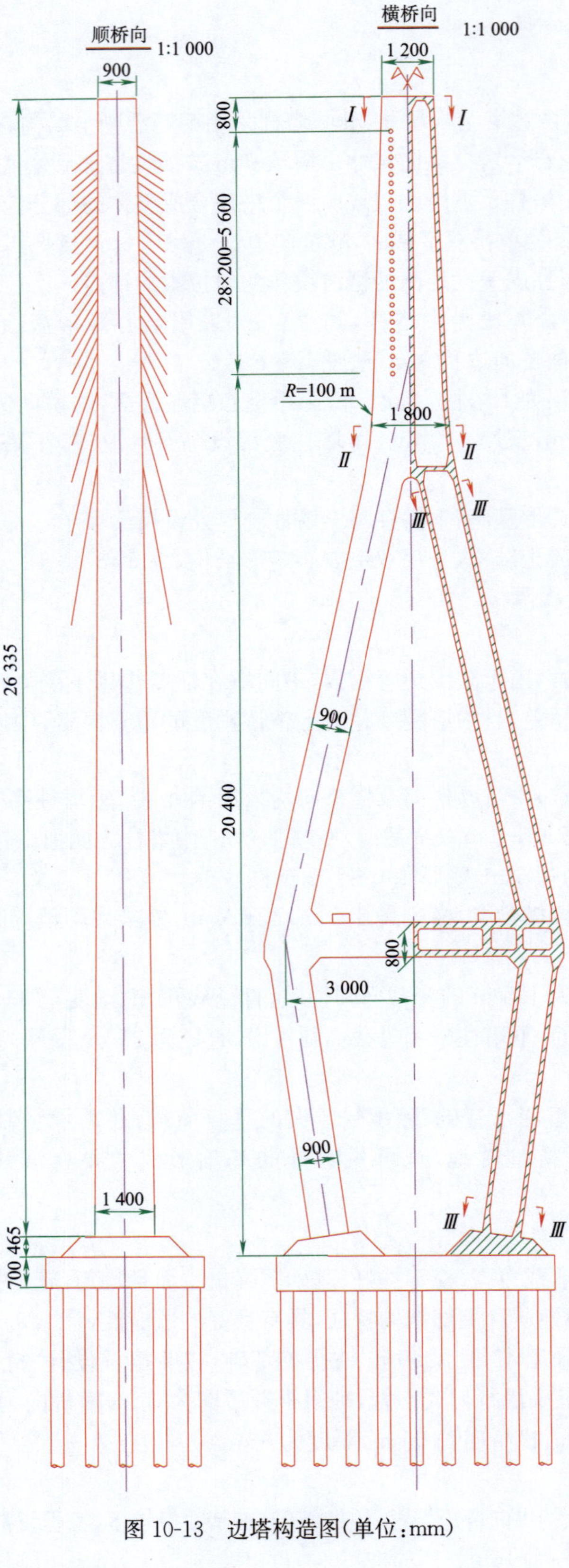

图 10-13 边塔构造图(单位:mm)

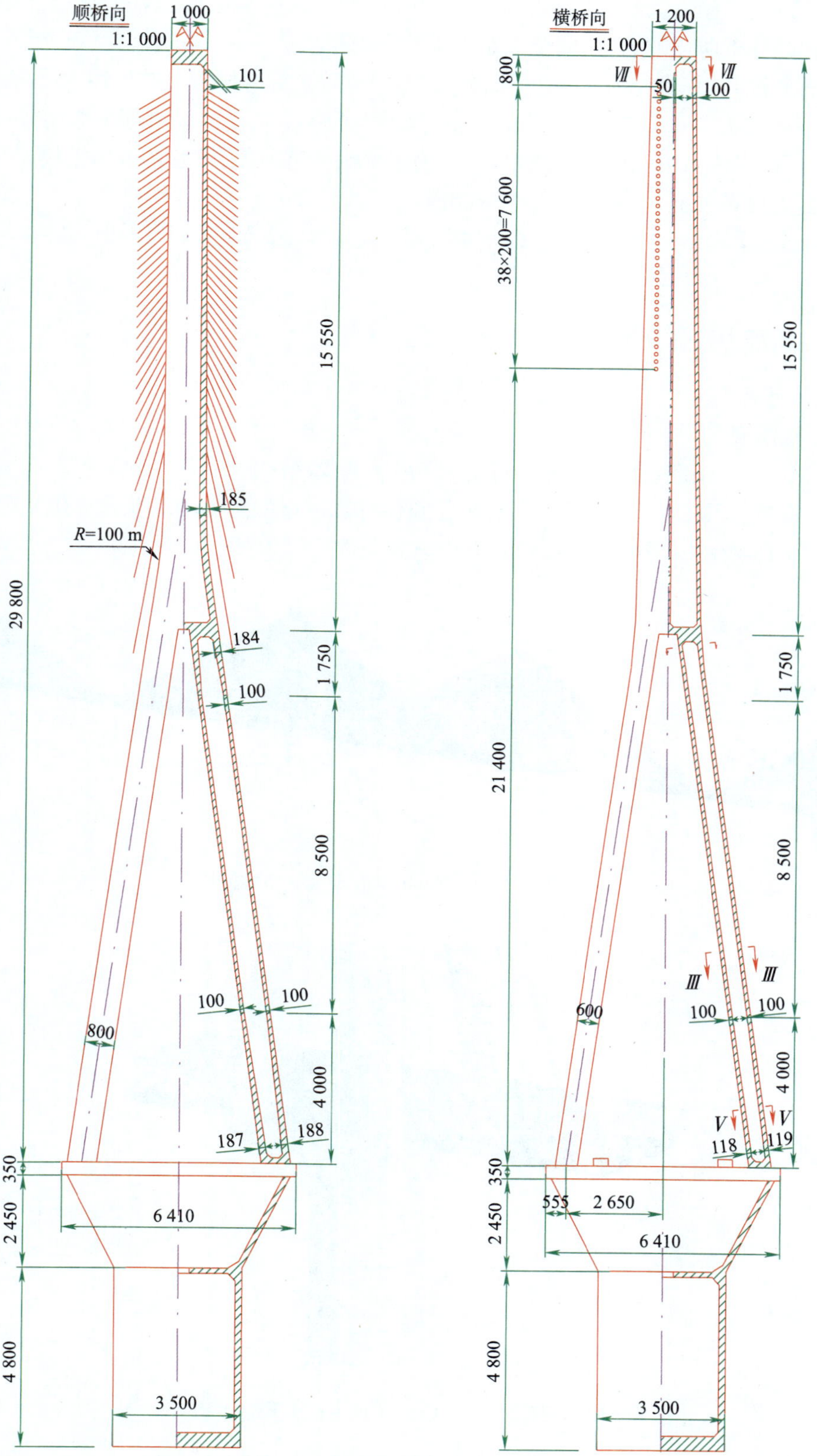

图 10-14 中塔构造图(单位:mm)

沉井基础结构刚度大、整体性强、稳定性好，具有较大的承载面积，能承受较大的垂直荷载、水平荷载，基础防撞能力好，完全满足中塔的受力要求。

采用圆形沉井，其直径为 65 m，平面分为 16 个隔舱。标准段沉井外壁厚 3 m，隔舱墙壁厚 1.5 m，最下一节为 8 m 高带尖角刃脚的钢壳混凝土沉井。先在桥位附近岸边制成，然后整体浮运就位，再在壳体内填充混凝土或水，使其稳定准确坐落河床，继续调节体重使之匀称下沉，逐段用混凝土接高下沉，使基底落在承载层面。

辅助墩及连接墩均采用空心门式墩，墩高 70 m，基础采用 18 根 ϕ2.0 m 钻孔桩基础。

10.3.7　结构静力计算分析

1. 总体计算

(1)计算模型

采用 Midas/Civil 软件对结构进行计算分析，整体结构共计 10 022 个节点，梁单元共 15 382 个，索单元共 512 个，全桥空间有限元整体计算模型如图 10-15 所示及有限元局部计算模型如图 10-16 所示。成桥状态结构各部位边界条件见表 10-9。

图 10-15　Midas/Civil 空间有限元整体模型

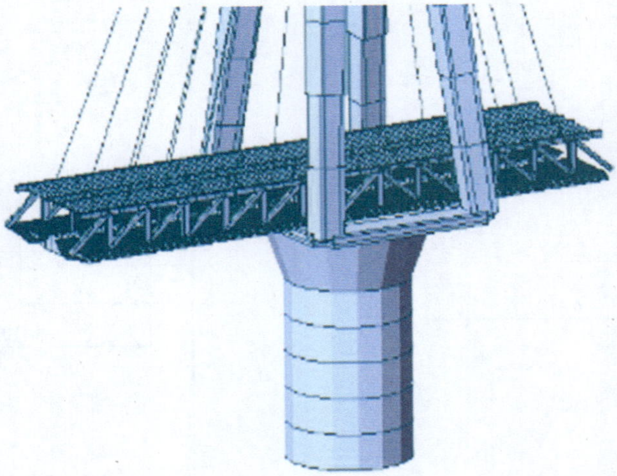

图 10-16　Midas/Civil 空间有限元局部模型

表 10-9 成桥状态结构各部位边界条件

结构部位	成桥状态					
	Δx	Δy	Δz	θ_x	θ_y	θ_z
左右边墩与梁-A	0	0	1	0	0	0
左右边墩与梁-B	0	1	1	0	0	0
左右辅助墩与梁-A	0	0	1	0	0	0
左右辅助墩与梁-B	0	1	1	0	0	0
左右边塔与梁-A	0	0	1	0	0	0
左右边塔与梁-B	0	1	1	0	0	0
左中塔与梁-A	2	1	0	0	0	0
左中塔与梁-B	2	0	0	0	0	0
右中塔与梁-A	2	1	0	0	0	0
右中塔与梁-B	2	0	0	0	0	0
塔底	1	1	1	1	1	1

注：Δx、Δy、Δz 分别表示纵桥向、横桥向、竖向的线位移，θ_x、θ_y、θ_z 分别表示绕纵桥向、横桥向、竖向的转角位移。1-约束或主从；0-放松或不主从；2-纵桥向弹性支承。

(2)荷载及荷载组合

荷载分类：

①恒载：包括自重及二期恒载。

②活载：上层公路按照 8 车道高速公路等级设计，纵向计算按 8 车道加载。下层为四线城际铁路 ZC 标准活载。汽车荷载等级按公路-Ⅰ级取用。《铁路桥涵设计基本规范》规定，与铁路荷载组合时，公路荷载按全部活载的 75%计算。四线铁路折减系数按 0.75 考虑。

③温度力：包括体系温度及结构温差。

④风力：按本地区基本风压取值。

⑤制动力(牵引力)：取双线竖向静活载 10%，公路按规范取值。

荷载组合：

荷载组合 1：恒载。

荷载组合 2：恒载＋活载(主力)。

荷载组合 3：恒载＋活载＋温度变化影响(主力＋附加力)。

2. 结构计算分析

①结构刚度。在铁路 0.6UIC 列车荷载与公路汽车荷载作用下，加劲梁及桥塔结构位移见表 10-10，各活载作用下加劲梁的挠度包络图，如图 10-17～图 10-19 所示。

表 10-10 活载作用下结构位移表

项 目		数 值
0.6UIC 静活载效应	跨中竖向上挠度(cm)	32.5
	跨中竖向下挠度(cm)	79.8
	竖向挠跨比	1/1 000
	中塔柱顶水平位移(cm)	27.2
	边塔柱顶水平位移(cm)	31.3
	加劲梁梁端转角(‰rad)	0.831

续上表

项　　目		数　　值
汽车活载	跨中竖向上挠度(cm)	20.8
	跨中竖向下挠度(cm)	29.6
	挠跨比	1/2 695
	中塔柱顶水平位移(cm)	15.9
	边塔柱顶水平位移(cm)	11.5
铁路＋公路	跨中竖向上挠度(cm)	47.3
	跨中竖向下挠度(cm)	101
	挠跨比	1/790
	中塔柱顶水平位移(cm)	38.6
	边塔柱顶水平位移(cm)	39.5
	梁端转角(‰rad)	1.05

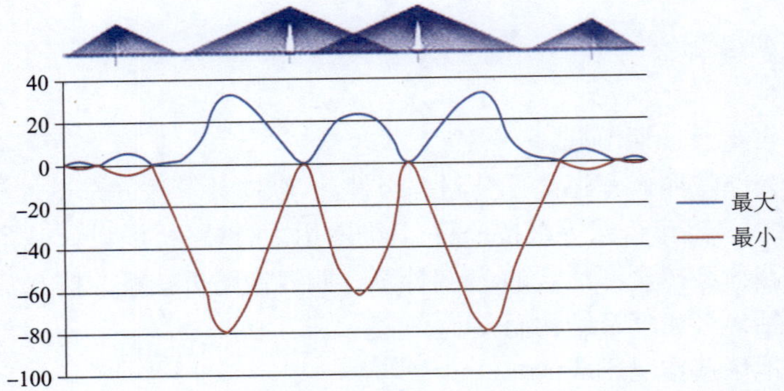

图 10-17　0.6UIC 静活载作用下加劲梁活载挠度包络图(单位:cm)

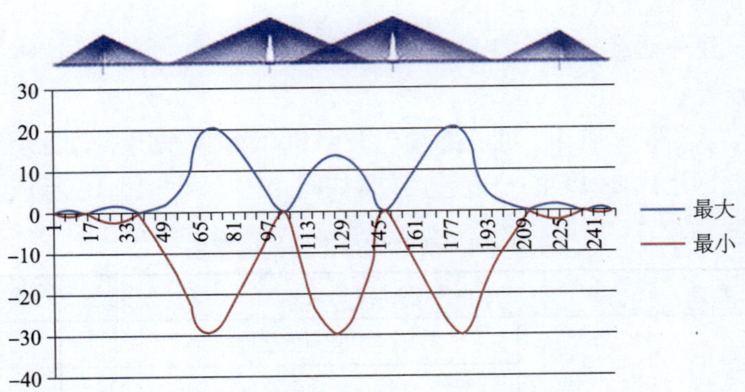

图 10-18　汽车静活载作用下加劲梁活载挠度包络图(单位:cm)

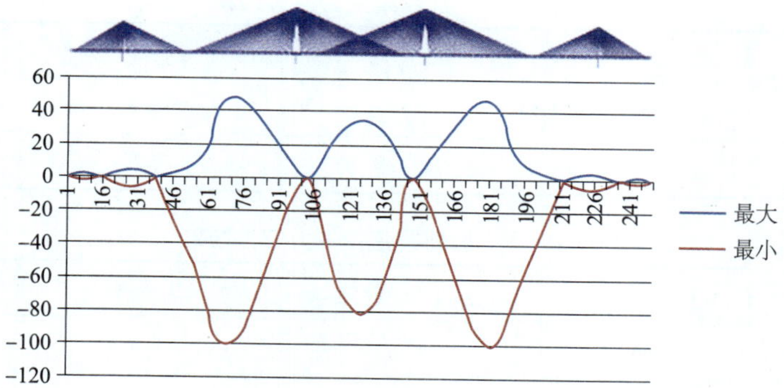

图 10-19　铁路与公路组合静活载作用下加劲梁活载挠度包络图(单位:cm)

②中塔柱底截面内力见表 10-11,加劲梁支反力见表 10-12。

表 10-11　中塔底最大内力

工　况	边　塔		中　塔	
	最大轴力(kN)	最大弯矩(kN·m)	最大轴力(kN)	最大弯矩(kN·m)
恒载	1 224 538	−718 352	2 068 089	−1 241 417
恒载+活载	1 343 295	1 023 538	2 212 346	8 314 855
	1 209 150	−373 598	2 034 264	−12 820 251
恒载+活载+温度变化	1 340 674	879 505	2 212 952	8 604 556
	1 206 530	−517 632	2 034 870	−12 530 550

表 10-12　加劲梁支反力

项　目	恒　载	恒载+活载		恒载+活载+温度变化	
		max	min	max	min
辅助墩支反力(kN)	71 299	96 022	34 525	98 623	31 603
边墩反力(kN)	10 238	18 861	745	19 964	1 646

③斜拉索索力及安全系数见表 10-13,加劲梁截面及杆件内力见表 10-14 和表 10-15。

表 10-13　缆索索力及安全系数　(单位:MPa)

工　况		边塔边跨侧	边塔中跨侧	主跨跨中	中　塔
恒载		615	535	581	581
恒载+活载	max	676	603	627	721
	min	545	488	515	501
恒载+活载+温度变化	max	668	605	627	721
	min	524	473	512	501
主+附组合安全系数		2.75	3.07	2.96	2.57

表 10-14 加劲梁主力应力结果 (单位:MPa)

部位		边跨	次中跨	中跨
混凝土段	max	14	—	—
钢箱段	max	—	177	151

表 10-15 加劲梁弦杆主力应力结果 (单位:MPa)

杆件		边跨	次中跨	中跨
主上弦	max	178	185	168
中上弦	max	143	181	179
主竖杆	max	173	174	185
次竖杆	max	127	79	132
斜腹杆	max	176	171	128
横撑	max	26	25	48

10.3.8 风-车-桥梁时变系统空间耦合振动响应分析

1. 风特性及气动三分力参数计算

静风荷载往往是大跨度桥梁的控制设计荷载之一,并且静力三分力系数随攻角变化的曲线还是建立抖振力拟静力理论的基础。因此在设计阶段,精细地预测桥梁各组成部分所受到的风荷载有着重要的意义。目前常采用的方法是制作一定缩尺比的节段模型,通过风洞试验测定静力三分力系数,然后通过相应的公式,计算得到实桥的静风荷载。但是,风洞试验研究一般周期长、测试设备复杂,由于机算机的普遍应用于工程,计算流体动力学(Computational Fluid Dynamics,CFD)方法的发展给风工程研究提供了一种可能替代物理风洞试验的手段。

2. 气动三分力系数的数值计算

通过对选定物体表面的压力积分,可得到对物体的气动三分力值。处于风场中的桥梁断面所受到的风荷载包含三个分量:升力荷载力荷载 F_L、阻力荷载 F_D、扭矩荷载 F_M。C_L、C_D、C_M分别表示升力系数、阻力系数和扭矩系数,纵向取单位长度(三维模型取截段长度 D),定义体轴系下的气动三分力系数:

$$\text{阻力系数}\quad C_D=\frac{F_D}{1/2\rho U^2 H}$$

$$\text{升力系数}\quad C_L=\frac{F_L}{1/2\rho U^2 B}$$

$$\text{扭矩系数}\quad C_M=\frac{F_M}{1/2\rho U^2 B^2}$$

其中,ρ 为空气密度,本报告取 1.225 kg/m³;U 为横向来流向速;H、B 分别为物体沿体轴的侧向投影高度和水平投影宽度。

计算暂采用类似加劲梁三分力系数 CFD 计算结果,阻力系数 C_D取 0.609,升力系数 C_L取 −0.035,扭矩系数 C_M取 −0.006。边墩、桥塔阻力系数按抗风规范取 2.0,斜拉索按圆形断面查阅规范取阻力系数为 0.7。

3. 考虑空间相关性的脉动风场的模拟

在本报告的车-桥-风计算中，采用 15 m/s、20 m/s、25 m/s、30 m/s 四种风速。在风速模拟时，考虑了桥址各点之间的空间相关性。以上各风速时程在时间上间隔为 0.1 s，在空间上间距为 20 m，模拟出的典型风速时程如图 10-20～图 10-25 所示。

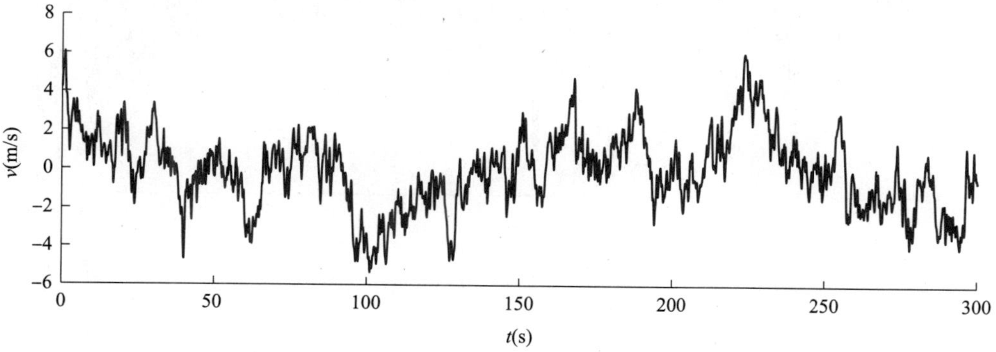

图 10-20　0 m 处脉动风时程曲线(平均风速 U=15 m/s)

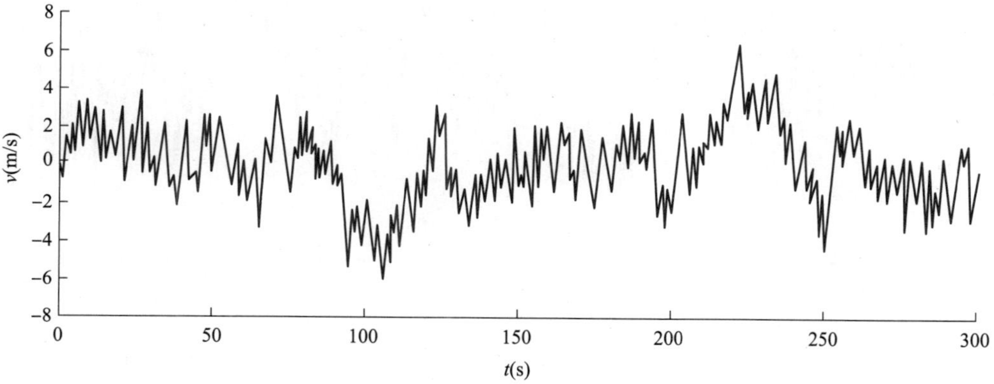

图 10-21　20 m 处脉动风时程曲线(平均风速 U=15 m/s)

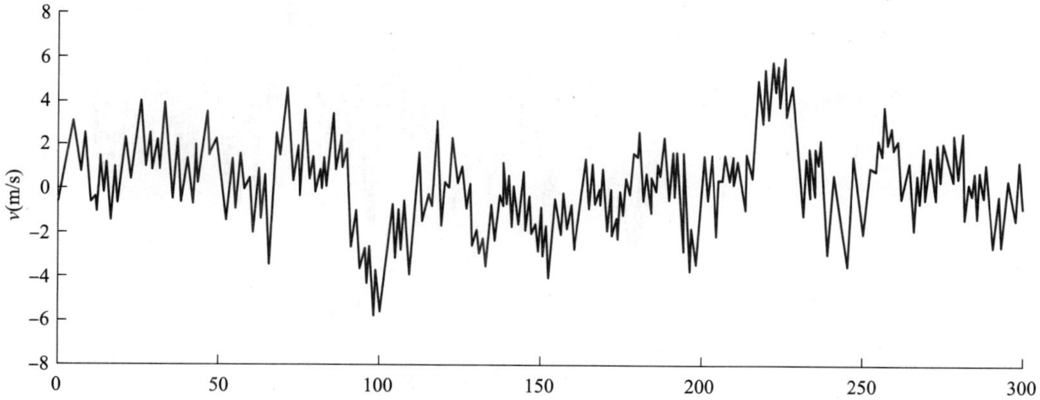

图 10-22　40 m 处脉动风时程曲线(平均风速 U=15 m/s)

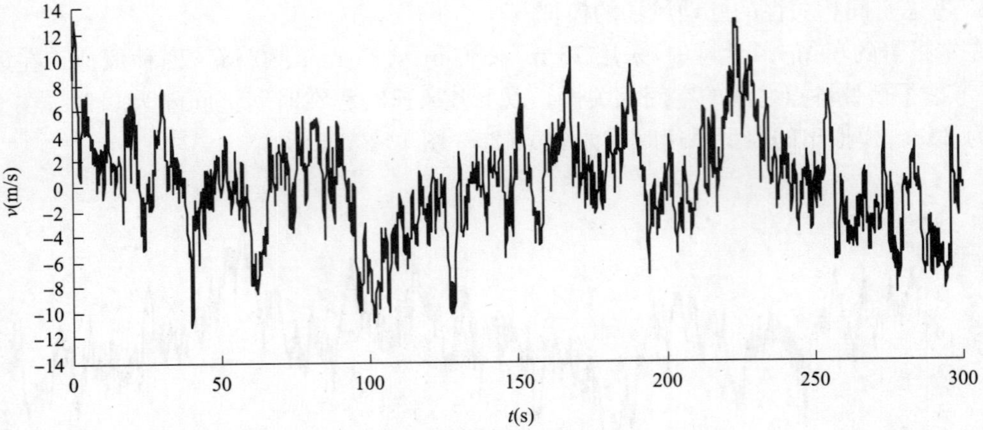

图 10-23　0 m 处脉动风时程曲线(平均风速 U=30 m/s)

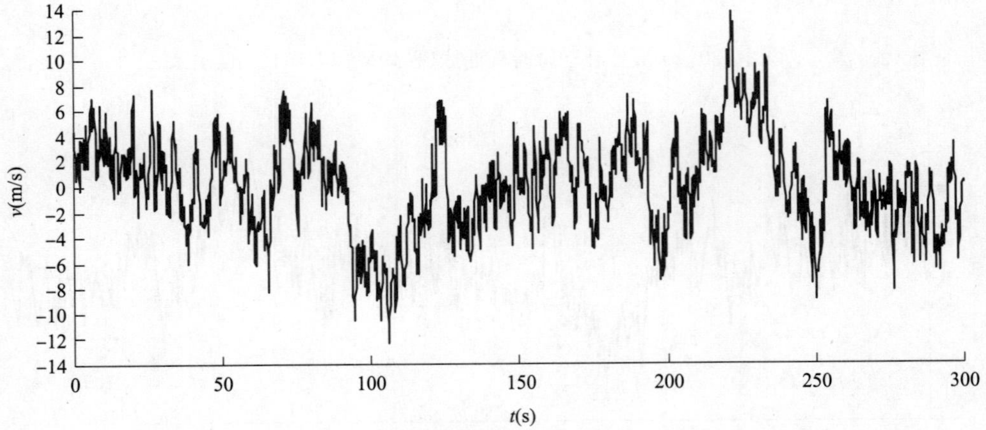

图 10-24　20 m 处脉动风时程曲线(平均风速 U=30 m/s)

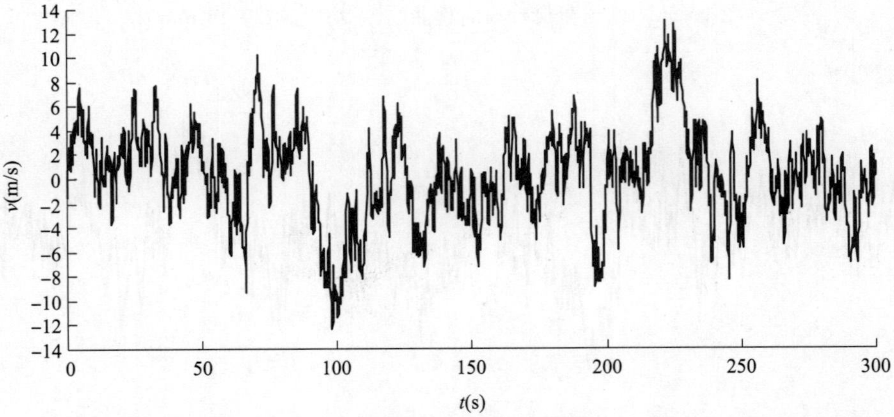

图 10-25　40 m 处脉动风时程曲线(平均风速 U=30 m/s)

4. 风-车-桥系统动力特性计算与分析

当 CRH2 型车通过桥梁时,进行风-车-桥系统空间耦合振动动力响应仿真计算与分析研究,设计车速为 200 km/h,计算最高车速为 240 km/h,公路荷载按全桥满布荷载考虑,列车编组及计算工况见表 10-16。

表 10-16　列车编组及计算工况一览表

计算工况	分类情况	列　车	列车编组	计算车速(km/h)	轨道不平顺
A	单线行车	CRH2 型车	8 辆编组(动+拖+拖+动+动+拖+拖+动)	100、120、140、160、180、200、220、240	美国六级谱生成的轨道不平顺样本
B	双线行车				
C	三线行车				
D	四线行车				

依据车桥耦合振动分析结果，在无风状态下将列车的运行工况以 200 km/h 为界分为两挡进行汇总，在有风状态下将各种列车的运行工况以能够安全运营的速度(最高 200 km/h)为界分为两挡进行，可得到列车通过该桥各风速、车速下该桥梁的安全工况，见表 10-17。

表 10-17　各风速、车速下该桥梁的安全工况

风速(m/s)	0	15	20	25	30	35
车速(km/h)	100～240	100～240	100～240	100～240	100	0

5. 风-车-桥系统耦合振动分析结论

(1)无风时车-桥系统耦合振动分析结论

①当单线或双线、三线、四线 CRH2 型车分别以 100～200 km/h(设计速度段)及 220～240 km/h(检算速度段)通过该桥时，在上述所有计算工况下，桥梁的动力响应均在容许值以内，列车行车安全性满足要求，列车的车体竖、横向振动加速度满足限值要求，列车乘坐舒适性达到“良好”标准。

②在无风条件下列车通过桥梁时能满足安全性和舒适性的各项要求。

(2)风-车-桥系统耦合振动分析结论

①当桥面平均风速等于或低于 25 m/s 时，单线或多线 CRH2 型车分别以 100～240 km/h 通过该桥时，桥梁的动力响应均在容许值以内，列车行车安全性满足要求，列车的车体竖、横向振动加速度满足限值要求，列车乘坐舒适性在 100～200 km/h(设计速度段)达到“良好”标准以上，在 220～240 km/h(检算速度段)达到“合格”标准以上，故可畅通运行。

②当桥面平均风速达到 30 m/s 时，单线或多线 CRH2 型车分别以 100 km/h 通过该桥时，桥梁的动力响应均在容许值以内，列车行车安全性满足要求；当车速超过 100 km/h 通过该桥时，部分工况下列车的脱轨系数或轮重减率超标，不满足行车安全性要求，故应限速通行。

③在强风作用下列车通过桥梁时，上述风速阀值达到了日本及我国相关规范实施的强风时列车运行管制规程未设置挡风墙的标准。

10.4　主跨 3×840 m 公铁钢箱混合组合桁梁斜拉桥方案研究

10.4.1　桥跨布置控制因素

(1)河势

桥位位于上游沙洲汊道汇流口及下游沙洲分流口之间，桥墩布置尽量避开水流紊乱区；洲头与另一洲尾之间已形成水下沙埂，断面呈“W”形。

(2)航迹线及定制线

主航道实测航迹线宽度约为 510 m，左侧水道实测航迹线宽度为 120 m，其他区域有零星航迹线；现已实行船舶定线制，桥位处右主航道定制线宽度约为 660 m，左水道定制线宽度约为 280 m。

(3)通航净宽

桥位通航净宽见表 10-18,桥位与通航条件关系示意如图 10-26 所示。

表 10-18　预测桥位通航净宽

汊　　道	单向通航孔净空宽度(m)	双向通航孔净空宽度(m)
左航道	479	903
右主航道	367	686

注:上述通航净空尺度根据桥位与实测船筏线夹角计算,考虑紊流宽度等。

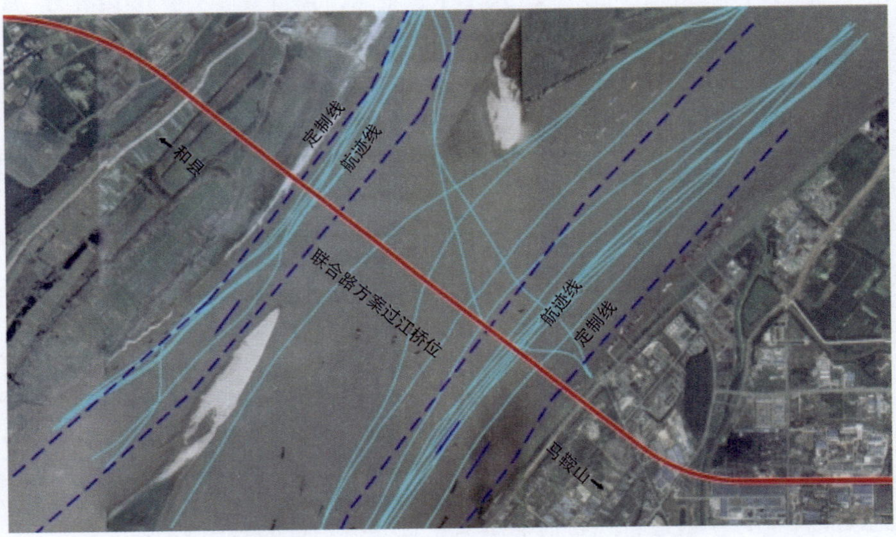

图 10-26　桥位与通航条件关系示意图

10.4.2　桥式方案孔跨布置研究

桥梁孔跨布置以适应航道的变化、不影响原有河势、充分考虑船舶的习惯航线、尽量跨过深水区域的原则。左岸边主墩不影响习惯性航道,右岸边主墩设置于码头前沿后方,位于水深 1.4 m 位置,左侧中主墩位置为减少对水流影响,设置于沙梗上,水深 2.1 m。右侧中主墩位置位于船舶定线制外侧,水深 11 m。研究主跨跨度均为 840 m 的四塔混合梁斜拉桥方案,桥梁平、立面布置如图 10-27 和图 10-28 所示。

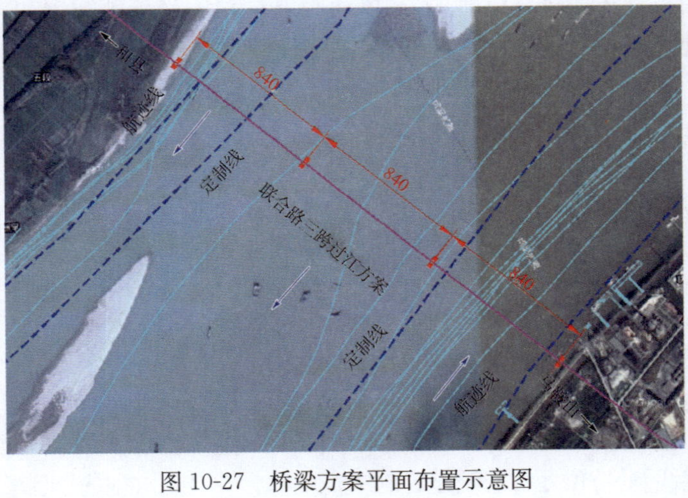

图 10-27　桥梁方案平面布置示意图

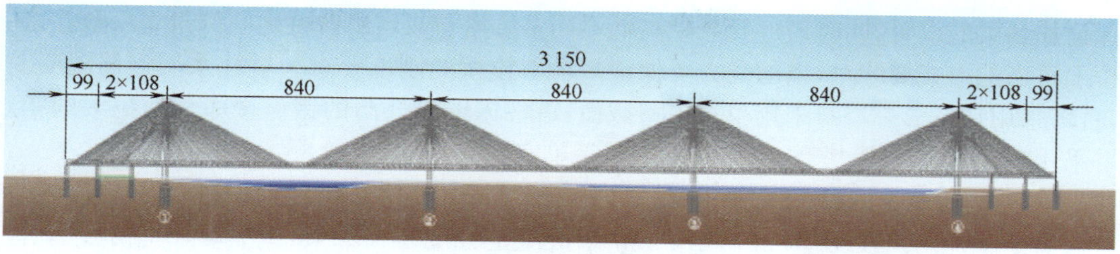

图 10-28　主跨 3×840 m 多塔斜拉桥方案立面图(单位:m)

10.4.3　结构研究方案

1. 加劲梁

由于同时通行公路和铁路,主跨加劲梁采用钢箱混合桁梁多塔斜拉桥方案,边跨采用对应的混凝土箱梁。主桁采用三角桁形式,节间长度为 18 m,桁高为 10 m,箱梁高 3.5 m。

研究采用钢箱桁梁组合断面;下层四线铁路、上层八车道公路,采用两个小钢箱梁承受铁路荷载,实腹式横隔板将两个小箱梁联结成整体,承受斜拉桥的轴力、弯矩及抗扭;为增加结构总体刚度,采用桁架加劲钢箱梁,同时承受公路荷载,主跨断面如图 10-29 所示。

钢箱桁梁混合斜拉桥的斜拉索锚固在钢箱梁上,以钢箱梁受力为主,桁梁加劲钢箱梁,提高结构总体刚度,同时桁梁承受公路荷载;为降低工程造价,边跨采用混凝土箱桁梁组合断面,避免对边跨进行压重。桁梁作为加劲,桁架高度可以降低,缩短了上层公路桥长度,以降低工程造价。同时,与同等跨度公铁两用斜拉桥相比,采用钢箱桁梁组合断面方案,每延米用钢量比一般 N 形钢桁梁断面降低约 15%。

图 10-29　钢箱桁梁组合断面三维图

2. 斜拉索

斜拉索采用双索面布置,桥塔两侧分别采用 2×45 对斜拉索;斜拉索间距为 9 m,两边跨背索加密,间距采用 6 m,桥塔上拉索交点间距为 45×2 m。斜拉索一端锚固在主塔箱体内,一端锚固在主梁的锚箱上,在主塔塔柱内张拉。斜拉索采用钢绞线斜拉索由直径 ϕ15.24 mm 的低松弛镀锌钢绞线组成,抗拉强度 1 860 MPa,锚具采用夹片群锚。

3. 桥塔

索塔是斜拉桥的主要承重构件和最重要的景观表现点,因此其造型的美观与否是全桥景观设计的重点,同时索塔外形设计还要满足结构受力要求,并兼顾施工、造价等因素。

双层桥面四线铁路加双向八车道公路,相对而言加劲梁截面比较宽,塔截面要有足够的空间保证加劲梁的设置，同时塔形要兼顾高低不同多桥塔与双塔斜拉桥之间的景观一致性，在一座桥上桥塔的形式要统一，塔的受力要保证多塔斜拉桥的刚度要求。塔柱采用钢筋混凝土结构，桥塔采用钻石形。塔身采用单箱单室截面，塔柱内壁设外凸的锯齿块作为斜拉索的锚点。边塔采用“A”形塔，桥塔塔高 272 m，采用单箱单室截面，上塔柱高 88 m，壁厚 0.8～1.8 m，中塔柱高 131 m，壁厚 1.8 m，下塔柱高 53 m，壁厚 1.8 m。桥塔采用 C50 混凝土，主力作用下桥塔全截面受压，最大压应力为 15.1 MPa，桥塔混凝土方量 34 920 m^3。中塔采用钻石形塔，桥塔塔高 272 m，采用单箱单室截面，上塔柱高 88 m，壁厚 1～1.8 m，中塔柱高 131 m，壁厚 1.4～2 m，下塔柱高 53 m，壁厚 2.2～2.5 m。桥塔采用 C60 混凝土，主力作用下桥塔全截面受压，最大压应力为 18.7 MPa，桥塔混凝土方量 55 020 m^3。

4. 基础

桥塔基础均采用直径为 3 m 的钻孔桩基础，按柱桩设计，桥塔基础钻孔桩数量依次为 54、96、96、54 根。辅助墩及连接墩采用空心门式墩，墩高 50 m，辅助墩基础采用 21 根 ϕ2.5 m 钻孔桩基础，边墩基础采用 24 根 ϕ2.5 m 钻孔桩基础。

10.4.4 计算分析结果

1. 边、中塔

边、中塔计算应力如图 10-30 所示。

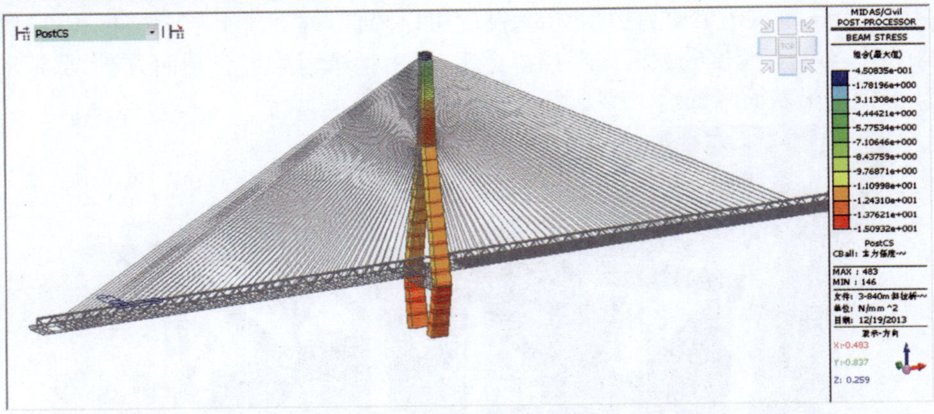

(a) 边塔应力图

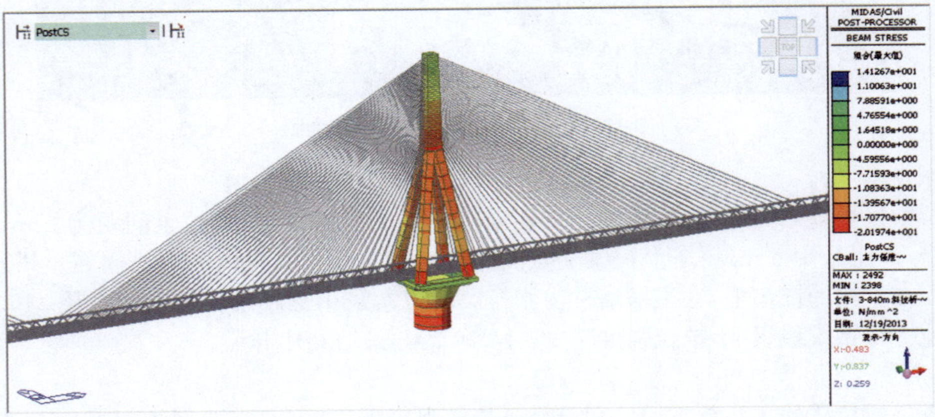

(b) 中塔应力图

图 10-30 边塔、中塔应力图

2. 加劲梁

主跨加劲梁应力如图 10-31 所示。

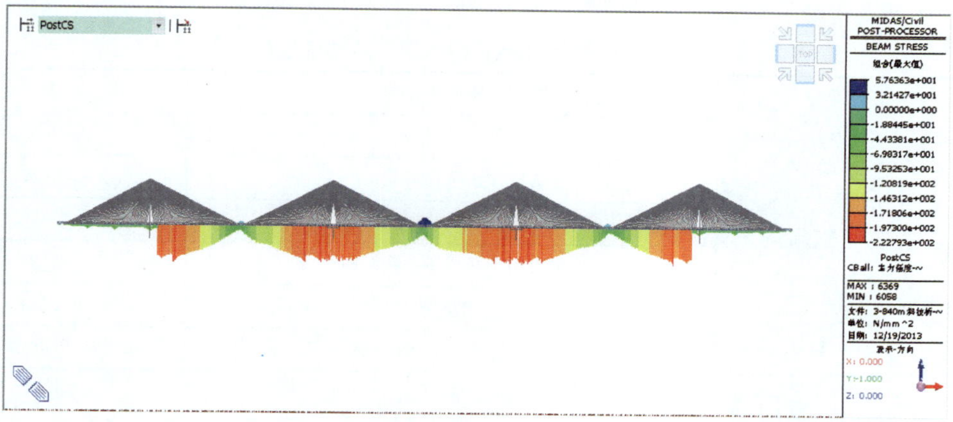

(a) 钢箱梁应力图

(b) 主桁应力图

图 10-31　主跨加劲梁应力图

3. 斜拉索

全桥斜拉索用量为 6.20 t/m，共 20 860 t，最大索力 823 t。斜拉索应力如图 10-32 所示。

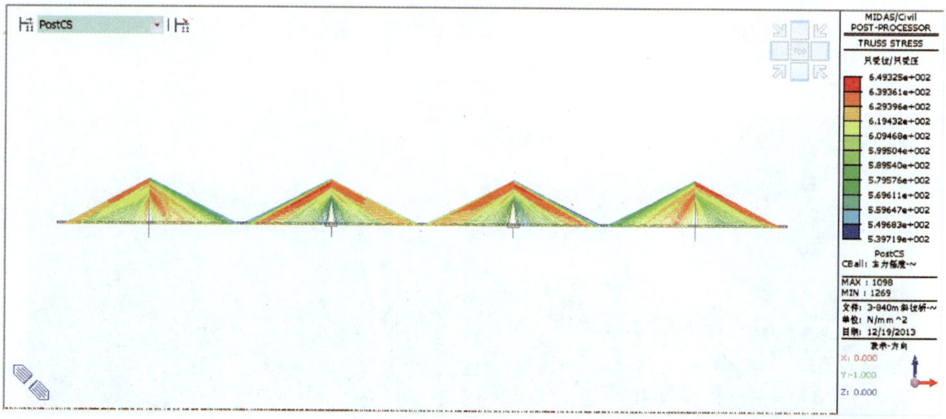

图 10-32　斜拉索应力图

4. 加劲梁结构位移

在四线铁路、八车道公路荷载作用下钢箱混合桁梁斜拉桥加劲梁结构竖向位移及梁端转角见表10-19。

表10-19 桥面车辆荷载作用下结构位移表

铁路活载	主跨跨中竖向下挠度(cm)	139
	竖向挠跨比	1/604
	塔柱顶水平位移(cm)	44
	梁端转角(‰rad)	1.67
汽车活载	主跨跨中竖向下挠度(cm)	14.9
	竖向挠跨比	1/4 228
	塔柱顶水平位移(cm)	6.95
铁路+公路	主跨跨中竖向下挠度(cm)	153.4
	挠跨比	1/549
	塔柱顶水平位移(cm)	41.6
	梁端转角(‰rad)	1.7

10.5 主跨2×1 260 m公铁钢箱混合组合桁梁斜拉桥方案研究

10.5.1 总体布置

采用连续钢箱混合桁梁多塔斜拉桥，主跨2×1 260 m多塔斜拉桥方案立面图及效果图如图10-33和图10-34所示，桥梁跨度布置为(4×108+2×1 260+4×108)m，全长3 384 m，主跨1 260 m按照单孔双向通航。

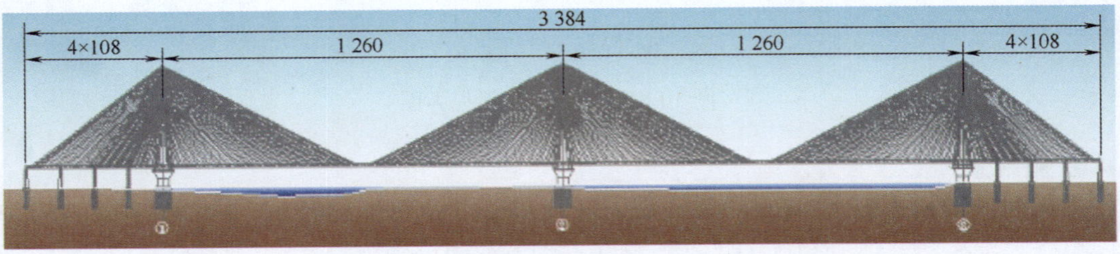

图10-33 主跨2×1 260 m多塔斜拉桥方案立面图(单位:m)

图10-34 主跨2×1 260 m多塔斜拉桥方案效果图

10.5.2　研究的结构方案

1. 加劲梁

加劲梁主桁采用三角桁形式，节间长度为 18 m，桁高为 10 m，加劲梁采用等高度钢箱桁梁组合结构形式。主跨桥面梁为钢箱梁，边跨桥面梁为混凝土箱梁，梁高均为 3.5 m。主桁采用三角桁形式，节间长度为 18 m，桁高为 10 m，箱梁高 3.5 m。公铁分层合建断面如图 10-35 和图 10-36 所示。

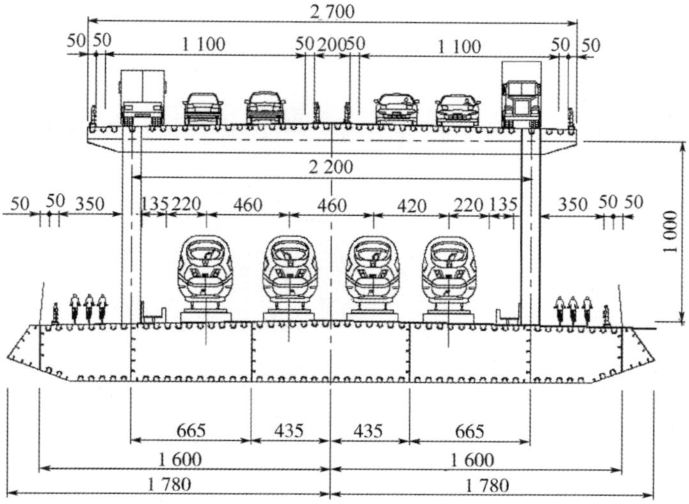

图 10-35　主跨跨钢箱桁梁截面(单位：cm)

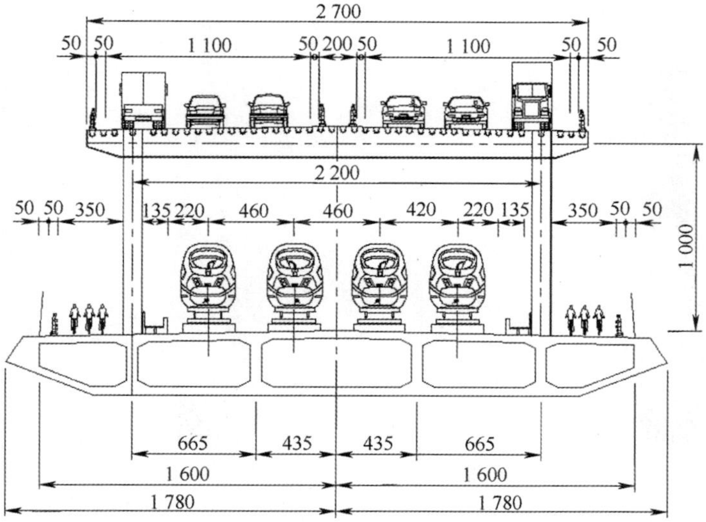

图 10-36　边跨混凝土箱桁梁截面(单位：cm)

2. 桥塔

主塔采用与希腊 Rion-Antirion Bridge 类似的钻石形桥塔。上塔柱采用箱形截面，壁厚在 1.5～2.0 m 之间，中塔柱为 4 根立柱支撑，下塔柱为空心薄壁结构。桥塔总高 365 m，主塔桥面以上部分高 315 m，塔高(桥面以上部分)与跨度之比为 0.25。塔柱采用钢筋混凝土结构。

桥塔总高 365 m，主塔桥面以上部分高 315 m。塔身采用单箱单室截面，塔柱内壁设外凸的锯齿块作为斜拉索的锚点。边桥塔混凝土方量为 69 300 m^3；中桥塔混凝土方量为 88 600 m^3。中塔与边塔的混凝土方量之比为 1.27。与沪通长江大桥（主跨 1 092 m）相比，每个桥塔的混凝土方量为 74 516 m^3，采用 H 型桥塔，桥梁刚度基本相同，圬工量稍大。

3. 斜拉索

斜拉索纵向采用扇形布置，斜拉索最小角度为 26.9°，最大为 84.3°；拉索桥面上的间距为 9 m，塔上间距 2 m。桥塔分别采用 2×68 对索，斜拉索间距为 9 m，两边跨背索加密，间距采用 6 m，最大拉索长度为 700 m。斜拉索采用钢绞线斜拉索，由直径 ϕ15.24 mm 的低松弛镀锌钢绞线组成，抗拉强度 1 860 MPa，锚具采用夹片群锚。

4. 基础

桥塔基础均采用直径为 3 m 的钻孔桩基础，按柱桩设计。边主塔基础采用 81 根 ϕ3.0 m 钻孔桩。中主塔基础采用 99 根 ϕ3.0 m 钻孔桩。

辅助墩及连接墩采用空心门式墩，墩高 50 m，基础采用 21 根 ϕ2.0 m 钻孔桩基础。

10.5.3 结构计算分析研究

1. 桥塔应力

桥塔采用 C60 混凝土，边桥塔最大压应力为－19.9 MPa，未出现拉应力；中桥塔最大压应力为－19.8 MPa，未出现拉应力。桥塔应力图如图 10-37 所示。

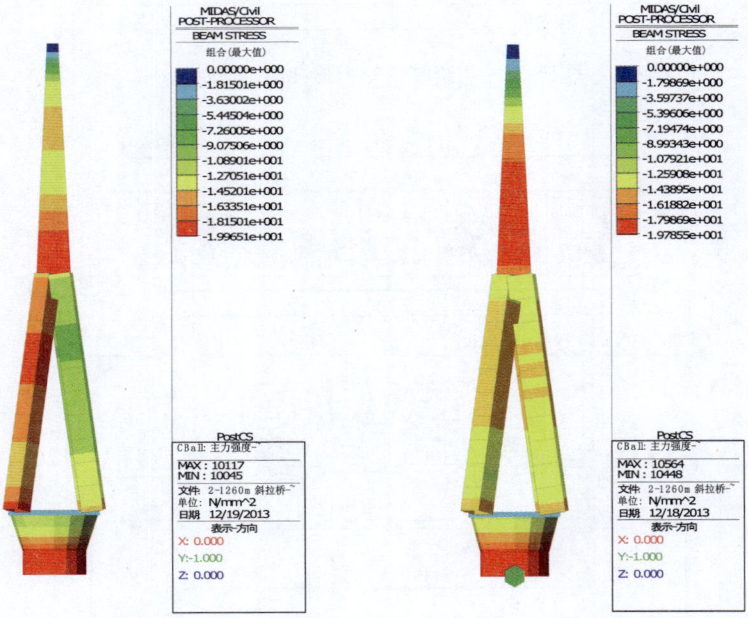

(a) 边塔应力　　(b) 中塔应力

图 10-37　桥塔应力图

2. 加劲梁应力

如图 10-38 和图 10-39 所示，主力作用下，钢梁上缘最大应力为 231 MPa，下缘最大应力为 235 MPa。主桁杆件的应力控制在 220 MPa 以内。主跨钢箱桁梁段用钢量为 44.3 t/m，均少于同类桥型。

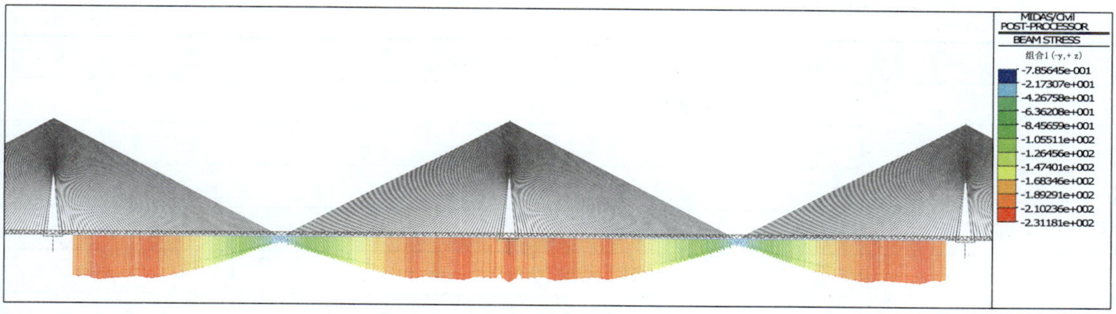

图 10-38　主力作用下钢箱桁梁上缘应力包络图

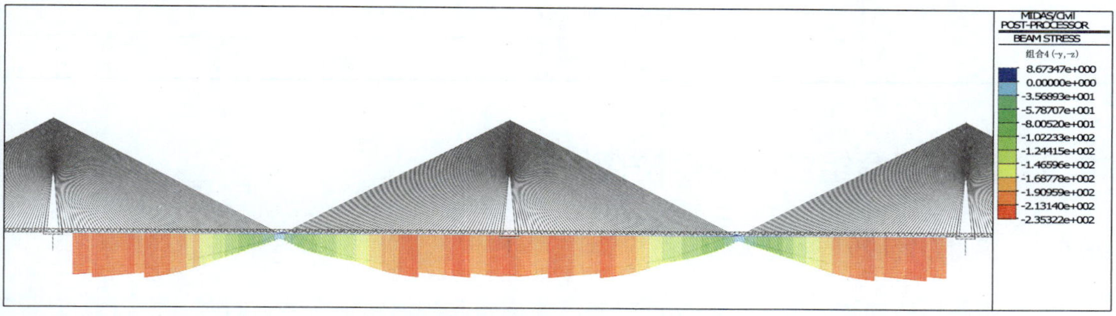

图 10-39　主力作用下钢箱桁梁下缘应力包络图

3. 斜拉索应力

如图 10-40 所示，主力作用下，斜拉索应力控制在 650～700 MPa，斜拉索最大应力幅 185 MPa。斜拉索总质量为 30 990 t，用钢量为 8.2 t/m，与沪通长江大桥 9.05/m 相比，用量略少。

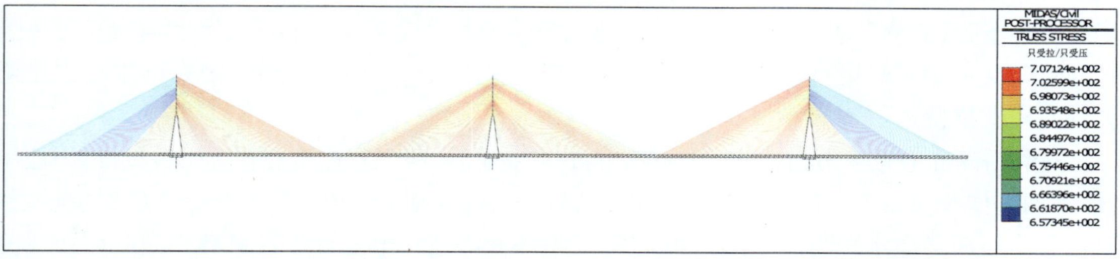

图 10-40　主力作用下斜拉索最大应力图

4. 加劲梁结构位移

在四线铁路、八车道公路活载作用下钢箱混合桁梁斜拉桥加劲梁结构竖向位移及梁端转角见表 10-20。

表 10-20　桥面车辆荷载作用下的结构位移表

项　目		数　值
铁路活载	跨中竖向下挠度(cm)	211
	竖向挠跨比	1/597
	中塔顶水平位移(cm)	70
	边塔顶水平位移(cm)	57
	梁端转角(‰rad)	1.1

续上表

项　目		数　值
汽车活载	跨中竖向下挠度(cm)	33.4
	挠跨比	1/3 772
	中塔顶水平位移(cm)	13.3
	边塔顶水平位移(cm)	9.6
铁路+公路	跨中竖向下挠度(cm)	244.7
	挠跨比	1/515
	中塔顶水平位移(cm)	83.6
	边塔顶水平位移(cm)	67
	梁端转角(‰rad)	1.1

10.6　铁路混合组合梁斜拉桥应用展望

10.6.1　桥跨布置展望

混合梁斜拉桥起初是源于主跨跨度布置已经满足跨越深水河流或通行船舶航行宽度等功能要求，边跨由于处于岸坡或浅滩，有条件应尽量采用相对比较小的桥孔跨度，以缩短主桥长度，节省工程造价。无论混合梁斜拉桥主跨大小，桥跨布置均体现了主跨布置的孔跨较大，而边跨布置较短，且通过设置一个或多个辅助桥墩而改善边跨梁的受力。

当主跨河流很宽时，有可能采用超大主跨的布置，目前已出现主跨达 1 000 m 左右的混合梁斜拉桥，还比如徐国平等研究超大主跨 1 500 m 公路混合梁斜拉桥的可行性等；也可以采用多孔主跨布置，形成多塔混合梁斜拉桥，比如公铁合建多塔混合梁斜拉桥主跨已经研究采用 3×340 m，为了某桥位可行性比较方案，研究了超大主跨 3×840 m 和 2×1 260 m 多塔混合梁公铁两用斜拉桥。

这种桥跨布置已充分解决主跨跨越功能的主要矛盾，实现短边跨和相应引桥过渡，因地制宜，达到最佳桥跨布置。因而混合梁斜拉桥从桥跨布置来看，不仅仅是公路混合梁斜拉桥，铁路或公路与铁路合建的混合梁斜拉桥，在一定条件下都是一个最合适且具有广泛应用发展前途的桥型。

10.6.2　桥梁结构形式展望

从斜拉桥结构受力形式来看，边跨对主跨起着锚固作用，可是，一般的斜拉桥加劲梁刚度是一样的，为了使边跨起着锚固作用，其一是加大边跨跨度延伸边跨梁的长度，其二是对边跨梁进行压重。对于边跨与主跨的比值比较小的斜拉桥，这两种措施均不是很有效，也显得不是很经济。混合梁斜拉桥的结构形式概念就是要将边跨加劲梁的重量和刚度加大，不仅可以减少主跨的内力和变形，还可以减少或避免在边跨端支点或辅助墩支承处出现负反力。这种结构的显著特点将会成就混合梁斜拉桥的加劲梁结构形式多样化，将会越来越多地广泛应用于公路、铁路、公铁合建，以及高速铁路等桥梁建设中。

多年来，铁路专用斜拉桥少之又少，大多都是考虑公铁合建斜拉桥，除了强调的是充分利用桥位资源的原因之外，就是由于铁路列车活载较重及产生车与桥梁的振动响应突出，桥上列车的运行对铁路斜拉桥这样一种大跨、柔性、轻型的桥梁结构影响较大，需要有足够的结构重力刚度来保证斜拉桥横、竖向刚度及其对列车的振动响应，公铁合建是一个比较好的解决办法之一。混合梁斜拉桥结构由于边跨混凝土梁较重，不但能平衡主跨荷载的重量，而且，由于较短边跨使得斜拉索的后锚索分布较密、竖向夹角较大，因此，从整体上提高了铁路斜拉桥的整体刚度。此外，较重的混凝土边跨和辅助桥墩、斜拉索起到稳固的支撑作用，当边跨布置列车活载时对主跨振动等影响很小，主跨钢加劲梁应力幅值变化和斜拉索索力幅值变化就会减小，钢梁和拉索的疲劳影响就会因此而减小。混合梁斜拉桥对铁路专用斜拉桥的应用发展将会起到较大的作用，从宁波铁路枢纽货运铁路跨甬江的世界上第一座大跨度 220 m＋468 m＋220 m 钢箱混合梁专用铁路斜拉桥建成通车开始，至目前在建的南昌至赣州铁路的世界上第一座高速铁路无砟轨道大跨度 300 m 钢箱混合组合梁斜拉桥，已经在建多座铁路专用混合梁斜拉桥。值得一提的是目前在建的混合梁铁路专用斜拉桥跨度已达到 600 m，未来将会建造更大跨度的铁路专用和公铁合建混合梁斜拉桥。

钢箱混合梁斜拉桥不仅仅是指单箱单室箱形加劲梁。由于双线铁路建筑限界宽度要求不到 10 m，如果是主跨 800 m 以上的斜拉桥，按经验取主跨跨度的 1/25 作为加劲梁宽度则达到 32 m 以上，此时，双线铁路两侧有将近 11 m 以上的宽度富余，为了减少加劲梁的工程量，有时候就会采用分离的双箱单室梁。两侧为分离的双主梁，中间双线铁路行车部分可以采用钢与混凝土组合结构，两者用水平 K 撑联系，以传递组合桥面混凝土板收缩徐变、温度和列车制动力产生的水平力。这样大约可以节省造价 15%左右，不仅如此，在超大跨铁路斜拉桥设计中，需要达到一定的加劲梁重力刚度满足恒载与列车活载的比率，以减少列车对斜拉桥的振动影响。

在高速铁路桥梁中，钢箱混合梁斜拉桥主跨采用桥面混凝土板与钢箱梁组合截面结构，不仅因为其使得铁路斜拉桥主跨加劲梁重力刚度加大，可以提高铁路斜拉桥的整体刚度并增强结构的稳定性，而且，采用无砟轨道混凝土底座板与混凝土桥面板直接连接的成熟技术，将避免无砟轨道混凝土底座板与薄壁钢桥面板连接，因两者刚度相差过大所带来的难以克服的局部振动对高速列车运行的影响。这种钢箱混合组合梁斜拉桥的边跨仍然是连续结构的混凝土梁，高速铁路运行经验告诉我们混凝土连续梁结构是完全符合高速列车运行要求的；而由于主跨钢箱组合截面中钢箱梁的作用，可以很好地阻止和减少混凝土桥面板后期收缩徐变变形，由于桥面混凝土板的作用减少了因钢结构受温度变化而产生变形的影响。因此，钢箱混合组合梁斜拉桥在直接荷载或非直接荷载作用下将会始终保持加劲梁桥面线形，满足高速列车运行安全性和乘坐舒适性的要求。使在高速铁路无砟轨道斜拉桥中为达到高速列车通过桥梁时实现不减速运行之目的，钢箱混合组合梁斜拉桥技术将会提供很好的帮助。

在公铁合建的混合梁斜拉桥中，除了如本章前述可以采用钢箱混合桁梁或钢箱混合组合桁梁斜拉桥之外，当公铁合建公路与铁路在同一层桥面时，有时候也可以采用如图 10-41 所示的大挑臂钢箱混合组合梁斜拉桥断面，将会使得公路与铁路行车隔离，公路桥面汽车行驶的视线更加开阔。

在铁路斜拉桥中，一般都是钢桁加劲梁斜拉桥，香港汲水门公铁合建钢桁混合组合梁斜拉桥，如图 10-42 所示，开创了公铁合建钢桁混合梁斜拉桥的先河，将会促进未来钢桁梁斜拉桥更多地应用发展钢桁混合梁斜拉桥技术。

在某些特殊的情况下，多塔混合梁斜拉桥采用多塔交叉斜拉索技术也是值得借签的，这种技术将有助于提高超大跨度多塔混合梁斜拉桥的整体刚度，对发展应用多塔混合梁斜拉桥将会起到有益作用。

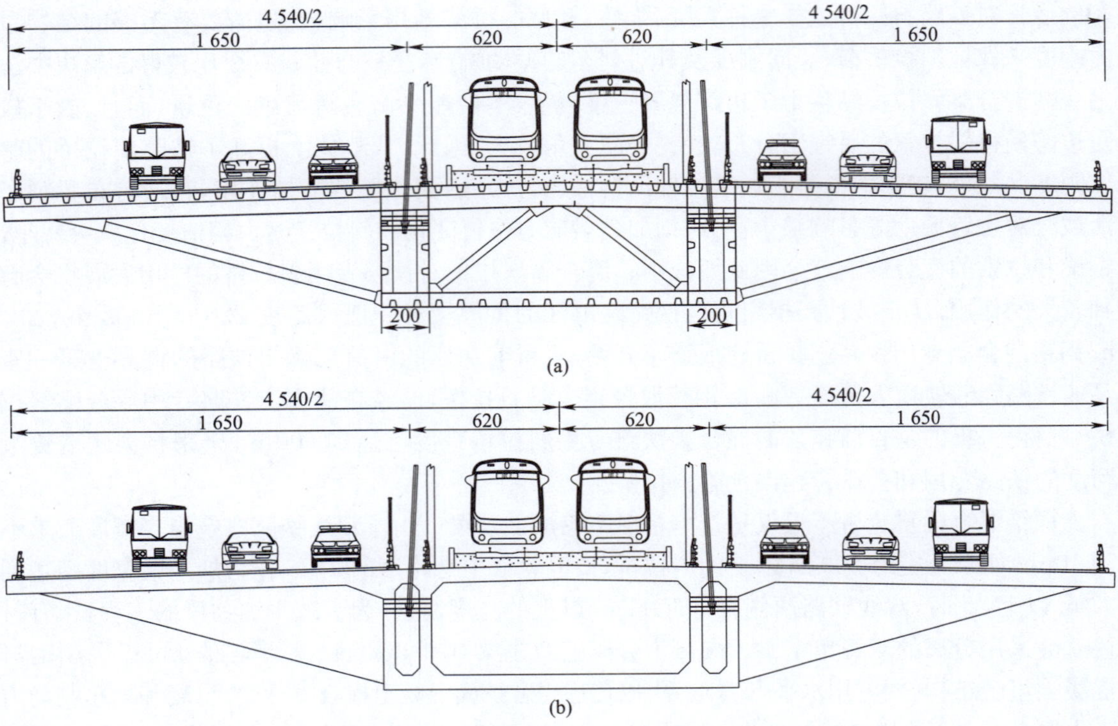

图 10-41 大挑臂钢箱混合组合梁斜拉桥断面(单位:cm)

图 10-42 香港汲水门大桥实桥照片

10.6.3 充分利用混合梁斜拉桥的整体受力特点

从混合梁斜拉桥整体受力特性来看,边跨的锚固跨设有辅助桥墩支承大多采用很重的混凝土梁,在密布的斜拉索竖向力作用下与中小跨度的连续梁结构受力特性类似,只是相对于同等跨度的连续梁弯矩值要小一些。锚固跨关键是要对斜拉索、桥塔和主跨加劲梁及其所承载的荷载起到类似于悬索桥对悬索锚碇的作用,提供给斜拉索一个强大而稳定的支撑。与桥塔邻近的边跨压重跨主要是起到压重的作用,与一般的斜拉桥索结构受力没有什么区别,因此,根据施工方法的不同可以是混凝土梁也可以是钢梁。此外,根据施工方法而定的结合段位置将会调整和改变桥梁结构的整体受力与整体刚度。

根据混合梁斜拉桥整体受力特性,对分布在锚固跨的斜拉索使用一种预加力刚度的方法,加大锚固跨斜拉索的张拉力,使塔身及塔根部弯矩由之前往主跨侧而转向边跨侧,并使桥塔预存往边跨侧一定量的弯矩值，达到与主跨布置列车荷载产生往主跨侧桥塔弯矩值基本相等。此时，桥塔处于往边跨侧倾斜形成桥塔偏斜状态，主跨加劲梁因此而上拱形成平缓的凸曲线状态。如果将这种方法简称为斜拉索预加力法的话，利用斜拉索预加力法可以使桥塔两侧最终弯矩处于平衡或最小值，从而使桥塔更具有体现压弯杆件受力状态；可以使斜拉索的张力更大，从而提高斜拉索的有效刚度；可以使主跨加劲梁向上的弯矩值增加，以抵消桥上荷载所产生向下的部分弯矩值，不仅提高了加劲梁结构刚度，而且使加劲梁桥面保持了满足列车运行所需要的线形。这些措施对于铁路混合梁斜拉桥提高桥梁整体刚度都是非常有利的，将使超大跨柔性斜拉桥结构进一步应用到铁路桥梁中发挥非常重要的作用。

10.6.4　超大跨混合梁斜拉桥更具有经济性

超大跨铁路混合梁斜拉桥由于主跨采用钢梁，将具有强大的跨越能力、结构形式的优越性和结构受力的合理性，特别是对于主跨跨度达到 1 200 m 以上的铁路或公铁合建斜拉桥，将会更具有非常良好的经济性。

相信，超大跨混合梁斜拉桥进一步的技术难题一定会通过理论和试验研究，并在工程实践中得以解决；显著的技术经济性一定会促使混合梁斜拉桥在铁路和公铁合建斜拉桥中得到更大的应用和发展。

参 考 文 献

[1] 中铁第四勘察设计院集团有限公司. 宁波铁路枢纽北环线甬江特大桥施工图设计[Z]. 武汉:2010.

[2] 郑健. 中国高速铁路桥梁[M]. 北京:高等教育出版社,2008.

[3] 严国敏. 现代斜拉桥[M]. 成都:西南交通大学出版社,1995.

[4] 林元培. 斜拉桥[M]. 北京:人民交通出版社,2004.

[5] 徐国平,张喜刚,刘玉擎,等. 混合梁斜拉桥[M]. 北京:人民交通出版社,2013.

[6] 尼尔斯 J. 吉姆辛. 缆索承重桥梁:概念与设计. 2 版[M]. 北京:人民交通出版社,2002.

[7] 吴冲. 现代钢桥:上册[M]. 北京:人民交通出版社,2006.

[8] 刘玉擎. 组合结构桥梁[M]. 北京:人民交通出版社,2005.

[9] 项海帆,范立础,等. 中国桥梁(2003-2013)[M]. 北京:人民交通出版社,2013.

[10] AASHTO LRFD Bridge Design Specifications[S]. SI Units First Edition. Washington,D. C. ,1994.

[11] Eurocode 3 Design of steel structures—Part 2:Steel bridges BS EN 1993-2:2006(E).

[12] BS 5400-3～2000. Steel, concrete and composite bridges-Part 3:Code of practice for design of steel bridges.

[13] 四川省质量技术监督局. 钢-混凝土组合桥面板技术规程(DB 51/T 1991—2015)[S]. 北京:人民交通出版社,2015.

[14] 秦顺全. 无应力状态控制法—斜拉桥安装计算的应用[J]. 桥梁建设,2008(2):13-16,30.

[15] 邵长宇. 新世纪中国铁路斜拉桥发展展望[J]. 第十四届全国桥梁学术会议论文集,2000:54-60.

[16] ShiDong LUO, Zhenbiao LIU, Jiahua Zeng. Innovative Design of Railway Steel-concrete Mixed Box Girder Cable-stayed Bridge[C]//37th IABSE Symposium Madrid 2014:442-443.

[17] 刘振标,罗世东,潘茂盛,等. 主跨 468 m 铁路钢箱混合梁斜拉桥设计[J]. 桥梁建设,2014(1):81-88.

[18] 刘振标,施洲,罗世东,等. 铁路混合梁斜拉桥索梁钢锚箱受力分析与试验研究[J]. 桥梁建设,2015(2):12-18.

[19] 蒲黔辉,高立强,刘振标,等. 基于热点应力法的正交异性钢桥面板疲劳验[J]. 西南交通大学学报,2013(3):395-401.

[20] 韩冰,蒲黔辉,施洲,等. 桥梁正交异性板焊接构造热点应力计算方法研究[J]. 桥梁建设,2015(1):56-61.

[21] 姚亚东,杨永清,刘振标,等. 大跨度铁路钢箱梁混合斜拉桥钢混结合段模型试验研究[J]. 铁道学报,2015(3):79-84.

[22] 姚亚东,杨永清,刘振标,等. 铁路箱形混合梁斜拉桥钢混结合段有限元分析[J]. 桥梁建设,2015(1):45-50.

[23] 杨喜文. 宁波甬江铁路斜拉桥的地震位移控制[J]. 结构工程师,2011(6):78-83.

[24] 苏庆田,吴冲,等. 斜拉桥扁平钢箱梁的有限混合单元法分析[J]. 同济大学学报:自然科学版,2005(6):742-746.

[25] 徐利平. 混合梁斜拉桥边跨混凝土梁受力特点[J]. 结构工程师,2003(1):12-16.

[26] 聂建国. 钢-混凝土组合结构[M]. 北京:中国建筑工业出版社,2005.

[27] 黄侨. 桥梁钢-混凝土组合结构设计原理[M]. 北京:人民交通出版社,2001.

[28] 曾庆元,郭向荣. 列车桥梁时变系统振动分析理论与应用[M]. 北京:中国铁道出版社,1999.